독학사

2단계
국어국문학과

한국현대소설론

시대에듀

머리말 INTRO

학위를 얻는 데 시간과 장소는 더 이상 제약이 되지 않습니다. 대입 전형을 거치지 않아도 '학점은행제'를 통해 학사학위를 취득할 수 있기 때문입니다. 그중 독학학위제도는 고등학교 졸업자이거나 이와 동등 이상의 학력을 가지고 있는 사람들에게 효율적인 학점 인정 및 학사학위 취득의 기회를 줍니다.

학습을 통한 개인의 자아실현 도구이자 자신의 실력을 인정받을 수 있는 스펙인 독학사는 짧은 기간 안에 학사학위를 취득할 수 있는 가장 빠른 지름길로써 많은 수험생들의 선택을 받고 있습니다.

이 책은 독학사 시험을 준비하는 수험생분들이 단기간에 효과적인 학습을 할 수 있도록 다음과 같이 구성하였습니다.

01 핵심이론을 학습하기에 앞서 각 단원에서 파악해야 할 중점과 학습목표를 정리하여 수록하였습니다.

02 시험에 출제될 수 있는 내용을 '핵심이론'으로 수록하였으며, 이론 안의 '더 알아두기' 등을 통해 내용 이해에 부족함이 없도록 하였습니다. (2023년 시험부터 적용된 개정 평가영역 반영)

03 해당 출제영역에 맞는 핵심포인트를 분석하여 구성한 '실전예상문제'를 수록하였습니다.

04 최신 출제유형을 반영한 '최종모의고사(2회분)'를 통해 자신의 실력을 점검해 볼 수 있도록 하였습니다.

이 책은 시행처의 평가영역을 바탕으로 총 3편으로 구성하였습니다. 기존 이론서들의 양적 기술과 달리 수험생들의 편의를 고려하여 중요한 내용을 요약하여 수록하였습니다. 제1편은 소설의 개념과 본질, 소설 텍스트의 구조와 주제 및 해석에 대한 전반적인 접근법을 수록하였고, 제2편에서는 서사의 3요소인 인물, 사건, 배경이 어떻게 서사담화로 형상화되어 서사를 이루는지, 소설의 서술 방법에 해당하는 서술자와 시점, 거리와 어조 등 서술 행위와 그 결과로서 소설 언어의 특징을 설명하였습니다. 그리고 개정된 평가영역에 따라 배경과 상징의 관계에 대한 내용도 새로 수록하였습니다. 제3편에서는 각 시기에 활동한 주요 작가와 소설의 장르적 특성, 소설에 대한 인식론을 토대로 한국 근현대 소설의 변화 양상을 구체적인 작품과 더불어 통시적으로 제시하였습니다. 평가영역별 필수적인 요소들을 모두 담았으므로, 본 교재를 중심으로 열심히 학습에 매진하면 좋은 결과를 얻을 수 있을 것입니다. 수험생 여러분들의 합격과 건승을 기원합니다.

편저자 드림

독학학위제 소개 BDES

⬢ 독학학위제란?

「독학에 의한 학위취득에 관한 법률」에 의거하여 국가에서 시행하는 시험에 합격한 사람에게 학사학위를 수여하는 제도

- 고등학교 졸업 이상의 학력을 가진 사람이면 누구나 응시 가능
- 대학교를 다니지 않아도 스스로 공부해서 학위취득 가능
- 일과 학습의 병행이 가능하여 시간과 비용 최소화
- 언제, 어디서나 학습이 가능한 평생학습시대의 자아실현을 위한 제도
- 학위취득시험은 4개의 과정(교양, 전공기초, 전공심화, 학위취득 종합시험)으로 이루어져 있으며 각 과정별 시험을 모두 거쳐 학위취득 종합시험에 합격하면 학사학위 취득

⬢ 독학학위제 전공 분야 (11개 전공)

※ 유아교육학 및 정보통신학 전공 : 3, 4과정만 개설
　(정보통신학의 경우 3과정은 2025년까지, 4과정은 2026년까지만 응시 가능하며, 이후 폐지)
※ 간호학 전공 : 4과정만 개설
※ 중어중문학, 수학, 농학 전공 : 폐지 전공으로, 기존에 해당 전공 학적 보유자에 한하여 2025년까지 응시 가능

※ 시대에듀는 현재 4개 학과(심리학과, 경영학과, 컴퓨터공학과, 간호학과) 개설 완료
※ 2개 학과(국어국문학과, 영어영문학과) 개설 중

독학학위제 시험안내 INFORMATION

⬢ 과정별 응시자격

단계	과정	응시자격	과정(과목) 시험 면제 요건
1	교양	고등학교 졸업 이상 학력 소지자	• 대학(교)에서 각 학년 수료 및 일정 학점 취득 • 학점은행제 일정 학점 인정 • 국가기술자격법에 따른 자격 취득 • 교육부령에 따른 각종 시험 합격 • 면제지정기관 이수 등
2	전공기초		
3	전공심화		

4	학위취득	• 1~3과정 합격 및 면제
		• 대학에서 동일 전공으로 3년 이상 수료
		  (3년제의 경우 졸업) 또는 105학점 이상 취득
		• 학점은행제 동일 전공 105학점 이상 인정
		  (전공 28학점 포함)
		• 외국에서 15년 이상의 학교교육과정 수료
			없음(반드시 응시)

⬢ 응시방법 및 응시료

- 접수방법 : 온라인으로만 가능
- 제출서류 : 응시자격 증빙서류 등 자세한 내용은 홈페이지 참조
- 응시료 : 20,700원

⬢ 독학학위제 시험 범위

- 시험 과목별 평가영역 범위에서 대학 전공자에게 요구되는 수준으로 출제
- 독학학위제 홈페이지(bdes.nile.or.kr) ➡ 학습정보 ➡ 과목별 평가영역에서 확인

⬢ 문항 수 및 배점

과정	일반 과목			예외 과목		
	객관식	주관식	합계	객관식	주관식	합계
교양, 전공기초 (1~2과정)	40문항×2.5점 =100점	—	40문항 100점	25문항×4점 =100점	—	25문항 100점
전공심화, 학위취득 (3~4과정)	24문항×2.5점 =60점	4문항×10점 =40점	28문항 100점	15문항×4점 =60점	5문항×8점 =40점	20문항 100점

※ 2017년도부터 교양과정 인정시험 및 전공기초과정 인정시험은 객관식 문항으로만 출제

합격 기준

■ 1~3과정(교양, 전공기초, 전공심화) 시험

단계	과정	합격 기준	유의 사항
1	교양	매 과목 60점 이상 득점을 합격으로 하고, 과목 합격 인정(합격 여부만 결정)	5과목 합격
2	전공기초		6과목 이상 합격
3	전공심화		

■ 4과정(학위취득) 시험 : 총점 합격제 또는 과목별 합격제 선택

구분	합격 기준	유의 사항
총점 합격제	• 총점(600점)의 60% 이상 득점(360점) • 과목 낙제 없음	• 6과목 모두 신규 응시 • 기존 합격 과목 불인정
과목별 합격제	• 매 과목 100점 만점으로 하여 전 과목(교양 2, 전공 4) 60점 이상 득점	• 기존 합격 과목 재응시 불가 • 1과목이라도 60점 미만 득점하면 불합격

시험 일정

1단계 2월 중 → 2단계 5월 중 → 3단계 8월 중 → 4단계 10월 중

■ 국어국문학과 2단계 시험 과목 및 시간표

구분(교시별)	시간	시험 과목명
1교시	09:00~10:40(100분)	국어학개론, 국어문법론
2교시	11:10~12:50(100분)	국문학개론, 국어사
중식 12:50~13:40(50분)		
3교시	14:00~15:40(100분)	고전소설론, 한국현대시론
4교시	16:10~17:50(100분)	한국현대소설론, 한국현대희곡론

※ 시험 일정 및 세부사항은 반드시 독학학위제 홈페이지(bdes.nile.or.kr)를 통해 확인하시기 바랍니다.
※ 시대에듀에서 개설된 과목은 빨간색으로 표시하였습니다.

독학학위제 출제방향 GUIDE

국가평생교육진흥원에서 고시한 과목별 평가영역에 준거하여 출제하되, 특정한 영역이나 분야가 지나치게 중시되거나 경시되지 않도록 한다.

독학자들의 취업 비율이 높은 점을 감안하여, 과목의 특성을 반영하는 범주 내에서 학문적이고 이론적인 문항뿐만 아니라 실무적인 문항도 출제한다.

단편적 지식의 암기로 풀 수 있는 문항의 출제는 지양하고, 이해력·적용력·분석력 등 폭넓고 고차원적인 능력을 측정하는 문항을 위주로 한다.

이설(異說)이 많은 내용의 출제는 지양하고 보편적이고 정설화된 내용에 근거하여 출제하며, 그럴 수 없는 경우에는 해당 학자의 성명이나 학파를 명시한다.

교양과정 인정시험(1과정)은 대학 교양교재에서 공통적으로 다루고 있는 기본적이고 핵심적인 내용을 출제하되, 교양과정 범위를 넘는 전문적이거나 지엽적인 내용의 출제는 지양한다.

전공기초과정 인정시험(2과정)은 각 전공영역의 학문을 연구하기 위하여 각 학문 계열에서 공통적으로 필요한 지식과 기술을 평가한다.

전공심화과정 인정시험(3과정)은 각 전공영역에 관하여 보다 심화된 전문적인 지식과 기술을 평가한다.

학위취득 종합시험(4과정)은 시험의 최종 과정으로서 학위를 취득한 자가 일반적으로 갖추어야 할 소양 및 전문 지식과 기술을 종합적으로 평가한다.

교양과정 인정시험 및 전공기초과정 인정시험의 시험방법은 객관식(4지택1형)으로 한다.

전공심화과정 인정시험 및 학위취득 종합시험의 시험방법은 객관식(4지택1형)과 주관식(80자 내외의 서술형)으로 하되, 과목의 특성에 따라 다소 융통성 있게 출제한다.

독학학위제 합격수기 COMMENT

" 저는 학사편입 제도를 이용하기 위해 2~4단계 시험에 순차로 응시했고 한 번에 합격했습니다. 아슬아슬한 점수라서 부끄럽지만 독학사는 자료가 부족해서 부족하나마 후기를 쓰는 것이 도움이 될까 하여 제 합격전략을 정리하여 알려 드립니다.

#1. 교재와 전공서적을 가까이에!

학사학위 취득은 본래 4년을 기본으로 합니다. 독학사는 이를 1년으로 단축하는 것을 목표로 하는 시험이라 실제 시험도 변별력을 높이는 몇 문제를 제외한다면 기본이 되는 중요한 이론 위주로 출제됩니다. 시대에듀의 독학사 시리즈 역시 이에 맞추어 중요한 내용이 일목요연하게 압축·정리되어 있습니다. 빠르게 훑어보기 좋지만 내가 목표로 한 전공에 대해 자세히 알고 싶다면 전공서적과 함께 공부하는 것이 좋습니다. 교재와 전공서적을 함께 보면서 교재에 전공서적 내용을 정리하여 단권화하면 시험이 임박했을 때 교재 한 권으로도 자신 있게 시험을 치를 수 있습니다.

#2. 시간확인은 필수!

쉬운 문제는 금방 넘어가지만 지문이 길거나 어렵고 헷갈리는 문제도 있고, OMR 카드에 마킹까지 해야 하니 실제로 주어진 시간은 더 짧습니다. 앞부분에 어려운 문제가 있다고 해서 시간을 많이 허비하면 쉽게 풀 수 있는 뒷부분 문제들을 놓칠 수 있습니다. 문제 푸는 속도가 느려지면 집중력도 떨어집니다. 그래서 어차피 배점은 같으니 아는 문제를 최대한 많이 맞히는 것을 목표로 했습니다.
① 어려운 문제는 빠르게 넘기면서 문제를 끝까지 다 풀고 ② 확실한 답부터 우선 마킹한 후 ③ 다시 시험지로 돌아가 건너뛴 문제들을 다시 풀었습니다. 확실히 시간을 재고 문제를 많이 풀어봐야 실전에 도움이 되는 것 같습니다.

#3. 문제풀이의 반복!

여느 시험과 마찬가지로 문제는 많이 풀어볼수록 좋습니다. 이론을 공부한 후 예상문제를 풀다보니 부족한 부분이 어딘지 확인할 수 있었고, 공부한 이론이 시험에 어떤 식으로 출제될지 예상할 수 있었습니다. 그렇게 부족한 부분을 보충해가며 문제유형을 파악하면 이론을 복습할 때도 어떤 부분을 중점적으로 암기해야 할지 알 수 있습니다. 이론 공부가 어느 정도 마무리되었을 때 시계를 준비하고 모의고사를 풀었습니다. 실제 시험시간을 생각하면서 예행연습을 하니 시험 당일에는 덜 긴장할 수 있었습니다.

학위취득을 위해 오늘도 열심히 학습하시는 수험생 여러분에게도 합격의 영광이 있길 기원하면서 이만 줄입니다. "

이 책의 구성과 특징 STRUCTURES

01 단원 개요

핵심이론을 학습하기에 앞서 각 단원에서 파악해야 할 중점과 학습목표를 확인해 보세요.

02 핵심이론

평가영역을 바탕으로 꼼꼼하게 정리된 '핵심이론'을 통해 꼭 알아야 하는 내용을 명확히 파악해 보세요.

합격의 공식 Formula of pass | 시대에듀 www.sdedu.co.kr

03 실전예상문제

'핵심이론'에서 공부한 내용을 바탕으로 '실전예상문제'를 풀어 보면서 문제를 해결하는 능력을 길러 보세요.

04 최종모의고사

'최종모의고사'를 실제 시험처럼 시간을 정해 놓고 풀어 보면서 최종점검을 해 보세요.

목차 CONTENTS

PART 1 핵심이론 & 실전예상문제

제1편 소설의 양식적 특성

제1장 소설의 개념 · 003

제2장 소설의 발생과 발전 · 010

제3장 서정 양식과 극 양식과의 차이 · 016

제4장 소설의 유형들 · 018

실전예상문제 · 036

제2편 소설의 요소

제1장 인물 · 045

제2장 구성 · 055

제3장 시점 · 068

제4장 주제 · 075

제5장 배경과 상징 · 082

실전예상문제 · 092

제3편 주요 작가와 작품 이해

　제1장 개화기~1910년대 소설 · **105**

　제2장 1920년대 소설 · **127**

　제3장 1930~40년대 소설 · **155**

　제4장 1950년대 소설 · **224**

　제5장 1960~80년대 소설 · **260**

　실전예상문제 · **280**

PART 2　최종모의고사

최종모의고사 제1회 · **311**

최종모의고사 제2회 · **325**

최종모의고사 제1회 정답 및 해설 · **338**

최종모의고사 제2회 정답 및 해설 · **344**

얼마나 많은 사람들이 책 한 권을 읽음으로써 인생에 새로운 전기를 맞이했던가.

– 헨리 데이비드 소로 –

제 1 편

소설의 양식적 특성

제1장	소설의 개념
제2장	소설의 발생과 발전
제3장	서정 양식과 극 양식과의 차이
제4장	소설의 유형들
실전예상문제	

훌륭한 가정만한 학교가 없고, 덕이 있는 부모만한 스승은 없다.

— 마하트마 간디 —

제 1 장 소설의 개념

| 단원 개요 |

소설의 양식적 특성을 알기 위해서는 소설의 개념, 소설의 발생, 다른 양식과의 차이, 소설의 유형들을 살펴야 한다. 하지만 소설의 개념을 정의하는 것은 어려운 일이다. 우리가 흔히 소설이라고 부르는 용어에는 서구의 픽션(fiction)이나 로맨스(romance), 혹은 쇼트 스토리(short-story), 노블(novel)의 개념이 함께 들어가 있기 때문이다. 따라서 소설의 다양한 하위 갈래들을 정의하며 이들을 포함하는 보편적인 소설의 개념을 정의하고, 본질적 특성을 밝힌다. 또한 근대소설이 발생하게 된 계기와 그 시점을 특정하여 살피고, 다양한 소설 유형들을 들여다 볼 필요가 있다.

| 출제 경향 및 수험 대책 |

이 단원에서는 소설의 명칭과 개념, 소설을 일컫는 용어인 픽션·로맨스·노블의 개념, 근대소설의 성립 시기와 특징, 근대소설의 발전에 도움을 준 요인, 근대소설의 기원과 발생 등에 대해서 묻는 소설 일반론적인 문제들이 출제될 수 있다. 특히 소설 이론을 제시한 여러 이론가들의 주장을 묻는 깊이 있는 문제들도 출제될 수 있으므로, 핵심 요소에 대한 이해를 바탕으로 철저히 암기하는 방식의 상세하고 치밀한 학습이 필요하다.

제1절 소설의 명칭

(1) 우리나라에서 처음으로 '소설'이라는 명칭을 사용한 것은 이규보의 『백운소설』이었다. 그러나 오늘날 서사문학으로서의 소설을 의미하는 것은 아니었으며, 근대적인 의미의 소설의 등장은 김시습의 『금오신화』부터이다. 소설이라는 것은 허구라는 개념이 내재되어 있으며, 이는 꾸민다거나 만든다는 의미로서 현실적인 삶을 작가의 상상력으로 재현하는 서사문학인 것이다.

(2) 오늘날의 소설의 의미는 노블(novel)을 연상케 하여, 중세의 서사문학인 로맨스(romance)라는 현실과 유리된 환상적인 귀족문학과는 대립적인 개념이다. 그러므로 소설은 서사문학으로서, 허구적인 사건에 실제 인생살이의 소재를 끌어들여서 관련된 현실성을 가지고 서사적으로 표현하는 문학이다.

(3) 소설의 장르는 서사문학 또는 서술의 문학으로서, 어떤 일정한 사건의 전개를 서술적으로 표현하는 문학의 종류 중 하나이다. 현대의 '소설(novel)' 장르에는 픽션(fiction), 로맨스(romance), 단편소설(short-story) 등 다양한 명칭들이 포함되어 있다. 이와 같이 '소설'이라는 이름으로 다양한 형태의 서사물을 모두 포함하여 지칭하는 이유는, 소설이 하루아침에 나타난 것이 아니라 통시적(通時的)으로 진화해 온 '생성적 혼합체'이기 때문이다.

제2절 소설의 본질 (중요도 상)

소설을 지칭하는 명칭으로는 스토리(이야기), 노블(로맨스를 대체한 서사양식), 그리고 픽션(허구에 근거한 문학형식)이 있는데, 이런 소설의 본질적 요소는 이야기적 측면과 허구적 측면에서 살펴볼 수 있다.

서사성	• 서사성은 말 그대로 이야기의 줄거리를 가져야 한다는 소설의 특성을 말한다. 서사는 사건이라는 내용과 서술하는 행위에 따라 성립하게 된다. • 따라서 서사는 사건이라는 내용을 강조하면 산문·기사 등으로, 서술하는 행위를 강조하면 심미적 서사·문학적 서사로 국한해 정의한다. 문학성이 없는 비언어적 서사물이나 비문학적 서술물은 서사의 범주에서 제외된다.
매개성 (중개성)	• 매개성은 서술자의 서술로 독자와 서사 속 인물이 연결되는 것을 의미한다. 소설은 일차적으로 누군가의 말로 구성되어 언어를 매개로 전달되기 때문에 어떤 형태로든 그 말을 하는 사람, 즉 서술자가 반드시 존재한다. • 서술자란 소설이 성립되는 데 필수요건이자 단순 구성요소로, 서술의 양상과 본질이 결정되는 중요한 영향을 행사하는 원천인데, 과거에는 작가와 서술자를 동일시하는 경우가 많았다. • 현대에 들어서서 부스(Wayne C. Booth)는 텍스트 안에서 규정되는 작가적 존재를 '내포 작가'라 지칭했다. 내포 작가는 실제 작가가 소설을 쓰면서 만들어 낸 제2의 자아이다. 즉 '실제 작가'와 '내포 작가(the implied author)', 그리고 '서술자'를 구분하였다.
허구성	• 허구성은 말 그대로 꾸며 낸다는 것을 말하는데, 논픽션이 아닌 픽션으로 작가가 상상으로 꾸며 낸 허구를 의미한다. 13세기까지 픽션은 '그릇되게 기만적으로 고안해 낸다'는 부정적 의미로 사용되다가 18세기에 이르러 '상상력을 통한 시작'이란 긍정적 의미로 활용되기 시작했다. • '팩션(faction)'은 허구성을 적극 살린 장르이다. 이는 사실적 상상력과 허구적 상상력을 하나로 결합시킨 산문으로, 역사적 사실에 근거하여 새로운 서사를 만들어 내는 문학 장르를 가리킨다.
개연성	• 개연성이라는 개념을 처음 제시한 사람은 아리스토텔레스로, 그는 『시학』에서 '시인의 임무는 개연성, 혹은 필연성의 법칙에 따라 가능한 일을 이야기하는 것'이라고 하였다. • 다시 말해 **개연성은 그럴듯함·있을 법함·박진성·현실적·핍진성을 나타내는 말로, 허구가 아닌 그럴듯하고 있을 법하다는 것을 말한다.** 소설의 허구성은 문학의 진실을 효과적으로 전달하기 위하여 필수불가결한 예술적 장치인 개연성이 뒷받침되어야 한다는 것이다.
실재성	• 소설은 현실을 소재로 취하고 있어 어느 한 시대, 한 사회의 모습을 반영한다는 점에서 '리얼리티'를 지니고 있다. 이렇게 실재성은 근대 이후 부각되어 삶을 객관적으로 표현하는 것을 말한다. • 비록 꾸며 낸 이야기이긴 하지만 사실적이어야 한다는 것이다. 이것이 비현실적인 사건으로 진행되는 고소설이나 로맨스와의 차이라 할 수 있다.

1 이야기(서사)적 양식

(1) 서사성과 중개성

① **서사성**

시에는 시적 화자가, 소설에는 서술자가 있다. 시적 화자와 서술자가 제재가 되는 일련의 사건을 독자에게 말해 준다. 소설에서의 서술자는 때로는 매우 근접해서 독자에게 그 사건을 이야기하고, 때로는 거리를 유지하는데 그 정도에 따라 이야기는 사뭇 달라진다. 이런 과정에서 생기는 서술자(narrator)의 전달·여과·변조 기능을 '서사성'이라고 한다.

(3) 이야기의 경계

① **액자 이야기와 삽입 이야기**
　㉠ 액자소설 : 하나의 이야기 속에 다른 내부 이야기를 안고 있는 형태의 소설
　　ⓐ 김동리의 「무녀도」, 황순원의 「목넘이 마을의 개」, 세헤라자데의 『천일야화(The Arabian Nights' Entertainment)』 등이 대표적인 작품이다.
　　ⓑ 액자소설에서 외부 이야기는 보조적이고, 내부에 삽입된 이야기가 소설의 중심이다.
　㉡ 보다 복잡한 형태의 액자소설 : 기존 액자소설의 형태를 변형시킨 새로운 구조의 소설
　　ⓐ 김동인의 「광염소나타」는 내부 이야기 속에 또 다른 이야기가 겹으로 싸여 있다.
　　ⓑ 현대의 소설 중에는 이보다 더 복합적으로 삽입 서사들을 조직하는 경우도 많다.

② **메타픽션과 하이퍼픽션** 중요도 상
　㉠ 메타픽션
　　작가가 계속해서 자신이 작품을 써 가는 과정을 노출시킴으로써 소설의 허구성을 드러내고, 독자로 하여금 작품의 창작에 참여하는 것 같은 착각을 불러일으키는 소설을 말한다.
　　ⓐ 소설 제작의 과정 자체를 노출시키는 소설, 즉 소설 창작의 실제를 통하여 소설의 이론을 탐구하는 자의식적 경향의 소설이다.
　　ⓑ 일반 소설과 달리 이야기 세계가 사실적으로 존재하고 있음을 부정한다.
　　ⓒ 독자로 하여금 창작에 참여하는 착각을 불러 일으켜 독자의 몰입을 방해한다.
　　ⓓ 소설의 이야기가 '허구'임을 처음부터 드러낸다.
　㉡ 하이퍼픽션
　　스크린에 있는 단어를 마우스로 클릭하거나 작가가 만들어 놓은 경로 중 하나를 선택하는 독자의 활동에 따라서 한 항목이 많은 항목과 연결되는 것을 말한다.
　　ⓐ 하이퍼링크를 통해 이동 가능하므로 기존의 소설양식이 가진 '선형성'을 파괴한다.
　　ⓑ 다차원적으로 스토리를 재구성할 수 있는 장점이 있다.
　　ⓒ 스토리 세계를 이해하는 것보다 이야기 만들기의 유희를 즐기는 데 목적이 있다.

2 허구의 양식

(1) 허구의 의미

① '현실'과 '허구'의 관계는 유추적 관계, 병립의 관계에 있다고 말할 수 있는데 '허구(fiction)'란 말은 어원적으로는 '모양을 빚어 냄', '꾸며 냄', '만들어 냄'의 뜻을 지니고 있다. 따라서 현실에서 유추된 그럴듯한(개연성, probability) 이야기를 소설이라 한다.

② 소설을 비롯한 이야기체의 문학에 있어서 서술되는 일련의 사건들은 우리가 일상생활에서 접하고 볼 수 있는 사건에서 추출된다. 그런 측면에서 소설은 일차적으로 현실생활에 대한 모방성을 가진다고 할 수 있다.

③ 하지만 모방성이 현실생활을 있는 그대로 사진 찍듯이 모사(模寫)한다는 것은 아니다. 현실생활을 모방하기는 하되 창조적이고 개성적인 상상력의 여과 과정을 거치게 된다. 작가의 창조적 상상력이라는 여과 장치를 통해서 소설의 사건·인물·배경 등은 허구적인 속성(허구성, fictionality)을 띠게 된다.

(2) 허구의 변천

허구(虛構)는 사실에 관한 직접적인 기록이나 묘사와는 달리 가공(架空)의 인물이나, 허구적인 상상력을 말한다. 유래는 라틴어인 픽티오(라틴어 : fictio)이다. 소설의 발달 과정을 보면 허구라는 개념은 소설이 문학 장르로서 자리 잡기 시작하면서 '현실감을 효과 있게 전달하기 위한 구성 방법'으로 사용되었으나 현재는 이야기 소설을 지칭한다. 여기서 현실감이란 말은 위에서 말했듯 사실의 재생이라는 뜻 이외에 진리와 진실의 전달이라는 의미로도 이해되어야 한다.

(3) 허구의 특성

① 무질서의 질서화

아이러니하게도 문학적 허구는 '진실됨'을 얻기 위한 방편이다. 즉 우연성과 개별성이 교차하는 현실 세계 속에서 삶의 필연성과 보편성을 찾고자 하는 것이다. 그것은 무질서의 세계가 아니라 허구라는 장치에 의해 '새롭게 꾸며진' 질서의 세계이다. 이런 의미에서 볼 때 허구는 무질서한 사물을 질서화하는 작업이다.

> **더 알아두기**
> 최재서는 「문학과 인생」에서 소설의 세계는 현실의 위에 있는 것도 밑에 있는 것도 아니고, 현실과 일정한 거리를 두고 나란히 있다고 말했다.

② 상상과 창조의 세계

현실사회의 실제 인물과 소설 속의 작중 인물은 처음부터 그 세계를 달리하고 있기 때문에, 소설의 세계는 비록 사실에 근거를 두고 있기는 하지만 그것은 결코 실제가 아니며 작가의 주관적 상상에 의해 창조된 허구적인 세계인 것이다. 따라서 물론 그 둘은 서로 일치할 수도 있지만, 그것은 소설을 생동하게 하는 힘이 될 수도 있다. 왜냐하면 그것은 소설이 현실과 전혀 다른 새로운 질서와 진실과 논리라는 각각의 행성들이 운행하며 유기적 체계를 만들어내는 하나의 우주이기 때문이다. 즉 소설은 어디까지나 현실에 바탕을 두고 있으나, 일상적인 현실과 다른 허구적인 현실이며, 그 허구적인 현실이 리얼리티를 획득할 때 그 세계는 생동하고 살아 있는 현실이 되는 것이다.

(4) 허구와 진실

① 소설은 허구를 통하여 인생의 진실을 표현한다. 즉, 작가가 자신이 탐구한 인간 또는 인생을 이야기함으로써 인생의 참된 모습을 제시한다는 의미이다. 소설사를 보면 고대의 신화에서 근대의 소설에 이르기까지 서사문학은 줄곧 인간의 진실된 삶을 탐구해 왔다. 특히, 근대소설은 중산층·하층민·소외계층 등 평범한 인물을 주인공으로 하여 이들의 삶과 성격 창조에 역점을 두면서 인간 삶의 진실을 드러내 왔다.

② 소설의 세계는 필연적인 인과관계에 입각한 질서를 갖춘 세계여야 서사적 진실을 담보할 수 있다. 그것이 바로 리얼리티(reality)가 있는 질서이다. 따라서 리얼리티는 소설 속의 필연적 인과관계에의 새로운 질서의 형성을 말한다. 이야기 단계의 소설을 문학 갈래로서의 소설이 되게 하는 것도 소설의 허구성에 있으며, 소설의 허구성은 리얼리티가 있는 새로운 질서를 창조한다.

③ 소설에서 말하는 진실은 일정한 사실과 결부된 역사적 진실과, 개념적·명제적·보편적인 형식을 띠는 철학적 진실로 나뉘어 왔다. 또한 소설의 진실은 대체로 감동의 형식을 통해서 수용된다. 따라서 소설에서 보편적으로 지향하는 진리 혹은 진실은 다음과 같이 결론지을 수 있다.

㉠ 소설 작품의 문맥적 의미의 축적
㉡ 삶과 세계에 대한 의미화 작용
㉢ 작가나 독자의 주관적 인식을 통해 구체화될 수 있는 것 등

제2장 소설의 발생과 발전

| 단원 개요 |

19세기 유럽에서는 주로 사실주의나 자연주의에 바탕을 두고 현실과 사회와 인간 문제를 다룬 본격적인 근대소설의 시대가 도래했다. 근대소설이 이전의 이야기와 구별되는 가장 중요한 특징은 이야기의 중심이 개인이라는 것이다. 여기서 개인은 자유로운 인간이지만 사회와 전면적으로 만날 수밖에 없는 근대의 산물이다. 이 단원에서는 고전소설과 구별되는 근대적 자아가 등장하는 근대소설이 발생하게 된 계기와 그 시점을 특정하여 설명한다.

| 출제 경향 및 수험 대책 |

근대소설의 성립 시기와 특징, 근대소설의 발전에 도움을 준 요인, 근대소설의 기원과 발생 등에 대해서 묻는 소설 일반론적인 문제들이 출제될 수 있다. 또한 근대소설과 관련한 여러 이론을 제시한 이론가나 사상가들의 견해와 개별 이론 등에 대하여 묻는 문제들도 많이 출제되고 있으므로, 핵심 요소에 대한 이해를 바탕으로 철저히 암기하는 방식의 학습이 필요하다.

제1절 소설의 기원

1 서양

(1) 소설이라는 형식이 산업사회에서 부르주아 계급의 세계관을 반영하는 문학 장르로서, 또한 하나의 문학 전통으로 확립되기 시작한 것은 불과 18세기 영국에서부터이다. 즉, 서사의 발전적 과정에서 나타난 현대의 서사적 갈래가 소설이라는 의미이다. 서구사회에서는 소설의 이전 단계로 신화(myth), 서사시(epic), 로맨스(romance)를 설정하고 있다. 이들의 차이점을 통해 소설로의 발전을 알 수 있다.

구별 기준	신화(myth)·서사시(epic)·로맨스(romance)	소설
주인공	• 신화의 주인공은 신 혹은 그에 상응하는 인물이며, 서사시의 주인공은 대체로 영웅임 • 로맨스의 주인공은 흔히 기사와 같은 형태로 나타나는 귀족 계층의 인물임	소설의 주인공은 평범한 일반인임
정치·사회적인 면에서의 변화	영웅 시대의 산물인 서사시가 퇴조하면서, 기사 시대의 산물인 로맨스가 만들어짐	로맨스의 토대인 기사 계급이 사라지면서, 시민 계급을 토대로 한 소설이 나타남

(2) 이러한 두 가지 소설의 발전 과정을 통해 우리는 소설이 주변의 일상적인 이야기들을 소재로 취사·선택하여, 보다 평범하면서도 보편화된 삶을 추구하게 되었다고 볼 수 있다.

(3) 이 외에도 소설을 형성시킨 요인으로 패트런의 상실, 조명·인쇄술 등 과학 기술의 눈부신 발전, 생활의 여유, 지식에의 욕구 증가 등을 들 수도 있다.

2 국문학

(1) 소설 이전의 갈래

가전체 문학	• 고려의 가전체는 일종의 열전 형식이다. 사물을 의인화시켜 계세징인을 목적으로 하는 만큼 교훈적 기능이 강화된 양식이기도 하다. 여기서 특기할 점은 가전이라도 전기인 이상 사물의 일대기를 다룬다는 것이다. 이러한 사물이 특정 인물로 전환되었을 때 고소설이 등장한다. • 그러나 고소설의 등장인물은 서사시나 로맨스의 인물과 다를 바가 없다. 그들은 하나같이 영웅들[예] 홍길동, 「구운몽」의 성진(양소유)]이며, 개인이 아닌 특정 계층(양반)이나 민중의 대변자들이다. 그들은 세계에 던져진 개인이라기보다는 하나의 전형적 인물일 뿐이다.
판소리계 소설	• 18세기에 등장한 판소리계 소설에 이르러서야 이러한 인물의 극복이 시도된다. 그러나 여전히 춘향이나 흥부 등은 영웅적 인물의 유교적 변용이라고 생각되는 부분들이 있다. • 조동일에 의하면 이러한 영웅적 인물은 신소설에까지 이어진다. 조동일은 「혈의 누」에 등장하는 구완서 같은 인물을 영웅적 인물이라 거론하기도 한다.

(2) 김시습의 『금오신화』

우리 문학사에서 소설의 발생은 연원이 깊지 않다. 대개의 경우 최초의 소설(한문)로 김시습의 『금오신화』를 들고 있다. 그러나 이것들은 엄연히 전(傳) 양식이지 소설 양식이 아닌 한계가 있다. 물론 전(傳) 양식 자체의 변화로 말미암아 상당 부분 허구성이 강해지긴 하지만, 근대적 의미의 소설로 보기에는 미흡한 면이 있다는 것이다.

(3) 18세기 산문의식의 성장

김윤식·김현은 18세기설을 주장하여 18세기를 근대 문학의 맹아기로 설정하고 있는데, 이 시기는 상하층의 변화와 아울러 정치·경제·사회적으로 변혁이 시작되던 때였다. 그러나 아직 봉건 체제 하의 변화였기에 획기적으로 일어날 수는 없었다. 자생적 변혁이 진행되던 와중에 외세의 침입을 받게 되고, 우리의 근본적인 토대가 무너짐으로써 자생적인 근대로의 전환은 일단 좌절을 맛보게 된다. 소설의 변화 역시 마찬가지인데, 서민 의식의 성장으로 말미암은 산문의식의 성장은 결정적으로 판소리계 소설을 정착시키기에 이른다.

제2절 근대 이전의 소설

1 로맨스(Romance)의 특성

근대 이전의 소설로는 로맨스(Romance)를 들 수 있다. 로맨스는 그 내용이 대체로 기사(騎士)들의 황당무계한 무용담·연애담이므로 궁정소설(로망 쿠르트와)처럼 기이하고 가공적이며 모험적이라는 특성을 갖고 있다. 가장 널리 알려진 로맨스는 맬러리(Malory)의 「아더왕의 죽음」이다. 이는 21권에 달하는 방대한 분량으로, 아더왕에 대한 수많은 전설과 사실을 집대성한 것이다.

2 로맨스의 성격

(1) 길리안 비어[3]

① 로맨스는 보통 제한된 삶의 범위를 넘어선다. 로맨스의 세계는 넓고 포괄적이며 그 자체의 내재적이고 고정된 법칙에 따라 유지된다. 그러나 그것은 완전한 세계는 아니며, 인간 행동의 어떤 특징을 강조하고 과장하며 이 과정에서 인간성을 창조한다.

② 로맨스에서는 연애와 모험이 나오는데 이 연애와 모험은 의식화한 행동 규범과 함께 묘사되고 있다. 예컨대 기사가 귀부인을 대할 때 지켜야 할 상세한 예절과 예법을 정하고 그에 따라 이야기를 진행시키는 것이다.

③ 알레고리는 로맨스에서 가장 중요한 요소이다. 로맨스에서 사용한 알레고리는 봄, 정원, 아름답거나 황폐한 경치, 흰색, 검은색 등 일상의 경험과 밀접한 관련이 있는 것들이어서 그 뜻을 해석하는 데 별다른 어려움은 없다.

④ 로맨스에는 원형적 양식, 동화에 가까운 신비적인 요소들이 나타나 있다. 이것은 인간 생활이나 행동이 규격화된 모습으로 정확히 제시되지 않고 이해할 수 있는 범위에서 그 원형만을 보여주고 있다는 의미이다.

⑤ 중세 로맨스의 두드러진 특징은 관심을 갖고 있는 모든 것들이 동시에 표현되고 있다는 점이다. 즉 로맨스의 작가들은 어떤 일도 경시하지 않았으며, 이는 소설의 작가들이 플롯에 맞추어 어떤 일도 경시하지 않는 것과 같다. 로맨스의 작가들은 가지각색의 인물과 삽화를 자유롭게 움직이고, 동시에 그것들을 합치고 짜서 하나의 조화된 전체를 구성한다.

⑥ 괴이함 혹은 경이로움은 로맨스에서 가장 중요한 요소는 아니다. 로맨스의 작가들은 마법·경이·괴이함을 아무런 놀라움도 없이 침착한 태도로 표현하며 '괴이함'은 이야기 전체에 퍼져 있는 평온이나 다름없다. 지극히 일상적인 한 장면을 목격한 사람처럼 침착하게 이야기한다. 즉, 로맨스의 작가들은 괴이함을 일상으로 받아들이는 것이다.

⑦ 장면의 재빠른 전환, 장면의 신속한 전환은 우리를 일상에서 해방시킨다. 하나의 모험담에서 다른 모험담으로 재빨리 옮겨감으로써 우리들은 복잡한 이야기의 세계에 깊이 빠져들게 되고 이렇게 되면 일상에서 우리는 더욱 완전히 해방된다. 이 경우 인과관계의 고리가 존재하지 않는 것도 로맨스의 특징이다.

⑧ 로맨스는 언제나 행복한 결말로 끝이 나고 있다. 「가웨인 경과 녹색 기사」는 물론 「신선여왕」에서도 주인공은 모두 행복한 끝을 맞이하고 있다. 가웨인 경은 아더왕과 그 신하로부터 영예로운 기사로 추앙을 받고, 적십자 기사는 유나와 앞날을 약속한다. 풍요와 자유, 생존을 축하하는 결말은 환상적인 소망의 실현을 뜻한다.

---

[3] Gillan Beer, 문우상 역, 『The Romance』, 서울대학교출판부

(2) 프라이[4]

① 로맨스는 모든 문학 양식 중에서 욕구 충족의 꿈에 가장 가까운 양식이다. 그리하여 어느 시대건 사회적으로나 지적으로 지배계급에 속한 자들은 그들의 이상을 로맨스의 형식으로 투영시키려는 경향을 갖고 있다. 이리하여 로맨스는 시대를 초월하여 반복해서 나타난다.
② 로맨스의 플롯에서 본질적인 요소는 모험이다. 그런데 이 모험은 하나의 모험이 끝나면 다른 모험이 이어지는 형식으로 되어 있다. 작은 모험들은 처음부터 예고되어 있는 큰 모험 혹은 아슬아슬한 모험과 이어지고 이 모험의 완결과 함께 이야기가 끝난다. 대모험을 특히 탐색이라 부른다.
③ 탐색에는 주요한 인물이 존재한다. 프로타고니스트(protagonist, 주인공)와 안타고니스트(antagonist, 적대자)가 바로 그것인데 안타고니스트는 보통의 인간일 수도 있으나 프로타고니스트는 보통의 인간이 아니다. 로맨스가 신화에 가까울수록 프로타고니스트는 더욱 신적인 성격을 갖게 되고, 안타고니스트는 더욱 악마적인 성격을 갖게 된다.
④ 등장인물의 성격 묘사도 변증법적인 구조를 따르고 있다. 이는 등장인물의 성격이 미묘하게 된다든가 복잡하게 되는 것이 좋지 않기 때문이다. 등장인물은 '탐색'을 도와주거나 반대하는 역할을 한다.
⑤ 이러한 등장인물은 대개 그 출생이 신비에 싸여 있으며, 로맨스의 중심인물의 특징이 되고 있다. 그들은 자연과 신비적인 관계를 갖고 있다. 도움을 주는 요정, 은혜를 갚는 사자(死者), 주인공이 위기에 놓여 있을 때 주인공이 요구하는 힘을 갖추고 기적적인 일을 하는 하인 등이 그 예이다.

제3절 근대 이후의 소설

1 근대소설(novel)의 개념

근대소설의 개념은 근대사회의 출발과 관련이 있다. 근대소설은 근대시민사회가 추구한 자유와 평등 및 개인주의의 산물이며, 각성한 시민 계급의 성장이라는 역사적 문맥과 나란히 성장해 왔다.

2 근대소설의 본질

(1) 헝가리의 사상가인 게오르크 루카치(Gyorgy Lukacs)는 소설을 "문제적 개인(우연적 세계)이 자기 자신을 찾아가는 여행"이라고 표현한다. 그리고 이러한 개인이 세계와 대립하는 과정에서 발생하는 여러 문제들을 해결하기 위해 힘쓰는 것이 바로 근대의 '소설'이라는 것이다.

---

[4] N. Frye, 「비평의 해부」

(2) 중세에서 근대로 들어오면서 절대적 존재로서의 신(神)이 사라지고, 많은 현실적 문제들에 당면한 개인은 자신의 영혼과 세계의 질서 사이의 부조화와 괴리를 경험하게 되고, 이를 해결하기 위한 노력의 일환으로 근대소설이 발생하게 된다.

(3) 근대소설에 반영되어 있는 근대시민계급의 자아의식과 인간적 평등사상에 의해 근대소설의 근대적 특성이 두드러진다.

3 근대소설의 발생

로맨스를 대체하는 이 새로운 이야기의 양식을 노벨(novel)이라고 부르며, 노벨의 무엇보다도 두드러지는 변별성은 제재를 일상적 경험 공간에서 취한다는 점과 그것을 실감 있고 조리 있는 인과관계로 엮고 있다는 점에서 찾을 수 있다. 루카치는 자신의 저서 『소설의 이론』(1916)에서 근대에서 말하는 '소설'이 발생한 과정을 서술하고 있다.

(1) 근대소설의 형태가 탄생하기 전은 서사시의 시대였는데, 완결성과 총체성이 존재하는 시대를 바로 '서사시의 시대'라고 설명한다.

(2) '서사시의 시대'의 작품으로는 호메로스의 서사시 『일리아스』와 『오디세이아』 같은 작품들을 들 수 있다. 호메로스의 작품에는 신들이 인간의 전쟁에 간섭하는 세계와 신이라는 존재가 당연히 존재한다는 인식이 내재되어 있다.

(3) 중세에서 멀어질수록 신(神)에 대한 믿음은 조금씩 무너진다. 그러면서 인간의 한계를 자각하게 되고, 바로 '비극의 시대'가 도래하게 된다. 이 시대에는 신과 인간의 끊임없는 갈등을 드러내는 작품들이 등장한다.

(4) 루카치가 표현한 "별이 빛나는 칸트의 하늘"이라는 시대가 등장한다. 다시 말하자면 플라톤의 '이데아'처럼 신의 세계가 추상성을 지니게 되고, 이는 개인의 인식이 대두되기 시작하는 근대소설의 시작을 표현한다.

4 근대소설의 정의

(1) 이야기가 실감 있게 받아들여지기 위해서는 이야기가 사실과 현실에 근거해야 하며, 인과 관계란 경험을 유기적으로 배열함으로써 얻어질 수 있기 때문에, 노벨은 긴밀한 얽어짜기, 즉 플롯을 요구하게 된다.

(2) 노벨의 이와 같은 특성들이 근대소설의 핵심적인 변별성을 이루게 되며, 요컨대 근대소설은 더 이상 재미는 있지만 황당무계한 모험담이나 연애담을 추구하지 않는다.

(3) 그 대신 근대소설은 인간 경험의 현실적이고 구체적인 모습을 심미적으로 재현하고자 하며 인간의 참다운 면모를 있는 그대로 드러내려고 노력한다. 그런 점에서 근대소설의 이상적인 과제는 인간에 대한 탐구라고 말할 수 있겠다.

5 근대소설의 인물

근대소설은 생생히 살아 활발히 움직이는 개인적 인물을 그려낸다는 방법을 통해 '인간 탐구'라는 이상을 달성하고자 한다. 이정표가 됨직한 주요 근대소설에는 모두 강력한 개성을 지닌 인상적인 인물이 그려지고 있다. 『돈키호테』의 돈키호테와 산쵸, 『적과 흑』의 줄리앙 소렐, 『카라마조프가의 형제들』의 드미트리를 비롯한 여러 작중 인물, 『폭풍의 언덕』의 히드클리프 등이 바로 그러한 인물들이다. 근대소설의 이 같은 양상에 주목한 나머지, 소설이라는 문학의 형식을 "인생의 회화"(W. H. Hudson)나 "인생의 서사시"(R. G. Mouiton), 또는 "인물에 관해 꾸며놓은 이야기"(Brooks & Warren) 등으로 정의한 것은 오히려 당연한 일처럼 보인다.

6 근대소설의 시작 : 다니엘 디포의 『로빈슨 크루소』

(1) 특징

① 영국의 소설가 대니얼 디포(Daniel Defoe, 1659~1731)가 쓴 『로빈슨 크루소』는 근대소설의 선구이다. 발표 당시의 원제는 『요크의 선원 로빈슨 크루소의 생애와 이상하고 놀라운 모험(The Life and Strange Surprising Adventures of Robinson Crusoe of York)』이었다.
② 작가의 공상에서 나왔지만 철저한 사실성과 개연성에 바탕을 두고 주인공의 모험을 형상화하였으며, 새롭게 부상하는 시민계급의 윤리(의식)와 자본주의 정신을 잘 표현하였다.
③ 줄거리는 단조롭고 구성도 평이하지만, 출판된 즉시 작가 자신도 놀랄 만큼 호평을 받아 곧 그 속편을 쓰게 되었으며, 유럽 각국에서 번역되거나 번안된 작품이 등장했다.

(2) 내용

① 로빈슨 크루소는 무인도에서 식량과 주거지, 옷감 등을 스스로 마련하고, 식인종의 포로가 되었던 원주민인 프라이데이를 구출하여 친구로 만든다. 그리고 마침내 영국 반란선의 선장을 구출하여 고국으로 돌아온다.
② 이렇듯 내용은 평범한 뱃사람인 로빈슨 크루소가 무역선을 타고 기니아로 향하던 도중 서인도에서 좌초되어 홀로 무인도에 표류하게 되며 겪는 각종 에피소드의 서사적 연결이다.

제3장 서정 양식과 극 양식과의 차이

| 단원 개요 |

문학의 갈래는 서정 양식과 극 양식, 서사 양식으로 나뉜다. 서정 양식은 세계를 자아화하는 갈래이고, 극 양식과 서사 양식은 세계와 자아와의 갈등을 형상화한 갈래이다. 다만 극 양식은 세계와 자아와의 갈등이 인물의 행동과 대화를 통해, 서사 양식은 세계와 자아와의 갈등이 서술자의 서술과 묘사를 통해 전달된다.

| 출제 경향 및 수험 대책 |

서정 양식과 구별되는 소설만의 특성, 극 양식과 구별되는 소설만의 특성을 갈래 일반론 측면에서 알아둘 필요가 있다.

1 서정 양식과의 차이

서정	• 객관적인 세계와 작자의 체험이 자아(自我)에 의하여 흡수되고 정서화하여 표현됨 • 가장 주관성이 강하며 내용이 정서적이고 운율을 의식한 언어로 쓰이고 언어의 전개 양상은 감각적임 • 서정 양식의 대표적인 장르는 시이며, 소설적 특징을 갖춘 서사시도 있음
소설	• 일련의 사건을 객관적으로 서술하여 전달하고자 하는 장르 • 인물과 사건이 있으며 객관적 세계와 자아의 대결이 서술자에 의하여 전달됨 • 가장 객관적이고 분석적인 것이 특징임

서정 양식인 서사시와 소설은 표현매체가 하나는 운문이며, 다른 쪽은 산문이라는 점에서 구별된다. 그러나 운문과 산문이라는 피상적 차이는 그다지 큰 문제가 되지 않는다. 그보다는 오히려 운문과 산문의 시대, 그 역사적 조건이 주는 실체적 상황이 어떻게 다르냐가 더 중요하다. 인물과 사건이 있고 플롯에 의해 서술되는 점은 서사시와 소설이 동일하다고 해도 서사시와 소설의 출현은 그 역사적 배경이 다르다.

(1) 주인공의 차이

서사시에는 영웅이 등장하고, 소설에는 범속한 인물이 등장한다는 허드슨의 지적도 역사적 배경이 달라진 데 근본적인 이유가 있다.

서사시	• 그리스 최고의 서사시인 호메로스의 「일리아스」를 비롯한 영웅서사시에는 수많은 영웅과 신들이 등장함 • 서사시는 한 사람의 영웅을 전 국민의 존경의 대상 또는 삶의 총체로 만듦 • 이러한 점들은 구속인인 세계관의 표현이며, 거기에서 모든 사물은 종교적이고 신의 섭리에 적합한 자리를 차지하고 있음
소설	• 소설은 가치의 붕괴로 말미암은 타락한 세계의 기록임 • 소설은 근본적으로 시민과 개인의 기록이기 때문에, 총체성의 세계가 아니라 낯섦으로 가득 찬 세계임 • 서사 시대의 사람들이 내적으로 서로 동질이며 질적으로 구별되지 않는 것과는 너무도 다른 세계임 • 헤겔은 이 차이를 영웅적 서사 세계와 시민적 산문 세계로 구별하고 있음

프라이(N. Frye)는 서사시와 소설의 차이를 주인공을 중심으로 극명하게 도식화하였다.

서사시	• 서사시의 주인공은 정도에서는 다른 사람들보다는 뛰어나지만 타고난 자신의 환경보다는 뛰어나지 못한 경우, 그 주인공은 사람들을 통솔하는 지도자가 됨 • 이러한 주인공이 이른바 상위모방 양식의 주인공이며 대부분 서사시의 주인공임
소설	• 다른 사람들보다 뛰어나지 못하고 자신의 환경보다도 뛰어나지 못한 주인공은 우리와 같은 존재임 • 우리는 그의 평범한 인간성에 반응을 나타내는데 바로 이러한 주인공이 하위모방의 양식의 주인공이며, 대부분의 리얼리즘 소설에 등장하는 주인공임

(2) 주제의 성격 차이

주제의 성격에서도 서사시와 소설은 차이가 있다.

서사시	서사시는 궁정과 수도를 중심으로 한 리더십이라는 단순한 주제에 한정되며, 주제가 단순한 만큼 서사가 강조됨
소설	소설, 특히 현대소설에서는 서사보다는 자기 자신에 대해서 관심을 갖고 그것을 작품화하며, 주제가 강조된 만큼 서사가 약화됨

서사시와 소설과의 유사성은 단지 인물과 배경, 사건 그리고 플롯이라고 하는 지극히 피상적인 요소에 한정되고 있다는 점이다. 이러한 차이의 정확한 인식은 소설의 본질에 접근하는 지름길이라고 해도 좋을 것이다.

2 극(劇) 양식과의 차이

극(劇)	• 인간의 행위와 사건의 전개를 직접 눈앞에서 연출하여 보여 주는 장르로 연극적인 형식을 갖추고 있으며 서정 장르의 주관성과 서사 장르의 객관성을 공유함 • 극 양식의 대표적인 장르는 희곡임
소설	• 일련의 사건을 객관적으로 서술하여 전달하고자 하는 장르임 • 인물과 사건이 있으며 객관적 세계와 자아의 대결이 서술자에 의하여 전달됨 • 가장 객관적이고 분석적인 것이 특징임

제4장 소설의 유형들

| 단원 개요 |

소설의 유형은 형식에 따른 유형, 내용에 따른 유형, 역사적 전개에 따른 유형으로 분류할 수 있다. 형식에 따른 유형으로는 장편소설·중편소설·단편소설이 있고, 내용에 따른 유형으로는 역사소설·대중소설·추리소설·성장소설·하이퍼소설 등이 있다. 역사적 전개에 따른 유형으로는 리얼리즘 소설과 모더니즘 소설로 나눌 수 있다.

| 출제 경향 및 수험 대책 |

형식에 따른 유형, 내용에 따른 유형, 역사적 전개에 따른 유형 등 분류 기준과 더불어 각 유형별 세부 갈래들에 대해서도 알아둘 필요가 있다. 특히 리얼리즘 소설과 모더니즘 소설은 과거에도 자주 출제가 됐던 영역인 만큼 더 깊은 관심과 주의가 필요하다.

제1절 형식에 따른 유형

1 장편소설

(1) 장편소설의 정의

① 장편소설은 길이가 길기 때문에 다양한 인물과 복잡한 플롯을 가지고 있다. 따라서 광범위한 서사의 전개, 그리고 등장인물에 대한 지속적이고 정밀한 탐구를 가능케 하는 장르로 '노블'이라고 하며 18세기 이후 '서구'에서 발전된 장르이다.
② 상당한 분량 속에 다양한 서사를 갖춘 산문체인 장편소설의 문체는 간결하게 압축되지 않는 대신 다양한 경험과 원칙을 다루기에 충분한 큰 세계를 창조하기 때문에 독자들은 다양한 에피소드를 한 걸음 뒤로 물러나 보아야만 통일된 큰 구조를 볼 수 있다.

(2) 장편소설의 특징

① 길이가 긴 허구적 사건을 서사로 갖고 있는 산문을 통칭한다.
② 다양한 인물 군상들이 등장하며, 복잡한 플롯의 뒤얽힘, 광범위한 배경의 전개, 등장인물에 대한 더 지속적이고 정밀한 탐구 등이 가능하다.
③ 여러 에피소드들이 하나의 큰 서사 구조에 의지하며 사건의 웅대한 전개, 느린 서사적 변화, 무한한 역동성, 비극감과 같은 거시적 효과들을 창조할 수 있다.
④ 한국소설은 1960년대 이후로 본격적인 장편소설의 시대를 맞이하게 되고, 문학사적으로 유의미한 작품들이 탄생했다.

2 단편소설

(1) 단편소설의 정의

① 에드거 앨런 포(Edgar Allan Poe)는 단편소설을 '30분에서 2시간 정도면 앉은 자리에서 한번에 읽을 수 있는 길이로, 어떤 특이하거나 단일한 효과에만 국한되어 있다'고 말했다. 이렇듯 단편소설은 짧은 분량의 허구적 산문이야기를 의미한다.

② 단편소설은 서술 기법에 긴축성이 있어야 하고, 기교를 통해 생생한 효과를 드러내기에 적합해야 하며, 문제를 압축시키기 위해 과감한 생략과 다양한 상징을 사용할 수도 있다. 한마디로 하나의 사건에 의미를 부여함으로써 인생의 한 단면을 통해 전일생의 의미를 보여준다고 할 수 있다.

(2) 단편소설의 특징

① 서두를 생략하고, 이야기를 절정 근처에서 시작함으로써 예비설명과 배경에 대한 서술을 최소한으로 줄인다.
② 등장인물의 수를 줄이고, 등장인물 간에 복잡하게 뒤얽힌 갈등을 감소시키며 빠르게 막을 내린다.
③ 서술 기법의 긴축성, 생생한 효과를 위한 기교 과시 등 작가의 단편적인 역량을 드러내기에 적합하고, 문체는 압축된 경우가 많다.
④ 과감한 생략이 많기 때문에 독자의 사실감, 이해력, 감정, 도덕성 등에 동시에 호소해야 한다.

제2절 내용에 따른 유형

1 역사소설[5]

(1) 역사소설의 정의

실제의 역사적인 시대나 사건을 배경으로 특정의 실존 인물이나 역사적 사건을 재구성하여 전달하는 소설이다.

(2) 역사소설의 특징

역사적 사실과 소설적 진실성을 지니는 허구를 접합하여 역사적 인간의 경험을 보편적 인간의 경험으로 전환하여 전달하는 소설 양식이다. 이러한 전환에 필요한 작가의 상상력이나 의도를 조절하는 주제는 역사적 사실을 변형, 수정, 가감하는 기준이 된다.

---

[5] 김윤식, 「역사소설의 네가지 형식」, 『한국근대소설사연구 2』, 을유문화사

> **더 알아두기**
>
> **역사소설에 대한 루카치의 견해**
> - 우리가 어떤 역사적 시기에 살았던 인물을 생동감 있게 그리는 목적은 당시 삶의 조건으로부터 생겨난 독특한 심리와 윤리를 역사적 흥밋거리로 관찰하기 위한 것이 아니라 현재의 우리와 관계되는, 우리를 움직이는 인류 발전 단계로서 추체험하게끔 하는 데 있다.
> - 역사소설은 피상적 조건에 따라 결정되는 것이 아니라 역사의식이 있느냐 없느냐에 달려 있다. 1백 년 전 사건을 소재로 한 작품이라 할지라도 거기에 현재의 전사(轉寫)로서 의미가 없다면 그것은 역사소설이 아니며 야담 비슷한 읽을거리로 평가받을 것이다. 반면에 아무리 최근의 사건을 취급한 소설일지라도 그 사건이 현재의 전사(轉寫)로서 의미가 있다면 그것은 훌륭한 역사소설이 된다.

(3) 역사소설의 유형

이념형 역사소설	영웅적 인물을 역사에서 빌려와 그 영웅을 한 민족의 인격체로 파악하는 소설
의식형 역사소설	작가의 현실적 관점을 역사에서 빌려오는 점은 동일하지만 작가의 의도가 추상적 이념에 머물지 않고 의식성과 묘사를 결합함으로써 좀 더 구체화하는 소설
중간형 역사소설	시대정신이 한 인물의 성격에 구체적으로 나타나게 됨으로써 당대의 시민의식과 더 이상 영웅이 아닌 주인공의 의식구조와 상관관계를 보이는 소설
야담형 역사소설	이념형·의식형·중간형 역사소설의 구분과 관련 없이 이야기체의 형태로 흥미(오락성)를 위주로 한 야담형 소설

2 대중소설

(1) 대중소설의 정의

대중을 대상으로 하여 흥미 위주로 지은 소설로 연애소설·신문연재소설·추리(탐정)소설·공상과학소설·납량공포(괴기)소설·무협소설·역사(전기)소설·환상소설 등 하위 개념은 매우 다양하다.

(2) 대중소설의 특징

① 대중소설의 경우에도 외견상으로 인간의 경험을 묘사하지만, 순수소설의 경우처럼 면밀한 주의력이나 분석으로 인한 긴장을 요구하지 않는다. 대중소설을 읽을 때는 할리우드 영화를 볼 때와 마찬가지로 인물·상황·주제·예술적 장치 등이 예정된 도식과 유형에 따라가기 때문에 분석의 고통 없이 즐겁게 읽을 수 있다.

② 멜로드라마의 인물들처럼 대중소설의 주인공들은 선과 악으로 나누어진다. 처음에는 선한 주인공이 예기치 못한 환경의 불행이나 모략·오해 등으로 고통받으나 의외의 구원자가 나타나 도움을 받고 마침내 주인공은 초인적 능력을 발휘하여 행복한 결말을 맺는 유형이 주된 경향이다.

③ 최근에 등장한 환상소설, 판타지소설도 대중소설에 속한다. 이탈리아의 소설가인 이탈로 칼비노는 이러한 판타지소설 속 환상은 단순한 환상에 그치지 않고 그 환상은 '근대의 또는 문화자본의 자기

분열과 자기 해체적 징후'의 표현이고, '합리주의와 이성중심주의에 대한 미학적 반란이며 근대에 대한 반역'이라고 주장했다.

(3) 대중소설의 조건
① 울긋불긋한 그림을 그린 표지에 호기심과 구매욕의 자극을 받을 수 있게 꾸며야 한다.
② 눈이 아프지 않을 정도로 큰 활자로 인쇄되어야 한다.
③ 정가가 저렴해야 한다.
④ 문장이 쉽고 읽기 쉬운 운문체가 되어야 한다.
⑤ 재자가인(才子佳人)의 애화(哀話)가 눈물을 자아내고, 부귀공명의 성공담 및 남녀 간의 로맨스가 있어야 한다.

3 성장소설

(1) 성장소설의 정의
성장소설은 교양소설·형성소설·발전소설이라고도 한다. 주인공이 어린 시절부터 어른이 되기까지 자신의 인격을 완성해가는 성장과정을 그린 소설을 말한다. 유년기에서 소년기를 거쳐 성인의 세계로 입문하는 과정에서 한 인물이 겪는 갈등을 통해 정신적 성장과 사회에 대한 각성 등의 과정을 담는 소설을 일컫는 말이다.

(2) 성장소설의 특징
성장소설은 주인공이 "미숙에서 성숙으로, 불완전에서 완전으로, 결핍에서 충족"으로 변화하는 과정을 담고 있다. 어린아이나 소년이 주인공이며 자신의 고유한 존재가치나 세계의 의미를 깨닫는 것으로 끝나는 경우가 대부분이다. 대표적인 성장소설로는 헤르만 헤세의 『데미안』, J. D. 샐린저의 『호밀밭의 파수꾼』 등이 있다.

> **더 알아두기**
>
> **한국 성장소설의 특징[6]**
> - 서구의 성장소설은 한 개인 및 자아를 중시하는 사회적 문화 이념과 깊이 밀착되어 있지만, 우리의 성장소설은 유교문화의 영향으로 자아가 확고하게 정립되지 못한 상태에서 나왔다.
> - 개인의 각성은 밖으로부터 주어진 충격에 의해 이루어졌다. 이런 이유로 우리나라에서는 성장소설이 드물었고, 외부의 충격으로 말미암아 이루어진 각성을 다룬 성장소설이 많아지게 되었다.
> - 따라서 한국의 성장소설은 유년기의 아름다움이, 비록 추한 세계라 할지라도 성인세계로 자연스럽게 발전하지 못하고 단절된다. 이 결과 현재에 긍정할 수 있는 문화적 가치와 그것을 비판할 체계도 갖지 못하게 된 것이다.

---

[6] 김병익, 「성장소설의 문화적 의미」, 『세계의 문학』.

4 추리소설

(1) 추리소설의 정의

추리소설은 주로 범죄사건에 대한 수사가 탐정에 의하여 논리적으로 해결되는 과정을 흥미 있게 그린 소설이다. 브왈로 나르스작(B. Narcejac)은 추리소설의 발생 배경을 도시 문명의 출현, 경찰과 과학의 발전, 범죄자 등에 두고 있다. 하지만 추리의 형태는 도시 문명이 발생하기 전 아득한 과거로 올라갈 수 있다.

(2) 추리소설의 특징

① 추리소설의 본질적인 요소는 두 가지 점에서 찾을 수 있다. 하나는 범죄가 해결되지 않고 오리무중의 상태에 있다는 것이다. 처음에는 엉뚱한 사람을 범인으로 지목하여 혐의를 두지만 곧 혐의가 없음이 드러나며 사건은 수수께끼인 채 해결의 기미가 보이지 않는다. 다른 하나는 고전적인 추리소설에서는 대개 탐정이 등장하여 그의 탁월한 추리로 문제를 해결하는 과정이 제시된다는 것이다. 포우의 작품에 나오는 탐정 '뒤펭'을 비롯하여 코난 도일의 '셜록 홈즈', 모리스 르블랑의 '아르센 루팡', 아가사 크리스티 작품에서 등장하는 '쁘와로와 미스 마플', 김래성의 「마인」에 등장하는 '유불란' 등은 이러한 과정에서 유명해진 탐정들이다.

② 이처럼 '수수께끼의 상황'과 '추리 및 조사활동'은 추리소설의 기본적인 두 요소이며, 토도로프가 추리소설에는 두 개의 이야기인 범죄 이야기와 수사 이야기가 있음을 지적한 것도 같은 의미라고 할 수 있다.

> **더 알아두기**
>
> **나르스작이 주장한 추리소설의 법칙**
> - 추리소설은 공포와 추리 사이에 항상 논리적인 최대의 간결성이 최대의 공포에 부합하도록 알맞게 배합된 균형을 유지해야 한다.
> - 모험의 주인공은 호감을 주어야 할 뿐만 아니라 독자 대신 생각하는 배려를 그 독자로부터 위임받도록 하기 위해 독자가 그를 인정하지 않을 수 없게 해야 한다.
> - 탐정에게 제기된 수수께끼는 동시에 증거일 필요가 있다.
> - 추리소설의 문체는 극적인 상황들을 돋보이게 해야 한다.

5 하이퍼 소설 중요도 하

(1) 하이퍼 소설의 정의

하이퍼 소설이란 소설을 초월한 소설, 다시 말해서 소설은 소설이지만 보통 우리가 알고 있는 소설과는 다른 소설을 말한다. 하이퍼 소설을 이해하기 위해서는 먼저 인터넷의 하이퍼텍스트 개념을 이해해야 한다. 하이퍼텍스트는 모든 인터넷 상에서 이루어지고 있기 때문이다.

(2) 하이퍼 소설의 특징

하이퍼텍스트로 쓴 소설, 즉 하이퍼 소설은 텍스트의 유동성을 전제한 이상 수많은 플롯을 준비하지 않으면 안 된다. 어느 연결점에서 이동하든 또 다른 서사가 성립되어야 하기 때문이다. 저자의 계산에 따라서는 장르가 전혀 다른 음악이나 동영상 혹은 회화로 이동할 수도 있다. 하이퍼 소설이 통합장르적인 성격을 갖고 있다는 것은 바로 이러한 성질 때문이다. 또한 하이퍼 소설에는 독자가 직접 참여할 수도 있다. 특정한 연결점을 통해서 이동했을 때 여백이 나오면 독자는 자신이 생각한 이야기를 쓸 수 있는 것이다. 이렇게 되면 하이퍼 소설의 저자는 공동 저자가 된다.

(3) 하이퍼 소설의 한계

문제는 하이퍼 소설이 종이책으로 출판되기는 어렵고, 주로 인터넷 상에서 가능하며 이러한 경우 이것을 문학으로 취급할 수 있느냐 하는 것이다. 더구나 텍스트가 고정되지 않고 수많은 텍스트가 만들어지는 경우 어떤 텍스트를 기본으로 삼아 이를 평가하느냐는 가장 심각하고도 어려운 문제가 아닐 수 없다.

제3절 역사적 전개에 따른 유형

1 리얼리즘 소설 중요도 상

(1) 리얼리즘 소설의 개념

리얼리즘 소설은 리얼리즘(realism) 정신에 입각한 소설로, 현실이나 역사를 모방하면서 반영한다. 플로베르(Flaubert)의 비판적 리얼리즘에서 루카치(Georg Lukacs)의 소설 리얼리즘에 이르는 격동의 역사적 현실을 반영하는 소설을 말한다.

(2) 리얼리즘 소설의 특징

① 근대소설의 근원

진정한 의미의 근대소설은 리얼리즘이 구현된 이후부터라고 해도 지나침이 없다. 19세기 후반에 이르러 산업발전과 휴머니즘의 대두로 리얼리즘 문학이 태동되었다. 발자크, 플로베르 등 프랑스 문인들이 그 효시이며, 최초의 리얼리즘 소설은 1875년 발표된 플로베르의 『마담 보바리』이다.

> **더 알아두기**
>
> **플로베르의 『마담 보바리』**
> - 개설
>   『마담 보바리(Madame Bovary)』는 사실주의 문학의 거장인 귀스타브 플로베르의 장편소설이다. 실제로 있었던 한 여인의 자살 사건을 작가가 직접 취재하여 5년에 걸쳐 완성하였다.
>
> - 줄거리
>   북프랑스 루앙 인근의 농가의 외동딸로 얼마간의 교육을 받은 엠마는 인생의 큰 꿈을 품은 아름답고 정열적인 여성이다. 의사 샤를 보바리와 결혼을 하지만 곧 환멸을 느끼게 되고 연회에 드나들게 되면서 환상에 빠지게 된다. 그것을 안 바람둥이 로돌프는 엠마에게 접근하여 그녀와 불륜 관계를 맺는다. 그러나 로돌프는 그녀가 자신에게 열중하자 간단히 관계를 끊는다. 엠마는 절망하였으나 이어 젊고 얌전한 법학도인 레옹을 사랑하게 되어 두 번째 불륜을 저지른다. 결국 그녀는 가사를 돌보지 않고 남편 몰래 낭비한 빚 때문에 자살해 버린다.
>
> - 의의와 평가
>   꿈 많은 한 여인이 결혼생활에서 혼란을 느끼며 결국 파멸에 이르게 된다는 '파멸(破滅)소설'의 전형으로, 작가인 플로베르를 사실주의 소설의 거장으로 만든 작품이다. 생트뵈브는 이 소설을 '과학적 인간분석의 우수한 선구적 작품'으로 보았고, 텐은 '발자크 이래 가장 뛰어난 소설'이라 하였다.

② **사물의 개성적 표현**
  ㉠ 리얼리즘의 특징은 현실을 가감(加減) 없이 있는 그대로 포착하는 데 있다. 또한 사물을 유형적으로서가 아니라 개성적으로 표현한다. 다시 말해 객관적으로 포착한 사물을 개성적 시각으로 그려 독자에게 가감 없이 전달하는 것이다. 리얼리즘 사조에 속하는 작가로는 발자크, 플로베르, 콩쿠르 형제, 디킨스, 대커리, 헵벨, 마이어, 투르게네프, 도스토옙스키 등이 있다.
  ㉡ 우리나라에서는 일본의 자연주의 문학의 영향 및 3·1 운동 실패 후의 암담한 시대적 환경에 대해 일군의 작가들이 문제의식을 갖게 되면서 사실주의 문학이 태동한다. 우리나라 작가로는 김동인, 염상섭, 현진건, 나도향 등이 리얼리즘 사조에 속한다.

(3) **소설의 리얼리즘을 이루는 특성 – 이안 와트(Ian Watt)**
  ① 신화·역사·전설과 같은 비전통적인 플롯의 사용
  ② 유형적 인물이 아닌 구체적이고 개별화된 인물의 제시
  ③ 일반인처럼 흔한 작중 인물의 이름
  ④ 시간의 흐름에 따라 변화·발전하는 인물 및 시간적 인과관계의 중요성
  ⑤ 생활의 배경인 구체적인 장소에 대한 묘사
  ⑥ 명확한 제시 언어인 산문 사용

(4) 우리나라의 리얼리즘[7]

① 우리나라에서는 풍자적이고, 현실비판적인 성격을 띤 연암(燕巖) 박지원(朴趾源)의 「양반전」 같은 한문 단편이나 전란의 참상을 다룬 고전소설에서 그 연원을 찾을 수 있으나, 본격적으로 싹트기 시작한 것은 이광수(李光洙)・최남선(崔南善)의 계몽문학에 이어 일본을 거친 서구의 사실주의・자연주의 사상이 유입된 이후부터이다.

② 일제 강점기 식민 상황에서 겪는 비극적 삶은 사실주의 문학을 탄생시키는 밑거름이 되었으며, 김동인이 1919년 창간한 잡지 『창조(創造)』에 김동인(金東仁)의 「약한 자의 슬픔」, 전영택(田榮澤)의 「천치? 천재?」가 발표되면서 처음으로 사실주의적 경향의 소설들이 모습을 드러내게 된다. 이들 작품은 자연주의 문학으로 분류되기도 하지만 자연주의나 사실주의가 모두 현실에 바탕을 두고 있다는 점을 감안한다면 이들의 작품도 넓은 의미에서 사실주의의 범주에 포함시킬 수 있을 것이다.

③ 1920년대 이후의 염상섭(廉想涉)의 「금반지」・「전화」, 현진건(玄鎭健)의 「운수 좋은 날」・「타락자(墮落者)」・「새빨간 웃음」 등의 작품, 최서해 등 카프 계열의 작가 및 채만식・이효석 등 동반자 작가의 작품 등에 의한 리얼리즘 문학의 탄생으로 현실을 낭만적으로 그리거나 이상적 계몽을 늘어놓던 당시의 사조에 반성과 울림을 가져왔다.

2 모더니즘 소설

(1) 모더니즘 소설의 개념

모더니즘 소설은 현실과 역사를 창조적으로 수용하여 새로운 세계를 만들어 낸다. 조이스(J. Joyce) 등의 심리주의 소설에서 사르트르(Sartre) 등의 실존주의 소설, 그리고 제2차 세계대전 이후의 소설에 이르는 사실주의 소설의 시기를 지나 어두운 현실과 격동의 역사에서 개인의 실존적 고뇌와 사회의 현실적 고통을 문학적으로 탐구하려는 소설을 말한다.

(2) 모더니즘 소설의 특징

① **전통에 대한 배척**

㉠ 모더니즘은 19세기의 부르주아 사회가 굳게 믿던 사회적・경제적・도덕적 가치관을 모두 배격하며 등장한다. 다시 말해 모더니즘은 기성의 전통이나 인습과의 단절을 선언한 것이다. 19세기까지의 낡은 도덕주의적 가치관은 새로운 가치관으로 무장된 현대인들에게 걸맞지 않았기 때문이다.

㉡ 모더니즘이 우선적으로 비판의 대상으로 삼은 기성 전통과 인습이란 19세기의 문학 전통으로 간주되었던 리얼리즘이었다. 리얼리즘은 우주나 자연 또는 삶의 모습을 그대로 모방하거나 재현하는 것을 예술의 지상목표로 삼았는데, 모더니즘은 바로 리얼리즘의 이러한 기본 원칙에 정면으로 반기를 든다. 즉, 리얼리즘은 실재의 모방을 예술로 여겼으나, 모더니즘은 상상을 통한 창조력을 예술로 정의한다.

---

[7] 김우종, 『현대소설사』, 선명문화사

ⓒ 리얼리즘이 대상을 그대로 묘사하여 있는 그대로 재현하는 것(expression)에 그쳤다면, 모더니즘은 그에 더해 자신의 느낌과 상상을 창조하여 반영하는 것(impression)을 중시했다. 모더니즘 입장에서 작가는 의식적이든 무의식적이든 우주나 실제를 묘사하는 대신 그것에 대한 자신의 느낌을 묘사하는 것을 목표로 삼아야 한다고 본 것이다.
　② **주관적·내적 경험과 개인주의**
　　㉠ 모더니즘은 '주관'을 '객관'보다, '내적 경험'을 '외적 경험'보다, 그리고 '개인의식'을 '집단의식'보다 훨씬 더 중요하게 생각한다. 왜냐하면 현상 세계와 인간의 자아 사이에 유기적인 상호관련성을 인정하던 19세기 리얼리즘 작가들과는 달리, 모더니즘 작가들은 모든 가치와 진리가 오직 '나'로부터 출발한다는 굳은 믿음을 갖고 있었기 때문이다.
　　ⓒ 리얼리즘 소설의 대부분이 개인과 사회 간의 갈등 속에서 결국 사회의 손을 들어주는 것과는 반대로, 모더니즘 소설에서는 인간의 소외와 고립이라는 한계에도 불구하고 개인의 자유의지를 인정한 것이다.
　③ **문학의 독자성과 자기 목적성**
　　㉠ 리얼리즘과 달리 모더니즘은 프랑스 상징주의의 영향을 받은 까닭에 문학의 독자성과 자기 목적성을 강조한다. 즉, 문학은 사회적이든 도덕적·윤리적·심리적이든, 모든 공리적 기능에서 완전히 벗어나서 문학만을 위한 문학이어야 한다는 것이다.
　　ⓒ 모더니즘의 이러한 입장은 기존의 문학 전통과 비교해 볼 때 크나큰 차이를 보여준다. 리얼리즘 문학에서 문학은 일종의 도구나 수단이며, 독자의 계몽이라는 뚜렷한 목적성을 지니고 있었다. 그러나 모더니즘 문학은 문학의 독자성과 자기목적성을 강조하는 방향으로 발전했다.
　④ **실존주의 인생관**
　　㉠ 철학자들의 주요 관심사였던 인간의 실존이 소설에 들어오기 시작한 것은 모더니즘이 등장하면서부터이다. 모더니즘 작가들은 개인으로서 인간의 주체성을 강조하는 실존주의 철학을 소설의 소재로 즐겨 다룬다.
　　ⓒ 20세기에 들어서서 급진적인 과학기술의 발전이 가져다 준 충격과 그에 따른 인간 정신의 약화로 말미암아 인간은 그 어느 때보다 삶의 실존적 의미를 더욱 실감하게 되었으며, 많은 모더니즘 작가들은 의식적이거나 무의식적으로 실존주의자들이 주장하고 있는 인간 존재와 삶의 문제를 작품에서 다루게 되었다.

(3) 모더니즘의 형식
　① **플롯과 인물의 성격**
　　㉠ 모더니즘은 리얼리즘 문학의 연대기적이고 객관적인 서술 방법을 피하고 비연대기적이고 다소 주관적인 플롯 진행 방법에 의존하는데, 이러한 모더니즘의 특징을 '공간적 형식'이라고 한다. 버지니아 울프의 『댈러웨이 부인(Mrs. Dalloway)』에서 하루 동안 일어난 일을 두 명의 주인공의 이야기로 교차시키고, 현재와 과거의 이야기를 조합함으로써 전통적인 플롯의 진행방식을 탈피한 것이 그 예이다.
　　ⓒ 전통적인 리얼리즘 작품에서는 작중 인물의 성격 형성이 대부분 평면적 인물인 것과 달리, 모더니즘 작품에서는 일관성 있는 행동이 없고 특성에 따라 실체를 쉽게 찾을 수 없는 입체적 인물이 그려진다.

② 관점과 시점

모더니즘이 전통적인 작품과 두드러진 차이를 보이는 것은 플롯이나 구성 또는 성격 형성보다도 '관점이나 시점'에서이다. 전통적인 작품에서는 3인칭 전지적 화법을 많이 썼으나 20세기에 들어와서 이러한 전지적 관점이나 시점은 도전을 받기 시작했으며 복수적 관점으로 대체되었는데, 복수적 관점은 상대성이론이나 양자론 같은 새로운 자연과학이론이나 큐비즘(입체주의)에 영향을 받았다. 각 장마다 다른 화자를 사용해 여러 시점에서 사건을 보여준 포크너(Faulkner)의 『The Sound and the Fury』가 그 예이다.

③ 의식, 시간에 대한 새로운 태도

㉠ 모더니즘의 기법상 혁명은 무엇보다도 인간 의식에 대한 새로운 태도에서 찾아볼 수 있다. 즉, 현실 너머의 세계에 관심을 갖는 초현실주의가 등장하면서 인간의 무의식과 잠재의식의 세계가 빛을 보게 된 것이다. 이에 따라 개인의 기억이나 인상 또는 생각 등이 의식이 흐르는 대로 서술하는 방식인 의식의 흐름 기법이나 내면 독백의 방식들이 사용되었다.

㉡ 이러한 기법은 인간이 바로 자신의 기억 자체라는 점, 그리고 인간의 의식의 한 단면을 보면 그에 대한 모든 사실을 알 수 있다는 점에 뿌리를 두고 있다. 종래의 유물론적 관점이 비판당하면서 삶의 모든 문제를 공간적인 분석으로 해결하려는 기존의 시도에 대한 반감이 생긴 것이다.

제4절 한국 소설의 유형

1 중세 전기 소설

(1) 경험적 · 허구적 소설

① 원시인들이 동굴생활에서 수렵과 채집의 군거생활을 하면서, 실제로 경험한 사건을 서술 형태로 이야기한 것이 서사문학의 발단이 되었다.
② 점차 인간의 상상력에 의하여 사실을 극적으로 변형하는 허구적인 서사체를 만들어 내면서 이야기 문학이 되었다.
③ 삼국사기 열전과 삼국유사에 실려 있는 「온달전」·「조신전」·「효녀 지은」 등은 우리 소설의 전개에 있어서 중요한 머릿돌이 되었다.
④ 고려 전기 설화문학의 집대성이라 할 수 있는 「수이전」에 실려 있는 「쌍녀분」은 소설의 골격을 갖춘 뛰어난 작품이며, 이규보의 「동명왕편」과 이승휴의 「제왕운기」는 민족의식에 바탕을 둔 영웅서사문학의 백미라 할 수 있다.

(2) 가전체 소설
① 특징
가전체의 소설은 우화문학의 일종으로, 짐승이나 비인격적인 대상에 인격을 부여한 이야기로서 교훈과 풍자를 의도하는 문학이다.

② 고려시대
고려 말기에 가전체 형태의 문학이 많이 등장하였다.

작가	작품	의인화대상
임춘	「공방전」	돈
	「국순전」	술
이규보	「국선생전」	술
	「청강사자현부전」	거북
이곡	「죽부인전」	대나무
이첨	「저생전」	종이

③ 조선시대
㉠ 조선 전기에는 사물보다 사람의 마음을 의인화한 작품이 많이 쓰였다.
㉡ 임제의 「수성지」, 김우옹의 「천군전」, 정태제의 「천군연의」, 유치구의 「천군실록」 등이 그 예이다.
㉢ 조선 후기에 「장끼전」·「황새결송」·「서동지전」·「두껍전」 등으로까지 의인소설의 전통이 이어진다.

(3) 한문소설의 등장
① 김시습의 한문 단편집인 『금오신화』는 우리나라 소설사에서 가장 확실한 위치를 차지하는 작품으로 「만복사저포기」·「이생규장전」·「취유부벽정기」·「남염부주지」·「용궁부연록」 등 5편의 한문 단편소설로 이루어져 있다.
② 『금오신화』의 서술방법은 경험적 서사체의 단순한 보고적 문장이 사용되었으며, 전기와 민담의 이야기가 아니라 장면적 이야기로 이루어져 있다.
③ 『금오신화』의 탄생 이후에 우리나라 소설은 「홍길동전」, 「구운몽」 등 소설의 본격적인 단계에 들어서면서, 소설문학의 원형으로 의의를 가진다.

2 중세 후기 소설

(1) 몽유록계 소설
① 몽유록계 소설은 '현실-꿈-현실'의 환몽(還夢)구조로 이루어진 소설이다. 이 소설들은 꿈의 세계라는 낭만적 수법을 빌려 사회비판적 내용을 담아낸다. 주요작품으로 임제의 「원생몽유록」, 심의의 「대관재몽유록」, 윤계선의 「달천몽유록」, 신광한의 「안빙몽유록」 등이 있다.
② 몽유록계 소설은 이루어질 수 없는 이상세계를 그려낸 것과 절박한 당대 현실의 부조리를 직설적으로 그려낸 것으로 나뉜다. 꿈-현실의 환몽구조의 서사방식을 잇되 더 성숙한 형식으로 발전시킨 소설유형을 '몽자소설'(夢字小說)이라 하며, 김만중의 「구운몽」 등이 이에 해당된다.
③ 조선 숙종 때 쓰인 「구운몽」은 부귀영화를 지향하는 꿈의 세계와 영원한 구원을 지향하는 현실세계를 교묘히 교차시켜 소설의 흥미와 심오한 사상을 드러내고 있다. 이에 영향을 받아 남영로의 「옥루몽」, 이정작의 「옥린몽」과 같은 작품이 등장했다.

(2) 풍자소설
① 풍자소설은 사회나 인물 등의 결함·모순을 빗대어 그린 소설이다. 조선 후기 비판적 의식을 지닌 지식인 작가들은 개성 있는 문체와 날카로운 시각으로 당대 사회의 절실한 문제를 풍자하여 이전에 없었던 수준 높은 작품을 보여주었다.
② 박지원이 쓴 「허생전」·「호질」·「양반전」 등의 한문소설은 당대 위정자와 양반들의 위선과 무능을 풍자하고 하층민들의 건강하고 진실된 모습을 그려내 새로운 인간상을 제시하였다. 그런가 하면 이옥은 「심생전」·「유광억전」 등 20여 편을 남겼는데, 이 작품들은 풍자적인 수법으로 근대 서민의식을 그려내었다.
③ 조선 말기 계급의식이 무너지면서 평민들이 봉건사회의 모순을 바로 보게 되어 골계와 해학이 두드러지고 호색한과 같은 대담한 소재를 다룬 풍자소설이 등장하게 되었다. 조선시대 풍자소설의 대표작으로 평가되는 작자 미상의 「이춘풍전」·「오유란전」, 목태림의 「종옥전」 등이 그 예이다.

(3) 군담소설
① 군담소설이란 조선 후기에 유행하던 국문소설로, 전쟁에 관한 이야기나 주인공의 영웅적 활동을 그려낸 소설이며 영웅소설이라고도 한다. 최초의 국문소설인 「홍길동전」은 주인공의 영웅적 생애를 통해 사회모순을 비판하고 사회적 이상을 그린 작품으로서 군담소설의 원류라 할 수 있다.
② 군담소설은 작품소재에 따라 창작군담소설과 역사군담소설로 나누어진다.
③ 창작군담소설은 허구적인 주인공을 설정하여 실제 역사와는 무관한 사건을 꾸며낸 것을 말하며, 작자 미상의 「유충렬전」·「조웅전」·「소대성전」·「장백전」 등이 있다.
④ 역사군담소설은 실존했던 인물을 주인공으로 삼아 그의 활약상을 그려낸 것을 말하며, 작자 미상의 「임진록」·「임경업전」 등이 있다. 이 작품들은 임진왜란과 병자호란으로 인한 민족적 울분과 북벌론을 둘러싼 갈등을 그려냈다.

⑤ 이러한 군담소설은 당대의 지배적인 가치관에 입각해 극도로 이상화된 삶을 제시하는 한편, 흥미 위주의 사건을 설정하여 대중적 인기를 누리면서 전문 작가를 등장시켰고 소설의 상업적 유통을 촉진시켰다. 한편으로는 개성적이지 못한 인물과 틀에 박힌 듯한 전개, 어려운 한문고사를 남용하여 국문소설의 근대적 발전을 가로막는 요인이 되기도 했다.

(4) 가정소설

① 가정소설이란 가족들 사이에서 일어나는 갈등을 그린 소설로, 갈등요인에 따라 처첩 간의 갈등을 그린 쟁총형(爭寵型) 가정소설, 계모와 전처 자식 간의 갈등을 그린 계모형 가정소설, 형제간의 우애를 그린 우애형 가정소설로 나누어진다.

쟁총형 가정소설	• 김만중의 「사씨남정기」 • 작자 미상의 「조생원전」・「정진사전」
계모형 가정소설	작자 미상의 「장화홍련전」・「콩쥐팥쥐전」
우애형 가정소설	작자 미상의 「창선감의록」

② 가정소설은 조선 후기에 와서 길이가 길어지거나 연작으로 쓰이면서 가문소설, 대하장편소설, 낙선재본(樂善齋本) 소설이라 불리게 되었다. 주요작품으로는 작자 미상의 「완월회맹연」・「명주보월빙」 등이 있으며 주로 가문에서 일어나는 결혼담・고행 등의 갈등을 담아냈다.

(5) 판소리계 소설

① 판소리계 소설은 서민 또는 민중의식을 수용하는 문예 양식으로 판놀음에서 부르는 판소리 문학이며, 구연에서 생성된 문학이다. 한 개인이 창작한 것이 아니라 공동창작인 성격을 지니고 있다. 주요작품으로 「춘향전」・「심청전」・「흥부전」 등이 있는데, 발랄한 민중의식을 바탕으로 하여 조선 후기의 현실을 사실적으로 그려낸 작품들이다. 이외에도 「토끼전」・「변강쇠타령」・「배비장전」 등이 있으며, 이러한 판소리계 소설은 양반과 귀족 취향적인 소설에 비하여 비수사적이며 유동적인 동력 구조라는 기본적인 성격이 유지된다.

② 이러한 판소리계 소설은 향토적인 배경, 현실성 있는 소재, 사실적인 표현, 다채로운 수사 등을 갖춘 데다 다양한 전형의 인물이 등장하여 조선조 국문소설의 최대 성과라 할 수 있다.

3 개화기 소설

(1) 신소설

① 신소설 형태는 기존 문학인 조선조 소설의 점진적인 소멸과 현대소설의 준비단계에 나타난 과도기적인 소설이다. 주요작품으로 이인직의 「혈의 누」・「귀의 성」, 안국선의 「금수회의록」, 이해조의 「자유종」・「화의 혈」, 최찬식의 「추월색」 등이 있다.

② 내용상 개화사상・자주독립・여권신장・신분평등・자유연애 등의 근대의식을 보여주기도 했으나 권선징악이나 봉건적 가족제도의 답습 등의 전근대적 모습에서 벗어나지 못했다.

③ 개화기 신소설의 발생요인은 개화사상이 대두한 시기라는 점, 작가와 출판사 그리고 판매업과 독자라는 관계가 새롭게 정립된 시기라는 점을 들 수 있다. 민간신문의 출현으로 신소설 발행이 중요한 구실을 하였으며, 개화기 시대의 신문은 계몽과 독자 확보를 위한 상업성을 중요시하였다.
④ 한편 신채호의 「을지문덕」, 장지연의 「애국부인전」 등이 등장했는데, 이 작품들은 국권회복과 애국계몽운동에 많은 영향을 주었다.

4 현대소설

(1) 1910년대 소설

1917년 「매일신보」에 발표된 이광수의 「무정」은 여러 가지 면에서 한국소설사의 유의미한 작품으로 평가된다. 먼저 최초의 근대 장편소설이라는 점, 자유연애를 3각구도의 틀로 보여주었다는 점, 자강주의(自强主義) 사상의 하나인 안창호의 독립준비론을 소설화했다는 점 등 많은 의미를 지니고 있다. 이렇게 민족주의 사상을 드러낸 작품이 있는가 하면, 걱정없이 이의 「절교의 서한」과 양건식의 「슬픈 모순」 등은 당대 현실을 사실적으로 묘사하여 한국 근대비판적 사실주의 작품의 효시로 보고 있다.

(2) 1920년대 소설

① 1920년대의 소설은 이전의 문학적인 교훈주의가 청산되고 한국문학 자체의 현대성이 정립된 시기이다. 이 시기에 서양소설과 이론이 본격적으로 유입됨에 따라 소설은 새로운 전환을 맞이하게 된다.
② 먼저 기법적 측면에서, 이광수를 통해 이루어진 문체에 대한 새로운 관심이 언문일치의 개성적인 문체로 완성되었고, 아이러니를 비롯한 다양한 기법들이 많은 작품에서 성공적으로 구사되었다. 또한 사실주의 이론의 도입으로 인물의 형상화 방식에서 현실인식의 태도에 이르기까지 근대문학의 성격에 걸맞은 구체적이고 객관적인 창작방법이 전개되었다. 이 시기에 쓰인 김동인의 「감자」·「배따라기」, 염상섭의 「표본실의 청개구리」, 현진건의 「운수 좋은 날」, 전영택의 「화수분」, 나도향의 「벙어리 삼룡이」 등은 복합구조와 사실적 묘사, 인물형상화의 방법, 언문일치의 서술방식 등을 통해 이 시기 소설의 가장 이채롭고 특징적인 면모를 보여주는 작품들이라 할 수 있다.
③ 1920년대 중반부터 일기 시작한 신경향파 문학과 조선프롤레타리아예술가동맹(KAPF)의 결성으로 시작된 본격적인 프로 문학 운동은 이러한 움직임을 집약적으로 나타낸 것이다. 특히 최서해의 「홍염」·「탈출기」·「박돌의 죽음」 등은 신경향파 소설을 대표하는 것으로, 간도로 이주한 조선 농민들의 비극적인 실태를 생생한 작가적 체험을 통해 형상화함으로써 지식인의 관념에 의거한 소설이 지배적이던 당시 조선문단에 큰 반향을 불러일으켰다. 이러한 프로 문학적 성격이 나타난 주요작품으로는 조명희의 「낙동강」, 한설야의 「과도기」, 이기영의 「홍수」 등이 있다.
④ 또한 이 시기에 이루어진 다양한 문학논쟁들은 소설에 커다란 영향을 주었는데, 특히 1920년대 중반에 일어났던 '내용·형식 논쟁'은 소설을 포함한 예술에서의 사상(혹은 당파성)과 예술방법에 대한 문단 전체의 다양한 관심을 불러일으켰던 문학논쟁이라 할 수 있다.

(3) 1930년대 소설 중요도 중

① 1930년대에는 파시즘의 대두, 중일전쟁의 영향으로 세계뿐만 아니라 우리 문학에 널리 퍼져 있었던 계급문학이 퇴조하게 된다. 이러한 시대적인 한계에도 오히려 작가적 역량을 바탕으로 다양성이 발휘되었다. 1930년대 소설을 특징 짓는 3가지 흐름은 다음과 같다.

> • 근대소설의 주도적인 양식이 단편소설에서 장편소설로 대체되기 시작했다.
> • 소설의 주제와 작가적 관심, 그리고 소설의 기법이 더욱 다양해졌다.
> • 사실주의 창작방법이 장편소설을 통해 일정한 수준과 성과를 획득했다.

② 단편보다 장편이 더 지배적인 소설 갈래로 떠올랐다는 사실은 인간의 삶과 사회구조, 역사의 변화과정을 총체적으로 형상화하고자 하는 창작을 둘러싼 여러 조건들이 성숙되었음을 의미한다. 이 시기의 창작경향을 살펴보면 다음과 같다.

㉠ 첫째, 농민소설로서, 계몽주의적 성격을 띤 이광수의 「흙」과 심훈의 「상록수」, 이석훈의 「황혼의 노래」를 비롯하여 1930년대 후반에는 이무영의 「제1과 제1장」, 박영준의 「모범경작생」, 김정한의 「사하촌」, 김유정의 「만무방」・「소낙비」처럼 일제강점기에 우리 농촌의 궁핍한 현실을 반영한 작품들이 많이 등장했다.

㉡ 둘째, 역사소설로서, 이광수의 「원효대사」・「단종애사」 등을 비롯하여 박종화의 「금삼의 피」, 김동인의 「운현궁의 봄」・「대수양」, 홍명희의 「임거정」 등이 발표되었다. 이 시기에 역사소설이 집중적으로 쓰인 이유로 일제의 민족문화말살정책에 대한 자구책이라는 점, 우리 역사에 대한 관심을 불러일으킴으로써 민족의식의 배양을 간접적으로 의도할 수 있다는 점 등을 꼽을 수 있으나 많은 역사소설들이 그러한 표면적인 목적과는 어울리지 않게 영웅주의적 역사관이나 흥미 위주의 사담(史談) 수준에 머물렀다.

㉢ 셋째, 가족사 연대기소설로서, 한 가문의 몇 대에 걸친 가족사를 통해 일정한 시기의 역사적 변화를 집중적으로 조명하려는 염상섭의 「삼대」, 채만식의 「태평천하」, 김남천의 「대하」와 같은 작품이 발표되었다.

㉣ 넷째, 노동소설로서, 이런 경향은 1920년대부터 조금씩 형성되어 왔으나 이 시기에 이르러 풍성한 수확을 거두게 된다. 1930년대 초반에는 김남천의 「공장신문」・「조정안」, 이북명의 「암모니아 탱크」와 같은 작품들이 발표되어 문단의 주목을 받았고, 중반을 넘어서면서 강경애의 「인간문제」, 한설야의 「황혼」과 같은 장편소설이 발표되었는데, 이들 소설에서는 일제에 억압받는 우리 노동자들의 삶을 그려냄으로써 계급해방의 당위성을 강조했다.

㉤ 다섯째, 풍자소설로서, 소설의 기법이 다양해지면서 나타난 현상 중 가장 괄목할 만한 소설군이다. 풍자소설의 대표적 작가는 채만식이며, 「레디메이드 인생」・「치숙」・「소망」 등을 통해 풍자적 기법을 충분히 발휘해서 소설의 새로운 경지를 개척했다.

㉥ 그밖에도 1930년대에는 이상의 「날개」, 박태원의 「소설가 구보씨의 일일」 등과 같이 심리묘사에 치중하여 현대 도시인의 복잡하고 어지러운 내면세계를 그려낸 모더니즘 계열의 소설과, 김동리의 「무녀도」・「황토기」, 정비석의 「성황당」과 같이 토속적인 삶과 무속신앙 등에서 민족의 정체성과 뿌리를 되찾으려는 소설, 지식인의 의식세계를 그려낸 유진오의 「김강사와 T교수」, 서정소설의 새 영역을 개척한 이효석의 「산」・「들」과 같은 작품들이 발표되었다.

(4) 1940년대 소설

① 1940년대 전반까지는 일제의 황민화정책으로 인해 친일적인 내용의 소설이 쓰였고 이에 동조할 수 없었던 작가들은 소설을 쓰지 않거나 설령 썼더라도 발표하지 않았다. 이 시기를 한국문학사에서 흔히 암흑기로 말하는 것은 그러한 연유에서이다.

② 8·15 해방이 되면서 일제잔재의 청산과 새로운 민족국가의 건설이라는 커다란 민족적 과제를 둘러싸고 좌우익은 날카로운 이념대립을 하게 되었고, 특히 문단에서는 문학가단체의 대립과 논쟁이 나타났다. 이 시기 소설을 큰 흐름으로 묶어보면 다음과 같다.

일제 강점기에 흩어졌다가 조국으로 돌아오는 귀환의 과정을 그린 소설	김동리의 「혈거부족」, 허준의 「잔등」, 엄흥섭의 「귀환일지」, 김만선의 「압록강」, 계용묵의 「별을 헨다」 등
일제의 청산과 해방공간의 현실을 그려낸 소설	이태준의 「해방전후」, 채만식의 「논이야기」, 엄흥섭의 「쫓겨온 사나이」, 염상섭의 「양과자갑」 등
노동자와 농민의 관점에서 해방공간을 바라보는 소설[8]	안회남의 「농민의 비애」, 이근영의 「고구마」, 이태준의 「농토」, 이동규의 「오빠와 애인」, 김영석의 「전차운전수」 등
첨예한 이념문제에서 일정한 거리를 유지하며 인간존재의 궁극적인 의미와 삶의 내재적 본질을 캐내려 한 소설	황순원의 「별과 같이 살다」·「소나기」, 김동리의 「역마」·「달」 등

(5) 1950년대 소설

① 이 시기의 소설은 6·25 전쟁과 분단상황을 중요한 문제로 떠안았다. 해방공간에서 좌익의 이념에 동조하지 않았던 많은 작가들은 남쪽에 남았고, 이들은 전쟁이 일어나면서 대부분 종군작가로 활약해서 전쟁 중에는 이른바 '종군문학'이라는 일종의 전쟁문학을 일구었다. 전쟁이 끝난 후 1950년대의 소설은 당시 지배 이데올로기라 할 수 있는 반공 이데올로기와 자유민주주의 체제를 지향하는 친체제적인 문학이 중심을 형성하였고, 그 주변에 우리 현실을 나름대로 분석하고 비판하려는 새로운 흐름도 나타났다.

② 또한 이 시기에는 제2차 세계대전 후 유럽에서 큰 반향을 일으켰던 실존주의가 들어오면서 이에 자극받은 창작경향들이 나타나기도 했다. 이른바 '순수문학'이 문단의 우위를 차지하면서, 나름대로 근대사와 이념의 문제를 거론한 소설로는 선우휘의 「불꽃」, 황순원의 「카인의 후예」 등이 있으며, 장용학의 「요한시집」은 이 시기에 들어온 실존주의의 영향을 문학에 반영한 작품이다.

③ 현실을 냉소적으로 바라보면서 인간의 무의미성에 집착하여 독특한 문학적 개성을 이루었던 손창섭의 「낙서족」·「잉여인간」 등도 이 시기 소설의 한 특징을 이루며, 1950년대 후반에 등장한 이범선의 「오발탄」, 오상원의 「부동기」, 하근찬의 「수난이대」, 송병수의 「쇼리킴」 등은 당대 현실에 대한 날카로운 해부와 비판의 칼날을 들이대어 사실주의 문학의 전통을 계승하려는 의지를 강하게 나타냈다.

---

[8] 이 작품들은 민족국가 건설에 가장 중대한 문제로 부각되었던 토지문제와 일본인 자본가 소유의 적산불하문제를 둘러싼 농민과 노동자의 입장을 반영하고 있다.

(6) 1960년대 소설

① 1960년대의 소설에서 4·19 혁명을 빼놓고는 이야기하기 어려울 정도로 4·19 혁명은 이 시기 소설의 성격을 규정짓는 중요한 잣대가 된다.

② 4·19 혁명 직후에 발표된 **최인훈의「광장」**은 전후 이데올로기 문제를 본격적으로 다룬 작품으로 당대 최대의 문제작으로 평가받았고, 김승옥의「서울, 1964년 겨울」·「무진기행」은 이 시기에 등장한 새로운 세대들의 문학적 감수성과 문체감각을 잘 드러냈으며, 이청준의「병신과 머저리」는 6·25 전쟁과 전후의 현실에 대응하는 두 세대의 문제의식을 은유적 방법으로 드러냈다.

③ 1960년대에는 문단 전체가 이른바 '순수·참여문학 논쟁'의 소용돌이에 휘말리게 되는데, 이러한 논쟁의 와중에 발표된 김정한의「모래톱이야기」, 남정현의「분지」, 방영웅의「분례기」와 같은 작품은 참여문학을 통한 문학의 사회적 기능회복에 대한 가능성을 보여주었다.

④ 그밖에 이호철의「판문점」과 안수길의「북간도」는 분단문제에 대한 문학적 대응의 새로운 장을 여는 작품이었다.

(7) 1970년대 소설

① 1970년대는 급속하게 진행되는 산업화의 과정에서 제기되는 여러 가지 사회문제들이 소설의 중심소재로 등장했다.

② 황석영의「객지」는 건설현장의 날품노동자들의 삶과 투쟁을 치밀하게 그려냄으로써 이러한 소설들이 연이어 발표되는 데 물꼬를 텄고, 조세희의「난장이가 쏘아올린 작은 공」과 윤흥길의「아홉 켤레의 구두로 남은 사내」등은 기층민중들의 삶에 초점을 맞춘 성과작들이었다.

③ 분단문제와 현대사에 대한 관심도 새롭게 대두되면서 **김원일의「노을」**, 전상국의「아베의 가족」, 황석영의「한씨연대기」, 현기영의「순이삼촌」, 윤흥길의「장마」, 이병주의「지리산」등이 발표되어 6·25 전쟁과 해방직후의 현대사를 새롭게 조명하는 계기를 마련했다.

④ 특히 이 시기의 소설에서 주목할 만한 것은 박경리의「토지」, 황석영의「장길산」, 김주영의「객주」와 같은 대하 역사 장편소설들이 창작되었다는 점이다.

⑤ 당시 새로운 시각으로 남녀 간의 사랑과 사회문제를 그려냈던 최인호의「별들의 고향」, 조해일의「겨울여자」, 한수산의「부초」, 조선작의「영자의 전성시대」등은 대중들에게 많은 사랑을 받은 한편, 문단에서는 이른바 '상업주의 소설 논쟁'이 일어나 대중들의 사랑을 받고 있던 젊은 작가들의 작품을 둘러싸고 질적 문제와 대중적 인기에 대한 비판의 목소리가 제기되었다.

(8) 1980년대 소설

① 1980년대는 광주민주화운동을 기점으로 하여 변혁에 대한 문학적 관심이 커졌던 시기였다. 특히 이 시기의 소설은 노동자를 비롯한 기층민중계급의 관점이 문학에 크게 반영되어 일제강점기 이후 한국소설사에서 노동자계급의 당파성이 가장 집중적으로 문제되던 시기이기도 했다.

② 이 시기의 소설은 우선 광주민주화운동의 문제를 엄한 정치적 상황 속에서도 조심스럽게 제기하는 것으로 시작되었는데, 윤정모의「밤길」, 임철우의「동행」이 초기에 발표되었고 이어 홍희담의「깃발」에 이르러 정점을 이루게 되었다. 또한 김인숙의「79~80, 겨울에서 봄 사이」는 학생운동을 중심으로 한 당대 현실을 다루었으며, 정도상의「십오방 이야기」는 학생운동을 하는 한 청년의 죽음을 통해 당시의 정치상황과 억압적 현실을 신랄하게 고발하고 있다.

③ 특히 이 시기에는 방현석의 「새벽출정」, 정화진의 「쇳물처럼」, 안재성의 「파업」, 김한수의 「성장」과 같은 노동자들의 현실과 투쟁을 다룬 소설들이 잇따라 발표되어 기층민중의 삶과 변혁에 대한 의지를 소설적으로 형상화함으로써 이 시기 소설문학의 성격을 규정 짓는 한 조건을 이루었다.

④ 분단문제를 도식적인 이념의 틀로 접근하지 않고 현대사 전체의 발자취와 맞물려 새롭게 해석하고자 하는 다양한 문학적 시도도 이 시기에 빼놓을 수 없는 한 흐름을 형성했다. 1980년대 최고의 작가로 알려진 이문열의 「영웅시대」는 독특한 역사적 안목으로 일제강점기와 해방직후, 그리고 6·25전쟁에 이르는 현대사를 조명하고 있으며, 이 시기에 베스트셀러가 된 조정래의 「태백산맥」은 현대사에 대한 문학적 해석을 가능하게 했다.

⑤ 이러한 흐름의 한편에 새로운 기법을 통해 실험적인 창작의 길을 모색하는 일련의 작품들도 있었는데, 이인성의 「낯선 시간 속으로」, 최수철의 「화두·기록·화석」 등이 그 예이다. 이들은 전통적인 소설문법을 의도적으로 파괴하며 새롭고 다양한 형식실험을 시도했다.

제 1 편 | 실전예상문제

01 다음 내용에서 괄호 안에 들어갈 용어로 적절한 것은?

> 우리가 '소설(novel)'이라고 부르는 장르에는 픽션(fiction), 로맨스(romance), 단편소설(short-story) 등 다양한 명칭들이 포함되어 있다. 이와 같이 '소설'이라는 이름으로 다양한 형태의 서사물을 모두 포함하여 지칭하는 이유는, 소설이 하루아침에 나타난 것이 아니라 오랜 시간에 걸쳐 진화해 온 (   )이기 때문이다.

① 허구적 장르
② 재구성된 세계
③ 생성적 혼합체
④ 미적 구조

02 다음 중 소설의 특성에 대한 설명으로 가장 옳은 것은?

① 현실의 세계를 그대로 옮긴 것이다.
② 서술자에 의해 매개된 이야기이다.
③ 작가 자신의 체험만을 바탕으로 형상화된 이야기이다.
④ 미완성된 텍스트는 평가의 대상이 될 수 없다.

03 다음 중 소설이 지니는 본질적인 속성으로만 묶이지 않은 것은?

① 개연성, 매개성
② 실재성, 서사성
③ 함축성, 유기성
④ 서사성, 허구성

---

01 우리가 '소설(novel)'이라고 부르는 장르에는 픽션(fiction), 로맨스(romance), 단편소설(short-story) 등 다양한 명칭들이 포함되어 있다. 이와 같이 다양한 형태의 서사물을 '소설'이라는 이름으로 모두 포함하여 지칭하는 이유는, 소설이 하루아침에 나타난 것이 아니라 오랜 시간에 걸쳐 진화해 온 "생성적 혼합체"이기 때문이다.

02 ① 소설에는 허구라는 개념이 내재되어 있다.
③ 소설에서 반드시 작가 본인의 체험만을 형상화하는 것은 아니다.
④ 미완성된 텍스트라도 소설의 구조를 갖추고 있으면 소설 문학으로 평가할 수 있다.

03 소설은 실재성·허구성·개연성·매개성·서사성을 그 본질적인 속성으로 삼는다. 유기성은 문학 갈래가 갖는 보편적 성질이라고 할 수 있지만, 함축성은 시의 본질적인 속성이다.

정답 01 ③ 02 ② 03 ③

04 다음 중 개념과 그 설명의 연결이 올바르지 <u>않은</u> 것은?

① 스토리 : 소설적 이야기의 뼈대가 되는 줄거리
② 초점화 : 텍스트의 인식 주체가 대상을 지각·인식하는 행위
③ 퍼소나 : 소설에서 말을 하는 사람, 즉 언어의 주체
④ 서사담화 : 줄거리를 소설로서의 이야기가 되도록 변형한 것

05 다음 내용에서 괄호 안에 들어갈 단어로 알맞은 것은?

> ( )은/는 사실(fact)과 허구(fiction)를 하나로 결합한 산문이다.

① 팩션
② 리얼리티
③ 다큐멘터리
④ 논픽션

06 소설의 특징에서 중개성에 대한 설명으로 옳은 것을 모두 고른 것은?

> ㉠ 소설은 작가가 상상을 통해 꾸며 낸 허구이다.
> ㉡ 소설은 작품 자체의 내적 논리를 통해 독자로 하여금 사실이 아닌 내용을 사실처럼 느끼게 한다.
> ㉢ 소설은 누군가의 말로 구성되어 있으며, 언어의 주체인 서술자(narrator)가 반드시 존재한다.
> ㉣ 소설은 현실을 재료로 삼아 창작된다.
> ㉤ 윤흥길의 「장마」에 나오는 인물은 당시의 실제 인물이 아니라 창작한 인물들이다.
> ㉥ 서술자가 긍정적으로 서술하는가, 아니면 반어적으로 서술하는가에 따라 소설의 의미전달 양상은 달라질 수 있다.

① ㉠, ㉢
② ㉢, ㉥
③ ㉣, ㉤
④ ㉤, ㉥

---

04 퍼소나(persona)는 본래는 연극배우가 쓰는 탈을 가리키는 말이었으나, 그것이 점차 인간 개인을 가리키는 말로 쓰이게 되었다. 철학용어로는 이성적인 본성(本性)을 가진 개별적 존재자를 가리킨다. 소설에서 말을 하는 사람, 즉 언어의 주체는 서술자(narrator)이다.

05 팩션(faction)은 허구성을 적극적으로 활용한 장르로서, '사실(fact)'과 '허구(fiction)'를 하나로 결합한 산문을 말한다. 이런 작품은 실제 인물과 역사적 사건에 허구를 교직해 풀어낸 것으로 방대한 문헌연구와 자료조사에 기초한 교양지식을 주요한 축으로 삼는다.

06 ㉠·㉤은 허구성, ㉡은 개연성, ㉣은 실재성에 대한 설명이다.

정답 04 ③ 05 ① 06 ②

07 1인칭 소설에서는 주인공 화자에게서 실제 작가(서술자)의 자전적인 면모가 발견되기도 한다. 1인칭 주인공 화자는 바로 '나'이다. '내포작가'는 웨인 부스가 제시한 개념으로, 독자가 소설을 읽으며 만나게 되는 추상적 수준의 작가를 가리키는 말이다.

07 다음 작품에서 나머지 셋과 <u>다른</u> 존재는?

> 나에게 있어서는 행복일는지도 알 수 없는 까닭이다. 김군! 나도 사람이다. 정애(情愛)가 있는 사람이다. 나의 목숨 같은 내 가족이 유린 받는 것을 내 어찌 생각하지 않으랴? 나의 고통을 제삼자로서는 만분의 일이라도 느낄 수 없는 것이다. 나는 이제 나의 탈가한 이유를 군에게 말하고자 한다. 여기에 대하여 동정(同情)과 비난(非難)은 군의 자유다. 나는 다만 이러하다는 것을 군에게 알릴 뿐이다. 나는 이것을 군이 아니면 다른 사람에게라도 알리지 않고는 견딜 수 없는 충동을 받는 까닭이다. 그러나 나는 단언한다. 군도 사람이어니 나의 말하는 것을 부인치는 못하리라.
> – 최서해, 「탈출기」 중에서

① 서술자
② 내포작가
③ 주인공
④ 나

08 서구 문화권에서는 소설의 본질을 허구성으로 보고 소설을 황당무계하고 이상한 이야기로 간주하는 경우에는 소설의 기원을 로맨스에서 찾기도 한다.

08 소설의 기원을 로맨스에서 찾을 때 언급되는 소설의 본질적 특성은?

① 매개성
② 진실성
③ 허구성
④ 산문성

09 ①·③·④는 장편소설의 특징에 대한 내용이다.

09 다음 중 단편소설의 특징으로 옳은 것은?

① 다양한 등장인물과 복잡한 플롯의 뒤얽힘
② 서술 기법의 긴축성
③ 전지적 서술자에 의한 광범위한 전개
④ 등장인물에 대한 보다 지속적이고 정밀한 탐구

정답 07 ② 08 ③ 09 ②

10 다음 내용과 같은 특징을 가진 소설의 종류로 옳은 것은?

- 이야기를 절정 근처에서 시작하여 예비설명을 압축적으로 제시함
- 생생한 효과를 위한 기교를 과시하기에 적합한 장르임
- 등장인물의 수를 줄이고, 등장인물 간에 복잡하게 뒤얽힌 갈등을 감소시키며 빠르게 막을 내림

① 장편소설(長篇小說)
② 중편소설(中篇小說)
③ 단편소설(短篇小說)
④ 엽편소설(葉片小說)

10 제시문은 단편소설의 특징에 대한 내용이다. 단편소설에서는 서술 기법의 긴축성이 훌륭한 효과를 낳게 되며, 생생한 효과를 위한 기교를 과시하기에 적합한 장르라고 할 수 있다. 또한 단편소설은 독자의 사실감각, 이해력, 감정, 그리고 도덕성에 동시에 호소해야 하므로 일상적이고 사소한(범박한) 사건 속에 커다란 의미를 담는다.

11 세헤라자데가 밤마다 흥미로운 이야기를 해서 목숨을 보전하는 내용의 『천일야화』는 내부에 여러 개의 이야기가 들어 있다. 이처럼 하나의 이야기 속에 다른 내부 이야기를 안고 있는 형태의 소설을 지칭하는 용어는?

① 피카레스크
② 액자소설
③ 옴니버스
④ 서사담화

11 액자소설은 하나의 이야기 속에 다른 이야기가 액자 속의 사진처럼 끼워져 있는 형태의 소설을 말한다. 보통 액자소설은 내부에 삽입된 이야기가 중심이다. 그러나 삽입된 이야기가 다수거나, 삽입 이야기 속에 또 삽입 이야기가 들어가는 경우에는 어떤 것이 더 중요하다고 말하기 어려울 수도 있다.

12 다음 중 소설(novel)의 연원에 대한 설명으로 적절하지 않은 것은?

① 동양문화권에서는 근대 이후에 등장한 개념이다.
② 우리나라에서는 근대 이후 많은 사랑을 받게 된 문학 장르이다.
③ 인생살이의 소재를 현실성을 가지고 서사적으로 표현하는 문학이다.
④ 픽션(fiction), 로맨스(romance), 단편소설(short-story) 등 다양한 명칭들을 포함한다.

12 한자문화권에서 소설이란 매우 일찍부터 쓰인 개념으로, 중국에서는 2,000여 년 전에 이미 이와 관련된 기록이 있다. 한편 우리나라에서 소설은 고전문학 시기에는 주류 문학으로 인정받지 못하다가, 근대 이후 문학 갈래로서 사랑받기 시작했다.

정답 10 ③ 11 ② 12 ①

13 길리안 빌러는 로맨스에 대하여 언제나 행복한 결말로 끝이 나고 있다고 말하며 로맨스의 특성을 이야기하고 있다. 대표적인 로맨스라고 할 수 있는 「가웨인 경과 녹색 기사」는 물론 「신선여왕」에서도 주인공은 모두 행복한 끝을 맞이하고 있다.

13 다음 중 근대 이전의 소설인 로맨스(Romance)의 특성으로 볼 수 없는 것은?

① 로맨스는 보통 제한된 삶의 범위를 넘어선다.
② 알레고리는 로맨스에서 가장 중요한 요소이다.
③ 로맨스에는 동화에 가까운 신비적인 요소들이 나타난다.
④ 로맨스는 언제나 비극적인 결말로 끝을 맺는다.

14 이야기가 주인공을 중심으로 한 사건의 시간적 서술이라면, 플롯은 그러한 사건에 극적인 효과를 주기 위해서 인과적으로 서술한 것이라고 말할 수 있다.

14 다음 중 플롯에 대한 설명으로 옳은 것은?

① 사건의 시간적 선후 서술
② 정황이 진술되기 위한 구체적 배경
③ 인과관계에 중점을 둔 사건의 서술
④ 하나의 사건만이 제시된 스토리

15 인물과 사건이 있고 플롯에 의해 서술되는 점은 서사시와 소설이 동일하다고 해도 서사시와 소설의 출현은 그 역사적 배경이 다르다. 즉 서사시는 운문 문학이고, 소설은 산문 문학인 것이다.

15 다음 중 서정 양식과 비교할 때 소설에 대한 설명으로 볼 수 없는 것은?

① 소설은 일련의 사건을 객관적으로 서술하여 전달한다.
② 소설에서는 객관적 세계와 자아의 대결이 서술자에 의하여 전달된다.
③ 소설의 특성을 갖추고 있는 서사시는 소설로 분류한다.
④ 소설에서 주제가 강조되면 서사가 약화된다.

정답 13 ④ 14 ③ 15 ③

16 다음 중 하이퍼 소설에 대한 설명으로 옳지 <u>않은</u> 것은?

① 하이퍼 소설을 이해하기 위해서는 먼저 인터넷의 하이퍼텍스트 개념을 이해해야 한다.
② 하이퍼 소설은 텍스트의 유동성을 전제한 이상 수많은 플롯을 준비해야 한다.
③ 하이퍼 소설에는 독자가 직접 참여할 수도 있으나 독자는 저자가 될 수 없다.
④ 텍스트가 고정되지 않고 수많은 텍스트가 만들어질 수 있다.

16 하이퍼 소설에는 독자가 직접 참여할 수도 있다. 특정한 연결점을 통해서 이동했을 때 여백이 나오면 독자는 자신이 생각한 이야기를 쓸 수 있는 것이다. 이렇게 되면 하이퍼 소설의 저자는 공동 저자가 된다.

17 「탁류」에 대한 설명에서 밑줄 친 부분을 통해 알 수 있는 이 소설의 유형은?

> 「탁류」는 일제 강점기 군산이라는 항구를 배경으로, <u>은행·미두장·투기·고리대금업과 같은 식민지 경제의 현실과 그로부터 파생되는 생존의 문제, 경제적 몰락과 정신의 황폐화와 같은 문제를 조명했다는</u> 점에서 염상섭의 「삼대」와 함께 식민지 시대에 발표된 가장 뛰어난 작품 중의 하나로 평가된다.

① 모더니즘 소설
② 리얼리즘 소설
③ 사회주의 소설
④ 체험주의 소설

17 채만식의 장편소설인 「탁류」는 자본의 탐욕에 희생된 소시민들을 그려냄으로써 리얼리즘의 성취를 이루고 있다. 1937~38년에 『조선일보』에 연재된 「탁류」는 군산 미곡취인소에서 일제가 조작하는 쌀 선물거래인 미두에 손을 댔다가 가족의 끼니마저 챙기지 못하게 된 정주사와, 정주사의 탐욕으로 인해 불행의 나락으로 떨어지는 그의 딸 초봉이의 삶을 중심으로 전개된다.

정답 16 ③ 17 ②

18 이 작품은 박태원의 「소설가 구보씨의 일일」이며, 모더니즘 소설로서 '의식의 흐름' 기법을 사용하고 있다. '의식의 흐름'은 모더니즘 소설에서 주로 사용하는 소설의 기법 중 하나로, 등장인물의 머릿속에 떠오르는 생각·기억·자유 연상·마음에 스치는 느낌을 그대로 적는 기법이며, 정신분석학자인 프로이트의 영향을 받았다. 밑줄 친 부분은 이러한 의식의 흐름 기법을 잘 보여주는 부분이다.

18 다음 작품에서 밑줄 친 부분을 통해 알 수 있는 모더니즘적 특징은?

> 구보는, 우선, 제자리를 찾지 못한다. 하나 남았던 좌석은 그보다 바로 한 걸음 먼저 차에 오른 젊은 여인에게 점령당했다. 구보는, 차장대(車掌臺) 가까운 한구석에 가 서서, 자기는 대체, 이 동대문행 차를 어디까지 타고 가야 할 것인가를, 대체 어느 곳에 행복은 자기를 기다리고 있을 것인가를 생각해 본다.
> 이제 이 차는 동대문을 돌아 경성 운동장 앞으로 해서……. 구보는, 차장대, 운전대로 향한, 안으로 파아란 융을 받쳐 댄 창을 본다. 전차과(電車課)에서는 그곳에 뉴스를 게시한다. 그러나 사람들은 요사이 축구도 야구도 하지 않는 모양이었다.
> 장충단으로. 청량리로. 혹은 성북동으로……. 그러나 요사이 구보는 교외를 즐기지 않는다. 그곳에는, 하여튼 자연이 있었고, 한적(閑寂)이 있었다. 그리고 고독조차 그곳에는, 준비되어 있었다. 요사이, 구보는 고독을 두려워한다. <u>일찍이 그는 고독을 사랑한 일이 있었다. 그러나 고독을 사랑한다는 것은 그의 심경의 바른 표현이 못 될 게다. 그는 결코 고독을 사랑하지 않았는지도 모른다. 아니 도리어 그는 그것을 그지없이 무서워하였는지도 모른다. 그러나 그는 고독과 힘을 겨루어, 결코 그것을 이겨 내지 못하였다. 그런 때, 구보는 차라리 고독에게 몸을 떠맡겨 버리고, 그리고, 스스로 자기는 고독을 사랑하고 있는 것이라고 꾸며 왔었는지도 모를 일이다…….</u>
> 표, 찍읍쇼. 차장이 그의 앞으로 왔다. 구보는 단장을 왼팔에 걸고, 바지 주머니에 손을 넣었다. 그러나 그가 그 속에서 다섯 닢의 동전을 골라내었을 때, 차는 종묘 앞에 서고, 그리고 차장은 제자리로 돌아갔다.

① 작품 속의 서술자가 외부 세계를 관찰하고 있다.
② 개인의 의식 속에 감각·상념·기억 등이 계속하여 떠오르고 있음을 알 수 있다.
③ 단편적인 에피소드들을 작가가 의도대로 조합하여 하나의 완성된 구조로 만드는 기법을 사용하고 있다.
④ 고현학적 소설 방법론을 사용하여 세태와 풍속을 분석·해석하려는 시도를 보인다.

정답 18 ②

제 2 편

소설의 요소

제1장	인물
제2장	구성
제3장	시점
제4장	주제
제5장	배경과 상징
실전예상문제	

교육은 우리 자신의 무지를 점차 발견해 가는 과정이다.

- 윌 듀란트 -

보다 깊이 있는 학습을 위해서 수험생들을 위한
이 시대의 모든 합격! SD에듀의 동영상 강의가 준비되어 있습니다.
www.sdedu.co.kr → 회원가입(로그인) → 강의 살펴보기

제 1 장 인물

| 단원 개요 |

인물은 소설 속의 등장인물 및 그 인물의 개성을 말하는데, 보통 '캐릭터(character)'라고 한다. 현대소설의 궁극적 목표가 대개 인물을 통한 인간성의 탐구에 있다는 점을 고려하면, '행동의 주체'이자 '주제의 구현자'인 '인물'은 중요한 요소이다. 가장 중요한 인물은 주인공이며, 근대 이후 소설에서 주인공은 대개 '문제적 개인'이다. 문제적 개인이란 이 변화무쌍한 세계 속에 내던져져 자신의 운명을 알지 못한 채, 진정한 가치를 찾기 위해 좌충우돌하며 자기 길을 찾아 일종의 여행을 떠나는 인물을 말한다. 그 인물의 모습을 보며 독자는 자신이 살아가는 이 세상이 과연 살 만한 것인가라는 질문을 던지게 된다.

| 출제 경향 및 수험 대책 |

이 단원에서는 평면적 인물과 입체적 인물, 전형적 인물과 개성적 인물 등 인물의 분류, 인물을 제시하는 과정이 직접적 방법인지 간접적 방법인지 여부, 인물을 형상화하는 방법 등 다양한 요소들이 출제되고 있으며, 특히 이들 이론을 개별 작품과 관련지어 묻는 문제들도 많이 출제되므로 이러한 요소들에 대한 집중적이고 체계적인 학습이 요구된다.

제1절 인물과 인물 형상화

1 인물(character)

(1) 인물의 개념

① 소설 속 사건의 주체인 등장인물을 말하는 것으로, 그 인물이 가지는 특별한 성격이나 개성까지도 포함하여 말한다.

② 근대는 개인의 자아 각성과 인간 정신의 옹호라는 인본주의에 기반하고 있다. 이렇게 근대정신에 바탕을 둔 근대소설은 필연적으로 인간성의 탐구와 새로운 인간형의 창조에 많은 관심을 가지게 되므로 근대소설은 사건보다 인물에 중점을 둔다고 할 수 있다.

(2) 인물의 중요성

① 인물은 소설 구성의 주요 요소로서, 주제를 구현해 나가는 주체가 된다. 그리고 작품 속의 모든 구성 요소들을 하나로 묶어주는 핵심이기도 하다.

② 소설을 이루는 배경·시간·분위기·사상 등은 궁극에 가서는 작중 인물의 성격 형상화로 귀결되어야 한다. 따라서 인물은 일정한 사상이나 감정의 틀을 제공하는 도구가 되기도 하고, 사건을 전개시키는 힘의 축이 되기도 한다.

(3) 인물의 특성
① **실제의 모방, 혹은 허구적 존재의 창조**
  ㉠ 실제 인간과 소설 속 인물

실제 인간	소설 속 인물
• 살아 있는 인간으로, 생물학적 형상이자 자기 정체성을 가진 존재 • 무한한 시공간에서 자유롭게 움직일 수 있는 존재 • 미결정적 인격	• 작가가 선택하고 일정한 요소를 통해 형상화한 성격으로 존재 • 소설의 이야기 속에서만 정해진 틀에 따라 움직이는 행위자 • 특정한 성격을 가진 결정적인 인격

  ㉡ 실존 인물에서 모티프를 취했다고 해서 소설 속 인물이 그 실제의 인물과 같은 것은 아니다.
     ⓔ 홍명희의 「임거정」에서 임꺽정, 박경리의 『토지』에서 동학장수 김개주
  ㉢ 실존 인물을 모델로 삼더라도, 허구적인 이야기 속에서 의미를 지닌 인물로 기능할 수 있게 재창조되어야 한다.

② **인물의 이중성**
  ㉠ 성격소설과 행동소설로 유형화한다(뮤어).

인물 중심의 성격소설	인물의 심리적 자질과 발전과정에 서술 초점이 있는 소설 유형(ⓔ 이상의 「날개」, 오상원의 「유예(猶豫)」)
플롯 중심의 행동소설	사건으로서의 행동전개가 서술의 중심이 되는 소설 유형

  ㉡ 주제 중심·기능 중심에 따라 분류하기도 한다.

주제 측면을 중시하는 입장	무엇을 의미하는 인물인가에 더 주안점을 두며, 리얼리스트가 이에 해당함
기능 측면을 중시하는 입장	어떤 행위를 하는 인물인가에 더 주안점을 두며, 형식주의자나 구조주의자들이 이에 해당함

2 인물의 형상화와 기능 중요도 중

인물 형상화는 작가가 인물에 대한 정보를 제시하는 방식으로, 소설에서 한 인물이 어떻게 행동하고 이야기 전개에 어떤 역할을 하며, 또 그리하여 무엇을 의미하도록 그리는가와 같은 것을 말한다.

(1) 인물의 제시방식 : 말하기(telling)와 보여주기(showing)
① **말하기 방법(혹은 설명하기 방법)**
  ㉠ 작가가 권위를 가지고 서사적 정보들을 통제하고자 할 때 사용하는 서술 기법이다.
  ㉡ 작가(서술자)가 직접 인물에 관한 정보를 요약하여 제시하는 방법으로, 평면적이고 전형적인 인물의 묘사에 적절하다.

> 이형식은 아직 독신이라 남의 여자와 가까이 교제하여 본 적이 없고, 이렇게 순결한 청년이 흔히 그러한 모양으로 젊은 여자를 대하면 자연 수줍은 생각이 나서 얼굴이 확확 달며 고개가 절로 숙여진다. 남자로 생겨나서 이러함이 못생겼다면 못생겼다고도 하려니와, 여자를 보면 아무러한 핑계를 얻어서라도 가까이 가려고, 말 한마디라도 하여보려 하는 잘난 사람들보다는 나으리라. 형식은 여러 가지 생각을 한다.
> 우선 처음 만나서 이렇게 인사를 할까? 남자 간에 하는 모양으로
> "처음 보입니다. 저는 이형식이올시다." 이렇게 할까.
> 그러나 나는 잠시라도 가르치는 자요, 너는 배우는 자라. 그러면 미상불 무슨 차별이 있지나 아니할까. 저편에서 먼저 내게 인사를 하거든 그제야 나도 인사를 하는 것이 마땅하지 아니할까. 그것은 그러려니와 교수하는 방법은 어떻게나 할는지.
>
> — 이광수, 「무정」 중에서

위 작품의 경우, 작가가 나서서 '형식'의 마음 속 생각까지 전달하고 있다. 즉 직접적인 '말하기'로 '형식'이 어떤 인물인지를 알 수 있도록 한다.

> 익호라는 인물의 고향이 어디인지는 ××촌에서 아무도 몰랐다. 사투리로 보아서 경기 사투리인 듯하지만 빠른 말로 재재거리는 때에는 영남 사투리가 보일 때도 있고, 싸움이라도 할 때는 서북 사투리가 보일 때도 있었다. 그런지라 사투리로서 그의 고향을 짐작할 수가 없었다. 쉬운 일본말도 알고, 한문 글자도 좀 알고, 중국말은 물론 꽤 하고, 쉬운 러시아말도 할 줄 아는 점 등등 이곳 저곳 숱하게 주워 먹은 것은 짐작이 가지만, 그의 경력을 똑똑히 아는 사람은 없었다.
>
> — 김동인, 「붉은 산」 중에서

위 작품의 경우 서술자가 말하기 방법으로 '익호'라는 인물을 설명하고 있다. 이러한 표현은 작가의 주관에 따라 직접적으로 등장인물의 성격을 규정해 놓기 때문에 독자는 그 인물에 관하여 자기 나름의 정서와 태도를 반영할 수 없으므로 상상력이 제한되기 마련이다.

② **보여주기(혹은 묘사)**
  ㉠ 가능한 한 서술의 표면에서 작가에 의해 가공된 흔적을 지우고 독자가 스스로 이야기의 추이를 뒤쫓을 수 있도록 배려한 서술 전략으로, 극적인 제시, 혹은 장면적 서술이라고도 지칭한다.
  ㉡ 행동이나 대화로 인물에 대한 정보를 간접적으로 제시하는 방법으로, 사실주의 소설의 등장 이후 많은 소설가들이 이 방법을 선호해 왔다.

> 허 생은 변 씨를 대하여 길게 읍(揖)하고 말했다.
> "내가 집이 가난해서 무엇을 좀 해 보려고 하니, 만 냥(兩)을 꾸어주시기 바랍니다."
> 변 씨는
> "그러시오."
> 하고 당장 만 냥을 내주었다. 허 생은 감사하다는 인사도 없이 가 버렸다. 변 씨의 자제와 손들이 허 생을 보니 영락없는 거지였다. 허 생이 나가자 모두 어리둥절해서 물었다.
> "저이를 아시나요?"
> "모르지"

> "아니 하루아침에, 누군지도 알지 못하는 사람에게 만 냥을 그냥 내던져 버리시고, 성명도 묻지 않으시다니, 대체 무슨 영문인가요?"
> 변 씨가 대답하는 것이었다.
> "이건 너희들이 알 바 아니다. 대체로 남에게 무엇을 빌리러 오는 사람은 으레 자기 뜻을 대단히 선전하고, 신용을 자랑하면서도 비굴한 빛이 얼굴에 나타나고, 말을 중언부언 하게 마련이다. 그런데 저 객은 형색은 허술하지만, 말이 간단하고, 눈을 똑바로 뜨며, 얼굴에 부끄러운 기색이 없는 것으로 보아, 재물이 없이도 스스로 만족할 수 있는 사람이다. 그런 사람이 해 보겠다는 일이 작은 일이 아닐 것이매, 나 또한 그를 시험해 보려는 것이다. 안 주면 모르되, 이왕 만 냥을 주는 바에 성명은 물어 무엇을 하겠느냐?"
>
> — 박지원, 「허생전」 중에서

전혀 알지도 못하던 사람인 허 생에게 선뜻 만 냥을 내어 주는 대범한 행위를 통해 변 씨가 대상인(大商人)다운 활달한 도량을 가진 성격의 소유자임을 보여주고 있다. 가능한 한 서술의 표면에서 작가의 개입을 지우고 독자가 스스로 인물과 사건을 관찰하여 서사의 추이를 따라갈 수 있도록 배려하고자 하는 서술 전략이다.

> 언제 구웠는지 더운 김이 홱 끼치는 굵은 감자 세 개가 손에 뿌듯이 쥐었다.
> "느 집엔 이거 없지?"
> 하고 생색 있는 큰소리를 하고는 제가 준 것을 남이 알면은 큰일 날 테니 여기서 얼른 먹어버리란다. 그리고 또 하는 소리가,
> "너 봄 감자가 맛있단다."
> "난 감자 안 먹는다, 니나 먹어라."
> 나는 고개도 돌리려 하지 않고 일하던 손으로 그 감자를 도로 어깨 너머로 쑥 밀어버렸다. 그랬더니 그래도 가는 기색이 없고 뿐만 아니라 쌔근쌔근 하고 심상치 않게 숨소리가 점점 거칠어진다.
>
> — 김유정, 「동백꽃」 중에서

점순이가 내미는 감자를 '나'가 거절하면서 화가 난 '점순이'가 달아나는 장면이다. 점순이의 행동에서 나를 좋아하는 마음이 엿보인다. 즉, 대화나 행동을 객관적으로 표현하는 가운데 성격과 심리가 간접적으로 제시되는 것이다.

③ 말하기 방법과 보여주기 방법의 장단점
  ㉠ 말하기의 방법만을 사용할 때는 사건의 전개나 플롯이 느슨해지거나 산만해질 위험이 있다. 플롯이 복잡해지고 클라이맥스가 가까워질 때, 독자에게 어떤 강한 인상을 주고자 할 때는 장면 위주의 보여주기 방법이 효과적이다.
  ㉡ 보여주기의 방법만을 사용하면 다룰 수 있는 사건의 범위에 한계가 생긴다. 광범위한 시간과 장소에 걸친 사건을 다뤄야 하는 장편소설에서는 중요하지 않은 부분을 간단히 요약하여 서술함으로써 독자가 개괄할 수 있도록 사건을 배치할 수 있다.
  ㉢ 보여주기는 서술자의 역할이 제한되기 때문에 독자에게 좀 더 능동적인 역할을 부여할 수 있고, 말하기는 독자의 반응을 능률적으로 통어할 수 있을 뿐만 아니라 장황한 사건을 요약함으로써 서술 속도를 조절할 수 있다.

② 최근에는 보여주기 방법의 변형으로 인물의 내적 체험으로 심리과정을 재현하는 방식이 쓰이고 있다(이른바 '의식의 흐름' 소설에서 발견하기 쉬움).

(2) 인물 형상화의 구성요소

① **명명법**
  ㉠ 웰렉
  『문학의 이론』에서 인물에 이름을 부여하는 명명법을 인물 묘사의 가장 단순한 방법으로 '생생하게 만들기, 영혼을 부여하기, 개성화하기'라고 표현하였다.
  ㉡ 인물의 성격을 단적으로 드러내는 명명법
    예 '유충렬(임금을 향한 충성)', 구운몽의 '성진(性眞-참된 진리)', '심청(착한 마음을 지닌 효녀)' 등
  ㉢ 별명을 이용한 명명법
    예 이무영의 「꿩장 씨」에서 '꿩장 씨'
  ㉣ 반어적인 효과를 의도하는 명명법
    김동인의 「감자」에서 '복녀(이름과 달리 비극적인 죽임을 당함)', 전영택의 「화수분」에서 '화수분(이름과 달리 극심한 가난에 시달림)'
  ㉤ 익명화하는 경우
    예 김승옥의 「서울, 1964년 겨울」에서 '나, 사내, 안(安)', 이상의 「날개」에서 주인공 '나', 조세희의 「난장이가 쏘아올린 작은 공」에서 '난장이', 장정일의 「너에게 나를 보낸다」에서 '바지 입은 여자', 배수아의 「검은 늑대의 무리」에서 '남자 아이', '여자 아이' 등

② **육체적(유전적) 요소**
  인물의 성별(성적 매력), 인종, 나이, 외양(체격, 얼굴 생김새, 피부색, 목소리 등), 건강(신체적 결함 혹은 질병 여부), 몸가짐과 패션 센스, 의상과 소유물 등에 의해서 드러난다.

③ **심리적 요소** : 기질 및 정신적 특성
  ㉠ 기질적 특성
    명랑하고 사교적이거나, 예민하고 우울하다거나, 의지가 강하고 독립적이라거나, 인내가 강하고 사려가 깊다거나 하는 것을 말한다.
  ㉡ 욕구·욕망은 물론 신념이나 가치·목적도 성격화 요소에 속한다.

④ **사회적 요소** : 대인관계 및 사회적 환경
  ㉠ 가족관계는 기본적인 성격과 갈등을 드러내는 중요한 요소이다.
  ㉡ 사회적 환경 : 사회계층과의 갈등 문제
    예 이기영의 「홍수」에서 박건성 : 전위적 인물

(3) 인물의 기능과 분석

① **주동인물**
  ㉠ 중심부에서 주제와 관련된 중요한 문제를 발견하고 이를 위해 행동하는 등 이야기를 주도하는 인물을 말한다.

ⓒ 주동인물 주변에는 주변인물을 변화시키고 행동이나 결심을 하도록 결정적인 정보를 주는 촉매 역할을 하는 인물이 있고, 주인공을 돋보이게 하는 협력자나 신뢰할 만한 친밀한 동료 등을 배치하기도 한다.
② 반동인물
　　㉠ 사건이 진행되는 과정에서 주인공과 대립함으로써 작품의 극적 구조에 선명함을 더하는 인물을 말한다.
　　ⓒ 반동인물이 주동인물보다 지위가 높거나 나이가 많고, 능력이 클수록, 또 도덕적으로 애매하게 보일수록 갈등과 긴장은 증가한다.
③ 서사적 기능에 따른 유형화

블라디미르 프로프	민담의 구조를 분석하여, 인물을 31가지 행동요소로 유형화함
수리오	극적 상황 속에서 서로 결합할 가능성이 있는 힘들, 혹은 기능들을 여섯으로 나눔
부르뇌프와 우엘레	수리오의 여섯 가지 기능들을 소설에 적용함

> **더 알아두기**
>
> 이광수의 「흙」을 수리오의 기능에 따라 분류한 예시
>
> | 수리오의 기능 분류 | 「흙」의 전반부 인물 기능 | 「흙」의 후반부 인물 기능 |
> | --- | --- | --- |
> | 주동자 | 허숭 | 허숭(작은갑) |
> | 반대자 | 윤정선, 유정근 | 유정근 |
> | 대상 | 농촌계몽 | 농촌계몽 |
> | 발동자 | 한민교 선생 | (허숭) |
> | 수동자 | 살여울의 농민들 | 살여울의 농민들 |
> | 보조자 | 유순 | 유순, 윤정선, 작은갑 |

3 인물의 유형

(1) 평면적 인물과 입체적 인물(E. M. 포스터) 종요도 하

① 평면적 인물
　　㉠ 단순한 성격의 인물로, 환경변화에도 불구하고 성격이 변하지 않기 때문에 독자에게 쉽게 파악될 수 있어서 작품을 다 읽고 난 뒤에도 오래 기억된다.
　　ⓒ 독자에게 쉽게 기억되는 장점이 있으나 유형화되어 희극적인 느낌을 주기 때문에 진실성이 없어 보인다는 단점도 있다.
　　ⓒ 현대소설에서 주로 부차적 인물이거나 풍자적 알레고리 작품의 주인공이 되기도 한다.

② 예시

　김유정의 작중 인물들은 대부분 평면적 인물이다. 「동백꽃」의 '나', 「금 따는 콩밭」의 '영식' 같은 인물은 모자라고 못난 인물로서 성격적 변화가 거의 없다. 전영택의 「화수분」의 '화수분'도 평면적 인물이며, 주요섭의 「사랑손님과 어머니」의 '옥희 엄마'도 마찬가지이다.

② 입체적 인물
　㉠ 소설의 전개 과정에서 성격이 계속 변화하기 때문에 동적 성격이라고도 하며, 기질과 동기에서 복잡함을 드러낼 필요가 있기 때문에 작가는 미묘하고 특수한 묘사에 주력한다.
　㉡ 독자를 감동시켜서 특별한 감정에 빠져들게 할 수 있기 때문에 희극보다는 비극적인 역할에 적합하다.
　㉢ 현대소설의 작중 인물은 입체적 인물인 경우가 많다. 독자가 미처 따라가지 못할 만큼 작중 인물은 성격적 변화가 두드러지고 행동의 양태가 극적이다.
　㉣ 예시

　김동인의 「감자」에 나오는 복녀, 「붉은 산」에 나오는 정익호(삵), 김유정의 「만무방」에 나오는 아우 '응오' 같은 중심인물이 입체적 인물이다. 일반적으로 주변인물은 평면적이고 정적인 성격을 가진다.

(2) 개성적 인물과 전형적 인물

① 개성적 인물
　㉠ 개성이 '개인이 가지고 있는 고유한 특성'이라면, 두드러지게 남과 다른 특성을 지닌 인물이 개성적 인물이다.
　㉡ 개성은 사상에서보다 감정이나 본능 면에서 두드러지게 나타난다.
　㉢ 예시

　「날개」의 주인공 '나', 「무진기행」의 주인공 '윤희중' 같은 인물은 남달리 자의식이 강하다는 점에서 이런 유형에 속한다.

② 전형적 인물
　㉠ 리얼리즘 소설에서는 인물에게 환경과의 관계에서 전형성을 부여하는 것이 매우 중요하며, 전형성이란 사회의 보편성을 인물의 개성을 통해 반영한 것을 의미한다.
　㉡ 전형적 인물은 일반적인 인간 체험의 결과로 나타난 보편적 전형과 시대와 사회의 특수한 상황에서 나타난 개별적 전형으로 구분할 수 있다.
　㉢ 예시

　채만식의 「태평천하」에 나오는 '윤직원 영감'은 수전노의 보편적 전형이고, 「흙」의 '허숭'과 「상록수」의 '박동혁'은 특수한 시대 상황 속에서 농촌 계몽에 앞장섰던, 그 시대의 개별적 전형이다.

(3) 인물의 성격 유형은 고정되어 있지 않음

개성적인 인물이면서 전형적인 인물의 특성을 가지고 있을 수도 있고, 평면적이면서도 입체적인 인물의 성격을 가진 인물들도 있다. 어떤 면에서는 이러한 이중적인 성격을 모두 가지고 있는 인물이 더욱더 리얼리티가 있는 인물이라고 할 수 있다.

제2절 인물 분석의 사례

1 김홍신의 「난장판」[1]

「난장판」은 한 마디로 말해서 뼈에 사무치도록 맺힌 한(恨)을 푸는 이야기다. 악(惡)의 대명사요, 괴력의 사내 황장사에게 목숨을 걸고 도전하게 된 허풍선이는, 황장사에게 오직 그의 씨름의 맞잡이란 이유 때문에 살해당한 김문재의 아들이며, 미모인 그의 어머니까지 농락당하고 있는 한 맺힌 사내이다. 지금까지 그의 어머니는 그자의 손에서 벗어나질 못하며, 허풍선이 자신은 김대문이란 이름까지 호적에서 파 버리고 말았던 것이다. 그는 호적상으론 인공 난리 때 이미 죽어 버린 사람이었다.

그가 지금까지 이름도 없이 살아오게 된 것은 모두가 외삼촌 털보의 눈물겨운 뒷바라지의 덕이었다. 그런 덕으로 혈안이 되어 찾아다닌 황장사의 눈을 교묘히 속여 넘길 수가 있었던 것이고, 그가 끝까지 베일 속에 숨어 산 것도 황장사의 칼이 두려웠기 때문이었고, 남 몰래 밤에만 몸을 단련한 것도 그 때문이었다. 그는 한시도 아버지의 비참한 최후와 능욕을 당하던 어머니의 부끄러운 장면을 잊지 못했다. 이렇게 자신을 감추고 살아오는 동안 황장사 패거리의 비인간적 잔인성은 그의 동료들에게 쉴 새 없이 가해지고 있었다. 쪼깐이, 성자, 째보 등의 처참한 죽음이 이어질 때마다 그는 더욱 맹렬한 분노의 불꽃을 피어올리고 있었다. 이 모두가 그에게는 풀지 못한 한으로 가슴에 응어리져 갔던 것이다. 비단 이런 한은 허풍선이에 한한 것만은 아니다. 쌈짓골 사람 모두가 이러한 한을 안고 살아가는 사람들이다. 성자가 죽었을 때, 그들이 풀지 못한 한이 그만큼 컸기 때문이었다. 애인(성자)을 잃은 번개, 섬섬이를 잃고 보복하러 갔다 개죽음을 당한 째보, 섬섬이를 못 잊는 빠꿈이들이 모두 한 맺힌 사람들이요, 황장사의 농간에 걸려 벌이도 못 한 채 묶여 사는 곡마단 패거리, 그 중에서도 백중날 장비를 실어 내리다 붙들려 병신이 된 난장이 박서방, 그리고 인질로 잡혀진 채 몸을 바치고 있는 통 굴리는 여자, 남편 죽은 지 삼칠일도 지나기 전에 능욕당한 심가의 아내, 이 모두가 한이 맺히고 응어리진 사람들이다. 심지어 천천수도 백정놈으로 괄시당한 한을 못 풀어 황장사 밑으로 기어들어갔다는 것은 역설적으로 그도 한을 지닌 자라는 것을 말해 준다.

> 결과는 허풍선이의 승리로 끝나는데 다음은 그 가장 극적인 장면이다. 황장사가 번쩍 들렸다. 허리를 두 손으로 껴안고 가슴께까지 들어올렸다. 무서운 힘이었다.
> 어디가 허물어지는 것 같은, 사람의 목소리라고 하기엔 너무나 처절한, 포효하는 야수의 울부짖음 같은 외마디 비명 소리가 터져 나왔다.
> 허리를 꺾어 무릎 위에 얹고 절구질을 했다.
> 모래 바닥이 팽기며 황장사는 개구리처럼 뻗어 경련을 했다. 허리가 작신 부러졌다. 처참한 장면이었다.

결승에서 한 판 져 준 후 완전히 탈진한 황장사를 메어꽂는 장면이다. 이 감동적인 파국은 소설에서 가장 시원한 장면이다. 그것은 단순히 허풍선이 한 사람만의 승리가 아니라. 소중하게 키 온 선의지의 승리이며, 응어리진 한을 푸는 해한제이기 때문이다. 이 한 판의 승부가 단순히 한 사람만의 힘에 의한 것이 아니고 모든 사람의 협력에 의한 것이란 점도 또 하나의 의의를 지니게 된다.

---

[1] 조동민, 「난장에 얽힌 한의 미학 - 난장판을 중심으로」

2 박범신의 「풀잎처럼 눕다」

이 작품은 시골 읍내에서 살던 두 젊은이가 도시로 올라와 야망과 꿈을 실현하려 하지만 끝내는 허망한 패배로 끝난다는 줄거리다. 삶에 실패했다고 스스로 생각하며 아무데도 뿌리를 내리지 못하고 도시의 골목에 내팽개쳐진 '문도엽'이나 뒷골목 사회에서 길들여진 칼잡이 '정동오', 맑고 따뜻한 사랑으로 충만한 조그마한 여인 '유은지' 등은 모두 도시에서 살려고 발버둥치지만 결국 도시의 힘에 눌려 꿈은 깨지고 희망은 꺾인다.

> 서울은, 괴물 같은 도시는, 강 건너에서 막 밤화장을 끝내고 있는 중이다. 그러나 도엽은 알고 있었다. 그 치장 뒤의 완강한 배타성을, 뭐든지 먹어치우고도 표정 하나 달라지지 않는 탐욕스런 식욕과 피투성이 되지 않으면 시멘트 콘크리트 숲에서 이끼처럼 말라 죽을 수밖에 없는 비리, 그리고 사철 소음과 매연을 묻히며 도시의 구석구석을 날아다니는 피 냄새를 ……
> 자, 저 괴물 속에 난 뛰어들어야 한다. 아무 것도 준비하지 못하고.

급격하게 이루어진 1970년대 물량 위주의 도시화가 주민들의 사회적·경제적 요구를 충족시킬 수 있는 효율적인 수단들을 개발하지 못했기 때문에 폭력 수단을 채택하게 되었고 삶의 기회가 좁아진 이농민들은 그 수단에 쉽게 고용되었다.

도엽이나 동오의 범죄가 독자들의 공감과 지지를 받는 것은 그들의 행위가 사회적 성격을 띠고 있으며 아울러 범죄자인 동시에 그들 자신이 피해자로 부각되었기 때문이다. 즉, 도엽이 살아 있던 1970년대의 모든 동시대인들은 이 젊은이를 범죄인으로 만든 장본인이요, 도엽의 삶의 조건에 올가미를 씌운 다 같은 가해자이기 때문이다.

3 박화성의 「바람뉘」

「바람뉘」(1958)는 가장 처참한 분단의 비극이었던 6·25를 겪은 세대들이 그 후유증을 강인한 의지로 극복해 내면서 새로운 삶을 지향하는 작품이다. 등장한 인물들은 어느 누구나 6·25에 맺히고 얽힌 사람들로, 납치 미망인 '장운희' 여사를 비롯해서 아들이 돌아올 날을 기다리며 사는 그녀의 친정어머니, 동생이 이북에 살아 있기만을 바라는 그녀의 시아주버니, 6·25때 아내가 폭사를 당한 그녀의 어릴 때 남자친구인 '황석' 등은 모두가 6·25로 인해서 가슴에 깊은 상처를 입은 사람들이다.

'장운희'는 아직 남편의 생사가 미확인된 상태이고 세 아이의 어머니일 뿐 아니라 두 시아주버니의 가족들과 왕래하며 그들의 도움으로 살아가고 있다. 때문에 어릴 때 남자친구인 황석이 아내를 잃고 두 아이를 기르는 홀아비지만 그들의 관계는 사회적으로나 심리적·도덕적으로 이성적인 사랑을 할 수 있는 처지가 아니다. 그것을 무엇보다도 슬기 있게 이해하며 우정 관계를 흐트러지게 하지 않으려는 강인한 의지를 가진 사람이 바로 황석이며, 장운희 역시 모든 것을 초월해 버리고 오직 사랑만을 불태우려는 몰지각한 여성도 아니다. 이러한 두 남녀의 관계는 어느 시대나 흔히 있을 수 있는 스타일이라고 생각할지 모르나 실은 그 깊숙한 곳에 흐르는 심리적인 저변에는 6·25의 체험에서 오는 모럴 의식에서 우러난 관계라는 것을 알 수가 있다.

이러한 모럴의 창조는 6·25에 대한 건전한 의식의 소산이며 그 건전한 의식은 분단 상태를 극복해 나갈 수 있는 힘의 초석이기도 하다. 자칫 6·25에 대한 감상적인 피해의식에 사로잡히기 쉬우며 흔해 빠진 한에 사무쳐 버리기 일쑤인데, 이 작품에 등장하는 '장운희'와 '황석'은 체험으로써 이를 극복하여 더욱 강해진 신념을 가지고 새 생활을 향해 한 치도 뒤돌아봄 없이 꾸준히 나아가고 있다. 이러한 신념과 의식의 소유자만이 분단을 극복할 수 있는 전형성을 지닐 수 있고 탈 6·25가 아닌 극 6·25를 창조해 낼 수 있을 것이다. 바로 이 작품의 테마는 이러한 인간의 창조에 있다고 본다.[2]

4 손창섭의 「잉여인간」[3]

손창섭 소설의 인물은 기본적으로 네 사람이다. 남자가 세 사람, 여자가 한 사람인데, 그들은 대개 한 집에 모여 지낸다. 때로는 방 한 칸에 모여 살기도 하지만, 그들은 한 집안 식구는 아니다. 각각이 남남이거나, 최소한 두 가구 이상이 모여 이룬 복합형 취락 구조다. 그 집 혹은 그들의 방은 동굴 속처럼 어둡고 칙칙하다. 그 안에서 그들은 부조화의 조화를 이루면서 생활한다. 손창섭 소설의 전체는 불협화음이다. 가족끼리 어울려 살면서도 남남처럼 서먹하고, 남남끼리 어울려 살면서도 가족처럼 끈끈한 것이 손창섭 소설의 특징이다.

> 만기치과의원(萬基齒科醫院)에는 원장인 서만기 씨와 간호원 홍인숙 양 외에도 거의 날마다 출근하다시피 하는 사람 둘이 있다. 그 한 사람은 비분강개파 채익준씨요, 다른 한 사람은 실의의 인간 천봉우씨다. 두 사람은 다 같이 서만기 원장의 중학교 동창생이다.

제시된 장면은 「잉여인간」의 첫 부분이다. 여기서도 주요 작중 인물은 세 남자와 한 여자로, 모두 넷이다. '서만기', '채익준', '천봉우', '홍인숙'이며, 이 가운데 서만기 혼자만 생업이 있고, 채익준과 천봉우는 무직이다. 벌이가 없기 때문에 그들은 자연 벌이가 있는 서만기에게 생계를 의지할 수밖에 없다. 손창섭의 소설은 벌이가 없는 이 두 사람을 중심으로 이야기를 벌이는 것이 특징이다. 그들의 어울려 살기란 모두 정상적인 얽힘이 아니다. 서로 얽힐 수 없는 관계이지만, 전쟁이 그것을 가능케 한다는 것이 손창섭의 시각이다.

손창섭은 처음부터 가능한 인간의 관계들을 주목하지 않는다. 오히려 불가능한 관계들이 서로 어떻게 얽혀 지내는가를 주목한다. 「잉여인간」의 인물들은 목적 없이 만나는 생활의 낙오자들이지만, 중학교 동창이라는 인연으로 하나의 가족적인 틀을 형성한다. 혹은 군대 동기인 경우도 있고, 이북에서 같이 지내다가 피난 나온 사람들이기도 하다.

손창섭 소설의 인물들은 대부분 무력증 환자다. 「잉여인간」의 천봉우처럼 모두 실의에 빠져 있다. 천봉우는 늘 말이 없고, 방금 자다 깬 사람처럼 가수면 상태에서 허덕인다. 그가 그렇게 된 이유를 작가는 6·25 때문이라고 적고 있다. 피난 나갈 기회를 놓치고 적치 삼 개월을 꼬박 서울에 숨어 지내다 보니, 빨갱이와 공습에 대한 공포감 때문에 그렇게 되었다는 것이다. 전쟁은 끝났지만, 아직도 불안한 긴장상태가 지속되고 있음을 의미한다. 중학 시절의 그는 재기 발랄한 야심가였다. 그러던 것이 전란 통에 양친과 형제를 잃고 나자 인간 만사에 흥미를 잃고 말았다.

---

2) 최일수, 「의지의 미학」
3) 송하춘, 「전쟁 직후의 네거티브 필름 – 손창섭론」, 민음사

제 2 장 구성

| 단원 개요 |

소설의 구성이란 흔히 플롯(plot)이라고도 하며, 소설에서 이야기를 전개하거나 주제를 표현하거나 혹은 사건의 필연성 등을 염두에 두고 소설 속의 여러 요소들을 인과관계에 따라 유기적으로 배열하는 작가의 의도적인 표현 계획과 방법을 말한다. 이러한 구성은 스토리(story)와는 별개의 것으로 스토리가 시간의 연결에 따른 정리된 사건의 진술로써, '그리고 다음은', '그리고 또'와 같이 진행된다면, 구성은 인과관계에 중점을 둔 사건의 서술로써 '이것을 근거로 하여', '왜냐하면' 과 같은 논리로 진행된다. 또한, 사건의 비약이나 돌발적인 행동을 합리화시키기 위한 수단인 복선도 구성의 한 기법이다. 이런 수단과 기법을 통해서 소설은 리얼리티를 살릴 수 있다.

| 출제 경향 및 수험 대책 |

이 단원에서는 구성(플롯)의 개념과 각 학자들의 구성에 대한 정의, 소설 구성의 단계, 소설 구성의 법칙과 분류, 개별 작품의 플롯 구조를 묻는 문제들이 출제되고 있다. 따라서 구성의 개념과 다양한 정의를 암기하고, 소설 구성의 단계에 대한 이해를 바탕으로 개별 작품의 구조를 파악하는 연습을 꾸준히 하여 관련 문제에 대처할 필요가 있다. 평소 소설 작품을 읽으면서 구성상의 특징을 살피는 연습을 한다면 도움이 될 것이다.

제1절 구성의 개념

1 구성(plot)의 정의

① 구성은 전문용어로 영어에서 차용한 '플롯'이라는 말을 쓰는데 흔히 어떤 사물의 짜임새를 말한다. 즉, 소설의 구성은 소설 작품의 짜임새를 말한다.
② 구성은 넓은 의미로는 인물의 설정과 사건 전개, 분위기의 조성 등 한 편의 작품을 조직화하는 일체의 것을 가리키며, 좁은 의미로는 사건과 행위의 구조를 가리킨다.
③ 소설은 한 마디로 말해서, 어떤 배경 속에서 어떤 인물에 의해 전개되는 사건 이야기이다. 그러므로 사건의 전개 과정이 곧 소설의 중추를 형성하며, 이것이 구성과 불가분의 관계를 맺고 있는 것이다.
④ 소설이 사건의 전개 과정을 반드시 시간 순으로 보여 주는 것은 아니다. 현실에서는 모든 사건이 시간의 흐름 속에서 연대기적으로 전개되는데도, 작품 속에 서술되는 사건은 예컨대 다음과 같은 순서로 제시된다.

> 사건의 순서 : ① → ② → ③ → ④ → ⑤ → ⑥ → ⑦ → ⑧ → ⑨ → ⑩

> 플롯의 순서 : ❶ → ② → ③ → ❼ → ⑤ → ⑥ → ❹ → ⑧ → ⑨ → ⑩

이 도표는 실제 벌어진 모든 사건들이 소설에서 다 사용되지 않는 것을 보여준다. 작가는 유용하다고 생각되는 사건만을 취사·선택하며, 이 선택이 완료되면 작가적 개성과 문체적 특징을 바탕으로 효과적으로 배열하게 되는 것이다. 위의 도표에서 사건 ①~⑩ 중 ❶, ❼, ❹, ❿만 선택되어 소설의 재료로 쓰였고, 그 순서도 본래 사건의 순서와 다름을 알 수 있다. 여기서 줄거리와 구성의 개념이 도입될 수 있다.

⑤ 한 편의 소설은 단순한 서사의 시간적 흐름에 따른 축적이 아니다. 그것은 작가가 의도한 목적지를 향해서 인과관계에 의거하여 발전되어 나가는 과정이며, 그 제시도 효과를 고려하여 시간의 선후관계를 무시하고 나타날 수 있다. 그러므로 똑같은 '신데렐라' 스토리라고 할지라도 여러 개의 플롯을 가진 소설로 나타날 수 있다고도 말할 수 있다. 결국 플롯이란 소설 작품에 제시된 사건의 구조로서 각각의 사건들이 유기적 관계를 맺음으로써 주제를 구현하고, 예술미를 형성할 수 있도록 논리적이고 인과적으로 배열된 사건의 총체이다.

> **더 알아두기**
>
> **E. M. 포스터의 『소설의 양상』에서 story와 plot의 차이**
>
> 스토리는 시간적 순서대로 배열된 사건의 서술이다. 플롯도 사건의 서술이지만, 인과관계에 중점을 둔다. '왕이 죽고 왕비가 죽었다.'하는 것은 스토리이지만, '왕이 죽자 왕비도 슬퍼서 죽었다.'하는 것은 플롯이다. 시간적 순서는 그대로 가지고 있지만, 인과관계가 이에 그림자를 드리운다. 또 '왕비가 죽었다. 아무도 그 까닭을 몰랐다가 왕이 죽은 슬픔 때문이라는 것을 알게 되었다.'라고 한다면, 이것은 신비를 간직한 플롯이며, 고도의 발전이 가능한 형식이다. …… 왕비의 죽음을 생각할 때, 이것이 스토리에 나오면 'and'하지만, 플롯에 나오면 'why'한다. 우리는 여기에서 미의 문제에 부닥친다. …… 플롯은 소설의 논리적이고 지적인 단면이다.
>
> **노스럽 프라이의 플롯과 스토리 구별**
>
> | 플롯 | 차창을 통해 시선을 집중시키는 나무들과 집들(the trees and houses that we focus our eyes on through a train window) |
> |---|---|
> | 스토리 | 앞마당에 내던져진 잡초와 돌들(the weeds and stones that rush by in the foreground) |
>
> 이 비유는 플롯은 일종의 연속성을, 스토리는 개체성을 기본 원리로 삼고 있다는 것을 전한다. 또한 플롯은 동적인 구조이며 스토리는 정적인 구조라는 것이다. 프라이는 플롯을 '총체적인 사건들의 연속 과정'이라고 정리하면서 스토리는 소리·이미지 등의 흐름을 포괄한다는 뜻에서 플롯보다는 자연스러운 것이라고 설명하기도 했다.

2 구성의 특성

(1) '구성'은 제품을 만들 때 쓰이는 설계도에 비유되기도 한다. 아무리 좋은 재료를 사용한다 하더라도 그에 따른 적절한 설계도가 없으면 좋은 결과물을 만들어낼 수 없듯이, 소설에 있어서도 잘 짜인 계획과 작가 의도의 반영인 구성을 떠나서는 완성도 높은 소설 작품을 기대할 수가 없다.

(2) 구성이 작품 속에 나타난 행위의 구조라고 할 때, 그 행위는 단순한 사건 자체가 아니고 사건의 연속체를 의미한다. 다시 말하면, 사건의 연속체란 인과관계에 의해 연결된 일련의 사건들만을 포함하는 것으로 제한하여 사용하고 있다. 따라서 다른 사건의 직접적인 원인과 결과가 되는 사건들, 그리고 주제 전달에 있어서 생략될 수 없는 중요한 사건들의 연속체를 짜임새 있게 연결하는 것이 곧 구성인 것이다. 예를 들어, '눈이 폭포처럼 쏟아지고 있었다. 폭풍우가 지붕을 날려버릴 듯이 거세게 불어 댔다. 아름드리나무가 송두리째 뽑히고, 나뭇가지가 우지끈 부러졌다. 아이가 소스라치게 놀라 울고 있다.'는 상황 속에서는 사건의 요소들이 따로따로 존재한다. 그러나 '눈이 폭포처럼 쏟아지고, 폭풍우가 지붕을 날려버릴 듯이 거세게 불어 대더니 아름드리나무가 송두리째 뽑혀 나뭇가지가 우지끈 부러졌다. 그러자 아이가 소스라치게 놀라며 소리쳐 울기 시작했다.'라고 한다면 하나의 인과관계가 형성되고, '자연이 주는 공포' 또는 '자연과 인간의 갈등'이라는 주제의식을 가능케 한다.

(3) 구성은 또한 사건 전개에 논리성을 부여한다. 돌발적인 사건이나 행동을 그대로 드러내지 않고 복선을 사용하여 이를 합리화함으로써 리얼리티를 획득하게 된다. 이렇게 함으로써 작품은 통일성을 얻게 되고 구성은 주제를 구현하는 데 기여하게 된다. 결국 구성의 궁극적 목적인 주제의 효과적인 구현이 잘 이루어지는 것이다.

3 구성의 유형

(1) 프리드먼의 플롯 유형

운명의 플롯	비극적 플롯	• 독자가 공감할 만한 주인공이 나쁜 쪽으로 변화하는 것이 플롯의 골격임 • 주인공의 무지함, 운명적인 결함(하마르티아, hamartia), 오만한 천성(히브리스, hybris) 등에서 비롯됨
	감상적 플롯	• 공감적인 주인공이 불운의 위협을 이겨내고 결국에 가서는 향상하여 변화하는 해피엔딩의 플롯임 • '수난-보상'의 멜로드라마적 플롯
성격의 플롯	성숙의 플롯	• 주인공의 성격에 어떤 힘과 방향이 주어지고 시행착오를 거쳐 나가는 성장과정이 나옴 • 성숙의 플롯으로 교양소설의 유형과 같음
	시련의 플롯	공감적이며 힘 있고 과단성 있는 주인공이 어떤 식으로든 자신의 높은 목적과 수단을 양보하고 포기하도록 압력을 받음
사고의 플롯	환멸의 플롯	• 공감적인 주인공이 자기 이상에 대한 확고한 신념을 가지고 화려하게 출발하지만 어떤 손실과 위험과 시련을 겪은 후 신념을 모두 잃어버리는 플롯 • 장용학의 「요한시집」, 최인훈의 「광장」 등이 해당함

(2) 구성의 기본 유형

사건 중심적 구성	사건의 발생과 해결을 주된 관심사로 하는 구성으로, 대체로 하나의 사건을 단위로 삼아 갈등의 발생·전개·해결의 과정을 다루며, 구성이 간결하기 때문에 주제가 명확하게 전달될 수 있음
인물 중심적 구성	인물의 출생으로부터 노년에 이르는 일생을 다루는 것을 특히 일대기(一代記) 형식이라 하며, 인물의 생애와 운명에 초점을 맞추어 다루기 때문에, 인물이 삶 속에서 일어나는 크고 작은 여러 사건이 한 작품에 담기는 경우가 많음
연대기적(年代記的) 구성	오랜 시간에 걸쳐 다양한 인물과 함께 통시적(通時的) 사건들을 다루는 구성으로, 거시적(巨視的) 사회 변화와 흐름을 갖고 있는 큰 스케일의 역사적 인물이나 사건을 그리는 데 적합함

(3) 구성의 일반적 분류 중요도 중

① **직선적 구성**

구성의 유형 중 가장 단순한 방식으로 한 가지 이야기만이 전개되는 구성 방식이다. 단일한 사건이 전개되기 때문에 단일한 인상을 주고 단일한 효과를 줄 수 있다. 이 형태는 이야기에 통일성을 줌으로써 사건 진행과정이 명료하게 드러나지만 사건들이 서로 밀접한 관련 없이 각각 독립적으로 산만하게 연결되기 때문에 단순성을 면치 못한다. 대부분의 단편소설이 여기에 해당한다.

② **복합적 구성**

두 가지 이상의 이야기가 복합적으로 얽혀 전개되는 구성이다. 하나의 사건이 진행되는 중에 새로운 다른 사건이 일어나 먼저 사건에 병합되어 진행되기도 하고, 또 다른 사건이 일어나면서 앞선 사건들에 연결되어 이야기가 엮어지기도 한다. 이런 복합적 구성 방식은 삶을 총체적으로 드러내고자 하는 장편소설에서 많이 볼 수 있다. 여러 개의 사건이 연결되지만 그 사건들은 주제를 효과적으로 전달하기 위해 긴밀한 연결과 질서를 유지하고 있어 하나의 이야기로 묶일 수 있다. 예를 들어 조정래의 소설 「태백산맥」을 보면 이념의 갈등이나 사랑 등을 복합적으로 그려내고 있다.

③ **병렬식 구성**

여러 사건이 각각 독립적으로 진행되면서 하나의 완결된 이야기로 되어있는 것을 병렬식 구성이라고 하는데 이와 같은 유형은 흥미 본위의 로망적인 소설에 많이 있다. 하나하나의 에피소드 속에 사건의 단계적 진행이 있지만 그 에피소드들은 전체의 이야기 속에 부분으로 포함되어 있을 뿐이다. 그러므로 이야기끼리의 긴밀한 연결과 상관성은 적은 편이다. 옴니버스식 구성과 피카레스크식 구성이 여기에 해당하며, 대표적인 작품으로는 박태원의 「천변풍경」, 홍명희의 「임거정」을 들 수 있다.

④ **액자형 구성**

액자 소설에서 보이는 유형으로 한 작품이 '내부 이야기'와 '외부 이야기'로 이루어지는 구성 방식이다. 이때 외부 이야기는 독자를 내부 이야기로 끌어들이는 통로의 기능을 하고, 중심 갈등은 내부 이야기를 통해 드러난다. 황순원의 「목넘이 마을의 개」를 보면 '나'가 외갓집에서 할머니에게 텁석부리 할아버지와 흰둥이 개에 관련된 이야기를 전해 듣는 형식으로 전개되는데, 이것이 액자형 구성의 대표적인 예라고 할 수 있다. 겉의 이야기는 보통 1인칭의 시점이 되고, 중심적인 이야기는 3인칭의 이야기로 진행되는데, 독자와 작중 현실을 1인칭 서술자가 매개함으로써 이야기의 신뢰성을 높일 수 있는 것이 장점이다.

> **더 알아두기**
>
> **액자(額字) 구성**
> - 외부 이야기[외화(外話)] 속에 내부 이야기[내화(內話)]가 들어 있는 구성 방식이다.
> - 외부 이야기가 액자의 역할을 하고, 내부 이야기가 핵심 이야기가 된다.
> - 액자는 내부 이야기를 도입하고, 또 그것을 객관화하여 이야기의 신빙성을 더해 주는 기능을 갖는다.
>   예 박지원의 「옥갑야화」, 김동인의 「배따라기」・「광화사」, 김동리의 「무녀도」・「등신불」 등
> - 김동리, 「등신불」
>
> | 외부 이야기
(도입 액자) | '나'는 일제 말기 학병으로 끌려가 남경에 주둔해 있다가 탈출하여 대학 선배인 진기수의 도움으로 정원사란 절에 의탁한다. '나'는 금불각의 등신불을 보고 그 흉측한 모습에 경악한다. (현재) |
> |---|---|
> | 내부 이야기
(핵심 내용) | '나'는 원혜 대사에게서 '만적'이 성불(成佛)한 내력을 듣게 된다. '만적'은 자신을 위해 이복형제를 독살하려는 어머니로 말미암아 큰 갈등을 겪다가 가출한 이복형 '사신'을 찾아 출가한다. 10년 후 '만적'은 그토록 찾았던 '사신'이 문둥병이라는 천형에 고통받고 있음을 알고 번뇌하다가 소신공양을 결심한다. 등신불은 소신공양으로 성불한 '만적'의 타다 굳어진 몸에 금을 씌운 것이다. (과거) |
> | 외부 이야기
(종결 액자) | 원혜 대사의 이야기를 들은 '나'는 등신불에 서린 인간적인 고뇌와 슬픔을 이해하게 된다. (현재) |
>
> '내'가 불교에 귀의하게 되는 외화(도입 액자)와 '등신불'에 얽힌 내화(액자)가 '나'를 중심으로 연결되고 있다. 그리고 주인공 '만적'이 자신의 몸을 불사르는 '자기희생을 통한 인간고(人間苦)의 종교적 승화'라는 작품의 주제가 내화를 통해 드러나고 다시 종결 액자 부분으로 연결되며 글이 마무리된다.

(4) 이야기의 수에 따른 분류

단일 구성	• 단일한 사건으로 구성되는 것이 특징이다. • 진행이 단순하기 때문에 전체적으로 통일된 인상이나 메시지를 전할 때 효과적이다. • 비교적 짧은 단편소설의 경우에 많이 쓰인다. 예 황순원의 「소나기」, 황석영의 「아우를 위하여」
복합 구성	• 두 가지 이상의 줄거리를 지니고 있는 구성을 말한다. • 두 개 이상의 사건이나 플롯이 서로 교차하면서 진행되는 구성이기 때문에 장편소설에 많이 쓰인다. 예 박경리의 「토지」, 김주영의 「객주」

(5) 구성의 밀도에 따른 분류

직선적 구성	• 사건들이 서로 밀접한 관련성 없이 각각 독립적으로 산만하게 연결된 구성이다. • 사건이 느슨하게 전개되기 때문에 '이완(弛緩)된 구성' 또는 '삽화적(揷話的) 구성'이라고도 한다.
극적(劇的) 구성	• 이야기가 진행되는 과정에서 사건이 다른 사건과 짜임새 있게 연결되고 긴장감 속에서 전개되기 때문에 '견고한 구성'이라고도 한다. • 일반적으로 4단계 또는 5단계 구성을 충실히 지키며, 유기적 구성에 해당한다.

(6) 주인공의 성취에 따른 분류

상승 구성	• 주인공이 작품 초반에 고난을 겪다가 나중에 가서 행복한 결말에 도달하는 것이다. • 주인공이 지향하는 바가 독자가 보는 앞에서 성공적으로 이루어지게 되는 구성으로 결말이 해피엔딩으로 끝난다.
하강 구성	• 주인공이 행복한 상태에서 점차 불행한 상태로 전락하게 되는 구성이다. • 주인공의 지향하는 바가 독자가 보기에 실패하게 되는 구성이기 때문에 비극적 결말이 특징이다.

(7) 사건의 진행 방식에 따른 분류

평면적 구성	• 사건을 시간적 순서에 따라, '과거 → 현재 → 미래'의 순서로 진행시키는 것이다. • '진행적 구성'이라고도 하며, 주로 고전소설이나 단편소설에 많이 사용된다.
입체적 구성	• 시간적 순서에 따르지 않고 사건을 분석하여 시간적 역전이 일어나게 하는 구성이다. • '분석적 구성'이라고도 하며, 주로 현대소설이나, 장편소설, 심리소설 등에 잘 쓰인다.

4 구성의 단계 중요도 상

우리가 드라마나 영화를 볼 때도 모두 같은 방식으로 전개가 되는데 이는 바로 이야기를 물처럼 흘러가게 하기 위한 소설의 구성 때문이다. 소설의 구성은 작가가 긴장감과 즐거움을 유발하며 이야기를 진행되게 만드는 틀인 것이다. 따라서 구성 속에 담기는 사건들과 그 사건들의 인과관계 및 필연의 정도를 모른다면 독자는 더 이상 그 소설을 이해할 수가 없다. 그런 면에서 구성은 그 자신의 법칙을 가지고 있어야 한다. 그것은 반드시 시작과 중간과 끝을 가지고 있어야 하며 그럴싸하고 논리적이어야 하며 때때로 독자를 깜짝 놀라게 할 정도의 반전이 있어야 한다.

(1) 발단

발단은 소설의 도입부로 인물이 소개되고 시간과 공간적 배경이 제시되며 기본 상황의 윤곽이 드러나는 소설의 출발점이다. 그러나 이 모든 것이 한꺼번에 제시되어야 한다는 원칙은 없다.

> "장인님! 인젠 저……"
> 내가 이렇게 뒤통수를 긁고, 나이가 찼으니 성례를 시켜 줘야 않겠느냐고 하면 대답이 늘
> "이 자식아! 성례구 뭐구 미처 자라야지!"
> 하고 만다. 이 자라야 한다는 것은 내가 아니라 내 아내가 될 점순이의 키 말이다.
> — 김유정, 「봄봄」 중에서

김유정의 「봄봄」은 아무런 사전 지식도 주지 않고 두 인물 간의 '성례(成禮) 이야기'로 시작한다. 이와 같은 방법은 작가가 의도적으로 극적인 효과를 노리고, 독자의 흥미를 사로잡기 위하한 것이다.

> 새침하게 흐린 품이 눈이 올 듯하더니 눈은 아니 오고 얼다가 만 비가 추적추적 내리는 날이었다.
> — 현진건, 「운수 좋은 날」 중에서

일반적으로 발단에서는 위와 같이 배경을 소개하며 시작하는 것이 일반적이다. 위의 문장은 잔뜩 흐린 날씨를 통해 김첨지가 그날 겪을 삶의 내용과 결과를 결정적으로 암시하고 있다.

(2) 갈등(전개-위기)

주동인물은 대립 세력이나 반동인물의 행동이나 성격에 의하여 심리적으로 갈등을 겪게 되고 인물들의 긴장감은 여러 행동으로 나타난다. 일반적으로 갈등은 사건이 절정에 이르는 계기가 되는 단계라고 말해진다. 따라서 앞에 나온 발단의 이야기를 끌어안고 절정으로 치닫게 하는 여러 가지 요인을 제시해야 한다. 그러므로 갈등 부분은 내용상으로 가장 많은 분량을 차지한다.

> 집을 나올 제 아내의 부탁이 마음이 켕기었다 – 앞집 마마님한테서 부르러 왔을 제 병인은 뼈만 남은 얼굴에 유일의 샘물 같은 유달리 크고 움푹한 눈에 애걸하는 빛을 띄우며,
> "오늘은 나가지 말아요. 제발 덕분에 집에 붙어 있어요. 내가 이렇게 아픈데……."
> 라고, 모기 소리같이 중얼거리고 숨을 걸그렁걸그렁하였다. 그때에 김첨지는 대수롭지 않은듯이,
> "아따, 젠장맞을 년, 별 빌어먹을 소리를 다 하네. 맞붙들고 앉았으면 누가 먹여 살릴 줄 알아."
> 하고 훌쩍 뛰어나오려니까 환자는 붙잡을 듯이 팔을 내저으며,
> "나가지 말라도 그래, 그러면 일찍이 들어와요."
> 하고, 목메인 소리가 뒤를 따랐다.
>
> – 현진건, 「운수 좋은 날」 중에서

김첨지는 돈을 벌어야 하니 나가서 일을 하겠다고 하지만, 그의 아내는 자신이 병중에 있으니 나가지 말라고 한다. 바로 이 부분에서 인물과 인물의 갈등이 발생한다.

(3) 절정

절정은 갈등과 분규가 가장 격렬해지고 사건이 최고조에 이르는 단계이며 동시에 사건 해결의 분기점이 되는 단계이다. 작품 전체의 의미가 제시되며 위기가 반복되면서 상승 행동과 하강 행동이 교차하기도 한다. 또한 여러 이야기가 질서를 잡아가고, 대단원을 예감케 하는 과정이기도 하다.

> "이까짓 것!"
> 그는 발을 들어서 치장한 신부의 머리를 찼다.
> "자, 가자우, 가자우."
> 왕 서방은 와들와들 떨었다. 왕 서방은 복녀의 손을 뿌리쳤다. 그러나 곧 다시 일어섰다. 그가 다시 일어설 때는 그의 손에 얼른얼른하는 낫이 한 자루 들리어 있었다.
> "이 되놈, 죽어라. 이놈, 나 때렸디! 이 놈아, 아이구 사람 죽이누나."
> 그는 목을 놓고 처울면서 낫을 휘돌렸다. 칠성문 밖 외딴 밭 가운데 홀로 서 있는 왕 서방의 집에서는 일장의 활극이 일어났다. 그러나 그 활극도 곧 잠잠하게 되었다. 복녀의 손에 들리어 있던 낫이 어느덧 왕 서방의 손으로 넘어가고, 복녀는 목으로 피를 쏟으며 그 자리에 고꾸라져 있었다.
>
> – 김동인, 「감자」 중에서

이 소설에서 가장 극적인 절정을 보여 주는 장면이다. 복녀가 내연 관계에 있던 왕 서방을 찾아가 살해하려다가 오히려 살해되는 장면은 이 두 인물의 갈등이 파국으로 치닫고 있음을 여실히 보여준다. 비극 소설은 대개의 경우 작중 인물의 꿈이 좌절되거나 죽음으로 끝나는 형태로 나타나는데, 절정은 바로 그 파국의 예비 단계이다.

(4) 결말

파국, 해결, 대단원이라고도 부른다. 등장인물의 운명이 분명해지고 그의 실패나 성공의 전모가 드러나는 최종적인 단계로 해피엔딩인지 새드엔딩인지 확인할 수 있다. 결말에서는 구성상 세 가지 양상 중에 하나로 나타날 수 있다. 그 하나는 죽음이거나 거기에 준하는 비극적 사건이고, 다른 하나는 의도의 반전이며, 또 하나는 현실 상황에 대한 인식이다.

> "으응, 또 대답이 없네, 정말 죽었나 버이."
> 이러다가 누운 이의 흰자위를 덮은, 위로 치뜬 눈을 알아보자마자,
> "이 눈깔! 왜 나를 바라보지 못하고 천정만 보느냐, 응."
> 하는 말끝엔 목이 메였다. 그러자 산 사람의 눈에서 떨어진 닭의 똥 같은 눈물이 죽은 이의 뻣뻣한 얼굴을 어릉어릉 적시었다. 문득 김 첨지는 미친 듯이 제 얼굴을 죽은 이의 얼굴에 한데 비벼대며 중얼거렸다.
> "설렁탕을 사다 놓았는데 왜 먹지를 못하니, 왜 먹지를 못하니…… 괴상하게도 오늘은 운수가 좋더니만……."
> – 현진건, 「운수 좋은 날」 중에서

운수가 좋던 김 첨지에게 오늘은 자신의 생애에서 가장 운수 없는 날이 되고 만다. 아내가 죽었기 때문이다. 위의 부분은 절정과 동시에 파국이라고 할 수 있는데, 죽어 버린 아내를 바라보는 상황적인 인식으로 결말을 마무리하고 있다.

5 소설의 갈등

(1) 갈등의 개념과 기능

① **갈등의 개념**
  ㉠ 갈등은 두 개 이상의 욕구가 동시에 존재하고 그것이 지향하는 방향이 서로 반대되어 충돌을 일으키는 상태를 가리킨다.
  ㉡ 소설에서는 갈등을 등장인물이 겪게 되는 대립적 관계로서 개인의 어떤 정서나 동기가 다른 정서나 동기와 대립하기 때문에 생겨난다고 본다.

② **갈등의 기능**
  ㉠ 갈등은 각종 고민과 걱정을 양산하여 인간의 정신생활을 혼란하게 하고 내적 조화를 파괴하기도 하면서 인물의 스트레스를 고조시킨다.
  ㉡ 인물의 내적·외적 현재 상태를 규정해주는 기능을 한다.

(2) 갈등의 원인과 유형

① 갈등의 원인
S. 프로이트는 리비도(libido), 곧 넓은 의미의 성욕(性慾)이 사회의 풍습과 충돌하고 모순되므로 그 만족이 억압되어 무의식의 세계로 밀려나는 일이 많아 여러 가지 방위기제(防衛機制)나 신경쇠약이 나타나기 때문에 갈등이 발생한다고 주장하였다. 그러나 오늘날에는 오히려 K. 레빈의 심리학적 차원에서 고찰하는 것이 보통이다.

② 갈등의 유형
레빈은 장이론을 주장하면서 갈등은 다음의 네 가지 경우로 발생한다고 주장했다.

접근–접근 갈등	• 두 개의 플러스의 유의성(誘意性 : 끌어당기는 힘)이 거의 같은 세기로 동시에 반대방향으로 작용하는 경우, 즉 다 같이 매력 있는 목표가 있는데, 어느 쪽을 택하면 좋을지 결정하지 못하는 경우를 말한다. • 도시(圖示)하면 '+ ← 사람 → +'이다. 예컨대, 여성이 결혼과 직장 사이에서 진퇴양난이 되어 있는 경우이다.
회피–회피 갈등	• 두 개의 마이너스의 유의성이 거의 같은 세기로 동시에 작용하는 경우, 즉 '– → 사람 ← –'이다. • 앞은 낭떠러지요, 뒤에는 호랑이라는 경우이며, 어느 쪽으로 나아가도 화를 면할 수는 없다.
접근–회피 갈등	• 플러스의 유의성이 동시에 마이너스의 유의성을 수반하는 경우이며, '± ⟷ 사람'으로 나타낼 수 있다. • 가령 시험에는 합격하고 싶은데, 공부는 하기 싫다는 등의 경우이다. 이상은 유의성이 둘인 경우인데, 셋일 때도 있다.
다중 접근 회피 갈등	• 두 가지나 세 가지의 접근–회피갈등이 동시에 들이닥치는 경우가 대부분이다. • 각종 고민과 걱정, 심각한 스트레스는 대부분 여기서 발생한다.

(3) 갈등의 양상 중요도 하

① 한 개인 내면에서의 갈등
다른 대상이 아닌 개인 내부의 심리적인 모순 대립에 의한 내적인 갈등을 가리킨다. 마음속에 일어나는 고민, 불안, 방황 등의 심리 상태를 생각하면 되는데 우리는 일상생활에서 다양한 내적 갈등을 경험하게 된다.

> 성진이 여덟 선녀를 본 후에 정신이 자못 황홀하여 마음에 생각하되
> '남애(남자가) 세상에 나 어려서 공맹의 글을 읽고, 자라 요순 같은 임금을 만나, 나면 장쉬(장수가) 되고 들면 정승이 되어, 비단 옷을 입고 옥대를 띠고 옥궐에 조회하고, 눈에 고운 빛을 보고 귀에 좋은 소리를 듣고 은택이 백성에게 미치고, 공명이 후세에 드리움이 또한 대장부의 일이라. 우리 부처의 법문은 한 바리 밥과 한 병 물과 두어 권 경문과 일백여덟 낱 염주뿐이라. 도덕이 비록 높고 아름다우나 적막하기 심하도다.'
> 생각을 이리하고 저리하여 밤이 이미 깊었더니, 문득 눈앞에 팔 선녀 섰거늘, 놀라 고쳐 보니 이미 간 곳 없더라.
>
> – 김만중, 「구운몽」 중에서

불도를 닦던 성진이 팔선녀를 만난 후, 속세의 부귀공명과 불도의 적막함 사이에서 내적 갈등을 겪는 장면이다.

② **인간과 인간 사이의 갈등**
주인공과 주인공의 대립적인 인물과의 관계에서 일어나는 갈등을 말하며, 인물들 간의 욕구나 가치관, 이해관계 등의 차이에 의해 생겨날 수 있다. 이런 유형의 갈등은 소설에서 사건이 일어나게 하는 역할을 한다.

> "아, 이년아! 남의 닭 아주 죽일 터이냐?"
> 내가 도끼눈을 뜨고 다시 꽤 호령을 하니까 그제서야 울타리께로 쪼르르 오더니 울 밖에 섰는 나의 머리를 겨누고 닭을 내팽개친다.
> "예이 더럽다! 더럽다!"
> "더러운 걸 널더러 입때 끼고 있으랬니? 망할 계집애년 같으니!"
> 하고 나도 더럽단 듯이 울타리께를 횡허케 돌아내리매 약이 오를 대로 다 올랐다라고 하는 것은 암탉이 풍기는 서슬에 나의 이마빼기에다 물찌똥을 찍 깔겼는데 그걸 본다면 알집만 터졌을 뿐 아니라 골병은 단단히 든 듯싶다.
>
> — 김유정, 「동백꽃」 중에서

위 작품에서는 닭을 소재로 하여 나와 점순이와의 대립과 갈등이 나타나고 있다.

③ **개인과 사회의 갈등**
주인공과 주인공이 속해 있는 사회적 환경과의 갈등을 의미한다. 즉, 인물과 그 인물을 둘러싸고 있는 특정한 사회적 배경이 조화를 이루지 못해 발생하는 갈등이다. 주로 사회적 이슈를 다룬 소설들에서 나타난다.

> 인텔리……인텔리 중에도 아무런 손끝의 기술이 없이 대학이나 전문 학교의 졸업 증서 한 장을, 또는 조그만한 보통 상식을 가진 직업 없는 인텔리…… 해마다 천여 명씩 늘어가는 인텔리…… 뱀을 본 것은 이들의 인텔리다. 부르주아의 모든 기관이 포화 상태가 되어 더 수효가 아니 느니 그들은 결국 꾀임을 받아 나무에 올라갔다가 흔들리우는 셈이다. 개밥의 도토리다.
> 인텔리가 아니었으면 차라리…… 노동자가 되었을 것인데 인텔리인지라 그 속에는 들어갔다가도 도로 달아나오는 것이 99%다. 그 나머지는 모두 어깨가 축 처진 무직 인텔리요 무력한 문화 예비군 속에서 푸른 한숨만 쉬는 초상집의 주인 없는 개들이다. 레디메이드 인생이다.
>
> — 채만식, 「레디메이드 인생」 중에서

인텔리인 등장인물과 인텔리를 긍정적으로 수용하지 않는 사회 사이의 갈등이 야기되고 있다. 일제 강점기 지식인 실업문제라는 사회적 이슈를 다루고 있다.

④ **인간과 자연 사이의 갈등**
등장인물과 이들의 행동을 제한하는 자연 현상과의 갈등이다. 즉, 태풍·홍수·지진·가뭄 등 자연재해로 소설의 등장인물이 고난을 겪게 되는 것을 가리킨다.

> 군데군데 좀구멍이 나서 썩어가는 기둥이 비뚤어지고, 중풍 든 사람의 입처럼 문조차 돌아가서…… 북쪽으로 사정없이 넘어가는 오막살이 앞에는, 다행이 키는 낮아도 해묵은 감나무가 한 주 서 있다. 그러나 그게라야 모를 낸 후 비 같은 비 한 방울 구경 못한 무서운 가뭄에 시달려 그렇지 않아도 쪼그라졌던 고목 잎이 볼 모양 없이 배배 틀려서 잘못하면 돌배나무로 알려질 판이다. 그래도 그것이 구십 도가 넘게 쪄 내리는 팔월의 태양을 가리워, 누더기 같으나마 밑둥치에는 제법 넓은 그늘을 지웠다. 그걸 다행으로 깔아 준 낡은 삿자리 위에는 발가벗은 어린애가 파리똥 앉은 얼굴에 땟물을 쪼르르 흘리며 울어댄다. 언제부터 울었는지 벌써 맥진해서 울음소리조차 잘 아니 나왔다.
>
> — 김정한, 「사하촌」 중에서

극심한 가뭄이라는 자연 현상과 이에 시달리는 마을 사람들의 극한적 상황을 그리고 있다. 즉 자연과 인간과의 갈등이 나타나 있다.

⑤ **인간과 운명과의 갈등**

한 개인이 인간의 본래적 조건과 대결하는 과정에서 나타나는 갈등이다. 즉, 한 인물이 자신에게 주어진 운명을 거부하거나 저항하려는 노력을 보일 때 인물과 운명의 갈등은 발생한다.

> 그의 발 앞에는, 물과 함께 갈리어 길도 세 갈래로 나 있었으나, 화갯골 쪽엔 처음부터 등을 지고 있었고, 동남으로 난 길은 하동, 서남으로 난 길이 구례, 작년 이맘때도 지나 그녀가 울음섞인 하직을 남기고 채장수 영감과 함께 넘어간 산모퉁이 고갯길은 퍼붓는 햇볕 속에 지금도 환히 장터 위를 굽이 돌아 구례 쪽을 향했으나, 성기는 한참 뒤 몸을 돌렸다.. 그리하여 그의 발은 구례 쪽을 등지고 하동 쪽을 향해 천천히 옮겨졌다.
> 한 걸음, 한 걸음, 발을 옮겨 놓을수록 그의 마음은 한결 가벼워져서, 멀리 버드나무 사이에서 그의 뒷모양을 바라보고 서 있을 그의 어머니의 주막이 그의 시야에서 완전히 사라져 갈 무렵이 되어서는 육자배기 가락으로 제법 콧노래까지 흥얼거리며 가고 있는 것이다.
>
> — 김동리, 「역마」 중에서

이 소설은 역마살이라는 운명관에 신음하는 인간의 모습을 그리고 있다. 주인공은 운명을 극복하려고 노력하지만 결국은 운명에 순종함으로써 인간의 고뇌를 극복하고 구원된다.

제2절 플롯 분석의 사례4)

1 개화의식과 '고향 떠남의 플롯' : 이광수의 「무정」

한국의 근대화로 진입하는 시기에 계몽문학의 대표적인 작품으로 평가받은 「무정」의 중심 모티프가 '고향 떠남'이라는 점은 매우 시사적이다. 작품의 플롯은 새로운 시대의 중추적 세력을 대신하는 영어 교사 '이형식'을 중심으로, 예전 양반집 처녀로 형식과 약혼한 사이였으나 지금은 몰락해서 기방에서 생활하는 '박영채'와, 기독교 장로의 딸이면서 외국 유학을 준비하는 '김선영'과의 삼각관계를 중심으로 전개된다. 그런데 결말부에서 이러한 사랑의 갈등 관계가 주인공들의 외국 유학으로 해결되었다는 점에서 "고향 떠남"의 모티프가 작품에서 중요한 자리를 차지하게 된다.

개화기에 지식인들의 유학은 그들의 정해진 삶의 과정이라는 점을 생각하면 이 작품에서 "고향 떠남"은 새삼스러울 것이 없다. 개화의식을 형상화한 작품이라면 외국 유학을 떠나는 결말은 당연하다. 그런데 중심인물들이 모두 유학을 떠나게 되고, 그 일을 통해서 모든 갈등이 해소되었을 뿐만 아니라, 대단원에서 주인공들이 유학을 마치고 조국으로 돌아가기 위해 준비하는 것으로 처리함으로써 그 의미가 새롭게 된다. "고향 떠남과 돌아옴"의 플롯의 완결성이 엘리트들의 개화의식과 열려질 새 시대에 대한 긍정적 전망을 설명하고 있기 때문이다. 이러한 플롯은 조선조 '영웅의 일생 플롯'의 변형으로 왕조시대를 거쳐 근대사회로 진입하는 과도기의 계몽적 소설 양식으로 적절한 것이다. 「무정」의 "고향 떠남과 돌아옴"은 다음 세대에 와서 다양한 양식으로 변모하여 상당한 차별성을 보여주는데, 이러한 변모는 사회와 소설의 관계를 밝혀주는 단서가 된다.

2 피폐한 시대에서 새로운 나라로 : 현진건의 「적도」

현진건의 장편소설인 「적도」의 플롯은 돈과 권력과 성에 대한 욕망을 폭력과 조작에 의해 추구하면서 피폐한 삶을 살아온 사람들이, 자기 삶의 허위를 깨닫고 조선을 떠나 새로운 세계를 향해 탈출하는 과정을 양식화하였다. 이것은 어두운 시대에서 현실과 '새로운 땅'에 대한 신념을 유토피아로 상정한 상상력의 소산이다.

작품에는 물신주의자들의 피폐한 삶의 실상이 그대로 펼쳐진다. 돈으로 사랑까지 소유하고, 성을 즐기려는 물신주의자들의 전형적인 인물 '박병일'과 그의 성적 욕망의 희생이 된 부인 '홍명애', 박의 여동생 '은주', 박의 음모에 가담하여 현실적인 욕망을 충족하려고 정략적으로 은주와 결혼한 '원석호', 사랑하는 사람과의 행복을 위해 몸을 팔면서 돈을 모으는 '명화', 돈과 음모에 의해서 사랑을 잃어버린 울분과 원통함을 충동적인 행동으로 보상하려는 '김여해' 등이 서로 얽혀 플롯을 엮어 간다. 그러다가 조국의 독립을 위해 활동하던 '김상렬'이 외국에서 귀국함으로 명화와 여해와 은주는 그들이 추구해온 삶의 허위성을 깨닫고 그 극복을 여러 방법으로 도모한다.

---

4) 현길언, 『한국현대소설론』, 태학사

> 새 옷을 입으매 두 여자의 기분이 새로워진다.
> "밤낮으로 아무리 가도 왜 이리 질펀해요."
> 명화는 멍하게 차창을 내려다보다가 혼잣말같이 중얼거렸다.
> "그게 광막한 인생의 벌판이구려."
> 하고 상열은 의미 있게 웃는다.
> "그래요, 이 질펀한 광야가 끝나는 곳에 새로운 희망의 나라가 있을 것 같아요."
> 은주가 맞장구를 친다. 두 여자의 눈은 새 희망에 번쩍인다.

이러한 탈출은 1930년 당시 암담한 조선의 현실을 극복하고 새로운 나라를 추구하는 유토피아적 대응 양식이다. 소설 결말에 나타난 이 사건은 플롯으로 이해하기보다는 소설의 한 단위 사건으로 처리할 수도 있다. 그러나 작품에서 국외 탈출로 작품을 결말짓는 것은 작품으로서는 필연적인 과정이면서, 또한 등장인물의 입장에서도 그들의 허위의 삶을 청산하는 유일한 길이라는 점에서, 작품의 중심 플롯으로 인정해야 할 것이다. 더구나 이 결말은 이 작품에서만 나타난 현상이 아니다. 1930년대 현실에 대응하는 양식으로 현진건이 추구해온 유토피아의 인식을 형상화한 소설 미학이다. 작가는 그러한 시대 인식을 "고향 떠남"의 플롯으로 구체화한 것이다.

새로운 세계를 추구하여 고향을 떠나는 플롯이 소설 결말에서 구체적으로 나타나게 된 것은 "고향 떠남"이 주인공의 최후 선택일 수밖에 없기에 자연스러운 일이다. 이 경우는 이광수의 「무정」에서 모든 등장인물들이 외국 유학을 떠남으로 갈등이 극복되어 화해에 이르게 되는 플롯과 대조적이다.

제3장 시점

| 단원 개요 |

똑같은 사건이라도 보는 각도와 입장에 따라서 그 내용은 각각 다르게 판단된다. 이 단원에서는 시점의 개념, 서술자의 위치에 따른 시점의 분류, 서술자의 인물 제시 방식에 따른 시점의 분류 등을 알아본다.

| 출제 경향 및 수험 대책 |

시점의 개념과 특징을 직접 묻거나, 개별 작품을 제시하고 해당 작품에서 서술상의 특징으로 우회해서 묻는 문제가 출제될 수 있다. 최근에는 전자의 방법보다 후자의 방법이 더 많이 출제되고 있는 바, 개별 소설 작품을 읽으면서 서술상의 특징을 파악하는 훈련이 필요하다.

제1절 시점과 거리

1 시점

(1) 시점의 개념

시점은 작중 현실이나 인물의 상황을 누가 어떤 각도에서 보았는가의 문제로서 서술의 초점과 같은 의미이다. 똑같은 사건이라도 보는 각도와 입장에 따라서 그 내용은 각각 다르게 판단되기 때문에 시점은 주제, 인물의 성격, 그리고 미적 효과 등에 깊이 관련되어 있다.

(2) 시점의 분류

시점을 분류하는 방식은 여러 사람들에 의해 제시되었는데, 대표적인 것은 다음과 같다.

F. K. 스탄젤	주석적(註釋的) 서술, 1인칭 서술, 인물 시각적 서술로 분류
브룩스와 워렌	1인칭 서술, 1인칭 관찰자 서술, 작가 관찰자 서술, 전지적 작가 서술로 분류
W. 케니	• 전지적 시점과 제한적 시점을 먼저 구분 • 제한적 시점으로는 1인칭과 3인칭이 있으며, 이들을 각각 서술자 주인공, 관찰자 주인공, 관찰자 보조, 객관적 관찰자로 구분

이러한 분류 방식들의 거의 대부분은 전지적(全知的) 시각과 제한적 시각 또는 극화(劇化)와 순수한 이야기, 3인칭과 1인칭을 상호대립적인 것으로 보고 있는 점에서 비슷하다. 오늘날 가장 널리 알려진 것은 브룩스와 워렌이 『소설의 이해(Understanding Fiction)』에서 제시한 4가지 분류 방법이다.

(3) 브룩스와 워렌의 분류 중요도 상

① **1인칭 주인공 시점**

㉠ 주인공이 자기 자신의 이야기를 하는 시점을 의미한다. 즉, 1인칭 시점에서는 서술자가 곧 주요 인물이 되어 나타나며, '나'라는 주인공이 있어서 '나는 이것을 보았다.', '나는 이렇게 하였다.', '나는 이렇게 느꼈다.' 등의 방식으로 이야기를 서술해 간다. 물론, 여기에서 독자들은 '나'란 허구적인 인물임을 잘 알면서도 '나'라는 주인공이 실제 사실을 말하는 것처럼 듣는다. 독자들은 작품을 읽으면서 '이것은 진실한 이야기이다.'라는 문학적 묵계에 의해 이러한 '나'의 이야기를 받아들인다. 그래서 1인칭 시점은 독자들에게 깊은 신뢰감을 준다.

㉡ 1인칭 주인공 시점은 인물의 내면 상황, 즉 심리 묘사와 내부 묘사에 알맞은 수법이다. 인물과 독자와의 심적 거리가 가까우며, 독자에게 신뢰감과 친근감을 주지만, 인간의 외면 세계를 객관적으로 그리는 데는 3인칭 시점만 못하다고 볼 수 있다.

㉢ 서간체 소설이라든지 수기체 소설, 사소설, 심리 소설 등에 주로 쓰인다.

㉣ 1인칭 주인공 시점을 가장 잘 보여 주고 있는 소설은 최서해의 「탈출기」이다. 이 소설은 고국을 떠나 간도로 들어간 '나'가 어떻게 좌절하고 절망하며, 왜 사회주의 단체에 가입하게 되었는가를 서간체 형식으로 표현하고 있다. 이와 같이 1인칭 주인공 시점은 인물의 내면 묘사를 잘 나타낼 수 있는 수법이다.

> 김 군! 그러나 나의 이상은 물거품에 돌아갔다. 간도에 들어서서 한 달이 못 되어서부터 거친 물결은 우리 세 생령 앞에 기탄없이 몰려왔다. 나는 농사를 지으려고 밭을 구하였다. 빈 땅은 없었다.
>
> — 최서해, 「탈출기」 중에서

㉤ 김유정의 「봄봄」은 1인칭 주인공 시점으로 어리숙하고 익살스러운 '나'가 화자가 되어 '나'의 행동과 심리를 직접 보여줌으로써 독자와의 거리감을 좁혀준다.

> "장인님! 이젠 저……"
> 내가 이렇게 뒤통수를 긁고 나이가 찼으니 성례를 시켜줘야 하지 않겠느냐고 하면 대답이 늘,
> "이 자식아! 성례구 뭐구 미처 자라야지!"
> 하고 만다.
> 이 자라야 한다는 것은 내가 아니라 내 아내가 될 점순이의 키 말이다. 내가 여기에 와서 돈 한 푼 안 받고 일하기를 삼년하고 꼬박이 일곱 달 동안을 했다. 그런데도 미처 못 자랐다니까, 이 키는 언제야 자라는 겐지 짜장 영문 모른다.
>
> — 김유정, 「봄봄」 중에서

② **1인칭 관찰자 시점**

㉠ 1인칭 관찰자 시점은 작중의 부인물이 주인물에 대하여 독자에게 이야기하는 서술 형태이다. 주인공의 내면을 드러내지 않음으로써 긴장감과 경이감을 자아낸다.

ⓛ 서술자는 관찰자 이상의 역할은 없으며 초점은 주인물에게 주어진다. 따라서 서술 방법은 1인칭으로 되어 있고, 주된 이야기는 관찰자의 눈에 비친 바깥 세계이다. 이 경우 주인공의 모든 것을 관찰자가 표현하기 때문에 작가는 객관성을 유지하지만, 관찰자인 '나'를 통해 서술하는 초점의 전이 현상이 일어난다. 이것은 작가가 주인공을 직접 관찰하는 것이 아니라 중간자를 통하는 형식을 취함으로써 주인공의 어떤 측면을 좀 더 객관화하여 드러낼 수 있게 하자는 의도에서 이루어진 시점인 것이다.
ⓒ 그러나 1인칭 관찰자 시점은 관찰자의 관찰의 기회가 제한되고, 또 서술자는 일종의 해설자가 되어 작품을 설명해 갈 수밖에 없다는 한계점이 있다.
② 주요섭의 「사랑손님과 어머니」에서는 사랑손님과 어머니와의 미묘한 연정의 심리가 옥희의 눈에 의해 관찰된다. 어린 화자인 옥희의 시선으로 사건을 바라보기 때문에 사랑손님과 어머니의 사랑이 순수하게 그려지는 효과가 생겨난다.

> 하루는 밤에 아저씨 방에서 놀다가 졸려서 안방으로 들어오려고 일어서니까 아저씨가 하얀 봉투를 서랍에서 꺼내어 주었습니다.
> "옥희, 이것 갖다가 엄마 드리고 지난 달 밥값이라구, 응."
> 나는 그 봉투를 갖다가 어머니에게 드렸습니다. 어머니는 그 봉투를 받아 들자 갑자기 얼굴이 파랗게 질렸습니다. 그 전날 달밤에 마루에 앉았을 때보다도 더 새하얗다고 생각되었습니다. 어머니는 그 봉투를 들고 어쩔 줄을 모르는 듯이 초조한 빛이 나타났습니다.
> – 주요섭, 「사랑손님과 어머니」 중에서

③ **작가 관찰자 시점**
ⓘ 서술자(작가)가 외부 관찰자의 위치에서 이야기를 서술하는 시점을 말한다.
ⓛ 3인칭 관찰자 시점 또는 3인칭 제한적 시점이라고도 한다.
ⓒ 서술자는 주관을 배제하고 극적이면서 객관적인 태도로 외부적인 사실만을 관찰하고 묘사한다. 현대 사실주의 소설에 주로 쓰인다.
② 김동인의 「감자」에서는 작가의 개입 없이 복녀와 왕 서방의 다툼을 객관적인 태도로 묘사하고 있다. 서술자의 역할이 제한되기 때문에 극적이고 빠른 효과가 있지만 간혹 단조롭거나 평면적일 위험이 있다.

> "이까짓 것!"
> 그는 발을 들어서 치장한 신부의 머리를 찼다.
> "자, 가자우, 가자우."
> 왕 서방은 와들와들 떨었다. 왕 서방은 복녀의 손을 뿌리쳤다. 그러나 곧 다시 일어섰다. 그가 다시 일어설 때는 그의 손에 얼른얼른하는 낫이 한 자루 들리어 있었다.
> "이 되놈, 죽어라. 이놈, 나 때렸디! 이 놈아, 아이구 사람 죽이구나."
> 그는 목을 놓고 처울면서 낫을 휘돌렸다. 칠성문 밖 외딴 밭 가운데 홀로 서 있는 왕 서방의 집에서는 일장의 활극이 일어났다. 그러나 그 활극도 곧 잠잠하게 되었다. 복녀의 손에 들리어 있던 낫이 어느덧 왕 서방의 손으로 넘어가고, 복녀는 목으로 피를 쏟으며 그 자리에 고꾸라져 있었다.
> – 김동인, 「감자」 중에서

④ **전지적 작가 시점**
　㉠ 작가가 각 인물의 심리 상태나 행동의 동기, 감정, 의욕 등을 분석하여 서술하는 방법이다.
　㉡ 작가 관찰자 시점에서는 작가와 등장인물이 일정한 거리를 유지하고 있는데 반해, 전지적 작가 시점에서는 작가와 등장인물의 거리가 좁혀지고 작가가 마치 신처럼 등장인물의 내부를 빤히 들여다보듯 알고 있기 때문에, 작가는 여러 인물들의 생각과 느낌을 모두 말할 수 있는 무한한 자유를 확보하게 된다.
　㉢ 전지적 작가 시점을 사용하는 작가들은 자신에게 부여된 자유를 지나치게 사용하는 것은 아닌가 하고 주저하는 경우가 많다. 이 자유가 남용될 때, 독자는 등장인물들을 이해할 수는 있으나, 그 인물들의 체험을 실제로 공감할 수는 없다. 왜냐하면, 등장인물 자신의 체험이 아니라 작가가 선택하고 조절한 체험이기 때문이다. 달리 말하면, 서술자가 작품에 광범위하게 관여하기 때문에 독자의 상상적 참여가 제한될 우려가 있다.
　㉣ 장편소설에 많이 쓰이는 시점이다.
　㉤ 김만중의 「구운몽」에서는 서술자에 의해 성진의 심리가 서술되어 있다. 작가가 주인공에 대해 그의 성격이나 처지까지 알은 체를 하고 있으며 생각이나 감정까지 모두 알고 있음을 보인 예다. 이와 같이 주인공의 감정 상태에 대한 분석과 심리적 변화를 소개하고 논평할 수 있는 시점이란 결국 인생의 총체적인 모습을 다각적으로 그려 가려는 장편이나 대하소설에 적합하다.

> 성진이 마음에 뉘우쳐 생각하되 부처 공부의 유(類)로 뜻을 바르게 함이 으뜸 행실이라. 내 출가한지 십 년에 일찍 반 점 어기고 구차한 마음을 먹지 아니했더니 이제 이렇듯이 염려를 그릇하면 어찌 나의 전정에 해롭지 아니하리오. 향로에 전단을 다시 피우고 의연히 포단에 앉아 정신을 가다듬어 염주를 고르며 일천 부처를 염하더니…….
> 　　　　　　　　　　　　　　　　　　　　　　　　　　　- 김만중, 「구운몽」 중에서

더 알아두기

내적 독백과 의식의 흐름

프린스	• 내적 독백은 소리 내어 말하지는 않았으나 이미 말로 표현된 생각을 자신에게 말하는 것임 • 의식의 흐름은 인물의 마음에 생겨났으나 의식의 표면에 머무는 감각적 인상들까지도 자유롭게 서술하는 것임
험프리	의식의 흐름에서 가장 중요한 것은 자유연상으로 연상의 바탕이 되는 기억, 연상을 유도하는 감각, 연상에 탄력성을 결정하는 상상력이라고 함

2 거리

(1) 거리의 개념

거리(distance)는 대상에 대한 주체의 시각을 효과적으로 조절해 나가는 것을 뜻하며, 미학에서 먼저 구체화되었던 개념 단위이다.

'대상과 얼마만큼의 거리를 두었을 때 그 대상의 실체가 드러날 수 있느냐'하는 논의에서 이 개념이 비로소 자리 잡기 시작했다.

미학에서는 '미적 거리'란 말을 썼는데 이것이 소설에 와서는 흔히 '심적 거리(psychic distance)'로 바뀌어 불리곤 하였다. 소설에서의 거리는 작가가 소재를 다루는 데 있어 일정한 예술적 효과를 얻기 위해 취하는 심적·지적 절제를 의미하는 것이기 때문이다.

(2) 거리의 종류

소설에서 말하는 거리는 다시 지적, 미적, 도덕적, 시간적 거리 등의 여러 측면으로 세분된다. 거리가 구체적으로 누구와 누구 사이에서 설정될 수 있는 것인지에 대해 부스는 이를 다섯 가지의 경우로 나누었다.

① 내레이터와 작가 사이의 거리
② 내레이터와 작중 인물 사이의 거리
③ 내레이터와 독자들의 규범(도덕적·지적인 측면 등) 사이의 거리
④ 작가와 독자 사이의 거리
⑤ 작가와 작중 인물 사이의 거리

(3) 거리의 의미[5]

① 작가 혹은 내레이터와 작중 인물의 사이의 심리적 관계에 있어서 지나치게 거리가 있다 보면, 진실감을 잃게 되고 작위적인 느낌을 주며 불합리해진다. 이에 반해 거리가 지나치게 가깝다 보면 그 작품은 너무 사적인 것이 되어 예술 작품으로서의 자질이 그만큼 줄어들고 만다.
② 작가 혹은 내레이터가 작중 인물로부터 심적·도덕적·지적 등의 차원에서 너무 멀리 떨어져 있으면 그때의 소설은 한 마디로 자연미가 없는 관념소설의 유형이 되기 쉽지만, 이와 반대로 너무 가깝게 있으면 그때의 소설은 사소설과 같은 것이 되기 쉽다는 것이다.

---

5) 조남현, 『소설원론』, 고려원

(4) 시점에 따른 거리 〈중요도 하〉

① **1인칭 주인공 시점**
등장인물('나')이 서술자 자신이므로 자기 이야기를 독자에게 직접 전달함으로써 독자에게 신뢰감과 친근감을 주며, 서술자와 등장인물의 거리가 가깝고, 서술자와 독자의 심적 거리도 가깝게 된다.

② **1인칭 관찰자 시점**
주인공의 내면을 드러내지 않고, 객관적 거리감을 두고 전달함으로써 긴장감과 경이감을 자아내며, 서술자가 주인공을 관찰하므로 주인공에 대하여 거리가 있고, 서술자와 독자의 거리도 멀다.

③ **3인칭 관찰자 시점**
서술자가 인물들을 객관적으로 관찰하게 되므로 서술자와 등장인물의 거리가 멀고 서술자와 독자의 거리도 멀다. 서술자가 개입하지 않고 등장인물을 독자의 눈앞에 그대로 보여 주기 때문에 인물과 독자의 거리는 가까워지게 된다.

④ **3인칭 전지적 시점**
전지적 작가 시점이라고도 하며, 인물의 모든 것을 전지전능(全知全能)한 서술자가 다 알고 있으므로 서술자와 등장인물의 거리가 가깝고, 독자도 서술자의 서술을 통해 인물에 대해 알게 되므로 서술자와 독자의 심적 거리도 가깝다.

구분	서술자와 등장인물	독자와 등장인물
1인칭 주인공 시점	가깝다	가깝다
3인칭 전지적 시점	가깝다	멀다
1인칭 관찰자 시점, 3인칭 관찰자 시점	멀다	가깝다

1인칭 주인공 시점을 제외하면, 독자와 등장인물의 거리는 대체로 서술자와 등장인물의 거리에 반비례한다. 즉, 서술자가 등장인물에 대해서 모든 것을 알려 줄 때, 서술자와 등장인물의 거리는 가깝게 되지만, 독자들은 자신이 인물에 대하여 생각하거나 다가가는 노력을 할 필요가 적어지므로 독자와 등장인물의 거리는 멀어지게 된다.

반대로 서술자가 등장인물에 대하여 객관적 태도, 관찰자의 입장에 서 있을 때 독자들은 서술자의 관찰에 의해 보이는 등장인물을 더 자세히 알기 위해 추리하고 상상하고 판단하는 등의 심리적으로 가까이 다가가는 노력을 해야 하므로 거리가 가까워진다고 할 수 있다.

제2절　시점 분석의 사례 : 김원일의 작품을 중심으로[6]

　김원일의 「노을」은 그 시점이 일인칭으로 전개되고 있으며 그 구조가 29년의 시차(時差)를 두고 과거와 현재가 장에 따라 엇갈리고 있다는 특징을 우선 보여준다. 일인칭 소설이 새삼스러울 것은 물론 없지만 김원일의 대부분의 창작이 삼인칭으로 서술되어 있음을 상기할 때, 더욱이 이 소설의 두 번째 특징인 구조적 특이성과 결부시킬 때, 그것은 적어도 이 작가에게 매우 시사적인 의미를 드러낸다. 일인칭 소설은 주지되다시피 주관적인 관점으로 진술되는 것이며, 따라서 내향적이고 자기 폐쇄적이며 심할 경우 자기 고백적이다. 그것은 삼인칭 소설이 객관적이며 자기 개방적이고 설혹 작가 자신을 소설 속으로 투입시킬 경우에라도 그 주체는 가능한 한 객체화되려 하는 것과 대조적이다. 시점을 삼인칭으로 할 때 작가는 관찰하고 기록하며 재구성하는 데 대해, 일인칭 소설에서는 반성하고 음미하며 진술한다. 반드시 그런 것은 아니겠지만 한 작가가 하나의 소재를 소설로서 형상화할 때 시점을 어떻게 잡느냐에 따라 그 주제는 따라서 내면화될 수도 있고 객관화될 수도 있으며, 작품으로 만들어야 할 경우가 있는 반면 재구성에의 의욕을 크게 가하지 않고서도 만들어지는 경우도 있다. 만드는 작품이란 작가가 객관적 소재에 상상력을 작용시켜 하나의 소설 구조로 형상화시킨다는 것을 뜻하며, 만들어지는 작품이란 잠재된 상상력에 의해 하나의 소재가 그 자체의 생명력을 얻어 발전하는 것을 말한다.
　삼인칭 소설은 주체까지도 관찰의 대상으로 분리시켜 객관의 세계에 투입시킴으로써 하나의 완결된 구조로 만들어지는 것이며, 일인칭 소설은 외부 세계까지 주체의 내면 속으로 용해시켜 일인칭의 주관 안에서 부분화되어 가며 하나의 작품으로 만들어지는 것이다. 따라서 삼인칭 소설은 작가의 작의(作意)가 지나치게 노출될 수 있으며, 일인칭 소설은 작가의 자아가 강하게 드러날 수 있다.
　김원일이 「노을」의 시점을 일인칭으로 만들어지는 소설 쪽을 택했다는 것은 그에게 다음 두 가지 의미를 갖게 한다. 하나는 그가 자신의 단편들이 흔히 지니고 있는, 만드는 작품으로서의 작위성이 거의 극복되고 있다는 점이다. 작위성이 강하다는 것은 작품으로서의 완벽한 육화를 못 이루고 있다는 약점을 시사하는데, 사실 실존주의의 영향이 뚜렷하게 보이는 그의 첫 창작집 『어둠의 혼(魂)』 속에 수록된 초기작들이나, 현실 폭로적인 의도가 다분한 그의 두 번째 창작집 『오늘 부는 바람』 속의 많은 작품들은 작가의 작의가 분명해지는 만큼 소설적 허점을 많이 품고 있다. 이 두 권의 창작집에서 가장 뛰어난 단편인 「어둠의 혼」이 일인칭의 시점을 갖고 성공하고 있다는 것은 바로 같은 소재를 확대한 「노을」에 해당하는 평가이기도 한다. 이 두 장·단편은 똑같이 '나'의 체험을 진술하며 그 진술 속에 이미 내면화된 외부 세계까지를 내포시킴으로써 만들어지는 소설로서의 탁월한 형상화에 도달하고 있는 것이다.
　김원일의 이러한 성취는 두 번째 의미, 즉 이 소설이 자기 고백이라는 심증을 굳혀 준다. 단편 「어둠의 혼」과 장편 「노을」에서 아버지와 아들의 사회적 지적 신분은 달라져 있지만 빨치산으로 폭동을 일으킨 아버지는 죽고 그 엄청난 사건이 아들의 생애에 극적인 계기가 된다는 설정은 똑같이 취해지고 있다. 이 소설들이 자서전적인가 아닌가 하는 문제가 작품의 평에 직접적인 관련을 맺는 것은 아니다. 그러나 김원일의 작품들, 특히 『어둠의 혼』의 초기작들을 이해하는 데에는 적지 않은 구실을 할 것이다. 더욱이 「노을」과 같은 경우 한 작가의 개인적 체험은 결코 한 개인의 특수한 경험으로 그치지 않는다. 시대와 사회가 가령 식민지적 피폐라든가 6·25의 처참함에서처럼 개인의 역사와 내면에 깊은 충격을 가할 때 그 체험은 우리의 현대사적 체험으로 발전하며 그 개별성은 집단의 그것으로 확대된다. 「노을」이 보여주고 있는 김원일의 체험은 그와 비슷한 체험, 특히 부역자를 아버지로 둔 많은 사람들과 공통된 체험인 것이다.

---

[6] 김병익, 「비극의 각성과 수용 – 김원일의 노을」, 『현대문학』

제4장 주제

| 단원 개요 |

소설의 주제(主題)는 작가가 작품 속에서 구현하고자 하는 핵심적인 의미이다. 즉, 소설 속에서 쌓아올려진 의미를 주제라고 할 수 있다. 소설의 주제는 이야기를 통해 구체화된다. 그러므로 소설의 주제는 이야기가 지니고 있는 의미에 해당한다.

| 출제 경향 및 수험 대책 |

이 단원에서는 작품에서 독자나 소재에 대한 작가의 태도의 반영을 뜻하는 톤(tone)과 주제를 제시하는 방식이 직접적인지·간접적인지·함축적인지·상징적인지 등을 묻는 문제들이 출제되고 있다. 작품의 주제를 직접 묻는 방식도 가능하고, 상징적 소재와 관련지어 주제를 이해했는지를 물을 수도 있다. 따라서 개별 작품들을 거시적으로 보는 태도와 미시적으로 보는 태도가 함께 요구되므로, 이를 염두에 두고 학습해야 한다.

제1절 소설의 주제

1 주제의 개념과 특성

(1) 주제(theme)의 개념

① 작품 속에서 작가가 나타내려고 하는 중심 사상, 소재를 다루어 나가는 통일된 원리이자 작가가 소재에서 느낀 인생의 의미를 작가의 사상과 가치관을 통해 구체화시킨 것이다.
② 소설에서 주제의식은 어떤 것이 인간을 인간답게 만들 수 있는가를 모색하는 것이며, 또 인간이 인간다운 삶을 쟁취하려는 모습을 제시하려 하는 것이다. 달리 말하면 소설의 주제는 휴머니즘으로 귀납된다고 할 수 있다.
③ 소설은 사실의 진술에 머무르지 않고 그 사건의 이면에 숨은 의미를 나타내려고 한다. 이 의미가 바로 작가가 하고 싶은 말이며, 이것이 곧 주제이다.

(2) 주제의 특성

① 주제는 제재, 인물, 상황, 그리고 이야기 뒤에 숨어서 그 모든 것을 지배하는 작품의 통일 원리이기도 하다. 따라서 작품의 모든 요소는 주제의 구현에 도움이 되어야 한다.
② 가장 중요한 것은 동기(motif)이다. 동기는 작가가 어떤 소재에 대하여 처음에 받은 감동인데, 이 동기의 구체화가 바로 주제인 것이다. 예를 들면, 윤흥길의 「장마」는 작가가 친구로부터 이데올로기가 빚어낸 한 가족의 비극적인 이야기를 듣고, 시대의 아픔을 형상화한 작품이다. 여기서의 동기는 친구의 가족사적인 비극이 주는 아픔이라고 할 수 있다.

2 주제의 해석

(1) 작가의 의도가 곧 작품의 주제라고 할 수는 없다.

(2) 독자가 작품을 읽어나가는 과정이 바로 주제를 찾아가는 과정이다.

(3) 주제를 명시적으로 드러낸 작품과 함축적으로 제시하는 작품이 있다. 예를 들어 최서해의 「탈출기」는 서술자가 주제를 직접 제시하고 있고, 황순원의 「학」은 배경을 통해 주제를 함축적으로 제시한다.

(4) 조세희의 「난장이가 쏘아올린 작은 공」처럼 진지하고 사회적으로 의미가 있는 주제를 가치가 있다고 생각하는 경우가 많다.

3 주제와 제재[7]

주제	제재
• 소설 속 서사를 통해 말하고자 하는 작가의 중심 생각 • 제재의 속성을 일반화·추상화한 끝에 얻은 것 • 추상화의 산물 • 반복되는 큰 틀의 것	• 주제를 낳기 위해 동원되는 재료나 근거 • 특수한 상황이나 경우를 일러주는 것 • 구체적인 과정 • 끊임없이 바뀌는 작은 것

가령, 현진건의 「빈처」에서 제재는 일제 때 어느 소설가 지망생의 무능과 가난, 아내를 향한 사랑, 아내의 희망 등이 될 것이나, 주제는 '지식인의 궁핍'으로 일반화된다. 좀 더 추상화해 본다면 「빈처」의 주제는 '예술가 지망생의 의욕과 현실 사이의 거리'라는 말로 표현이 가능하다.

4 주제의식과 소설화

(1) **주제의식**

주제의식 또는 문제의식이란 소설가가 주변에 널려 있는 제재 중에서 무엇인가를 선택하여 소설로 만드는 힘을 말한다.

(2) **주제의식의 형상화**

① 작가의 주제의식 또는 문제의식에 따라 제재 중에서 어떤 것을 선택하여 소설화할 것인가가 결정된다.

---

[7] 조남현, 『소설원론』, 고려원

② 작가의 주제의식에서는 외부 조건만이 아니라 작가의 내부적 욕구도 중요하다. 예를 들어 박경리가 전후(戰後) 현실을 비판적으로 그리는 데 주력한 「불신시대」, 「암흑시대」, 『시장과 전장』, 『파시』 등을 들 수 있다.
③ 카프 작가들의 농민소설과 김유정의 농민소설처럼 문제의식에 따라 같은 사건, 같은 대상도 전혀 다른 결과로 나타날 수 있다.

5 주제의 제시 방법

명시적 제시	• 주제는 쉽사리 명료하게 파악할 수 있는 명시적 주제와 작품 속에 숨겨져 있는 함축적인 주제로 나누어짐 • 이광수의 「무정(無情)」, 심훈의 「상록수」 같은 계몽주의 소설들은 교훈적인 주제를 겉으로 드러내고 있음 • 작중 주인공이 작가가 지닌 사상과 감정의 대리인(代理人)으로서의 역할을 함으로써 문학적 형상화의 미숙함을 그대로 드러낸 것임
함축적 제시	• 현대소설에 이르면서 주제의 내면화가 이루어지게 되었으며, 이런 현상을 현대소설의 특징으로 보는 경향도 있음 • 단일한 주제를 제1의 원칙으로 삼고 있는 단편소설에서는 주제를 파악하기 쉬우나, 작가의 개성·생활 감정·인생관·가치관 같은 것이 좀 더 광범위하게 반영되는 장편소설에서는 주제를 가려내기가 쉽지 않음

6 주제의 파악 중요도 하

(1) 행동(action)을 통한 주제의 파악

① 김동인의 「감자」를 예로 들면, 주인공 '복녀'가 작품 속에서 직접 경험하는 내용이 곧 이 작품의 행동으로, '왕 서방'이 새로 장가를 들었다는 것은 인물의 직접 경험이 아니므로 이 작품의 행동이 될 수 없다. 주인공 '복녀'의 직접적인 경험, 즉 액션이 작가가 전달하고자 하는 주제의 동기가 될 수 있는 것이다. 다시 말해 기자묘 솔밭에서 송충이를 잡을 때부터 복녀의 인생관은 변하게 된다. 즉 감독·거지·왕 서방 등에게 몇 푼씩의 돈을 받고 몸을 허락하는 '복녀'의 행적이 바로 「감자」의 행동이며, 일제 강점기 식민지 백성의 비극적인 삶이라는 이 작품의 주제를 파악할 수 있게 해 주는 단서가 되는 것이다.
② 주제가 이렇게 행동을 통하여 나타나는 것이 가장 보편적인 현상이며, 어느 작품이든지 그 작품의 주제는 행동을 매개로 하여 독자에게 전달된다. 행동을 통해 주제를 파악하면서 독자들이 주의해야 할 점은 부차적 스토리의 전개 상황에 대하여 필요 이상으로 집착하지 않아야 한다는 점이다. 중심 스토리가 아닌 부차적인 스토리는 행동을 보조해 주는 역할만 할 뿐이다.

(2) 어조(tone)를 통한 주제의 파악

① 어조를 통한 주제의 파악은 작품에 나타난 작가의 태도를 중시하는 방법이다. 어조라는 것은 소재와 독자에 대한 작가의 심정적·정서적 태도가 작품 속에 반영된 것을 말한다. 하나의 사물을 작품에 나타낼 때에는 작가의 시각에 따라 다양한 의미로 전달될 수 있고, 이에 따라 주제도 달라진다.

② 이상의 「날개」는 역설적인 어조를 가지고 있다. 그것은 첫 부분에 나타나는 '박제(剝製)가 되어버린 천재'로 시작하는 프롤로그에서도 알 수가 있지만, 폐쇄적인 '골방'의 이미지와 날고 싶다는 '자유'의 이미지 등 대립적인 상황을 역설적으로 제시하여 주제를 암시하고 있는 것이다.

③ 손창섭은 전쟁 후 무기력하게 살던 인물들을 냉소적인 어조를 통해 그리며 소설을 전개시키고 있다. 그는 암울한 현실을 냉소적인 시선으로 바라보면서 자신의 작품에 나오는 주인공들의 행동을 조소하듯 그리고 있다.

④ 현대소설의 작가 가운데 어조를 가장 잘 살린 작가는 채만식이라고 할 수 있다. 그의 「태평천하」, 「치숙」 같은 작품은 거의 비꼬는 듯한 판소리 어조를 바탕으로 예의 풍자성을 표출하고 있다.

> 허리를 안아 본다면, 아마 모르면 몰라도, 한 아름하고도 반은 실히 될까 봅니다. 그런데다가 키도 알맞게 다섯 자 아홉 치는 넉넉합니다. 얼핏 알아듣기 쉽게 빗대면, 지금 그가 타고 온 인력거가 장난감 같고, 그 큰 대문간이 들어서기도 전에 그들먹합니다. 얼굴도 좋습니다.
> – 채만식, 「태평천하」 중에서

(3) 분위기를 통한 주제의 파악

① 분위기(mood)는 배경이나 인물, 정황 등에 의해서 나타나는 보편적인 정조를 말하며, 등장인물의 심리적인 측면을 내포하고 있다. 손창섭의 「비오는 날」에서 작가는 '눅눅하고 끈적거리는 비'는 무기력하고 절망적으로 세상을 살아가는 동욱 남매의 삶과 우울한 시대 분위기를 효과적으로 제시한다. 또한 여기서의 '비오는 날'은 전쟁으로 인한 암담하고 비참한 현실을 상징하여 '전쟁으로 인한 인간의 무기력한 삶과 허무 의식'이라는 이 작품의 주제를 선명히 부각시키는 역할을 한다.

② 작가 입장에서 분위기를 고양시키려면 독자로 하여금 어떤 배경 또는 장면에 관하여 읽고 연상 작용을 일으키게 유도하는 것이 중요하다. 따라서 독자 입장에서는 작가가 의도하는 심리적인 연상 작용이 무엇인가를 정확하게 이해하여야 한다. 이효석의 「메밀꽃 필 무렵」, 황순원의 단편 「별」, 「송아지」, 「소나기」 같은 작품들은 분위기가 주제의 윤곽을 암시해 주고 있다.

제2절 주제 분석의 사례

1 박경리의 「불신시대」

「불신시대」는 9·28 서울 수복 과정에서 유엔군의 폭격으로 남편을 잃고, 전쟁이 끝난 뒤에는 타락과 폭력으로 치닫는 현실 속에서 시달리는 한 전쟁 미망인(未亡人)의 체험을 담아낸 작품이다. 치료약의 함량을 속이는 병원, 의사의 무관심으로 '도수장 속의 망아지처럼' 목숨을 잃는 외아들, 내세를 미끼로 돈을 갈취하는 종교인, 돈을 떼어먹는 친척 아주머니 등의 상황을 통해, 작중 화자는 '육신과 더불어 정신이 해체되어 가는' 상황을 겪으면서 세상 사람들에 대한 신뢰를 상실한다.

작중 화자는 편안한 사후 세계를 보장해준다는 약속을 믿고 어머니의 성화에 못 이겨 아들의 위패를 절에 맡겼지만, 기만과 이기주의로 물든 세속 사회의 마지막 희망이라고 생각했던 종교마저 자본주의로 물들어 돈 없는 집안의 위패는 홀대한다는 것을 알게 되면서 위패를 태워버린다. 위패를 불사르는 행위는 곧 자신을 억압하는 '불신시대'의 모든 조건을 불사르고 싶다는 무의식적 욕망의 표상이다. 작가는 소설의 끄트머리에 '내게는 아직 생명이 남아 있었지. 항거할 수 있는 생명이.'라는 작중 화자의 말을 새겨 넣는다. '불신시대'라는 말로 요약되는 타락한 세계의 욕망에 휘둘리지 않고, 그 모든 타락의 조건을 끝끝내 수락하지 않은 채 거기에 완강하게 '항거하는 생명'은, 작가가 우리에게 전달하고 싶은, 작은 하나의 희망의 메시지다.

2 이상의 「날개」

「날개」의 주인공인 '나'는 무기력한 현실 속에서 아무것도 하지 못하고 살아가던 일제강점기의 나약한 지식인이다. '나'는 아내가 하는 일도, 아내를 찾은 손님들이 아내에게 돈을 주는 이유도 모르며 돈을 쓰는 방법도 알지 못한다. '나'가 하는 일은 방에서 종일 뒹굴고 아내가 외출하면 몰래 아내 방에 들어가 아내의 방에서 아내를 생각하거나 아내의 화장품으로 장난치는 것이다. 하는 일은 어린아이의 수준으로 퇴행했지만 '나'는 마르크스나 맬서스를 알고 아달린이 어떤 약인지 알고 있는 지식인이다. 무기력한 지식인으로서의 모습은 아내와의 비교로 극대화된다.[8] '나'는 빈대가 들끓고 어두침침한 반면 아내의 방은 화려하고 햇볕이 들어온다. 또한 '나'는 검은 양복 하나가 가진 의복의 전부이지만 아내의 옷은 화려하다. 아내가 주는 돈을 그저 받기만 하는 '나'의 모습은 타인과의 유대감을 상실하고 소통이 부재하는 인간관계를 건조하게 보여준다.[9]

작품은 무기력한 '나'의 모습을 통해 자아의 분열을 그린다. 아내에 대해 알지도 못하고 궁금해하지도 않는 '나'와 아내의 갈등은 '나'의 분열된 자의식으로 나타난다. 이러한 혼란스럽고 불안한 자의식은 초현실주의 방식인 의식의 흐름 기법을 통해 표현된다.[10] '나'와 아내는 구실이 뒤바뀐 부부의 관계로 '나'의 가치가 전도된 삶을 은유한다. 이 역시 당시 지식인의 모순된 자의식을 나타낸다.

---

8) 채호석, 『청소년을 위한 한국현대문학사』, 두리미디어
9) 채호석·안주영, 『한국 현대 문학사를 보다. 1 : 개화기~일제강점기』, 리베르스쿨
10) 류대성·박소연·송영민·이현숙, 『문학 교과서 작품 읽기 소설: 필수편(상)』, 창비

'나'는 아내에게 사육되는 존재이기도 하다. 아내가 어떤 일을 하는 지도 모르는 주인공은 아내가 일하는 시간에는 절대 아랫방으로 들어갈 수 없다. 이 규율을 지키면 아내에게서 밥과 돈을 받을 수 있다. 아내는 매춘에 거추장스러운 남편을 수면제로 재우고 어두운 방에서 나오지 못하게 한다.

주인공은 세상과 단절된 공간이던 자신의 방과 아내의 감시와 규율로부터 벗어나 다섯 차례 외출을 한다. 첫 외출은 아내에게서 받은 돈을 쓰지 못하고 자정 전에 돌아오는 것으로 끝나지만 다음 외출은 자정을 넘기고 돌아오며, 그다음 외출에서는 티룸에 간다. '나'는 이 과정에서 시간적·공간적 확장과 함께 의식의 확장까지 경험한다. 그는 마지막 외출에서 날개를 펴고 힘껏 하늘을 날고자 하는데, 이는 자신의 분열된 자아에서 본래의 자아를 찾고자 하는 의지이자 자기구제를 꾀하는 의지로 볼 수 있다.[11]

3 김동리의 「화랑의 후예」, 「동구 앞길」, 「사반의 십자가」[12]

「화랑의 후예」의 주인공 '황진사'는 조국을 등지고 유랑의 길에 있으나 민족의 정신은 잃지 않고 있는 우리 민족 모습의 한 단면이다. 「동구 앞길」에서 순이의 경우도 마찬가지이다. 순이가 오직 생각하고 있는 것은 '제가 낳은 자식을 제 자식이라고 부를 수 있고, 자식들 앞에서 떳떳한 어머니 노릇을 할 수 있을까' 하는 것이다. 또 성서상의 인물에 기초를 둔 「사반의 십자가」 또한 이러한 문맥 속에서 읽을 수 있다. 왜냐하면, 김동리는 그 작품 구성 동기를 다음과 같이 이야기하고 있기 때문이다. "내가 이 작품을 착상하게 된 것은 20여 년 전의 일이다. 그때 우리는 일제의 질곡 속에 있었고, 우리의 모든 고유한 것, 전통적인 것이 다 그들의 쇠망치에 무너져 버리고 있었지만, 그 가운데서도 특히 우리의 숨통을 막는 것은 우리의 말과 글자를 빼앗으려 들었던 일이다. 그리하여 허무와 절망을 대표하는 사반보다는 희망과 구원에 결부된 예수를 주인공으로 삼아야 하리라"고 생각하게 되었던 것이다. 비록 이 작품이 8·15 해방과 6·25 동란을 거친 뒤 그것의 주제가 다소 변형되었다 하더라도 유대 땅을 점령한 로마인은 일제의 질곡을, 그들을 몰아내기 위해 비밀 행동대를 조직한 '사반'은 우리 민족을 대리하는 상징적인 인물이라고 생각할 수 있다. 이렇게 김동리 문학의 서사시는 패배와 압박 그리고 오래된 분노의 토양에서 생성된 것이다. 그는 청년 시절에 일본 제국주의가 약소 국가의 인권 유린과 착취 그리고 전통적인 한국 사회의 구조를 파괴한 후 그 위에 세워지고 있는 것을 목도했다. 지극히 이기적인 이러한 일본의 침략주의를 그는 비인간적인 행위로써 생명을 살해하는 행위로 보고 분노했다. 그는 그 자신이 피압박 민족의 한 사람으로서 또 작가로서 정의와 휴머니즘의 입장에서 도저히 견딜 수 없는 침략 행위를 슬퍼하며, 이러한 분노를 다양한 인물 군상으로 표현했다.

---

11) 시대문학작품선정위원회, 『우리 시대의 명작 20~50년대 한국단편소설』, 시대문학
12) 이태동, 『순수문학의 진의와 휴머니즘』, 삼성출판사

4 박태원의 「소설가 구보씨의 일일」

「소설가 구보씨의 일일」은 작가 박태원의 자전적 인물인, 스물여덟 살 먹은 소설가 구보 씨의 이야기이다. 구보는 자신을 염려의 눈빛으로 바라보는 홀어머니를 뒤로 하고 아침에 집을 나선다. 일본 유학을 마치고 왔으나 뚜렷한 직업 없이 결혼도 하지 않고 사는 주인공 구보는 글감을 메모하기 위한 대학 노트를 끼고 집을 나서 사람들이 붐비는 도시의 복판 속으로 걸어 들어간다. 광교와 남대문과 충무로, 종로와 광화문 거리를 걷거나 전차를 타고 돌아다니며 그는 차장이며 승객들의 표정을 물끄러미 바라보기도 한다. 우연히 아는 사람을 만나는가 하면 맞선 본 여인에 대한 공상에 빠지기도 한다. 차를 마시고 나와 다시 거리를 떠도는 구보는 이번에는 벗을 만나 시를 읊는가 하면 함께 카페에 가서 술을 마시고, 주정을 하다가 벗과 헤어지기도 한다.

이처럼 한 손에 지팡이를 들고 옆구리에는 대학 노트를 끼고 카페나 극장 또는 백화점 등이 있는 도심의 거리를 하릴없이 떠돌다가 밤늦게 집으로 돌아오는 것으로 끝나는 이 하루 동안의 이야기는 작가 박태원의 고백이자, 당대에 살던 무력한 지식인들의 일일 보고서다. 뚜렷한 사건 없이 흘러가는 시간 속에서 한 컷 한 컷 삽화처럼 이어지는 이 소설은 평범하기 짝이 없는 듯하지만, 바로 이와 같은 평범함이야말로 독특한 모더니티를 구성하는 요소로 작용한다. 작가는 주인공의 내면을 깊이 드러내지 않는데, 무료하게 이리저리 기웃거리며 인물이 그려내는 풍경을 따라가다 보면 근·현대 문명이 가져온 모던한 새로움과 함께, 이면에 스치는 현대인의 고독하고 소외된 심리와 마주치게 되는 것이다. 따라서 이 작품에서는 당시의 세태를 비판적으로는 인식하지만, 이에 대해 뚜렷한 해결책을 제시하거나 어떠한 행동도 하지 못하는 소심한 식민지 지식인의 모습을 소설가 구보 씨의 모습을 통해 형상화하고 있다.

제 5 장 　배경과 상징

| 단원 개요 |

소설의 배경은 인물·사건과 더불어 소설의 3요소로, 인물이 등장하고 사건이 펼쳐지는 시공간적 상황을 말한다. 배경은 시간, 장소를 구체적으로 제시해 소설 속 사건이 실제 일어난 일처럼 느껴지게 현실성을 부여할 뿐만 아니라, 작품의 분위기를 조성하고 인물 심리나 사건 전개 방향을 암시하기도 한다. 나아가 배경이 작품 전체를 상징하는 의미를 나타내기도 하고 주제를 드러내기도 한다.

| 출제 경향 및 수험 대책 |

소설의 배경과 상징은 소설의 중요 요소로서, 그동안의 출제 경향을 살펴보면 주로 특정 작품에서 배경이 갖는 상징적 의미를 묻는 방식일 것으로 예상되므로, 주요 작품 위주로 배경의 의미를 정리해 두는 학습 방법이 필요하다.

제1절　소설의 배경과 상징 이해

1 배경의 요소

(1) 시간

시간은 소설에서 인물이 행동하고 사건이 일어나는 때를 말하는 것으로 시간적 배경이나 계절적 배경이 여기에 포함된다. 시대적 요소를 포함하므로 역사적 배경과도 밀접한 관련을 갖는다.

> 조선에 '만세'가 일어나던 전해 겨울이다. 세계대전이 막 끝나고 휴전조약이 성립되어서 세상은 비로소 번해진 듯싶고, 세계개조(世界改造)의 소리가 동양 천지에도 떠들썩한 때이다. 일본은 참전국이라 하여도 이번 전쟁 덕에 단단히 한밑천 잡아서, 소위 나리낀(成金), 나리낀 하고 졸부가 된 터이라, 전쟁이 끝났다고 별로 어깻바람이 날 일도 없지마는, 그래도 또 한몫 보겠다고 발버둥질을 치는 판이다.
> ― 염상섭, 「만세전(萬歲前)」 중에서

만세전(萬歲前)의 처음 부분은 전쟁이 끝난 직후인 1931년의 시대적 배경과 당시의 시대 상황이 잘 드러나 있다. 여기에서는 세계대전이 끝나고 일본이 참전국으로서 권위와 위력을 떨치던 상황이 제시되어 있다. 여기서 '만세 전'이라는 시간은 작가가 일제 강점기 조선의 사회상을 사실적으로 그리기 위해 선택한 것으로, 작품의 주제와 밀접하게 관련된다.

(2) 공간

소설에서 사건이 일어나는 공간적인 무대로, 자연환경이나 생활환경 등을 의미하며 주인공이 주로 활동하는 국가나 지역 등이 포함된다.

> 역장은 먼지 낀 유리를 통해 대합실 안을 대충 휘둘러본다. 대합실이라고 해야 고작 초등학교 교실 하나 정도의 크기이다. 일제 때 처음 지어졌다는 그 작은 역사 건물은 두 칸으로 나뉘어져서 각각 사무실과 대합실로 쓰이고 있는 터였다. 대개의 간이역이 그렇듯이 대합실 내부엔 눈에 띌 만한 시설물이라곤 거의 없다. 유난히 높은 천정과 하얗게 회칠한 사방 벽 때문에 열 평도 채 못 되는 공간이 턱없이 넓어 보여서 더욱 을씨년스런 느낌을 준다.
> — 임철우, 「사평역」 중에서

사평역은 사람들이 떠나고 돌아오는 공간인 동시에 자신을 돌아보게 하는 공간이다. 이 소설은 간이역인 '사평역'을 배경으로 1970~80년대 사람들의 고단했던 삶과 인간에 대한 따뜻한 시선을 보여줌으로써 배경과 사건의 유기적 관계를 잘 드러내고 있다.

2 배경의 종류

(1) 자연적 배경

소설에 나타나는 자연적인 환경으로, 주로 사건이 일어나는 구체적 시간과 공간이라고 볼 수 있다. 자연 상태 그대로의 환경뿐만 아니라 인공적인 공간도 자연적 배경에 해당한다.

> 대화까지는 칠십 리의 밤길, 고개를 둘이나 넘고 개울을 하나 건너고 벌판과 산길을 걸어야 된다. 길은 지금 긴 산허리에 걸려 있다. 밤중을 지난 무렵인지, 죽은 듯이 고요한 속에서 짐승 같은 달의 숨소리가 손에 잡힐 듯이 들리며, 콩포기와 옥수수 잎새가 한층 달에 푸르게 젖었다. 산허리는 온통 메밀밭이어서 피기 시작한 꽃이 소금을 뿌린 듯이 흐뭇한 달빛에 숨이 막힐 지경이다. 붉은 대궁이 향기같이 애잔하고, 나귀들의 걸음도 시원하다. 길이 좁은 까닭에 세 사람은 나귀를 타고 외줄로 늘어섰다. 방울 소리가 시원스럽게 딸랑딸랑 메밀밭께로 흘러간다. 앞장 선 허 생원의 이야기 소리는 꽁무니에 선 동이에게는 확적(確的)히는 안 들렸으나, 그는 그대로 개운한 제 멋에 적적하지는 않았다.
> — 이효석, 「메밀꽃 필 무렵」 중에서

허 생원, 조 선달, 동이 세 사람이 봉평장을 마치고 대화장으로 넘어가는 밤길의 정경을 묘사하고 있다. 메밀꽃이 흐드러지게 핀 달밤이라는 자연적 배경이 '향토적 서정'이라는 독특한 분위기를 연출하고 있다. 이러한 배경은 허 생원이 과거 성서방네 처녀와 정분을 맺었던 일을 회고하게 되는 계기가 된다.

(2) 사회적 배경

자연적 배경과 구별하여 소설 속에 나타난 사회 현실과 역사적 상황을 의미한다. 정치·경제·종교·문화는 물론 직업·계층·연령 등과 시대적 상황까지도 포함한다. 사회적 배경은 인물이 현실에서 부딪히는 문제나 시대성과 관련이 있어 작품에 사실성을 부여하고 주제에 직접적인 영향을 미친다.

> 천국에 사는 사람들은 지옥을 생각할 필요가 없다. 그러나 우리 다섯 식구는 지옥에 살면서 천국을 생각했다. 단 하루라도 천국을 생각해 보지 않은 날이 없다. 하루하루의 생활이 지겨웠기 때문이다. 우리의 생활은 전쟁과 같았다. 우리는 그 전쟁에서 날마다 지기만 했다. 그런데도 어머니는 모든 것을 잘 참았다. 그러나 그 날 아침 일만은 참기 어려웠던 것 같다.
> "통장이 이걸 가져왔어요."
> 내가 말했다. 어머니는 조각마루 끝에 앉아 아침 식사를 하고 있었다.
> "그게 뭐냐?" / "철거 계고장예요." / "기어코 왔구나!" /
> 어머니가 말했다.
> "그러니까 집을 헐라는 거지? 우리가 꼭 받아야 할 것 중의 하나가 이제 나온 셈이구나!"
> 어머니는 식사를 중단했다. 나는 어머니의 밥상을 내려다보았다. 보리밥에 까만 된장, 그리고 시든 고추 두어 개와 조린 감자. / 나는 어머니를 위해 철거 계고장을 천천히 읽었다.
> 〈중략〉
> 어머니는 조각마루 끝에 앉아 말이 없었다. 벽돌 공장의 높은 굴뚝 그림자가 시멘트 담에 꺾이며 좁은 마당을 덮었다.
>
> — 조세희, 「난장이가 쏘아올린 작은 공」 중에서

빈민촌에 사는 '난장이' 일가에게 곧 철가가 진행될 것이라는 계고장이 나온 상황에서 산업화를 상징하는 벽돌 공장의 그림자가 이들 가족의 마당을 덮는 장면을 보여 주고 있다. 매일 천국을 생각한다는 내용이나 철거 계고장을 받고 체념하는 어머니의 모습을 통해 1970년대의 급격한 산업화 속에서 삶의 터전을 빼앗기고 몰락해 가는 도시 빈민들의 힘들고 고통스러운 삶을 엿볼 수 있다.

(3) 심리적 배경

인물의 심리 상황이나 독특한 내면세계를 의미한다. 심리적 배경은 주로 사건의 논리적인 전개 과정보다 등장인물의 내면 심리와 그 변화에 초점을 맞추어 서술하는 소설에 나타난다.

> 그 33번지라는 것이 구조가 흡사 유곽이라는 느낌이 없지 않다. 한 번지에 18가구가 죽 — 어깨를 맞대고 늘어서서 창호가 똑같고 아궁이 모양이 똑같다. 게다가 각 가구에 사는 사람들이 송이송이 꽃과 같이 젊다.
> 해가 들지 않는다. 해가 드는 것을 그들이 모른 체하는 까닭이다. 턱살 밑에다 철줄을 매고 얼룩진 이부자리를 널어 말린다는 핑계로 미닫이에 해가 드는 것을 막아 버린다. 침침한 방 안에서 낮잠들을 잔다.
> 〈중략〉
> 그러나 이것은 행복이라든가 불행이라든가 하는 것을 계산하는 것은 아니었다. 말하자면 나는 내가 행복되다고도 생각할 필요가 없었고, 그렇다고 불행하다고도 생각할 필요가 없었다. 그냥 그날그날을 그저 까닭 없이 펀둥펀둥 게으르고만 있으면 만사는 그만이었던 것이다.
> 내 몸과 마음에 옷처럼 잘 맞는 방 속에서 뒹굴면서 축 처져 있는 것은 행복이니 불행이니 하는 그런 세속적인 계산을 떠난 가장 편리하고 안일한, 말하자면 절대적인 상태인 것이다. 나는 이런 상태가 좋았다.

> 이 절대적인 내 방은 대문간에서 세어서 똑 — 일곱째 칸이다. 럭키 세븐의 뜻이 없지 않다. 나는 이 일곱이라는 숫자를 훈장처럼 사랑하였다. 이런 이 방이 가운데 장지로 말미암아 두 칸으로 나뉘어 있었다는 그것이 내 운명의 상징이었던 것을 누가 알랴?
>
> — 이상, 「날개」 중에서

자신이 머무는 방에 대한 '나'의 생각이 '흡사 유곽이라는 느낌'으로 드러나 있듯 배경에 대한 심리적 측면이 강조되고 있다. 이 소설은 사건의 논리적 연관에 의해 이야기가 진행되는 것이 아니라 '나'의 의식의 흐름에 따라 서술되고 있다.

(4) 상황적 배경

인간의 실존적인 상황을 배경으로 설정하는 것으로 전쟁, 죽음, 질병과 같은 극한 상황에서 느끼는 한계 의식을 보여 준다. 상황적 배경은 그 자체가 주제를 드러내는 데 중요한 역할을 하며 주로 실존주의 소설에서 나타난다.

> 한 시간 후면 나는 그들에게 끌려 예정대로의 둑길을 걸어가고 있을 것이다. 몇 마디 주고받은 다음, 대장은 말할 테지. 좋소. 뒤를 돌아다보지 말고 똑바로 걸어가시오. 발자국마다 사박사박 눈 부서지는 소리가 날 것이다. 아니, 어쩌면 놈들은 내 옷이 탐이 나서 홀랑 빨가벗겨서 걷게 할지도 모른다(찢어지기는 하였지만 아직 색깔이 제 빛인 미(美) 전투복이니까……).
>
> 나는 빨가벗은 채, 추위에 살이 빨가니 얼어서 흰 둑길을 걸어간다. 수발의 총성. 나는 그대로 털썩 눈 위에 쓰러진다. 이윽고 붉은 피가 하이얀 눈을 호젓이 물들여 간다. 그 순간 모든 것은 끝나는 것이다. 놈들은 멋쩍게 총을 다시 거꾸로 둘러메고 본대로 돌아들 간다. 발의 눈을 털고 추위에 손을 비벼 가며 방안으로 들어들 갈 테지. 몇 분 후면 그들은 화롯불에 손을 녹이며, 아무 일도 없었던 듯 담배들을 말아 피우고 기지개를 할 것이다.
>
> 누가 죽었건 지나가고 나면 아무것도 아니다. 그들에겐 모두가 평범한 일들이다. 나만이 피를 흘리며 흰 눈을 움켜쥔 채 신음하다 영원히 묵살되어 묻혀 갈 뿐이다. 전 근육이 경련을 일으킨다. 추위 탓인가……. 퀴퀴한 냄새가 또 코에 스민다. 나만이 아니라 전에도 꼭 같이 이렇게 반복된 것이다.
>
> 싸우다 끝내는 죽는 것, 그것뿐이다. 그 이외는 아무것도 없다. 무엇을 위한다는 것, 무엇을 얻기 위한다는 것, 그것도 아니다. 인간이 태어난 본연의 그대로 싸우다 죽는 것, 그것뿐이라고 생각하였다.
>
> — 오상원, 「유예(猶豫)」 중에서

'나'가 자신이 처형당하는 모습을 상상하거나 죽음의 무의미함과 전쟁의 비극에 대해 생각하고 있는 부분에서, 싸우다 죽을 수밖에 없는 전쟁의 포로로서 처형을 앞둔 상황 속에서 느끼는 '나'의 내면적 고통과 고뇌가 극명하게 드러난다. 이를 통해 소설의 주제인 전쟁의 비극성을 드러내고 있다.

3 배경의 기능

소설의 배경은 사건이 일어나는 시간과 공간, 그리고 사회와 역사적 환경이라는 무대로서 반드시 설정되어야 하는 소설의 구성 요소이다. 그러나 소설에서 배경은 단순히 사건의 무대로서만 존재하는 것이 아니라 이야기 전개에 매우 중요한 기능을 담당한다.

(1) 인물의 심리와 사건의 전개 방향을 암시한다.

> 새침하게 흐린 품이 눈이 올 듯하더니, 눈은 아니 오고 얼다가 만 비가 추적추적 내리었다. 이날이 야말로 동소문 안에서 인력거꾼 노릇을 하는 김첨지에게는 오래간만에도 닥친 운수 좋은 날이었다. 문 안에(거기도 문밖은 아니지만) 들어간답시는 앞집 마나님을 전찻길까지 모셔다 드린 것을 비롯하여 행여나 손님이 있을까 하고 정류장에서 어정어정하며 내리는 사람 하나하나에게 거의 비는 듯한 눈길을 보내고 있다가, 마침내 교원인 듯한 양복장이를 동광학교(東光學校))까지 태워다 주기로 되었다. 첫 번에 삼십 전, 둘째 번에 오십 전 – 아침 댓바람에 그리 흉하지 않은 일이었다. 그야말로 재수가 옴붙어서 근 열흘 동안 돈 구경도 못 한 김첨지는 십 전짜리 백통화 서 푼, 또는 다섯 푼이 찰깍하고 손바닥에 떨어질 제 거의 눈물을 흘릴 만큼 기뻤었다. 더구나 이날 이때에 이 팔십 전이라는 돈이 그에게 얼마나 유용한지 몰랐다. 컬컬한 목에 모주 한 잔도 적실 수 있거니와, 그보다도 앓는 아내에게 설렁탕 한 그릇도 사다줄 수 있음이다.
>
> – 현진건, 「운수 좋은 날」 중에서

인력거꾼에게는 좋은 날씨가 최상이며, 흐린 날씨라면 비보다는 눈이 한결 낫다. 그런데 눈이 '올 듯하더니' 하는 기대감을 무너뜨리고 비가, 그것도 추적추적 내리는 실망스러운 배경이 만들어진다. 이러한 소설의 배경은 어둡고 음산한 느낌을 주며, 안 좋은 사건이 일어날 것을 암시한다.

(2) 작품의 주제를 부각시킨다.

> 할머니의 긴 일생 가운데서, 어떻게 생각하면, 잠도 안 자고 먹지도 않고 그러고도 놀라운 기력으로 며칠 동안이나 식구들을 들볶아대면서 삼촌을 기다리던 그 짤막한 기간이 사실은 꺼지기 직전에 마지막 한순간을 확 타오르는 촛불의 찬란함과 맞먹는, 할머니에겐 가장 자랑스럽고 행복에 넘치던 시간이었나 보다. 임종의 자리에서 할머니는 내 손을 잡고 내 지난날을 모두 용서해 주었다. 나도 마음속으로 할머니의 모든 걸 용서했다. 정말 지루한 장마였다.
>
> – 윤흥길, 「장마」 중에서

장마 초기로부터 시작된 이 작품이 장마의 끝 무렵에, 장마 동안 반목하던 두 할머니가 화해한다는 결말로 끝나는 것은 '전쟁의 상처를 회복하고 이데올로기의 갈등을 극복한다'는 주제를 상징적으로 보여주는 것이다. 즉, 장마는 이 작품의 자연적 배경이자 사건 전개 상황을 효과적으로 전달하기 위한 장치이다. '온 세상을 물걸레처럼 질펀히 적시는' 장마는 오래고 지긋지긋한 가족사의 불행을 상징하며, 나아가 우리 민족에게 닥친 6·25 전쟁이라는 비극적 사건을 상징하는 것으로 볼 수 있다.

(3) 인물의 행동과 사건에 신빙성(사실성)을 높인다.

> 싸움, 간통, 살인, 도둑, 징역, 이 세상의 모든 비극과 활극의 근원지인 칠성문 밖 빈민굴로 오기 전까지는 복녀의 부처는 (사농공상의 제2위에 드는) 농민이었다.
> 복녀는 원래 가난은 하나마 정직한 농가에서 규칙 있게 자라난 처녀였었다. 예전 선비의 엄한 규율은 농민으로 떨어지자 없어졌다. 하나, 그러나 어딘지는 모르지만 딴 농민보다는 좀 똑똑하고 엄한 가율이 그의 집에 그냥 남아 있었다. 그 가운데서 자라난 복녀는 물론 다른 집 처녀들같이 여름에는 벌거벗고 개울에서 멱감고, 바짓바람으로 동네를 돌아다니는 것을 예사로 알기는 알았지만, 그러나 그의 마음속에는 막연하나마 도덕이라는 것에 대한 기품을 가지고 있었다.
> – 김동인, 「감자」 중에서

칠성문 밖의 빈민촌이라는 배경은 도둑질·살인·윤락 행위 등이 자주 일어나는 곳으로, 주인공 '복녀'의 타락을 그럴듯한 것으로 받아들이도록 하는 역할을 하여 인물과 사건에 신빙성을 부여한다.

(4) 작품의 전반적인 분위기를 조성한다.

> 이렇게 비 내리는 날이면 원구의 마음은 감당할 수 없도록 무거워지는 것이었다. 그것은 동욱 남매의 음산한 생활 풍경이 그의 뇌리를 영사막처럼 흘러가기 때문이었다. 빗소리를 들을 때마다 원구에게는 으레 동욱과 그의 여동생 동옥이 생각나는 것이었다. 그들의 어두운 방과 쓰러져 가는 목조 건물이 비의 장막 저편에 우울하게 떠오르는 것이었다. 비록 맑은 날일지라도 동욱의 오뉘의 생활을 생각하면, 원구의 귀에는 빗소리가 설레이고 그 마음 구석에는 빗물이 스며 흐르는 것 같았다. 원구의 머릿속에 떠오르는 동욱과 동옥은 그 모양으로 언제나 비에 젖어 있는 인생들이었다.
> – 손창섭, 「비 오는 날」

원구가 비 내리는 날, 비 오는 소리를 들으며 언제나 비에 젖어 있는 인생들, 곧 '동욱'과 '동옥'을 떠올리면서 이야기가 시작된다. 이렇게 비 오는 날의 음울한 분위기로 시작하여 작품의 지배적인 분위기를 어둡고 무겁게 형성한다. 특히 비의 음산하고 우울한 이미지를 인물들의 무기력하고 음산한 삶의 이미지와 연관시켜 동욱 남매를 '비에 젖어 있는 인생'이라고 표현하고 있다.

4 배경의 상징 중요도 중

작가가 주로 다루는 제재는 사람과 그 사람들이 만들어 가는 참된 인생의 모습이다. 그러므로 작가들이 주로 다루는 배경은 우리의 인생이 그려져 있는 공간이자, 사람들이 살아가고 호흡하는 공간이며, 사람들의 마음과 정신이 투영되어 있는 공간이다. 그런데 특히 현대소설에서 작품 속의 배경으로 자주 등장하는 공간들이 있다. 바로 '방', '교실(학교)', '길', '땅' 등이 그것이다. 작가들이 이러한 공간에 매력을 느끼는 이유가 무엇인지를 생각해 보고, 또 실제 작품 속에 형상화된 공간의 모습은 어떠한지를 살펴보는 것도 의미 있는 일일 것이다.

(1) 방

'방'은 사람들이 살아가는 삶의 기본 공간이다. '방'에는 사람들의 삶의 향기가 배어 있고 추억이 있다. 그런데 '방'은 사람들 사이에 벽을 만들어 비밀을 가지게 하기도 한다. 문을 통해서 드나들 수는 있지만, 아무나 함부로 들어갈 수 있는 공간이 아니다. 그런 면에서 '방'은 사람들의 내면세계와 밀접하게 관련된 공간으로서, 문을 잠그고 타인들로부터 자신을 보호하거나 숨을 수 있는 곳이다. 사람들은 '나의 방'을 갖기를 소망하고, 작가들은 이러한 '방'의 상징성에 매력을 느낀다.

「날개」 (이상)	'나'의 '방'	'아내'의 '방' 뒤에 숨겨진 공간으로, 인간의 정신 세계를 의식 세계와 무의식 세계로 나눈다면, '나'의 무의식의 세계, 즉 깊은 곳에 자리잡은 내면 의식을 상징한다.
「외딴 방」 (신경숙)	'외딴 방'	산업화 사회의 공장 노동자로 살아가는 주인공의 체험이 담긴 공간으로, 한 여성 노동자의 꿈과 희망, 좌절 등이 서려 있는 자신만의 공간을 의미한다.
「붉은 방」 (임철우)	'붉은 방'	6·25 전쟁을 거치면서 왜곡된 사고를 가지게 된 최달식의 내면 세계이며 외부와 단절된 세계로, 주인공의 육신과 정신을 파괴하는 공간이며, 넓게는 왜곡된 현실 세계를 의미한다.
「타인의 방」 (최인호)	'방'	주인공 '나'는 출장에서 돌아와 자신의 방에서 심한 고독감을 느끼고, 자신이 마치 소파나 가구와 같은 사물이 되는 듯한 환상에 빠지며, 아내는 끝내 그를 남편으로 알아보지 못하고 쓸모 없는 물건 취급을 한다.
「숲 속의 방」 (강석경)	'방'	외부와의 단절을 의미하는 공간으로, 자아 찾기의 공간이자 새로운 삶을 모색하는 공간이지만 끝내 주인공 소양이 소망을 이루지 못하고 자살에 이르는 공간이다.

(2) 교실(학교)

학교는 학생들로 이루어진 하나의 사회라 할 수 있다. 그리고 교실로 구분된 한 학급은 학교라는 사회를 이루는 가장 작은 공동체이다. 그렇기에 교실 안에서 벌어지는 일들도 어른들의 그것과 별반 다르지 않다. 즉, 교실은 사회의 축소판으로, 소설에서는 주로 권력이나 질서를 둘러싸고 구성원 간에 갈등이 벌어지는 공간으로 그려지고 있다. 특히 암울한 시대를 살았던 작가들은 교실(학교)을 배경으로 설정하여 당대 현실을 우의적으로 비판하였다.

「우리들의 일그러진 영웅」 (이문열)	'교실'	1960년대부터 1980년대까지 자유가 억압당하고 민주주의가 자리잡지 못했던 한국 사회를 상징적으로 보여 주는 공간이다.
「우상의 눈물」 (전상국)	'교실'	사회의 질서가 어떻게 형성되고 유지되어 가는가 하는 문제를 다룬 소설로, 물리적 폭력보다 합법적 권력이 휘두르는 폭력이 더 무서움을 보여 주고 있다.
「아우를 위하여」 (황석영)	'교실'	독재 정권에 의해 비민주적인 방법으로 짓밟혔던 우리 사회의 모습이다.

(3) 길

흔히 인생을 '길'에 비유한다. 사람들은 여러 갈래 길을 만나면 어떤 길을 선택해야 할지 갈등하고, 가지 못한 길에 대한 아쉬움 때문에 뒤를 돌아보기도 한다. 즉, 여로(旅路)는 인생의 축소판이라 할 수 있다. 소설의 경우 특히 길을 배경으로 한 작품이 많은데, 그 이유는 소설이 인생을 가장 구체적으로 그리는 갈래이기 때문이다. 길을 배경으로 한 소설은 보통 길을 따라 걷는 가운데 삶의 중심 부분이 부각되며, 동반자와의 만남이 하나의 요소가 되기도 한다.

「삼포 가는 길」 (황석영)	'길'	서로 처음 만난 영달, 정씨, 백화가 함께 목적지를 향해 걸어가면서 정서적 유대감을 형성하는 공간이다.
「동행」 (전상국)	'밤길'	형사가 신분을 숨긴 채 범인과 함께 밤길을 걸으며 대화를 나누다 범인을 이해하게 되는 공간이다.
「눈길」 (이청준)	'눈길'	모자의 험난한 인생길을 의미하는 동시에 자식을 향한 어머니의 사랑을 드러내는 공간이다.
「강」 (서정인)	'길'	낯선 곳에서 만난 낯선 사람들로부터 자신의 과거를 회상하고 반성하는 공간이다.

(4) 땅

여기저기 옮겨 다니는 유목 민족과 달리 한곳에 정착하여 뿌리내리며 사는 농경민들에게 있어 '땅'은 모든 생산과 경제 활동의 기반이 되는 소중한 공간이다. 민중들의 삶의 근간을 이루는 것이 '땅'이기에 이를 배경으로 한 소설들이 많이 창작되었다. 소설 속에서 '땅'은 보통 농민(민중)들의 삶의 터전을 상징하면서, 인물들 간의 대립과 갈등을 일으키는 매개체로 작용한다.

「토지」 (박경리)	'땅'	이 작품은 '땅'을 둘러싼 인물들의 욕망과 갈등을 그리고 있다. 여기서 '땅'은 평사리 마을 사람들에게 보존되어야 할 삶의 원형이자, 삶의 현장이다.
「논 이야기」 (채만식)	'땅'	논을 빼앗길 수밖에 없는 모순된 현실을 고발하고 비판한 작품이다. 여기서 '땅'은 농민들에게 삶의 터전이자 존재의 이유에 해당하는 공간이다.
「돌다리」 (이태준)	'땅'	이 작품은 '땅'을 둘러싼 아버지와 아들의 갈등을 그리고 있다. 아버지는 땅을 생의 터전으로 여기지만 아들은 금전적 수단으로 생각하고 있다.

제2절　배경과 상징 분석의 사례

김승옥의 「서울 1964년 겨울」에 나타나는 공간들은 특이하게 배열되어 있다. 이 작품의 플롯은 인과관계가 파탄되어 있는 반 플롯의 플롯으로 시간의 흐름에 따라 공간이 이동되지만, 그 공간들 사이에는 아무런 관계가 없다. "1964년 겨울을 서울에서 지냈던 사람이라면 누구나 알고 있겠지만, 밤이 되면 거리에 나타나는 선술집 —"이란 서두에서 '1964년 겨울'을 탐구하고 있음을 알 수 있는데, 그에 대한 대답은 '서울 거리의 선술집'으로 대신하고 있다. 이러한 '밤이 되면 나타나는' 선술집은 시간의 흐름에 따라 도시의 바다에 떠다니는 우연한 공간에 불과하다.

1 도시의 바다에 떠다니는 공간

추운 겨울, 밤이 되면 길거리에 나타나는 선술집에서 우연하게 만난 세 사람은 시간의 흐름에 따라 애초부터 계획 없이 이동되는 공간에서 무의미한 일들을 만들어내다가 소설이 끝난다. 서두 첫 단락은 겨울 밤거리 포장마차 선술집의 풍경을 제시하고 있는데, 그러한 공간이 그 자리에 나타나게 한 것은 '추운 겨울 밤' 때문일 뿐, 거기를 거쳐 가는 사람들과는 아무 관계가 없다. 이러한 무의미한 공간은 작품의 전개에 따라 계속 나타난다. 또한 포장마차는 고착된 공간이 아니고, 유동적인 공간, 즉 흐르는 공간이다. 이름도 없고, 내일 이 자리에 나타나지 않을 수도 있다. 혹 나타난다 하더라도 이곳을 거쳐 가는 사람들에게 일회적인 의미밖에 없는 공간이다.
이 공간의 상황을 구체화시켜 주는 오뎅·군참새·소주·카바이트 불빛 등은 이 선술집의 독자적인 존재성을 만들어주는 특별한 재료가 아니고, 단순히 추운 겨울밤 거리의 포장마차를 만들어주는 보편적인 소도구일 뿐이다. 그러므로 포장마차는 시간의 종속적 의미로 존재할 뿐이다. 이러한 공간의 불안정성은 그곳에서 이루어지는 사건과도 관계가 깊다.
이곳에서 세 사람은 우연히 만난다. 마치 그들은 밤이 되면 나타나는 선술집처럼 어쩌다가 만나게 되었다. 이 우연성은 공간의 비정체성과 호응된다. 그래서 앞으로 전개되는 사건도 우연히 만난 인물들이 흐르는 시간에 따라 나타나는 우연한 공간에서 무의도적으로 이루어진다. 그런데 이렇게 피차간에 관계없는 인물들과 공간과 사건을 연결해주는 것은 시간밖에 없다. 오직 물리적인 시간만이 그 관계를 유지시켜 준다. 그러나 그들은 그 무의미한 이야기를 계속한다. 이것은 무의미한 공간에 대해 그 의미를 찾아보려는 노력일 수도 있으나, 그 의미란 말만 들어도 어리둥절하다.
그들은 그 공간이 무의미하고 서로가 단절되고 있음을 알고 있다. "서로 다른 길을 걸어서 같은 지점을 온 것 같습니다. 만일 이 지점이 잘못된 지점이라고 해도 우리 탓은 아닐 거예요" 하고 무관함을 인정한다. 그래서 둘은 포장마차에서 계산을 하고 밖으로 나오려는데, 다른 사람을 만난다. 우연의 연속이다. 의도하지 않았는데도 다른 사람과 관계 아닌 관계를 맺게 된다. 이렇게 밤이 되어 서울 거리에 나타나는 '포장마차 선술집'은 이곳에서 만나는 사람들의 삶의 양식을 설명해준다.

2 흐르는 거리

서울의 거리는 고정된 거리가 아니라 '흐르는 거리'이므로, 그곳을 걸어가는 사람들에게 무의미하다. 세 사람은 우연하게 선술집에서 만나 잡담을 나누다가 함께 중국 요리집으로 들어갔으나 대화는 불통이다. 음식 시키기를 권하는 이상한 사내에 대해서 두 사람은 불안스러워 한다. 두 사람은 전혀 예상하지 못했던 이야기를 그 사내로부터 들었다. 죽은 아내의 시신을 병원에 맡기고 돈 얼마를 받았다는 것이다. 말하는 자는 아픔을 이야기했으나 듣는 자들에게는 아무런 의미도 없었다. 세 사람은 같은 공간에 있으나 서로 소통이 불가능하다. 이렇게 공간과 사람, 사람과 사람들 간에 단절되어 있다.

이러한 단절 상황은 같은 공간에 있었으면서도 사내의 자살을 몰랐던 사건에서 절정을 이룬다. 결국 우연히 만난 세 사람 중 한 사내는 죽었고, 두 사람은 싸락눈이 내리는 이른 아침의 거리에서 헤어진다. 더구나 '나'는 사내가 죽을 줄 알면서도 구해주지 않았다. 사내의 죽음에 대해서 두 사람은 아무런 일도 일어나지 않았음을 자인한다. 한 사람은 전혀 짐작을 못했고, '나'는 혼자 두면 죽지 않을 것이라고 잘못 판단했다. 결국 세 사람은 서로가 전혀 소통되지 못했던 것이다. 단지 그들은 헤어지면서 자신의 나이가 스물다섯이라는 사실을 확인했을 뿐이다. 공간과 공간 주체와 공간의 소통되지 않음으로 사람들은 시간이 지배하는 공간에서 벗어날 수 없었다.

3 시간이 지배하는 공간

하룻밤을 같은 공간에서 있었는데도 세 사람 사이에 아무런 관계도 형성되지 못했다는 것은 그 공간이 그들에게 무의미했기 때문이다. 선술집과 여관만이 아니라, 그날 밤 세 사람이 떠돌아다닌 여러 공간들은 시간의 흐름을 따라 잠시 스쳐간 임시 기착지에 불과하다. 이렇게 주체와 긴밀한 관계를 맺지 못하는 공간은 독자적인 의미를 갖지 못하고 시간에 따라 나타났다 사라지는 시간의 종속성에 불과하다. 세계의 한 부분으로 타자와의 관계를 유지할 수 없기 때문에, 그곳을 거쳐 갔던 사람들은 소외될 수밖에 없다.

공간과 시간은 항상 함께 있어서, 그 주종의 관계는 분명하지 않으나 이 양자 간에 깊은 관계가 있다. 그런데 이 작품에서는 공간이 시간의 지배를 철저하게 받고 있다. 시간은 인물에게 선택의 여지가 없는 운명적인 경우가 많으나, 공간은 주체자의 선택의 여유가 있기 때문에, 그 정도에 따라 공간의 의미와 주체의 삶의 무게가 결정된다. 이렇게 시간이 공간을 지배할 경우에 인물은 공간 선택의 여지가 없기 때문에 주체와 세계가 극심하게 단절되어 공간과 공간, 시간과 시간 사이의 관계가 흐트러져 버린다. 이러한 상황은, 시간이 폭력적인 힘을 행사했거나 아니면 시간 속에 폭력적인 힘이 개재되어 있기 때문이다. 「서울 1964년 겨울」은 시간이 지배하는 공간과 인물들의 실상과 그 관계를 설명해주는 좋은 예가 된다. 한편 이와 다르게 시간이 지배하는 공간이라 할지라도, 그 공간에 대한 주체의 인식에 따라 공간의 의미가 달라지는 경우도 있다.

제2편 | 실전예상문제

01 「유충렬전」의 유충렬, 「구운몽」의 성진, 「심청전」의 심청, 「춘향전」의 춘향, 「천로역정」의 크리스천 등은 인물의 성격을 단적으로 드러내는 이름이다. 반대로 근대소설 이후에 인물의 명명은 상투적으로 비유하는 것을 피하고자 하는 경향을 보여준다. 김동인의 「감자」의 복녀, 전영택의 「화수분」의 화수분 등은 실제 인물의 삶과 반대되는 명명적 특징을 보인다.

01 다음 내용에서 밑줄 친 부분에 해당하는 인물의 이름은?

> 소설 작품에 등장하는 인물의 이름을 명명할 때 작가는 인물의 성격을 단적으로 드러내기도 하고, <u>인물의 성격과 반대가 되는 방식으로 드러내기도 한다.</u>

① 「구운몽」의 성진(性眞)
② 「천로역정」의 크리스천(Christian)
③ 「화수분」의 화수분
④ 「심청전」의 심청(沈淸)

02 독자가 스스로 이야기를 쫓아가면서 인물에 대해 추리해 내도록 하는 서술 전략은 '보여주기' 방식이다.

02 인물 제시 방법으로서 말하기(telling)에 대한 설명으로 옳지 <u>않은</u> 것은?

① 인물의 행동이나 대화를 통해서 주관적으로 제시하는 방법이다.
② 독자가 스스로 이야기를 쫓아가면서 인물에 대해 추리해 내도록 하는 서술 전략이다.
③ 작가가 서사적 정보들을 권위적으로 지배하고자 할 때 사용하는 서술 방법이다.
④ 전통 소설에서 많은 작가들이 말하기의 서술 방식을 선호하는 경향을 보이고 있다.

정답 01 ③ 02 ②

03 다음과 같은 특성을 가진 인물 유형은 무엇인가?

> - 성격이 일관적이어서 독자들이 쉽게 알아보고 기억하기 좋다는 장점이 있음
> - 현대소설에서는 주로 부차적인 인물로 등장하거나 작가의 교훈적인 의도를 단적으로 드러내는 풍자적 알레고리 작품의 주인공이 되기도 함

① 평면적 인물
② 입체적 인물
③ 주동적 인물
④ 반동적 인물

03 제시된 특징은 평면적 인물에 대한 내용이다. 평면적 인물은 작품의 처음에서부터 결말에 이르기까지 일관된 성격을 지니고 있어 독자가 인물에 대해 쉽게 파악할 수 있으므로 상상력이 개입될 여지가 없다. 현대소설에서는 주로 부차적인 인물로 등장하거나 작가의 교훈적인 의도를 단적으로 드러내는 풍자적 알레고리 작품의 주인공이 되기도 한다.

04 다음 설명에 해당하는 인물의 유형은 무엇인가?

> - 처음부터 끝까지 성격이나 태도에 변화가 없는 인물이다.
> - 자신의 이야기를 굳건히 내세워서 독자가 기억하기 유리하다.
> - 전형화되고 희극적인 느낌을 주기도 한다.

① 개성적 인물
② 입체적 인물
③ 문제적 인물
④ 평면적 인물

04 소설 인물의 유형은 중요도에 따라서 주요 인물과 주변 인물로 나눌 수 있고, 역할에 따라서 주동 인물과 반동 인물로 나눌 수 있다. 성격에 따라서는 전형적 인물과 개성적 인물로, 성격 변화에 따라서는 평면적 인물과 입체적 인물로 구분된다. 평면적 인물은 이야기 전개 과정에서 단일하고 일관된 성격을 보여 주는 인물로 한 면만 집중적으로 드러나며, 독자 입장에서 쉽게 알아보고 기억할 수 있다.

정답   03 ①   04 ④

05 제시된 작품에서는 '말하기' 기법이 사용되었으며, '말하기' 기법은 작가가 서사적 정보들을 권위적으로 지배하고자 할 때 사용하는 서술의 기법이다. 주로 전통 소설에서 선호한 방식으로 현대의 많은 작가들은 이 서술 방식을 선호하지 않는 경향이 있다.

05 다음 작품에서 드러나는 인물 제시 방식에 대한 설명으로 적절한 것은?

> 욱이는 모화가 아직 모화마을에 살 때, 귀신이 지피기 전, 어떤 남자와의 사이에 생긴 사생아였다. 그는 어릴 적부터 무척 총명하여, 신동이란 소문까지 났으나, 근본이 워낙 미천해서 마을에서는 순조롭게 공부시킬 수가 없어서 그가 아홉 살 되었을 때 아는 사람의 주선으로 어느 절간으로 보낸 뒤, 그 동안 한 십년 간 까맣게 묘연하다가 이 집에 나타난 것이다.

① 작가는 뒷면에 물러나고 사건을 극화시켜 보여준다.
② 독자가 서사 정보를 권위적으로 지배하고자 할 때 사용한다.
③ 현대의 많은 작가들이 이 서술 방식을 선호하지 않는 경향이 있다.
④ 이 서술 방식만으로는 다룰 수 있는 사건의 범위가 좁아진다.

06 입체적 인물은 작가가 그 인물의 여러 면을 상황에 따라 발전시키거나 변화시켜 그 성격을 다각적으로 제시하여 보여 주는 인물이다. 그 예로는 김동인의 「감자」에 나오는 복녀, 김유정의 「만무방」에 나오는 아우 응오 등이다. 현진건의 「빈처」의 김첨지는 식민지 백성의 전형적인 인물이라고 할 수 있다.

06 다음 중 입체적인 인물의 예로 볼 수 없는 인물은?

① 현진건의 「빈처」: 김첨지
② 김유정의 「만무방」: 응오
③ 김동인의 「감자」: 복녀
④ 이광수의 「무정」: 영채

07 스토리가 사건의 시간적 서술이라면, 플롯은 사건의 인과적 서술이다. 플롯은 소설에서 주된 재료를 결합하여 작가의 사상을 표현하는 수단이 되며, 이야기를 선택하고 배열하는 원리이다.

07 다음 중 스토리(story)와 플롯(plot)에 대한 설명으로 적절하지 않은 것은?

① 사건들은 플롯을 통해 비로소 의미를 획득한다고 볼 수 있다.
② 시간적 순서에 따라 소설의 재료를 결합한 결과, 스토리가 형성된다.
③ 플롯은 사건의 논리적 배열 등 작가의 창조적 의지에 의해 지배된다.
④ 스토리는 선택과 배열의 논리에 의해 결정되기도 한다.

정답 05 ③ 06 ① 07 ④

08 다음 중 독립된 여러 가지 사건이 산만하게 연속하여 전개되는 구성은 무엇인가?

① 옴니버스식 구성
② 피카레스크 구성
③ 액자식 구성
④ 역순행적 구성

08 피카레스크식 구성은 독립된 여러 개의 이야기를 모아, 전체적으로 보다 큰 통일성을 갖도록 구성하는 방식이다. 여러 개의 사건이 인과 관계에 의해 긴밀하게 짜인 구성이 아니라, 산만하게 나열되어 있는 연작 형식의 구성이다.

09 다음 설명에 등장하는 작품에 해당하는 플롯으로 옳게 짝지어진 것은?

> 현진건의 「운수 좋은 날」은 주인공 김 첨지에게 하루 동안 벌어진 사건에 한 인간의 인생을 압축시켜 넣어 가난으로 고통 받는 현대 도시 하층민의 모습을 형상화한 작품이다.

① 단순 플롯 – 평면적 구성
② 단순 플롯 – 입체적 구성
③ 복합 플롯 – 평면적 구성
④ 복합 플롯 – 입체적 구성

09 단순 플롯은 단일한 주제 하에 그 주제를 효과적으로 부각시키기 위한 플롯을 말한다. 플롯이 단순한 만큼 단편소설에서는 압축성·독창성·교묘함·필연성과 같은 요소가 드러나야 성공적인 작품이다. 현진건의 「운수 좋은 날」이 플롯에서 한국 단편소설의 모범으로 거론되는 것도 이 네 가지 요소를 두루 갖추고 있기 때문이다.
한편 평면적 진행은 사건을 과거, 현재, 미래의 시간 순서에 따라 진행시키는 플롯이다. 입체적 진행은 원래 사건이 발생한 시간 순서에 따르지 않고 시간 순서를 바꾸어 사건을 진행시키는 플롯으로, 분석적 진행이라고도 한다.

10 김동인의 「감자」에 대한 내용에서 절정에 해당하는 부분은 무엇인가?

① 가난한 복녀의 아버지가 동네 홀아비에게 딸을 시집보낸다.
② 질투심에 왕 서방의 신방에 쳐들어간 복녀가 왕서방에게 강짜를 부린다.
③ 복녀가 감자밭에서 감자를 훔치다 왕 서방에게 들킨다.
④ 왕서방에 의해 죽임을 당한 복녀의 시신을 두고 은밀한 거래가 이루어진다.

10 김동인의 소설 「감자」에서 복녀가 왕 서방의 신방에 뛰어 들어가 강짜를 부리는 장면은 소설적 클라이맥스(절정)의 모범이라고 할 만하다.

정답 08 ② 09 ① 10 ②

11 플롯은 사건을 한정하고 연속화하는 법칙, 선택과 배열의 논리, 인과관계의 서술이라는 특성을 가진다.

11 다음 중 플롯에 대한 설명으로 옳지 <u>않은</u> 것은?

① 시간적 선조성 엄수
② 인과관계에 의한 서술
③ 사건의 한정과 선택
④ 사건 배열의 원리

12 「만세전」의 작중 서술자이자 관찰자인 '나'는 '동경 → 신호 → 배 안 → 부산 → 김천 → 서울 → 다시 동경'으로 이어지는 여로의 기본 구조 안에 있다.

12 다음 내용은 염상섭의 「만세전」에 대한 설명이다. 이 작품의 서사구조에 대한 설명으로 적절한 것은?

> '동경역–신호역–하관역–부관연락선' 순으로 일본에서 조선으로 가는 여정과 이후 경부선을 타고 부산역에서 경성역으로 가는 '나'의 여정을 통해 당시 조선과 일본의 철도 환경에 대해서도 엿볼 수 있다

① 모자이크식 구성
② 단순 플롯
③ 여로형의 구조
④ 평행적 진행

13 인물의 성격이나 행동과의 내적 연관성을 강조하기 위해 복선을 깔기도 하는 부분은 전개이다.

13 다음 중 플롯의 단계에 대한 설명으로 옳지 <u>않은</u> 것은?

① 발단에서 인물의 성격이나 행동의 인과성을 위해 복선을 깔기도 한다.
② 전개에서 사건 해결의 장애가 되는 어려움이 많아지고 긴장이 조성된다.
③ 김유정의 「봄봄」에서 장인 봉필과 사위인 '나'가 몸싸움을 부리는 장면은 절정 단계이다.
④ 모든 갈등과 분규가 해결되고 주인공의 운명이 결정되는 단계는 결말 단계이다.

정답 11 ① 12 ③ 13 ①

14 다음 내용과 같은 비유를 통해 스토리와 플롯을 구별한 사상가는 누구인가?

- 플롯 – 차창을 통해 시선을 집중시키는 나무들과 집들 (the trees and houses that we focus our eyes on through a train window)
- 스토리 – 앞마당에 내던져진 잡초와 돌들(the weeds and stones that rush by in the foreground)

① N. 프라이
② 루카치
③ 도스토옙스키
④ K. 마르크스

14 노스럽 프라이는 제시된 비유를 통해 플롯은 일종의 연속성을, 스토리는 개체성을 기본 원리로 삼고 있다는 것을 전한다. 또한 플롯은 동적인 구조이며 스토리는 정적인 구조라는 것이다. 프라이는 플롯은 '총체적인 사건들의 연속 과정'이라고 정리하면서 스토리는 소리·이미지 등의 흐름을 포괄한다는 뜻에서 플롯보다는 자연스러운 것이라고 설명하기도 했다.

15 다음과 같이 김동인이 제시한 시점의 유형과 가장 가까운 시점은?

다원묘사체란 특정 부분을 끊는 것이 아니라 어느 때든 상관없이 작품 속 어떤 인물이든지 묘사가 가능한 시점이다.

① 1인칭 주인공 시점
② 1인칭 관찰자 시점
③ 작가 관찰자 시점
④ 전지적 작가 시점

15 김동인이 제시한 시점의 종류 중에서, 일원묘사는 1인칭 또는 3인칭 시점 가운데 인물 시각적 서술에 해당하고, 다원묘사는 3인칭 전지적 작가 시점에 해당하며, 순객관적 묘사의 방법은 3인칭 작가 관찰자 시점에 해당한다. 김동인은 일원묘사 형식에서 화자를 일인칭인 '나'로 할 경우는 그것이 곧 1인칭 서술과 동일한 것이라고 쓰고 있다.

정답 14 ① 15 ④

16 이 작품은 1인칭 주인공 시점으로 쓰인 작품이다. 여기서는 서술자가 성숙한 입장에서 경험적 자아에 대해 이야기하고 있다.

16 제시된 작품은 윤흥길의 「장마」 중 결말 부분이다. 이 작품의 시점에 대한 설명으로 적절한 것은?

> 할머니의 긴 일생 가운데서, 어떻게 생각하면, 잠도 안 자고 먹지도 않고 그러고도 놀라운 기력으로 며칠 동안이나 식구들을 들볶아대면서 삼촌을 기다리던 그 짤막한 기간이 사실은 꺼지기 직전에 마지막 한순간을 확 타오르는 촛불의 찬란함과 맞먹는, 할머니에겐 가장 자랑스럽고 행복에 넘치던 시간이었나 보다. 임종의 자리에서 할머니는 내 손을 잡고 내 지난날을 모두 용서해 주었다. 나도 마음속으로 할머니의 모든 걸 용서했다. 정말 지루한 장마였다.

① 부수적 인물이 주인공의 이야기를 한다.
② 분석적이거나 전지적인 작가가 사상과 감정까지 파악하여 이야기한다.
③ 서술적 자아가 훨씬 성숙한 입장에서 경험자아에 대해 이야기한다.
④ 작가가 외부 관찰자로서 이야기한다.

17 제시된 부분에서는 복녀가 가난하지만 규칙이 있으며 똑똑하고, 엄한 가율에 따라 도덕의식을 갖춘 처녀라는 것이 화자의 서술로 직접 제시되고 있다.

17 다음 작품에 나타난 화자의 특징으로 옳은 것은?

> 복녀는, 원래 가난은 하나마 정직한 농가에서 규칙 있게 자라난 처녀였었다. 이전 선비의 엄한 규율은 농민으로 떨어지자부터 없어졌다 하나, 그러나 어딘지는 모르지만 딴 농민보다는 좀 똑똑하고 엄한 가율이 그의 집에 그냥 남아 있었다. 그 가운데서 자라난 복녀는 물론 다른 집 처녀들같이 여름에는 벌거벗고 개울에서 멱감고, 바짓바람으로 동네를 돌아다니는 것을 예사로 알기는 알지만, 그러나 그의 마음속에는 막연하나마 도덕이라는 것에 대한 기품을 가지고 있었다.
>
> — 김동인, 「감자」 중에서

① 냉소적이고 비판적인 어조로 주인공을 그리고 있다.
② 직접적으로 인물에 관한 정보를 요약하여 제시하고 있다.
③ 외모의 결점에 집착하는 인물의 갈등을 관찰에만 의지하여 서술하고 있다.
④ 화자는 작중 인물로서 주인공과 거리를 유지하고 있다.

정답 16 ③ 17 ②

18 다음 중 1인칭 주인공 시점이 지니는 특성으로 옳은 것은?

① 작품 밖에서 주관을 배제하고 객관적 사실을 관찰하여 묘사한다.
② 작품 속의 부수적인 인물인 관찰자가 주인공에 대한 이야기를 한다.
③ 자유롭게 사건의 내적 분석과 심리묘사를 할 수 있다.
④ 작가의 뛰어난 사상과 관념을 모두 배치할 수 있다.

19 다음 작품의 시점에 대한 설명으로 옳지 <u>않은</u> 것은?

> 그러나 나는 이 발길이 아내에게로 돌아가야 옳은가 이것만은 분간하기가 좀 어려웠다. 가야하나? 그럼 어디로 가나?
> 이때 뚜우 하고 정오 사이렌이 울었다. 사람들은 모두 네 활개를 펴고 닭처럼 푸드덕거리는 것 같고 온갖 유리와 강철과 대리석과 지폐와 잉크가 부글부글 끓고 수선을 떨고 하는 것 같은 찰나! 그야말로 현란을 극한 정오다.
> 나는 불현듯 겨드랑이가 가렵다. 아하, 그것은 내 인공의 날개가 돋았던 자국이다. 오늘은 없는 이 날개. 머릿속에서는 희망과 야심이 말소된 페이지가 딕셔너리 넘어가듯 번뜩였다.
> 나는 걷던 걸음을 멈추고 그리고 일어나 한 번 이렇게 외쳐 보고 싶었다.
> 날개야 다시 돋아라.
> 날자. 날자. 한 번만 더 날자꾸나.
> 한 번만 더 날아 보자꾸나.
> — 이상, 「날개」 중에서

① 서술자는 작중 인물인 '나'의 입장에서 자신의 체험을 서술한다.
② 이 시점은 서술자와 인물의 거리가 가깝고, 독자와 인물의 거리도 가깝다.
③ '나'의 내면이 주로 서술되므로 자아의 성찰과 발전을 찾아볼 수 없다.
④ 인물과 독자와의 거리가 가까워 독자에게 친밀감 있게 사건이 전달된다.

---

18 1인칭 주인공 시점은 자유롭게 사건의 내적 분석과 심리묘사를 할 수 있어 사건이나 배경보다는 주인공의 심리묘사에 유리한 시점으로, 경험적 자아와 서술적 자아의 갈등으로 긴장이 유발된다.
① 작가 관찰자 시점
② 1인칭 관찰자 시점
④ 전지적 작가 시점

19 이상의 「날개」에서는 1인칭 주인공인 화자의 시점에서 서술하고 있으며, 서술하는 과정에서 자아의 변모나 발전이 나타나는 경우도 많다.

정답 18 ③ 19 ③

20 화자의 명확한 서술이나 분명한 인물 형상화를 통해서 주제가 겉으로 강하게 드러나는 작품은 잘 쓴 작품으로 보기 힘들다.

20 다음 중 소설의 주제에 대한 설명으로 가장 적절하지 <u>않은</u> 것은?

① 작가가 구현하고자 하는 핵심적인 의미이다.
② 구성과 문체를 긴밀히 결합시키는 에너지이다.
③ 작가의 명확한 서술을 통해 강하게 드러나야만 한다.
④ 소재를 다루어 나가는 통일된 원리이다.

21 제시문에서 밑줄 친 부분은 시대 배경을 바탕으로 한 반영론적 관점에 따른 감상에 대한 설명인데, 이 작품은 6·25라는 전쟁의 비극이 사람들에게 어떤 영향을 끼쳤는지 한 가족 안의 일화를 구체적으로 보여주며 표현해내고 있다.

21 다음 내용에서 밑줄 친 부분과 관련된 접근 방식을 통해 윤흥길의 「장마」를 비평한 것으로 옳은 것은?

> 작품을 비평한다는 것은 일차적으로 자기의 관점에 따라 작품을 바라보는 일이다. 관점이란 쉽게 말한다면 '소설이란 무엇인가'라는 질문에 대한 답이라고 할 수 있다. 그래서 관점은 매우 다양할 수밖에 없지만, 비평의 역사를 통해 볼 때 매우 영향력 있는 몇몇 관점들로 통합되는 경향이 있다. 그것들 중에서, '<u>소설은 시대적 배경이나 상황의 재현(再現)</u>'이라는 관점을 취하면 외적인 정보를 끌어들여 작품이 지니는 의미를 이끌어 내는 과정이 중심을 이루게 된다.

① 소설은 그 근본이 이야기니까 문장력이 뒷받침되어야 하는데, 「장마」는 과거의 상황을 회상하는 방법으로 전개되어 있어서 매우 매력적이다.
② 소설의 핵심은 갈등이 형성되고 해소되는 과정에 있다고 보는데, 「장마」는 별다른 외적 갈등이 형상화되지 않아 소설의 긴장감이 떨어지고 있다.
③ 소설을 읽는 것은 소설 속의 인물과의 가상 대화를 의미하는데, 「장마」에서는 인물들의 실제적인 대화 부분이 구체적으로 제시되지 않아서 그 의미가 반감된다.
④ 소설의 구조와 현실의 구조는 서로 닮는다고 하는데, 「장마」는 6·25 동란 중에 일어난 한 집안의 이야기가 구체적으로 드러나고 있어 적절한 평가가 가능하다.

정답 20 ③ 21 ④

22 다음 작품에서 밑줄 친 부분의 상징적 의미로 적절한 것은?

할머니의 거의 시체나 다름이 없는 뻣뻣한 자세로 자리에 누워 있었다. 숨은 겨우 쉬고 있다 해도 아직도 의식을 되찾지 못한 채였다. 할머니의 주변을 둘러싸고 속수무책으로 앉아서 사색이 다 되어 그저 의원이 도착하기만을 기다리는 식구들을 향해 나는 다급한 소리로 용건을 말했다. 누구에게랄 것 없이 아무한테나 던진 내 말이 무척 엉뚱한 소리로 들렸던 모양이다. <u>할머니의 머리카락</u>이 이런 때 도대체 어디에 소용될 것인지 이해가 가도록 설명하기엔 꽤 시간이 걸렸다. 그리고 고모가 인사불성이 된 할머니의 머리를 참빗으로 빗기는 덴 더 많은 시간이 걸렸다. 빗질을 여러 차례 거듭해서 얻어진 한줌의 흰 머리카락이 내 손에 쥐어졌다. 언제 그렇게 준비를 해왔는지 외할머니는 도래 소반 위에다 간단한 음식 몇 가지를 차리는 중이었다. 호박전과 고사리나물이 보이고 대접에 그득 담긴 냉수도 있었다. 내가 건네주는 머리카락을 받아 땅에 내려놓은 다음 외할머니는 천천히 고개를 들어 늙은 감나무를 올려다보았다.

"자네 오면 줄라고 노친께서 여러 날 들어 장만헌 것일세. 먹지는 못헐망정 눈요구라도 허고 가소. 다아 자네 노친 정성 아닌가? 내가 자네를 쫓을라고 이러는 건 아니네. 그것만은 자네도 알어야 되네. 남새가 나드라도 너무 섭섭타 생각 말고, 집안일일랑 아모 걱정 말고 머언 걸음 부데 펜안히 가소."

이야기를 다 마치고 외할머니는 불씨가 담긴 그릇을 헤집었다. 그 위에 할머니의 흰머리를 올려놓자, 지글지글 끓는 소리를 내면서 타오르기 시작했다. 단백질을 태우는 노린내가 멀리까지 진동했다. 그러자 눈앞에서 벌어지는 그 야말로 희한한 광경에 놀라 사람들은 저마다 탄성을 올렸다. 외할머니가 아무리 타일러도 그때까지 움쩍도 하지 않고 그토록 오랜 시간을 버티던 그것이 서서히 움직이기 시작한 것이다. 감나무 가지를 친친 감았던 몸뚱이가 스르르 풀리면서 구렁이는 땅바닥으로 툭 떨어졌다. 떨어진 자리에서 잠시 머뭇거린 다음 구렁이는 꿈틀꿈틀 기어 외할머니 앞으로 다가왔다. 외할머니가 한쪽으로 비켜서면서 길을 터주었다.

① 할머니의 고통스러웠던 현실의 삶
② 구렁이가 원한을 갖게 되는 매체
③ 죽어 돌아온 삼촌을 위로하는 모성애
④ 죽은 아들을 부활하게 만든 소재

---

22 제시된 작품은 윤흥길의 「장마」로, 한국전쟁으로 인한 고통과 슬픔을 증언하는 윤흥길의 많은 작품 가운데 대표작이다. 밑줄 친 부분의 '할머니의 머리카락'은 구렁이가 원한을 풀게 되는 매개체로 삼촌에 대한 할머니의 모성애 및 혈육의 정을 상징한다.

정답 22 ③

제3편 주요 작가와 작품 이해

제1장	개화기~1910년대 소설
제2장	1920년대 소설
제3장	1930~40년대 소설
제4장	1950년대 소설
제5장	1960~80년대 소설
실전예상문제	

교육이란 사람이 학교에서 배운 것을 잊어버린 후에 남은 것을 말한다.

– 알버트 아인슈타인 –

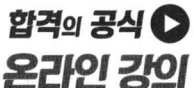

보다 깊이 있는 학습을 위해서 수험생들을 위한
이 시대의 모든 합격! SD에듀의 동영상 강의가 준비되어 있습니다.
www.sdedu.co.kr ➔ 회원가입(로그인) ➔ 강의 살펴보기

제1장 개화기~1910년대 소설

| 단원 개요 |

한국문학에서 개화기 소설은 1870년대부터 이광수가 「무정」을 발표한 1917년까지 산출된 소설들을 통틀어 이르는 말이다. 주로 신문을 통하여 발표되었으며, 고소설과 근대소설의 과도기적 형태로 볼 수 있다. 개화기 소설은 개화·계몽기라는 과도기적인 시대를 배경으로 하고 있는 만큼 그 성격으로 보았을 때 하나의 계몽소설이었다. 그 공통된 주제는 개화의 선구적 의식을 계몽하고, 그 실천을 강조하는 면에서 취재되었으며, 그 특색은 구소설에서 완전히 탈피한 근대적 소설이라기보다 봉건적 요소와 근대적 요소를 함께 지니고 있다.

| 출제 경향 및 수험 대책 |

이 단원에서는 1900년대 개화기의 시대적 배경과 문화에 대한 이해, 신소설의 시대적 배경 및 소설사적 의의, 이인직·이해조·신채호 등 신소설 작가의 작품, 1910년대 시대적 배경, 이광수 등의 근대 초기 소설 작가의 특징과 개별 작품들에 대한 이해 여부를 묻는 문제들이 출제되고 있다. 따라서 작가론과 작품론 두 측면에서 철저히 준비하고 학습할 필요가 있다.

제1절 개화기 소설과 1910년대 소설의 개요

1 개화기 소설

(1) 개화기 소설의 개념

개화기 소설은 한국에서 19세기 말에서 20세기 초에 걸쳐 성행한 소설 문학으로, 고전소설과 근대소설의 징검다리 역할을 한다. 이 시기의 소설을 신소설(新小說)이라고 부르기도 한다.

갑오개혁 이후 개화·계몽기를 배경으로 해서 이루어진 소설이 바로 개화기 소설인데, 이것은 근대적인 신문학을 대표하는 문학양식이라고 할 수 있다. 개화기의 신소설은 재래의 구소설, 즉 고전소설에 대한 새로운 소설이란 뜻으로 그 명칭이 쓰였으며, 문학사적으로 김시습의 「금오신화」 같은 구소설과 현대소설이라고 할 수 있는 이광수의 「무정」 사이에 위치하는 과도기적인 소설을 가리키는 말이다.

갑오개혁 이후 개화기 때는 신구의 대립 관념이 소설뿐만 아니라 각 분야에 파급되었다. 즉, 전통 시조에 대한 신체시, 구파(舊派)·구극(舊劇) 등 재래의 연극에 대한 신파(新派)·신극(新劇) 등으로 대조되었는데, 신소설의 명칭도 이렇게 새로운 것을 찾는 시대적 요구에 의해 불린 듯하다. 따라서 신문학 초창기에 '과거의 것에 대하여 새롭다'는 뜻으로 사용된 신소설이란 개념은 어떤 뚜렷한 정의를 내포했다기보다는 막연히 신구의 대립 관념이 선행된 명칭이었다. 이러한 신소설은 이인직의 「혈(血)의 누(淚)」를 시작으로 1906년 즈음부터 1916년 무렵까지 무려 총 3백여 종의 작품이 출판되었다. 신소설은 1917년 「무정」이 나온 이후에도 계속 출판되어 그 배경의 폭을 넓힌다면 갑오개혁부터 3·1 운동까지 약 20년 내외에 해당하며, 그 속에는 구소설을 개작한 것도 있고, 일본 작품을 번안한 것도 포함된다. 이 신소설은 이른바 '이야기책'으로 불리는 구소설과 서구적인 소설의 체제를 거의 갖춘 『창조(創造)』지 이후의 현대소설과의 중간 단계에 위치하는 한국문학의 특수한 소설 양식이라 할 수 있다. 소설사적으로 봤을 때 봉건사회의 구소설에서 시작하여 개화기의 신소설을 거쳐 현대소설로의 발전적인 계보를 형성하게 되며, 특히 이 시기 신소설은 계몽의 문학으로서 개화사조를 그대로 반영하고 있다.

(2) 개화기 소설의 주제

개화・계몽기라는 과도기적인 시대를 배경으로 하고 있는 만큼 신소설은 그 성격으로 봤을 때 하나의 계몽소설이었다. 그 공통된 주제는 개화의 근대적 의식을 계몽하고, 그 실천을 강조하는 면에서 취사・선택되었으며, 구소설에서 완전히 탈피한 근대적 소설이라기보다 봉건적 요소와 근대적 요소를 함께 지니고 있는 것이었다.

신소설은 그 주제에서 정치소설이라는 성격에 맞게 서구적인 새로운 질서에 의한 신교육의 필요성, 계급의식의 타파와 평등사상, 여권(女權)의 신장 및 자유 연애 그리고 자아각성에 의한 새로운 문화에 대한 동경과 구시대적 현실 개혁 등이 다루어졌다. 그 소재 및 배경은 거의 개화기의 현실 속에서 취재되었고, 중심인물들은 당시의 현실적인 인물을 넘어 새 시대가 요구하는 이상형의 인물을 설정하여 새로운 시대상과 근대적 시민의식을 반영했다. 서구의 근대의식이 지니는 중요한 특징인 인간의 존엄성과 인권 그리고 자유와 평등이 핵심을 이루는 만큼, 개화사조 또한 이러한 시대의식을 나타내어 신소설은 필연적으로 계몽성을 수반하게 되었다고 할 수 있다.

(3) 개화기 소설의 특색

신소설은 어떤 하나의 주제를 일관성 있게 통찰하고, 구체적으로 처리한 것이 아니라 여러 가지 관념적인 개화기의 시대의식을 피상적으로 뭉뚱그려 반영한 것이 그 특색이라 할 수 있다.

여러 신소설의 주제들 중 신교육은 개화기 시대의식의 핵심을 이루었기 때문에 신소설의 각 작품에서 거의 공통적인 주제로 등장하고 있는데, 특히 이인직의「혈의 누」,「치악산(雉岳山)」,「은세계(銀世界)」, 이해조의「춘외춘(春外春)」, 최찬식의「안(雁)의 성(聲)」,「추월색(秋月色)」등 많은 작품에 빠짐없이 등장하고 있다.

정치소설에서 자주 다루는 자주독립의 사상은「혈의 누」, 이해조의「자유종(自由鍾)」등에 강하게 나타났고, 계급의식의 타파는 봉건적인 천민계급인 비복(婢僕) 신분의 해방을 비롯하여 역사 이래 공고히 유지되던 반상(班常)의 차별에 대한 철폐 등으로 다루어져「귀(鬼)의 성(聲)」,「치악산」,「자유종」등에 나타났다. 이해조의「자유종」에는 여권 신장과 존중 사상이 반영되었으며,「혈의 누」,「추월색」,「안의 성」,「춘외춘」,『홍도화(紅桃花)』등에는 남녀의 자유의사에 의한 애정문제・조혼폐지・과부의 재혼 등 자유연애와 결혼 사상이 반영되는 등 변화된 가치관의 모습이 여러 작품들을 통해 드러난다. 평민의식과 자아각성에 의한 현실고발은「은세계」,「귀의 성」,「자유종」등에 나타났고,「치악산」,「구마검(驅魔劍)」등에서는 민간의 기존 폐습인 미신타파를 주장했다.

(4) 개화기 소설의 표현 형식

대부분의 신소설 작품은 공통적으로 개화라는 새 시대가 요구하는 주제와 인물을 등장시켰다는 점에서 그 주제의 진보성과 등장인물의 현실성 측면에서 궤를 같이 한다.

① 대부분의 구소설이 서두가 '대명년간(大明年間)'이나 '화설 중고'식으로 시작하여, 중국에 무대를 설정하거나 막연한 과거시대에서 취재하고, 가공의 인물을 등장시켜 비현실적인 사건을 진행시킨 데 비하면, 신소설은 주제의 현대화와 등장인물의 현실성으로 획기적인 문학적 진전을 본 것이라고 할 수 있다. 특히 작품의 첫머리에 '화설・대명년간'식의 천편일률적인 유형에서 벗어나, 자유롭게 그 서두를 시작하며 작품을 이끌어 나갔다는 점은 문장 면에서 일대 개혁이었다. 구소설과 신소설의 서두를 비교해보면 다음과 같다.

구소설 (완판본 「춘향전」)	숙종대왕 즉위 초에 성덕이 너부시사 성자성손은 계계승승하고 금고옥적은 요순시절이요, 의관문물은 우탕의 버금이라. 좌우보필은 주석지신이요, 용왕 호위난 간성지장이라.
신소설 (「혈의 누」)	청일 전쟁의 총소리난 평양 일경이 떠나가난 듯하더니 그 총소리가 끝이매 사람의 자취난 끊어지고 산과 들에 비린 티끌뿐이라.

표현 형식 면에서 볼 때 신소설은 고전소설에 비하여 언문일치에 접근했고, 장면이나 사건의 세밀한 묘사 형식을 채택했다는 점에서 진일보한 것은 유의미한 발전이다.

② 그러나 작품의 허구적 구성에도 불구하고, 여전히 고소설의 정형적 주제인 권선징악을 내세우고 있다는 점, 남발되는 우연성, 과도하게 거세된 성격과 심리, 인물 묘사의 추상성으로 인하여 구소설의 한계를 완전히 벗어나지 못했다.

③ 신소설의 문장은 아직도 현대소설에 비해 묘사보다 설명에 치중했고, 어휘 선택이나 설득력이 미숙하며, 특히 종결어미에 있어 '-더라, -이라, -러라' 등 고전소설의 설교체, 설명체 문체가 그대로 남아 있고, 내용 면에서도 우연성과 권선징악의 목적의식과 더불어 신소설을 봉건적 요소와 근대적 요소를 함께 지닌 과도기적인 문학양식으로 그 존재성을 규정짓게 했다.

(5) 개화기 소설의 성격

① **정치소설적 성격**

『서사건국지(瑞士建國誌)』(1907)를 통해 알 수 있듯이 이 시기에는 빠른 개화를 통해 전통적 봉건사회에서 벗어나야 한다는 조급성·과격성이 신소설을 정치소설처럼 이끌어 가는 경향이 있었다. 이 시기의 정치소설은 일본 명치기의 일본식 정치소설에 그 맥이 닿아 있다. 정치소설의 성립 근거는 두 가지로 분석되는데, 의회정치와 신문매체의 보급이다. 우리나라의 경우 정치소설은 서구소설이나 일본소설의 번안 수준에서 더 나아가지 못했다. 이인직의 경우가 그러하며 그 대표작은 「설중매」(1908)이다.

② **문답체(토론체) 형식의 창출**

문답체(토론체) 형식으로는 이해조의 「자유종」, 김필수의 「경세종」, 안국선의 「금수회의록」 등이 대표적이다. 문답체(토론체) 형식이야말로 정치소설의 자생적인 모습이라 할 수 있는데, 신문 논설이 감당할 수 없는 영역을 메우기 위해 고안해낸 장치이지만 감정의 영역까지에는 이르지 못한 중간 형식이다. 문답 형식은 신문 논설 형식 다음에 등장한 것으로, 논설보다 진보된 형식이라 할 수 있다. 설득하느냐·설득당하느냐가 문제되는 영역이 신문 논설의 세계라면, 추상적 논리만으로는 감당할 수 없는 영역을 드러내기 위해 고안해낸 형식이 문답체이다.

③ **정치소설의 결여 형태의 출현**

정치소설이라 했지만 실상은 정치소설의 결여 형태에 지나지 않았다. '토론소설'이란 표찰을 단 「자유종」(이해종 저, 1910)에 오면 정치소설이 얼마나 풍속소설로 타락했는가가 명료하게 드러난다. 이러한 '토론소설'이 버젓이 활개를 치는 이유는 정치성 자체, 또는 문명 개화사상이라는 것 자체가 '흥미'의 대상으로 변모되었음을 말해준다. 「자유종」의 토론체 형식은 그 토론 내용의 실천 가능성 여부와는 무관하며, 토론을 하는 일 자체를 '즐기는' 것에 목적이 있었다. 이 점에서 「자유종」은 하나의 이정표와 같다. 매경 부인의 꿈 이야기에서 그 말이 지시하는 대상은 없다. 말하는 것 자체가 갖는 즐거움이야말로 대중성·통속성의 요체이다. 바로 이 순간 정치소설은 소멸되고, 신소설은 고대소설의 수준으로 후퇴한다. 따라서 「자유종」은 정치소설의 처지에서 보면 타락한, 겉모양만 유지한 형태이며, 대중소설의 단초에 해당하는 것이다.

2 1910년대 소설

1910년 한일합방(韓日合邦)으로 국권이 상실되고, 일본에 의한 조선인의 우민화 정책(愚民化政策)이 실시됨으로써 사실상 언론·출판·집회·결사의 자유는 박탈되었다. 이에 대응하기 위해 최남선(崔南善)에 의해 1914년 『청춘』이 간행되고, 1918년 장두철(張斗澈)의 주재로 순 한글로 발간된 주간잡지 『태서문예신보(泰西文藝新報)』가 간행되었다.

(1) 춘원(春園) 이광수(李光洙)

1910년대의 이러한 암울한 시대적 분위기 속에서 다시 새로운 문학을 가지고 등장한 작가는 춘원(春園) 이광수(李光洙)였다. 그는 1910년 단편 「어린 희생」(소년.1910), 「소년의 비애」(청춘.1917), 「어린 벗에게」(청춘.1917), 「윤광호」(1918), 장편 「무정」(매일신보.1917), 「개척자」(1917) 등을 비롯하여 1950년 「서울」에 이르기까지 신문학 사상에 가장 많은 작품을 발표한 작가이다. 춘원은 계몽주의적 입장에서 당대의 민족적 현실을 직시하고, 공리주의적(功利主義的) 문학관의 토대 위에서 많은 작품을 썼다. 그가 쓴 소설 중 「어린 벗에게」, 「소년의 비애」, 「윤광호」는 바로 인습적인 조혼제도(早婚制度)와 허례허식의 유교적인 이념에 반기를 들면서 자아의식을 계도한 소설이며, 우리나라 최초의 장편소설로 인정받고 있는 「무정」은 한일합방 후 일제의 탄압 아래 신음하는 동포의 민족주의 사상을 밑바탕으로, 일체의 봉건적인 것에 대한 비판과 반항으로 새 세대의 계몽을 꾀한 소설이다.

(2) 소성(小星) 현상윤(玄相允)

춘원과 동 시대에 활동한 주요 작가로는 6·25 전쟁 중에 납북된 소성(小星) 현상윤(玄相允)이 있다. 그의 소설로는 「한(恨)의 일생」(1914), 「박명(薄命)」(1914), 「재봉춘(再逢春)」(1915), 「청류벽」(1916), 「광야」(1917), 「핍박」(1917) 등이 전해진다. 그의 처녀작이라 할 수 있는 「한의 일생」은 시대 변천에 적응하지 못하는 주인공 김춘원과 지배 계층의 부도덕한 탐욕자 윤상호가 금전에 약한 김춘원의 약혼녀 이영애를 사이에 두고 일어나는 상호 마찰과 비극을 주제로 한 것이다. 그리하여 「한의 일생」은 환경에 의하여 좌절된 인간, 패배한 인간, 그리고 타락한 인간을 사실적으로 관찰함으로써 자연주의적 작품의 등장을 예고하였다.

제2절 개화기~1910년대 소설의 작가

1 이인직

(1) 이인직의 삶

이인직은 1862년 7월 27일 경기도 음죽에서 태어났다. 자(字)는 성문(聖門), 호(號)는 국초(菊初)이다. 자료 부족으로 이인직 당대의 집안 형편을 정확히 고증할 수는 없으나 그가 명문가 출신이라는 사실은 매우 중요한 의미를 지닌다. 명문가 출신임에도 관비유학생으로 도일(渡日), 나이 마흔한 살에 이르기까지 관직에 오르지 못한 이인직의 정치적 야망이 남달랐을 것임은 쉽게 추정할 수 있다. 4대째 벼슬을 하지 못하고 갈수록 주변부로 밀려나는 집안의 역사는 이인직의 정치적 야망을 매개하고 증폭시키기도 했을 것이다.

1902년 관비유학생으로 도일하였고, 동경정치학교에서 청강생 혹은 과외생으로 수학하였다. 도신문사(都新聞社) 견습사원으로 신문 문화를 공부하였으며, 1903년 한국 정부의 유학생 소환령에 따라 귀국하였고, 러일전쟁 때 일어 통역을 담당하였다. 천도교에서 낸 『만세보』에 간여했으며, 이후 『대한신문』의 사장으로서 이완용 내각의 친일정책을 열렬히 옹호하고 선전하였다.

(2) 개화지성의 한계[1]

① 「혈의 누」는 주인공 김옥련이 걷는 여행길을 따라 서사가 구성된다. 옥련의 '조선-일본-미국'으로 이어지는 여로를 통해 한국 사회가 나아갈 유일한 길은 근대화이고, 그것을 위해서는 신교육이 무엇보다 중요하다는 작품의 주제가 분명히 드러난다. 옥련과 구완서의 입을 통해 피력되는 자유연애, 자유결혼의 사상은 이에 비해 부차적인 것이다. 이때 옥련의 여로는 구완서라는 외적 요인에 의해 결정되는 수동적인 모습을 갖는다. 이 같은 수동성은 현실에 대한 반성적 탐구와, 작가가 제시하고자 한 새로운 이념에 대한 검토의 전적인 결여를 반영한다. 당대 한국 현실에 대한 철저한 부정과 새로운 이념에 대한 무조건적인 긍정이 전제되어 있기에, 옥련과 그를 따라가는 독자 역시 근대의 표상인 일본·미국으로 나아가야 하는 이유에 대해 적극적으로 점검하지 못한다. 일본·미국이 표상하는 근대의 절대화가 이처럼 옥련의 여로를 규정하고 있다. 이러한 근대화에 대한 갈망은 옥련이 고아 상태에서 여로를 시작하고 있다는 것과 대응한다. 완전한 백지 상태에 놓인 자유인이기에 그녀는 한국 사회의 구체적 현실과는 무관하게 절대화된 근대라는 이념을 자유롭게 실현할 수 있다. 그리고 이 점은 「무정」의 이형식과 동일하다.

② 「혈의 누」는 고아 상태에 놓인 주인공을 통해 근대화라는 새로운 이념의 절대성을 부각시킨 작품이다. 그러나 이인직은 어떤 점에서 근대화가 절대적인 정당성을 지녔는가를 해명하지 못했는데, 이를 「은세계」에서 정치적 타락의 일면을 제시하며 설명하려 한다.

③ 「은세계」의 중심인물은 최병도이다. 삼대독자로 외로운 태생인데다 조실부모하고 홀로 자라났으니 「혈의 누」의 주인공 옥련과 동질의 인물형이다. 옥련이 일본·미국을 거치며 근대화의 절대적 신봉자가 되었듯이, 최병도 또한 김옥균과의 만남을 통해 새로운 인물로 다시 태어난다. 그러나 그는 타락한 정치의 폭력에 치어 압살당하고 만다는 점에서 옥련과 큰 차이를 지닌다. 즉, 「혈의 누」에서 설명하지 못했던 근대화의 타당성을 「은세계」는 타락한 정치의 폭력성을 부각시킴으로써 근대 이념의 정당성을 더욱 뚜렷이 부각시키고자 한 것이다. 이인직은 이를 최병도의 근대화의 정당성에 대한 신념과 아버지의 뜻을 좇아 새로운 삶을 열어나가는 옥남·옥순의 행로를 통해 표출하고 있다. 「은세계」에서 대관령은 폭력적인 봉건 지배 권력과 정당한 '나랏법'에 따라 살기를 갈망하는 백성들을 나누는 상징물이다. 이인직은 최병도를 통해 대관령을 넘어 봉건 지배 권력을 정면으로 돌파함으로써 새로운 세상을 열고자 하는 이상을 드러낸다. 그 이상을 견인한 것은 바로 근대화에 대한 절대의 신념이었다. 봉건 지배 권력의 타락성이 곧바로 근대화의 정당성에 대한 절대의 신념으로 치환되고 있는 것인데, 이것이 바로 이인직이 넘어설 수 없는 지점이기도 했다.

---

[1] 정호웅, 「이인직론-개화지성의 한계」, 『한국현대소설가론』, 새미

(3) 주요 작품

이인직이 쓴 신소설의 대표작으로는 「혈의 누」(1906)・「은세계」(1908)・「귀의 성」(1906~1907)・「치악산」(상편, 1908) 등이 있다.

① **「혈의 누」**[2]

 ㉠ 개설

  이인직의 대표적 신소설로, 상편은 1906년 7월 22일부터 같은 해 10월 10일까지 50회에 걸쳐 『만세보(萬歲報)』에 장편소설로 연재되었다. 하편에 해당하는 「모란봉(牡丹峰)」은 1913년 『매일신보』에 연재되다가 미완성으로 끝나, 전편이 그대로 출간된 바는 없다.

  단행본으로 처음 발간된 것은 1907년 3월에 광학서포(廣學書舖)에서 발행한 『혈의 누』이지만, 『만세보』 연재분과 내용에 있어 약간의 차이를 보인다. 그 뒤 1912년 12월에 동양서원(東洋書院)에서 『모란봉』이라는 제목으로 정정본이 출간되었다.

  이 작품은 청일전쟁 때 평양 모란봉의 참상을 시발점으로 하여, 그 뒤 10년간의 긴 세월이 지나는 동안 한국・일본 및 미국을 무대로 옥련 일가의 기구한 운명의 전변(轉變)에 얽힌 개화기의 시대상을 그린 것으로, 자주독립・신교육사상・자유결혼관 등이 그 주제로 다루어져 있다.

 ㉡ 내용

  청일전쟁의 전화(戰禍)가 평양 일대를 휩쓸었을 때, 일곱 살 난 여주인공 옥련(玉蓮)은 피난길에서 부모와 헤어지게 되고 부상을 당한다. 일본군에게 구출된 옥련은 이노우에라는 군의관의 도움으로 일본에 건너가 소학교를 다니는데, 뜻밖에 이노우에가 전사하자 의모(義母)는 변심하여 옥련을 구박한다. 옥련은 갈 바를 모르고 방황하던 중 구완서를 만나 함께 미국으로 간다. 워싱턴에서 공부하던 중 옥련은 극적으로 아버지 김관일을 만나게 되고, 구완서와 약혼한다. 한편, 평양에 있는 옥련의 어머니는 죽은 줄만 알았던 딸의 편지를 받고 꿈만 같이 생각한다.

 ㉢ 의의와 평가

  ⓐ 이 작품의 출현을 기점으로 소설의 형식과 내용에 있어서 과거 고전소설의 격식에서 벗어나 근대소설 영역에 접근할 수 있게 되었다.

  ⓑ 그러나 고전소설의 문체를 완전히 벗어나지 못한 부분들이 빈번하게 나타나고, 구성이나 이야기의 전개 방법이 미숙한 점 등 이후의 신소설에서도 드러난 취약점이 엿보인다.

② **「은세계」**[3]

 ㉠ 개설

  「은세계」는 1908년 동문사(同文社)에서 간행되었으며, 상권만이 전하고 하권의 유무는 확인되고 있지 않다. 표지에 '신연극'이라고 적혀 있듯이 이 작품은 1908년 11월 작자인 이인직을 통해 원각사(圓覺社) 무대에서 공연되었고, 1914년 2월 17일에 혁신단(革新團)에서 다시 상연되었다.

 ㉡ 내용

  강릉 두메산골에 사는 최병도(崔秉陶)는 김옥균의 감화로 구국의 일념을 품고 그 밑천을 마련하기 위해 부지런히 일하여 재물을 모은다. 그러나 자신의 재물을 빼앗기 위하여 억지 죄를 씌운 강원 감사에게 저항하다가 모진 형문에 죽게 된다. 이에 충격을 받은 부인은 유복자인 최옥남을 낳은 후 정신이상에 걸리고, 최병도의 친구인 김정수가 재산을 관리하며 최옥순・최옥남 남매를 맡게 된다.

---

[2] 송민호, 『한국개화기소설의 사적연구』, 일지사
[3] 최원식, 「은세계연구(銀世界研究)」, 『창작과 비평』 48

미국 유학 도중 김정수가 아들 때문에 파산하고 죽어버리자, 최옥순·최옥남 남매는 자살을 시도한다. 그러나 미수에 그친 이들이 곧 미국인의 도움으로 졸업한 뒤 귀국하자, 어머니는 정신을 회복하여 상봉하게 되고, 모두 함께 불공드리러 갔다가 의병을 만난다. 이에 최옥남이 그들을 타이르다가 잡혀가는 데에서 이야기는 끝난다.

ⓒ 의의와 평가
ⓐ 이 작품은 갑오개혁 이후 개화의 물결을 탄 시대 의식을 반영하고, 봉건 관료의 부패와 학정 폭로라는 적극적인 주제를 다루고 있다. 그리고 무엇보다 극도로 부패한 당시 봉건 관료의 학정을 관념적으로 서술하는 것에서 벗어나, 최병도라는 불굴의 반항 의식을 가진 강인한 성격의 주인공을 내세워 전개하였고, 당시 백성의 반발을 소요(騷擾) 사태 직전까지 이르게 하였다는 점 등 신소설의 주제 면에서 가장 우위에 놓이는 작품이다.
ⓑ 사회적 배경의 서술과 더불어 최병도 일가를 객관화하였고, 최병도를 피지배층의 꺾이지 않는 전형적 인물로 뚜렷이 부각시킨 점 등은 이 작품이 종래의 가정소설 유형에서 벗어나 객관소설의 새로운 자리를 차지하게 하였다.
ⓒ 작품 속에「농부가」·「나무꾼노래」·「동요」·「천쇠의 노래」·「상두소리」·「달고소리」 등의 민요를 삽입하여 충격적인 현실감을 환기시키고 아울러 암시적인 풍자성을 강조한 것도 구성상의 한 특징이다.
ⓓ 이 작품은 전반부의 강렬한 저항정신과는 달리 후반부로 갈수록 외세 영합적 순응 태도를 보이면서, 현실 저항과 체제 순응이라는 당시 상반된 현실 인식의 동시적 투영이라거나, 전반·후반이 서로 다른 소설이라고 보는 견해들이 나오게 됐다.

③「귀의 성」[4]
㉠ 개설
「귀의 성」은 『만세보(萬歲報)』에 1906년 10월부터 1907년 5월까지에 걸쳐 연재되었다. 1907년 10월 3일 황성광학서포에서 상편의 초판이 간행되었고, 1908년 7월 25일 중앙서관에서 하편의 초판이 출간되었다.

㉡ 내용
춘천군수로 도임한 김승지는 강동지의 무남독녀인 길순을 첩으로 삼았는데, 결국 본처의 투기로 인해 내직으로 옮겨 서울로 떠나게 된다. 김승지에게서 아무런 소식도 없자, 딸의 애처로운 처지를 보다 못한 강동지는 딸을 가마에 싣고 서울로 향한다.

천신만고 끝에 서울에 있는 김승지의 집에 당도한 강동지 부녀는 김승지의 본처의 적의로 인해 안중문에도 들어서지 못하게 되고, 우유부단한 김승지의 황급한 처사대로 박 참봉의 집에 머물면서 회답을 기다린다. 그 사이에 길순은 고민 끝에 우물에 빠져 자살하려다가 순경에게 구출되고, 박 참봉이 주선한 새 거처로 옮긴 후 아들 거북이를 출산한다. 그러나 김승지의 본처의 흉계로 인해, 본처의 하수인인 몸종 점순과 그 정부인 최가에 의하여 봉은사 부근 숲 속으로 유인되어 모자가 함께 살해된다.

꿈자리가 뒤숭숭하여 다시 상경한 강동지는 딸의 피살과 관련하여 상세히 실상을 탐문하고, 사실을 알게 된 후 복수의 일념에 불타 김승지의 본처의 하수인이었던 점순과 그 정부가 피신해 있는 부산 초량으로 내려가 그들을 살해한다. 그리고 다시 서울로 올라와 김승지의 본처마저 처단하고, 노령(露領) 해삼위(海蔘威 : 블라디보스토크)로 떠난다.

---

[4] 강현조,「귀의성 판본 연구」,『현대소설연구』 35, 한국현대소설학회

ⓒ 의의와 평가
  ⓐ 이 작품은 개화사조나 신문화운동이 그 주류를 이루던 일련의 신소설과는 달리, 본처와 첩의 질투와 갈등에서 빚어지는 가정비극을 주축으로 하는 작품이다.
  ⓑ 그러나 일부종사(一夫從事)의 윤리관에서 벗어나려는 결혼관이나 미신타파의 암시적 주장, 그리고 사건의 전개 과정에서 기차·전차·전보·지폐 등 근대적인 문물을 등장시켜 모던한 감각을 자극시킨 점 등은 간접적으로나마 개화사조나 근대문명에 근접하여 있다.
  ⓒ 양반에 대한 반발의식이나 종을 놓아주어 양민이 되게 하는 등 신분관계를 부정하고, 자유의 가치를 수호하기 위해 수단과 방법을 가리지 않고 행동하는 점 등은 이 작품을 종래의 유형적인 가정비극에서 벗어나 개화의 각광을 받은 근대소설의 전초적 구실을 하게 하는 중요한 요소라고 할 수 있다. 특히 김동인(金東仁)은 1929년 『조선일보』에 기고한 비평문 「조선근대소설고」에서 이 작품을 한국 근대소설의 원조로 평가하면서, 학대받는 가련한 여성의 모습이 사실적으로 드러나 있다고 했다.

④ 「치악산」5)
  ㉠ 개설
    「치악산」(1908)은 상·하 양편으로 구성되어 있으며, 상편은 이인직 그리고 하편은 김교제 작(作)으로, 상·하편의 작가가 다른 작품이다. 김교제가 쓴 하편은 1911년에 간행되었다.
  ㉡ 내용
    원주 치악산 기슭에 살고 있는 완고한 홍참의(洪參議) 집에 서울 개화파 이판서의 딸이 전처소생 아들인 백돌에게 시집을 와서 살게 되었다. 이씨 부인은 홍참의의 후실인 시어머니 김씨 부인과 시누이 남순의 구박 때문에 힘겨워 눈물짓는 생활을 한다. 그나마 위로를 주던 남편 백돌이 개화에 대한 의지를 세우고 장인의 도움을 입어 일본으로 유학을 간 뒤, 시어머니는 혼자 남은 며느리(이씨 부인)가 불륜을 저질렀다고 오해하여 치악산으로 내쫓는다.
    이씨 부인은 최치운·장포수의 겁탈 위기를 벗어나고 마침내 승려가 되지만, 그 또한 미모로 인하여 파문을 당하자 우물에 빠져 자살을 기도한다. 한편, 이씨 부인의 몸종 검홍이는 이씨 부인의 친정으로 돌아와서 복수를 계획하고 귀신장난을 벌여 홍참의 집안을 쑥밭으로 만드는 데에서 상편이 끝난다.
    하편에서는 홍참의가 집을 나와 방랑하다가 며느리임을 모른 채 우연히 여승 한 명(이씨 부인)을 구출하게 되고, 집에 돌아와 김씨 부인을 내쫓는다. 우여곡절 끝에 목숨을 건진 이씨 부인은 친정으로 돌아가게 되고, 유학을 마친 백돌은 처가 죽은 줄 알고 장인의 중매를 통해 혼인하게 된다. 그러나 신부가 곧 이씨 부인임을 알자 눈물겨운 상봉을 하게 되고, 이후 계모인 김씨 부인도 만나 극진한 정성으로 모심으로써 모두 화목하게 살게 된다.
  ㉢ 의의와 평가
    ⓐ 전통적인 구소설의 가정비극에서 한걸음 전진하여 봉건적인 보수가정과 진보적인 개화가정을 대비시켜 제시하였으며, 몰락해 가는 봉건사회의 배경 속에서 주인과 종을 둘러싼 현실의 단면을 반영하고 있다.
    ⓑ 그러나 구소설의 유형에서 완전히 탈피하지는 못하고 내용은 여전히 해피엔딩으로 맺어지고 있다.

5) 전광용, 『신소설연구(新小說研究)』, 새문사

2 안국선[6]

(1) 안국선의 삶

안국선은 개화기의 대표적 지식인으로 호는 천강(天江)이다. 월북작가 회남(懷南)이 그의 아들이다. 1895년 관비유학생으로 일본에 건너가 도쿄전문학교[東京專門學校] 정치과에서 공부하고, 1899년 귀국했다. 대한협회에 가담하고, 이미 해산된 독립협회 간부인 이승만·이상재 등과 관계를 맺다 모종의 정치사건에 연루되어 실형을 선고받고 진도에 유배되었다. 그곳에서 이숙당(李淑堂)과 결혼했으며, 석방되어 서울로 와서는 정치학을 강의했다고 한다. 1907년 재산정리국 사무관에 임명되어 1개월 정도 근무하다 면직되고 이듬해 탁지부 관리로 복직되었다. 관리직에서 잠시 물러나 있을 동안 『금수회의록』(1908)을 썼고, 1911년 경상북도 청도군수로 임명되어 1913년까지 그곳에 머물렀다. 서울로 올라와 대동전문학교에서 강의했으며, 1915년 자택에서 단편소설집 『공진회』를 펴내고 이듬해 낙향했다. 이후 경제계에 투신하여 금광·미두 사업에 손을 댔으나 실패하고 1926년 병으로 죽었다.

(2) 문학세계

안국선은 단편소설집인 『공진회』 서문에서 제목의 연유를 당시 열렸던 물산 공진회에 비유하여 설명함으로써 소설의 오락성에 대한 인식을 드러낸다. 그리고 '독자에게 주는 글'에서도 소설의 교훈성과 오락성을 동시에 내세우고 있다는 점에서 근대적 소설관을 엿볼 수 있다.

(3) 작품 연구

① 『금수회의록』[7]

ㄱ 개설

『금수회의록』은 여덟 종류의 동물들이 회의하는 형식을 빌려 인간의 악행을 비판하는 내용으로, 계몽 의식을 담고 있는 우화소설이다. 개화기에 발표된 소설 중 현실 비판이 강한 작품에 속하며, 꿈이라는 공간을 바탕으로 동물 우화담의 풍자 구조로 되어 있다.

ㄴ 내용

'나'는 인간 사회가 타락한 것을 한탄하다가 잠이 드는데, 꿈속에서 금수회의소에 들어가 방청석에 앉게 된다. 금수회의소의 회장이 나와 세상 사람들의 옳고 그름을 밝힐 것을 안건으로 내놓자, '까마귀·여우·개구리·벌·게·파리·호랑이·원앙'이 차례로 등장하여 인간의 악하고 그릇된 점을 비판한다. 끝으로 사회자가 나와서 인간이 가장 어리석고 사악한 존재라고 결론을 내리고, 이를 지켜본 '나'도 인간이 가장 불쌍한 존재라고 말하며 인간의 반성과 회개를 촉구한다.

---

[6] 전광용, 『신소설연구(新小說研究)』, 새문사
[7] 강승원 등, 『해법문학 현대소설』, 천재교육

ⓒ 구성

외화 [서언]	• '나'가 어지러운 인간 세상을 개탄함 • 꿈속에서 금수회의소에 도착함
내화 (꿈속)	• 제1석 반포지효(反哺之孝) : 까마귀가 인간의 불효 비판 • 제2석 호가호위(狐假虎威) : 여우가 외세 의존적 정치 비판 • 제3석 정와어해(井蛙語海) : 개구리가 외국 정세에 어두운 인간 비판 • 제4석 구밀복검(口蜜腹劍) : 벌이 서로 미워하고 속이는 인간 비판 • 제5석 무장공자(無腸公子) : 게가 지조 없는 인간 비판 • 제6석 영영지극(營營之極) : 파리가 인간의 간사함 비판 • 제7석 가정맹어호(苛政猛於虎) : 호랑이가 포악한 정치 비판 • 제8석 쌍거쌍래(雙去雙來) : 원앙이 인간의 음란함 비판
외화 [폐회]	• 회장이 폐회를 선언함 • '나'가 인간 세상의 타락을 한탄하고 인간의 반성과 회개를 촉구함
주제	인간 사회의 모순과 비리 풍자

ⓓ 근대소설로서의 성격

구분	고전소설	『금수회의록』
주제	권선징악	인간 사회의 모순과 비리 풍자
인물	전형성 강한 비현실적인 면모	비교적 사실적인 면모
구성	단일 스토리의 연대기적 전개	한 시기를 집중적으로 다루며 복수의 사건을 병행적으로 전개
사건	우연적	현실적(인간의 꿈으로 중요 내용 처리)
문체	운문체, 문어체	언문일치체, 산문체, 묘사 위주의 서술

ⓔ 의의와 평가
ⓐ 이 작품은 동물들이 차례로 등장하여 타락한 인간과 인간 사회의 여러 문제점을 고발하고 비판하는 것을 내용으로 하며, 동물들의 연설이 중심 내용이다. 이는 연설이 의사 표현의 유력한 방식이었던 개화기의 사회상을 반영한 것이다.
ⓑ 동물들의 연설 내용은 개화기의 가장 시급한 문제인 국권 수호와 자주 의식의 고취, 정치적 자립 등에 대한 것으로 작가의 계몽주의적 태도가 드러난다.
ⓒ 하지만 현실 개혁 방안이 추상적 서술에 머무르고 있고, 반성과 회개라는 관념적인 방안만 제시했다는 점에서 구소설의 한계를 드러내고 있다.

② 『공진회』[8]
㉠ 개설
안국선이 1915년 8월 자택에서 출판하였다. 이 작품집 속에는 「기생(妓生)」・「인력거꾼(人力車軍)」・「시골노인이야기[地方老人談話]」 등 세 편의 단편소설이 수록되어 있다. 그러나 작품 말미에 붙인 글에서, 「탐정순사(探偵巡査)」와 「외국인의 화(話)」라는 두 편의 작품이 경무총장의 명령으로 삭제되었음을 밝히고 있어, 처음에는 다섯 편의 작품을 싣는 것으로 계획되었음을 알 수 있다.

---

8) 권영민, 「안국선(安國善)의 생애와 작품세계」, 『관악어문연구』 2, 서울대학교국어국문학과

ⓒ 내용

「기생」	1914년 제1차 세계대전이 시작될 무렵을 배경으로, 진주·서울 및 중국 칭다오[靑島], 일본 동경(東京) 등의 무대에서 한 기생이 온갖 유혹과 환난을 물리치고 어렸을 때의 친구인 유만이와 결합하기까지의 과정을 그린 애정소설
「인력거꾼」	1910년대 서울 거리에서 날품팔이하는 인력거꾼을 주인공으로 하여 서민층의 생활단면과 그의 과도한 음주를 징계하기 위하여 그의 아내가 짜낸 지혜와 근면·절약하는 삶의 자세를 부각한 작품
「시골노인이야기」	• 동학운동 직후의 강원도 철원과 서울을 무대로 하여, 의병 봉기 및 진압 등 난리를 겪는 우여곡절 속에서 지난날에 혼인 약정이 되어 있는 남녀 주인공의 애정 성취를 그린 작품 • 특히, 이 작품은 단편소설 양식으로서의 액자구조(額子構造 : 이야기 속에 이야기를 가진 구조) 형식

ⓒ 의의와 평가
  ⓐ 『공진회』는 최초의 근대적인 단편소설집이라는 점에서 그 문학사적 의의를 가진다.
  ⓑ 『공진회』에 수록된 작품들은 대체로 「인력거꾼」을 제외하고는 신소설이나 고대소설과 흡사한 내용을 길이만 짧게 축약한 단편이라는 점에서 근대적인 단편소설로 보기에는 다소 미흡하다.
  ⓒ 그러나 「시골노인이야기」에서 보이는 액자구조, 「인력거꾼」에서 드러나는 사실적 묘사와 단편적 양식 등은 이 작품들이 장편 신소설과 1920년대 이후 근대적인 단편소설의 교량적인 구실을 하고 있다는 것을 보여준다.

3 이해조[9]

(1) 이해조의 삶

열재 이해조는 조선조 16대 인조의 삼남 인평대군의 사자 복평군(용성대군의 계자)의 10대 손이다. 그는 아버지 이철용(李哲鎔)과 어머니 청풍(淸風) 김씨 사이에서 장남으로 태어났으며, 은진(恩津) 송씨와 결혼하여 3남 1녀를 두었다. 교육적인 가정 분위기에서 성장한 이해조는 부친 이철용과 운영 김윤식의 직접적인 영향을 받아 일찍이 한학에 뛰어났다. 그는 신교육을 통해 새로운 학문의 세계와 접하면서 소설 창작에 임하게 된 근대적 지식인 계층의 작가로 활약하게 되었다. 그는 일찍 향리 포천을 떠나 서울로 이주한 후 대부분의 생애를 임낭굴(현재 익선동)·와룡동·도렴동 등에서 살았다. 그의 작품들에 나타난 배경들이 대체로 서울을 중심으로 한 경기도 일원임은 이와 같은 사실과 연관이 있는 것으로 보인다. 이해조는 19세에 과거시험의 초시에 합격하였으며, 25·26세에 한시를 즐기던 유학자들의 모임인 '대동기문회(大東期文會)'를 주관하면서 그 동호인들의 글을 모아 편집·발간한 것이 구체적인 문학 활동의 첫 출발이다. 일본어를 독학으로 습득하여 「철세계」, 「화성돈전」, 「앵속화제조법」 등을 번역하였다. 그의 본격적인 문학 활동은 신소설 창작에서부터 비롯되며, 40여 편의 작품을 발표하여 신소설 작가 가운데 가장 많은 작품을 남겼다. 또한 그는 언론·출판·교육계 등에서 활약하며, 한말에는 국채보상운동에도 가담하였다.

---

[9] 황패강 외 공편, 이용남, 「이해조」, 『한국문학작가론 4』, 집문당

(2) 문학세계

이해조는 신소설 작가 가운데 문학, 특히 소설에 관하여서는 소박하나마 그 나름대로의 견해와 주장으로 무장한 작가라고 할 수 있다. 작품 곳곳에서 발견되는 그의 소설관은 어떤 이론적 체계를 갖추고 있지는 않지만, 신소설 작가로서 소설에 대해 개인적인 확신을 분명하게 지시하고 있다는 점은 비평사적인 입장에서 매우 주목할 만한 것이다. 이해조가 소설의 사회계몽이라는 도덕적 기능과 오락적 기능에 대한 동시적 인식 등 최초의 근대적인 문학관을 확립했다는 점 등은 그의 소설을 이해하기 위한 중요한 전제가 된다.

(3) 주요 작품

이해조는 1912년까지 적어도 30여 종의 소설을 썼다. 그러나 1912년까지(「탄금대」이전까지) 20여 종의 작품밖에 확인되지 못하였으니 나머지는 무기명 소설일 가능성이 크다. 그리고 1912년까지 30여 종의 작품을 썼다는 작가의 말을 그대로 인정한다면, 이해조는 평생에 50여 종의 작품을 썼을 것이라는 추측이 가능해진다. 현재 확인된 작품만도 40여 편에 달하고 있으니, 이해조는 가히 신소설 작가 중 가장 다작의 작가임이 틀림없다.

① 「빈상설」

「빈상설」은 1908년 7월 5일 광학서포에서 발행한 작품이다. 임화는 『개설 신문학사』에서 이 작품을 "「자유종」의 정론성, 「구마검」의 계몽성과 더불어 이해조의 절충성을 대표하는 소설"이라고 평하고 있다. 절충성이란 '불철저한 종합성'이며 '각개의 경향이 충분히 개성을 발휘한 채 종합되지 않고 소박하게 편의한 대로 수습되어 있음'을 뜻한다. 이인직과 같이 종합화의 길을 개척하지 못한 이해조의 예술적 성격 및 능력의 표준이 되는 작품이라고 평가한 임화의 편견은 후학들에게 그대로 전달되어 이해조의 작품을 온당하게 평가하는 데 저해요인이 되었다.

  ㉠ 개설

  「빈상설」은 1907년 『제국신문』에 연재되다가 1908년에 김상만(金相萬) 발행, 변영헌(卞榮憲) 교열로 광학서포(廣學書鋪)에서 간행하였다.

  ㉡ 내용

  서 판서의 아들인 주인공 서정길은 기생인 평양집을 첩으로 맞아들인 후 본처인 이씨 부인을 축출한다. 이후 간악한 평양집은 뚜쟁이를 통하여 이씨 부인을 황은율에게 팔아넘길 흉계까지 꾸몄으나, 이씨 부인의 쌍둥이 남동생인 승학이 변복하여 위기를 넘긴다. 이승학은 황은율을 속여 뚜쟁이의 조카 옥희와 한방에서 지낸 뒤 정체를 밝히고 장래까지 약속한 다음 그곳을 떠난다. 승학과 하인 돌이에 의하여 평양집과 하녀 금분이의 죄가 탄로 나자 그들은 법의 처단을 받게 된다. 한편, 이씨 부인의 아버지 이승지가 귀양살이에서 풀려나며, 아버지를 찾아가던 이씨 부인도 곤경에서 벗어나 온 집안이 활기를 찾게 된다. 또한, 승학은 옥희와 혼인을 하고, 정길은 회개하여 중국 상해로 유학길에 오른다.

  ㉢ 의의와 평가[10]

  ⓐ 「빈상설」은 처첩 간의 갈등을 통해 혼인제도에 숨겨져 있던 계급성을 비판하는 평민의식 및 신학문의 고취를 가미한 전형적인 신소설이라고 할 수 있다.

---

10) 전광용, 『신소설연구』, 새문사

ⓑ 「빈상설」은 축첩 제도의 악폐와 그에 따르는 악랄한 불법적 행위를 비판·규탄하여 법의 심판을 받게 하는 일종의 교훈소설이면서, 결국에는 주인공 정길이 외국 유학길에 오르는 것으로 마무리 지어 신교육의 필요성을 부르짖던 시대적 흐름에 동조하고 있다. 또한 계급타파 의식이나 신결혼관·신교육관 등의 개화 의지가 표출되어 있어 새로운 시대의식을 보여주는 측면도 있다.

ⓒ 다만, 이야기 자체에서는 처첩 갈등이 중심인 점과 주인공의 외국 유학 동기가 뚜렷하지 않은 점 등은 전통적인 가정 비극 유형에서 완전히 벗어나지 못한 부분이라 할 수 있다.

② **「구마검」**[11]

㉠ 개설

「구마검」은 「자유종」과 함께 2대 수작으로, 이해조의 효용주의적 정론성이 두드러지게 나타난 작품이다. 임화의 "「자유종」 다음 가는 작품"이라는 평가 이후에는 주로 이 작품에 나타난 정론성과 계몽성에 초점을 맞추어 연구되어 왔다. 그래서 이 작품은 미신타파를 중심으로 설명되고 이해되어 왔는데, 미신타파라는 모티프는 구질서의 부패상을 거부하는 시대적 반영으로, 「자유종」에서도 누누이 언급되고 있음을 볼 수 있다.

「구마검」은 소설 속에서 함일청이 함진해에게 보낸 첫 번째 편지 내용의 유사성을 통해, 중국 만청의 견책소설인 장자의 「소미추」에서 영향을 받았음을 알 수 있다. 또한, 판소리 '흥보가'와 민속극 '배뱅이굿'의 형식적·내용적 요소도 차용되어 있다.

㉡ 내용

함진해는 가세도 넉넉하고 식자(識字)도 있지만 자손 복이 없어 낳는 아이마다 기르지 못하다가, 세 번째 부인인 최씨를 맞아 아들 만득을 얻게 된다. 그런데 최씨는 노들 무당촌에서 자랐으므로 아들이 감기에만 걸려도 무당 판수를 불러들이고, 또한 첫 부인과 재취부인의 여귀(女鬼)가 붙은 까닭이라고 내세운다. 함진해는 아내 최씨에게 요사한 미신의 헛됨을 훈계하지만 최씨 부인은 듣지 않는다.

만득이 천연두에 걸리자 최씨 부인은 함진해가 지어오는 약은 쏟아버리고 굿에만 치성을 드리다가 결국은 아이를 잃게 된다. 이에 굿의 영험이 나타나지 않은 것은 부정이 들었기 때문이며, 이는 남편의 탓이라고 한다. 결국 최씨는 다시 죽은 아들의 명복을 빌기 위해 무당 금방울을 불러 대대적인 굿을 벌인다. 이때 금방울이 대안동 네거리에서 함진해가 회오리바람을 만난 장면을 눈물을 흘리며 명창으로 엮어나가자, 함진해도 무당의 농간에 빠져들게 된다.

이후 이들 부부는 사촌 동생 함일청의 충고도 무시하며, 다시 자식을 얻기 위해 선조의 산소를 옮겨 장사를 다시 지내는 등 무당 판수와 지관의 농간에 속아 패가망신에 이른다. 마침내 함씨 문중에서는 종회를 열어 함일청의 아들 함종표로 하여금 종가를 잇게 한다. 함종표는 이들 부부를 극진히 모시면서 미신에 빠지는 어리석음을 깨닫게 하고, 신학문을 공부한 뒤 판사가 되어 사악한 무리를 징계해 나간다.

---

11) 전광용, 『신소설연구』, 새문사

ⓒ 의의와 평가
   ⓐ 이 작품에서는 몽매한 부녀자들이 미신에 현혹되는 과정을 작가가 과학적으로 분석하여 제시하는 동시에 그 비합리성과 부당성에 대한 문제의식을 담고 있다. 또한 한편에는 신학문을 공부하고 미신을 비판적으로 보는 대조적인 인물을 설정하여 종래의 병폐였던 미신숭배 같은 비과학적 태도에 경종을 울리고 있다.
   ⓑ 특히, 다른 신소설들처럼 근대적 의식이 표면에만 부분적으로 노출되어 있는 게 아니라, 미신에 침혹되는 구체적인 과정과 그 비과학성이 핵심적인 내용을 이루고 있어 미신타파라는 계몽성과 근대적 주제의식이 잘 형상화된 작품으로 평가된다.

③ 「자유종」[12]
   ㉠ 개설
   「자유종」은 '토론소설(討論小說)'이라는 명(銘)이 붙은 작품으로, 1910년 7월 30일 광학서포(廣學書舖)에서 발행한 이해조의 대표작 가운데 한 편이다. 이 작품은 이해조의 초기 작품이며 전체 분량이 40여 페이지 정도로 이해조의 다른 작품들에 비해서 짧지만, 당시 사회상과 작가의 개화의식이 가장 두드러지게 나타나 있다.
   「자유종」의 형식을 살펴보면 초저녁부터 새벽에 이르는 하룻밤 사이에 전개되는 사건으로 전편이 거의 대화로만 일관되어 있어 흡사 단막물 희곡 같은 느낌을 주기도 한다. 또한, 내용이 정치적 토론의 연속이므로 토론회의 기록문 같은 감도 없지 않다. 그러나 '신소설' 또는 '토론소설'이라는 표제가 붙어 있어서 소설로 다룰 수밖에 없다.
   이 작품의 배경은 시대적으로는 '태평시대'가 아닌 '가련한 민족이 된', '수참하고 통곡할 시대'의 어느 날인 이매경의 생일날이며, 공간적으로는 이매경의 집으로 되어 있다. 등장인물은 신설헌, 이매경, 홍국란, 강금운 네 여자이며, 서두에 화자가 출현한다. 네 사람의 토론자가 주고받는 열넷의 대화와 서두에서의 화자의 대화를 합쳐 열다섯 개의 대화로 구성된 토론소설 형식의 정치류 소설이라고 할 수 있다.

   ㉡ 내용
   1908년 음력 정월 16일, 매경 부인의 생일잔치에 초대를 받아 모인 당시의 지식 여성들이 개화계몽에 대한 여러 가지 문제를 토론하는 것으로 시작한다. 결국에는 꿈 이야기 속에서까지 국가의 자주독립을 논하다가 닭이 우는 새벽녘에야 해산하는 장면으로 끝난다.
   이 토론에 직접 참여하는 인물은 신설헌 부인·홍국란 부인·강금운 부인과 주인인 이매경 부인 네 사람만으로 한하고, 여타의 부인들은 그대로 청중이 되고 있으며, 작가가 서술하는 지문이라고는 처음과 끝의 몇 줄에 국한되어 있다. 그 밖에는 이 네 부인이 주고받는 대화의 연속으로 되어 있다.
   다만 맨 끝에 가서 이 토론회를 방청만 하고 있던 한 부인이 일어나서 "나는 지식이 없어 연하여 담화는 잘 못하거니와 사상이야 어찌 다르며 꿈이야 못 꾸겠소. 나도 어젯밤에 좋은 몽사가 있으나 벌써 닭이 울어 밤이 들었으니 이다음에 이야기하오리다."라는 한마디로 작품이 마무리된다.

---

[12] 신동욱, 『우리 이야기 문학의 아름다움』, 한국연구원

ⓒ 의의와 평가
   ⓐ 형식적으로 기존 소설에서 볼 수 없었던 토론체 서술이라는 새로운 시도를 보이고, 토론 내용 또한 여권문제에 가장 중점을 두며, 그밖에 자녀교육과 자주독립·계급 및 지방색 타파·미신타파·한문 폐지 등 다각도에 걸쳐 있다.
   ⓑ 하지만 이렇다 할 행동적인 표지는 없고, 관념적인 토론으로 일관되고 있으며, 토론이 성행한 개화기적 사회상을 반영한 토론소설에 그치고 말았다.

④ 『원앙도』[13]
   ㉠ 개설
   『원앙도』는 1911년 동양서원(東洋書院)에서 발행한 후, 1912년에는 보급서관(普及書館)·동양서원에서, 1921년과 1922년에는 박문서관(博文書館)에서 판을 거듭하면서 발행하였다. 현전하는 1권 1책의 필사본은 활자본을 필사한 것으로 보인다. 필사본의 작품 끝에는 남자 주인공의 이름을 따서 '말불리전 권지단'이라 쓰여 있다.
   이 작품은 대립과 갈등구조가 가장 뚜렷하며 개연성이 있는 작품이다. 개화기의 급변하는 정세 속에서 시조에 따라 변화해 가는 두 벼슬아치의 집안과 그들의 슬기로운 자식들의 지혜로운 삶의 이야기로, 수법상 거의 근대적인 작품에 접근하고 있는 작품이라고 할 수 있다.
   이 작품에서 다루고 있는 정치·사회의 부조리와 모순, 인신매매, 관리들의 부패상 등은 신소설 작품에 대체로 나타난 제재로서 당시의 시대적 상황을 말해 주는 것이라고 할 수 있다. 중국과의 전통적인 관계에서 벗어나 서양으로부터 문명을 받아들여야 한다는 주장과 개화기 여성들의 목소리를 신장하자는 이해조의 주제의식은 당대 사회를 볼 수 있는 하나의 지표이기도 하다.

   ㉡ 내용
   양덕군을 다스리는 민 군수는 조 판서가 새로 평양감사로 부임해 오자 전전긍긍하기 시작한다. 그것은 두 집안의 선대(先代)에 얽힌 일이 있기 때문이다. 민 군수에게는 열한 살밖에 안 되었지만 지혜가 아주 뛰어난 아들 '말불'이 있었는데, 그 말불이가 술수로써 조 감사의 병부를 훔쳐와 아버지에게 가해질 화를 면하게 하고 오히려 조 감사를 골탕 먹인다. 한편 조 감사에게는 열 살 난 '금쥐'가 있었는데 그녀 또한 말불이 못지않은 기녀(奇女)라, 금쥐도 계략을 써서 잃었던 조 감사의 병부를 되찾게 만든다. 이렇듯 재자(才子)와 기녀(奇女)의 지혜는 이루 측정할 수 없어 막상막하로 겨루다가 끝내는 양가의 오래된 혐의(嫌疑)를 해소시키고 두 사람이 백년가약도 맺게 된다. 조 감사의 아우는 정부를 개혁하려다 붙들려 참변을 당하고 조 감사도 연루되어 잡혀가게 된다. 금쥐는 안경지가 해주로 데려가서 보호한다. 그런데 안경지가 출타한 사이 안경지의 아내가 금쥐를 해주 본관에 팔아먹는다. 그러나 금쥐는 조감사와 막역지간인 해주 본관의 보호를 받게 된다. 이렇게 만난을 극복한 금쥐는 말불과 결혼하게 되고, 출옥한 조 감사와 더불어 세 사람은 해외로 떠난다.

---

13) 이용남, 『이해조와 그의 작품세계』, 동성사

ⓒ 의의와 평가
  ⓐ 이 작품은 이해조의 작품 중에서 갈등구조가 가장 뚜렷하고 개연성이 짙은 작품으로, 선대에 원한을 가진 두 집안이 자식들의 기지로 그 원한을 푸는 과정을 그린 이야기이다.
  ⓑ 이 작품은 구한말 급변하는 형세 가운데에서 시대의 흐름에 따라 유연하게 대응하는 삶을 살아가는 내용을 담고 있어, 작품 기법상 거의 근대적인 구도에 접근하고 있는 것으로 평가된다.

4 이광수

(1) 이광수의 삶

이광수(1892~1950)는 평안북도 정주에서 출생했으며, 호는 춘원(春園)이다. 11세에 부모를 잃었고, 14세에 일진회 장학생으로 일본으로 건너가 메이지학원 중학부에서 수학하였으며, 홍명희·최남선 등과 교유하면서 문필활동을 시작했다.

1917년 『매일신보』에 「무정」을 발표하였는데, 이 작품은 한국현대소설사의 새로운 장을 연 것으로 평가받는다. 일상적인 개인, 구체적인 배경의 결합, 내면 심리묘사를 통한 성격 창조, 사실적인 산문체와 궁체의 사용, 새로운 구성 등에서 소설문학사의 전환점을 마련하였다.

이광수는 「무정」 외에도 「재생」, 「마의태자」, 「흙」과 같은 장편소설을 집필하였다. 중반 이후에는 불교에 귀의하여 「이차돈의 사」, 「원효대사」, 「무명」 등 불교적 색채의 작품을 창작하였다. 1950년 전쟁 당시 납북되어 사망한 것으로 전해진다.

(2) 문학가로서의 역할[14]

① 춘원의 문학세계

유미주의	고로 문학자라 하면 인에게 모사물(某事物)에 관한 지식을 교(敎)하는 자가 아니요. 인으로 하여금 미감과 쾌감을 발감케 할 만한 서적을 작(作)하는 인이니, 과학이 인의 지를 만족케 하는 학문이라 하면 문학은 인의 정(情)을 만족케 하는 서적이니라.
사실주의	차(且), 최정하게 묘사한다 함은 진(眞)인듯이 과연 그러하다 하고, 있을 일이라 하고 독자가 격절(擊節)하게 함이요, 최정이라 함은 모사건(某事件)을 묘사하되, 대강대강 하지 말고 극히 목도하는 듯하게 함이라 여사(如斯)히 하여야 그 작품이 독자에게 지대한 흥미를 여(與)하나니, 고로 문학의 요의(要義)는 인생을 여실하게 묘사함이라 함이로다.
공리주의	연(然)이나 문학의 차(정의 만족과 미 혹은 쾌감을 준다는 것 – 필자) 외에도 여러 가지 부산적 실효가 유하니……
낭만주의	고해(苦海) 같은 인세(人世)에서 청순한 쾌미(快味)를 득하고, 불여의(不如意)한 실사회를 탈(脫)하여 자유로운 상상(想像)의 이상경(理想境)에 소요(消遙)하여……

---

14) 이광수, 「문학이란 하오」

② 계몽문학론의 극복
「문학이란 하(何)오」에서 보여준 이광수의 주장은 톨스토이의 교훈주의적 계몽론과 매우 유사함을 알 수 있다. 문학의 이론이 거의 전무하고 창작의 수준이 매우 미숙한 당시의 한국에는 이처럼 엉성한 이론도 도움이 된 것으로 추측된다. 그렇게 형성된 이광수의 교훈주의적 계몽 문학론은 김동인의 유미주의와 힘의 프로문학론을 통해서 극복되어 간다.

(3) 주요 작품
① 「소년의 비애」[15)]
㉠ 개설
「소년의 비애」는 1917년 1월 10일 동경 유학 당시 기숙사에서 쓴 작품으로, 이때 작자의 나이는 26세로 창작 활동이 가장 왕성하였다. 이 작품은 1917년 6월에 발행된 『청춘(靑春)』 8호에 발표되었으며, 이광수의 초기 단편들과 마찬가지로 국한문 혼용의 문장을 사용하였다. 작자는 이 소설을 쓴 후, 그 자신이 단편의 창작에 재주가 없음을 한탄하고, 다만 단편을 장편 구성의 재료로서 습작한 것이라고 이야기한 적이 있다고 한다.

㉡ 내용
18세인 문호(文浩)는 사촌 누이동생인 16세의 난수(蘭秀)를 가장 좋아한다. 그런데 난수는 부모의 뜻에 따라 15세 되는 양 가의 자제와 약혼을 한다. 문호는 이 소식을 듣고 백방으로 말렸으나 아버지와 작은아버지가 듣지 않자, 돈을 구하여 난수에게 서울로 함께 도주할 것을 권하였지만 난수는 응하지 않았다.
이로부터 2년 뒤, 동경 유학에서 돌아온 문호는 난수가 맞아주지 않아 3년 전에 느꼈던 즐거움이 사라졌음을 새삼 아쉬워한다. 이미 혼인하여 어린아이의 아버지가 된 문호는 사촌 문해(文海)와 자기의 턱에 난 수염을 보며 "흥, 우리도 벌써 아버질세그려. 소년의 천국은 영원히 지나갔네그려." 하고 웃는데, 눈에는 눈물이 괸다. 대단원에서는 아름답고 애달픈 추억 때문에 소년 시절을 못내 아쉬워하는 무상감이 깃들어 있다.

㉢ 의의와 평가
ⓐ 작가가 느끼는 비애의 원인이 시적 서정과 자연관에서 오는 향수보다는 자녀 중심의 사회 개량 의식이 완고한 부모의 인습에 의하여 좌절된 것이기 때문에 주제는 교화적 계몽성에 있다.
ⓑ 이 작품은 작자의 초기 습작기의 작품이므로 성격 묘사와 심리 묘사가 미약하나 구성과 형식은 당시의 작품으로서는 발전된 것이었다.
ⓒ 이 작품은 본격적인 단편이라고 할 수는 없으나, 서술 시점·서술 상황에 대한 배려가 단순하면서도 선구적이고 특이한 것이었다.

② 「무정」
㉠ 새로운 이념성과 흥미성의 창출, 「무정」의 새로움
1910년대 중반은 개화 공간에서 계몽주의기로 이행된 시기라고 말할 수도 있는데, 그것은 정치성의 내면화를 특징으로 한다. 이념성의 정치적 성격과는 달리 문화주의적 성격이 우세해진다. 이러한 문화주의적 계몽문학의 기반에 놓인 것은 진화론 사상이며, 진보주의 사상이었다. 이 단

---
15) 안승덕, 「소년(少年)의 비애고(悲哀考)」, 『국어국문학』 77

계의 문학에서 이광수는 선구주의자이자 그 자체를 대표하는 작가이다. 이런 점에서 이광수의 장편소설인 「무정」은 기념비적 성격을 띤 작품이다. 작가의 내적 발전상의 과제와 소설이 안고 있는 이념이 행복한 결합을 이루고 있었기 때문이다.

ⓐ 이광수 문학의 원점, 「사랑인가」

'사랑기갈증'의 계보는 이광수의 개인적 서사에 관련된 것이자 동시에 자유연애가 등장하기 시작한 계몽기의 특징을 이루는 것이다.

ⓑ 「무정」이 놓인 자리 중요도 (상)

「무정」은 동시대의 다른 어떤 계몽적 문장 행위와도 다른 측면을 머금고 있는데, 이는 다음과 같이 정리할 수 있다.

시대의 진취성	• 1917년을 앞뒤로 한 당시의 시대적 진취성에 해당하는데, 이 시대에 어떤 계층이 상승적 계층인지 또 몰락적 계층인지를 가늠하는 일과 밀접하게 관련된다. • 주인공 이형식이 동경 유학에서 돌아와, 남들이 기생집에 다니는 동안 책을 사서 읽으며 끊임없이 자기 수양에 임했다는 것은 그가 상승적 계층임을 말해 준다. 그 지식이나 자기 수양이 과연 현실 타개에 얼마나 쓸모가 있느냐를 따지는 단계에까지 이르지 못했지만, 그것이 이 시대를 지배한 진취성임엔 틀림없다. • 이는 「무정」 속 등장인물들의 핵심 성격으로, 주인공 이형식은 동경 유학생 출신이라는 일반적 존재가 아니라 시대의 혜택을 받은 예외적 개인이라는 사실이다.
사제관계의 구조층	• 「무정」은 작가의 총체적 문장 행위의 하나이며 따라서 다른 여러 글들의 연장선상에 있다. 그것은 고유의 감각적 명징성의 힘 때문이며, 이는 여러 구조층을 이루는데, 그중 하나는 사제관계이다. • 형식과 선형의 관계, 형식과 노파의 관계, 영채와 월화의 관계, 병욱과 영채의 관계, 이형식과 중요인물과의 관계 등
정결성 또는 누이 콤플렉스	• 정결성이 「무정」의 세 번째 구조층인데, 이는 누이 콤플렉스로 표상된다. 고아 이광수에게 있어 사랑이란, 유년기의 누이에 대한 정결한 연모였다. • 정결함의 지향성이야말로 「무정」을 읽히게 하고 또 고전으로 살아남게 하는 원동력이다.
한(恨)의 구조	• 「무정」을 「무정」이게끔 하는 네 번째 구조층은 한(恨)이다. 그것은 소설의 비중이 영채에게 크게 놓여 있음을 세삼 일깨워 주는 일이기도 하다. • 경성학파 두목의 아들인 김현수와 파렴치한 교육자 배학감에 의하여 영채가 강간당하게 하는 일은 사무치는 한이 아니면 안 된다. 이러한 한(恨)은 심층적 주제에 해당하는 밑바닥에 놓인 구조층이다.

문체와 기타 과제	• 『매일신보』 제1면에 「무정」이 연재되었다는 것은 획기적인 사건이었는데, 조선인의 새로운 이념형이 『매일신보』라는 거대한 매체에 연재된 장편소설이라는 막강한 문학 형식을 통해 실현되었다는 점 때문이다.
	• 「무정」은 새로운 이념성의 제시와 이를 흥미성에 결부시킴으로써 정의 교육에 나아가는 장치로 고안되었다.
	• 「무정」이 논설 형식과 구별되는 또 다른 측면은 그 문체이다.
	  – 인용 부분의 '되엿슴이라'는 고대소설에서 이인직 소설로 이어진 구식 문어체의 전형적 종결형이다. 「무정」의 세계는 이러한 인식론에 닿고자 하는 끊임없는 노력에도 불구하고 충분한 달성에는 이르지 못한 단계에 놓이는데 '이라'체의 잔존이 이를 뒷받침한다.
	  – '그'라는 삼인칭 대명사의 경우도 비슷한 맥락 위에 놓여 있다.

ⓛ 작품의 개설16)

시점	전지적 작가 시점
근거	① 하룻밤 비에 모든 것을 잃어버리고 발발 떠는 그네들이 어찌 보면 가련하기도 하지마는, 또 어찌 보면 너무 약하고 어리석어 보인다. ② 그네의 얼굴을 보건대 무슨 지혜가 있을 것 같지 아니하다. 모두 다 미련해 보이고 무감각해 보인다.
서술상의 특징	• ①・②와 같은 서술을 통해 수재민이 힘이 없다는 사실을 요약적으로 제시하며 우리 민족 전체의 빈곤한 삶과 무기력함을 보여주고 있다. • 이를 통해 민중을 계몽의 주체가 아닌 교육을 통해 계몽시켜야 할 수동적 대상으로 보는 작가의 인식을 알 수 있다.

기타 문체 (대화, 묘사 특징)	• 처음에는 진행형 시제만 사용하다가, 경우에 따라 진행과 완료 시제를 엄밀히 구분하여 활용한다.
	• 현장성을 드러내고자 할 때에는 의식적으로 과거형의 서술 대신 현재형 서술을 활용한다.
	  – 박영채가 아버지를 면회하러 평양 감옥에 방문하였을 때의 서술
	     대합실에서 두 시간이나 넘어 기다리다가, 간수에게 이끌려 들어갈 적에 영채는 너무 기뻐서 눈물이 흐를 뻔하였었다.
	  – 위의 과거형의 서술에서 그 후 장면으로 넘어가며 현재형 서술을 활용
	     이윽고 그 순검이 손에 잡은 줄을 잡아당기니 덜커덕 하는 소리가 나면서 널쪽 벽에 있던 나뭇조각이 그 줄에 달려 올라가고, 네모난 조그마난 구멍이 뚫리며 그렇게도 몹시 변한 아버지의 얼굴이 보인다.

의의와 평가	민족주의 사상의 고취, 신교육의 필요성 역설, 자유연애의 강조, 근대화의 과제 제시 등 계몽적 주제를 담고 있으며 이를 삼각관계라는 인물 구조를 통해 전달하고 있다.

ⓒ 「무정」 관련 문학사 지식17)
  ⓐ 「혈의 누」, 「구마검」 등의 '신소설'을 제외하고 첫 장편소설이다.
  ⓑ 신소설과 일정한 거리를 둔 근대적 장편소설로, 인물들의 내면 묘사 비중이 커지며 심리 묘사의 비율도 따라 늘어나고 개인의 정서를 다루게 된다. 또한 서술자의 편집자적 서술의 비중이 줄어들게 된다.
  ⓒ 소설 후반부, 기차에서 만나는 형식과 영채가 갈등을 벗어나고 민중을 위해 배우고자 하는 계몽적 지식인으로서 이야기를 나눈다. 소설의 결말이 우매한 민족을 깨우치는 계몽주의로 환원되어 버리면서 다음과 같은 낙관적 계몽주의로서의 한계를 보이고 만다. 따라서 동시대 낙관적이지 않은 계몽주의의 작품과 대비되는 모습을 보인다.
   • '계몽이면 다 된다'는 사고관
   • 식민지 현실에 대한 무관심
   • 주체적 계몽의식의 부재와 일제의 식민 지배 정당화

---
16) 강승원 등, 『해법문학 현대소설』, 천재교육
17) 채호석, 『청소년을 위한 한국현대문학사』, 두리미디어

> **더 알아두기**
>
> 현상윤의 「핍박」(1917)과 양건식의 「슬픈 모순」(1918) 등은 「무정」과 달리 매우 어둡다. 계몽주의적 지식인의 이야기이지만 낙관적이지 않다. 식민지 현실 속에서 계몽주의의 실천은 그리 만만하지 않기 때문이다. 이 작품들의 주인공은 계몽주의를 실천하고자 하나 현실 속에서 그것을 실현하기는 매우 어렵다는 사실을 깨닫는다. 당대 민중들과의 사이에 너무나 큰 거리가 있었고, 자칫 식민 체제의 옹호로 빠져들 수 있었기 때문이다. 그렇다고 해서 이 작품들의 주인공이 그럼에도 불구하고 실천을 통해 이를 극복하는 것은 아니다. 그저 고뇌와 번민 속에서 방황할 따름이고, 그렇기에 이 소설들은 더 이상 어떤 미래의 가능성을 보여주지 못한다. 어쩌면 이것이 「무정」의 경우보다 정직하다고 할 수 있을지 모른다. 어쩔 수 없는 현실에 수동적으로 끌려 다닐지는 몰라도, 최소한 식민지 현실을 가린 장밋빛 계몽주의의 허위에서 벗어나 있기 때문이다. 계몽주의 지식인이 현실 속에 뿌리를 내리고 활동하는 것은 이보다 10년이 더 지난 후의 일이다.

③ 「개척자」

㉠ 개설

「개척자(開拓者)」는 1917년 11월 10일부터 『매일신보』에 연재를 시작해 1918년 76회분으로 완료된 이광수의 두 번째 장편소설이다. 계몽성을 띤 일종의 민족주의적 이데올로기 소설로, 봉건사상과 자유연애관이 대립하던 근대화 시기를 배경으로 봉건적 인습의 타파와 신사상(新思想)의 고취를 주제로 다루었다.

㉡ 내용

화학자 김성재는 7년 동안 실험실에서 연구에 몰두하지만 결국 실패하고 만다. 가산을 담보로 잡히고 얻은 빚을 갚지 못해 채권자 함사과(咸司果)에게 가산을 모두 차압당한다. 이에 성재는 대대로 교분이 있는 함사과와 그의 법률대리인인 이변호사에게 눈물로 호소하지만 외면당하고 인격적인 모욕까지 당한다. 끝내 저당 잡힌 재산은 다른 이에게 팔리고 가정은 파산할 지경에 이른다. 이로 인해 성재의 아버지 김참서는 화병으로 세상을 떠나고, 아내는 실의에 빠진 남편을 버리고 친정으로 가버린다.

오빠를 하늘처럼 존경하는 여동생 성순은 오빠의 성공을 위해 모든 정성을 다한다. 그러나 파산해 노동자로 전락한 성재는 실험을 계속하기 위해 여동생 성순을 부자인 변이라는 청년과 결혼시키려고 한다. 그러나 성순은 집안의 일방적인 요구로 약혼한 변이라는 청년을 거부한다. 성순은 자신과 마찬가지로 애정 없는 결혼생활을 하고 있는 화가 민은식을 사랑하게 되어 그와 결혼하기로 결심한다. 그러나 이들에게 봉건적인 사회인습은 극복하기 힘든 장애물이다. 성순은 오빠가 변씨에게 자신의 결혼을 허락하자, 황산을 마시고 민은식의 품에 안겨 행복하게 눈을 감는다.

㉢ 의의와 평가

ⓐ 당시 사회의 개척자라고 할 수 있는 젊은이들이 가부장적인 봉건사회의 폐습을 타파해가는 모습을 주된 내용으로 담고 있다.

ⓑ 이 소설은 이광수의 문학활동기를 4단계로 나눠볼 때 인도주의적 계몽사상기인 제1기에 속하는 작품이다. 근대적 형태의 계몽소설인 「무정」, 「선도자」 등과 함께 개성에 눈을 뜬 주인공들이 개화와 계몽을 외치며 유교적 전통과 인습에 저항하는 내용을 주로 담고, 대중적인 성향과 더불어 계몽주의적·이상주의적 경향의 요소가 많은 것이 특징이다. 이 시기의 소설은 개화기 소설의 형태를 완전히 탈피하지는 못했지만 일상어의 사용을 통한 언문일치의 구현, 산문문장과 소설구조의 확립, 장편소설의 가능성 등을 보여준 작품으로 평가된다.

5 신채호[18]

(1) 신채호의 삶

충청도의 한 유생 집안에서 태어난 신채호는 자연스럽게 유교적 분위기 속에서 한학을 익히며 자란다. 이윽고 성균관에 들어간 그는 더욱 학문을 연마해 1905년에 성균관 박사가 된다. 그러나 신채호는 우리 민족 고유의 정신 사상이 지닌 역량과 중요성을 깨닫고 과감하게 유교 사상을 떨쳐내고자 곧 성균관을 떠난다. 그는 『황성신문』의 논설위원을 거쳐 1906년 『대한매일신보』 주필 자리에 앉게 되고, 1907년에는 신민회의 창립 회원으로 들어간다. 그 뒤 1910년대에는 신민회의 국외독립운동기지 건설계획과 관련해 중국 및 연해주 등지로 나가서 항일독립투쟁에 힘을 쏟는다. 이런 와중에도 신채호는 집필 활동을 중단하지 않고 문학가와 역사가로서 많은 업적을 남긴다.

(2) 문학세계

신채호는 「소설가의 추세(趨勢)」에서 소설을 '국민의 나침반'이라고 일컬으며, 시뿐 아니라 소설의 중요성도 강조한다. 즉, 민족의 현실을 올바르게 인식하고 국권 회복의 길을 제시해야 한다는 측면에서 소설의 맡은 바도 중요하다는 것이다. 그러나 "차 소설도 회음(誨淫)소설이요, 피 소설도 회음소설이라. 미인의 야유용태(冶游容態)를 묘출(描出)하며 남자의 화류 신분을 사래하여 일독하매 음심이 맹(萌)하며, 재독하매 음심이 탕케 하니"라고 말하며 중국 것을 모방한 고대소설과 가정소설, 정치소설을 빙자한 '회음소설'과 풍속을 해치는 '연애소설'은 국민 문학에서 배격할 것을 주장함으로써, 소설의 교훈적·계몽적 기능을 중요시한다.

(3) 주요 작품

① 「을지문덕」
   ㉠ 개설
      이 작품은 1908년 광학서포(廣學書舖)에서 간행하였다. 원제목은 '대동사천재 제일대위인 을지문덕(大東四千載第一大偉人乙支文德)'이며 국한문본으로 먼저 출간된 후, 나중에 국문본으로 재발간하였다. 고구려의 위기를 지혜롭게 막아 낸 을지문덕의 생애와 업적을 그린 전기소설로 당시 영웅의 출현을 염원하는 풍조와 현실극복의 의지를 담고 있다.

---

[18] 장석주, 『20세기 한국문학의 탐험』, 시공사

- ⓒ 의의와 평가
    - ⓐ 이 작품에 투영된 작가 의식은 위기에 처한 민족의 역사를 극복하여 보려는 저항 의식에 뿌리를 두고 있으며, 국난 극복을 위한 영웅의 탄생을 염원하는 작가의 의도가 뚜렷한 작품이다. 작가는 역사상의 실재 인물을 주인공으로 하면서 당대적 현실 문제에 우회적으로 접근하고자 한 것이다.
    - ⓑ 신채호는 「을지문덕」 이외에도 우리 역사상 위기를 극복한 인물인 이순신을 모델로 「수군제일위인 이순신」을, 최영을 모델로 하여 「동국거걸 최도통전」이라는 작품을 쓰기도 했다.

② 「꿈하늘」
- ⓘ 개설
    이 작품은 구국 운동에 몸 바친 주인공 '한놈'의 환상적인 한국사 순례를 그린 것으로, 민족의 참다운 자주 독립을 향해 각성해 가는 과정을 다루고 있다. 한놈은 독립투사들의 상징이며 국가 상실의 위기를 맞은 한민족의 상징이기도 하다. 소설의 서두에서 세 개의 소리가 주인공 한놈의 의식 속에 들어와 강렬한 투쟁 의식을 고취한다.
- ⓛ 내용
    단기 4240년이자 서기 1907년에 '한놈'이라는 인물이 동편의 오원기와 서편의 용봉기 밑에서 장졸들이 싸우는 것을 구경하고 있다. 이 싸움이 끝난 후 한놈은 대장 을지문덕의 말을 듣게 되고 외세를 몰아내는 전쟁에서 승리해야 한다는 역사적 사명을 깨닫게 된다. 한놈은 을지문덕으로부터 시국에 관한 설명을 듣는다. 을지문덕은 지금의 땅이 단군에 의해서 연해주까지 이르게 되었고, 서울은 부와 오덕, 그리고 백아로 하였는데, 이 중에서 하나만 잃어도 후손이 성하지 못할 것이라고 하였다. 이야기를 나누던 중 을지문덕은 다시 싸움터로 향한다. 한놈이 여섯 친구와 임나라로 가는데, 유혹에 빠진 친구들은 길을 벗어나고, 한놈도 미인계에 걸리고 만다. 한놈이 지옥에 떨어지게 되자, 강감찬 장군이 나타나 나라에 대해 한놈이 지은 죄를 일깨워주고, 한놈이 지옥을 벗어나도록 도와준다. 한놈이 천국에 당도하여 기뻐하였으나 역대의 겨레들이 하늘에 쌓인 인간의 죄를 쓸고 있었다. 한놈은 눈물과 동포애만이 하늘을 깨끗하게 할 수 있음을 깨닫는다.
- ⓒ 의의와 평가
    - ⓐ 「꿈하늘」은 국민들에게 강건한 민족혼과 투쟁의식을 고취시키려는 당시 신채호의 의도가 배어 있는 작품으로, 천관(天官)과 무궁화와 을지문덕의 소리는 일제에 나라를 빼앗기고 식민지가 된 망국민으로서 한놈이 해야 할 일을 일깨워주고 있는데, 여기에는 역사를 '아(我)와 비아(非我)의 투쟁의 기록'으로 보는 신채호의 민족사관이 반영되어 있다.
    - ⓑ 국한문체가 어색하며 초보적 구성의 미숙성이 보이지만, 강렬한 주제의식이나 장려한 문장으로 인해 우리나라 신문학 초기의 역사소설로서 큰 의의가 있는 작품으로 평가되고 있다.

제 2 장 | 1920년대 소설

| 단원 개요 |

1920년대의 소설은 일제강점기의 암울한 현실에서 우리 민족이 나아갈 길을 모색하며, 개성의 자각과 시대 현실의 어두운 면을 그리는 사실적인 단편소설이 주류를 이루었다. 이 시기의 소설은 신소설이라는 새로운 소설 양식에 힘을 얻어 많은 변화를 모색했고, 근대소설 양식의 기틀을 잡는 역할을 한다. 이와 동시에 1920년대 대표 소설가인 이광수·김동인·염상섭은 자신들의 소설을 통해 이전 소설과는 다른 새로운 문체를 선보인다.

| 출제 경향 및 수험 대책 |

이 단원에서는 1920년대의 시대적 특성, 작가들과 작품의 문학사적 의의, 1920년대 소설사적 의의, 개별 작가들과 작품들의 특징 등에 대하여 묻는 문제들이 출제될 수 있으며, 특히 개별 작품을 제시하고 작품의 소재와 주제, 구성상의 특징, 시점과 문체 같은 서술상의 특징 등을 심층적으로 들여다보는 문제들이 출제될 수 있다.

제1절 1920년대 소설의 개요

3·1 운동 이후 형성된 민족의식의 자각을 통해 이 시기의 소설은 근대소설적인 성격을 갖추게 된다. 1920년대의 소설은 이광수에 대한 콤플렉스를 벗어내고, 이광수를 뛰어넘고자 애썼던 김동인으로부터 시작되었다고 해도 과언이 아니다. 1920년대 소설은 계몽주의를 청산하고 민족의 나아갈 길을 모색했으며, 개성의 자각과 시대 현실의 어두운 면을 포착하는 단편소설이 주류를 이룬다. 그리고 언문일치와 묘사의 치밀성으로 개인과 사회의 관계를 그려내려는 사실주의적 수법도 거의 완성 단계에 이른다.

1 1920년대 소설의 형성 배경

1920년대에 들어서면 『창조』·『폐허』·『백조』·『장미촌』·『영대』 등의 문예동인지와 『동아일보』·『조선일보』·『시사신문』 등의 신문, 『개벽』·『서광』·『서울』·『학생계』 등의 종합지가 등장한다. 이를 기반으로 한 1920년대 문학은 이전 시기의 문학을 부정함으로써 정체성을 획득하려 했다. 흔히 반(反)춘원주의, 반(反)계몽주의로 집약되는 이들의 주장은 문학에서 정치나 과학, 도덕과 분리되는 문학만의 독자성을 강조한다. 각종 문예지나 종합지 등 발표 매체가 등장할 수 있었던 것은 문화정치로 일컬어지는 일제의 통치방침의 변화에 의한다. 즉, 물리력을 통한 억압적·차별적 지배 대신 문화정치를 실시하는 것인데, 이로 인해 총독부 관제가 개편되고 헌병경찰 제도가 폐지되었으며 조선인 관리의 임용과 대우가 개선되었다. 또한 언론과 출판의 자유가 표방되었다.

그러나 여기에는 친일 신문을 통해 민심과 여론을 감지하려는 촉수로서의 역할을 부여함과 동시에 식민정책이 추구하는 근대적 변화를 선전하려는 의도가 깔려있었다. 그리고 동인지를 발간할 수 있었던 것은 그때까지 문단, 독자 등 제대로 된 문학의 장(場)이 존재하지 않았기 때문이며, 이는 동인지가 단명했던 이유인 동시에 일제가 쉽게 문학의 장을 장악하는 계기가 되기도 했다. 따라서 동인지 문학이 정체성을 확보하기 위해 내세웠던 기존 문학 경향에 대한 부정이나 초월, 고립 등의 덕목들 역시 승인권의 독점을 통해 상징적 이익을 추구한 것이라는 혐의가 짙다.

2 1920년대 소설의 특징

(1) 자연주의와 낭만주의 물결이 팽배했던 전반기와 좌우의 대립양상을 보였던 후반기로 대별되며, 일제가 회유책으로 언론·출판에 대한 규제를 완화함으로써 문예지·종합지를 발간하게 되었고, 이를 통해 다수의 문인들이 등장했으며 문단의 형성이 이루어졌다.

(2) 이 시기의 시들은 감정의 과잉 노출을 보이기도 했으나 형식상의 구애를 받지 않고 시인의 주관적 감정을 표현하는 근대적 자유시의 뿌리를 내리는 계기를 마련했다는 데서 문학사적 의의를 찾을 수 있다.

(3) 단편소설이 주류를 이루어 현실의 예리한 국면을 포착하여 고발·폭로하였고 3·1 운동 실패 후의 좌절과 절망 등 암울한 분위기를 형상화하였다.

(4) 1925년 조선프롤레타리아예술동맹(KAPF)이 결성된 후의 프로문학 및 신경향파 문학은 외국과는 달리 일제에 항거하는 저항의식이 내포된 역사적 특이성을 지녔으며, 작품 창작 면에서는 구호적 도식에 그치고 말아 민족주의 진영의 문학적 성취에 미치지 못하였다.

3 1920년대의 소설 전개 양상

(1) 순수문예를 지향하는 경향
  ① 김동인의 순수문학
    ㉠ 김동인이 순수문학을 표방하면서, 비현실적인 유미주의 성향의 소설들이 단편의 한 유형으로 등장하였다. 김동인은 이광수에 이은 한국 근대소설의 개척자로 거론된다. 과거시제와 3인칭 대명사의 사용, 철저한 구어체의 확립 등 선구적인 업적이 있으며, 무엇보다 일반 독자에게 있어 김동인은 쉽고 재미있게 읽히는 소설을 쓴 작가라는 점 때문일 것이다.
    ㉡ 한편 김동인의 문학적 성취에 대한 비판도 없지는 않은데, 현실의 일탈을 전제한 예술적 완결성, 작가와 창작방법의 불일치 등이 이러한 비판의 두 가지 축이 된다. 김동인은 「약한 자의 슬픔」과 「마음이 옅은 자여」 등의 작품을 통해, 당시 조선에서 근대라는 외피를 쓴 식민지화가 진행되고 있었고 그것이 자본주의 모순을 심화시키는 한편 봉건적 유제를 존속시키고 있었음을 고발한다. 그러나 인물들의 관념적 독백, 혹은 작가의 작위적 목소리를 벗어나지 못함으로써 치명적인 한계를 갖는다.
    ㉢ 「배따라기」 역시 액자식 구성과 같은 소설적 장치를 비롯하여 문학적 성과 못지않게 비판의 요소가 드러나는데, 식민지 조선의 삶을 외면한 유미주의라는 것이 한계로 지적된다. 그리고 「감자」는 김동인 소설의 일반적인 경향에서 벗어난 작품으로 평가된다. 흔히 이야기되는 것처럼 작가가 말하는 것이 가난에 의해 타락해가는 복녀의 일생을 그렸다기보다는 오히려 복녀를 통해 도덕이라는 관념을 조소한 소설이라고 보아야 할 측면이 많다. 김동인은 「배따라기」, 「감자」 등에서 소설의 형식적 정제성을 추구함으로써 유미주의를 구현하고 있지만, 이는 미에 대한 일탈적 추구가

세계와의 조화로운 통일이 아니라 현실에 대한 외면을 통해 형식적 정제성이 얻어진 것이다.

② 한편, 처음으로 과거시제와 3인칭 대명사를 사용한 것은, 소설이라는 양식의 통일성과 질서를 부여함과 동시에 경계의 설정을 통해 다른 담론들과 소설이 차별화되게 하는 과정이었다. 그런데 이러한 형식은 그 자체의 질서를 통해 은밀한 방식으로 계몽이라는 근대적 논리에 종사하고 있음을 간과해서는 안 된다. 즉, 유미주의를 추구하는 작가의 의도가 창작방법과 불일치를 보이는 것이다.

② **순수서정소설**

문학에서 순수주의란 모든 비문학적인 야심과 정치주의에 분연히 대립하며 그에 도전하는 정신이다. 따라서 순수문학이 가져야 할 특징을 구체적으로 보면 다음과 같다.

㉠ 비문학적인 것이 아니라 문학적인 것이어야 한다.
  이때 문학적이란 문학의 내용보다 형식, 즉 문학의 언어적 구성과 미적 형상화에 치중하는 입장이 된다.

㉡ 정치주의에 대립한다.
  이는 문학이 신경향파 계열의 정치적 목적 혹은 정치적 주제를 구현하는 수단으로 사용되는 것을 거부하는 것이다. 문학은 문학 그 자체의 자율성과 목적성이 중요하기 때문이다.

순수서정소설에 해당하는 작품에는 이효석(李孝石)의 「봄」(1925), 「도시와 유령」(1928), 「행진곡」(1929), 이태준(李泰俊)의 「오몽녀」(1925), 「모던 걸의 만찬」(1929) 등이 있다.

(2) 사회와 자아에 대한 현실적·객관적 인식과 비판

① 1920년대 염상섭의 소설에 대해서는 「만세전」을 전후로 한 변모가 중요하게 논의된다. 「표본실의 청개구리」, 「암야」, 「제야」 등 소위 말하는 초기 삼작과 「만세전」 이후 발표된 「해바라기」, 「고독」, 「윤전기」, 「밥」 등은 성격상 큰 차이를 보이기 때문이다.

「만세전」에 대한 평가는, 당시 식민지 조선의 비참한 실상을 핍진하게 재현했다는 평과 주인공 이인화의 시선이 식민 주체의 관점을 직접적으로 드러내지 않고 내면화하고 있다는 평으로 나뉜다. 중심 인물 이인화의 노정을 통해 당시 조선의 모습을 낱낱이 그려냄으로써 식민지 조선의 무덤 같은 참상이 날카롭게 묘파되고 있는 것은 사실이다. 그러나 아들을 낳기 위해 첩을 두는 것, 죽기도 전부터 묘지에 집착하는 것, 본인과 무관하게 결혼이 진행되는 것 등의 봉건적인 모습도 그대로 노출되고 있다. 이는 조선인에 대한 경시와 모멸로 이어지면서 그릇된 도덕적 관념에 결박된 자신을 해방시키려는 지향성을 갖게 한다. 이러한 지향은 염상섭의 초기 작품에서 거듭 강조된 것이기도 한데, 「만세전」에 그려진 조선의 모습은 이인화의 근대적 지향과 봉건적 현실의 낙차에 의한 것으로 보아야 한다. 즉, 정신적 매개를 통해 인격을 완성하려는 지향과 문명에 뒤처진 식민 현실과의 괴리에서 염상섭이 선택한 길은 둘의 괴리(乖離)를 통해 후자를 응시하는 것이었다. 그리고 「만세전」 이후 염상섭의 소설은 지식인이나 사회주의자를 통해 현실과 이념의 모순을 그려내는데, 그 중심에 '돈'이라는 문제를 위치시킨다. 돈이라는 무소불위의 힘 앞에 무기력하기만 한 인물군상을 제시함으로써 현실감을 갖기는 하지만 대상에 대한 철저한 부정적 인식을 갖게 되고 이로 인해 식민 주체의 관점을 현실에서 찾지 못하고 내면화하고 있다는 평을 면하기 어려운 것이다.

② 나도향의 소설에 대한 논의는 같은 시기에 활동했던 다른 작가에 비해 많지 않다. 이유는 25세의 나이에 요절했기 때문인데, 이로 인해 나도향은 뛰어난 작가적 역량을 제대로 발현하지 못한 불운의 작가로 규정된다. 대개의 논의는 초기작과 후기작의 이질성에 초점이 맞추어지는데, 초기작이 예상적이고 감상적인데 반해, 후기작은 계층적 인간관계를 중심으로 한 사실주의적 성격이 강하다. 『신청년』 등에서 '은하'라는 필명으로 습작을 발표했던 나도향은 장편 「환희」와 1922년 『백조』에 식민지 현실 속에서 겪는 청년기의 사랑과 시련을 감상적 수법으로 그린 단편 「젊은이의 시절」, 「별을 안거든 울지나 말지」 등을 내놓으며 작가 생활을 시작했다. 「환희」는 문체나 표현 면에서 미숙함에도 불구하고 연재 당시 극찬을 받은 작품인데 당대에 수용된 근대적 사랑의 개념, 곧 이성 간의 숭고한 정신적 교감에 근간을 둔 이러한 사랑은 자아의 완성을 모색하지만, 실상은 구체적 형상을 얻지 못하고 추상화되면서 정욕이나 성욕으로 비껴가고 만다. 이러한 모순은 나도향이 정립한 사랑에 대한 개념이 당시 조선의 토양에서는 불가능한 것임을 입증한다고 보아야 할 것이다. 나도향의 초기 소설에 나타난 사랑에 대한 관념적 경도는 「벙어리 삼룡이」, 「물레방아」 등에 이르러 사라지게 되며 작가의 시선이 하층민으로 향한다. '가진 자'와 '못 가진 자'라는 갈등 구조 속에서 사랑을 그리고 있는데, 이는 당대 문단의 중심으로 부상한 프로문학의 영향일 것이다. 그러나 초기작의 감상성은 벗어내고 건강한 소설적 육체를 획득하기는 했지만, 그것은 어디까지나 하층민이라는 존재를 타자화하고 있음을 간과해서는 안 될 것이다.

③ 현진건에 대해서는 사실성이나 사실주의 문제가 쟁점이 된다. 현진건의 소설에 나타난 모순과 부조리는 피상적이며 사실성의 성취가 약하다는 논의도 있고, 기법이나 기교 및 단편 양식의 문제로 현진건의 소설에 접근하는 경우도 있다. 현진건은 1921년 『개벽』에 「빈처」와 「술 권하는 사회」를 발표하면서 사실주의 작가라는 칭호를 얻는다. 같은 시기 염상섭이나 나도향이 무력한 고뇌나 추상적 관념에 가득 차 있었다고 한다면, 현진건은 작가 자신의 체험적 경험을 벗어나지는 못하더라도 사실성을 획득하고 있는 것은 사실이다.

현진건 소설 역시 1923년과 1924년을 계기로 변모한다. 변모의 결절에 놓인 소설은 「피아노」, 「까막잡기」 등인데 당시 지배적 가치로 부각된 자유연애, 신식결혼, 이상적 가정 등의 이면적 속성을 냉철하게 파헤치고 있다. 이후 「운수 좋은 날」, 「불」 등에서는 작가의 시선이 신변의 체험에서 벗어나 객관적 현실로 확대됨에 따라 사실주의적 성취를 이룬다. 표현 기법 면에서도 우회적이고 역설적인 문장 구사, 그리고 독자의 의표를 찌르는 기습적인 반전을 시도함으로써 큰 효과를 본다. 한편 하층민의 세계를 다루면서 돈의 문제나 봉건적 유제를 갈등의 중심에 놓는 것은 현진건 역시 프로문학의 영향을 받은 결과일 것이다. 작가의 시선이 하층민을 향하고는 있지만 그 원인에 대해서는 구조적인 인식이 있는 것이 아니라 운수나 원수의 탓으로 돌리는 차원에 머무르고 만다.

(3) 사회현실에 대한 계급 의식적 이데올로기 지향 중요도 하

1925년 조선프롤레타리아예술가동맹인 카프(KAPF)가 결성되고, 신경향파 소설과 프롤레타리아 소설이 다수 창작되었다. 이들은 '파스큘라'의 회원들을 중심으로 조직되어, 사회주의 사상으로 무장하여 소설 문단을 휩쓰는 위치에 놓여 있었다. 대표적 작품들로는 박영희(朴英熙)의 「사냥개」(1925), 김기진(金基鎭)의 「붉은 쥐」(1924), 최승일(崔承一)의 「바둑이」(1926) 등이 있다. 이러한 작품들은 노동자나 농민의 고통을 극단화시켜 복수심을 조장하고, **이데올로기를 삶에 도식적으로 적용시킴으로써** 계급 간의 갈등과 유한 계급에 대한 투쟁을 선동하였다. 농촌소설 분야에서도 이러한 움직임들이 있었는데,

이기영(李箕永)은 「가난한 사람들」(1925), 「쥐 이야기」(1926), 「홍수」(1930) 등의 작품에서 소작인이 지주와 투쟁을 벌이는 모습을 다루었고, 조명희(趙明熙) 역시 「땅속으로」(1925), 「농촌 사람들」(1927), 「낙동강」(1927) 등에서 소작인의 분노를 다루면서 대립하는 대상과의 전투성을 드러냈다.

> **더 알아두기**
>
> **카프(KAPF : Korea Artista Proleta Federatio, 조선프롤레타리아예술가동맹)**
> 1922년 이적효·이호·최승일·심훈·송영·김영팔 등에 의해 조직된 행동적인 좌익운동단체 '염군사'와, 이듬해 김팔봉·박영희·안석주·김형원·이익상·이상화 등에 의해 조직된 무산계급문학운동 단체 '파스큘라'가 합동하여 1925년 8월 박영희·김팔봉·이호·김영팔·이익상·박용대·이적효·이상화·김온·안석주·송영 등을 발기인으로 하여 결성되었다. 곧 이어서 이기영·한설야·박세영·박팔양 등이 가입하였으며, 당시 가장 강력한 예술단체로서 계급주의적인 좌익문학을 지휘하였다. 1926년 1월 기관지 『문예운동』을 발행하여 예술성보다 계급의식을 중요시하고 작품 창작보다 이론 전개에 더 치중하였다. 1927년 일본에 있던 조중곤·김두용·홍효민·한식 등이 귀국 후 종래의 미온적이던 문화주의를 비판한 것이 계기가 되어 전국대회를 열고 보다 급진적인 슬로건을 채택하여, 기관지 『예술운동』을 발간했다. 이 무렵 염상섭·양주동 등의 소위 국민문학파 및 김화산의 아나키즘과 논전을 벌였고, 자체 내에서도 내용과 형식, 창작방법론 등을 중심으로 논쟁을 전개하였다.
> 1930년경 일본에서 귀국한 임화·권환·김남천·안막 등이 카프의 볼셰비키화를 부르짖게 되고, 이 때를 계기로 카프의 사상적 내분이 싹트기 시작한다. 1931년 6월 제1차 검거 사건으로 일제의 탄압이 시작되고, 이듬해 10월 박영희가 퇴맹원을 제출함으로써 이른바 전향기에 돌입한 후, 1934년 5월 제2차 검거 사건으로 80여 명이 경찰에 체포되자 마침내 이듬해에 정식으로 해체되었다.

제2절 1920년대 소설의 작가

1 김동인

(1) 김동인의 삶[1]

① 출신 배경

김동인의 고향은 평양, 즉 서북지방의 중심지이다. 서북지방은 널리 알려진 것처럼 조선시대 내내 중앙정치 무대에서 철저히 소외되었던 지역이다. 덕분에 이곳은 조선사회의 이념적 기반이었던 유교 이데올로기의 중압으로부터 비교적 자유로울 수 있었고, 기독교를 위시한 소위 신문물의 세례를 가장 먼저 적극적으로 받아들일 수 있었다. 김동인의 집안 역시 이러한 큰 흐름 속에 놓여 있었다는 것은 그의 아버지와 형이 모두 교회 장로였다는 사실에서 손쉽게 입증된다. 김동인 역시 유교적 이념으로 대표되는 과거 전통사회의 무게를 크게 느끼지 않아도 되었다는 사실은 그가 새로운 문학을 쉽사리 선택할 수 있었다는 점에서도 잘 드러난다.

---

[1] 김용성·우한용 공편, 이동하, 「자존과 시대고 – 김동인론」, 『한국근대작가연구』, 삼지원

그런데 이처럼 전통사회의 무게로부터 상대적으로 자유로웠다는 사실은 김동인의 문학에 부정적 요인으로 작용한 점도 없지 않다. 김동인의 문학에서 우리가 자주 발견하는 정신적 공허함은 그가 자기 시대의 근원적인 고민들을 깊이 있게 깨닫고 있지 못하였다는 사실에 유래한 바가 크며, 이는 그가 전통사회의 무게를 온몸으로 느끼고 부당하게 대우받거나, 그것과 맞붙어 고투한 경험이 없다는 사실과 결코 무관하지 않다.

서북지방의 지주계층에서 태어난 김동인은 부친으로부터 물려받은 상당한 유산을 술과 여자와 실패한 사업에 거의 다 탕진하고 급기야는 얼마 안 되는 원고료에 매달려서 살아가야 하는 숱한 '생활 글장이'들 가운데 한 사람으로 전락했다. 말년의 가난과 병마에도 불구하고 그의 의식에서 지주계층 출신의 특징은 계속 견지된다. 이는 작품 속 대부분의 인간을 눈 아래로 보고 경멸하는 오만한 태도를 유지하는 점에서나, 소설 속 인물들 대부분이 일관되게 수동적인 인생관을 보인다는 점에서 잘 나타나는 바이다. 인간에 대한 이러한 그의 태도와 생각은 그가 견지한 인형조종술이라는 창작방법론에서 극명하게 드러난다. 인형조종술은 '참인생과는 다른 인생을 창조'하고 '그 인생을 자유자재로 인형 놀리듯' 하는 것을 작가의 권리이자 긍지로 삼는 태도이다.

② **시대적 위치**
　㉠ 김동인은 유교이념과 거기에 기초한 사회질서가 명백히 붕괴해버린 반면 새로운 이념과 사회질서는 아직 정립되지 아니한 과도기적 혼란 속에서 살았다. 그럼에도 김동인 자신은 이념의 차원에 대하여 전혀 흥미를 갖지 않는 성격의 소유자였고 또 낡은 사회체제의 압박도 남들보다는 덜 느끼면서 자라난 축이어서 자신이 처한 시대의 성격을 깊이 있게 통찰할 수 없었다. 그러나 김동인 역시도 그 시대의 과도기적 혼란에 전혀 무감각했던 것은 아니다.
　㉡ 시대의 관찰자로서의 작가적 본능에 의하여 자기 시대의 혼란과 상처를 단편적으로나마 감지하였고 그것을 작품 속에 투영시켰다. 그러나 김동인이 식민지 현실을 문학을 통해서 '부분적으로'만 비순응적 자세를 취했다는 것은 엄연한 한계점으로 지적된다.

③ **생활방식**
성인이 된 후에 김동인이 보여준 삶의 방식은 그가 수리사업에 실패하여 파산선고를 받은 1927년을 전환점으로 하여 크게 두 시기로 나뉜다. 편의상 그 둘을 각각 전기·후기로 명명한다면, 전기는 스스로 무덤을 파들어가는 지주층 후예의 생활을, 후기는 1930년대 일제강점기에 흔하게 나타나는 무기력한 지식인 생활을 각각 극명하게 드러낸다고 말할 수 있다.

평양을 주된 무대로 하여 이루어진 전기 김동인의 삶은 호사를 극한 방탕과 도락으로 점철한 것이었다. 이는 김동인이 살았던 식민지 시대가 경제사적인 측면에서 볼 때 중요한 의미를 가지는 일대 전환기였다는 사실과 관련해서 중요하다. 그 이전에는 지주계급이 사회의 지배세력을 독점한 존재였고, 따라서 거기에 속하는 개인은 식민지 시대에 이르러 이미 그러한 관성의 보호 작용이 소멸해버렸는데도 여전히 옛날의 꿈에서 깨어나지 못하고 안이하게 처신하다가 파산을 맞는 파락호(破落戶)들로 변모해갔다.

김동인은 파산을 당하고 서울로 옮겨온 뒤, 원고 수입을 생계의 주된 밑천으로 삼아 생활해야 했다. 그러나 돈 때문에 그처럼 탄식을 연발하면서도 그는 돈의 문제를 작품 속에 끌어들일 만큼의 현실의식을 키우지 못한다. 전에는 눈 아래로 멀찍이 내려다보기만 하던 시정의 숨 가쁜 삶을 이제는 스스로 체험하게 되었으면서도 이웃 인간들에 대하여 그가 갖는 이해의 폭은 넓어지지 않았다. 때문에 그에게 생활의 전환은 너무 늦게 왔다고 볼 수도 있다. 김동인 작품세계의 기조를 이루는 인간관·현실관·문학관들은 꽤나 일찍부터 그 형태를 굳혔고 또 그렇게 굳어진 모습대로 장기간 지속되었다.

(2) 김동인의 참예술론 중요도 상

김동인이 우리 근대소설의 독자성을 천명하고 그것을 한 시대의 한가운데에 설득력 있게 추진한 무대가 자신이 직접 창간한 동인지 『창조』였으며, 그 중심인물은 김동인·전영택·현진건이었다. 『창조』에서는 이념성이나 흥미성과는 전혀 다른 제3의 범주가 등장하는데, 이른바 예술로서의 소설이라는 새로운 범주가 자리 잡게 되었다. 김동인이 예술성이라는 개념을 끌고 들어오게끔 한 것은 근대소설의 필연성이었다. 『창조』 5호(1920.3.)에 실린 김동인이 말하는 '참문예'란 다음과 같다.

① 이념성의 새로운 대처 방식
주요한·김동인에게 정치운동이라는 이름의 이념성은 한 단계 뒤쳐진 것으로 인식되었고 이들에게 보다 중요한 작가적 실천 과제는 민족의 독립보다는 근대성의 획득에 있었다. 그들은 이광수 세대와는 결정적으로 다른 세계에 속했다. 이들 세대의 의식을 궁극적으로 규정한 것은 가치중립성으로서의 근대성이었고, 이를 이념화한 것이 예술성(참문예)이었다.

② 인형조종술로서의 참예술
김동인은 톨스토이를 위대한 참예술가라 하였는데 그것은 자기가 창조한 세계의 인물을 인형 놀리듯 했기 때문이라는 것이다. 그의 오만한 인형조종술 사상은 예술성의 이름으로 군림하여 『창조』지 전체를 지배하고, 문학예술의 독자성(인공성) 확립에 크게 기여하였으나 그의 인생 및 문학은 현실 일탈의 낭만적 질주에 머물고 말았다.

③ 시점(point of view)의 도입
그의 참소설론 중 시점의 도입은 크게 주목받는 부분인데, 그는 시점의 변화가 작품의 줄거리와 구조 전체에 의해 정당화될 수 있어야 하기 때문에 소설이 예술이기 위해서는 시점을 변화시키지 말아야 한다고 했다.

④ '고백체'란 무엇인가
「마음이 옅은 자여」는 서사의 전개에서 편지가 중요한 역할을 떠맡고 있는데 편지란 한마디로 말해 고백체이다. 고백체의 본질은 고백할 내적 고민이 있어 성립되는 것이 아니라, '내면'이 성립될 때 마침내 고백할 고민거리를 창조해내는 것이다. 김동인의 '고백체'는 기존에 볼 수 없었던 새로운 시도였으나 염상섭에 미치지 못하는 한계가 있다.

⑤ '참인생'이란 무엇인가
김동인은 『창조』에 자기 작품 말고는 오직 전영택의 소설만을 실었는데, 전영택 문학은 김동인의 선구적 업적과 비견되는 것이며 이는 '참인생'의 묘사로 집약된다. 전영택의 소설의 내면 고백체를 김동인이 문제 삼지 않고 참인생 쪽을 문제 삼는 것은 참인생을 근대소설의 내용으로 파악했기 때문이었다. 김동인이 보기에 그것은 3·1 운동이었는데, 참인생이란 작가 자신을 주인공으로 내세워 그의 고뇌를 그리되 그것이 사회적 관계와 연결된 것이어야 한다는 것이다. 이 때문에 고백체의 대가 염상섭의 등장은 불가피하였다.

(3) 김동인 소설의 의의

예술적 자율성	김동인은 문학을 교화와 계몽의 수단으로 여겨 온 이전의 관념을 비판하고, 예술적 자율성을 강조함으로써 근대적인 문학의 형성에 이바지하였음
「소설작법」	• 김동인은 「소설작법」에서 소설에 관한 이론을 폈는데, 비록 일본의 영향을 받은 것이고 허점이 많기는 하나, 당시로서는 보기 드문 이론이었음 • 김동인은 이전 소설의 권위적 서술에서 벗어나 근대적 서술로 나아가던 당대의 지향을 이론적으로 뒷받침한 유일한 작가였음
국문체 개척	• 한국현대소설사에서 국문체 개척의 공로가 큼 • '-었다' 류의 과거시제의 사용, 3인칭 대명사의 제시 등 진일보한 소설 문체를 도입하여 우리나라 소설의 문체 발전에 큰 영향을 끼침

(4) 주요 작품[2]

① 「약한 자의 슬픔」

㉠ 개설

김동인(金東仁)이 지은 단편소설로 1919년 2월에서 3월에 걸쳐 『창조(創造)』 1·2호에 발표되었다. 작가의 현실인식을 토대로 한 문학적 성향을 알려주는 초기의 작품이다. 문학에서 도덕적 가치를 말하기보다 현실적 문제를 어떻게 효용성 있게 묘사하고 있는가를 주요하게 본 작가의 자연주의의 특징을 잘 나타내고 있다.

㉡ 내용

주인공 '강 엘리자베스'는 19세의 여학생으로 부모를 잃고 '남작'의 집에서 가정교사로 일하며 공부한다. 그녀는 통학길에서 만나는 남학생 '이환'을 애모하게 되고, 뒤에 그녀의 친구 혜숙을 통하여 이환도 엘리자베스를 짝사랑한 사실을 알게 되지만, 두 사람 모두 사랑을 고백할 만큼 적극성은 없었다.

어느 날 남작은 밤늦게 돌아온다는 말을 남기고 집을 나간 다음, 밤 11시나 되어 엘리자베스의 방에 나타난다. 이때 엘리자베스는 충분히 남작을 거부할 수 있었는데도 "부인이 아시면……"하는 형식적인 거부만 하고 남작을 받아들인다. 그러면서도 이환을 애모하는 감정은 되풀이되고 여전히 남작과의 관계도 되풀이된다.

엘리자베스는 점점 배가 불러옴을 느끼고 남작에게 그 사실을 알리며, 병원에 가서 낙태시킬 것을 원하나 남작은 양반이 그런 짓은 못한다고 거부한다. 이 충격으로 엘리자베스는 오촌 아주머니의 집에 와 낙태를 하게 되고, 자신이 패배자라는 자각을 가지게 된다. 이후 기독교의 사랑만으로 사람은 강하게 살 수 있다는 결심을 하는 것으로 작품은 마무리되고 있다.

㉢ 의의와 평가

ⓐ 연약한 봉건적 여성이 겪는 비애와 그것을 극복하려는 의지를 주제로 한다.

ⓑ 이 작품은 우리의 현실은 사회적으로나 신분상으로나 강한 자와 약한 자의 냉엄한 논리로 이루어져 있음을 제시하고 있다. 특히, 사회의 어두운 면을 사실대로 묘사하는 자연주의적 창작 태도가 엿보인다.

---

[2] 권영민, 『김동인문학연구(金東仁文學研究)』, 조선일보사

② 「배따라기」
  ㉠ 개설
    김동인(金東仁)이 지은 단편소설로 1921년 6월 『창조(創造)』 제9호에 발표되었다. 그 이후 1948년 간행된 단편집인 『발가락이 닮았다』에 수록되었으며, 비교적 낭만적인 색채가 짙은 작품이다.
  ㉡ 내용
    '나'는 대동강에서 봄 경치를 구경하며 유토피아를 꿈꾸다가 배따라기 노래를 듣는다. 이에 이끌려 '나'는 결국 노래의 주인공인 뱃사람 '그'를 만나 남다른 사연을 듣게 된다.
    '그'는 19년 전 고향 영유에서 아름다운 아내와 동생을 거느리고 살았는데, 아내가 늘 아우에게 보이는 호의 때문에 질투와 시기로 잦은 싸움을 일으켰다 한다. 그런 어느 날 아내와 동생이 쥐 잡는 장면을 오해한 '그'는 아내를 내쫓는다. 그것이 오해였음을 알게 되었을 때는 이미 아내가 물에 빠져 죽은 뒤였고, 이로 인하여 아우의 원망을 사게 된다.
    이어 아우도 집을 나가 바다로 떠나자 '그'도 바다를 유랑하는 뱃사공이 되어 아우를 찾아 헤맨다. 10년이 지나, 바다에서 조난을 당하여 정신을 잃은 '그'는 정신을 차린 뒤 자기를 간호하는 아우를 발견하였으나 곧 잠에 빠져버린다. 깨어보니 아우는 간 곳이 없었다. 이 일로 '나'는 그날 밤을 뜬눈으로 새우고, 이튿날 다시 '그'를 찾아보았으나 만날 수 없었다. 이듬해 다시 또 그 자리를 찾아갔으나 다시는 만날 수 없었다는 이야기이다.
  ㉢ 의의와 평가
    ⓐ 이 소설은 유토피아를 꿈꾸는 '나'의 이야기와 오해 및 질투로 인하여 사랑하는 사람들을 모두 잃은 '그'의 이야기를 '배따라기'라는 노래로 접합시킨 액자소설의 형식이다. 극단적인 미(美)의 낙원을 추구하는 '나'의 미의식(美意識)과 회한의 유랑을 계속해야만 하는 '그'의 운명적 비극이 '배따라기'라는 예술적 아름다움으로 승화되어 만나는 것이 이 이야기의 핵심이다.
    ⓑ 이 작품은 물론 인과관계의 허점과 같은 한계를 내포하고 있으나, 비교적 작자의 순수한 미의식과 예술적 기교가 잘 조화된 우리 근대 단편문학의 한 전형을 이룬 작품으로 평가된다.

③ 「감자」
  ㉠ 개설
    1925년 『조선문단(朝鮮文壇)』 1월호에 발표되었다. 작자의 작품 중 환경적 요인이 인간 내면의 도덕적 본질을 타락시킨다는 자연주의적인 색채가 가장 잘 드러난 대표작이다.
  ㉡ 내용
    복녀는 가난하기는 해도 정직한 농가에서 바르게 자라난 처녀였다. 그러나 돈에 팔려서 만난 게으른 남편 때문에 극빈에 시달리고, 결국 빈민층이 사는 칠성문 밖으로 나온다. 처음에는 거지행각과 허드렛일로 생계를 이어갔으나 그것도 한계점에 달한다. 어느 날 복녀는 평양부에서 실시한 송충이 잡는 일에 참여했다가 감독의 유혹에 빠져 일 안 하고 돈 버는 법을 알게 된다. 그 뒤 복녀는 동네거지를 상대로 적극적인 매춘을 하고, 마침내 감자를 훔치다가 들켜서 감자주인인 중국인 왕서방과 공공연한 매음이 이루어진다. 그런데 왕서방이 다른 처녀와 혼인하게 되자 복녀는 질투심 때문에 낫을 들고 쳐들어갔다가 오히려 왕서방에게 살해당하고 만다.

ⓒ 의의와 평가
  ⓐ 이 작품은 환경에 의해 타락해가는 복녀의 일생을 시종 냉엄한 객관자의 시점으로 조명하고 있다. 특히 결말부분에서 복녀의 시체를 놓고 왕서방과 한의사와 복녀의 남편 사이의 금전거래 장면을 냉철하게 부각함으로써 비정한 인심을 객관적으로 잘 드러내고 있다.
  ⓑ 작자가 객관적 거리를 확보하고 있는 냉철한 문체, 간결하고 직선적인 짜임, 장면묘사 및 대화의 적절한 삽입 등 단편으로서의 완벽한 구조를 보여줌으로써, 우리나라 근대 단편소설의 한 전형을 이룩한 것으로 높이 평가된다.

2 현진건

(1) 현진건의 삶[3]

현진건(1900~1943)의 문학세계에 영향을 준 그의 전기적 사실을 검토함에 있어 먼저 언급하여야 할 것이 그의 집안 내력이다. 현진건의 집안은 대대로 벼슬아치를 많이 낸 가문으로, 개화기에 이르러 새로운 개혁의지를 가지고 현실에 적극적으로 참여한 개화 인물들을 많이 배출했다. 그 중 특히 계부 영운은 대한제국의 군영부총장이라는 높은 벼슬을 지낸 사람으로 친일파였던 반면, 재종형 상건은 역관으로 불란서 공사관에서 근무하다가 후에 상해로 망명하여 항일운동에 참여했으며, 숙형 정건은 중국 상해에서 독립운동을 하다가 체포되어 평양에서 옥사했다. 이렇게 현진건 집안의 사람들은 식민지 현실을 수용하는 입장과 저항하는 입장의 사람들이 함께 존재하고 있었기 때문에 현진건은 현실을 대처하는 지식인으로서의 행동양식에 대해 많은 혼란과 갈등을 겪었으리라 짐작된다.

현진건은 염상섭과 함께 『시대일보』, 『매일신보』 등의 기자생활을 거쳐 한때『동아일보』의 사회부장직에도 있었으나, 바로 1936년의 일장기말살사건에 연루되어 일제에 의해 1년 언도를 받고 투옥되었다가 이듬해에는 신문사도 그만두었다. 그리고 일제 말기에는 언론활동도, 작품 활동도 일체 중지한 채 창의문 밖 부암동에서 양계를 하며 침묵 속에서 세월을 보내다가 해방 2년 전인 1943년 생을 마감하였다.

(2) 현진건 소설에 나타난 식민지 지식인의 근대적 자의식[4]

보통 「빈처」・「술 권하는 사회」(1921), 「타락자」(1922), 이 세 작품을 현진건의 초기 3부작으로 묶는데, 이 작품들은 현실을 환멸하고 부정하면서도 그러한 현실을 초탈할 수 없다는 역설적인 진실을 아이러니를 통해 발견하도록 해준다. 식민지 시대의 지식인들은 일제강점기 서구 중심의 근대문화에 소외된 스스로의 처지를 자각하고, 이 자각을 바탕으로 제국주의로 대변되는 폭압적인 근대 이데올로기에 저항하는 새로운 주체를 필요로 한다. 지식인들은 한편으로 근대성을 열망하면서도, 다른 한편으로 식민지적 근대의 속악한 현실에 순응할 수 없는 타자성을 경험할 수밖에 없었고, 그 타자성의 위치에서 민중과 만나게 되는 것이다. 초기 3부작에 이어 발표된 「운수 좋은 날」, 「고향」, 「신문지와 철창」 등은 타자성의 위치에서 지식인과 민중의 만남을 보여주는 대표적인 작품들이다.

---

[3] 황패강 외 공편, 송백헌, 「현진건」, 『한국문학작가론 4』, 집문당
[4] 고인환, 「현진건 소설에 나타난 식민지 지식인의 근대적 자의식 연구」, 어문연구학회

(3) 현진건 소설에 나타난 근대성[5]

현진건은 「고향」에서 여주인공의 삶을 통하여 딸을 유곽에 팔아먹은 반인륜적인 부모의 모습과 인신매매에 의하여 매춘부로 전락한 여성들의 모습을 잘 드러내고 있다. 「고향」의 여주인공은 열일곱 살 되던 해 겨울에 아버지에 의해 이십 원에 대구 유곽으로 팔려갔다. 그런가하면 「고향」의 말미 중 '인물이나 좋은 계집은 유곽으로 가고요-'라는 부분에서 그녀의 비극은 그녀에게만 닥친 개인적인 아픔이 아니라 식민지 조국의 보편적인 참상이며, 우연이 아닌 어쩔 수 없는 시대적 운명이었음도 잘 드러나 있다. 「고향」의 분위기는 바로 돈에 눈을 뜬 근대적 인간들이 숨 쉬는 사회상의 진실 그대로이다.

(4) 『백조』의 문인

현진건은 염상섭과 함께 사실주의를 개척한 작가이며 김동인과 더불어 한국 근대 단편소설의 선구자로 꼽히는 인물로 『백조』에서 활동한 문인이다. 그의 대표작은 「빈처」(1921)와 「운수 좋은 날」(1924)이다. 「빈처」의 주인공은 세상이 알아주지 않고 돈도 못 버는 문학인으로, 착한 아내의 공경을 받는다. 이렇듯 이 작품의 주인공은 작가와 비슷한 인물이다. 그러나 「운수 좋은 날」의 주인공은 인력거꾼이다. 현진건은 자기의 성찰에서부터 출발해서 타인, 그중에서도 특히 빈민에게로 시선을 옮긴 것이다. 이러한 변화는 1920년대 중반의 중요한 변화이기도 하다.

현진건은 「운수 좋은 날」에서 한국 단편소설의 중요한 형식인 아이러니를 완성한다. 아이러니는 서구에서 들어온 것이지만, 「운수 좋은 날」에 와서는 서구에서 왔다는 느낌을 전혀 받지 않을 정도로 우리 현실에 녹아들어 문학적으로 완성된 모습을 보인다.

(5) 주요 작품[6]

① 「빈처」

㉠ 개설

「빈처」는 현진건의 처녀작 「희생화」에 이어 두 번째 나온 작품으로, 그의 출세작이자 비로소 작가적 역량을 인정받는 계기를 마련한 문제작이다. 이 작품은 초기의 「술 권하는 사회」, 「타락자」 등과 함께 자전적 요소가 강한 소설이다. 이는 그가 소재를 자신의 주변과 일상생활에서 가져와 평범한 삶의 모습을 통하여 여러 문제점을 함축적으로 전달하고 있다는 것을 시사한다.

㉡ 내용

「빈처」에서 그의 이상과 현실과의 갈등을 야기하는 직접적인 요인이 되고 있는 것은 '나'의 아내이다. '예술가의 처 노릇을 하려는 독특한 결심이 있는' 그녀이지만, 아내는 보수 없는 독서와 가치 없는 창작에만 전념하는 남편을 위해 혼자 6년 간 집안 살림을 맡아 하면서 세간도 모두 바닥이 나버렸고, 이젠 더 이상 살길이 막막하여 자주 먼 산을 바라보며 한숨을 쉬고 지친 표정을 짓는다. 이러한 아내를 지켜보며 가장으로서의 구실을 못 하고 있는 '나'는 또한 자주 '쓸쓸한 생각'이 드는 것이다. 이는 가난을 참고 견디는 아내에 대한 미안함과 그러한 아내에게 물질적인 행복을 주지 못하는 자신의 무능함에 대한 안타까움의 동시적 표현이라 할 수 있다. 또한 「빈처」에서 두드러진 구성상 특징은 은행원 T와 '나', 처형과 아내의 대비를 통하여 당대의 전형적인

---

[5] 남춘애, 「현진건 소설에 나타난 근대적 양상」, 한국문학이론과비평학회
[6] 황패강 외 공편, 송백헌, 「현진건」, 『한국문학작가론 4』, 집문당

인물을 창조해 내고 있다는 점이다. 즉, '나'를 통해서 개인적 입신출세주의와 물질주의라는 당시 사회의 윤리를 거부하고 경제적 고통과 사회적 몰이해를 참아 내며 가치지향적인 삶을 추구하는 1920년대 지식인의 한 전형을 그리고 있으며, 또 다른 부류의 지식인인 은행원 T를 통해서는 사회와의 마찰 없이 개인의 재질을 수단껏 발휘하며 현실에 순응하여 살아가는 물질지향적인 인간형을 보여주고 있다. 또한 가난함 속에서도 남편을 믿고 존경하며 장래의 기대 속에 살아가는 '나'의 아내와, 남편의 외도와 손찌검에 시달리면서도 물질의 충족만 있으면 그것으로 기뻐하고 만족해하는 처형과의 대립된 인물 설정은 당시 사회의 일면과 가치관을 드러내는 전형성을 띠고 있다.

ⓒ 의의와 평가
「빈처」는 치밀하게 구성된 갈등 및 대립구조를 통하여 물질지향적인 현실 속에서 가치지향적인 삶을 추구하는 한 지식인의 고뇌와 정신적 행복보다 물질적 행복을 더 중시하는 당대 사회의 윤리적 모순을 드러내려 한 작품이라 할 수 있다.

② 「고향」
ⓐ 개설
1926년에 발행된 현진건의 단편집 『조선의 얼굴』에 수록되어 있는 「고향」은 1920년대의 사회상과 당대의 작품경향을 잘 보여주는 작품이다. 「고향」은 당대의 가혹한 식민지 현실을 비판하는 작가의 강렬한 역사의식이 사실적인 표현 기법을 통하여 매우 집약적으로 잘 형상화되어 있다.

ⓑ 내용
이야기의 시작은 대구에서 서울로 올라가는 차 안에서 비롯된다. 서술자이며 관찰자인 '나'는 한 사나이의 기괴한 옷차림에 흥미를 느낀다. '그'는 일본 기모노에 한국식 옥양목 저고리, 중국식 바지의 기묘한 옷차림을 하고 마침 공교롭게 동석을 하고 있는 일본인과 중국인을 상대로 각기 어설픈 일본어와 중국어로 달갑지 않은 수작을 버리고 있는 것이다. '나'는 그러한 '그'의 행동에 처음에는 냉담한 태도를 취했으나, 고통스런 삶의 비밀을 담고 있는 듯한 그의 표정에 드디어 이끌리게 된다. '그'와 이야기를 나누며 서울까지 가게 된 '나'는 '그'와 그와 한때 약혼 얘기가 오갔던 한 여자의 기구한 삶의 이야기를 듣게 된다.
'그'가 살아온 삶은 1920년대 농민들이 겪어야 했던 참혹한 수난의 한 전형적인 모습이다. 소작민인 '그'의 삶이 '세상이 뒤바뀌자' 서간도를 시작으로 신의주·안동현·쿠슈·오사카 등지로 가난 속에 흘러 다니는 신세로 전락한다. 오랜만에 다시 고향에 돌아온 '그'는 폐허가 된 고향을 보고 다시 서울로 상경하는 참이었다.

ⓒ 의의와 평가
ⓐ 삶의 뿌리가 뽑힌 '그'의 실향민으로서의 파멸적인 삶은 작가가 작품에서 서술하고 있듯이 '음산하고 비참한 조선의 얼굴'로 개인적인 비극이 아닌 우리 사회의 보편적 참상으로 동일화될 수 있다.
ⓑ 정든 고향에서 떠나와 만주와 일본으로 전전한 덕분에 동양 삼국의 옷을 한 몸에 걸치고 삼국의 말을 곧잘 지껄일 수 있는 '그', 황폐화된 고향을 보고 가슴이 터지는 쓰라림에 굵직한 눈물을 떨어드리는 '그', 다시 일거리를 찾아 서울로 올라가고 있는 '그'는 바로 '조선의 얼굴'이었으며 일제하의 민족의 현실이었던 것이다.

③ 「운수 좋은 날」
  ㉠ 개설
    일제강점하의 도시 빈민층을 대표하는 인력거꾼의 극한적 궁핍상을 사실적으로 그려낸 작품으로, 유난히 운수 좋은 날에 아내의 죽음을 맞이하는 아이러니를 통해 우리 민족의 비참한 현실을 고발하고 있다.
  ㉡ 내용
    인력거꾼인 김 첨지는 오랜만의 행운으로 많은 돈을 벌게 되자 앓아누워 있는 아내에게 설렁탕 한 그릇을 사다 줄 수 있어 기분이 좋아진다. 하지만 아침에 나올 때 앓아누운 아내가 오늘은 제발 나가지 말아 달라고 당부했었던 생각이 떠올라 김 첨지는 계속되는 행운에도 불안해한다. 선술집에서 친구 치삼이와 술을 마시면서 김 첨지는 아내가 죽었을지도 모른다는 불안감에 쉽사리 집으로 발길을 돌리지 못하고 이상한 언행을 한다. 취중이지만 아내가 먹고 싶어 했던 설렁탕을 사서 집으로 돌아간 김 첨지는 불길한 침묵에 맞서 아내에게 욕설을 하며 소리를 지른다. 결국 아내의 죽음을 확인한 김 첨지는 아내의 죽음을 슬퍼하며 눈물을 흘린다.
  ㉢ 구성
    ⓐ 이 작품은 1920년대 하층 노동자의 삶을 인력거꾼의 어느 하루의 시간으로 압축하여 보여 주고 있으며, 시간의 순서에 따른 구성이 아니라 '김 첨지의 불안한 심정'을 강조하기 위해 과거 회상장면을 중간에 삽입하고 있다. 이러한 역순행적 구성은 시간적 흐름에 변화를 주어 작품 전체에 긴장감을 부여한다. 이러한 긴장감을 통해 당시 도시 하층민의 비참한 생활상을 비극적으로 드러내고 있는 것이다.
    ⓑ 표현상으로는 하층민의 속되고 거친 말투를 여과 없이 그대로 사용함으로써, 거칠고 투박하지만 생동감 넘치는 사실적 문체를 보여 주고 있다. 이러한 문체는 작품의 내용, 인물의 성격, 시대 배경 및 주제 의식과 유기적으로 관련을 맺어 작품의 사실성을 높이는 데 크게 기여하고 있다.
  ㉣ 의의와 평가
    ⓐ 행운의 상징인 돈벌이가 늘어감에 따라 아내에 대한 불안은 점점 고조되어 가고, 마침내 아내의 죽음을 발견한 순간 주인공의 내면에 자리 잡고 있던 불안 심리가 현실화된다. 이러한 결말과 작품에서 드러난 김 첨지의 행동·제목·배경은 의도적으로 구성된 반어적 상황으로 사건이 진행되면서 이 작품의 비극성을 극대화시킨다.
    ⓑ 이 작품의 전체적인 구성은 아이러니에 바탕을 두고 있으며, 인력거꾼인 김 첨지의 하루는 표면상으로는 모처럼 큰 벌이를 한 '운수 좋은 날'이지만, 실상은 병든 아내가 죽는 가장 '운수 나쁜 날'이다.

3 나도향

(1) 나도향의 삶

나도향은 의사 계층에 들기를 거부한 탓에 비극적 운명에 놓였던 반항아였다. 바꾸어 말하면 낭만주의에 빠졌던 특출한 작가였던 것으로, 과연 나도향의 문학사적 의의는 곧 '낭만주의적 포즈'로 파악된다. 만 20세의 나도향이 『동아일보』에 「환희」를 연재(1922.11.21.~1923.3.21.)했다는 것은 그만큼 그의 조숙성을 의미하는데, 조숙성이란 사실상 낭만주의의 속성 가운데 하나이다. 나도향은 『백조』 제3호에 동인으로 가담한 팔봉 김기진의 영향으로 계급주의 사상에 충격을 받았으며 이로 인해 「전차 차장의 일기 몇 절」(1924), 「벙어리 삼룡이」, 「뽕」 같은 사회계층의 문제, 곧 계급적 생활인의 문제로 나아갔다.

(2) 문학세계

나도향의 작품은 초기에는 로맨틱한 경지를 벗어나지 못하였다. 「별을 안거든 우지나 말걸」, 「옛날 꿈은 창백하더이다」를 비롯하여 장편 「환희」가 그 예이다. 그러나 「여 이발사」 이후의 작품은 그 성향이 달라졌는데, 그가 죽기 1, 2년 앞두고 나온 작품 중에서 「뽕」, 「지형근」, 「물레방아」, 「벙어리 삼룡이」 등의 작품은 쌀쌀한 가을날을 대하는 듯한 느낌을 준다. 현존 작가들 중 나도향처럼 그 작품이 괄목하도록 변한 작가는 드물다. 나도향이 초기에 낭만주의로 출발하다가 후기에는 사실주의로, 극단에서 극단으로 비약한 것은 그의 작가적 기질 때문이기보다는 낭만주의가 소설 문학에는 부적당하다는 점과 당시의 문학적 사조가 일변된 것에 순응하기 위한 것이었다.

(3) 주요 작품[7]

① 「벙어리 삼룡이」

㉠ 개설

1926년 7월 『여명』에 발표된 작품으로, 오 생원 집의 머슴으로 있는 벙어리 삼룡을 통해 인간의 진실한 애정과 인간 구원의 의미를 보여주었다. 초반부터 신분의 상하와 함께 미와 추, 숭고와 괴기 등이 전제되어 있으며, 결국 삼룡이 불 속에서 죽음으로써 이러한 이중적 사슬에서 벗어나게 된다.

㉡ 내용

14~15년 전, '내'가 열 살 안팎인 때의 일이다. 인심이 후해 사람들의 존경을 받는 오 생원 집에는 흉한 외모를 지녔지만 마음이 진실한 벙어리 삼룡이 살고 있었는데 주인 아들은 늘 그를 괴롭혔다. 그런 주인 아들이 현숙한 처녀에게 장가를 들었는데 매사에 훌륭한 신부와 비교되자 열등감에 사로잡힌 주인 아들은 자기 아내를 미워한다. 삼룡은 그것을 안타까워한다. 주인에게 충성스러운 삼룡에게 새아씨가 쌈지를 하나 만들어 주었는데, 그것이 화근이 되어 삼룡은 주인 아들에게 죽도록 맞은 뒤 내쫓긴다.

---

[7] 김윤식 · 김현, 『한국문학사』, 민음사, 1973

어느 날, 삼룡은 새아씨가 중병(重病)이 들었다는 말을 듣고 걱정 끝에 그 방에 들어갔다가 들켜서 오해를 받고는 매를 맞고 쫓겨나는데 그날 밤, 그 집에 불이 난다. 불길 속으로 뛰어든 삼룡은 주인을 구출해 낸 다음 다시 불길로 들어가, 타 죽을 작정으로 불 속에 누워 있는 새아씨를 찾아내어 안고 지붕으로 올라간다. 삼룡은 타오르는 불꽃 속에서 행복한 미소를 짓는다.

ⓒ 의의와 평가
ⓐ 「벙어리 삼룡이」는 나도향의 초기 경향인 낭만적·감상적 정신과 자연주의적·객관적 관찰의 정신이 결합된 작품이라 할 수 있다. 불구자이며 하인인 삼룡과 아름다운 외모를 지닌 주인아씨의 러브스토리는 애초부터 이루어질 수 없다는 점에서 더욱 비극적이다. 그러나 아씨를 위한 그의 헌신적 사랑과 극적인 죽음은 비극성을 넘어 이 작품이 낭만성을 갖게 하는 중요한 서사이다.
ⓑ 이 작품은 1인칭 서술자인 '나'가 등장해서 15년 전의 이야기를 회상하는 액자소설의 형태를 지니고 있는데, 이러한 서술자의 존재는 비일상적인 삼룡의 행위와 그와 관련된 소설의 전개에 신빙성을 부여하는 기능을 한다.

② 「뽕」
㉠ 개설
1925년 12월 『개벽(開闢)』에 발표되었으며, 「물레방아」·「벙어리 삼룡이」와 함께 나도향의 후기 사실주의를 대표하는 작품이다.
㉡ 내용
강원도 철원(鐵原)에 사는 땅딸보에 아편쟁이이며 노름꾼인 김삼보(金三甫)와 그의 아내 안협집이 부부가 된 데 대해서는 억측만이 구구할 뿐 자세한 내력을 아는 사람이 없다.
안협집은 인물이 고운 대신 무식하고 돈만 아는 정조 관념이 약한 여자이다. 노름에 미쳐 집안을 돌보지 않는 남편을 대신해서 안협집은 동네 삯일을 하며 지내던 중, 어느 집 서방에게 당하고 쌀과 피륙을 받는다. 이를 계기로 그것처럼 좋은 벌이가 없음을 깨닫고 나자 안협집은 자진해서 그런 벌이에 나서게 된다. 힘이 세어 호랑이 삼돌이라고 불리는 뒷집 머슴 삼돌이는 둘도 없는 난봉꾼인데 안협집을 노리나 성공하지 못한다.
삼돌이는 우연히 안협집과 뽕밭에 갈 기회가 생겨 그때를 놓치지 않으려고 했으나 안협집이 뽕지기에게 붙들리는 바람에 뜻을 이루지 못한다. 김삼보가 귀가해서 부부싸움이 벌어졌을 때 앙심을 품고 있던 삼돌이는 안협집의 행각을 일러 바친다. 분격한 김삼보는 자백을 받으려고 안협집을 무자비하게 구타한다. 그다음 날 김삼보가 집을 떠나자 안협집의 생활은 전과 다름없이 계속된다.
㉢ 의의와 평가
ⓐ 「뽕」은 나도향의 다른 작품인 「물레방아」와 더불어, 가난으로 인해 고통스러운 삶을 살아가는 인간들의 도덕적 타락과 무너진 성 윤리 등이 작품의 주제를 이루고 있는 농촌 사실주의 문학이라고 할 수 있다.
ⓑ 무지한 주인공들은 가난의 근원을 깨닫지 못하고, 손쉽게 살아갈 수단으로서의 성과 본능에만 탐닉한다. 이처럼 윤리의식이 제거된, 본능을 추구하는 주인공을 작가는 냉정하고 객관적인 시선으로 그려내고 있다.

③ 「물레방아」
　㉠ 개설
　　1925년 『조선문단』 11월호에 발표되었다. 전근대적 농촌을 배경으로 봉건사회의 모순이 경제적인 것은 물론 인간의 욕망과 애정관계까지 지배하는 현실을 사실주의 기법으로 잘 나타낸 작품으로, 한국의 1920년대 사실주의 문학의 대표작 가운데 하나이다.
　㉡ 내용
　　마을에서 가장 부자이며 영향력이 있는 신치규(申治圭)는 자기 집 움막에 살며 그의 땅을 경작하는 이방원(李芳源)의 아내에게 눈독을 들인다. 신치규는 오십 줄에 들어섰으면서도 이제 갓 스물을 넘긴 이방원의 아내를 물레방앗간 옆으로 불러내어 온갖 말로 꾄다. 그에게로 와서 아들 하나만 낳아주면 움막 신세를 면할 뿐 아니라 모든 것이 다 그녀의 것이 될 것이라고 하자, 가난에 지친 데다 윤리의식이 박약한 여자는 결국 솔깃하여, 신치규와 함께 물레방앗간 안으로 들어간다. 사흘 뒤부터 신치규는 이방원을 자기 집에서 내쫓으려고 한다.
　　두 사람이 물레방앗간에서 같이 나오는 것을 목격한 이방원은 사태를 짐작하고 부부싸움을 벌이는데, 이때 그는 자신의 아내를 감싸는 신치규를 심하게 구타한다. 이방원은 상해죄로 구속되어 석 달간 복역하게 되고, 신치규는 여자를 차지하게 된 것에 만족해한다.
　　석 달 뒤 출감한 이방원은 분한 마음에 두 남녀를 살해할 생각이었으나, 마지막으로 한 번 더 아내의 본심을 물어본다. 그러나 이미 마음이 떠난 여자는 같이 도망하자는 이방원의 청을 듣지 않고, 이방원은 가지고 있던 칼로 여자를 죽인 후 자결한다.
　㉢ 의의와 평가
　　ⓐ 이 작품은 가난과 상실의 문제를 주조로 한 1920년대 우리나라 사실주의의 대표작으로, 식민지 시대 우리나라 농촌의 구조적 가난이 전통적인 성 윤리의식의 변질과 맞물려 일어나는 갈등을 잘 보여주고 있다.
　　ⓑ 경제적 문제와 인간적 본능 간의 관계에 대한 작가의 인식과 관찰이 높은 수준에서 이루어지고 있으며, 갈등의 고조가 죽음으로 이어지는 과정은 수직적 관계를 거부하는 '이방원'의 적극적인 측면으로도 해석할 수 있다.
　　ⓒ 특히, 자연적 배경의 일부이면서 경제적 문제와 에로티시즘이 결부된 객관적 상관물인 물레방앗간의 설정은, 배경이 단순한 장소가 아니라 작품의 전달을 성공적으로 만드는 데에 크게 기여할 수 있는 중요한 요소라는 것을 보여준다.

4 이광수

(1) 이광수의 역사소설

이광수에게 역사소설은 객관적인 역사적 사실을 그려내는 수단이라기보다는, 자신의 사상적 이념을 직접적으로 나타내는 수단으로 이용되었다. 이런 이유로 이광수의 역사소설은 그의 사상이 변화되어 가는 과정과 밀접하게 대응된다. 「단종애사」, 「이순신」의 경우는 민족주의 및 준비론의 이념과 대응되고, 「이차돈의 사」, 「세조대왕」은 불교적 세계관과 연관되어 있으며, 「원효대사」는 원효를 통해 청년과 학생들을 희생으로 내모는 등 친일(親日)로 기운 이광수의 내면을 반영하고 있다.

이런 점에서 보면 그의 첫 번째 장편 역사소설인 「마의태자」는 비교적 예외적인 작품이라 할 수 있다. 이 작품에서 강조되는 것은 흥미로운 후삼국시대의 역사적 상황 자체이며, 군담소설(軍談小說)적인 무용담, 궁예의 입신출세담 등이기 때문이다.

① 「마의태자」

「마의태자(麻衣太子)」는 이광수가 쓴 최초의 역사소설이자 한국 근대문학사에서 장편 역사소설의 효시라 할 수 있는 작품으로, 1926년 5월부터 1927년 1월까지 『동아일보』에 연재되었다.

마의태자는 신라의 마지막 왕인 경순왕의 태자로, 국운이 쇠한 신라가 고려 태조 왕건에게 항복하자, 이를 극렬하게 반대하던 그는 금강산으로 들어가 삼베 옷, 즉 마의(麻衣)를 입고 초근목피(草根木皮)로 연명하다가 일생을 마쳤다는 사실(史實)이 전해 온다.

그러나 이광수의 소설 「마의태자」의 주인공은 제목과는 달리 궁예이다. 소설의 전반부는 궁예의 출생과 입신출세의 과정이, 또 후반부는 왕건의 후삼국 통일 과정이 주요한 줄거리를 이룬다. 마의태자는 소설의 말미에서 신라의 초빙을 받은 왕건이 데리고 온 맏딸 낙랑공주(樂浪公主)와의 관계에서 특히 드러나 있을 뿐이다.

그를 연민하는 낙랑공주에게 마의태자는 이렇게 말한다. "공주, 후생이라도 망국하는 왕의 아들로 태어나지 말 것이, 천하에 욕심을 둔 왕의 딸로도 태어나지 말 것이… 부디 잊지 말지어다." 그의 비극적인 삶이 엿보이는 대목이다.

이 소설에서 궁예는 담대하고, 용력이 출중하며, 진실한 인물로 그려져 있다. 그는 신라의 왕자로 태어났으나, 궁중의 음모로 인해 버려지고 다시 자신의 힘으로 자수성가하는 인물로 등장한다. 이에 비하면 궁예의 동문으로 그려져 있는 견훤이나, 궁예를 배반하고 왕권을 찬탈한 왕건조차도 부정적인 인물로 표현되어 있다.

② 「단종애사」

「단종애사(端宗哀史)」는 1928년 11월부터 1929년 12월까지 『동아일보』에 연재된 소설로, 12세에 왕위에 오른 단종이 그의 숙부 수양대군(세조)에게 쫓기어 강원 영월에서 죽은 사실(史實)을 충실하게 서술한 작품이다. 민족주의 사상을 고취하던 당시, 이 소설은 역사적 사실의 직시와 충군(忠君) 사상을 고양하며 실재인물을 문학적으로 재현시키려 한 것이다. 단종의 탄생과 성삼문·신숙주에 대한 고명, 수양대군과 권람의 밀의(密議)의 '고명편(顧命篇)', 수양대군과 한명회가 김종서와 안평대군을 비롯한 많은 사람을 죽여 등극의 기반을 마련하는 '실국편(失國篇)', 정인지 등이 단종의 선위를 전하여 세조가 등극하고 사육신(死六臣)이 죽음으로 충의를 바치는 '충의편', 노산군(魯山君)이 된 단종이 영월에서 죽음을 당하는 '혈루편(血淚篇)'의 4편으로 구성되어 있다.

단종에 초점을 맞춘 이 작품은 세조의 입장에서 본 김동인(金東仁)의 「대수양(大首陽)」과 대조를 이룬다. 이광수도 이 작품에서 '세조를 너무 악하게만 표현하였다' 하여 후에 「세조대왕」을 집필하기도 하였다. 김동인은 수양대군을 정치이념이 확고한 역량 있는 통치자로 묘사한 데 반하여 이광수는 어린 왕 단종을 정통왕권으로 간주하고 수양대군의 왕권 찬탈을 비판적·부정적으로 묘사하였다. 「대수양」의 중요한 대목을 보면, 수양의 아우 안평대군을 에워싼 김종서(金宗瑞)의 세력이 수양을 거부하고 제거하려 한다는 정보를 수양이 알고 그 세력을 모두 제거한다. 나이 어린 단종은 이 살벌한 분위기 속에서 삼촌인 수양대군에게 정권을 넘겨주게 된다. 수양은 대권을 쥐게 되고 문화 창조와 그 창달에 진력한다는 것이다. 김동인은 수양배격론을 사료로 삼았다고 하며, 그는 이 그릇된 사료를 바로잡아 대담한 허구적 작품을 통하여 개혁적인 사상과 일제강점기에서 민족의 주체성을 고취하려고 했던 것 같다. 김동인은 이광수의 보수적·정통론적 사관(史觀)을 비판적으로 보았고, 그러한 견지에서 이광수의 「단종애사」에 정면으로 도전한 문학적 시도로 「대수양」이 쓰인 것으로 보인다.

(2) 주요 작품[8]

① 「마의태자(麻衣太子)」

ㄱ 개설

이광수(1892~1950)가 지은 장편 역사소설로 상·하편으로 나뉘어 1926년 5월 10일부터 동년 10월 2일까지 상편이, 그리고 1926년 10월 11일부터 1927년 1월 9일까지 하편이 『동아일보』에 연재되었다. 이듬해 1928년 1월, 박문서관(博文書館)에서 단행본으로 간행되었다.

ㄴ 내용

애꾸 소년 미륵은 어느 날 유모로부터 자신의 출생에 관한 비밀을 듣는다. 자신이 신라 경문왕의 아들이며, 자신의 어머니인 설 부인은 경문왕의 왕후에게 살해당했다는 것이다. 미륵은 모친의 원수 갚기를 결심하고 신라의 궁으로 들어가나 발각되어 쫓긴다. 태백산으로 도망친 그는 승려 선종이 된다. 서른 살 되던 해 다시 속세로 내려와 세력을 키운 그는 궁예라는 이름으로 태봉국을 세우고 왕이 된다. 그러나 신하 왕건이 반역을 일으키고 궁예는 사망한다. 고려라는 국호를 정하고 왕이 된 왕건은 전쟁 없이 삼국을 통일하고자 한다.
한편 신라에서는 경순왕이 등극하지만, 귀족들의 세력 다툼에 국력은 점점 약화하여 간다. 왕건은 딸 낙랑공주를 경순왕의 아들 김충과 결혼시키기로 하고 딸을 신라로 보낸다. 낙랑 공주는 김충의 의로운 마음에 탄복하여 그를 사랑하게 된다. 그러나 김충은 공주와 결혼하기를 거부한다. 경순왕은 신라를 다스릴 힘이 없자 고려에 항복하고, 낙랑공주는 경순왕과 결혼한다. 나라가 망하자 김충은 베옷을 입고 금강산에 들어가 은거한다. 어느 날 왕건과 낙랑공주가 금강산에 온다. 낙랑공주는 깨달은 바 있어 출가하고, 중이 되어 마의태자 김충과 재회한다. 왕건은 김충과 마주치자 용서를 빌고, 마의태자 김충은 왕건을 용서한 후 홀연히 사라진다.

ㄷ 의의와 평가

ⓐ 역사소설을 통해 민족정신을 고취하려는 계몽주의적인 의도가 잘 드러나는 작품이다.

ⓑ 이광수는 이 작품을 통해서 일본의 검열에 걸리지 않는 한도 내에서 일반 독자들에게 애국정신을 고취하고자 하였다고 한다.

ⓒ 공리주의적 효용성에만 관심을 두었기 때문에 문학적 형상화에는 별로 성공하지 못하였다.

② 「단종애사(端宗哀史)」

ㄱ 개설

1928년 11월 30일부터 1929년 12월 1일까지 『동아일보』에 총 217회에 걸쳐 연재되었다. 1972년 삼중당(三中堂)에서, 1979년 우신사(又新社)에서 발간한 『이광수전집』에 각각 수록되어 있다. 이 작품은 작가가 민족정신을 일깨우기 위하여 집필한 일련의 역사소설들과 같은 의미에서 창작되었다.

---

[8] 구인환, 『이광수소설연구』, 삼영사

ⓛ 내용

1441년(세종 23) 7월 23일 진시(辰時)에 경복궁 안에 있는 동궁이 거처하는 자선당(資善堂)에서 단종이 태어난다. 병약한 문종이 죽자 단종이 등극하지만 한명회의 계책대로 수양대군의 등극을 위한 정리 작업이 시작되어 김종서와 그 아들이 죽고, 단종을 옹위하는 수많은 사람이 죽음을 당하여 세조가 등극하고 단종은 상왕으로 남게 된다.

병자옥사가 있은 뒤 상왕은 노산군으로 강봉되고, 곧 서인으로 폐출되었다가 영월로 귀양을 가게 된다. 도사 왕방연(王邦衍)이 한양을 떠나 청령포(淸泠浦)에 단종을 가두고 떠나기 전날 "천만리 머나먼길에 고운님 여의옵고/이마음 둘데없어 냇가에 앉았으니/저물도 내안 같아야 울어밤길 예놋다."라고 읊은 시조는 간장을 끊고도 남는다. 정축 10월 24일 왕방연이 사약을 가지고 왔으나 단종이 없어서 울고만 있는데, 유시(酉時)에 공생(貢生)이 활줄로 단종의 목을 매어 한 많은 숨을 거두게 된다. 공생은 문을 나가다 피를 토하여 죽고, 노산군의 시체는 금강에 띄운다. 밤에 영월의 호장(戶長) 엄흥도(嚴興道)가 몰래 시체를 건져 싸두었다가 관에 넣어 평토장(平土葬)을 하고 돌을 얹어 표를 하여둔다.

ⓒ 의의와 평가

이 작품은 세종과 문종을 모시던 수구파와, 세조를 옹위하던 개혁파 사이의 다툼에서 희생된 단종의 슬픈 생애를 예리한 필치로 쓴 작품이다.

5 전영택

(1) 전영택의 삶

전영택은 1912년 일본으로 건너가 아오야마 학원[靑山學院] 고등부 문과를 거쳐 1918년 아오야마 학원 대학 문학부를 졸업하고, 곧 신학부에 입학했다. 이때 김동인·주요한·김환 등과 한국 최초의 문예동인지인 『창조』의 동인으로 참여했다.

1918년 『창조』의 동인이 되어 문단활동을 시작한 그는 단편 「혜선의 사」(『창조』, 1919.2.)·「천치? 천재?」(『창조』, 1919.3.) 등을 발표하며 문단에 나왔다. 「혜선의 사」는 연애사상을 다루되 여주인공의 자살로 끝맺고 있고, 「천치? 천재?」는 특이한 개성을 지녀 천치인지 천재인지 알 수 없는 학생의 비극을 그렸다.

이어 「생명의 봄」(『창조』, 1920.3~7.)·「흰닭」(『조선문단』, 1924.10.)·「화수분」(『조선문단』, 1925.1.)·「크리스마스 전야」(『조광』, 1935.12.)·「소」(『백민』, 1950.2.)·「쥐이야기」(『현대문학』, 1956.10.) 등을 발표했는데, 이 작품들은 문체가 간결하고 낯익은 느낌을 주며 허구보다는 자신의 체험에서 비롯된 주제를 다루었다.

(2) 문학세계

① 전영택의 문학은 식민지 시대의 사회 문제와 개인의 삶이 무너지는 것을 다루는 것으로 출발하여, 광복이 되기까지 민족적 수난이나 가난을 동포애로 감싸는 인간 의식을 그렸다.
② 광복 이후에는 주로 기독교적 신앙으로 삶의 어려움을 극복하려는 의지를 보이며, 민족과 개인의 미래에 대한 긍정적인 전망을 사실주의적 수법으로 그려 종교인으로서 구축한 정신세계를 치밀한 작가정신으로 구현하였다.
③ 「화수분」은 당시 신경향파 작가들이 즐겨 다루는 소재였음에도 도식적인 사건 처리가 아닌 인간의 원시적 온정과 생명에 대한 외경(畏敬)을 사실적·상징적으로 그려낸 그의 대표작이다.
④ 「소」는 특히 광복 후 두드러지기 시작한 그의 박애 정신을 구현한 농촌소설로, 「크리스마스 전야의 풍경」은 허위와 가식에 찬 교회의 한 모습을 비판한 것으로 각각 그의 대표작으로 꼽는다.

(3) 주요 작품[9]

전영택의 1920년대 전반기 소설 세계는, 인생 탐구를 기치로 내걸었던 『창조』파 소설의 특징을 잘 보여준다. '참인생'이나 '참예술' 등에 대한 '작가의 언어를 보여 주기 위해서' 쓰였다고 볼 수 있는 것이다. 「평양성을 바라보면서」가 노골적으로 이러한 양상을 보이는 작품이지만, 「천치? 천재?」나 「혜선의 사」, 「운명」 또한 동일한 특징을 보이는 경우이다. 「화수분」을 포함하는 그 외의 소품들 또한 삶의 다양한 국면을 주목한 노력의 소산이라 할 수 있다. 「생명의 봄」은 1926년 설화서관·박문서관에서 초판이 발행되었다. 초판의 속표지는 그림 없이 고딕체 풍의 표제만 세로로 인쇄되어 있다. 속표지 뒤에 '「생명의 봄」 머리에'를 달아 '수록된 작품이 過去의 나의 生活의 反映이오, 記念塔이다. 아니 나의 生活斷片이오 生活 그 날것이다'라는 등의 진술을 네 항목으로 밝혀 두었다.

① 「화수분」
  ㉠ 개설
    「화수분」은 가난하고 착한 사람들을 등장시켜 사실주의적 수법으로 따뜻한 인간애를 그려냈던 전영택의 대표작으로, 행랑살이를 하는 어멈과 다른 곳에서 일하던 남편 화수분이 서로를 만나러 가다가 추운 겨울날 고개에서 만났지만, 배고픔과 추위를 이기지 못하고 얼어 죽고 어린아이만 살아남는다는 이야기로서, 작가 자신이 "인생, 그것을 날것 그대로 표현해보려 했다."고 말한 것처럼 사실주의적 수법이 뛰어난 작품이다.
  ㉡ 내용
    주인공 '화수분'은 30세 전후의 인물로 농촌인 양평에서 농업에 종사하다가 서울에 올라와 남의 집 행랑살이를 한다. 행랑살이와 날품팔이를 겸하고 있지만 가난한 생활이 계속된다. 그런 생활임에도 불구하고 발을 다친 고향의 형으로부터 추수를 거들어달라는 부탁을 받고 시골로 내려간다. 남편을 기다리던 아내는 굶주리다 지쳐 추운 겨울임에도 불구하고 어린 자식을 업고 남편을 찾아 나선다. '화수분'은 또 가족이 걱정이 되어 서울로 올라오다가 길가에 주저앉은 가족을 발견한다. 거의 동사(凍死)에 이른 아내를 보고서도 그는 어쩔 수 없이 아내와 함께 길에서 밤을 새울 수밖에 없었다. 그들 부부는 어린 자식을 품에 안은 채 꼭 껴안고 밤을 지냈지만 부부는 죽고 어린 자식은 부모의 체온으로 살아남았다. 가난하고 무식하지만 스스로 희생하면서 어린 생명을 구하는 한 선량한 부부의 삶을 그린 소설이다.

---

[9] 김윤식, 『한국 근대소설사 연구』, 을유문화사

ⓒ 의의와 평가
  ⓐ 전영택은 「화수분」에서 '생명의 소중함'을 그리고 있다. 이 소설의 중요한 점은 다음과 같은 인용문에 드러난 기법과 창작태도이다.

  > 이튿날 아침에 나무장사가 지나가다 그 고개에 젊은 남녀의 껴안은 시체와 그 가운데 아직 막 자다 깬 어린애가 등에 따뜻한 햇볕을 받고 앉아서 시체를 툭툭 치고 있는 것을 발견하여 어린것만 소에 싣고 갔다.

  이 인용문에서 사물을 객관적으로 관찰하고 그것을 그대로 묘사 또는 서술하였음이 드러난다. 이것은 과거의 소설에서 볼 수 없는 근대소설의 기본요소 중 하나이다.
  ⓑ 그리고 어린것을 소에 싣고 갔다는 사실만을 밝힐 뿐, 그 뒤 어린것이 어떻게 되었고, 가난한 부부의 시체는 어떻게 처리하였느냐 하는 뒷이야기가 전혀 없다. 이것은 독자의 상상에 맡기는 열린 결말처리의 방식으로, 근대소설의 기법과 일치한다.

6 염상섭10) 중요도 중

(1) 염상섭의 삶

염상섭은 할아버지로부터 한문을 배우다가 1907년 관립사범부속보통학교(官立師範附屬普通學校)에 입학하였으나 반일 학생으로 지목되어 중퇴하였다.

1912년 보성소·중학교를 거쳐 일본에 건너가 우여곡절 끝에 교토[京都] 부립 제2중학을 졸업하고 1918년 게이오대학[慶應大學] 예과에 입학하였다.

재학 중 오사카[大阪]에서 자신이 쓴 「조선독립선언문」과 격문을 살포하고 시위를 주동하다 일본 경찰에 체포되어 금고형을 받고 학교는 중퇴한 채 『동아일보』 창간과 더불어 정치부 기자가 되어 1920년 귀국하였다.

한때 오산학교 교사로 재직한 일도 있지만, 이후 줄곧 신문·잡지 편집인으로 생활하면서 소설·평론에 전념하였다. 문예전문지 『폐허(廢墟)』의 동인 활동을 계기로 습작기를 청산하고 출세작 「표본실의 청개구리」(1921)를 발표하면서 한국 근대문학의 기수가 되었다.

이어 중편소설 「만세전」(1922)을 집필·연재함으로써 그의 뛰어난 현실 인식이 확인되었으며, 식민지 현실을 고발하고 저항적 반일감정을 리얼리즘의 수법으로 펼쳐나가기 시작하였다. 이어 왕성한 작품활동을 보이다가 다시 일본에 건너갔으나 별 성과 없이 귀국하여 1929년 결혼을 하고 생활의 안정을 찾아 장편에 전념하였다.

그는 대표작 「삼대(三代)」를 비롯하여 「무화과(無花果)」·「백구(白鳩)」 등과 「사랑과 죄」·「이심(二心)」·「모란꽃 필 때」 등 우수한 장편을 쓰기도 하였다.

---

10) 김종균, 「염상섭 연구」, 고려대학교출판부

(2) 문학세계

전영택까지 포함된 『창조』파는 평양중심사상을 벗어나지 못했던 것으로 파악된다. 하지만 염상섭의 경우는 이들과 달랐다. 한 나라 문학이 그 나라 수도의 토착어를 떠날 수 없음을 상기한다면 염상섭의 문학적 성취는 운명적인 것이었다. 『폐허』는 창작 중심이 아닌 평론 중심의 잡지였으며, 이 잡지의 실질적인 구심점은 염상섭이었다. 그는 특히 평론에 날카로웠는데, 정치적 감각으로 무장된 염상섭이 주도한 동인지 『폐허』는 서울중심주의라는 새로운 계몽주의를 핵심 성격으로 지니고 있었다.

평론가로서 염상섭이 김동인과 벌인 논쟁은 이 점에서 상징적이다. 이 논쟁은 '활동사진 변사설'과 '인격주의 비평'으로 요약된다. 그가 남달리 광범위하고도 정확하게 획득했던 정치적 감각은 타인의 작품에 대한 비평을 넘어 자기 내면으로 향할 수 있었다. 스스로 만들어내었거나 불가피한 상황이 만들어낸 이 내면에 삶의 의의를 부여했기에 주체성의 확립이 가능했다.

① 내면의 발견

염상섭이 정치적 무대를 스스로 버렸다는 점과 관련되는데, 이른바 주체성 확립 과정과 등가이다. 정신적 세계라는 내면의 확보는 극의의 영역이며 망상과 다른 점은 그것이 생산적인 까닭이다. 그는 극도로 내면 자체에 철저함으로써 시점이 제한된 좁은 예술성의 영역을 뛰어넘고자 하였다. 「제야」는 시종일관 당당하다. 반성하고 참회하는 한 여인의 겸허함은 조금도 찾아볼 수 없다. 고백체란 이처럼 대단한 권력의지와 주체성 및 강자의 논리를 담는 형식이다. 따라서 고도의 정치적 감각이 전도되어 나타나는 것일 뿐이다. 고백체에 나오는 신념의 실현이 근대소설이다.

② 일본 근대소설과의 연속성

염상섭의 소설사적 위치는 일본의 근대소설이라는 제도적 장치와의 비교에서 가능하다. 염상섭의 경우는 일본소설 문체 자체만 있고 그것을 조선어로 번역한다는 식의 김동인 식(式) 발상과는 썩 다른 범주였다. 건실한 내면이 먼저 만들어지고 그것이 고백체를 낳았음은 「암야」가 잘 보여준다.

③ 자생적인 내면의 성장 과정

「만세전」에서 두 가지가 드러나는데, 하나는 '나'의 전면적인 사용으로, 이는 내면이 제도적 장치의 수준에서 어느 정도 벗어나 자생적 상태로 진입되고 있음을 말해주는 것이다. 다른 하나는 「만세전」은 원점 회귀의 구조라는 것이다. 이 구조는 이인화의 내면에 비친 세계의 모습으로, 자생적인 내면이라 할 수 있다. 이 작품에서 자생적 내면 형성 과정이 '신생(新生)'이라는 말에 집약되어 있다. 이 점에서 「만세전」은 젊은 정신의 열정적 행로라는 내적 형식 위에 구축된 젊음의 문학이라 할 수 있다.

(3) 주요 작품

처녀작이나 다름없는 「표본실의 청개구리」(『개벽』, 1921.8.~10.)는 이어 발표한 「암야」(『개벽』, 1922.1.)·「제야」(『개벽』, 1922.2.~6.)와 비슷한 의식구조를 드러내고 있는데, 작중 화자인 '나'의 방황과 김창억의 파멸을 통해 식민지 조국 아래 젊은 지식인들이 지녀야 했던 삶의 고뇌를 보여주었다. 이 작품들은 극히 추상적이고 주관적이며 객관적인 외부현실 또한 매우 모호하게 나타나 있어 작가의 자아 및 현실인식이 아직 관념적인 수준에 머물러 있음을 입증해준다.

작품 안에서 현실이 어느 정도 구체성을 띠게 된 것은 「만세전」(원제 : 「묘지(墓地)」)에 이르러서이다. 이 작품은 도쿄 유학생 이인화가 아내가 위독하다는 전보를 받고 도쿄를 떠나 서울에 오기까지의 여정을 그리고 있다. 여정을 통해 식민지의 암울한 현실과 소시민적 지식인의 민족의식 자각과정을 사실적으로 그려냄으로써 소설적 성공과 함께 그의 작가적 기법을 확고히 다졌다.

「만세전」·「E선생」(『동명』, 1922.9.17.~12.10.)·「해바라기」(『동아일보』,1923.7.18.~8.26.) 등에서 현실에 눈뜬 그는「잊을 수 없는 사람들」(『폐허』, 1924.2.) 이후 현실의 구체적인 면모를 탐구하기 시작했으나 당시 흥성하기 시작한 프롤레타리아 문학(프로문학)과는 전혀 다른 소재와 접근방법을 택했다. 즉, 도회지 중간계층을 주된 대상으로 그들의 생활을 상식적·일상적 관점에서 서술하고 또 소시민 생활과 거기서 파생되는 감정을 면밀하게 관찰했다.

이 시기에 발표한 평론「문예와 생활」(『조선문단』, 1927.2.)·「문학상의 집단의식과 개인의식」(『문예공론』, 1929.5.) 등은 프로문학과는 대립되는 것으로 박영희·홍기문에게 비판받기도 했다. 이와 같은 현실 탐구력과 세계관은 장편「진주는 주었으나」(『동아일보』, 1925.10.17.~1926.1.17.)·「사랑과 죄」(『동아일보』, 1927.8.5.~1928.5.4.)를 거쳐「삼대」(『조선일보』, 1931.1.1.~9.17.)에 이르러 집대성된다.

① 「표본실의 청개구리」 중요도 하
  ㉠ 개설
    염상섭(廉想涉)이 지은 첫 단편소설로, 작품 분량 때문에 중편으로 분류되기도 한다. 1921년 8월부터 10월까지 3회에 걸쳐『개벽(開闢)』(14~16호)에 연재되었다. **한국 최초의 자연주의 수법에 의하여 쓰인 작품**으로 알려져 있다.
  ㉡ 내용
    「표본실의 청개구리」에는 신경쇠약으로 괴로워하며 자살 충동을 느끼는 주인공이 등장한다. 주인공은 이를 극복하기 위해 친구들과 여행을 떠나고, 사흘 만에 삼층집을 지을 수 있다고 말하는 광인 김창억을 만난다. 현실의 억압, 서구를 따라잡아야 한다는 욕망과 현실의 괴리에서 오는 절망 때문에 신경쇠약에 걸린 주인공은 김창억에게서 자신의 모습을 발견하고 비애를 느낀다. 염상섭은 자신의 이상이 환상에 불과함을 인식하는 자각과 환멸로부터 문학을 출발시키고 있는 것이다. 현실에 대한 인식은 차이가 있지만, 자기 자신의 문제로부터 출발한다는 점에서 나도향, 현진건과 비슷한 모습이다.
  ㉢ 의의와 평가
    ⓐ 「표본실의 청개구리」는 우리나라 최초의 자연주의 작품이라고 지칭당하면서 일약 유명해졌으나 오늘날에 와서는 많은 결점을 지적당하여 그 역사적 가치가 하향되고 있다. 비과학적이며 구성마저 산만하고 어사(語辭)가 구투이며 인물의 성격 형성이 미숙하고 '나'와 광인 '김창억'과의 관계가 모호하다는 점 등이 지적되고 있다.
    ⓑ 그러나 현실을 냉정한 자세에서 해부하고 진열하려는 의도만은 충분히 엿볼 수 있다. 이른바 현실고를 반영한 최초의 작품으로서, 현실의 병적인 어두운 면을 예리한 이성의 눈으로 더듬어간 작품으로 염상섭 문학의 방향을 암시하고 있는 소설이다.

② 「만세전」
  ㉠ 개설
    염상섭(廉想涉)이 지은 중편소설로 원제는「묘지(墓地)」였다. 1922년 7월부터 9월까지『신생활(新生活)』에 연재되다가 잡지의 폐간과 함께 3회 연재로 중단되었다. 1924년 4월 6일부터『시대일보(時代日報)』가 창간될 당시에 제목을 '만세전'으로 바꾸어 개재하였다.

ⓛ 내용

조선에 '만세'가 일어나던 전해 겨울, 동경 W대학 문과에 재학중인 '나'는 기말시험 중도에 아내가 위독하다는 급전(急電)을 받고 급작스레 귀국하게 된다. 동경을 떠나면서 재킷이며 선물도 사고, 이발도 하고, 바에 들러 여급들과 수작도 하고 술을 마시기도 한다. 동경역에서는 여급 정자와 이별을 하고 고베에서는 을라(乙羅)라는 여자친구를 방문하기도 하였다. 그러나 그다음 날 부산으로 가는 배를 타게 되면서부터 검색을 당하고 감시를 받게 된다. 이러한 수모를 겪으면서 대사회적인 의식이 싹트기 시작한다. 스물두셋의 책상도련님인 '나'는 탁상공론이 아닌 실인생·실사회의 이면에 눈을 뜨게 되는 것이다.

'나'는 형사의 심문에 시달리며 부산에 간다. 조선의 거리 구경을 나섰다가 식민지 도시의 일제에 의한 경제적 침탈, 조선인의 몰락과 이주를 목격한다. 이러한 상황은 김천의 보통학교 훈도인 형님과 서울까지 가는 기차와 대전역에서 만난 군상들의 찌든 모습, 정치열과 명예욕에 들뜬 아버지를 부추기는 김의관, 종손으로 무위도식하는 종형 등 주변 인물들의 몰락을 통해서도 드러난다. 또한 '나'는 가족제도로 대표되는 봉건적 윤리 의식, 권력에 대한 열망과 굴종으로 나타나는 관료전제적 사고가 식민지 사회의 비리와 어울려 빚는 비극을 '무덤'으로 인식하면서 자전적인 성찰의 양상을 드러내게 된다. 아내가 죽자 냉연한 자신을 가책하며 초상을 치른다. 그리고 아들 중기를 형님에게 맡긴 뒤, 정자에게는 마음을 정리하는 편지를 보내고 학업을 위하여 동경으로 떠난다.

ⓒ 플롯
  ⓐ 여로형 소설
    '도쿄-고베-시모노세키-부산-김천-대전-서울-도쿄'의 여정
  ⓑ 아내의 죽음
    아내의 죽음이 소설의 시발점이 되지만, 정작 아내의 죽음 자체는 소설 속에서 중요한 사건으로 다루어지지 않는다. 죽음 그 자체에 대한 감정보다도, 식민지 시대의 조선인들의 보편적인 모습을 '죽음의 상태'로 진단하고 있으며, 이러한 이인화의 인식은 "세상은 구데기가 끓는 무덤이다!", "겨우 무덤 속을 빠져나가는데요…" 등의 대사에서 찾아볼 수 있다. 즉, 개인적인 경험이라고 할 수 있는 아내의 죽음에 대한 이인화의 반응을, 사회 전반에 대한 이인화의 반응으로 확대하면서, 당대의 일반적인 삶을 죽어있는 상태로 지정한 것이다.

② 서술상의 특징
  ⓐ 주인공의 시선을 따라 다양한 현실을 포착하는 것에 주력하면서, 한국인을 대하는 일본인의 자세와 당시의 조선 현실을 사실적으로 그려내고 있다.
  ⓑ 원점 회귀형 여로 구조를 바탕으로 출발지에서 종착지로 향해가는 여정을 통해 주인공 이인화는 현실을 새롭게 인식하고, 자아를 각성하게 된다.
  ⓒ 현실에 대한 타개책이나 저항 의식은 드러나지 않고, 주인공이 암담한 현실을 자조하면서 일본으로 돌아가는 현실도피적인 모습을 보인다는 점에서 중심인물의 한계이자 작품의 한계가 드러난다.

ⓜ 의의와 평가
  ⓐ 「만세전」은 「표본실의 청개구리」와 함께 명실공히 초기의 염상섭 작품 세계의 대표작이다. 일본에서 조선으로 들어오면서 안의 형편과 실상을 목격하고 깨달아간다는 설정을 통하여, 식민사회의 병폐를 식민지 지배국의 상황과 대비시켜 극명하게 드러내었다.

ⓑ 이러한 이원적 대립은 여정의 단계에 맞추어 점층적으로 전개됨으로써 여러 국면이 '무덤'으로 은유되는 한 상황으로 쉽게 용해될 수 있었다. 반면, 묘지로부터의 탈출이 지향하는 해방의 공간이 일본이라거나, 진상을 목격하면서도 이면과 원인에 대한 성찰이 이루어지지 않았으며, 추구하는 자유가 개인적인 것에 한정된다는 등의 한계가 지적되기도 하였다.

ⓒ 그러나 한국문학사의 맥락에서 이 작품 속의 공동묘지나 아내의 죽음 등의 문제가 1920년대 한국 낭만주의의 연장선 위에서 설명된다고 할 때, 그러한 인식을 사회 진단적 의미로 확대한 데에서 그 문학사적 의의를 찾을 수 있다.

7 최서해[11]

(1) 최서해의 삶

함경북도 성진부에서 소작인의 아들로 출생하였고, 1909년에 아버지가 간도로 이주하면서 어머니와 함께 성진에 거주하였다. 최서해는 『청춘』·『학지광』 등의 문학잡지를 읽으면서 스스로 문학 공부를 하였고, 간도와 회령군에서의 유랑 생활 경험 등을 바탕으로 가난과 지주들의 착취 때문에 고통 받던 민중들의 삶을 담은 소설을 썼다. 1924년 『조선문단』에 「고국」을, 이듬해에는 「탈출기」를 발표한 후, 「기아와 살육」·「홍염」·「큰물 진 뒤」 등 자신의 체험을 바탕으로 극빈자의 고투와 자연 발생적인 반항을 주제로 한 많은 작품을 썼다. 스스로가 체험하지 않은 것은 쓰지 않는다고 밝히고, 자신의 경험을 소재로 1920년대의 식민지 조선의 상황, 삶의 터전을 빼앗긴 이농민들의 좌절과 해결책이 없는 나날의 절망을 사실 그대로 표현하였다. 1925년 카프(KAPF)에 가입했고, 1932년 위문협착증으로 수술을 받다가 32세의 나이로 세상을 떠났다.

(2) 문학세계

최서해는 신경향파 작가 중에서 가장 많은 작품을 썼다. 간도 유민이나 가난한 농민들의 비참한 궁핍상을 그린 「토혈」·「탈출기」·「박돌의 죽음」·「기아와 살육」 등은 비극적인 결말이 공통적이다. 대표작인 「기아와 살육」(『조선문단』, 1925.5.)은 사건의 전개에 박진감이 돋보이며 초기 신경향파 작가였던 박영희나 김기진의 작품과는 다르게 사건 전개에 무리가 없고 인물의 성격이 생생하게 살아 있다. 그 이유는 중심제재가 작가의 체험에서 비롯된 것으로 그것을 치밀하게 그렸기 때문이다. 이처럼 체험을 배경으로 한 그의 전반기 작품들은 대부분 결말이 방화·살인·광란으로 끝나고 있으며 이것은 억압적인 현실 속에서 처절한 가난과 가족들의 고통을 극복하기 위한 자기방어의 의미를 강하게 띠고 있다. 이후 「큰물 진 뒤」(『개벽』, 1925.12.)·「폭군」(『개벽』, 1926.1.)·「5원 75전」(『동아일보』, 1926.1.1.~5.)·「이역원혼(異域寃魂)」(『동광』, 1926.11.)·「무서운 인상」(『동광』, 1926.12.) 등을 통해 없는 자, 핍박받는 자의 입장을 대변했다. 이중에서 「큰물 진 뒤」에서는 재난으로 모든 것을 잃어버린 노동자를 중심인물로 설정하여 가진 자들과의 대립을 나타냈는데, 사회주의 계급이념을 구현하기 위한 사상적인 측면보다 삶을 꾸려나가려는 본능적 차원의 절박성이 잘 그려져 있다.

---

[11] 장석주, 『20세기 한국 문학의 탐험 1』, 시공사

1927년에 들어와서는 「쥐 죽인 뒤」·「홍염(紅焰)」(『조선문단』, 1927.1.)·「전아사(餞迓辭)」(『동광』, 1927.1.) 등을 발표했는데, 특히 프롤레타리아 문학의 대표작인 「홍염」은 가난과 굶주림 속에 놓인 섬마을 사람들의 의식형태를 잘 보여주고 있다.

1927년 이후에는 주로 소시민 계급의 일상과 자신의 체험을 소재로 한 작품을 썼으며, 이 시기의 대표작으로는 「먼동이 틀 때」(『조선일보』, 1929.1.1.~2.26.)·「같은 길을 밟는 사람들」(『신소설』, 1929.12.)·「호외시대」(『매일신보』, 1930.9.20.~1931.8.1.) 등이 있다.

그러나 말년에 이르러 예술적 형상화라는 측면에서 초기 작품들의 성과를 뛰어 넘지 못했고, 그로 인해 초기에 누렸던 좋은 평판을 유지하지 못하고 세상을 떠났다.

소설 외에도 동화 「누구의 편지」(『신생명』, 1923.9.)·「평화와 임금」(『신생명』, 1923.12.), 수필 「그리운 어린 때」(『조선문단』, 1925.3.)·「여름과 나」(『동광』, 1927.8.) 등 50여 편과 평론 「근대 노서아문학개관」(『조선문단』, 1924.12.)·「데카단의 상징」(『별건곤』, 1927.12.)·「농촌대중과 문예운동」(『동아일보』, 1929.7.5.~10.) 등을 썼다.

(3) 문학적 특징

① 최서해 소설의 특징은 속도감과 솔직함에 있다. 특히 원한에 찬 복수를 묘사하는 대목은 독자의 손에 땀을 쥐게 하고 흥분이 일게 한다.

② 최서해 소설에서 주인공들은 가난에 대한 일체의 책임을 부자에게 돌리고, 따라서 부자에 대한 맹목적 분노에 사로잡혀 있는 등 '도식적 평면성'에서 벗어나지 못하는 약점을 보인다. 가난을 낳는 사회 구조적 요인에 대한 깊은 성찰의 결여는 작중 인물들이 사회 모순에 따른 갈등을 걸핏하면 살인·강도·방화와 같은 방식으로 해결하려고 드는 한계로 나타난다.

③ 초기 신경향 작가의 대표 주자인 최서해는 사실 의식적으로 신경향 소설을 쓴 것으로 보기는 어렵고, 자신의 고통스러운 현실 체험을 소설로 형상화한 것에 가깝다. 이런 현실 체험의 단편적 기술과 분노의 과잉 분출은 끊임없는 세계의 '창조'라는 문학의 본령에는 미치지 못해 곧 한계 상황에 부딪치게 된다.

④ 1927년이 지나면서 그의 감정적 분출은 휴머니즘으로 흐르게 된다. 이에 따라 후기 프로문학의 요건, 즉 당파성과 계급 목적의식에 근거한 전형 창출과는 점차 거리가 멀어져서 강력한 비판을 받고, 1929년에는 카프를 탈퇴하기에 이른다.

(4) 주요 작품[12]

① **「탈출기」**

㉠ 개설

이 작품은 일제강점기 하층민의 생활을 사실적으로 그려낸 신경향파 문학 작품으로 서간체의 형식과 1인칭 시점을 통해 호소와 절규가 담긴 내용을 효과적으로 전달하고 있다.

㉡ 내용

'나(박 군)'는 자신이 탈가한 이유를 친구인 '김 군'에게 편지로 밝힌다. '나'는 어머니와 아내를 데리고 5년 전 간도로 갔지만 소작인 생활을 하며 빈곤은 날로 심해졌다. 두부 장수를 하면서

---

[12] 강승원 등, 『해법문학 현대소설』, 천재교육

연명했지만 가난은 더욱 심해지고, 민족적 차별에도 시달리게 된다. 자포자기 상태에서 가족을 죽이고 자신도 자살하려고 했을 때, 여태까지 속아 제도의 희생자로 살아온 삶에 대한 분노가 머릿속에서 꿈틀댄다. 그리고 '민중의 의무'를 이행하겠다는 마음으로 ××단에 가입한다.
　ⓒ 의의와 평가
　　ⓐ 「탈출기」는 최서해의 자전적 소설로, 주인공(박 군)이 사회주의 결사단체에 가입한 이유를 서간체로 전하고 있다.
　　ⓑ 「탈출기」는 1920년대 우리 민족의 비참한 삶을 묘사한 빈궁문학(貧窮文學)의 대표작이다. 다른 사실주의 작품들이 단순히 빈궁한 삶 자체를 묘사하고 있는 데 반해, 「탈출기」는 빈궁에 항거하는 반항적 주체를 강력히 내세우며, 빈궁을 개인적인 차원에서 다루지 않고 사회 구조적 문제로 파악하는 신경향파 문학의 특징을 잘 보여 주고 있다.
　　ⓒ '탈출기'라는 제목은 가난으로부터의 탈출을 의미하기도 하지만, 과거의 체념적 시각으로부터 저항적 시각으로 전환하는 것을 의미하기도 한다.

② 「홍염(紅焰)」
　㉠ 개설
　　「홍염」은 간도에서 조선인들이 겪는 갈등과 수난을 다루고 있다. 최서해 작품의 일반적 특징인 가족의 빈궁과 죽음을 소재로 하고 있으며, 살인과 방화라는 비극적 결말 제시가 나타난다. 한편 빈궁의 원인이 '어떤 험악한 제도'에 있다는 의식을 드러냄으로써 빈궁에 대한 의식이 변하고 있음을 보여준다.
　㉡ 내용
　　조선에서 소작인 생활을 하던 문 서방은 가난을 극복하기 위해 간도로 이주하지만, 그곳에서도 역시 혹독한 흉년을 만나 빚만 늘어날 뿐 생활이 나아지지 않는다. 문 서방은 만주인 지주인 '인가'의 소작인 노릇을 했는데, 흉년 때문에 제대로 빚을 갚지 못해 지주인 인가에게 딸 용례를 빼앗기고 만다. 딸을 빼앗긴 슬픔에 문 서방의 아내는 병에 걸리게 되고, 죽기 전에 딸을 한 번만이라도 보고 싶어 하지만, 인가는 그것을 허락하지 않는다. 결국 아내는 딸을 보지 못하고 죽는다. 아내가 죽고 그 이튿날 밤 문 서방은 인가의 집을 찾아가 그의 집에 불을 지른 뒤, 억압에서 해방된 듯 시원하게 웃는다. 불길 속에서 인가와 용례를 발견한 문 서방은 준비한 도끼로 인가를 죽인 후, 자신의 딸 용례를 끌어안고 기쁨을 느끼게 된다.
　㉢ 작품의 인물과 갈등 구조
　　ⓐ 보통 갈등은 인물 내부에 자리 잡은 욕망 간의 충돌이나 인물과 환경 사이의 불일치에서 발생하는데, 「홍염」에서는 주로 인물과 환경 사이의 불일치 때문에 갈등이 발생한다. 이 작품의 갈등 구조는 매우 단순한 편으로, 축의 한쪽에는 부유하고 악랄한 만주인 지주인 인가가 있으며, 다른 한쪽에는 가난하고 순박한 소작인 문 서방이 있다. 이들은 지주와 소작농을 대표하여 전형적인 빈부 대립을 그려내고 있다.
　　ⓑ 갈등은 표면화되지 않고 있다가 지주인 인가가 문 서방의 딸 용례의 미모에 혹해 빚 대신에 용례를 빼앗아 가는 데서 구체화된다. 이 갈등은 문 서방의 아내가 죽음으로써 최대로 증폭되고 결국 지주의 죽음을 초래하게 된다. 문 서방의 복수는 극적인 결말이기는 하나, 자연발생적이고 파괴적인 한계를 가진 것으로, 현실의 구조적 모순을 극복하기 위한 올바른 대안을 제시하지 못했다는 비판을 받기도 한다.

ⓔ 의의와 평가
    ⓐ 최서해는 간도를 유랑하면서 극빈한 삶을 체험하게 되는데 주로 이러한 체험을 소설화하였다. 이 작품 역시 작가의 간도 체험에 근거한 박진감 넘치는 묘사를 통해 극한적 상황을 효과적으로 보여 주고 있다. 이 작품에서 만주인 지주에게 딸을 빼앗긴 문 서방의 모습에는 식민지 시대에 만주로 이민을 떠나게 되면서 기댈 언덕조차 상실한 유랑민들의 상황이 전형적으로 드러나고 있다.
    ⓑ 극한적인 궁핍과 이에 대한 저항이라는 내용은 최서해의 소설에서 반복적으로 등장하는데 「홍염」의 서두 부분에 제시된 배경인 '간도의 겨울'은 문 서방 가족의 빈궁을 드러내며, 결말 부분의 '불'은 문 서방의 분노를 상징적으로 보여 준다. 특히 불에 나타나는 붉은색의 이미지는 구성의 효과를 더욱 상승시키는데, 즉 피와 불꽃의 붉은색이 문 서방의 저항과 투쟁을 더욱 자극적이고 원초적인 것으로 만들고 있는 것이다.
    ⓒ 결말 부분에 집중적으로 나타나는 문 서방의 저항 행위는 착취와 수탈의 역사에 대한 하층민의 투쟁 의지와 새로운 세계에 대한 간절한 염원을 그려낸 것이라고 볼 수 있다.

제3장 1930~40년대 소설

| 단원 개요 |

한국현대문학사에서 1930~40년대는 매우 문제적인 시기이며 관심이 집중되는 시기이다. 이러한 사실은 이 시기의 문학이 얼마나 격동적인 흐름을 보여주었는가라는 물음에 대한 반증이 될 수 있다. 1930년대는 1925년에 결성된 조선프롤레타리아 예술동맹(KAPF)이 일제의 탄압이라는 외부적 요인과 KAPF 자체가 지닌 모순을 극복하지 못한 내부적 요인으로 말미암아 해체되었던 시기(1935년)였으며, 대중소설이 신문의 발달과 함께 대중 인민에게 큰 호응과 인기를 얻었던 시기이기도 했다. 또한 1940년대는 문예사조의 측면에서 살펴보면 리얼리즘이 점차 퇴조하면서 모더니즘이 발흥하는 시기이기도 하였다.

| 출제 경향 및 수험 대책 |

이 단원에서는 1930년대부터 40년대 소설의 사회성과 문단 상황, 순수문학과 사실주의 문학의 특징, 이 시기에 활동했던 작가들과 작품의 문학사적 의의, 1930년대 소설의 시대적 의미와 소설의 의의 등 일반론적인 내용들이 출제될 수 있으며, 해방공간의 특수성과 관련한 1940년대 소설만의 특징들도 출제 가능성이 높다. 한편 이 시기에 활동했던 이효석·채만식·김유정·염상섭 등 주요 작가들의 작가정신, 문체상의 특징 등을 묻거나, 개별 작품을 작가와 연계하여 작품 속에 투영된 작가의 특징을 읽어내는 능력을 묻는 심층적인 문제도 출제될 수 있으므로, 치밀하고 깊이 있게 학습하는 태도가 필요하다.

제1절 1930년대 소설

1 1930년대 리얼리즘 소설[1]

현대문학사에서 리얼리즘의 계기는 '있는 그대로의 인생을 표현한다'는 구호를 내걸고 등장한 『창조』(1919)에서 시작한다. 그러나 1920년대 리얼리즘은 생물학적 태도를 보인 자연주의적 리얼리즘과 현실의 어두운 면·모순된 면을 고발하는 비판적 리얼리즘을 추구했다. 따라서 1930년대 리얼리즘의 공통된 과제는 우선 당대 현실의 보통 사람들의 실상을 보여주는 일이었다. 즉, 식민지 억압 속에서 가난한 백성들이 고통받는 실상, 그 속에서도 특히 농민들의 참상, 노동자들의 모습, 유랑하는 백성들의 참상 및 그 속에서 살아가는 갖가지 인간 군상들의 모습과 때로는 가족사적으로, 풍속사적으로, 풍자적으로 방황하는 지식인의 모습을 드러내는 일이었다. 다음은 민중들에 의해 봉건적 잔재가 어떻게 극복되고, 개인의 자기실현과 근대화가 이룩되었는가를 역사적으로 밝혀보는 것이기도 했다.

(1) 가족사적 리얼리즘 소설

1930년대의 대표적인 리얼리즘 소설 또는 가족사 소설로는 염상섭의 「삼대」를 들 수 있다. 「삼대」는 조의관 일가의 '조부-아버지-아들'로 이어지는 가족 연대기를 통해 각 세대 간의 갈등과 급변하는 시대 상황과 가치관의 혼란 속에 놓인 가족 구성원의 운명을 제시하고 있다. 이는 구한말 세대, 개화기 세대, 식민지 세대의 실상을 보여주는 리얼리즘 소설이기도 하다.

---

[1] 홍문표, 『1930년대 문학-현대문학의 실험』, 『한국현대문학사총서』 4, 창조문학사

1930년대 리얼리즘 소설을 지향한 또 다른 작가로는 채만식이 있다. 그는 「태평천하」, 「치숙」 등에서 풍자적 형식을 통해 당대를 리얼하게 표현하였다. 풍자는 부정적 대상을 정면에 내세워 대상을 공격하고 부정하고자 한다. 부정적 인물을 겉으로는 추켜세우면서 속으로는 공격하는 반어적 표현에 의해 웃음거리로 만드는 동시에 그 추악함을 폭로한다. 이처럼 풍자는 현실을 우회하지만 회피하는 것은 아니고 당대 현실의 문제를 간접적으로 다루는 방법이다. 그런 만큼 현실에 기반하고 현실을 파악하는 예리한 시각이 있어야 정곡을 찌르는 날카로운 풍자가 가능하다.

(2) 사회주의 리얼리즘 소설

계급주의 최고 이념은 계급성과 유물론적 세계관이다. 그것은 자본가에 대한 노동자의 투쟁이고 노동계급의 승리를 의미한다. 계급주의 소설은 이러한 정치적 이념에 매몰되어 있어서 문학이니 예술이니 하는 것들은 마땅히 이들 계급주의에 복무하는 수단에 불과한 것이다. 이러한 독단에는 당연히 예술성과 문학성이 문제가 될 수밖에 없으며, 따라서 대중화론·농민문학론 등의 창작 방법에 관한 문제가 제기되었고 이를 보완한 것이 유물변증법적 창작 방법이다. 여기서는 노동자와 농민만을 제재로 하여 투쟁을 보여줬던 한계에서 다소간 제재의 다양성을 추구하게 된다. 그러나 그것도 극히 제한적인 것이었기에, 이에 한걸음 더 나아간 것이 사회주의 리얼리즘이다. 이는 현실을 총체적으로 진실하게 반영하는 것이고, 개별성과 보편성이 통일된 전형의 창조라는 과제를 해결하는 길이기도 하였다. 따라서 사회주의 리얼리즘은 단편적인 이야기에서 총체적인 삶을 보여주는 장편의 탄생을 가능케 하였다. 이러한 창작 방법의 전환에서 이기영의 「고향」과 강경애의 「인간문제」가 등장하게 된다.

2 1930년대 모더니즘 소설

우리 문학사에 모더니즘 문학이 시도되기 시작한 1930년 전후는 일제가 대외적으로는 침략전쟁을 수행하는 한편, 대내적으로는 황국신민화 정책을 펴던 시기이다. 이에 식민지였던 한국은 경제적·군사적 수탈이 심화되어, 국권의 피탈이 고착화되고 생존권마저 위협받게 되었다. 이 시기에 민족운동은 농민운동과 노동운동이 그 명맥을 유지하고 있었고 국외에서는 항일통일전선을 추구하고 있었다.

모더니즘의 개념에 대해서는 동서를 막론하고 평론가들 사이에 많은 견해 차이가 있으며 그에 대한 태도에는 상반된 경향이 노출되고 있다. 서구에서는 모더니즘이 일반적으로 전위예술과 등가적 개념으로 받아들여지지만, 두 개념의 명백한 차별성을 중시하는 대립되는 이론도 분명히 있다. 또한 1930년대 한국의 모더니즘은 제도화된 문학에 대한 반발보다는 새로운 문학적 수법의 획득이라는 측면에 더 비중이 두어지고 스스로 제도권 문학에 편입되거나 제도권 문학으로서 행세하는 경향이 두드러졌다. 실제로 프랑스 계통의 초현실주의나 다다이즘이 전위예술의 대명사로 알려져 있었으나, 한국의 모더니즘에서는 큰 세력을 얻지 못하고 영미 계통의 이미지즘이나 주지주의가 주류가 되었다. 이것은 초현실주의나 다다이즘이 제도예술을 부정하는 데 있어서 훨씬 강고한 태도를 가졌기 때문이다.

이런 측면에서 1930년대 한국의 모더니즘은 전위적이고 실험적인 성격을 뚜렷이 드러내지 않는 일종의 새로운 문예사조로서 수용되는 양상을 보였다고 해석할 수 있다. 즉, 한국 모더니즘은 복합적이면서도 독창적인 성격을 뚜렷이 시사하고 있는 것이다. 우리가 당시 주도적인 문학 경향이었던 리얼리즘에 맞서는 자리에서 예술의 자율성을 주장하고 내용의 우위성보다는 형식에 대한 관심을 촉구한 주의나 주장들을 전위문학이 아니라 모더니즘 문학으로 한데 묶는 이유를 여기서 찾을 수 있다.

(1) 이상의 모더니즘 중요도 중

① 이상의 대표작인 「날개」가 다른 모더니즘 소설에 비해 상대적으로 쉬운 이유는 '세계와 대결한 주인공이 자신과 세계에 대한 새로운 인식에 도달했다'라는 전통적인 소설과 맞닿아 있기 때문이다. 「날개」의 주인공은 무기력하며 어린아이 수준으로 퇴행한 인물로, 이런 인물을 내세움으로써 일상적이고 자동화된 세계가 지닌 부조리한 현실을 극명하게 드러낼 수 있다. 주인공은 몇 번의 외출을 통해 점차 '관계'에 눈뜨면서 무기력한 자아에서 벗어나 본질적 자아를 인식하게 되고, 마침내는 잃어버린 날개를 다시 찾기를 꿈꾼다.

② 「지주회시」(1936)에서의 주인공 역시 자본주의 사회에서는 무기력하고 게으른 인물이다. 그는 아내가 돼지 같은 손님에게 걷어차여 받은 위자료로 다시 돈을 벌기 위해 자본주의적 관계 속으로 들어간다. 실패가 뻔한 일이지만, 그렇게 함으로써 주인공의 무력함이 아니라 그를 무력하게 만든 자본주의적 질서가 전면에 드러나는 것이다.

③ 이상이 자신의 죽음을 말하고 있는 「종생기」(1937)는 소설 속에서 현실 공간과 소설 공간이 끊임없이 겹쳐진다. 특히 화자인 '나'가 이상 자신임이 밝혀지면서 이야기가 전개되는 등 소설 속에서 소설 쓰기의 과정을 그대로 드러내는 고현학적 기법을 드러내고 있다.

(2) 박태원의 모더니즘 중요도 하

① 박태원의 대표작 「소설가 구보씨의 일일」(1934)은 가난하고 미혼인 소설가 구보가 뚜렷한 목적 없이 소설을 쓰기 위해 경성을 돌아다니는 하루를 다룬다. 이 하루 속에 1930년대 초반 자본주의적 도시 경성의 풍경이 점점이 그려진다. 그리고 그 사이사이 '행복'과 '글쓰기'에 대한 구보의 생각이 드러난다. 「소설가 구보씨의 일일」은 소설 속에서 소설 쓰기의 과정을 그린다는 점에서 모더니즘의 특징을 드러내고 있다. '자기 반영성'을 드러내거나, 의식의 속도를 드러내기 위해 쉼표를 수없이 사용한 것, 주인공의 의식과 현실 사이를 자유롭게 넘나드는 방식을 구사한 것 등이다. 또한 소설에서의 시간이 사건에 의해 구성되는 것이 아니라 지극히 객관적인 현대의 시간성에 의해 규정되고 있다는 점도 주목할 만하다.

② 「천변풍경」(1936)에서 박태원은 마치 카메라로 찍듯이 사람들을 묘사함으로써 감상성에서 벗어나고자 했지만, 개개인의 삶의 서사를 추구해 들어가면서부터 냉정한 시선은 사라지고 감상적인 면모를 보인다. 이러한 감상성이 현실에 대한 냉정한 비판을 막기 때문에 소설의 깊이는 얕아질 수밖에 없다.

제2절 1940년대 소설

1 1940년대 소설의 개관

해방기의 시대현실은 우리 민족에게 있어 일본 식민지 지배에서 벗어남과 동시에 좌·우의 대립 및 분단이라는 새로운 역사의 시작을 의미한다. 해방기 소설을 살펴보면 주로 해방기에 「문학가동맹」이 내세운 창작방법론인 진보적 리얼리즘의 문학적 성과와 일제강점기 농민소설과의 맥락에서 연관되는 해방기 농민소설, 해방 후 열린 공간에서 지식인의 자기비판과 이념적 노선의 선택 문제, 작품 속에 드러난 다양한 인간 군상 등이 나타난다. 1940년대 소설은 당대의 사회현실을 인식하고 형상화하여, 불안정했던 사회현실에 적극적이고 적절한 대응력을 보여준다.

2 1940년대 주요 소설 작품

해방 이후 1949년까지 발표된 작품 수는 370여 편에 이른다. 해방 직후 소설은 1930년대 소설 문단의 중심을 이루고 있던 이른바 '구인회'의 구성원들과 그 이후 세대의 문학적 성과를 통해 그 가치를 평가받게 되었다. 이태준의 『세동무』(1946.5.)·『해방전후』(1947.1.), 채만식의 『제향날』(1946.12.), 김동리의 『무녀도』(1947.5.), 정비석의 『파도』, 박영준의 『목화씨 뿌릴 때』(1946.8.), 박태원의 『성탄제』(1948.2.), 염상섭의 『삼팔선』, 박노갑의 『사십년』(1948.7.), 안회남의 『전원』(1946.10.), 황순원의 『목넘이 마을의 개』(1948.12.) 등의 작품집들이 그 구체적인 예에 속한다.
이 외에도 당시에 주목받았던 작품 혹은 주목받을만한 가치가 있다고 인정되는 작품은 대략 다음과 같다.

1946년에 발표된 작품	김영수의 「혈맥」, 채만식의 「맹순사」, 안회남의 「소」, 이기영의 「해방」, 김동리의 「윤회설」, 김남천의 「동맥」, 이태준의 「해방전후」, 채만식의 「역사」, 박종화의 「논개」, 김영석의 「폭풍」, 박태원의 「춘보」, 정비석의 「귀향」, 김동인의 「반역자」, 최태응의 「사탕」, 염상섭의 「첫걸음」, 계용묵의 「별을 헨다」, 이무영의 「굉장소전」 등
1947년에 발표된 작품	황순원의 「술이야기」·「담배 한 대 피울 동안」, 김동리의 「혈거부족」·「개를 위하여」, 김동인의 「망국인기」, 김영수의 「행렬」, 최태응의 「사과」, 엄흥섭의 「집 없는 사람들」 등
1948년에 발표된 작품	염상섭의 「이합」, 김동리의 「역마」, 최태응의 「혈담」·「월경자」, 허윤석의 「수국의 생리」, 채만식의 「민족의 죄인」 등
1949년에 발표된 작품	황순원의 「목넘이 마을의 개」·「맹산할머니」, 염상섭의 「임종」·「두 파산」·「일대의 유업」, 안수길의 「풍속」, 오영수의 「남이와 엿장수」 등

3 1940년대 소설의 현실 인식 경향

(1) 식민지 체험에 대한 비판

① 해방 이후 사회적 혼란이 점차 정돈되어 가자, 식민지 시대의 비극적인 역사체험을 문학의 세계를 통해 비판해 보고자 하는 의욕적인 움직임이 서서히 드러나기 시작하였다. 그 결과 박종화의 「민족」(『중앙신문』, 1945.11.)・「청춘승리」(1947), 박노갑의 「사십년」(육문사, 1948) 등이 나오게 되었다.

② 박종화의 「청춘승리」는 일제의 식민지 지배하에서 불행하게 태어난 젊은 세대들이 조국의 해방과 민족의 독립을 위해 얼마나 고통스런 투쟁을 전개해 왔는가를 상세하게 증언하고 있다.

③ 박노갑의 「사십년」에서는 일제의 세력에 의해 식민지 지배하에 들게 된 40년의 비극적 역사가 한 개인(주인공 황찬)의 삶의 과정을 통해 개괄적으로 다루어진다. 일본의 세력이 우리 땅에서 확대되기 시작한 20세기 초엽부터 식민지 시대를 거쳐 해방에 이르기까지 격동의 세월을 살고 있는 주인공의 생애를 통해 작가가 그려내고자 하는 것은 일제의 탄압에 의해 여지없이 짓밟히고 있는 개인의 황폐화한 삶의 모습이다. 작가는 식민지의 억압적인 통치 질서 아래에서 타락해가고 있는 우리 사회의 실상을 보여주면서, 개인과 사회가 그러한 상황 속에서는 결코 바람직한 연관을 이룰 수 없으며 새로운 가치관에 도달할 수 없음을 보여주기도 한다.

(2) 친일행위에 관한 문제

① 해방의 현실 속에서 민족에게 가장 큰 문제로 대두되었던 것은 반민족적인 행위에의 단죄와 일제 잔재의 청산 문제였다. 그러나 이 같은 민족적 과제는 국제 정치적 역학의 제약을 배제하지 못함으로 인해 해결의 실마리를 얻지 못하였다. 이에 따라 시대 현실을 보다 객관적인 입장에서 직시하고, 당면한 민족적 모순을 극복하고자 했던 일련의 작가들은 이러한 현실적 문제들을 인식시키는 데 관심을 기울이게 된다. 그러한 이유 때문에 당시 문단에서는 일제 식민지 시대의 문화적 잔재를 일소해야 한다는 주장이 공통적인 과제로 내세워졌으며, 문학인 스스로가 8・15 이전의 친일적 문학 행위 자체를 정신적 범죄로 규정하기에 이른다. 그러나 해방의 문단은 이러한 문인들의 자기비판과 죄의식을 어떠한 형태로든지 포괄하였고, 그들의 포즈를 나름대로 승인하게 된다. 그리고 이러한 문제들은 소설의 무대에서 김동인의 「반역자」(『백민』, 1946.10.), 채만식의 「민족의 죄인」(『백민』, 1948.10.)・「속 민족의 죄인」(『백민』, 1949.1.), 계용묵의 「바람은 그냥 불고」(『백민』, 1947.7.), 이태준의 「해방전후」(『문학』, 1946.8.) 등을 통해 다시 한 번 제기된다.

② 김동인의 「반역자」는 김동인이 이 작품과 비슷한 시기에 계속해서 발표했던 「망국인기」(『백민』, 1947.3.)와 대립적인 선상에 놓이는 작품이다. 이 소설의 주인공은 '오이배'라는 인물인데, 실상 주인공 '오'의 모든 행적은 소설가 이광수의 경우를 모델로 하고 있음을 알 수 있다. 작가는 '오이배'라는 인물을 통해 식민지 시대에 한 지식인의 정신적 몰락과정을 추적하고 있는 셈인데, 그 속에는 다분히 자기모럴의 배타적인 암시가 깔려 있다.

③ 채만식의 「민족의 죄인」에서는 자기비판의 방식이 「해방전후」・「반역자」 등에서 볼 수 있는 자기합리화의 방향에서 어느 정도 벗어나고 있음이 주목된다. 「민족의 죄인」은 '나'와 '김', 그리고 '윤'이라는 세 인물이 등장함으로써 일제치하에서 지식인이 겪은 세 가지 삶의 다른 방식에 대하여 물음을 던지고 있다. 식민지 시대의 비극적 역사 체험을 개인적인 자기비판만으로 그 상처가 치유될 수 있는 것이 아닌, 개인의 윤리문제의 영역을 벗어나 역사에 대한 객관적 인식에 근거한 민족 전체의 자기비판을 필요로 하는 것으로 본 것이다.
④ 계용묵의 「바람은 그냥 불고」는 해방 이후에도 민중의 기대와는 달리 식민지 잔재가 여전히 청산되지 않은 채 그대로 이어지면서 오히려 단죄되어야 할 친일파들이 건재하고 있는 가치전도 현상을 비판적으로 드러내고 있다. 이 작품은 징용에 끌려간 남편 '진수'를 기다리는 아내 '순이'의 관점을 통해서, 일제치하에서는 일제의 주구로, 그리고 해방 후에는 다시 새로운 현실의 정치지도자로 변신하는 친일파 '영세'의 행적에 초점을 맞춤으로써 현실의 부정적 모순을 비판적으로 그려내고자 한다.
⑤ 이태준의 「해방전후」는 일제하에서 붓을 꺾고 낙향했던 주인공 '현'과 고향마을 향교의 '윤직원'의 삶의 방식이 함께 대조를 이루고 있는 작품이다. 주인공 '현'은 일제 말기에 '문인보국회'에 불가항력적으로 끌려들게 되며, 해방이 되자 자신의 과거를 모두 털어 버리고 새로운 문학운동의 선봉에 나선다. 그는 스스로 일제치하에서의 자신의 태도를 소극적인 처세주의로 비판하면서 좌익 문단에 들어섰고, 그러한 태도 변화에 놀라 그에게 충고하는 '윤직원'과 결별하게 된다. 「해방전후」는 해방 이전의 자신의 삶을 처세주의로 반성하는 가운데 행동 콤플렉스를 짙게 느껴 온 한 작가가 그 극복이나 해소의 과정을 보여준 소설이라 할 수 있다.

(3) 해방 공간을 소설적으로 형상화한 작품
① 귀환 유이민의 귀향과 그 좌절
㉠ 귀환 유이민의 귀향과 그 좌절의 일면을 비교적 밀도 있게 그려내고 있는 소설로는 허준의 「잔등」(『대조』, 1946.1.), 계용묵의 「별을 헨다」(『동아일보』, 1946.12.), 김동리의 「혈거부족」(『백민』, 1947.2.), 최인욱의 「개나리」(『백민』, 1947.7.), 정비석의 「귀향」(『경향신문』, 1946.10.), 이태준의 「해방전후」(『문학』, 1946.8.), 곽하신의 「정거장 광장」(『신천지』, 1947.7.), 엄흥섭의 「귀환일기」(『우리문학』, 1946.1.), 김만선의 「압록강」(『신천지』, 1946.6.) 등을 들 수 있다.
㉡ 계용묵의 「별을 헨다」에는 해방직후의 현실적 공간에서 가장 문제일 수 있는 중요한 과제들이 깊이 있게 천착되어 있으며, 일제치하 만주 땅에서 살았던 한 청년과 그의 노모가 해방과 더불어 배편으로 인천에 도착하면서 사건이 전개된다. 안식의 근거를 확보할 수 없는 귀환 유이민들의 기대 좌절과 전망 상실의 과정을 보여주고 있으며, 이 소설을 통해 일제의 식민지 지배하에서 벗어나기 위해 고향을 버리고 만주일대 등으로 헤매었던 사람들이 해방과 함께 잃었던 고향을 되찾아오는 과정을 읽을 수 있다.
㉢ 김동리의 「혈거부족」은 해방 공간의 현실 인식을 문제 삼은 작품이다. 이 소설은 해방 공간의 귀향의 고통스러운 역정뿐 아니라, 미완결의 귀향과정에서 비롯되는 현실의 경제 궁핍상을 그리고 있다. 이 작품에서 작가는 현실의 측면보다도 인간의 내면에 대한 깊이 있는 탐구를 보여주며, 인간 본연의 심성에 자리 잡고 있는 고향의 의미를 되새기게 하면서 또한 귀환 유이민들에게 심각한 문제를 야기했던 주거 공간의 난세를 궁핍한 경제적 현실과 결부시켜 이 같은 현실의 위기를 극복하는 방향을 암시해 주고 있다.

② ㉣ 곽하신의 「정거장 광장」은 일차적으로 귀향이 일단락을 맺은 해방에서의 제반 모순들을 부정적 전망에 근거하여 보여주고 있는 작품이다. 즉, 육체의 안식을 위한 기본적 주거공간을 역전 광장으로 삼을 수밖에 없는 귀환 유이민들의 삶의 실상과 규범이라는 명목으로 이들을 핍박하는 경찰, 그리고 이 같은 상황에서도 자신의 생활 영역을 침해당하지 않으려는 이기적인 의사의 모습을 통해 당시 현실사회가 안고 있었던 병폐를 비판적으로 노출시키고자 한다.

② **외세에 대한 묘사**
  ㉠ 외세의 문제를 비교적 총체적으로 형상화한 작품으로는 김일만의 「뺨」(『신천지』, 1947.8.)과 염상섭의 「양과자갑」(『해방문학선집』, 1947.9.)을 들 수 있다.
  ㉡ 김일만의 「뺨」은 최만성이라는 인물과 그 이웃집 일가를 통해 우리 민족이 얼마나 비주체적인 의식에 빠져 있는가를 보여주고자 한 작품이다. 작가는 외세로 인한 전망 부재의 현실을 직접적으로 노출시키지 않고, 단지 한 특정인물을 통해 반어적으로 보여줄 뿐이다. 가장 기본적인 존재방식에까지도 외세의 영향을 스스로 추구하려는 인물을 통해 작가는 해방 현실이 빚어내고 있는 개인의식의 변모양상과 이와 같은 의식변화의 직접적 원인으로 작용하는 현실모순의 본질을 파악하고자 하는 것이다.
  ㉢ 염상섭의 「양과자갑」은 영어를 잘한다는 이점 때문에 보다 우위의 위치를 확보할 수 있는 인물의 현실에 거부하는 대응양식을 보여주는 작품이다. 이 작품은 전통적 윤리와 개인적 도덕, 즉 주체의식을 강조하면서 외세와의 결탁을 거부하는 영수와 변화하는 사회현실에 안절부절못하고 왜소화해가는 영수의 부인, 그리고 재빨리 외세와 야합하여 자신의 이익을 추구하는 주인집 인물들의 현실을 바라보는 시각에 초점을 맞춰 형상화를 이루었다.

③ **좌·우의 대립상을 형상화한 작품**
  ㉠ 좌·우 대립의 묘사가 충실히 드러나는 작품으로는 김송의 「고향 이야기」·「인경아 우러라!」, 김동리의 「상철이」·「형제」(『백민』, 1949.3.), 최태응의 「사과」, 김영수의 「행렬」, 염상섭의 「그 초기」, 지봉문의 「때의 패배자」(『문학』, 1946.11.)와 이근영의 「탁류 속을 가는 박교수」(『신천지』, 1948.6.)를 들 수 있다.
  ㉡ 염상섭의 「그 초기」는 신의주 반공학생의거를 소재로 취한 작품으로, 우익정당에 드나들며 잡지 "신시대"를 발행하는 일을 맡고 있는 연걸과 방선생을 목격자 겸 피해자로 설정하면서 중학생들의 반공시위의 대열을 따라가고 있는 작품이다. 투쟁대열에 가담한 학생들이 총에 맞아 죽거나 다치거나 투옥되는 식의 피해를 입는 모습을 그리는 데 초점을 맞추고 있다.
  ㉢ 이근영의 「탁류 속을 가는 박교수」는 실상 현실에서의 부정적 전망을 낙관적 전망으로 전이시키며 좌·우익의 대립상을 밀도 있게 그려낸 작품이다. 작가는 민족독립국가 건설의 열정과 개인적 이해관계에 근거한 대립 때문에 정신없이 충돌하는 좌·우 세력의 갈등에 초점을 맞춤으로써, 해방현실에 갖는 기대와 그 기대좌절의 부정적 양상을 폭로하고, 이로 인한 민족적 동질성 회복의 어려움을 제시하면서 사라져가는 전망을 일깨워 주고자 한다.

④ **노동문제에 대한 묘사**
  ㉠ 해방직후 현실의 역사적 발전과정의 변혁주체를 중심적으로 나타내고자 했던 일련의 작가들, 주로 좌익 계열의 작가들은 적극적 주인공을 통해 노동계급의 의식의 각성과정을 보여 주고자 하였으며, 이동규의 「소춘」(『우리문학』, 1946.2.), 김영석의 「폭풍」(『문학』, 1946.11.), 전홍준의 「새벽」(『문학』, 1948.4.)이 이에 해당한다.

ⓛ 이동규의 「소춘」은 해방직후 제약회사에서 일하는 노동자들의 계급적 자각과정을 그리고 있는 작품이다. 문학의 창조를 당대 사회의 객관적 현실 속에서 추구하고자 하는 작가의 입장을 감안할 때, 이 작품의 지향점은 해방현실에 내재하는 모순의 극복과 이를 위해 계급적 자각을 통한 적극적 주인공의 창조에 놓여 있다고 볼 수 있다. 이 작품을 통해 작가는 스스로의 계급적 기반을 보장받을 수 없는 개별 노동자들에게 조직운동이라는 방식을 제시해 줌으로써 계급적 자각과 더불어 낙관적 전망을 확보하고자 하는 것이다.

ⓒ 김영석의 「폭풍」은 주어진 현실에의 질곡 속에서 적극적 주인공을 중심으로 한 노동운동의 과정이 그려져 있는 작품이다. 작가는 현실 모순의 극복을 통한 역사 발전의 올바른 과정과 진행에 일치하는 인간해방의 역정을 형상화함으로써, 해방현실을 관념적인 체험으로 단순히 인식하는 데 그치는 것이 아니라 해방직후 현실사회가 갖는 내부적 모순을 총체적으로 인식시키고자 한다. 다시 말해 모든 사회적 억압과 핍박에도 불구하고 자신들의 삶의 방식을 적극적·주체적으로 개선하고자 하는 노동계급의 집단적 전망을 형상화함으로써 한 사회의 전형성을 확보하고 있는 것이다.

⑤ **농민문제에 대한 묘사**

㉠ 해방현실 속에서 토지문제는 여러 가지 쟁점을 드러내며 끊임없이 논의되었고, 이 시기의 작가들 역시 이 문제에서 자유로울 수만은 없었다. 이런 입장을 반영하면서 토지문제에 대응하는 인물을 보여주는 작품으로는 채만식의 「논 이야기」(『해방문학선집』, 종로서원, 1947.9.), 최정희의 「풍류 잡히는 마을」(『백민』, 1947.9.), 안회남의 「농민의 비애」(『문학』, 1948.4.)를 들 수 있다.

ⓒ 채만식의 「논 이야기」는 해방직후 발생한 작은 사건을 통해 역사적으로 농민이 정당한 삶에서 얼마나 소외되어 왔는가를 부정적 전망에 근거하여 보여주는 작품이다. 작가는 해방현실 속에서도 자기의 땅을 가질 수 없는 농촌사회의 구조적 모순을 지적하며 그 원인을 추적해가는 데 관심을 쏟고 있다. 이런 면에서 작가의 의도는 두드러지지만, 그럼에도 이런 현실적 모순에 대응하는 인물을 소극적 주인공으로 설정함으로써 문제해결을 적극적·능동적으로 수행해 나가지 못한다.

ⓒ 최정희의 「풍류 잡히는 마을」은 비참한 농촌의 현실을 결코 좌시할 수 없다는 작가의 입장이 뚜렷이 반영된 작품이다. 피폐한 농촌상과 궁핍한 소작농민들의 삶의 묘사를 통해 부정적 전망을 제시하는 데 치중하고 있는 이 작품은 농촌 현실의 모순점들, 특히 계급적 한계를 극복하지 못하는 소작농민들의 자의식 함몰의 모습을 적시하고 있다. 다시 말해 이 작품은 소작농민들이 해방현실 속에서 일반적으로 가지는 기대가 토지 개혁에 놓여 있음과, 이러한 변혁의 일면에 민첩하게 대응하는 지주 서홍수의 토지 방매, 그리고 경작권 조정 등의 모습을 통해 제도가 가지는 허상의 일면과 궁핍에 허덕이면서도 현실에 굴종만을 일삼는 소작농민의 나약한 삶의 방식을 보여주고 있다.

㉣ 안회남의 「농민의 비애」 역시 해방직후 풍요로움의 기대와 낙관적 전망이 좌절된 후 극도로 궁핍에 허덕이는 서대응이란 소극적 주인공을 통해 농촌 현실의 제반 모순을 보여주고자 의도한 작품이다. 해방직후 새로운 질서의 도래, 즉 변혁의 기대가 좌절되는 과정을 상징적 수법으로 처리하고 있는 이 작품은 농촌 현실의 구조적 모순을 파헤치는 데 관심을 두었다.

(4) 세태풍자 소설

① 귀향의 모티프를 중요시하고 있는 작품들은 대부분 그 현실적 귀착점을 제대로 제시하지 못하고 있다. 이것은 작가 자신의 신념보다도 더욱 현실적 상황의 여건에 의해 좌우되고 있는 문제였던 것이다. 그렇기 때문에 대부분의 작가들은 귀향의 문제에서 점차 해방 공간의 현실을 그들의 작품 대상으로 새로이 모색하고자 하는 경향을 보여주게 된다. 새로운 삶이 약속된 땅이라기보다는 혼란과 무질서와 비리가 판을 치는 상황을 놓고, 그것을 소설의 공간으로 끌어들이기 위해 작가들이 선택한 방법은 주로 현실에 대한 우회적 접근법이다. 이무영의 「굉장소전」(『백민』, 1946.12.), 채만식의 「맹순사」(『백민』, 1946.3.)・「미스터 방」(『대조』, 1946.7.)・「도야지」(『문장』, 1947.10.) 등에서 보여주는 세태풍자의 방식이 바로 그러한 예에 속한다고 할 수 있을 것이다.

② 채만식의 소설 「맹순사」는 일제하에서 순사질을 하다 그만둔 한 평범한 소시민이 해방직후 다시 순경이 되었을 때 겪는 희극적 상황을 쓴 소설이다. 이 소설에서 작가는 우선 맹순사의 자기기만을 폭로한다. 자기 자신의 행동이 지니는 정확한 의미를 알지 못하기 때문에 '맹순사'는 자신의 죄과를 몰각하고 오히려 스스로 청백하다고 생각한다. 맹순사의 자기 인식 방법이 보여주고 있는 비리를 폭로하면서 작가가 더욱 강조하고 있는 것은 해방직후의 현실상황이 보여주고 있는 가치 전도의 광태이다. 채만식의 「미스터 방」은 일제시대에 '방삼복'이라는 인물이 얻어배운 영어 덕분에 미군의 통역이 되어 출세의 길에 올랐다가 몰락하는 내용이다. 이 이야기에서 가장 역점을 두고 있는 것은 주인공인 '방'에 대한 인물 풍자이다. 어떤 측면에서는 인물의 풍자가 지나쳐, 오히려 작품의 내용 자체가 희화되고 있는 것처럼 보이기도 한다. 작가는 물론 주인공의 행위와 생각이 혼탁한 사회의 풍속을 구성하는 허위에 찬 자기모멸임을 신랄하게 제시하고 있는 것이다.

③ 이무영의 「굉장소전」에서도 시대의 조류에 편승하는 주인공인 인물이 풍자적으로 그려져 있다. 번듯한 성명을 가졌지만 주인공은 '굉장'이라는 별명으로 통한다. 주인공 박굉장씨는 일제시대에는 일본인들의 비위나 맞추며 살았고, 해방이 되자 역시 주견없이 여기저기를 기웃거리며 '굉장하군'을 연거푸 말하는 기회주의자로서 변신한다. 작가는 이러한 인물을 그려내기 위해 그가 지니고 있는 정신적인 특질, 즉 허황한 자기 과시와 주견없음을 집요하게 추적한다. 그가 생각하고 의도하는 일들은 실상 아무런 가치 없는 일들에 불과하지만, 그는 그 사실을 전혀 깨닫지 못한다. 그는 자기성찰이 없는 바보에 지나지 않으며, 시대상황의 변화에 급급하게 따르려던 해방직후의 기회주의자들을 대변하고 있는 셈이다.

제3절 1930~40년대 소설의 작가

1 염상섭

(1) 염상섭의 삶[2]

문예전문지 『폐허(廢墟)』의 동인 활동을 계기로 습작기를 청산하고 출세작 「표본실의 청개구리」(1921)를 발표하면서 한국 근대문학의 기수가 되었다.

이후 중편소설 「만세전」(1922)을 집필 및 연재함으로써 그의 뛰어난 현실 인식이 확인되었으며, 식민지 현실을 고발하고 저항적 반일감정을 리얼리즘의 수법으로 펼쳐나가기 시작하였다. 이어 왕성한 작품 활동을 보이다가 다시 일본에 건너갔으나 별 성과 없이 귀국하여 1929년 결혼을 하고 생활의 안정을 찾아 장편에 전념하였다.

그는 대표작 「삼대(三代)」를 비롯하여 「무화과(無花果)」・「백구(白鳩)」 등과 「사랑과 죄」・「이심(二心)」・「모란꽃 필 때」 등 우수한 장편을 쓰기도 하였다.

단편 역시 초기에는 암울, 침통한 분위기를 자아내는 자연주의적 경향이 짙었으나 사회 전반을 다루는 경향으로 나가면서부터는 보다 치밀한 관찰과 객관적 기술을 보임으로써 명실공히 리얼리즘적 경향을 뚜렷이 보이게 되었다. 「제야(除夜)」・「해바라기」・「금반지」・「고독」・「조그만 일」・「두 출발」・「남충서(南忠緖)」 등 우수한 작품을 남겼다.

일제강점기 말기 10여 년(1936~1945)은 만주・신경에 살면서 『만선일보』 편집국장・회사 홍보담당관 노릇을 하면서 절필하였고, 광복과 더불어 귀국하여 다시 『경향신문』 초대 편집국장을 지내기도 하였으나 6・25 중에는 해군 소령으로 입대하여 반공 전선에 나가 휴전이 되는 해까지 정훈 일을 보았다. 제대 후 한때 서라벌예술대학장으로 있기도 하였지만, 창작에도 정진하여 병중에도 많은 작품을 집필하였다. 「삼팔선」・「임종」・「두파산」・「굴레」 등 단편과 「효풍」・「난류」・「취우」・「새울림」・「미망인」 등의 장편은 우수작으로 평가된다.

(2) 염상섭의 문학세계

염상섭은 「삼대」를 통해 3대로 이루어진 조 씨 일가를 중심으로 일제시대 대지주 계급의 삶과 역사적 운명을 그려내며, 당대 사회의 객관적 모습을 사실적으로 형상화하는 데 성공했다. 같은 해 발표한 장편 「무화과」(『매일신보』, 1931.11.13.~1932.11.12.)는 「삼대」와 마찬가지로 한 가족의 몰락을 그리고 있다.

일제 말기 만주사변의 발발 등으로 점차 경색되어가는 상황 속에서 그는 새로운 활로를 개척하기 위해 「백구(白鳩)」(『조선중앙일보』, 1932.10.31.~1933.3.31.)를 썼지만 몰락해가는 현실 속에서 희망을 제시하려는 노력은 결국 무위(無爲)로 끝났으며, 「모란꽃 필 때」(『매일신보』, 1934.2.1.~7.8.)를 비롯한 8・15 해방 전까지의 소설은 통속소설과 가벼운 콩트가 대부분이다.

---

[2] 김종균, 『염상섭 연구』, 고려대학교출판부

해방 직후 귀향 체험과 좌·우익 대립을 그린 몇 편의 단편을 썼고, 이후 「임종」(『문예』, 1949.8.)·「두 파산」(『신천지』, 1949.8.)·「일대의 유업」(『문예』, 1949.10.)을 발표했다. 이 작품들을 통해 일상적이고 중립적인 자기 세계를 되찾게 되었고, 그 후의 작품들은 대체로 이 범주에서 벗어나지 않는다. 이러한 경향은 6·25 전쟁 때 적치하의 생활을 그린 장편 「취우(驟雨)」(『조선일보』, 1952.7.18.~1953.2.20.)에서도 거듭 확인된다.

그의 작품은 일상생활의 모든 부분을 세밀하게 묘사하는 독특한 개성을 지니고 있어, 때로는 본질을 탐구하지 않고 사소한 문제만 드러내는 '트리비얼리즘'적 편향을 보인다는 평가를 받기도 했다.

(3) 「삼대」의 의미망 중요도 하

① 내면 고백에서 풍속의 탐구로의 변화
염상섭은 초기 3부작과 「만세전」을 통해 작가로서의 위치를 확고히 다졌는데, 훗날의 술회에 따르면, 그는 실현되지는 않았지만 일본 문단에 진출해보고자 하는 야심에 이끌려 다시 일본으로 건너갔다. 그는 다시 일본으로 건너가서 쓴 「배울 것은 기교-일본 문단 잡관」에서 일본문학의 주류와 그 핵심이 무엇인가를 단정적으로 파악하고 있다. 염상섭은 2차 도일을 통해 일본 자연주의 문학의 본질, 곧 '섬세한 묘사와 장치한 기교 및 면밀한 관찰'의 중요성을 파악하여 새로운 단계로 나아갈 수 있었다.

② 가치중립성의 세계
㉠ 「삼대」의 등장인물
　「삼대」의 등장인물은 조 씨 일가의 인물군·이념적 인물군·퇴폐적 인물군의 세 부류로 나타난다. 세 부류는 어느 한쪽으로 치우지지 않는 형식의 균형을 확보하였고 여기서 주목해야 할 것은 작가의 가치중립성의 태도이다. 이는 염상섭의 문학을 일관하는 핵심인데 이미 「만세전」에서 나타난다.

㉡ 심퍼사이저(sympathizer)의 논리
　염상섭 문학의 이 같은 특질은 염상섭이 창조한 독특한 인물 유형인 좌익 동조자 '심퍼사이저'를 통해서 좀 더 분명히 이해할 수 있다. 염상섭은 심퍼사이저를 통해 '이념'과 '돈'으로만 환원되지 않는 식민지의 영역을 가시화했다. 「사랑과 죄」는 이 같은 '심퍼사이저'의 논리를 거칠게 드러낸 작품으로 「삼대」에 이르면 훨씬 세련된 양상을 보여준다. 「삼대」에 사상운동은 절대적 성격을 띠고 있지 않다. 이 세계 속에서 사상 문제란 본질적인 것이 되지 못한다. '심퍼사이저'인 덕기가 선 자리는 명백히 현실순응적 가치중립성의 세계인 것이다. 이 '심퍼사이저'의 논리는 「무화과」에 이르러 약간 변화되는데 이른바 중산층 대신 중산층에서 탈락한 노동자로 대체되는 것이다. 「무화과」의 인쇄노동자 '완식'의 포부는 이른바 '중정(中正)의 길'이다. 염상섭은 몰락한 중산층 출신의 노동계층을 현실 변혁의 주체로 파악했지만 조작된 추상적 개면에 불과하며 변종 '심퍼사이저'라 할 수 있다.

③ 삶의 감각으로서의 가치중립성
「삼대」에서 조의관의 죽음을 둘러싼 의혹을 처리하는 덕기의 방식에는 가치중립적 삶의 감각이 배어 있다. 1920~30년대 우리 사회에서 선·악의 잣대로 잴 수 없다는 것이 집안일이다. 그렇기에 "집안 시비가 무서워"서 중독사건을 덮어두는 것이 덕기의 판단이다. 이처럼 삶의 감각을 따르는 것이 가치중립적인 것이다.

④ 중산층 현실주의와 돈의 사상
조 씨 집안의 일관된 이념은 염상섭의 가치중립성에 귀결된다. 집안의 최고 어른인 조의관은 조선조 말의 사회・경제적 혼란을 틈타 경제적・신분적 상승을 이룬 인물임을 알 수 있다. '금고'와 '사당'은 그가 봉건적 가부장제의 맨 윗자리에 앉아 조 씨 가문을 일관하여 지배하는 기본 이념으로 작용한다. 이렇게 살피면「삼대」를 지탱하고 있는 핵심은 중산층의 보수적 현실주의로, 이 같은 보수적 현실주의의 한복판에 자본주의의 핵심이라고 할 수 있는 '돈의 사상'이 은밀하게 깃들어 있다.「삼대」의 등장인물 대부분의 의식과 행위를 지배하는 것은 돈이다. 돈이라는 자본주의 사회의 핵심 본질을 꿰뚫어 이를 진지하게 다루었다는 점에서 염상섭 문학은 근대적이지만, 돈의 자본주의적 화폐 개념에까지 이른 것은 아니다.

(4)「삼대」를 통한 민족적 정체성의 회복[3]

①「삼대」의 시간적인 배경을 이루는 1927~28년 사이의 기간은 사회주의가 정치 세력으로 부상하던 시기였다. 사회주의가 정치 세력으로 부상함은 동시에 민족주의 세력이 독립운동에서 그 주도권을 점차 상실하여 감을 뜻하기도 한다. 이를 감안할 때, 이 시기는 혈통에 근거한 민족주의를 지향하던 지주세력의 헤게모니가 약화되던 시기였다. 따라서「삼대」는 이렇듯 혈통 중심의 민족주의가 위협받던 당시 지주계층의 위기감이 투영된 작품이란 추론이 가능하다. 더욱이 작품 외적인 상황으로서「삼대」가 연재되던 1931년은 그 어느 때보다도 사회주의에 영향을 받은 노동자・농민 대중운동의 기운이 최고조에 달했던 때라는 점이 이러한 추론을 뒷받침해 준다. 요컨대,「삼대」는 제국주의와의 대결 의식을 통하여 쇠퇴해가는 민족주의 지향의 지주세력의 소망을 서사 구조 내부에 투영한 작품이라 할 수 있다.

② 그러나 이처럼 '혈통'이라는 형이상학적 관념에 근거한 민족주의에는 항상 위험이 수반될 수밖에 없다. 식민주의는 식민지에 대한 경제적인 수탈에 근본 관심이 있음에도 불구하고 민족 특유의 특질 때문에 지배받는다는 허구를 만들어 내는데, 민족주의는 이에 호응하는 이념이기 때문이다. 즉 민족주의는 민족 구성원 내부의 차이를 배제하는 형이상학적 관념에 근거하고 있기 때문에 오히려 그들에 대하여 억압적인 기제로 작용할 가능성이 있다.

③「만세전」과「삼대」의 관계는 이러한 염상섭의 민족주의적 관념이 지니는 역설적인 측면을 잘 보여준다.「만세전」이 식민지 상황의 극복과 민족적 정체성의 회복을 보편주의적 관점에서 해결하려는 욕망을 드러냈다면,「삼대」는 민족주의라는 특수주의적 관점에서 이에 대한 해결을 모색하려는 의지를 드러냈다고 할 수 있다. 그러한 점에서「삼대」는「만세전」에 대한 작가의 자기비판의 성격을 갖는 작품이기도 하다. 물론 염상섭 소설의 이와 같은 역설은 작가 개인의 세계관적 한계의 문제로만 볼 수 없다. 그것은 근본적으로 정치・권력적 관계를 나타내는 작가의 '위치성', 즉 식민지 사회 구조의 효과로 인해 제국과 식민지, 보편과 특수, 동일성과 차이 사이에서 유동적으로 사유할 수밖에 없는 식민지 작가 주체의 상황에서 비롯된 것이기 때문이다. 그만큼 제국의 문화적인 지배는 작가 주체의 주관적인 의지와는 상관없이 강력하게 관철되면서 식민지적 무의식을 형성한다. 그러므로 탈식민의 과제는 바로 그러한 식민지적 무의식의 한계를 분명히 하는 바탕 위에서 출발해야 할 사안이다.

---

[3] 채호석,『청소년을 위한 한국현대문학사』, 두리문화사

(5) 염상섭 리얼리즘의 성취와 한계

염상섭은 "사람이 현실이라는 무대 위에서 생활의 상태와 방향을 천명하고 혹은 지시하는 것"이 문예라고 생각했다. 이와 같은 문학론의 소산이 「사랑과 죄」, 「삼대」, 「무화과」 등이다. 여기서 핵심어인 생활이란 일상적 삶의 모습, 곧 풍속을 뜻한다. 염상섭은 이 시기 누구보다도 폭넓은 현실 재현에 다다를 수 있었다. 또한 인간 심리분석의 날카로운 눈을 지녔기에 인간 욕망의 밑바닥까지 파헤쳐 드러낼 수 있었다. 염상섭 문학의 중심에 '돈'이 자리잡고 있는 것도 이와 무관하지 않다. 그러나 염상섭 문학에서의 '돈'은 유통을 통한 생성과 창출이라는 재화적 기능으로서의 재화(財貨)와는 전적으로 무관한 돈인 것이다. 「무화과」의 경우에서는 그 몰락 과정을 '대세요 조선의 시운'이란 한마디 진단으로 대신했을 뿐이다.

(6) 주요 작품

① 「삼대」 4) 중요도 하

ㄱ. 개설

「삼대(三代)」는 1932년 염상섭이 발표한 장편소설로, 1931년 1월 1일부터 9월 27일까지 『조선일보』에 215회로 연재됐다. 한국의 대표적인 사실주의 소설이며, 「만세전」과 함께 작가의 대표작으로 꼽힌다. 한 가족의 흥망성쇠 이야기는 일제강점기에 한국인들이 느꼈던 치욕과 암울한 역사를 파노라마 기법으로 담아내고 있다. 사실적인 수법으로 시대에 대한 지식인의 고민과 인간 심리를 미묘하게 그려낸다.

ㄴ. 내용

1대인 조의관에게는 '사당'과 '열쇠'로 상징되는 가문의 명예욕과 금전욕이 주요 욕망이 되고 애욕은 부수적이 된다. 가문이나 돈이나 할 것 없이 열악하게 자란 조의관이었기에 일종의 보상심리로서 이 둘을 우선으로 욕망한다.

2대인 조상훈에게 가문의 명예욕은 단지 부수적인 것이다. 대신 가정 외적인 사회적 욕망을 추구하나 방종과 타락으로 인해 무분별한 애욕에 매몰되고 만다. 그에게 있어 애욕은 아버지의 명예욕에 대한 대체 욕망의 성격을 지닌다. 결국 애욕과 금전욕을 주요 욕망으로 삼고 있는 조상훈은 가정 대신 개인적 이익을 추구하지만, 근대적 개인성의 확보에 이르지는 못하고 과도기적·분열적 면모를 보여줄 따름이다. 이렇듯 1대와 2대는 그 주요 욕망의 차이로 인해 경쟁하고 서로 증오하는 관계이다.

이러한 양상은 3대 조덕기에 이르면 더욱 복잡해진다. 조덕기는 가정 내에서는 금전욕만을 주요 욕망으로 택한다. 조부는 자신의 명예욕과 금전욕 둘을 모두 조덕기가 물려받길 바랐으나, 조덕기에게 명예욕은 현저히 약화되어 단지 부수 욕망으로 전락하였다. 조덕기는 일제가 유교적 가치관과 신분질서를 무너뜨리면서 강요한 자본주의 상황에서 이제 '돈'을 좇는 것이 최고로 부상한 욕망임을 간파한 현실주의자라고 할 수 있다. 이런 현실인식으로 인해 조덕기는 1, 2대와의 경쟁에서 최종 승자가 된다.

---

4) 권영민, "서울대 권장도서 100권, 「79」 삼대-염상섭", 「동아일보」, 2005년 7월 5일

ⓒ 의의와 평가
   ⓐ 내용으로 볼 때 표제인 '삼대'는 중의적이다. 가족사적 측면에서 삼대에 걸친 이야기라는 의미와 더불어, 세 번째 세대인 조덕기를 초점화한 이야기임을 제목을 통해 암시하기 때문이다. 실제로 '삼대'는 조덕기로부터 시작하여 조덕기의 이야기로 끝을 맺고 있다.
   ⓑ 「삼대」의 사건 전개 과정의 중심축이 조의관의 재산 상속 문제라는 점, '돈'의 중요성을 가장 예민하게 감지한 조덕기가 최종 승리자가 되었다는 점을 미루어 볼 때, 작가가 새로운 시대의 핵심을 '돈'의 문제로 인식했음을 감지할 수 있다. 이는 작가의 문제의식이 매우 근대적인 것이었음을 증명한다. 왜냐하면 일제강점기로부터 근대 사회를 움직이는 원동력은 결국 '돈'이었기 때문이다.

② 「무화과」
   ㉠ 개설
   「무화과」는 염상섭의 장편소설로, 1931년 11월 13일부터 1932년 11월 12일까지 『매일신보』에 연재되었다. 「삼대(三代)」의 속편에 해당되나 독립된 작품으로 읽을 수 있다. 「삼대」의 인물 배치와 시대 배경을 그대로 이어 받고 있으며, 중요한 인물들이 이름이 바뀐 채 등장한다.
   신문연재소설의 특성상 회장체(回章體)로 되어 있어 소제목을 붙여 장을 나누었다. 전부 53개 항목의 소제목으로 구성되었는데, 이는 독자들의 관심을 끌고 집필 방향을 구성하는 데 유용한 방식이라 할 수 있다. 또한 구체적인 이야기의 종결을 짓지 않는 미해결의 구성이다.
   ㉡ 내용
   '이원영'은 인텔리 청년으로, 방탕한 부친 대신 조부의 유산을 물려받는다. 그는 신문사에 투자하는 한편, 사회주의자인 '김동국'에게 자금을 지원한다. 원영의 누이동생인 '문경'은 남편 '한인호'와 함께 동경에서 유학하다 시부모의 부름으로 귀국한다. 문경의 시부모는 거금을 요구하고, 문경은 돈밖에 모르는 남편에게 환멸을 느낀다. 그녀는 우연히 원영의 신문사 기자이자 사회주의자인 '김봉익'을 만나 그에게 호감을 가진다. 동경에서 문경 부부와 함께 살았던 '조정애'는 원영의 원조로 의학 공부를 하던 학생인데, 동국의 동생인 '동욱'의 부탁으로 위험한 임무를 수행하기 위해 귀국한다. '정애'는 서울에 있는 동지에게 모종의 물건을 전달하는 한편, 원영에게 자금 원조를 부탁하는 임무를 마친 뒤 경찰에 발각되어 쫓긴다. 원영의 첩이 된 '채련'과 그의 조카 '완식'의 도움으로 정애는 무사히 피신한다. '문경'이 이혼을 요구하자 '인호'는 그 대가로 돈을 요구한다. '원영'은 계속되는 자금 압박에 시달리다 결국 파산한다. '봉익'은 '문경'을 떠나고, '문경'은 미술 공부를 계속하기로 한다.
   ㉢ 의의와 평가
   ⓐ 「무화과」는 「삼대」의 속편으로 조부대(祖父代)의 생활에 이어 자손(子孫)의 대(代)를 보여주는 장편소설이며, 시대적 환경 속에 인물의 전형성(典型性)을 구축했다는 점이 돋보인다.
   ⓑ 염상섭의 「무화과」는 작가적 양심과 자기가 속한 현실사회에 대한 충실한 인식을 바탕으로 당시 식민지 사회의 실상을 예리하게 그려낸 소설이다. 1930년대 자본을 소유한 중산층의 경제양식이 변화되고 봉건주의적 수직 체계가 붕괴되는 과정을 통해 새로운 세대의 인물을 창조하여 이들이 사회적 변화에 주체적으로 대응할 것을 역설한다.

2 채만식

(1) 채만식의 삶

일제강점기의 불안한 사회를 배경으로 지식인의 불우한 삶을 풍자한 소설과 희곡을 썼다. 1922년 중앙고등보통학교를 마치고 일본 와세다대학[早稻田大學] 부속 제1고등학원 문과에 입학했으나 1923년 귀국해 다시 돌아가지 않아 퇴학 처분을 받았다.

1924년 경기도 강화의 사립학교 교원으로 취직했고, 1925년 『동아일보』 기자로 입사했다가 1년여 만에 그만두었다. 1930~33년에는 『개벽』, 1937년에는 『조선일보』에서 근무했으며, 그 뒤 개성·안양 등으로 이사해 가난하게 살면서 창작에 전념하다가 1945년 4월 고향에 돌아왔다. 8·15 해방이 되자 서울로 올라와 잠시 머물렀으며, 1946년 이리시 고현에 내려와 있던 작은형인 준식의 집에 기거하다가 폐결핵이 악화되어 비참한 생활을 계속했다. 그러나 육체적 고통에도 창작의욕은 대단하여 이때 많은 작품을 썼다. 1950년 폐결핵으로 죽었으며, 전라북도 옥구군 임피면 계남리 선산에 안장되었다.

(2) 문학세계

1934년 이후 희곡 「인텔리와 빈대떡」(『신동아』, 1934.4.)과 자전적 소설 「레디메이드 인생」(『신동아』, 1934.5.~7.)·「치숙(痴叔)」(『동아일보』, 1938.3.7.~14.) 등과 같은 풍자적인 작품을 발표하면서 독자적인 문학세계를 보여주어 한국문단에서 기반을 확고히 다졌다.

특히 「레디메이드 인생」은 일제강점기에 '직업 동냥'에 나선 지식인이 겪는 좌절과 그 현실을 풍자와 냉소로 제시하고 있고, 「치숙」에서는 부정되어야 할 인간형을 긍정하고 긍정되어야 할 인간형을 부정하여 풍자소설의 한 전형을 보여주었다. 또한 「탁류(濁流)」(『조선일보』, 1937.10.12.~1938.5.17.)는 장편소설로서, 일제강점기에 호남평야에서 생산된 미곡을 일본으로 반출하던 항구도시 군산을 배경으로 한 여인의 수난사를 그려냈다. '탁류'라는 제목에서도 암시하듯이 타락한 사람들로 이루어진 사회, 위선·음모·살인이 횡행하는 1930년대 한국 사회의 단면을 예리하게 해부한 작품이다.

대표작인 「태평천하」(『조광』, 1937.1.~9.)의 원제목은 「천하태평춘」이며 윤 씨 가문의 5대에 걸친 이야기를 다룬 가족사소설이다. 단순한 인물의 풍자가 아니라 이민족의 지배를 받는 현실을 '태평천하'로 믿는 고리대금업자를 주인공으로 내세워 시대의 암흑을 풍자한 작품이다. 「탁류」가 긍정적인 인물의 몰락과정을 보이면서 새로운 세계를 창조할 것이라는 점을 암시했다면, 「태평천하」는 부정적인 인물들의 몰락과정을 그리면서 마지막에 긍정적인 인물이 나타나 새로운 세계를 창조하리라는 점을 암시하고 있다. 반어·역설·비유 등을 사용해 매우 날카롭고 적절한 풍자를 보여준 작품이다.

(3) 채만식의 문학관

① 전라도 방언을 포함해 사투리와 우리 고유어를 풍부하게 구사하였는데, 그의 문체는 당대 소설가들 중 상당수가 일본문장이나 번역문투를 배고 있는 것과 달리 모국어에 바탕을 두고 있는 뛰어난 것이었다.

② 채만식은 설화체 문장을 사용해 평면적인 이야기를 입체화하고 생동력 있게 만들었다. 작가 자신이 「자작안내(自作案內)」에서 "부정 면을 통하여 기실 긍정 면을 주장하기 위해서"라고 말했듯이, 부정적인 시대상황을 날카롭게 바라보고 그것을 문학적으로 형상화하는 방법을 끈질기게 추구했던 작가였다고 평가되고 있다.

(4) 채만식 문학의 특징

① 자본주의 체제의 마성(魔性), 「탁류」

채만식의 생애는 수필이나 신변사를 그린 소설 등에서 뚜렷하듯 몰락과 가난 체험으로 요약할 수 있다.

㉠ 「탁류」의 원형인 「보리방아」 연작

「보리방아」 연작은 자본주의 체제의 마성을 하나의 삽화로써 섬뜩하게 드러내 놓았으며 강경애의 「인간문제」와 달리 생산관계의 모순이 아니라 소작농의 '가난'만이 문제되고 있다. 그의 고백대로 '생산관계'를 취급하지 않은 '사이비 농민소설'에 머무르는 문제점에서 벗어나지 못했다.

㉡ 당랑거철(螳螂拒轍)의 법칙

자본주의화의 대세에 밀려 파멸하는 인물군이야말로 「탁류」를 지배하는 '당랑거철'의 법칙을 보여준다. 돈을 향한 욕망의 좌절로 무차별 폭력으로 전화될 수 있는 파괴적인 성격의 것이다. 「탁류」의 '장형보'는 돈을 위해서는 어떤 악행이라도 서슴지 않는 편집광의 한 전형이라 할 수 있다. 체제가 낳고 법과 제도가 보장하는 '악'이기에 거기에 담긴 폭력성은 더욱 무섭고, 이 모두를 궁극적으로 규율하는 것은 이 작품의 참주제인 당랑거철의 법칙이다. 그는 이 같은 현실을 타개할 수 있는 방안으로 사회주의를 제시했다. 그러나 그것은 현실적인 것은 되지 못하였다. '공평한 분배'를 발견하지 못한 채만식은 절망했고, 인도주의자 '남승재'의 절망과 작가의 그것은 이 점에서 크게 다르지 않다.

㉢ 서사 양극과 극 양식, 「당랑의 전설」과 관련하여

채만식은 「탁류」 연재 2년 뒤에 희곡 「당랑의 전설」(1940)을 썼는데, 주인공이 완전한 파산 지경에 이르고 만다는 내용이다. 「탁류」의 '정주사'는 배경의 한 부분에 불과하지만, 「당랑의 전설」의 주인공인 '박원석'은 작품 전체를 압도하는 지배적인 힘으로 작용하고 있다. 그것은 현실의 방향성, 곧 운동의 총체성을 확보하고자 하는 것이 극 양식이기 때문이다. 전진적 모티프가 주축인 희곡의 이야기는 빠른 속도로 전개된다. 작품에서 '박원석'이 미두취인소에 뛰어든 것은 당랑거철이니 여지없는 파멸만이 있을 뿐이다. 이 점에서 「탁류」와 「당랑의 전설」의 주제는 같다. 임화는 「탁류」를 세태소설로 분류했다. 임화의 세태소설은 현실의 표피만을 펼쳐놓는 데 그치는 소설을 일컫는 것으로 이해된다. 김남천의 지적대로 작품의 후반부가 "조조에 빠진 세태풍속의 지나친 과잉"에 흐르고 만 것은 이와 무관하지 않다.

② 풍자의 정신과 방법론, 「태평천하」

채만식은 사회학자다운 관찰과 연구를 통해 시대를 파악하고 소설화하려는 자세를 지니고 있었고 그 돌파구로서 직접적으로 드러내지 않고, 부정적 인물에 대한 희화화를 바탕으로 한 우회적 풍자와 반어를 선택하였다.

㉠ 풍자와 리얼리즘

채만식 문학의 기조는 아이러니이다. 그의 아이러니는 부정적 인물을 소설 전면에, 긍정적 인물을 후면에 내세워 희화화하는 데서 얻어진다. 희화적 묘사 뒤에 자신의 신념이 역설적으로 깔려 있으며 그의 문장은 주관적이다. 그렇기에 리얼리즘 정신이 요청되는 것이다.

㉡ 1930년대 현실의 부정적 이면, 「태평천하」

「태평천하」의 주된 풍자 대상은 윤직원인데, 그 원형은 「치숙」의 '나'이다. 염상섭의 철저한 가치중립성의 이념을 따르는 인물형을, 채만식은 철저하게 부정한다. 채만식은 조선과 같은 양반

지배사회를 윤직원과 마찬가지로 부정했지만, 그렇다고 해서 자본주의 사회를 인정한 것 또한 아니다. 채만식은 그의 소설에서 '돈'의 비정상적인 유통, 형성 과정을 그려내는 데 힘썼지만 '돈'의 유통 및 형성 과정을 그려내지는 못하였다. 당대 자본주의적 현실에 대한 채만식의 탐구는 제한적이었다. 그는 풍자를 택했지만 현실적 방안으로의 제시에는 이르지는 못했다.

③ **미래지평의 상실과 허무주의**

채만식은 사회 현실에 대한 냉철한 관찰을 바탕으로 문제의식을 뚜렷이 간직한 진보주의자였지만 이러한 이념을 실현시킬 수 있는 방법을 찾아내지 못함으로써 허무주의의 심연에 빠져들고 만다.

㉠ 의식의 영점지대, 「냉동어」

채만식의 허무주의가 가장 뚜렷하게 표출된 작품은 중편 「냉동어」이다. 삶의 '냉동 상태'에서는 모든 의식이 얼어붙고 어떤 가치 판단도 불가능하다. 의식의 냉동 상태는 "일정한 사건의 분명한 시말이 없는" 독특한 형식에 대응한다.

㉡ 허무주의와 친일

신변사와 과거사의 퇴행으로 허무주의의 심연에서 빠져나오지 못한 채만식은 친일로 나아간다. 그리고 「근일」(1941), 「집」(1941) 등과 같이 자신의 신변사와 과거를 추억하는 작품 등을 썼다.

(5) 주요 작품

① 「레디메이드 인생」

㉠ 현실대응방식

> P는 대학을 졸업한 인텔리이지만, 취직도 하지 못하고 당장의 끼니를 걱정해야 하는 신세이다. 여러 번의 구직 시도가 실패로 돌아간 끝에 P는 자신이 농민이나 노동자였다면 실직을 하지 않았을 것이라고 생각하며, 인텔리인 자신의 처지를 '레디메이드 인생'이라고 자조한다.
> 보통 상식을 가진 직업 없는 인텔리…… 해마다 천여 명씩 늘어 가는 인텔리……
> 뱀을 본 것은 이들 인텔리다.
> 부르주아지의 모든 기관이 포화상태가 되어 더 수요가 아니 되니 그들은 결국 꼬임을 받아 나무에 올라갔다가 흔들리는 셈이다. 개밥의 도토리다.
> 인텔리가 아니 되었으면 차라리 …… (중략) …… 노동자가 되었을 것인데 인텔리인지라 그 속에는 들어갔다가도 도로 달아나오는 것이 구십구 퍼센트다. 그 나머지는 모두 어깨가 축 처진 무직 인텔리요, 무기력한 문화 예비군 속에서 푸른 한숨만 쉬는 초상집의 주인 없는 개들이다. 레디메이드 인생이다.

결말부에서 그는 자신의 아들만은 죽어도 인텔리로 만들지 않겠다고 다짐하며, 그의 아들을 노동자로서 인쇄소에 취직시키는 모습을 보여준다. P의 현실대응방식을 통해, 1930년대 지식인들의 좌절된 삶을 잘 그려내고 있으며, 무기력한 지식인의 삶을 풍자적이고 냉소적으로 그려내고 있다.

㉡ 서술상의 특징

고유명사를 이니셜 혹은 XX의 표기를 통해 직접적으로 드러내지 않음으로써 특정한 어딘가에서 특별한 누군가에게 일어난 일이라기보다는, 당대 현실에 만연해있는 일에 대해 서술하는 느낌을 주었다. 특이한 경우가 바로 P의 아들 '창선이'인데, 작중에서 유일하게 한글 이름으로 등장하고 있다.

ⓒ 의의와 평가
  ⓐ 작품에서 레디메이드 인생이란 '기성품 인생'이라는 뜻으로, 좁게는 식민지 시대의 인텔리, 넓게는 궁핍한 한국민 전체의 삶의 양상을 지칭하는 것이다. 1930년대 채만식의 작품에는 인텔리 문제를 다룬 것이 많은데, 특히 이 작품은 이 문제의 근저를 날카롭게 분석하고 실상을 적나라하게 드러내었다. 자조적인 자기 풍자나 반어 등 어휘적 측면에서도 작가의 탁월함을 잘 보여준 작품이다.
  ⓑ 작가는 이 작품에서 인텔리가 양산된 역사적 배경과 인텔리의 현실적인 위치를 정밀하게 분석하고 묘사하는 한편, 인텔리에게 응분의 대우를 보장해주지 않는 일본 식민지 사회에 대한 깊은 반감을 표시하고 있다. P가 아들을 학교에 보내지 않고 인쇄소 견습공으로 취직시키는 것은 자기 모순적 행동을 통하여 현실에 반항하는 것으로서, 인텔리의 처우에 대한 작가 자신의 항의를 간접화한 것이라고 할 수 있다.

② 「**치숙**」[5]
  ㉠ 시점상의 특징
    이 작품에서는 '나'가 아저씨에 대해 이야기하는 1인칭 관찰자 시점을 취하고 있다. 독자는 '나'의 말을 전적으로 신뢰할 수 없는데, '나'가 자신의 영달을 꾀하는 데만 관심을 가지는 친일적·부정적 인물이기 때문이다. 따라서 독자는 '나'의 말을 의심하면서 오히려 아저씨에 대해 관심을 갖게 된다. 이처럼 이 작품은 '신뢰할 수 없는 화자'인 '나'가 아저씨를 비판하는 구조가 되어 일제강점기 현실에 대한 신랄한 비판을 풍자적으로 나타내는 효과를 거두고 있는 것이다.
  ㉡ 서술상의 특징
    이 작품은 판소리 사설과 같은 독백체와 대화체를 통해 풍자의 성격을 드러내는 데 큰 역할을 하고 있다. 전반부에서 '나'는 독백의 형식으로 자신의 가치관·인생관 등을 보여 주는데, 이는 작가가 겉으로는 '나'를 긍정하면서도 실상은 '나'를 비판하는 것이며, 특히 후반부의 대화체는 설명이나 주관적인 해설 없이 오로지 '나'와 아저씨의 대화만 보여 주면서 인물에 대한 비판의식을 드러낸다. 또한 속어나 비어를 사용하여 사실성을 높이고 인물에 대한 독자의 이해를 돕고 있다.
  ㉢ 의의와 평가
    ⓐ 이 작품은 사회주의 운동을 하다가 옥살이를 하고 나온 후 사회에 적응하지 못하는 아저씨가 겪는 좌절을 신빙성 없는 화자인 조카 '나'의 눈으로 포착하여 서술하고 있다.
    ⓑ 이 작품은 정교한 묘사나 치밀한 구성 대신 함축적인 대화를 통해 서술되고 있으며, 대체로 풍자적이고 반어적인 문체를 사용하고 있다.
    ⓒ 작가는 '나'의 시선을 통해 아저씨의 비현실적인 사고방식을 비난하고 있는데, 이는 '나'의 생활방식을 은근히 비판하면서 오히려 아저씨에 대해서는 동정심을 갖게 하는 효과를 낸다. 이는 칭찬과 비난을 서로 역전시키는 방법을 통해 식민 통치에 협력하는 현실 순응형 인물을 비판하고 있는 것이다. 그러나 사회주의자인 아저씨를 적극적으로 긍정하지는 않음으로써 아저씨의 한계도 지적하고 있다.

---

[5] 강승원 등, 『해법문학 현대소설』, 천재교육

③ 「태평천하」 중요도 중

㉠ 시점

「태평천하」에서는 전지적 작가 시점을 활용하여, 서술자가 단순히 이야기를 중개하는 역할에 그치는 것이 아니라 인물의 행태와 사고를 평가하고 비판하고 있다.

㉡ 갈등 양상

풍자소설로서 주인공인 윤직원 영감과 그의 가족들에 대한 강한 비판의식이 드러나지만, 등장인물의 내적인 갈등 혹은 등장인물 간의 갈등이 직접적으로 제시된다고 보기는 어렵다. 중심이 되는 갈등은 특이하게도 서술자와 인물 간의 갈등이라고 볼 수 있을 것이다.

인물은 서술자를 의식하지 못하고 직접적인 교류도 발생하지 않지만, 서술자는 '서술'의 역할에 한정되어 존재하는 것이 아니라, '이러한 인물이 어째서 부정적인 인물인지', '우리가 이러한 인물을 어떻게 봐야 할지', 더 나아가 '내가 보기에 이 인물은 이래서 잘못되었다'라는 자신의 생각을 제시하기에 이른다. 다시 말해, 서술자가 인물과 직접적으로 갈등을 일으키고 있는 것이 아니라, 서술자의 서술로 구체화되는 작가 및 독자의 가치평가기준과 인물이 대립하고 있다고 볼 수 있다.

㉢ 서술상의 특징

ⓐ 「태평천하」의 서술자는 독자에게 이야기를 전달하는 과정에서 마치 판소리의 창자처럼 이야기에 적극적으로 개입하여 해학적인 내용을 보충하거나, 인물의 외양이나 상황을 조롱하고 비판함으로써 독자들의 흥미를 자극하여 소설담론에 몰입하게 하는 효과를 얻고 있다. 이는 서술자가 인물의 우위에 있음을 의미한다. 이 과정에서 '서술자-작가'는 독자와 직접 소통을 꾀함으로써 독자와 대화관계를 유지하면서 결국 작가의 의도나 가치 또는 신념과 같은 관념적 태도를 효과적으로 드러내고 있다.

> 그러나 그것은 결단코 자기가 믿고 사랑하고 하는 종학이의 신상을 여겨서가 아닙니다. 윤직원 영감은 시방 종학이가 사회주의를 한다는 그 한 가지 사실이 진실로 옛날의 드세던 부랑당패가 백 길 천 길로 침노하는 그것보다도 더 분하고, 물론 무서웠던 것입니다.

ⓑ 일제강점기는 폭력적 억압 때문에 긍정적인 면을 직접적으로 제시하지 못하고 부정적인 면을 통해 우회적으로 드러내야만 했던 시기이다. 이렇듯 표현상의 심각한 제약이 따를 때 문학적인 기법은 교묘해지는데, 그 교묘한 방법 중의 하나가 바로 풍자이다. 그렇기 때문에 「태평천하」에서는 윤직원이나 그의 자손들과 같은 부정적인 인물들을 전면에 내세워 그들을 희화화하고 조롱하여 우스꽝스럽게 만듦으로써 그들에 대한 작가의 비판을 감추는 형식을 취한 것이다.

> 바스티유 함락과는 항렬이 스스로 다르기는 하지만, 아무튼 윤직원 영감은 그처럼 육친의 피로써 물들인 재산더미 위에 올라앉아 옛날 그다지도 수난 많던 시절과는 딴판이요 도무지 태평한 이 시절을 생각하면 안심되고 만족한 웃음이 절로 솟아날 때가 많습니다.

ⓒ 이 작품에서 작가의 비판의식은 서술자의 서술행위를 통해 드러난다. 이 작품의 근원적 대립은, 윤직원으로 대표되는 이기적인 가족주의적 가치관, 즉 현실이 태평천하라고 여기는 주관적 인식과 결코 태평천하라고 할 수 없다는 현실 사이의 대립이라고 할 수 있으며, 그것은 곧 '윤직원'과 하나의 인물처럼 공격자의 역할을 맡고 있는 '서술자' 사이의 대립이다. 이 작품의 서술자는 대상을 풍자적으로 제시하고, 논평하는 데서 더 나아가 자신의 감정을 드러내기도 하고, 대화체의 경어체 어미 '-ㅂ니다'를 활용하여 그의 반응까지 서술해 가는 서술방식을 취하고 있으며, 이를 통해 서술자와 독자 간의 거리를 좁히면서 작중 인물에 대한 조롱과 풍자를 극대화하고 있다.

> "오—냐, 우리만 빼놓고 어서 망해라!"고 부르짖었습니다. 이 또한 웅장한 절규이었습니다. 아울러 위대한 선언이었구요.

② 의의와 평가
  ⓐ 「태평천하」는 구한말(舊韓末)에서 개화기, 일제강점기로 이어지는 시대를 배경으로 하여 일제강점기의 대지주이자 고리대금업자인 윤직원을 중심으로 그의 가족의 부정적인 면모를 그려냄으로써 당대 사회의 모순과 중산 계층의 부정적 인물을 풍자적으로 그리고 있다.
  ⓑ 이 작품에서는 인물의 부정적 성격이 강할수록 희화적 풍자가 심해지는데, 윤직원은 인색하고 탐욕스러운 인물일 뿐 아니라 일제강점기 현실을 '태평천하'라고 여기는 등 반역사적이고, 반민족적인 인물로 그려진다. 작가는 이렇게 주인공 윤직원을 반어적이고 풍자적인 수법으로 묘사함으로써 식민 치하의 바람직한 가치관과 현실대응방식이 무엇인가를 우회적으로 제시하고 있다.

더 알아두기

「태평천하」 관련 문학사적 지식[6]

(1) 판소리 사설체
  서술자가 소설 속의 한 인물처럼 역할하며 인물을 풍자한다. 또한 결말부에서 극적 반전의 수법이 판소리의 구성상 특징과 동일하다. 이러한 극적 반전을 취함으로써, 작가의 메시지에 해당하는 '식민지 사회에서 지녀야 할 가치관'과 '현실대응방식'이 무엇인지를 효과적으로 제시하고 있다.

(2) 보여주기와 말하기의 이중 구조
  ① 풍자의 수단으로써의 보여주기와 말하기
    보여주기의 장면이 윤직원에 대한 풍자를 주로 담당하고 있다면, 말하기의 부분은 윤직원의 행위 이면에 숨어있는 사회적 관계를 드러내고 있다.

> 초리가 길게 째져 올라간 봉의 눈, 준수하니 복이 들어보이는 코, 뿌리가 추욱 처진 귀와 큼직한 입모, 다아 수부귀다남자의 상입니다. … (중략) … 그 차림새가 또한 혼란스럽습니다. 옷은 안팎으로 윤이 지르르 흐르는 모시 진솔 것이요, … (후략) …

---

[6] 채호석, 『청소년을 위한 한국현대문학사』, 두리문화사

앞서 윤직원의 외모를 칭찬하던 부분에 이어, 곧바로 그의 괴상한 차림새를 지적하는 장면을 배치하였는데, 귀품이 느껴지는 모습을 먼저 제시하고 뒤에 이어 너무 호사스러워 어울리지 않고 어색한 차림새를 제시하여 대비시킴으로써 인물을 희화화하는 방식을 활용하고 있다.

> 이 풍신이야말로 아까울사, 옛날 세상이었더면 일도(一道) 방백(方伯)일시 분명합니다. 그런 것을 간혹 입이 비뚤어진 친구는 광대로 인식 착오를 일으키고 동경, 대판의 사탕장수들은 캐러멜 대장감으로 침을 삼키니 통탄할 일입니다.

이와 같은 인물묘사는 그 부조화를 통해 인물의 사회적 위치를 조롱한다. 즉 윤직원을 부와 권력을 추구하는 당대 신흥부자의 전형으로, 식민지 권력에 기생하는 기회주의자로 조롱하고자 하는 의도가 개입되어 있다.

② 서술 방식으로써의 보여주기와 말하기

> 저 계동의 이름난 장자 윤직원 영감이 마침 어디 출입을 했다가 방금 인력거를 처억 잡숫고 돌아와 마악 댁의 대문 앞에서 내리는 중입니다.

보여주기 방법으로, 장면을 눈에 보이는 듯이, 그리고 현재 일어나고 있는 일인 것처럼 묘사하여 제시한다.

> 나이?... 올해 일흔 두 살입니다. 그러나 시뻬 여기진 마시오.…(중략)…
> 정정한 품이 서른 살 먹은 장정 여대친답니다. 무얼 가지고 겨루든지 말이지요.

말하기 방법으로, 화자가 전면에 등장하여 독자에게 물음을 던지고 이에 대해 대답하는 형식으로, 화자가 독자를 예상하고 이야기를 전개한다는 것이 표면에 나타난다.

(3) 채만식의 풍자소설 「태평천하」(1938), 「탁류」(1937)
   ① 카프 해산 이후 사회주의적 전망은 명시적으로 드러날 수 없었고, 그렇다고 그것을 대체할 새로운 전망도 존재하지 않았다. 그런 상황 속에서 가장 유의미한 방식이 '풍자'였고, 채만식은 이런 풍자소설의 대표라 할 수 있다.
   ② 채만식의 「태평천하」는 염상섭의 「삼대」와 마찬가지로 3대의 이야기를 다루는데, 손자가 아닌 할아버지 윤직원을 주인공으로 삼는다. 풍자가 우회적인 공격이라 했을 때, 「태평천하」의 공격 대상은 윤직원인 것이다. 윤직원의 삶은 염상섭의 「삼대」에 등장하는 조의관의 삶과 큰 차이가 없지만, 풍자를 위해 지독한 구두쇠라거나 첩치가라거나 하는 과장된 설정이 들어가 있다. 윤직원은 자본주의 사회에서 돈의 위력을 철저하게 믿는다. 그리고 자식이나 손자를 자신의 재산을 지켜줄 수 있는 권력자로 만들고자 한다. 아들에게서 성취되지 못한 욕망은 동경 유학생인 손자에게 돌려진다. 하지만 바로 그 손자가 사회주의 운동으로 검거됨으로써 윤직원의 욕망은 배반당한다.
   ③ 「태평천하」는 윤직원에 대한 풍자를 위해 리듬감 있는 문체와 직접 말을 건네는 어법을 쓰는 등 판소리 사설의 전통을 이어받고 있다. 권위를 조롱하고 비판하는 데 특화된 판소리의 성격을 최대한 이용한 것이다.
   ④ 그러나 「태평천하」 역시 새로운 가능성을 제시하고 있지는 않다. 또한 풍자라는 방식 때문에 대상이 지니고 있는 특성을 과장하고 있지만, 과장은 또한 현실을 구체적으로 그리는 것을 어느 정도 포기할 수밖에 없다는 점에서 한계를 지니고 있다.

⑤ 「탁류」는 풍자는 아니지만, 채만식 소설의 특성이 잘 드러난 작품이다. 미두로 몰락한 정주사와 큰딸 초봉이 겪는 불행은 자본주의 사회의 상품화에 기인한다. 일종의 투기인 미두(현물 없이 쌀을 사고파는 일) 때문에 돈을 날리는 정주사나, 돈 때문에 팔려 가는 초봉의 삶은 자본주의 사회에서 돈이 갖는 위력과 반인간성을 잘 보여 준다. 결국 남편을 죽이고 살인죄로 투옥되는 초봉의 비극은 둘째 딸 계봉의 삶과 대비된다.
⑥ 「탁류」는 자본주의적 삶의 황폐성을 잘 드러내지만, 그 현실을 폭넓게 그려 내지는 못하고 있다. 초봉의 비극이 초봉 개인 탓으로 돌려지기도 하며, 초봉의 삶과 대비되는 동생 계봉과 남자친구 승재의 삶이 발랄하고 양심적이기는 하지만 자본주의 사회 전체를 넘어서는 전망을 갖고 있지 못하기 때문이다. 「탁류」는 자본주의적 근대를 넘어서는 전망을 갖지 못했을 때, 현실의 사실적 재현이 1920년대 '최서해'식 극단적 결말로 이어지는 모습을 반복하고 있다.

3 심훈

(1) 심훈의 삶

1919년 3·1 운동 때 투옥되었다가 집행유예로 석방된 뒤 이 사건으로 퇴학당했으며, 1920년부터 3년간 중국에서 망명생활을 했다. 1923년 귀국, 프롤레타리아 문학운동을 내세운 염군사의 연극부에 가담해 신극 연구단체인 '극문회'를 조직했다. 1924년 동아일보사에 입사해 소설 「미인의 한」 후반부를 번안했고, 1925년 영화 「장한몽」에서 이수일 역을 대역하면서 영화와 인연을 맺었으며, 그해 조선프롤레타리아예술가동맹(KAPF)의 발기인으로 참여했다가 이듬해 이탈한 것으로 보인다. 1926년 『동아일보』에 한국 최초의 영화소설인 「탈춤」을 연재했으며, 박헌영·임원근·허정숙 등과 함께 '철필구락부사건'으로 동아일보사에서 해직당했다. 이듬해 일본으로 건너가 정식으로 영화를 공부했으며, 6개월 후에 돌아와 영화 「먼동이 틀 때」를 원작·각색·감독해 단성사에서 개봉했다. 1928년 『조선일보』 기자로 입사해 「우리 민중은 어떠한 영화를 요구하는가」 등의 평론으로 프로 작가들과 논쟁을 벌였다. 1931년 조선일보사를 그만두고 경제적으로 불안정한 생활을 하다가 이듬해 충청남도 당진군 송악면 부곡리로 내려가 창작생활에 힘을 쏟았다.

(2) 문학세계

1930년 조국 해방에의 염원을 노래한 시 「그날이 오면」과 장편소설 「동방의 애인」(『조선일보』, 1930.10.29.~12.10.)을 발표했다. 「동방의 애인」은 청년 2명이 중국으로 망명해 벌이는 비밀활동과 연애 이야기가 주를 이루는데, 주인공이 모스크바의 공산당대회에 참가하는 장면이 일제의 검열에 걸려 삭제되었다. 이어 소설 「불사조」(『조선일보』, 1931.8.16.~12.29.)를 연재했으나 역시 게재정지처분을 받아 미완이 되었다. 그 뒤 지식인이 고향에 돌아가 농사짓는 과정을 그린 장편 「영원의 미소」(『조선중앙일보』, 1933.7.10.~1934.1.10.)와 자신의 첫째 부인 이해영을 모델로 하여 봉건적인 가족제도와 조혼제도가 여성에게 주는 억압을 자세하게 묘사한 장편 「직녀성」(『조선중앙일보』, 1934.3.24.~1935.2.26.)을 발표했다. 1935년에는 부곡리에서 당시 경성농업학교 출신인 조카 심재영이 주동하는 '공동경작회' 회원들과 어울려 지내면서 그때의 생활을 소재로 한 장편 「상록수」(『동아일보』, 1935.9.10.~

1936.2.15.)를 연재했다. 이 소설은 1870년대에 일어난 러시아 지식인들의 브나로드 운동을 사상적 바탕으로 하여, 1930년대 일제에 의해 수탈당한 한국농촌의 참상을 보여주고 농촌계몽운동을 실천하는 양심적 지식인의 모습을 감동적으로 그렸다.

(3) 주요 작품

① 「상록수」7) 중요도 하

㉠ 개설

「상록수」는 1935년 동아일보사의 '창간 15주년 기념 장편소설 특별공모'에 당선되었고, 같은 해인 1935년 9월 10일부터 1936년 2월 15일까지 『동아일보』에 연재되었다.

1930년대 우리 농촌은 일제의 극악한 식민지 수탈로 인하여 극도로 피폐해졌고, 이것이 심각한 국내문제로 대두되자 관에서 농촌 문제에 관심을 보이기 시작하였다. 이를 계기로 언론기관에서도 대대적인 농촌계몽운동을 전개하였는데, 『조선일보』의 문맹퇴치운동과 『동아일보』의 브나로드(V narod : '민중 속으로'의 뜻임) 운동이 바로 그것이다. 이 운동들에서 취재되고, 또 이 운동들을 배경으로 고무되고 있던 민족 계몽의 사회적 분위기를 대표하는 작품이 이광수의 「흙」과 심훈의 「상록수」이다.

㉡ 내용

고등농업학교 학생인 박동혁(朴東赫)과 여자신학교 학생 채영신(蔡永信)은 모 신문사가 주최한 학생농촌계몽운동에 참여하였다가 우수 대원으로 뽑혀 보고회에서 감상담을 발표한 것이 계기가 되어 알게 된다. 두 사람은 학업을 중단하고서 고향을 지키러 내려가기로 약속한다. 박동혁은 고향인 한곡리로, 채영신은 기독교청년회연합회 특파로 경기도 청석골(靑石洞)로 각각 내려가 농촌사업의 기초작업에 들어간다.

두 사람은 각자의 형편과 사업의 진행 과정을 편지로 알리며 서로 의논한다. 두 사람의 동지 의식은 사랑으로 발전하지만, 3년쯤 지나 후진에게 일을 맡길 수 있을 때에 혼인하기로 약속한다. 그러던 중 두 사람은 역경에 휘말리게 된다. 채영신은 과로와 영양실조로 점차 몸이 쇠약해지다가 학원 낙성식장에서 하객으로 초대된 박동혁이 보는 앞에서 맹장염을 일으켜 쓰러지고 만다. 박동혁은 악덕지주 강기천(姜基千)의 농간에 휘말리다가 투옥된다.

건강을 어느 정도 회복한 채영신은 서울 연합회의 주선으로 요코하마(橫濱)로 정양 겸 유학을 떠나 곧 돌아온다. 다시 일에 몰두한 그녀는 각기병과 맹장염 재발로 인해 숨을 거둔다. 출감한 박동혁은 채영신의 죽음을 알고서 비탄에 잠기나, 곧 두 사람 몫을 해낼 것을 굳게 맹세한다.

㉢ 작품 성공의 외부 요인

ⓐ 농촌진흥정책의 실시

1920년대까지의 약탈 정책에 의해 피폐해진 조선 농촌의 참상을 그럴듯한 방법으로 위장하고 그 책임을 농민들의 무지와 나태라는 허구적 요인에 전가하면서 보다 강화된 착취의 기반을 조성하자는 것이 농촌진흥정책의 진의(眞意)였다. 그러나 배후의 의도는 어쨌든 일제는 농촌진흥이라는 표어를 내건 이상 농촌문제에 관해 얼마간의 관심 있는 듯한 자세를 취하지 않을 수 없었고, 「상록수」와 같은 작품에 대해서도 노골적인 규제의 손을 대지 못하였던 것으로 추정된다.

---

7) 임영환, 「일제시대한국농민소설연구」, 서울대학교대학원석사학위논문

ⓑ 브나로드 운동의 성행

브나로드 운동은 물론 총독부가 내걸었던 농촌진흥의 구호와도 관련이 전혀 없지는 않았을 것이다. 그러나 긍정적인 양상의 브나로드 운동은 일제의 의도와 관계없이 제 기능을 수행하였고 또 널리 전파되어 있었다. 1935년에 들어서자 일제는 이를 금지하려는 획책을 뚜렷하게 하였는데, 「상록수」는 이러한 움직임이 강화되기 이전의 분위기 속에서 그 발표가 가능하였던 것이다.

㉣ 의의와 평가
  ⓐ 심훈의 「상록수」는 이광수의 「흙」과 더불어 일제 당시의 농촌사업과 민족주의를 고무한 공로로 인해 한국 농촌소설의 쌍벽으로 평가된다.
  ⓑ 세속적인 성공을 포기한 농촌운동가의 희생적인 봉사정신과 추악한 이기주의자들의 비인간성을 대비시킴으로써, 민족주의와 종교적 휴머니즘 및 저항의식을 고취하였다.
  ⓒ 계몽운동자의 저항의식을 형상화시킴으로써 이상으로서의 계몽을 앞세우는 낭만적 수사의 한계를 벗어나, 구체적 상황에 입각한 농민문학의 기틀을 확립하는 데 공헌하였다.

4 이기영

(1) 이기영의 삶

1923년 관동대지진으로 인해 귀국한 뒤 창작에 몰두하였고, 1924년 『개벽』 창간 4주년 기념 현상작품 모집에 단편소설인 「오빠의 비밀편지」가 당선되었다. 1925년에 조명희(趙明熙)의 알선으로 조선지광사(朝鮮之光社)에 취직하는 한편, 카프(KAPF, 조선프롤레타리아예술동맹)에 가맹하였다. 1931년에는 카프에 대한 제1차 검거로 구속되었다가 이듬해 초에 집행유예로 석방되었다.

1945년 해방 이후 새롭게 조직된 조선프롤레타리아예술연맹의 창립에 주도적 역할을 하였으며, 월북 후 본격적인 작품 활동을 하였다. 월북 전의 작품 활동을 보면 단편소설 90여 편, 단행본 14권, 희곡 3편, 평론 40여 편으로 매우 활발한 문필 활동을 한 작가이다.

대표작으로는 1933년 5월 30일부터 7월 1일까지 『조선일보』에 연재한 「서화(鼠火)」와 1933년 11월 15일부터 1934년 9월 21일까지 『조선일보』에 연재한 「고향」이 있다.

(2) 문학세계

이기영은 관념성을 극복하고 농민들이 맞닥뜨린 궁핍과 고난의 삶을 실물대로 그려낸 작가다. 그의 언어는 식민지 수탈 구조, 그리고 무지와 몽매 속에서 허덕이던 1930년대의 농촌 현실을 표현하였다. 1924년 『개벽』에 단편 「오빠의 비밀 편지」가 당선된 이래, 「가난한 사람들」·「민촌」·「농부 정도룡」·「홍수」·「서화(鼠火)」 등을 통해 계급문학의 인식과 새로운 인물의 창조를 위해 꾸준히 노력한다. 1934년에 이르러 이기영은 그 동안 쌓아온 단편적 성과를 역사적 총체성의 시각으로 꿰뚫는 장편 리얼리즘 소설인 「고향」을 발표한다. 「고향」은 최서해의 신경향 소설에서 비롯되어 조명희의 「낙동강」과 한설야의 「과도기」로 이어진 한국 프롤레타리아 문학의 빛나는 결정체이기도 하다.

(3) 주요 작품

① 「**고향**」[8]

㉠ 개설

이기영의 「고향」(1934)은 당시 카프 내부에서 활발하게 논의되던 농민문학론·사회주의 리얼리즘론의 실천적 결실로 평가된다.

㉡ 특징

ⓐ 문제적 인물의 등장

'구체적 시간성'은 새로운 인물 유형의 창조를 통해 이루어졌다. 이 인물 유형은 인식 능력에 힘입어 깨우치게 된 현실 내 모순을 혁파하고자 하는 적극적인 지향을 지니고 그것을 실천을 통해 현실화하고자 하는 인물이다. 「고향」의 문제적 인물은 「가난한 사람들」(1925)의 주인공 성호에서 시작된다. 「고향」은 자기비판하는 주인공의 모습을 왜곡하지 않고 그려내어, 비로소 대상의 이념화·고정화에서 벗어났다.

새로운 인물 유형 창조는 경향소설의 근본 성격인 현실 변혁 지향과 밀접하게 관련되어 있다. '작가-작품-독자'의 계몽 관계는 경향소설의 이 같은 근본 속성의 반영이며 문제적 인물의 창조에 의해 비로소 장편이 가능할 수 있었다. 전체성을 담아낼 수 있는 가능성이 여기서 비롯된 것이며, 이는 「고향」이 경향소설 중 거의 유일한 장편이 될 수 있었던 제일 중요한 요인이다.

ⓑ 전형의 집단 창조와 예술성

• 소작농민의 전형, 「서화」의 돌쇠

1932년을 넘어서며 프로문학의 추상적·관념적 경향에 대한 비판이 행해지기 시작한다. 이기영은 자기 고백을 통해 구체적 현실성 확보와 형상성의 중요성을 강조하였으며, 비로소 「서화」가 쓰일 수 있었다. 「서화」는 '쥐불'과 '도박'이라는 선명한 상징을 두 축으로 하고 있다. '도박'은 황폐화된 당대의 농촌현실을, '쥐불'은 농민 계층의 강한 생명력을 표상한다. 하늘까지 타오르는 쥐불은 명백히 존재하는, 황폐한 현실을 넘어서고자 하는 농민계층의 생명력이며 열망이다. 돌쇠의 창조는 경향소설의 결정적 진전이다. 객관 현실에 의해 규정된 현실적 존재로서 구체적으로 형상화된 인물의 등장이기 때문이다.

• 전형적 인물의 집단적 창조와 마름의 의미 층위

「고향」에서 지배계층과 피지배계층의 대립 구조는 엄격히 구별되며, 이는 전형적 상황에서의 전형적 인물들의 집단적 창조에 성공한 데에서 연유한다. 이 새로운 형식은 참된 '계몽의 형식'이라 말할 수 있다. 「고향」에 등장하는 마름 안승학에게는 역사의 방향성이 잠겨 있다. 그의 '시대 적응력'은 세 가지 층위에서 살펴질 수 있는데 하나는 토지 소유 관계와 관련된 수탈 구조의 대리인으로서의 측면과 식민적·파행적 근대화와 관련된 수탈 구조의 대리인으로서 측면 및 전근대와 근대의 사이에 놓여 근대를 지향하는 인물 측면이며 이 근대화 측면은 중요하다.

• 예술성 확보의 의미

「고향」은 예술성 확보의 면에서 평가될 수 있는데, 단순한 차원의 형상성이 아니라 예술성의 차원으로까지 고양된 형상성이 「고향」 전체 속에 골고루 퍼져 있다는 사실이 중요하다.

---

8) 오양호, 『한국농민소설연구』, 효성여자대학출판부

ⓒ 귀향 형식의 사적 맥락

'귀향 형식'으로 볼 때 「고향」은 소설사적 관점에서 주목된다. 고향의 황폐함 속으로의 투신은 농촌 현실의 한복판을 관통하며 객관 현실이 규정하고 작가의 주관적 이념이 이끄는 역사적 방향성을 매우 선명하고도 힘차게 제시한다. 「고향」의 주인공 김희준의 귀향이 「낙동강」·「과도기」의 귀향과 구별되는 점은 일제의 침탈에 의한 농촌 황폐화, 농민 분해의 현장과 연결되어 있다는 점이며, 근본적인 것은 현실 반영의 폭과 깊이, 예술성 획득의 정도 차이인 것이다.

ⓒ 중심 사건

작품 서두에서 말복 더위에 쉴 그늘이 없는 소작인(인순이)의 집과 부채질을 하면서 신선 같은 생활을 하는 마름 안승학의 집이 제시되고, 작품 전편에 걸쳐 대조 및 대립이 구조화되어 있다. 이러한 대립구조 하에서 결말 부분의 '소작쟁의(농민운동의 한 형태로 소작농이 국가나 관리 또는 대부분의 경우 지주에게 소작 조건의 개선을 요구하며 벌이는 사회적 행위)'와 '제사공장파업'이 이루어진다.

ⓔ 사건 전개 방식

「고향」에서는 세 가지 대립 구조를 사용하고 있다.

착취계급과 피착취계급의 대립	• 마름 안승학과 소작인 김희준의 대립구조 • 일제의 수탈정책에 기반을 둔 식민지 조선의 파행적인 자본주의 경제구조가 원인으로 당대의 객관적 현실을 총체적인 측면에서 반영
피착취계급 내의 대립	• 소작인 김희준과 원터 소작인의 비적대적 대립구조 • 김희준을 소작쟁의 속에서 무지한 농민에 대한 지도적 인물로 설정하지만, 양자가 동등한 관계에서 상호작용과 상호비판을 통해 발전적으로 나아간다는 점에서 보다 구체적인 현실성을 획득
착취계급 내의 대립	• 마름 안승학과 상인 권상철의 대립구조 • '희준'의 사회주의 사상이 봉건적 농촌에서 갖는 한계점을 보여줌 • 곧 봉건성과 사회주의 사상이 균형점을 이루며, 이러한 균형 상태는 1930년대 공업화로의 이행기에 있어서 농촌에서 사회주의 사상의 확대는 불가능함을 알려줌

ⓜ 서술상의 특징

ⓐ 소작쟁의로 나아가는 과정에 놓인 것이 '두레'이다. 마름에게 공통적인 적대감을 가지게 하며, 개인적이고 심지어 이기적으로 상호 경쟁하는 무정부적 무리인 원터 소작인을 일종의 계급의식(무산계급)으로 귀착시키는 매개체 역할을 한다.

ⓑ 토지에 대한 애착이 강한 농민의 경우, 토지를 떠난 단순한 관념만으로는 협동체의 구성이 불가능하다는 점에서, 토지와 밀접한 두레의 설정은 현실적 구체성을 획득한다.

ⓒ 자본주의 사회에 있어, 화폐의 침투로 인해 변질된 근대적 형태(두레 구성 시 그 구성원들의 경제적 이해관계가 우선적으로 고려됨)로 제시되어, 이 두레가 단순히 민속적 차원이 아니라 근본적인 경제적 이해관계에 뿌리를 두고 있음을 보여준다.

ⓗ 의의와 평가

ⓐ 이 작품은 브나로드 운동이 한창이던 시기에 나왔지만, 브나로드 주창자들과는 달리 문화운동으로서 소극적인 투쟁인 농민계몽이 아니라 강경 투쟁으로서 농민운동을 강조한다. 이 작품은 당시 카프 내부에서 활발하게 논의되던 농민문학론·사회주의 리얼리즘론의 실천적 결

실로 평가되기도 하였다. 이른바 혁명적 프롤레타리아의 이데올로기를 바탕에 깔고, 노동쟁의양상·소작쟁의양상, 그리고 양자의 결합양상, 프롤레타리아 계급의 지도자상을 보여주는 데 역점을 두고 있음을 엿볼 수 있다.

ⓑ 작품 속에서 발생하는 모든 사건과 문제는 '지배자'에 대한 '피지배자'의 일방적 투쟁에 의해서만 해결되고 있다. 이와 같이 카프에서 요구하는 도식에 맞추기 위하여 많은 작위성을 드러내기도 하는 작품이다.

ⓒ 이 작품에서 보이는 주목할 만한 성과로는 당시의 소설 가운데서 농민의 삶의 실상을 가장 실감나게 묘사한 점을 들 수 있다.

② 「서화(鼠火)」

㉠ 개설
1933년 5월 30일부터 7월 1일까지 『조선일보』에 연재한 이기영의 소설로 새로운 창작 방법론으로 떠오른 '사회주의 리얼리즘' 단계로 진입하는 조짐을 보여준다.

㉡ 내용
힘들여 농사를 지어봐야 소작료와 세금을 떼이고 나면 거의 남는 게 없어 노름에 손을 대게 된 돌쇠는 바보 응삼이를 노름판에 끌어들여 소 판 돈을 우려낸다. 돌쇠는 이에 그치지 않고 어릴 적부터 사랑하던 사이지만 돈에 팔려간 응삼이의 처 이쁜이와 정을 통한다. 이를 시샘한 면 서기 원준은 마을 사람들을 모아놓고 두 사람을 처벌하려고 한다. 그러나 도쿄 유학생이자 개량주의자인 정광조가 봉건적 인습에 희생된 두 사람의 사랑과 돌쇠의 노름 행각을 두둔하고 나선다. 벼랑 끝에 몰려 있던 돌쇠는 그 덕분에 위기를 모면하게 된다.

㉢ 의의와 평가

ⓐ 이기영은 「서화」를 통해 이념의 주입이나 농민 옹호를 추구하기보다, 농촌의 실제 생활과 풍속을 그려내며 농민의 순박성은 물론 이면에 감춰져 있는 교활성과 비윤리적 행태도 그대로 드러낸다.

ⓑ 「서화」는 과거의 프로소설이 보이던 강력한 투쟁 일변도의 도식성에서 벗어날 수 있었지만, 계급 문학의 목적의식과 당파성에서 지나치게 이탈한 퇴폐적 통속소설로 평가되기도 한다.

5 1930년대 역사 소설[9]

(1) 역사소설의 개념

① David Daiches는 "역사소설에 있어서 역사적인 상징은 동시에 인간 위치에 대한 상징으로 되어야 한다. 그리고 소설의 줄거리는 인간의 과거 모습을 비추는 것이 아니라, 인간의 운명적인 모습을 비추어 주는 것이다. 말하자면 역사적인 상징은 전인간의 운명적 과정위에 통찰되고 다루어져야 한다."라고 말했다.

---

9) 조연현, 『현대한국작가론』, 정음사 / 최동욱, 『1930년대 한국소설연구』, 중앙대학교대학원

② 역사소설은 과거의 사실을 소재로 하되 과거의 사실을 통하여 오늘의 문제로 재인식하려는 역사의식에서 출발하여야 한다. 즉, 단순히 과거의 사실만을 나열한다면 그것은 역사소설이 아닌 야사나 야담에 지나지 않을 뿐인 것으로 과거의 사실이 작가에 의하여 재창조되어야 비로소 참다운 역사소설이 될 수 있는 것이다.
③ 여기서 조심해야 할 것은 문학적 재창조 과정에서 적당한 역사적 고증이 있어야 하며 이것은 현실과 유기적인 관계를 맺어 가치관 형성에 영향을 미쳐야 한다는 것이다. 이러한 모든 조건이 갖추어졌을 때 진정한 역사소설의 의의를 지니게 된다는 것이다.

(2) 한국역사소설의 발생

① **초기의 역사소설**
  ㉠ 우리나라에서는 이미 고대소설의 한 유형인 「임진록」, 「임경업전」 등의 작품들이 이미 역사적인 사건인 "임진왜란"이나 "병자호란"을 배경으로 하고 역사적 인물을 주인공으로 설정하여 서술하니 이것은 초기의 역사소설이라고 할 수 있다.
  ㉡ "신채호"에 의해 쓰여진 「을지문덕전」, 「이순신전」, 「최도통전」 등 역사전기류의 소설 작품들은 사학가에 의하여 쓰이기는 하였지만 소설의 형식을 갖추고 있었으니 이것 역시 초기단계의 역사소설이었던 것이다.

② **근대의 역사소설**
우리나라의 근대문학 사상 처음으로 역사소설이 나타난 것이 1924년 이광매의 「허생전」이었다. 그러나 민족의 사실에서 취재되어 발표된 작품으로는 1925년에 발표된 「마의태자」가 처음이다. 그러므로 만일 '역사적 사실에서 취재하여 작가의 창작적 동기로 집필된 작품'으로 역사소설의 효시를 잡는다면, 단편으로는 박종화의 「목매이는 여자」로 보아야 할 것이며, 장편으로는 춘원의 「마의태자」로 보아야 할 것이다.

(3) 1930년대 한국역사소설의 발전요인 종요도 하

① 조연현은 "1930년대에 들어서면서 시대가 불안하여 감에 따라 주로 민족파의 문학가들이 현실면에서 자유로운 작가적 활동을 하지 못하였기 때문에 …(중략)… 일본이 우리 민족에게 내면적 감시를 강화하였으므로 문학 활동이 매우 어려웠다. 따라서 민족주의 작가들은 현실적인 고충을 과거의 사실을 통해서 표현해 보려고 하였다."라고 말한다.
② 프로문학과 대립되어 일제의 문학에 대한 압력과 감시가 심해지자 당시의 현실에서 작품소재를 취재하기가 어렵게 되었으며 현실을 떠나 새로운 세계의 창조를 생각하게 된 것이다. 일제가 내륙 침략전쟁에 뛰어 들면서 국내의 비판적 세력을 억압하기 시작한 때인 만큼 작가에 대한 정치적 압력도 그 어느 때보다 가혹했었다. 따라서 민족파의 문학자들이 암흑의 현실 속에서 표현의 자유를 얻지 못한 작가의 답답한 심회를 역사소설이라는 장르를 택해 역사적인 제재를 취함으로 현실에 대한 상응적 입장을 취하려 하였다.
③ 한국에 있어서 역사소설이 일제시대에 더욱 많이 산출된 까닭은 이러한 민족의식과 관련되는 것으로 볼 수 있다. 여기서 그들은 조국이 불의에 짓밟혀야 했던 민족의 운명을 모두 약자인 까닭에 당해야 하는 비애와 현실도피적 경향, 망국민으로서 우리의 과거 사실을 민중에게 교시함으로 민족의식을 길러 주고자 하였던 것이다.

(4) 1930년대 역사소설의 대표적 작가연구[10]

① 박종화(1901.10.29.~1981.1.31.) 중요도 하

박종화의 호는 월탄이며, 시인이자 소설가 및 문학평론가이다. 또한 민족예찬을 주제로 한 역사소설가로서 독자적인 위치를 확보했다. 어린 시절 7년여 간 한학을 공부하였는데, 이는 그가 역사소설을 짓는데 밑거름이 되었던 듯하다.

㉠ 문학세계

1920년 『서광』에 시 「쫓긴 이의 노래」를, 1921년 『장미촌』 창간호에 「오뇌의 청춘」·「우유빛 청춘」 2편을 발표해 문단에 등단한 그는 대표적인 낭만주의 작가로서 자리를 굳혔다.

하지만 『백조』 3호에 단편 「목매이는 여자」를 발표하면서 소설을 쓰기 시작하였으며, 이 작품은 근대문학 이후 한국 최초의 역사소설로 손꼽히고 있다. 본격적으로 역사소설을 쓰기 시작한 때는 1936년 『매일신보』에 연산군의 내면심리를 다룬 「금삼의 피」(1936.3.20.~12.29.)를 발표하면서부터이다. 이후 「전야」(『조광』, 1940.7~1942.10) 등의 단편과 「대춘부」(1939)·「다정불심」(1942) 등의 장편 역사소설을 발표했다.

해방 이후 앞서 발표한 「여명」·「전야」와 함께 3부작을 이루는 「민족」(1947)을 발표하여 조선말기 양반 및 중인 생활을 사실적으로 그렸고, 「임진왜란」을 통하여 민족의 울분을 대서사시로 나타내었다. 이렇듯 그의 중심적인 창작활동은 대부분 역사소설을 통해 이루어졌으며, 사료를 인용하여 역사적 사실의 문서상 확증을 자주 이용하였고, 자료의 고증에 충실한 일면을 보이고 있다. 박종화의 모든 역사소설은 이 같은 정사적 사실의 기초 위에서 쓰인 것이다.

또한 그는 나름대로의 추상적 표현을 통해 역사소설을 서술하였으며 역사의식에 있어서는 민족주의적 낭만적인 경향을 보이고 있는데, 궁중의 암투나 왕위를 둘러싼 비열한 음모·정의를 잃어버린 당파싸움·무력한 위정자의 압정·폭군의 그릇된 정사 등은 그가 즐겨 취급하는 제재들이기도 했다. 그러나 그 어떠한 경우에 있어서도 그는 자연주의적인 인생관이나 방법으로써 그것을 폭로하지 않았다. 그러한 모든 것은 민족에 대한 절망을 보여주기 위해서가 아니라 그와 반대되는 긍정적인 조건이나 요소를 강조하기 위한 방법으로서만 제시되었다.

그는 역사상의 인물을 소설 속에 등장시키되, 인물의 개인적 특성보다도 그러한 인물들이 완수한 민족적·역사적인 사명이 그의 소설의 더욱 중요한 주제가 되었다. 「대원군」의 천주교 탄압 정책에의 긍정적인 추구를 통한 호국정신의 강조라든지, 성자와 용자를 겸한 「이순신」 장군에 대한 위대한 인간상이라든지 하는 것은 모두가 박종화의 민족적인 낭만적 정신의 구체적인 발로이다. 그러나 대부분 그의 역사소설은 신문에 연재된 통속적인 차원을 크게 벗어나지는 못하였다.

㉡ 주요 작품

「금삼의 피」는 심리적·정치사적인 측면에서 연산군이 폭력의 대리자가 될 수밖에 없었던 점을 분석한 역사소설이다.

이 작품의 발단은 왕의 후궁으로 있던 윤 씨가 연산을 낳고 왕비로 책봉된 데서 비롯된다. 그러나 성종이 아름다운 정 씨를 더욱 사랑하게 되자 윤 씨는 질투심과 함께 이 거만한 정 씨를 그대로 두고 싶지 않았다. 어느 날 윤 씨는 정 씨를 엄나무 가지에 눕혀 하룻밤을 지내게 한다. 여기에 불만을 품은 정 씨는 부적을 만들어 동궁을 병들게 한다. 이 사실이 나중에 폭로되지만 성종의 총애로 정 씨는 벌을 받지 않는다. 그 후 어느 날 말다툼 끝에 윤 씨는 성종의 용안에 손톱자

---

10) 조연현, 『현대한국작가론』, 정음사 / 최동욱, 『1930년대 한국소설연구』, 중앙대학교대학원

국을 내게 되어 정 씨 일파에 의해 폐위되고 낙향, 끝내는 사약까지 받는다. 이후 연산군이 자신의 생모가 성종에게 버림받아 사약을 받고 죽을 때 흘린 피에 젖은 옷자락을 전해 받고 포악한 복수극을 벌였다고 한 내용이다.

「금삼의 피」는 폭군이었던 연산군의 평면적 역사의 결과보다는 인과관계라는 입체적인 관점에서 사료를 해석하고 이를 소설화하여, 당대의 현실에 대한 지각보다는 역사를 더 신뢰하고 있는 점이 특징이다. 연산군의 특수한 환경 및 이로 인한 그의 반항적·복수적인 인격적 성장에 대한 일면의 궁극적인 추구와 연산군의 폭정에 항거하는 반정 거사에 대한 통쾌한 서술은 모두가 작가의 낭만적인 정신의 발로이다.

② 김동인(1900.10.2.~1951.1.5.)

김동인은 소설가로서, 호는 금동·금동인·춘사이다. 초기 근대문학의 성립과정에서 문단을 주도하였던 이광수 류의 계몽적 교훈주의에서 벗어나 문학의 예술성과 독자성을 바탕으로 한 본격적인 근대문학의 확립에 크게 이바지하였다. 1914년 일본으로 건너가 도쿄학원 중학부에 입학하였고 학원이 문을 닫자 메이지학원(명치학원)에 편입하여 1916년 졸업하였다. 그는 이때부터 어린 시절 가졌던 의사나 변호사가 되려는 꿈을 버리고 문학에 열중하였고, 1917년 일본에서 가와바타 미술학교(천단미술학교)에 들어갔는데, 이는 후에 그가 문학의 예술성을 강조한 하나의 바탕이 된 것으로 보인다.

㉠ 문학세계

김동인의 대표적인 역사소설로는 「젊은 그들」·「대수양」·「운현궁의 봄」 등이 있다. 이들은 비록 상업적·통속적 경향을 지니긴 하였어도 당시 유행하던 역사소설의 일반적인 지향점과는 달리 역사로부터의 교훈주의를 청산하려 하였고 인물의 개성을 살리는 묘사와 허구 등에 중점을 둠으로써 독특한 양식을 이루었는데 이것은 김동인 특유의 소설적 의식을 잘 보여주는 것으로 평가된다. 그는 이러한 작품들을 통하여 '문학을 문학 자체의 아름다움에 귀속시키려는 경향'을 지속적으로 보여주었고 그의 소설에 있어서 서사적인 과거시제의 관심과 액자구성의 소설은 문학사적 업적에 큰 영향을 미쳤다. 또한 그는 역사적 사건을 전개하면서 신비스럽고 암시적인 예언을 통해 역사적 실감을 줄이는 대신 한 인물의 우상화를 통하여 역사를 재해석하고 문학적 승화와 함께 민족의 의식개혁을 도모하고자 하였다.

㉡ 주요 작품

ⓐ 「젊은 그들」

시대적 배경은 고종 18년부터 이듬해 7월까지 약 1년간이며, 임오군란으로 인한 대원군의 재집권 및 청국으로의 피랍 등의 역사적 사건이 배경으로 되어있다. 구한말의 격동기이며 이데올로기의 충돌로 민족사의 진통과 갈등이 극명하게 드러난 즈음 발생한 임오군란 전후의 여러 상황을 중심으로 전개되어 망국민으로서의 현재인식의 적절한 수단이 되고 있다. 그리하여 민비정권의 부패와 그에 따른 민심의 동향, 그리고 대원군의 집권을 도모하고 원수를 갚기 위한 활민숙생들의 활동과 그들의 개인적인 사생활이 파란만장하게 진행된다. 작품의 전반부에서는 활민숙생들의 개인적인 사생활이나 민비당의 타락상 위주로 진행되지만, 작품 후반부에서 역사적 사건과 직접 관련되어 대원군의 영웅화가 시도되기 때문에 동인의 역사관이나 역사해석의 태도가 드러난다. 특히 본문에서는 대원군이 쇄국정책을 시행하는 데 있어 국력의 미비로 문호를 개방할 때가 아님을 직접 언급하며, 대원군의 쇄국정책을 외국세력을 물리치고 조선을 지키는 길로써 글 속에서 옹호하며 작가 자신의 국토수호의지를 나타내고 있다.

ⓑ 「운현궁의 봄」

이 작품은 철종 11년부터 고종 원년(1860)까지 약 4년에 걸쳐 일어난 사건을 기록한 것으로, 왕손인 흥선대원군 '이하응'이 양인으로 추락하였다가 갖은 천대를 견딘 끝에 최고의 집권자로써 득세하기까지의 파란만장한 이야기를 담고 있다. '운현궁'이란 대원군이 거처했던 집의 가호이며, '봄'이란 득세의 상징적인 표현이다. 장면 및 시점전환이 거듭되는 이 작품은 모두 25장으로 구성된다. 장과 장이 서로 대비를 이루면서 현실적인 이야기가 시간적인 순서에 의해 짜이게 되며, 또 사건의 진행상 필요하다고 여겨지면 이야기가 과거로 거슬러 올라가기도 하고, 이전의 사건을 배경 설명으로 제시하는 등의 파노라마적인 장면 전환 수법을 즐겨 쓰기도 한다.

1장에서는 1896년 2월 대원군의 죽음 및 그에 따른 부대상황과 함께 이하응의 비참한 삶과 왕족들의 처지, 권세가들의 작태장면을 서술하고 있다. 2장에서는 왕족과 종친들이 비참한 생활을 하게 된 요인을 이조의 정치사와 당쟁사를 요약하면서 찾고 있다. 사회적 부조리의 원인을 안동 김씨 일파의 누대에 걸친 세도정치의 부패와 왕권의 약화, 서원의 횡포, 여러 제도의 모순 등에 있다고 본 이 작품은 하주 양씨의 집안일 광경, 서원의 부패상 제시, 매관매직의 장면 등 한 사회 시대상의 여러 모습을 잘 표현하고 있다.

작자가 『젊은 그들』에서 흥선대원군의 쇄국정책을 긍정하였던 것처럼, 여기서도 그는 흥선대원군을 모순되고 부패된 사회를 개혁할 수 있는 인물로 긍정하고 있다. 기존 질서에 반항하며 도전하고 과감하게 개혁하는 풍운아적인 혁명아로서 도덕적으로 비난받을지언정 뛰어난 능력을 지닌 흥선에 대한 긍정은 역사가 소망하는 방향으로 흐르지 않았던 이유를 생각하게 하며 여기에 대한 반작용으로 도덕이나 윤리보다 능력을 앞세웠다고 볼 수 있는 작가의식이 나타난 것이다.

이렇듯 그는 흥선의 우상화 과정을 통하여, 그리고 그의 야망의 달성 과정 속에서 비리가 만연한 당시 사회상을 나타내면서 일제시대에 있어서의 사회의 변혁을 갈망하는 자신의 사회개혁의지와도 연결시킨 것이다. 즉, 지금의 모순된 사회를 바로잡기 위해서는 흥선과 같은 패기와 과단성을 지닌 인물이 요구됨을 암암리에 드러내고 있는 것이다.

③ 현진건(1900.8.9.~1943.3.21.)
㉠ 문학세계

1930년 후반에 이르러 본격적인 역사소설 저술과 함께 「무영탑」(1938~39)・「흑치상지」(1939~40)・「선화공주」 등을 발표하였다. 하지만 완성된 작품은 「무영탑」 한 편뿐이다. 「무영탑」은 석가탑에 얽힌 아사달과 아사녀 설화에서 소재를 가져와 민족적인 회복과 독립에 대한 열망을 우의적으로 드러냈고, 민족해방에 대한 염원은 백제 중흥을 꿈꾸는 한 장수를 주인공으로 한 「흑치상지」에 반복되어 나타난다. 현진건의 장편 역사소설은 강한 민족의식을 견지하면서도 역사적 사실에 충실하기보다 낭만적으로 그려낸 점이 특징이다.

현진건의 문학은 일본 제국주의의 식민지 지배라는 현실의식과 조선이라는 공간에서 출발하였다. 즉 "조선혼"과 "현대정신"에 대한 구현이 그의 문학관을 대표하는 것이다. 그는 퇴폐적인 문학・외국문학・경향문학을 모두 부정하고, "자신의 심장의 소리를 듣는" 문학을 지향하였다. 즉, 조선이 처한 당대의 식민지 현실을 직관하면서 "제가 서 있는 자리에 이날 이 때에 제가 서 있는 제 땅을 할 수 있는 대로 힘있게 밟아서 깊고 굵직한 족적을 남기려" 하였던 것이다.

한편, 그는 생활을 위한 문학을 가정하였다. 부당한 현실에서 고통받는 민중의 삶과 그것을 함께 고민하는 지식인의 문제가 그의 문학에서의 끊임없는 관심사였다. 그는 역사소설 속의 역사적 사실을 완료된 과거로 본 것이 아니라 현실과의 끊임없는 연결로 인식하였고 자신의 역사소설에서도 현실을 탈출하려는 사이비적인 낭만주의가 아니라 현재의 역사적 바탕 위에서 과거를 탐구함으로써 현재를 포괄적으로 이해하고 현실을 극복할 수 있는 힘을 발전시키려는 노력을 하였다. 또한 그는 「역사소설문제」를 통하여 구체적인 역사소설관을 피력하고 있다. 당대의 역사소설은 통속적인 역사소설의 유행으로 비현실적·도피적·영웅주의적 문학이라는 비난을 받고 있었는데, 현진건은 '소설'이란 두 자가 붙은 이상 철두철미한 창작이어야 함을 요구하고 있다.

ⓒ 주요 작품
ⓐ 「무영탑」
이 작품은 신라 경덕왕 시대를 배경으로 하며, 특정 시기의 구조적인 모순을 제시함으로서 당대의 현실이 내포하고 있는 문제점들을 명확하게 인식하고자 하였다. 「무영탑」에 등장하는 배경이나 인물은 신라 경덕왕 시대를 기본으로 하면서 문제의 핵심은 보편성에 기인한다. 왕을 중심으로 한 상류 계층들이 안고 있는 문제점들을 상당하면서도 예리하게 묘사하고 있다. 경덕왕은 강력한 전제의 왕권 위에 군림하는 영웅적 왕이 아니라, 정사에 관심이 없고 무기력하며 나약한 임금으로, 왕의 무기력·무능과 더불어 실질적인 정치담당자인 귀족계급의 문제점을 '당학파'와 '국선도파'의 갈등으로 묘사하고 있다. '당학파'는 당나라에 경도되어 개인적인 안정만을 추구하는 전형적인 사대주의자들인데, 작품에서는 시중 '금지'와 그의 아들 '금성'이 대표적인 인물이다. '국선도파'는 당나라 것이라면 무엇이든지 싫어하는 사람들로 이손 '유종'과 '금량상', '경신' 등이 이에 속한다.

작가는 이러한 신라 중기의 문제점을 통하여, 식민지 지배에서의 지배층과 민중과의 관계를 극명하게 제시하고자 했는데, 당대의 식민지 현실에서 지배층은 무엇을 고민하였으며 어떻게 대처해 나갔는가 하는 것을 밝히려고 노력하였다. 그리고 '구슬아기'가 '아사달'에게 쏟은 사랑은 신분과 성을 초월한 고귀한 것으로 이 작품의 원형질이 된다. '구슬아기'는 장인 '아사달'의 예술에 감동되어 그녀가 속한 귀족계층의 모순을 깨닫고 스스로 신분적 하강을 결심한다. 이것은 찬란한 문화는 천대받고 드러나지 않은 장인에 의하여 이루어지며 이러한 창조력이야말로 인류 역사에서 가장 값진 것이고 역사를 밀고 나가는 참다운 힘임을 의미한다.

이 작품은 신라시대 계층의 독특한 색채와 정조를 나타내려고 노력하였는데, 그것은 다양한 계층인 왕·귀족계층·평민·장인·노비·뚜쟁이·문지기에 이르는 포괄적인 등장인물들의 다양한 삶을 통하여 형상화되어 있다.

6 이효석[11]

(1) 이효석의 삶

이효석은 1928년 『조선지광』에 단편 「도시와 유령」을 발표하면서 등단하였다. 초기에는 현실 문제를 다루기도 했으나, 이후 심미주의 소설로 일컬어지는 작품들을 창작하였으며 「돈(豚)」, 「수탉」 등 순수한 자연을 배경으로 한 향토색이 짙은 작품을 발표하였다. 1933년에는 '구인회(九人會)'에 가입하여 순수문학의 방향을 더욱 분명히 하였다. 「산」·「들」·「메밀꽃 필 무렵」(1936)·「석류(柘榴)」(1936)·「성찬(聖餐)」(1937)·「개살구」(1937)·「장미 병들다」(1938)·「해바라기」(1938)·「황제」(1939)·「여수(旅愁)」(1939) 같은 그의 대표적 단편들이 거의 이 시기의 소산이다. 1942년 뇌막염으로 병석에 눕게 되고, 20여 일 후 36세로 요절하였다.

(2) 문학세계

① 이효석의 작품은 반산문적인 서정성과 자연귀의, 그리고 순수지향의 원초성을 특징으로 한다. 그가 활동했던 때가 1930년대 일제의 혹독한 식민 치하라는 특수한 상황을 감안할 때 그의 순수한 서정의 산문세계는 현실을 도피했다는 점에서 비판을 받기도 한다.

② 이효석은 비록 시대의 불행이라는 외압에 의해 사실적 리얼리즘이 아닌 서정의 문학으로 자신의 주제를 바꾸었지만, 그의 서정성에는 단순한 도피적 유희가 아닌 한 인간의 진실된 내면세계가 반영되어 있다. 즉, 그의 서정 소설은 1930년대라는 시대적 우울 속에서도 삶의 열정을 잃지 않으려는 건강한 삶의 의지가 내포되어 있음을 보여 주고 있으며, 비록 리얼리즘이 아닐지라도 현실의 부정성을 간접 비판하고 있는 것이다. 따라서 그의 소설에 등장하는 인물들은 현실적 삶에 내포된 모순을 부정하고 자연의 삶이나 과거의 삶을 지향하면서 세계와 화합하는 것을 열망하는 특징을 보여 주고 있다.

(3) 이효석 문체의 특징

① 주어 없는 문장

문장에서 받는 인상이 부드러울 뿐 아니라, 단락이 뚜렷이 떨어질 때까지는 마침표에 관계없이 같은 정서와 분위기 속에서 같은 호흡으로 읽어나갈 수 있다. 그러나 근본적으로 이러한 특징은 대상에 '나'를 융해시키려는 시 정신에서 기인하는 것이다.

> - 드팀전 장돌이를 시작한 지 이십 년이나 되어도 ~ 닷새만큼씩의 장날에는 달보다도 확실하게 면에서 면으로 건너간다.
> - 젊은 시절에는 알뜰하게 벌어 돈푼이나 ~ 장으로 돌아다니게 되었다.

---

[11] 류종호, 『이효석』, 지학사

② **비유적 문체**

이효석의 소설은 대개 참신한 은유나 직유가 작품의 시적 분위기 조성에 기능적 역할을 하고 있다.

> - 짐승 같은 달의 숨소리가 손에 잡힐 듯이 들리며~
> - 산허리는 온통 메밀밭이어서 피기 시작한 꽃이 소금을 뿌린 듯이 흐뭇한 달빛에 숨이 막힐 지경이다.

③ **개인 취향어**

일상어에서 흔히 쓰지 않는 한국 고유어의 관용어법이나 의성어·의태어의 빈번한 사용은 작품에 묘미를 느끼게 하고 시적 분위기를 이루는 데 큰 도움을 주고 있다.

> - 나무꾼 패가 길거리에 궁싯거리고들 있으나~
> - 뜰에 불을 피우고 훗훗이 쉬어. 나귀에겐 더운 물을 끓여 주고~

(4) 주요 작품

① 「메밀꽃 필 무렵」[12]

㉠ 개설

1936년 『조광(朝光)』 10월호에 발표되었고, 1941년 5월 박문문고(博文文庫)에서 간행한 『이효석단편선(李孝石短篇選)』에 수록되었다. 작가의 고향 부근인 봉평·대화 등 강원도 산간마을 장터를 배경으로, 장돌뱅이인 허 생원과 성 서방네 처녀 사이에 맺어진 하룻밤의 애틋한 인연이 중심이 되는 매우 서정적인 작품이다.

㉡ 내용

허 생원은 하룻밤 정을 나누고 헤어진 처녀를 잊지 못해 봉평장을 거르지 않고 찾는다. 장판이 끝나고 술집에 들렀다가 젊은 장돌뱅이인 동이가 충주집과 어울려 술을 마시는 것을 보고는 심하게 나무라고 따귀까지 때려 내쫓아버린다. 그날 밤, 다음 장이 서는 대화까지 조 선달·동이와 더불어 밤길을 걸으면서 허 생원은 성 서방네 처녀와 있었던 기막힌 인연을 다시 한 번 들려준다. 낮에 있었던 일을 사과하던 끝에 동이의 집안 사정 이야기를 듣다가, 허 생원은 사생아를 낳고 쫓겨났다는 동이의 어머니가 바로 자기가 찾는 여인임을 내심 확신한다. 허 생원은 갑자기 예정을 바꾸어 대화장이 끝나면 동이의 어머니가 산다는 제천으로 가기로 결정한다. 혈육의 정을 느끼며 동이를 바라보던 허 생원은 동이가 자기처럼 왼손잡이인 것도 확인한다.

㉢ 의의와 평가

ⓐ 이효석은 이 작품에서 관능적 정서를 고유의 토착 정서에 여과시킴으로써 우리나라 산문 예술의 시정(詩情)을 승화시키는 데 성공한다. 자연에 대한 동화와 동물적인 인간의 애욕이 향토성과 서정성 아래에서 교차되면서 자연과의 합일의 심미적 차원으로 승화되고 있다.

ⓑ 이 작품은 1930년대 대표 작가 중 하나인 이효석의 면모를 부각시킨 '분위기 소설'이다. 특히, 회상 형식으로 이어지는 장돌뱅이 허 생원의 애수는 '산길-달빛-메밀꽃-개울'로 연결되면서 신비스러운 작품 배경의 분위기와 함께 낯익은 한국 정서로 자리하고 있다.

---

12) 류종호, 『이효석』, 지학사

ⓒ 허 생원과 나귀와의 융합을 통해 허 생원과 동이의 혈연적 관계를 암시하는 치밀한 구성을 보이는 이 작품은, 독특한 문체를 통해서도 1930년대 단편의 정점으로 인정된다.

② 「산」[13]
  ㉠ 개설
    이 작품은 머슴살이를 하다가 쫓겨난 주인공이 산 속에 들어가 자연과의 일체감을 느끼게 되는 서정적 세계를 그린 것으로, '자연 친화'라는 이효석 문학의 특징이 두드러지게 나타난 작품이다.
  ㉡ 내용
    산 속에서 생활하는 중실은 자연의 아름다움에 푹 빠져 산에 들어오길 잘 했다고 생각한다. 중실은 김 영감네 집에서 머슴살이를 하다가 쫓겨나게 된다. 김 영감이 자신의 첩을 머슴인 중실이가 건드렸다는 의심을 했기 때문이다. 중실은 아무 잘못도 없는데 의심을 받아 쫓겨난 것을 슬퍼하며 마을 사람들이 귀찮아져 산으로 들어간다. 중실은 개꿀을 따먹고 산불에 타 죽은 노루고기를 먹으면서 부드럽게 깔린 가랑잎 위에서 잠을 자곤 했다. 장터에서 소금을 산 중실은 김 영감의 첩이 최 서기와 도망치고 말았다는 말을 듣고 나서 거리의 살림이 어수선하게 느껴져 산으로 향한다. 중실은 마을의 용녀를 보아 두고 숲에 누워서는 어떻게 하면 산으로 용녀를 데리고 올까 하는 생각을 하면서 잠이 든다.
  ㉢ 의의와 평가
    ⓐ 이 작품은 1936년 『삼천리』에 발표된 단편으로, 자연과의 교감(交感)으로 행복을 느끼고 그 생활에 자족(自足)하는 인간형을 묘사하고 있다. 1930년대 조용한 산촌을 배경으로 하여 머슴살이에서 쫓겨난 주인공 '중실'을 통해서 인간의 소박한 삶과 자연과의 친화를 전지적 작가 시점으로 서술하였다.
    ⓑ 이효석은 이 작품에서 향토적인 자연에 살면서 자연과의 교감으로 행복을 느끼고, 그 생활 속에서 자급자족하며 자연에 동화된 채 살아가는 인간형을 서정적인 문체로 그리고 있다. 이 소설은 시적인 소설이라는 평가를 받을 정도로 세련된 시적 언어를 통해 아름답고 신비한 산 속 풍경을 묘사하고 있다. 그리하여 작가는 자연 동화라는 그의 독특한 문학세계를 보여 주는 데 성공하고 있다.
    ⓒ 그러나 이 작품에 나타난 자연은 인간이 근원적으로 의지해야 할 대상이라기보다는 인간에게 일시적 위안을 주거나 현실에 대한 도피처로서 기능한다는 점에서 한계를 지닌다.
  ㉣ 「산」과 이효석의 후기 문학세계
    이 작품에서 중실이 산으로 들어간 것을 1930년대의 시대 상황과 연결지어 보면, 이효석이 동반자 작가의 노선을 버리고 자연으로 돌아간 것과 대응한다. 이는 흔히 이효석과 비교되는 김유정이 현실의 각박함을 유머와 해학으로 푸는 것과 같은 이치이다. 그러나 엄밀히 '산'은 궁극적 조화의 대상이기보다는 일시적인 도피와 위안 또는 망각의 장소에 불과하다. 주인공 중실도 갈등 상황을 극복하려는 것이 아니라 피함으로써 행복감을 느끼고 있다. 이 점은 이효석의 후기 소설을 현실도피적이고 소극적이라는 평가를 내리게 한다.

---

13) 강승원 등, 『해법문학 현대소설』, 천재교육

> **더 알아두기**
>
> **동반자 작가**
> 1930년대 전후 프롤레타리아 문학에 동조한 작가들을 총칭하는 국문학 용어로, 정식 카프(KAPF : 조선프롤레타리아예술가동맹)의 회원은 아니었으나 사상적으로 카프의 작가들과 일치하는 일군의 작가들을 이르는 명칭이다.
> 카프에서는 동반자 작가로 이효석(李孝石)과 유진오(俞鎭午) 정도를 꼽았으나, 김팔봉은 이무영(李無影)・채만식(蔡萬植)・조벽암(趙碧巖)・유치진(柳致眞)・안함광(安含光)・박화성(朴花城) 등도 동반자 작가로 분류하였다.

7 박태원

(1) 박태원의 삶

박태원은 1930년 『동아일보』에 「적멸(寂滅)」을 발표하면서 소설 창작에 주력하였다. '구인회(九人會)'의 일원으로 활동하였으며 실험성이 강한 작품을 발표하여 모더니즘 소설 분야를 개척하였다. 박태원의 본격적인 작품 활동은 구인회 가입과 때를 같이한다고 볼 수 있다. 1934년 『조선중앙일보』에 이상이 그린 삽화와 함께 「소설가 구보씨의 일일」을 발표하면서 그는 1930년대 모더니즘 소설을 대표하는 작가로 떠오른다. 또한 세태 풍속을 묘사한 작품을 창작하기도 하였다. 이상과 견줄 만큼 강렬하던 박태원의 모더니즘 색채는 점차 리얼리즘 색채와 섞이게 된다. 그는 1934년에 「애욕」을, 1936년에 「천변풍경」을 『조광』에 발표하는데, 이런 작품에서 벌써 변모를 엿볼 수 있다. 1945년 해방 뒤 「조선독립순국열사전」・「약산과 의열단」・「이충무공행록」 등 항일 투사와 애국자들의 전기물 집필에 매달린다. 1949년에 들어 사이비 종교인 백백교를 다룬 장편 「금은탑」을 발표한 그는 1950년 즈음 절친한 문우인 이태준의 영향으로 월북 대열에 낀다.

(2) 문학세계

① 박태원의 대표작 「소설가 구보씨의 일일」(1934)은 가난하고 미혼인 소설가 구보가 뚜렷한 목적 없이 소설을 쓰기 위해 경성을 돌아다니는 하루를 다룬다. 이 하루 속에 1930년대 초반 자본주의적 도시 경성의 쓸쓸한 이면의 풍경이 점점이 그려진다. 그리고 그 사이사이 '행복'과 '글쓰기'에 대한 구보의 생각이 드러난다.

② 이 소설은 소설 속에서 소설 쓰기의 과정을 그린다는 점에서 모더니즘의 특징인 '자기 반영성'이 잘 드러난다. 박태원은 현실을 새롭게 드러내기 위해 여러 기법을 사용한 작가였다. 의식의 속도를 드러내기 위해 쉼표를 수없이 사용한 것이나, 주인공의 의식과 현실 사이를 자유롭게 넘나드는 방식을 구사한 것이 대표적이라 할 수 있다. 영화적 기법인 '오버랩'을 소설 속에서 실험한 것도 특이하며, 소설에서의 시간이 사건에 의해 구성되는 것이 아니라 지극히 객관적인 현대의 시간성에 의해 규정되고 있다는 점도 주목할 만하다.

③ 박태원은 문학이 기본적으로 현실에 대한 비판과 부정의식을 기반으로 해야 한다고 생각했는데, 당시 시대는 그것을 용납하지 않았다. 「소설가 구보 씨의 일일」은 자본주의 사회에서 작가가 추구해야 할 예술에 대한 의문과 예술가가 어떤 대응 방식을 보여야 할지에 대한 작가의 고민을 드러내고 있다. '구보'는 자본주의 사회에서 예술가의 위상이 어떠한가를 잘 보여 주고 있다.
④ 청계천 빨래터를 중심으로 사람들의 일상을 보여 주는 「천변풍경」(1936)은 더 이상 모더니즘이라 말하기 어렵다. 박태원은 마치 카메라로 찍듯이 사람들을 묘사함으로써 감상성에서 벗어나고자 했지만, 개개인의 삶의 서사를 추구해 들어가면서부터 냉정한 시선은 사라지고 감상적인 면모가 보이기 때문이다. 감상성 자체가 문제는 아니지만, 그것이 현실에 대한 냉정한 비판을 담아내지 못할 때 소설의 깊이는 얕아질 수밖에 없다.

(3) 주요 작품
① 「소설가 구보씨의 일일」
  ㉠ 개설
   소설가 구보가 정오 무렵에 집을 나와 경성(서울) 거리를 배회하다가 다음날 귀가하는 여로형 구조를 가진 작품으로, 몽타주 기법과 의식의 흐름 기법을 사용하여 구보의 내면을 포착하면서 풍속, 세태 등을 파노라마식으로 묘사하고 있다.

   > **더 알아두기**
   >
   > **몽타주 기법**
   > 몽타주란 원래 조립한다는 의미의 프랑스어이다. 한 시점 동안 여러 곳의 상황을 동시에 겹쳐 기술하는 기법으로, 「소설가 구보씨의 일일」에서는 다방에서 친구를 기다리던 중 다정한 연인의 모습을 보고 과거 동경 시절과 자신이 연애했던 때를 회상하는 장면에서 사용되고 있다.

  ㉡ 내용
   일정한 직업 없이 글을 쓰며 살아가는 구보는 정오에 집을 나와 서울 거리를 배회하다가 건강에 문제가 있다고 생각하며 불안해한다. 동대문행 전차 속에서 과거에 선을 본 여자를 발견하고 외면한 것을 후회한다. 고독을 피하기 위해 경성역을 찾아간 구보는 온정을 느낄 수 없는 사람들만 발견한다. 우연히 중학 시절 열등생이었던 동창이 예쁜 여자와 동행한 것을 보고 물질에 약한 여자의 허영심에 대해 생각한다. 다방에서 사회부 기자인 친구를 만나, 그가 돈 때문에 기사를 써야 한다는 사실에 연민을 느낀다. 친구와 술을 마시며 세상 사람을 정신병자로 취급하고 싶은 충동에 사로잡힌다. 새벽 두 시경, 구보는 이제는 어머니를 위해 결혼도 하고 창작에 전념할 것을 다짐하며 집으로 향한다.
  ㉢ 서술상 특징
   ⓐ 이 작품에서는 소설가 구보가 정오에 집을 나와 새벽 2시경에 귀가하기까지의 하루 동안의 여정을 중심으로 내용이 전개되고 있으며, 이동 경로에 따라 구보의 다양한 사고가 전개되는데, 장소와 사고의 필연적 연관성은 발견하기 어렵다. 즉, 인물의 의식의 흐름을 따라 기술되고 있는데, 이는 모더니즘 소설의 특징 중 하나이다.

ⓑ '의식의 흐름'은 소설 속 인물의 의식이 끊어지지 않은 상태로 외부로부터의 자극을 계속 받아들이고 반응하며 연속되는 것이다. '의식의 흐름'을 소재로 삼는 작가들은 인간의 실존이 외부로 나타난 것보다는, 정신과 정서의 연속적인 전개 과정에서 더 잘 나타날 수 있다고 본다. 인간을 심리주의적 기준에서 바라보기 때문에 자연히 인상·회상·기억·반성·사색과 같은 심적 경험이 소설의 주요 제재가 된다.

ⓒ 이 작품에서는 몽타주 기법도 함께 드러나 있어 인물의 내면 의식이 단편적 사실들에 의해 두서없이 나타나므로 사건이나 행위 또는 갈등은 중요한 의미를 갖지 못한다. 이와 같은 모더니즘 소설 기법들은 연관성 없는 내면 의식을 보여 주기 위한 효과적인 장치로 활용되고 있다.

ⓓ 이 작품은 눈앞에 벌어진 장면을 노트에 적고 그것을 그대로 소설화하는 작가 특유의 창작 방법을 보여 주고 있다. 작가는 이를 고현학이라 불렀는데, 이를 통해 소설을 쓴 과정 자체를 소설의 주요 내용으로 삼게 된다.

ⓔ 의의와 평가

ⓐ 이 작품은 작가의 자전적 소설로, 소설가 구보가 하루 동안 서울 거리를 배회하며 느끼는 내면 의식의 변화를 보여 주고 있다. 당시 서울 거리의 풍물이나 사람들의 모습이 잘 드러나 있으며, 이를 바라보는 구보의 시선으로 초점화하여 1930년대 조선의 다양한 풍속과 현실을 표현하고 있다.

ⓑ 구보는 물질만능주의에 허덕거리는 천박한 인물들의 모습을 냉소적이고 자조적으로 표현하지만, 구보도 이러한 상황에서 크게 벗어나지 못하는 무기력한 지식인일 뿐이다. 즉, 이 작품에서는 당시의 세태를 비판적으로는 인식하지만, 이에 대해 뚜렷한 해결책을 제시하거나 어떠한 행동도 하지 못하는 소심한 식민지 지식인의 모습을 형상화하고 있다.

② 「천변풍경」

㉠ 개설

이 작품은 1930년대 청계천 주변에서 살아가는 사람들의 일상생활을 에피소드로 나열한 세태소설로서, 당시 서울 도시의 풍속과 문화 및 이곳을 배경으로 살아가는 다양한 사람들의 삶을 세밀하게 제시하고 있다.

㉡ 내용

청계천 빨래터에서 아낙네들이 잡담을 나누고 이발소 소년 재봉은 천변풍경을 관찰한다. 시골에서 올라온 창수는 한약국에서 일을 시작한다. 창수는 세속적인 인물로 변해 가고, 금순은 취직을 시켜 준다는 금광 브로커에게 속아서 하숙옥에 방치된다. 브로커의 행방불명으로 속을 태우던 금순에게 기미코가 찾아오고 금순은 새로운 삶을 살고자 한다. 천변 사람들의 축복 속에 결혼한 이쁜이는 고단한 시집살이로 인해 어머니에게 자신의 신세타령을 한다. 장마가 시작되어 창수가 한약국을 나가고, 브로커가 돌아와 금순이를 데려가려 하지만 실패한다. 하나코는 양반댁으로 시집을 가지만 시집살이와 남편의 외도로 인해 힘들어하고, 서울을 떠났던 창수는 다시 돌아와 구락부에 취직한다. 하나코는 전실 자식 때문에 결혼한 것을 후회하고, 기미코는 금순을 손 주사의 후처로 보내려 한다. 이쁜이는 남편에게 쫓겨나 어머니에게 돌아오고, 포목전 주인의 모자가 바람에 날려 개천에 떨어진다.

ⓒ 서술상의 특징

1903년에 활동사진이라는 이름으로 영화가 들어온 이래 영화와 문학은 긴밀하게 상호 영향을 주고 받았으며, 「천변풍경」에서도 영화에서 자주 쓰이는 기법들 가운데 특정 대상을 확대해 보는 클로즈업, 그리고 카메라가 이동하는 듯한 카메라 아이(camera-eye) 기법 등이 활발하게 사용되었다. 작품 속에서 부러움 가득한 표정, 동전을 세는 손동작 등을 묘사할 때는 클로즈업 기법이, 인물의 시선 이동에 따라 펼쳐지는 도심의 풍경을 묘사할 때는 카메라 아이 기법이 사용되고 있다.

> **더 알아두기**
>
> **카메라 아이(camera-eye) 기법**
> 작가의 주관적 개입을 최소화하여 카메라로 촬영하듯이 삶의 모습을 객관적으로 그리는 것을 말한다. 「천변풍경」은 1930년대의 세태를 묘사하는 데 카메라 아이 수법을 효과적으로 사용하고 있다. 그래서 독자는 카메라로 찍은 장면을 보는 것처럼 냉정한 관찰자의 시각을 접하게 되고, 있는 그대로의 모습을 보게 된다. 이러한 연유로 독자의 직관이나 상상력이 더 요구되기도 하며, 객관적 정보를 얻기도 한다.

ⓔ 의의와 평가
 ⓐ 이 작품은 청계천변에 사는 사람들의 여러 가지 에피소드를 총 50개의 절로 나누어 제시하고 있는 세태소설이다. 소설에서 일반적으로 추구하는 서사적 구성법을 따르지 않고, 다양한 등장인물을 주인공으로 하여 이들과 관련한 각각의 일화를 특별한 줄거리나 순서 없이 나열하는 삽화식 구성 방식을 취하고 있다.
 ⓑ 대도시인 서울을 배경으로 1930년대 당시 서민층의 일상적인 생활 양상을 사실적이고 세밀하게 재현한 작품으로 평가받고 있다. 청계천변의 한약국에서 일하는 창수와 이발소에서 일하는 재봉의 시각에서 주변 풍경과 인물들의 모습을 그려낸 부분을 통해 물질주의에 경도되어 가는 도시인의 모습을 냉소적으로 전달하고 있다.
 ⓒ 이 작품은 영화적 기법을 도입하고 있는데, 특정 대상을 확대해 보는 '클로즈업 기법'과 카메라가 이동하며 촬영하는 듯한 '카메라 아이 기법'이 사용되고 있다.

8 이상[14] 중요도 상

(1) 이상의 삶

1931년 『조선과 건축』에 「이상한 가역 반응」 등을 발표하면서 등단하였다. 1930년대 초부터 초현실주의적이고 실험적인 시를 발표하였으며, 주로 의식 세계의 심층을 탐구하는 작품을 창작했다. 박태원·김기림·김유정과 더불어 모더니즘 문학 운동 단체인 "구인회"의 회원이었다. 『조선중앙일보』에 시「오감도」를 연재하면서 '미친 수작', '정신병자의 잡문'이라는 혹평과 비난 때문에 연재가 중단되기도 했다.

---

14) 김종은, 「이상(李箱)의 이상(理想)과 이상(異常)」, 『문학사상』

26년 7개월이라는 짧은 생애 동안 건강 악화와 사업 실패, 사상범으로 몰리는 등의 문제를 겪었다. 작품으로는 「거울」·「오감도」 등의 시 「날개」·「종생기」 등의 소설, 「권태」 등의 수필이 있다.

(2) 문학세계

① 이상의 대표작 「날개」가 다른 모더니즘 소설에 비해 상대적으로 쉬운 이유는 '세계와 대결한 주인공이 자신과 세계에 대한 새로운 인식에 도달'한다는 전통적인 소설과 맞닿아 있기 때문이다. 「날개」의 주인공 '나'는 무기력하며 어린아이 수준으로 퇴행한 인물이다. 이런 인물을 내세움으로써 일상적이고 자동화된 세계가 지닌 부조리한 비밀을 극명하게 드러낼 수 있다. 그 비밀이란 바로 아내가 상징하는 '매춘'이다. 주인공은 이전에 지녔던 날개를 잃고 아내에게 사육되는 존재로, 그에게 아내의 행동과 아내에게 돈을 놓고 가는 손님들의 행동은 낯설게만 보인다. 아내가 자신에게 주는 돈은 재화(財貨)로서 기능하지 못하는 장난감일 뿐이다. 이런 주인공이 몇 번의 외출을 통해 점차 '관계'에 눈뜨면서 자신을 인식하게 되고, 마침내는 잃어버린 날개를 다시 찾기를 꿈꾼다. 물론 그 날개는 본래 있던 것이 아니라 인공의 날개로, 현대성을 통해 획득했던 가능성이라 할 수 있다. 날개를 다시 찾을 수 있는지 없는지는 중요하지 않으며, 잃어버린 날개의 이미지를 통해 현실을 근본적으로 되짚을 수 있다는 것이 중요하다.

② 「지주회시」(1936)에서의 주인공 역시 자본주의 사회에서는 무기력하고 게으른 인물이다. 그에게 돈이 돌아가는 방식은 이해할 수 없는 낯선 방식이다. 그는 아내가 돼지 같은 손님에게 걷어차여 받은 위자료로 다시 돈을 벌기 위해 자본주의적 관계 속으로 들어간다. 실패가 뻔한 일이지만, 그렇게 함으로써 주인공의 무력함이 아니라 그를 무력하게 만든 자본주의적 질서가 전면에 드러나는 것이다.

③ 이상의 마지막 작품인 「종생기」(1937)는 해독하기 쉽지 않은 소설이다. 이상이 자신의 죽음을 말하고 있는 「종생기」는 소설 속에서 현실 공간과 소설 공간이 끊임없이 겹쳐진다. 소설 속에서 소설 쓰기의 과정을 그대로 드러내고 있는데, 그 속에서 사용하는 기법 자체를 이상이 끊임없이 언급하면서 뒤틀고 있기 때문에 이상의 소설 가운데서도 가장 현란한 소설로 꼽는다. 아이러니하게도 이상은 「종생기」 속에서 언급한 자신의 죽음의 시간과 거의 같은 시간에 죽었다.

(3) 주요 작품

① 「날개」[15]

㉠ 개설

이 작품은 한국 최초의 심리주의 소설로 식민지 시대를 살아가는 지식인의 무력하고 자기해체적인 모습이 그려져 있다. 일제강점기 지식인의 자기 소모적인 삶을 통해 현대인의 분열된 자의식과 고독, 자기 극복 의지를 의식의 흐름에 따라 기술한 실험적인 소설이다.

㉡ 내용

'나'는 생의 의욕을 상실한 채 방 안에서 뒹굴며 지낸다. 아내가 외출할 때면 '나'는 아내의 방에서 놀곤 한다. 아내에게 내객이 찾아올 때면 아내는 '나'에게 은화를 준다. 나는 은화를 저금통에 모아 두다가 변소에 빠뜨린다. 어느 날 외출에서 돌아와 보니 아내는 내객과 함께 있었다. '나'는 이후에도 가끔씩 외출을 하다가 비를 맞고 감기에 걸린다. 아내는 '나'에게 아스피린을 주고 '나'는 그것을 먹고 잠만 자게 된다. '나'는 아내가 준 약이 아달린이라는 것을 알고 충격을 받고 외출하

---

[15] 강승원 등, 『해법문학 현대소설』, 천재교육

여 거리를 쏘다니다 미쓰코시 옥상에 올라가서 자신의 삶을 되돌아본다. 정오의 사이렌이 울리자 '나'의 의식이 깨어나는 듯하다. '나'는 삶에의 의지를 상징하는 날개가 돋기를 간절히 염원한다.

ⓒ 인물 형상화의 특징

이 작품의 등장인물들은 모두 비윤리적인 모습으로 형상화되어 있다. '아내'는 남편이 있음에도 불구하고 매춘을 하고, '나'는 아내가 부도덕한 방법으로 번 돈을 받아 생활한다. 이러한 인물들의 비윤리적인 모습에는 당대의 시대적 상황에 대한 작가의 문제적 시각이 반영되어 있다. 비윤리적이고 왜곡된 모습으로 살아가는 사람들의 모습을 통해 정상적인 사고로는 살아갈 수 없는 당대 현실 속의 여러 결함을 드러내고자 한 것이다.

ⓔ 서술상의 특징

의식의 흐름 기법은 인간의 의식을 조각조각 분리하지 않고 마치 강물이 흐르듯이 연속적으로 서술하는 소설의 기법이다. 이 작품에서 사건은 '나'의 의식의 흐름에 따라 전개되므로 사건 자체도 뚜렷하지 않고 사건들 사이의 연계성을 찾기 힘들다. 이러한 기법은 '나'가 지닌 자의식의 혼란을 그대로 옮겨 놓은 것이다.

ⓜ 의의와 평가

ⓐ 이상의 대표작인 「날개」는 현대인의 무의미한 삶과 자아분열을 그려낸 최초의 심리소설로 일컬어지고 있다.

ⓑ 인상적인 특징은 '나'와 '아내'의 관계가 보통의 부부(夫婦) 관계와는 달리 경제 활동을 맡은 아내와 무능력한 남편이라는 역전(逆轉)된 형태로 그려지고 있다는 점이다. 또한 아내에게 기생하고 있는 '나'의 유폐된 삶이 아내의 방과 '나'의 방이라는 공간적 분할과 차이를 통해 드러나고 있다.

ⓒ 하루 종일 방 안에서 빈둥대다가 거리를 쏘다니고 티 룸에 앉아 차를 마시는 '나'의 모습은 일제강점기를 살아가는 무기력한 지식인의 삶을 적나라하게 나타낸 것이다.

ⓓ 그러나 '나'가 '아내'가 준 돈을 버리고 일종의 탈출의 성격을 지닌 외출을 하면서 자아의 정체성을 의미하는 '날개'가 돋기를 염원하는 것은 무의미한 삶의 도정에서 생의 의미 찾기를 포기하지 않았음을 드러내는 것이다.

② 「종생기」[16]

㉠ 개설

이상(李箱)이 지은 단편소설로, 1937년 『조광(朝光)』 5월호에 발표되었다. 이상(李箱)이라는 작가 실명(實名)과 동일한 주인공 서술자가 등장하는 고백체 소설이다. 이상의 죽음의 인식 및 죽음의 예감이 서술의 심층을 이룬다.

㉡ 내용

'악건강'인 데다 '자의식적' 냉소주의 지식 청년 이상은 어느 날 바람둥이 소녀 정희(貞姬)로부터 R과 S와 모두 헤어졌으니 3월 3일 오후 2시에 만나자는 속달 편지를 받는다. 편지에는 또 하루라도 빨리 이상의 전용(專用)이 되고 싶다는 내용도 적혀 있다. 그날 그 시각에 만난 두 사람은 흥천사로 간다. 예쁜 정희는 14세에 이미 매춘을 시작한 여자이고, 이상은 14세 미만에 수채화를 그린 재주꾼이다. 흥천사의 구석방에서 이상은 정희와 정사(情事)를 시도하나 실패한다. 패배감에 빠진 이상은 구토하는 등, 두 사람이 실랑이를 벌이다가 정희는 스커트에서 S에게서 온 편지

---

16) 김용직, 『이상(李箱)』, 지학사

를 떨어뜨린다. 편지에는 S에게 정희가 하루라도 바삐 정희를 S 혼자만의 것으로 만들어달라고 한 말을 잊지 않으며, 같은 날(3월 3일) 오후 8시에 만나자는 사연이 적혀 있다. 속았다는 배신감 속에 이상은 혼도한다. 다시 깨어났을 때 8시가 지나 있었고 정희는 물론 S를 만나러 가고 없다. 26세의 노옹(老翁) 이상은 종생하나 종생기는 계속된다.

ⓒ 의의와 평가
ⓐ 「종생기」는 일본에서 집필되었으며, 부정(不貞)과 배신을 일삼는 여자를 사랑하는 주인공의 현재의 모습과 어두운 개인사(個人史)가 교차하면서 극히 자학적으로 전개되고 있다.
ⓑ 두 남녀가 만나는 때로 설정된 3월 3일이라는 신화적 시간의 상징인 부활을 꿈꾸는 정희와 종생으로 가고 있는 이상의 상반된 의식이 작품 전체에 걸쳐 대비되어 있다.
ⓒ '나'·'그'·'이상(李箱)'으로 표현되는 자아분열 현상이나 자의식의 과잉은 자아의 해체가 일어나고 있다는 일련의 증거이다. 자살하고 싶다는 충동에서 묘비명까지 작성하지만 자살 역시 관념의 유희에 불과하다. 그리하여 주인공의 삶이 마감된 이후에도 계속되는 존재의 지속은 유희이자 자기해체이다. 즉 '나'의 시간으로부터의 탈주인 죽음은 외견상으로는 정희의 재생 의지와 상반되는 듯이 보이지만, 그 종생이야말로 진정한 삶으로 가는 출구이다.
ⓓ 자기 구제의 길의 제시에도 불구하고 죽음마저도 유희의 영역으로 밀어낼 수밖에 없었던 당대 젊은 지식인의 암울한 초상이 실측으로보다 더 짙은 음영으로 드러나 보이는 작품이다.

③ 「지주회시」[17)
㉠ 개설
이 소설은 『중앙』 1936년 6월호에 발표된 단편소설이자 심리주의소설로, 카페 여급인 아내와 무능력한 남편의 생활을 그린 작품이며, 금전 만능 풍조에서 비롯된 인간성의 파멸과 퇴폐적 인간관계를 그리고 있다.

㉡ 구성 및 형식
이 소설에서 오(吳)라는 남자는 여급들을 잡아먹고, 여급들은 오와 같은 남자들을 잡아먹는, 서로 먹고 먹히는 남녀관계가 서사의 축을 구성하며, 동물상징을 통해 인물을 희화화하며 풍자하고 있다. 또한 현재와 과거, 과거 속의 과거를 아무 연관 없이 병치시켜 현실적 시간 개념과 주관적 시간 개념을 단절시키고 있고, 의식의 흐름 수법을 본격적으로 사용하고 있다.

㉢ 내용
소설의 표제 '지주회시(蜘蛛會豕)'는 '거미가 돼지를 만나기, 또는 모으기'라는 의미를 지닌다. 그러나 돼지를 의미하는 시(豕)는 '발얽은 돼지의 걸음걸이'를 의미하는 축(豖)자의 파괴로서, '거미줄에 얽힌 돼지의 걸음걸이'라는 이미지를 전달한다. 따라서 '지주회시'라는 제목은 자본주의 사회에서 서로 이용하고 파괴하는 가해적인 인간관계를 상징한다. 주인공과 아내의 관계, 돈을 둘러싼 친구와 주인공의 대립, 전무에게서 돈을 긁어내려는 아내의 술책 등을 통해 가정과 사회의 퇴폐와 병리를 조롱하고 있다.

㉣ 의의와 평가
ⓐ 이 작품은 이례적으로 사회와 현실에 대한 작가의 비판적인 인식이 잘 나타나 있어 특징적이다.
ⓑ 1930년대 조선 경성의 물질만능적 세태를 풍자한 작품이다.

---

17) 권영민, 『한국현대문학사 1』, 민음사

9 김유정

(1) 김유정의 삶

김유정은 재동공립보통학교를 거쳐 1929년 휘문고등보통학교를 졸업하고 연희전문학교 문과에 입학하여 현대식 교육을 수료하였다. 김유정은 자신의 고향인 실레마을의 낙후된 환경을 목격한 뒤 1931년 야학당 금병의숙(錦屛義塾)을 설립하고, 직접 교사가 되어 주민들을 가르치기 시작한다. 하지만 일제에 의해 얼마 못가서 야학이 강제로 해체되며, 1934년 본격적으로 문학에 대한 열정을 품고 구인회에 가입한다. 그리고 마침내 1935년 1월 소설「소낙비」등으로 신춘문예에 당선되어 등단했다. 김유정은 등단하자마자「금 따는 콩밭」・「떡」・「만무방」・「봄봄」같은 걸작 단편을 잇달아 내놓았지만, 불행하게도 등단한 지 2년 만인 1937년 3월 29일에 지병이 악화되어 29세의 나이로 요절하고 만다.

(2) 문학세계

① 순박한 사람들의 삶의 재현

김유정의 소설을 대체로 농촌소설이라 한다. 그의 소설 대부분이 농촌을 배경으로 하기 때문인데, 사실 김유정은 농촌이라는 배경에 대해서는 별로 염두에 두고 있지 않은 듯하다. 그보다는 오히려 인간의 생명력을 보여 주는 데 집중한다.「봄봄」(1935)이나「동백꽃」(1936)도 배경이 농촌이기는 하지만 사춘기를 맞은 남녀 관계에 더 주목하고 있다.「소낙비」(1935),「금 따는 콩밭」(1935),「땡볕」(1937) 같은 작품에서는 농촌에 살고 있는 사람들의 경제적 궁핍과 가난을 그려 내고 있다. 가난이라는 것이 어떻게 인간성을 파괴하는지, 윤리 감각을 얼마나 무디게 만드는지 잘 보여 주고 있다. 그리고 그것이 그들이 처해 있는, 그러나 정작 그들 자신은 모르는 삶의 비극성을 더 강하게 드러나게 하고 있다.

② 아이러니의 향연

㉠ 말의 아이러니

작품을 초점화부분과 서술부분으로 나누었을 때, 주로 초점화부분에서 말의 아이러니가 나타난다. 김유정 소설에서 말의 아이러니는 인물의 호칭을 일상적 상황과는 정반대 문맥에서 사용함(필수/남편/아들, 색씨/안해/어머니)으로써 산출되는 것과 소설 본문과 제목의 상충에서 발생하는 것(제목 : 소낙비, 본문 : 오후부터 다음 날 아침까지 계속 내림)이 있다.

㉡ 상황의 아이러니

주로 서술부분에서 나타난다. 자신의 옳음・선함・우월함을 입증하고 과시하려는 노력이 오히려 자신이 그 정반대의 사람이라는 것을 입증하게 되는 자기폭로의 아이러니, 모르는 인물과 아는 독자(혹은 인물) 사이의 시각상충에서 발생하는 극적 아이러니, 일정목표를 달성하기 위해서 취하는 수단이 오히려 그 목표로부터 정반대 방향으로 인물을 이끌어가게 되는 사건의 아이러니 등이 있다.

㉢ 파르마코스적 아이러니

자신의 잘못에 비해 너무 커다란 불행을 당하게 되는 개인에게서 발생하는 아이러니를 말한다. 김유정 소설에서 가난의 탈피를 주제로 하는 행동의 아이러니가 발생할 경우 대개 파르마코스적 아이러니를 동반한다.「떡」(1935)에서는 굶주림에 시달린 어린 아이가 부잣집 잔치에서 실컷 얻어먹고는 체해서 음식을 모두 토해낸다.

(3) 주요 작품

흔히 한국 단편문학의 결정체로 일컬어지는 김유정의 작품들은 카프의 해체 등으로 말미암은 문단 전반의 침체된 분위기에 새로운 활력을 불어넣는다. 즉, 김유정의 단편들은 풍자와 아이러니 수법을 사용하여, 하고 싶은 말을 하면서도 검열에 걸리지 않을 수 있는 돌파구를 모색함과 아울러 이전 좌익계 소설들에서는 맛볼 수 없던 재미도 만만치 않아 우리 소설계에 새로운 방향과 가능성을 제시하였다.

① 「소낙비」
  ㉠ 개설
    1935년 『조선일보』 신춘문예에 당선된 「소낙비」는 1930년대 식민지 농촌의 극심한 가난에서 벗어나기 위해 아주 기본적인 도덕이나 윤리마저 팽개치는 농민들의 체념적 생존 양식을 희화화해 보여준 작품이다.
  ㉡ 내용
    가난한 농부 춘호는 도시로 나가고 싶은 마음에 노름판에서 돈을 따서 자금을 마련할 궁리를 하지만 노름 밑천 2원이 없어 실행에 옮기지 못한다. 춘호는 열아홉 살 된 아내를 때리며 화풀이를 하고, 이에 견디다 못한 춘호의 아내는 돈을 구하기 위해 집을 뛰쳐나간다. 마침 소나기가 내리고 춘호의 아내는 쇠돌 엄마네 집을 지나치다가 그 집으로 들어가는 이 주사를 보게 된다. 이 주사는 마을의 소문난 부자로, 쇠돌 엄마는 그에게 몸을 준 대가로 비교적 넉넉하게 산다. 잠시 밖에서 서성이던 춘호의 아내는 용기를 내어 쇠돌 엄마네 집으로 들어간다. 춘호의 아내는 혼자 있던 이 주사와 정을 통한 뒤 이튿날 2원을 받기로 하고 집으로 돌아온다. 다음날 춘호는 아내가 이 주사에게 가는 것을 알면서도, 곱게 차리고 집을 나서는 아내를 들뜬 마음으로 지켜본다.
  ㉢ 의의와 평가
    ⓐ 가난과 연관된 비정상적인 남녀관계는 김유정 소설의 두드러진 특징이다. 「소낙비」를 비롯한 그의 많은 소설 속에는 남편의 병이나 노름 밑천, 빚, 생계 때문에 단돈 몇 푼에 몸을 팔거나 술집작부 또는 들병이로 나서는 아내, 그리고 아내의 매춘을 뻔히 알면서도 분노나 죄책감 없이 묵인하는 남편이 수두룩하게 나온다.
    ⓑ 작가는 소설 속에서 작중 인물들의 옳고 그름을 판가름하거나 단죄하지 않고 다만 이들의 행태를 유머·아이러니·풍자·해학적 수법을 사용해 그려나갈 뿐이다. 그러나 웃음을 불러일으키는 그 이면에는 늘 짙은 우수가 깔려 있는 것 또한 김유정 소설의 특징이다.

② 「만무방」
  ㉠ 개설
    김유정의 대표작으로 1935년 7월 17일부터 7월 31일까지 『조선일보』에 연재되었다. 「금 따는 콩밭」과 마찬가지로 「만무방」 역시 농민들이 가난 때문에 겪는 사건을 담아낸 단편소설이다. '만무방'은 '염치가 없이 막돼먹은 사람'을 의미하는 강원도 방언이다.
  ㉡ 내용
    부지런한 농사꾼인 응오는 가을걷이를 해봐야 지주와 빚쟁이에게 모조리 빼앗길 것이 뻔하다는 생각에 벼를 베지 않는다. 한편, 그의 형 응칠은 밤마다 조금씩 벼를 도둑맞자 자신이 도둑으로 몰릴 수 있다는 생각에 밤새 논에 나가 벼를 지킨다. 마침내 응칠은 벼를 훔쳐간 장본인이 바로 그 벼의 주인이라고 할 수 있는 동생 응오임을 알게 된다. 기가 막혀 서 있던 응칠은 빈한한 삶을 개탄하며 아우에게 아예 도둑질로 나서자고 제안하지만 응오는 이를 거절한다. 응칠은 동생 응

오를 때려눕힌 뒤 업고 간다.
ⓒ 의의와 평가
ⓐ 「만무방」은 아무리 땀 흘려 일해도 결국 '제 살 깎아먹기'가 되기 일쑤이던 1930년대 우리 농촌의 단면을 예리하게 포착한 작품이다.
ⓑ "염치없고 막돼먹은 잡놈의 무리"라는 뜻을 가진 '만무방' 같은 뻔뻔함과 천연덕스러움은 김유정의 다른 소설들에서도 도둑질, 도박, 매춘에 이르기까지 갖가지 비윤리적인 삶의 형태로 줄곧 나타난다.

③ 「봄봄」
ⓐ 개설
「봄봄」은 우직하고 순진한 '나'가 심술 사나운 장인과 혼례를 둘러싸고 벌이는 갈등을 해학적으로 그린 작품이다. 또한 신분적으로 강자인 마름이 약자인 머슴을 착취하고 있는 당대 농촌 상황을 우회적으로 비판하며 웃음으로 보여 준다.
ⓑ 내용
'나'는 점순이와 혼례를 올리기로 하고 3년 7개월이나 변변한 대가 없이 머슴일을 해 주고 있다. 음흉하고 교활한 장인은 점순이가 덜 컸다는 이유로 혼례를 미루고 '나'는 구장에게 억울함을 호소하여 중재를 요청하지만 장인이 관리하는 땅을 얻어 붙이는 구장은 결국 장인의 편을 든다. 뭉태가 충동질하고 점순이 성례를 부추겨 더 이상 참을 수 없는 '나'는 결국 장인과 대판 몸싸움을 벌이고, '나'와 장인의 싸움에서 내 편을 들 줄 알았던 점순이는 아버지의 편을 든다. 장인은 가을에 혼례를 올려 주겠다며 '나'를 다독이고 신이 난 '나'는 다시 일하러 나간다.
ⓒ 의의와 평가
ⓐ 주인공 '나'는 우직하고 바보스러운 인물이지만, 이 작품은 그러한 인간의 우행(愚行)을 연민이나 타애적(他愛的) 감정으로 용인하려는 해학의 따뜻함을 지니고 있다. 또한 전래하는 바보사위 이야기와의 연관성이나 비속어 사용으로 불러일으키는 토속적 정감은 순진한 주인공에 대한 연민의 해학미를 더욱 유발시킨다.
ⓑ 한편 이와는 다른 측면에서 이 작품은 인간의 간교함에 대한 비판도 내재하고 있는데, 봉필의 행태가 그것이다. 봉필은 데릴사위 제도를 이용하여 순진한 사람의 노동력을 교묘히 착취하고 있기 때문이다.
ⓒ 이처럼 등장인물을 향한 독자들의 기대감과 실제 등장인물을 조종하면서 소설가가 만들어내는 인물의 행위 간의 마찰과 간극에서 벌어지는 희화화된 인간관계는 김유정 문학의 백미라고 할 수 있다.

④ 「동백꽃」
ⓐ 개설
1936년에 처음 발표되어 현재까지 사랑받고 있는 단편소설로, 마름의 딸과 소작인 아들의 풋풋한 애정을 해학적으로 그려낸 작품이다. 아름다운 순우리말과 토속어, 향토적인 소재의 사용으로 서정적인 분위기를 형성하고 있다.
ⓑ 내용
점순은 '나'의 수탉을 때리고, 자기네 수탉과 '나'의 수탉을 싸움 붙여 놓아 '나'를 약올린다. 나흘 전 일하고 있는 '나'에게 점순이 다가와서 감자를 쥐어 준다. 그러나 자존심이 상한 '나'는 이를

거절한다. '나'는 매번 싸움에 패하는 '나'의 수탉에게 고추장을 먹여 보기도 하지만 점순네 수탉을 이기지는 못한다. 어느 날 나무를 하고 오는 길에 점순이 닭싸움을 시켜 놓은 것을 보고 화가 난 '나'는 점순네 닭을 죽이고 만다. 그리고 겁이 나서 울음을 터뜨리는데 점순이 '나'를 달래 준다. 점순과 '나'가 같이 동백꽃 속으로 쓰러지면서 화해한다.

ⓒ 의의와 평가
  ⓐ 이 작품은 인물들이 약간 모자라는 듯한 소년·소녀층으로 제시되어 있고, 인물들의 행동양식·어법·문체 등 이야기를 풀어가는 방식이 해학적이고 골계적인 점에서 김유정 문학의 일반적인 특색을 잘 드러내고 있다.
  ⓑ 여러 번의 닭싸움을 거쳐 두 사람의 심리적인 대립 과정 및 점진적인 화해 관계를 서정적으로 그려나가고 있는 점에서, 김유정의 다른 작품에 비하여 비극적 요소가 내재하지 않은 희극이라는 특성을 지니고 있다. 이러한 골계미는 우리 문학의 전통적 맥락에서 볼 때 중세와 근세로 이어지는 평민문학의 미적 특질과 연결되는 것이다. 그러면서도 삶의 실제적 문제를 객관화하여 다루었다는 점에서 사실주의 문학의 한 위치를 차지한다.
  ⓒ 이 작품도 김유정에 대한 일반적인 평가처럼 바보들의 이야기를 웃음거리로 다루었다는 부정적인 평가와, 계층의 어긋남을 객관적으로 문제 삼은 웃음의 문학이라는 긍정적 평가로 나누어진다.

⑤ 「떡」
  ㉠ 개설
    이 작품은 1930년대 농촌을 배경으로 몰락한 농민의 딸인 옥이의 일화를 통해 당대 민중의 비참한 삶의 모습과 이를 둘러싼 세태를 형상화하고 있는 단편소설이다. 가난한 집의 일곱 살 소녀 옥이가 부잣집 잔치에서 죽기 살기로 음식을 먹다가 탈이 나서 죽을 지경에 처했다가 다시 살아난다는 이야기이다.

  ㉡ 내용
    옥이의 아버지 덕희는 동네에서 제일 가난하고 게으른 사내로 자신의 어린 딸인 옥이를 미워하고 구박한다. 눈이 쌓인 겨울날 나뭇값이 부쩍 오르자 덕희는 나뭇짐을 지고 읍내에 내다 팔고 양식을 구한다. 옥이는 아버지가 죽을 먹고 나뭇짐을 지고 읍내에 들어간 다음에야 어머니에게서 죽 한 그릇을 얻어먹지만 그것만으로는 배가 고프다. 어느 날 옥이는 개똥 어멈을 뒤따라가 마을의 부잣집 잔치에 가서 그 집 작은아씨에게 밥, 시루떡, 팥떡, 백설기, 꿀떡 등 많은 음식을 얻어먹지만, 많은 음식을 무리하게 먹어 탈이 난다. 집으로 돌아와 데굴데굴 구르지만 부모는 점쟁이를 데려다 경을 읽게 한다. 옥이는 얼굴이 노랗게 질리고 핏기가 멎었다가 침을 맞고 나서야 포대기 속으로 똥을 갈기고 생기를 되찾는다.

  ㉢ 서술상의 특징
    이 작품은 전체적으로는 '나'가 등장하여 자신이 경험한 사건을 독자에게 전달하는 1인칭 관찰자 시점을 취하고 있다. 하지만 부분적으로 1인칭 관찰자의 관찰 범위를 벗어난 전지적 시점에서 자신이 경험하지 못한 부분까지 서술하는 '시점의 혼란'을 보여 주고 있다. 이러한 서술 방식은 판소리 사설에서 전지적 시점에 있는 창자가 시시때때로 사건에 개입하여 자신의 생각을 드러내는 방식과도 매우 유사하다고 볼 수 있다.

ㄹ 의의와 평가
- ⓐ 이 작품은 1인칭 관찰자의 시점을 통해, 어느 시골 마을에서 굶주림에 지친 어린 소녀가 부잣집 잔치에서 너무 많은 음식을 먹어 탈이 나 죽을 지경에 처했다가 다시 살아난다는 이야기를 서술하고 있다.
- ⓑ 죽 한 그릇도 배불리 먹을 수 없을 정도로 비참한 삶을 살고 있는 옥이네 가족을 통해 당시 민중들의 피폐한 삶을 사실적으로 드러내고 있으며, 음식으로 인해 봉변을 당하는 어린 옥이를 옆에서 지켜보면서도 도와주기는커녕 이를 재밋거리로 삼아 농담의 소재로 활용하는 마을 사람들의 태도를 통해 몰인정한 세태를 풍자하고 있다

⑥ 「땡볕」

ㄱ 개설
1937년에 발표한 단편소설로 김유정이 생전 발표한 마지막 유작이다. 가난한 농부인 덕순은 특이한 병을 가진 사람들을 무료로 치료해 준다는 말을 듣고 병에 걸린 아내와 땡볕 속을 걸어 병원에 가지만, 치료를 받지 못한 채 돌아온다는 비극적 내용을 김유정의 장기인 해학적 서술로 그려 낸 소설이다.

ㄴ 내용
덕순은 시골에서 농사를 지으며 사는 가난한 농부이다. 그런데 언제부턴가 아내의 배에 이상이 생겼지만 돈이 없어 병원에 가지 못한다. 그러다가 서울의 대학병원에서 특이한 병을 가진 사람들을 연구 목적으로 무료로 치료해 준다는 말을 듣고, 아내를 지게에 지고 땡볕이 내리쬐는 길을 걸어 병원에 찾아간다. 그러나 아내의 병은 특이한 병이 아니라 태아가 자라다가 죽은 것으로 밝혀져 무료 치료를 받지 못한다. 당장 수술하여 죽은 태아를 제거하지 않으면 아내의 생명이 위독하다는 병원의 이야기를 듣고도 그는 돈이 없어 아내를 지게에 지고 돌아온다.

ㄷ 서술상의 특징
이 작품의 가장 큰 장점은 목전의 죽음조차도 큰 문제로 느껴지지 않는 절박한 생존의 모습을 제대로 그려 냈다는 점이다. 이러한 장점은 특히 해학적 문체를 통해 드러나는데, 이 작품의 경우 웃음과 슬픔의 두 요소가 절묘하게 대비를 이루고 있다. 예를 들어 괴상한 병일수록 월급을 많이 준다는 생각에 '아내는 얼마나 받을 수 있을까?' 하고 생각을 하는 부분과 진찰 결과 수술을 하지 않으면 목숨을 잃는다는데도 팔자를 고칠 수 있을 만큼의 병이 아니라는 데에 낙담하는 부분이 그러하다. 하지만 이러한 어처구니없는 해학은 무지한 사람들에 대한 야유라기보다는 작가가 현실을 정확하게 인지하고 있다는 반증이라고 볼 수 있다.

ㄹ 의의와 평가
- ⓐ 「땡볕」은 김유정의 마지막 소설로 병든 아내를 병원에 데려가면 돈을 받을 수 있다고 생각하는 무지한 주인공의 행동을 통해 웃음과 슬픔을 동시에 느낄 수 있는 작품이다.
- ⓑ 작품의 구조는 덕순이 아내를 대학병원에 데리고 가는 과정과 병원에서 집으로 돌아오는 과정으로 이루어져 있다. 특히 마지막 장면에서 남편이 사다 준 음식을 먹으며 유언을 하는 아내의 모습은 매우 슬프지만 떡을 입에 문 채로 말하는 모습이나 쌀 두 되를 꼭 갚으라고 하는 부분 등의 해학적인 문체를 통해 웃음을 유발하고 있는데, 이러한 웃음을 통해 슬픔에 빠져 세상을 원망하는 것이 아니라 부끄럼 없이 삶을 마무리하고자 하는 자세를 엿볼 수 있다.

⑦ 「금 따는 콩밭」
　㉠ 개설
　　1935년 3월 『개벽』에 발표된 작품으로 「금」, 「노다지」 그리고 1937년에 발표한 「연기」와 더불어 금(金) 모티프를 다루고 있는 작품이다. 1930년대 황금광 시대를 배경으로 수확된 곡식을 모두 수탈당하는 극도로 빈곤한 농촌 현실 속에서 현실적 해결책을 제시하지 못하고, 어리석고 허황된 욕망에 기대어 사는 인물의 모습을 해학적으로 그려낸 작품이다.
　㉡ 내용
　　어느 날, 콩밭에서 영식이 홀로 김을 매고 있는데 수재가 콩밭에 금이 묻혔으니 파 보자고 제안한다. 영식은 몇 차례 거절을 했으나 아내의 부추김도 있고 하여, 결국 콩밭 하나를 갈아엎게 된다. 하지만 아무리 구덩이를 파도 금은 나올 기미가 보이지 않는다. 이에 불안한 영식은 쌀을 꾸어다가 산제까지 지내보지만 금은 여전히 나오지 않는다. 결국 분통이 터진 영식은 수재와 싸우게 되고, 아내와도 다툰다. 이를 본 수재는 조급한 마음에 금이 나왔다고 속이고 도망갈 결심을 한다. 하지만 이 사실을 모르는 영식 내외는 금이 나왔다는 말에 기뻐한다.
　㉢ 서술상의 특징
　　ⓐ 김유정은 「동백꽃」, 「봄봄」에서 어수룩한 주인공인 '나'를 1인칭 서술자로 설정하여 해학적 분위기를 조성하면서도 날카로운 현실 비판을 담고 있다. 또한 「만무방」에서는 전지적 작가 시점을 통해 성실한 농민이 자신의 벼를 훔치는 반어적 상황을 통해 피폐한 농촌 사회 속에서 견디며 살아가는 농민들의 삶을 연민의 눈으로 바라보고 있다.
　　ⓑ 그러나 「금 따는 콩밭」에서는 3인칭 관찰자 시점을 사용하여 농민들의 모습을 객관적으로 바라보려고 하였다. 앞서 말한 작품들과는 달리 허황된 욕망에 사로잡힌 영식의 모습을 비판하고 꾸짖으려는 작가의 의도가 강하게 드러나 있다.
　㉣ 의의와 평가
　　ⓐ 이 작품은 1930년대 황금 열풍의 시대를 배경으로, 성실했지만 무지하고 가난했던 농민 '영식'이 '수재'의 꼬임으로 자신의 콩밭에서 금줄을 찾으려다가 한 해 농사를 망친다는 이야기를 다루고 있으며, 친구의 거짓된 말만 믿고 자신의 밭을 다 뒤엎게 된 어리석은 상황을 끝까지 인식하지 못하는 '영식'과 '영식의 처'의 모습을 통해 반어와 해학이 잘 드러난다.
　　ⓑ 성실한 삶을 살던 한 인물이 일확천금이라는 헛된 욕망 앞에서 무너지는 모습을 통해 그 당시 농촌 사회가 처한 열악하고 궁핍한 현실을 보여 주며, 1930년대 농촌 사회가 가지고 있던 황금 열풍의 모순점을 우회적으로 비판하고 있다.

10 최정희[18]

(1) 최정희의 삶

15세에 함경남도 단천으로 이사해 그곳에서 살았으며, 1928년 숙명여자고등보통학교를 거쳐 이듬해 서울 중앙보육학교를 졸업했다. 한동안 유치원 보모로 근무하다 1930년 일본에 건너가 학생극예술좌에 참여했다. 귀국 후 『삼천리』 기자로 일했으며 1934년 2차 조선프롤레타리아예술가동맹(KAPF) 검거 시 맹원도 아니면서 투옥되었다가 이듬해 풀려났다. 6·25 전쟁 때는 여자의 몸으로 공군종군작가단에 참가했다. 여성 특유의 감각으로 심리묘사에 뛰어난 글을 썼다.

(2) 문학세계

1931년 『삼천리』에 발표한 「정당한 스파이」를 통해 등단한 이후 1934년 검거될 때까지는 카프의 경향파 문학을 토대로 한 현실참여적 작품을 발표하였다. 출옥한 뒤로는 여성의 시선에 관심을 두고 남녀 간의 애정이나 미망인을 소재로 다룬 작품을 쓰면서 문학적 경향이 변모했다. 가난 때문에 흉가를 얻어 사는 한 여성 가장의 삶을 1인칭 시점에서 묘사한 「흉가(凶家)」(1937)와 1939년부터 2년간 차례로 발표한 「인맥」, 「지맥」, 「천맥」의 3부작이 이 시기의 대표작이며, 중일전쟁부터 4·19 혁명까지의 근대사를 배경으로 지식인 남녀를 주인공으로 그린 「인간사」(1960~1964)는 한국전쟁 후 발표한 장편소설이다.

(3) 주요 작품

1937년 『조광』 4월호에 발표된 「흉가」는 남편을 잃고 신문사에 다니며 아이들을 키우고 있는 '나'가 헐값에 집 한 채를 사는 것에서 시작한다. 그런데 이 집은 남편을 잃고 미쳐버린 여자의 원혼이 서린 흉가로 밝혀진다. 주인공 '나'는 악몽과 환영에 시달리게 되지만, 가난이 더 무서워 이를 운명처럼 받아들이고 견뎌나간다. 「흉가」에 이어 남편과의 별거로 자식을 시댁으로 떼어 보내야 하는 모성의 아픔을 다룬 「정적기(靜寂記)」, 가난과 조혼에 희생되는 열다섯 살 처녀 쪼깐이의 비극을 그린 「산제(山祭)」, 그리고 만주에서 아편 중독자가 되어 돌아와 자식을 문둥이에게 팔아넘길 정도로 타락한 남편과 이런 와중에서도 삶에 대한 애착을 버리지 않는 주인공을 통해 가난 때문에 인간의 존엄성이 파괴되는 양상을 담은 「곡상(穀象)」을 발표한다.

최정희의 소설은 1939년 『문장』 9월호에 발표한 「지맥(地脈)」에 이르러 한결 성숙된 면모를 보여주게 된다. 「지맥」의 주인공 은영은 도쿄 유학 도중 홍민규를 만나 사회 의식에 눈뜨게 된다. 은영은 주위의 반대를 무릅쓰고 기혼남인 홍민규와 동거 생활을 시작한다. 그러나 사회 운동을 하던 홍민규가 감옥에 들어갔다 나와 죽음으로서, 미혼모 은영은 두 아이를 데리고 세상의 거친 파도와 맞서야 하는 처지가 된다. 은영은 기생집 침모 등을 거치며 갖은 고생을 하던 중에 옛 애인 상훈을 만나 청혼을 받으나 양심이 허락치 않아 거절하고 홀로 아이들을 바라보며 살아간다.

최정희의 소설에서는 이처럼 '가난' 때문에 계급적 자각을 한 주인공이 역시 '가난' 때문에 전향하는 경우가 많다. 홀어미로 설정된 여주인공들은 이 전향 과정에서 대담한 자유연애관을 바탕으로 잠시 여성해방의 관점을 취하기도 하지만, 결국은 양심의 문제나 운명으로 눈길을 돌리거나 모성에서 귀결점을 찾음으로써 구도덕으로 돌아가는 형태를 띤다.

---

[18] 장석주, 『20세기 한국 문학의 탐험』, 시공사

> 나와 어머니의 운명은 누가 이렇게 맨드러 놓았는지 몰나. 여자의 운명이란 태초부터 이렇게 고달 프기만 했을까 – 아니 이 뒤로 몇십만 년을 두고도 여자는 늘 이렇게 슬프기만 할 건가. 그렇다면 그것은 여자에게 자궁이란 달갑지 않은 주머니 한 개가 더 달닌 까닭이 아닐까……. 그렇지만 자궁없는 여자는 더 불행한 것도 같다.[19]

최정희는 「정적기」에서 1인칭 고백 형태의 심리적·서정적 묘사를 사용해 실감과 감동을 극대화하는 데 성공하고 있다.

1953년 최정희는 장편 「녹색의 문」에서 일제강점기를 배경으로 사회운동을 하는 남녀 사이에 얽힌 복잡한 갈등과 모순 및 뒷이야기를 그려낸다. 1964년에 발표한 「인간사」에서는 일제강점기부터 8·15, 6·25, 4·19에 이르는 수난과 격동의 역사 속에서 부침하는 인물들의 사랑·파멸·반성 등 온갖 인생의 파노라마를 서정적 언어로 담아낸다.

11 강경애[20]

(1) 강경애의 삶

가난한 농민의 딸로 태어나 4세 때 아버지를 잃고, 7세 때 개가한 어머니를 따라 장연으로 갔다. 어린 시절을 의붓형제들과의 원만하지 못한 분위기 속에서 외롭게 보냈다. 10세 때 초등학교에 들어가 신식 교육을 받았다. 이때부터 「춘향전」·「장화홍련전」 등의 고전소설을 닥치는 대로 읽고 마을 사람들에게 이야기해주었는데, 말솜씨가 뛰어나 '도토리 소설쟁이'라는 별명을 얻었다. 15세 때 의붓아버지마저 죽자 의붓형부의 도움으로 평양숭의여학교에 들어가 서양문학을 공부했다. 3학년 때 동맹휴학에 앞장섰다가 퇴학당했다. 퇴학 후 고향으로 돌아가 흥풍야학교를 세워 잠시 계몽운동을 하다가, 고향 선배인 양주동과 함께 서울로 올라와 금성사에서 동거하며 동덕여학교 3학년에 편입했다. 그러나 1년 후 다시 고향으로 돌아가 근우회 장연지부에서 활동했다. 1932년 장연군청에 근무하던 장하일과 혼인한 뒤, 만주로 건너가 남편은 동흥중학교 교사로 일했고 그녀는 소설을 썼다. 생활이 궁핍해지자 같은 해 고향으로 돌아왔다가, 1933년 다시 간도 용정으로 가서 소설 창작에 전념했다.

(2) 문학세계

소설 「파금(破琴)」(『조선일보』, 1931.1.27.~2.3.)·「어머니와 딸」(『혜성』, 1931.5.~1932.4.)을 발표하여 문단에 나왔다. 당시 간도의 사정을 잘 그린 수필 「간도를 등지면서」(『동광』, 1932.8.)·「간도야 잘 있거라」(『동광』, 1932.10.) 등과, 사상적 스승이자 동지인 남편과의 관계를 그린 수필 「원고 첫 낭독」(『신가정』, 1933.6.)·「표모(漂母)의 마음」(『신가정』, 1934.6.) 등을 발표했다.

남편 장하일은 사상범으로 체포된 경험이 있고, 만주에서도 계속 활동한 민족운동가였다. 그녀가 조선프롤레타리아예술가동맹(KAPF)과 직접적인 관계가 있지 않았음에도 불구하고, 사회과학적 현실인식

---

19) 최정희, 「정적기」, 『삼천리』.
20) 다음백과, 강경애 편

이 뚜렷한 작가의식을 바탕으로 진보적 사실주의 작품을 쓸 수 있었던 것은 남편의 도움으로 가능했다. 고향에서 쓴 「어머니와 딸」에서는 봉건 윤리의 억눌림 속에서 가난한 모녀가 겪는 수난을 나타냈고, 간도로 건너간 이후 계급투쟁을 내용으로 한 단편 「그 여자」(『삼천리』, 1932.9.)와 콩트 「월사금」(『신동아』, 1933.2.)을 발표했으며, 아버지와 아들이 도둑질과 살인을 저지를 수밖에 없는 절박함을 그린 「부자(父子)」(『제일선』, 1932.3.)와 수입이 줄어든다고 일꾼을 몰래 죽이려는 지주의 횡포를 그린 「채전(菜田)」(『신가정』, 1933.9.) 등에서 일제강점기에 하층민이 겪었던 수탈을 생생하게 그렸다.

만주를 배경으로 한 대표작 「소금」(『신가정』, 1934.5.~10.)은 중국인 지주에게 버림받은 봉염 어머니를 통해 간도에서 조선인들이 이중으로 수탈당하는 현실에서 공산주의자들은 인간과 사회해방을 위해 무엇을 했는가를 묻는다.

비슷한 시기에 발표한 장편 「인간문제」(『동아일보』, 1934.8.1.~12.22.)는 근대소설사에서 빼놓을 수 없는 작품으로, 인간으로서 기본생존권조차 얻을 수 없었던 노동자의 참담한 현실을 예리하게 파헤쳤다. 이어 딸을 강제로 팔아야 하는 어머니의 아픔을 그린 「동정」(『청년조선』, 1934.10.), 만주사변 직후 안일한 소시민으로 전락해가는 세태를 그린 「모자(母子)」(『개벽』, 1935.1.), 작가 자신의 체험을 바탕으로 한 「원고료 이백원」(『신가정』, 1935.2.), 지주에게 이용만 당하고 해고된 소작인을 그린 「해고」(『신동아』, 1935.3.), 농촌의 궁핍함을 자세히 그린 「지하촌」(『조선일보』, 1936.3.12.~4.3.) 등을 발표했다.

(3) 강경애에 대한 평가

강경애는 사회경제적 모순을 작품의 기본적인 갈등구조로 삼아 당대의 역사인식에서 가장 진보적인 입장을 취했으면서도 정치조직이나 이론에서는 고립적이었으며, 그 때문에 문학사적으로 오히려 과소평가되어왔다. 또한 분단 이후 그녀의 문학에 대한 평가는 후기의 자연주의적 작품에 초점을 맞추어 제대로 이루어지지 못하다가, 1980년대 이후에야 올바른 연구작업이 시작되어 초기·중기의 진보적 사실주의 작품을 재평가하게 되었다. 가난을 묘사하는 데 있어 조명희와 나란히 견줄 만큼 비참한 장면을 드러냈고, 빈부의 차이에서 오는 인간의 생존본능을 그리는 데에서는 최서해와 닮을 만큼 잔혹한 장면을 많이 그렸다.

(4) 주요 작품

① 「소금」

㉠ 개설

1934년 강경애가 발표한 중편소설로 1930년대 초 간도 지방을 배경으로 억압받으며 살고 있는 소금장수인 여주인공 봉염 어머니의 일생을 묘사하였다. 강경애의 원작을 바탕으로 신상옥 감독이 영화로 연출한 바 있다.

㉡ 내용

남편을 따라 정든 고향을 등지고 두만강을 건너간 봉염 어머니는 용정 부근 농촌에 있는 중국인 지주 광둥의 땅을 부치며 근근이 살아간다. 하늘같이 믿고 살던 남편은 지주를 보호하려다 공산당의 습격을 받아 죽고, 아들 봉식이마저 아버지의 장례를 치른 후 행방불명이 되고 만다. 하는 수 없이 광둥의 집에서 심부름을 하면서 지내던 봉염 어머니는 아들 봉식이가 공산당에 가입해 활동하다가 체포되어 사형당했다는 이유로 그 집에서 쫓겨난다. 어린 봉염과 봉희마저 잃고 홀몸이 된 봉염 어머니는 삶의 막다른 길에서 목숨을 부지하기 위하여 소금밀수 무리에 끼어든다.

소금을 지고 돌아오던 길에 그들은 산정에서 항일유격대 사람들을 만난다. 공산당이라고 하는 그 사람들은 그때 "여러분, 당신네들이 왜 이 밤중에 단잠을 못자고 이 소금 짐을 지게 되었는지 아십니까?"라고 하면서 그 원인을 말해준다. 봉염 어머니가 집에 돌아와 언 몸을 녹이며 소금 팔 궁리를 하고 있을 때 순사들이 달려들어 애써 지고 온 소금을 허가받지 않은 소금이라고 압수하고 그녀를 체포해간다. 이때 봉염 어머니는 공산당이 나쁘다는 일제의 선전이 거짓이며 남편이 공산당의 손에 죽었다는 말도 새빨간 거짓말이라는 것을 깨닫는다. 또한 그는 공산당이 못사는 사람들의 편임을 확신하게 되면서 그제야 아들을 이해하고 공산주의 품에 안겨 자신도 소금과 같은 존재가 되겠다고 다짐한다는 내용이다.

ⓒ 의의와 평가
ⓐ 자신이 처한 삶의 고통의 원인을 전혀 알지 못하던 무지한 여성이 사회적 의식을 깨우쳐 변화해가는 과정을 사실적으로 그린 작품이다.
ⓑ 중국인 지주에게 버림받은 봉염 어머니를 통해 간도에서 조선인들이 이중으로 수탈당하는 현실에서 공산주의자들은 인간과 사회해방을 위해 무엇을 했는가를 묻는다.
ⓒ 식민지 지배 체제 아래 떠도는 이민족의 실상을 고발하고, 당시 또 다른 과제로 떠오른 좌우 이데올로기의 대립 때문에 희생되는 한 여인의 기구한 삶을 사실적으로 그렸다는 평가를 받는다.

② 「인간문제」[21]
㉠ 개설
1934년 8월 1일부터 12월 22일까지 『동아일보』에 연재되었다. 저자는 1931년부터 이미 「파금(破琴)」과 「어머니와 딸」을 통하여 많은 사람들의 주목을 받았다. 문단 등단 이래의 강경애 문학이 대체로 당시의 극한적 빈궁 문제에 대한 관심의 표명인 동시에 여성적 감각의 인도주의를 가미한 것으로 평가된다면, 「인간문제」야말로 그러한 특색을 가장 잘 나타내주고 있는 작품이다.

㉡ 내용
용현 마을의 가난한 머슴의 딸로 태어난 여주인공 선비는 당시 최하층 여성이 겪을 수 있는 온갖 고생을 다 맛본다. 선비는 부모를 여의자 그녀의 아버지를 죽음에 이르게 한 지주 덕호의 몸종으로 들어갔다가, 그에게 정조를 유린당한다. 선비는 가난 때문에 덕호의 첩이 된 친구 간난이와 함께 마을을 떠나 일본인이 경영하는 방직 공장에서 여공으로 일하게 된다. 공장에서 고된 노동에 혹사당한 끝에 선비는 폐병을 앓게 된다. 그러나 계약이라는 명에 때문에 공장을 나올 수조차 없다. 이에 선비를 좋아하는 첫째에게 간난이가 도움을 청한다. 그러나 그들이 달려왔을 때 선비는 이미 숨져 있었다. 첫째는 어려서부터 사모하던, 그리고 아내로 맞아 잘 살아보려던 선비의 시체가 시커먼 뭉치로 변하는 것을 느꼈고, 그 뭉치야말로 몇천만 년을 두고 인간이 해결하려고 노력하여 온 큰 문제로 깨닫게 된다.

㉢ 의의와 평가
ⓐ 「인간문제」는 사실주의적 작품으로, 1930년대의 한국의 참상을 가차없이 고발·성토하고, 특히 말미에서 인간다움의 회복을 절규함으로써 식민지 시대 노동자와 농민의 비참한 삶의 고발이라는 주제를 강렬히 제시하고 있다.
ⓑ 식민지 상황에서 인간으로서 기본적인 생존권조차 확보할 수 없었던 한국인의 참담한 현실을 눈여겨보면서 인간 문제를 예리하게 파악한, 강경애 문학의 핵심으로 평가된다.

---
21) 이강언, 『한국근대소설논고』, 형설출판사

12 김동리

(1) 김동리의 삶

경주제일교회부설학교를 졸업하고 대구계성중학교에서 2년간 공부했다. 서울로 올라와 경신고등학교에 다니다가 중퇴하고 낙향하여 박목월 등과 사귀며 동서양의 고전에 심취, 인간과 자연과 신에 대해 관심을 기울였다.

1933년에 다시 서울로 올라와 김달진·서정주 등의 「시인부락」 동인들과 사귀면서 시를 쓰기 시작했으나 소설로 전향했다. 1935년『조선중앙일보』신춘문예에 「화랑의 후예」가, 1936년『동아일보』신춘문예에 「산화(山火)」가 당선되어 작가로서의 위치를 굳혔다. 그 후 「바위」(『신동아』, 1936.5.)·「무녀도」(『중앙』, 1936.5.)·「황토기」(『문장』, 1939.5.)·「찔레꽃」(『문장』, 1939.7.)·「동구 앞길」(『문장』, 1940.2.)·「다음 항구」(『문장』, 1940.9.) 등을 계속 발표했고, 해방을 맞이한 뒤 곧 서울로 올라와 민족주의 문학진영에 가담했다. 특히 김동석·김병규와의 순수문학논쟁을 통하여 우익측의 입장을 대표하는 인물로 두드러졌다. 좌우문학진영과의 이론 대립이 치열했던 때에 발표한 평론 「순수문학의 진의」(『서울신문』, 1946.9.15.)·「문학과 자유의 옹호」·「순수문학과 제3세계관」(『대조』, 1947.8.)·「민족문학론」(『대조』, 1948.8.) 등은 이론적으로 낮은 수준에 있던 우익측의 민족문학론을 논리화·체계화시킨 글로 평가되었다.

그는 이론투쟁과 아울러 조직력을 중시하여 서정주·조연현·곽종원·박목월·조지훈·박두진 등과 함께 조선청년문학가협회를 결성했다. 정부수립 때까지 이 단체의 회장으로 있으면서, 「윤회설」(『서울신문』, 1946.6.6.~26.)·「혈거부족(穴居部族)」·「달」(『문화』, 1947.4.)·「역마」 등을 발표했다. 1947년 『경향신문』문화부장, 1948년『민국일보』편집국장 등을 지냈고, 오랫동안 한국문학가협회 소설분과위원장, 예술원 회원 등을 역임했다.

(2) 문학세계

① 초기의 문학적인 특성을 가장 집약적으로 나타낸 작품은 「무녀도」이다. 이 소설은 무당 모화와 딸 낭이, 그리고 낭이의 이복(異腹) 오빠 욱이를 통해 종교적 가치관의 충돌과 이로 인한 인간 내면의 갈등을 그리고 있다. 즉, 우리나라 토속적인 샤머니즘과 외래사상인 기독교의 대립 속에서 현실적으로 패배할 수밖에 없는 우리나라 고유 사상의 역설적인 삶의 한 양식을 무당 모화를 통해 보여주었다. 「무녀도」와 함께 김동리를 말할 때 빠지지 않고 언급되는 작품이 「황토기」이다. 이 작품은 설희라는 아름다운 여인을 사이에 둔 천하장사 억쇠와 득보의 갈등을 중심으로 전개된다. 쌍룡의 전설을 상징화시킨 이 소설은 인생의 허무를 강조하고 있다. 이 같은 허무의 세계는 「무녀도」의 신비적이고 몽환적인 세계와 더불어 초기 김동리 문학을 떠받치는 두 갈래의 기둥이었다.

② 중기는 「혈거부족」을 시작으로 하는데, 이 시기의 작품들은 해방 이후에 쓴 「미수(未遂)」·「달」·「역마」 등과 함께 그가 해방직후에 제기했던 순수문학론·본격문학론·제3휴머니즘론을 구체적으로 반영하고 있다. 이 소설들은 초기의 작품세계, 즉 신비적·허무적 색채를 가미한 인간성의 옹호 및 생(生)의 근원에의 집착이라는 문학적 토대에 사상적인 깊이를 더해주는 것이었다.

③ 1955년 『현대문학』 1월호에 발표한 「흥남철수(興南撤收)」는 민주주의와 공산주의라는 이념이 전쟁에 어떻게 반영되고 있는가를 보여주고 있다. 이처럼 후기의 작품세계는 이념과 인간과의 관계를 해명하는 데 중점을 두었다. 같은 해 『현대문학』 5월호에 발표한 「밀다원시대(密茶苑時代)」와 『문학과 예술』 6월호에 발표한 「실존무(實存舞)」에서는 전쟁 이후 지식인들의 심리적 불안감을 보여주었다.

④ 특히 1955년부터 1957년까지 『현대문학』에 연재한 「사반의 십자가」는 김동리 스스로가 "작가생활 35년 만에 비로소 작품다운 작품을 갖게 되었다"고 말할 정도로 뜻 깊은 작품이다. 조국의 독립이라는 현실적인 문제를 추구하는 사반과, 영혼의 구제와 내세적·천상적인 영광만을 추구하는 예수의 대립을 기본 구성으로, 주로 비유와 상징으로 꾸며져 있다. 즉, 예수와 사반의 대립을 통해 육체와 영혼을 마주보며 살아가는 모순된 존재로서의 인간의 근원적 문제를 추구하고 있다. 이러한 문학세계는 1963년에 발표한 「등신」에 이르러 더욱 강화된다. 소신공양으로 성불한 만적 스님의 인생과 일제 말기 학병으로 끌려가 정원사에 숨어 있는 주인공 '나'의 삶의 여정을 그린 이 작품은 부처는 이미 인간이 아니며, 만적은 소신공양함으로써 인간과 부처를 동시에 체현했음을 핵심적으로 드러내고 있다.

⑤ 그는 한국소설사에 있어서 가장 특이한 소재를 빼어난 기교로 잘 처리한 소설가이다. 토속성과 외래사상과의 대립, 신비감과 허무감이 내재된 인생의 근원적 본질 추구 등을 통해 인간 본성의 문제에 깊이 천착해 왔고, 이 같은 관심은 내용으로서의 '인간'과 형식으로서의 '미(美)'라는 입장이 투영되어 문학적 형상화를 성공적으로 이루어냈다.

(3) 주요 작품[22]

① 「무녀도」

㉠ 개설

1936년 5월 『중앙』에 발표되었고, 1947년 을유문화사에서 같은 제목으로 간행한 단편집 『무녀도』에 수록될 때 많은 부분이 개작되었다. 이후 1978년에 「을화(乙火)」라는 장편소설로 확장·개작되었다.

㉡ 내용

모든 것에 귀신이 들어 있다고 믿으며 귀신만을 섬기는 무당인 모화는 그림을 그리는 딸 낭이와 더불어 경주 잡성촌의 퇴락한 집에서 살고 있다. 그런데 어려서 집을 나갔던 아들 욱이가 이 집에 들어오면서부터 모화의 삶은 흔들리기 시작한다. 욱이가 신봉하는 기독교와 모화가 받드는 귀신 간에 갈등이 벌어지기 시작한 것이다. 그들은 모자 간의 사랑에도 불구하고 서로 다른 신관(神觀)과 가치관 때문에 상호 용납하지 못한다. 각각 기도와 주문으로 대결하다가 마침내 모화가 성경을 불태우고, 이를 저지하려던 욱이가 칼에 찔림으로써 죽음에까지 이르게 된다.

그 뒤 마을에는 예배당이 서고, 힘을 잃게 된 모화는 예기소에서 죽은 여인의 넋을 건지는 마지막 굿판을 벌이게 된다. 모화는 드디어 무열(巫悅)의 상태에서 춤을 추다가 물속에 잠기고, 낭이는 그를 데리러 온 아버지를 따라 어디론가 사라진다.

---

[22] 이재선, 『한국현대소설사』, 홍성사

ⓒ 구성상의 특징
  ⓐ 「무녀도」는 김동리 소설에서 흔히 보이는 액자구조로 되어 있으며, 이야기 속에 또 하나의 이야기가 담겨져, 이중(二重)의 허구화현상(虛構化現象), 즉 내부 이야기에 대한 호기심 유발과 그것의 인증기능(認證機能)을 하고 있다. 한편, 내부 이야기도 모화와 욱이의 극적인 갈등이 중심을 이루면서 '발단-전개-절정-대단원'의 견고한 짜임을 보여준다.
  ⓑ 발단에서는 퇴락한 집과 '사람냄새'의 대비, 인물들의 서로 다른 방언의 대비, 무속과 기독교적 신관의 차이 등을 통하여 이미 이야기 전체의 기본적 갈등을 전제하고 있다. 그리고 모화와 욱이의 상호 대립이라는 외적 갈등이 점진적으로 전개되며, 결국 욱이의 죽음이라는 파국으로 치닫는다. 그 뒤 쇠퇴해 가는 모화의 자기 세계를 되찾으려는 마지막 굿과 죽음이 비극적인 대단원을 이룬다.

ⓔ 의의와 평가
  ⓐ 이 작품은 '무녀도'라는 그림에 담긴 한 무녀의 사연의 풀이를 제시하며, 모든 것이 변해 가는 소용돌이 속에서 소멸해 가는 것에 매달려, 이를 지키려는 비극적인 인간의 한 모습을 형상화하였다.
  ⓑ 모화의 죽음과 패배는 기독교의 승리로 볼 수도 있으나, 그러한 승패보다는 도도한 역사의 변화 앞에서 이에 맞서고 겨루어보려 한, 한 인간의 마지막 모습을 비극적으로 제시한 것에 이 작품의 의미가 있다. 「무녀도」의 그림이 전제된 이유도 바로 여기에 있다.
  ⓒ 「무녀도」는 우리의 재래적 토속신앙인 무속(巫俗)의 세계가 변화의 충격 앞에서 쓰러져 가는 과정을 그리고 있으며, 역사적인 시간을 초극함으로써 오히려 인간적인 삶의 보편성을 암시하려는 작가의 세계관이 천명되어 있다.

② 「황토기」
  ㉠ 개설
  1939년 5월 『문장(文章)』 제4호에 발표된 작품이다. 1949년 수선사와 인간사에서 김동리의 여러 단편소설을 묶어 『황토기』를 간행하였으며, 이후 1959년 인간사에서 『황토기』 증보 초판을 간행하였다. 우리의 구전적인 설화에 자주 등장하고 있는 절맥(絶脈)의 모티프(motif) 또는 상룡(傷龍)의 모티프 등 지역창조의 연기설화(緣起說話)를 전경(前景)으로 한 가운데, 이와 병렬하여 중심이야기를 제시함으로써 설화와 소설의 유기성을 보여주고 있는 작품이다.

  ㉡ 내용
  억쇠는 원래 황토골의 타고난 장사이지만, 장사가 나면 불길한 조짐이라는 마을 사람들의 속신(俗信)과 아버지의 경고 때문에, 힘을 써보고 싶은 충동은 항상 느끼나 좀처럼 힘을 써보지 못한 채, 한 번 힘을 제대로 쓸 날을 기다리며 시간을 허송한다. 분이의 주막에서 술 마시는 것으로 소일하던 어느 날, 억쇠는 득보라는 또 다른 장사를 만나 분이와 더불어 살게 되며, 분이를 트집 잡아 이들은 싸움을 벌이게 된다.
  그 뒤 억쇠가 얌전한 설희를 들여앉히자 설희에게 마음을 둔 득보는 다시 억쇠와 격렬한 몸싸움을 벌인다. 그런데 이를 질투하던 분이가 설희를 죽이고 득보마저 찌른 채 달아나버리자, 득보는 수척한 몸으로 분이를 찾아 떠난다. 얼마 뒤 득보가 분이와의 사이에 낳은 딸만을 데리고 돌아오자, 이들은 이제 마지막이 될지도 모르는 큰 싸움을 향하여 용냇가로 내려간다.

ⓒ 의의와 평가
ⓐ 황토기의 서두에 제시된 설화는 사실 이 작품을 관통하는 전경적인 결구인 추락・저주・거세를 상징하며, 주제의 암시를 의미할 뿐만 아니라 구원과 희생이 아닌 저주받은 피의 상속성에 대한 문제를 제기하고 있다. 이것은 김동리의 문학에서 두루 나타나는 원초적인 경험의 틀이다.
ⓑ 치솟는 힘을 바르게 써보지 못하고 있는 억쇠의 삶과 유랑의 삶을 사는 득보의 편력, 그들이 벌이는 무모한 힘겨룸의 이야기는 어떻게 보면 전설적인 만담처럼 보이기도 한다. 그러나 작품의 초두에서 밝힌 절맥설의 틀과 유기화시켜 볼 경우, 저주받은 운명의 땅인 우리나라의 상황을 상징화한 작품이라고도 해석된다.

③ 「역마」
㉠ 개설
1948년 1월 『백민(白民)』 12호에 실렸으며, 1950년 정음사(正音社)에서 같은 이름으로 간행한 단편집 『역마』에 수록되었다.
㉡ 내용
하동・구례・쌍계사로 갈리는 세 갈래 길목의 화개장터에 자리 잡은 옥화네 주막에 어느 여름 석양 무렵 늙은 체장수와 열대여섯 살 먹은 그의 딸 계연이 찾아온다. 이튿날 체장수는 딸을 주막에 맡겨놓고 장사를 떠난다. 옥화는 자신의 아들 성기와 계연을 이어주기 위해 노력하고, 마침내 두 사람의 정은 더욱 깊어 간다.
어느 날 옥화는 계연의 머리를 땋아주다가 왼쪽 귓바퀴의 조그만 사마귀를 발견하고 깜짝 놀란다. 그리고 악양 명도에게 다녀온 뒤로 성기와 계연의 사이를 경계하게 된다. 마침내 체장수가 다시 와 계연은 아버지를 따라 여수로 떠나고, 성기는 갑작스런 이별에 충격을 받아 자리에 드러눕게 된다. 옥화는 성기에게 그녀의 지난날을 이야기해준다. 체장수는 서른여섯 해 전 남사당을 꾸며 화개장터에 와 하룻밤을 놀고 갔던 자기의 아버지가 틀림없으며 자신의 왼쪽 귓바퀴의 검정 사마귀를 보여주면서 계연은 자기의 동생이 분명하다는 것이다.
이른 여름날 화개장터 삼거리에는 나무엿판을 맨 성기가 옥화와 작별하고, 육자배기 가락을 부르면서 체장수와 계연이 떠난 구례 쪽 길을 등지고 하동 쪽으로 떠난다.
㉢ 의의와 평가
ⓐ 이 작품은 역마살로 표상되는 동양적이며 한국적인 운명관을 형상화한 작품이다.
ⓑ 하룻저녁 놀다 간 남사당패에게서 옥화를 낳은 할머니, 떠돌이 중으로부터 성기를 낳게 된 옥화, 마침내 엿목판을 메고 유랑의 길에 오르는 성기 등 이들 가족을 통해 인연의 묘리와 비극적인 운명의 사슬에 매여 순응하며 살아갈 수밖에 없는 토착적 한국인의 의식세계를 그대로 보여준다.

13 안수길[23]

(1) 안수길의 삶

1926년 간도중앙학교를 졸업하고 이듬해 함흥고등보통학교에 입학했으며 동맹휴교사건과 관련해 자퇴했다. 1930년 일본으로 건너가 1931년 와세다대학[早稻田大學] 고등사범부 영어과에 입학했다가 중퇴하고 귀국한 후 1932년 박영준·이주복·김국진 등과 함께 문예동인지 『북향(北鄕)』을 펴냈고, 1936년 『간도일보』, 1937년 『만선일보』 기자로 근무하다 1945년 6월 건강이 악화되어 3년간 고향의 과수원에서 요양했다. 1948년 가족과 함께 월남하여 경향신문사에 입사해 문화부 차장 및 조사부 부장을 지냈다. 6·25 전쟁 때는 해군 정훈감실 문관으로 복무했고, 1952년에는 피난지 부산에서 용산고등학교 교사, 1954년에는 서라벌예술대학 문예창작과 교수, 1959년에는 이화여자대학교 국문과 강사, 1960년에는 국제 펜클럽 한국본부 중앙위원 등을 지냈다.

(2) 문학세계

1935년 『조선문단』에 단편 「적십자병원장」과 콩트 「붉은 목도리」가 당선되어 문단에 나왔다. 그의 문학세계는 크게 3개의 시기로 구분할 수 있다.

① 첫 번째는 8·15 해방 이전까지로 만주에서의 직접 체험을 형상화한 작품들이다. 만주에 사는 한국인의 고통스러운 삶을 민족 수난사의 의미와 결부시켜 폭넓게 제시했는데, 창작집 『북원(北原)』(1943)과 장편 「북향보(北鄕譜)」(1944)가 그것이다. 이 시기 그의 작품경향은 개척 이민의 전사(前史)에 해당되는 「새벽」·「벼」·「원각촌(圓覺村)」 등과 1932년 이후 만주 개척 이민의 현 단계를 다룬 「새마을」·「목축기」 등의 두 갈래로 나뉜다. 이들 초기 소설들은 '어떻게 사느냐'라는 문제를 민족적 단위에서 파악하려는 작가정신이 밑받침되고 있다.

② 두 번째는 월남한 이후 1950년대까지로, 「여수(旅愁)」(『백민』, 1949. 5.)·「밀회」(『문예』, 1949. 10.)·「제삼인간형」(『자유세계』, 1953. 6.) 등이 이에 속한다. 이 작품들의 창작배경은 8·15 해방과 월남, 6·25 전쟁이다. 앞의 두 작품이 만주에서의 체험과 관련된 것이라면, 뒤의 것은 6·25 전쟁과 관련된 것이다. '제삼인간형'이란 6·25 전쟁으로 말미암아 변질된 세 사람의 지식인상을 뜻하며, 이것 역시 '어떻게 사느냐'의 문제에 대한 작가적 탐색이다.

③ 세 번째는 1950년대 말기 이후로, 기념비적인 장편 「북간도」가 그 대표작이다. 이 작품은 만주로 이민 간 우리 민족의 수난사를 4대에 걸친 한 가족의 이야기를 통해 집중적으로 보여준다. 순응주의자들의 자기기만을 폭로하고 비순응주의자의 생활태도를 옹호하는 과정을 통해 예술적 성과를 얻고 있으며 그의 민족적 리얼리즘의 가치를 탁월하게 드러낸다. 그 외 소설집으로 『초연필담』(1953)·「제2의 청춘」(1958)·「이화에 월백하고」(1978) 등이 있다. 1954년에 아시아자유문학상, 1967년에 서울특별시 문화상을 받았다.

---

[23] 장석주, 『20세기 한국 문학의 탐험』, 시공사

(3) 주요 작품

① 「북간도」 중요도 하
  ㉠ 개설
   이 작품은 이한복 일가의 4대에 걸친 삶을 통해 우리 민족 전체의 수난을 형상화하고 있다. 민족의 주체성과 민족이 나아갈 바를 분명히 보여 주고 있다는 데에 문학사적 의의가 있다.
  ㉡ 내용
   이한복·장치덕·최칠성 세 사람은 변경 지방에서 살다가 간도에 건너가 황무지를 개간하여 옥토로 만든다. 그들은 간도가 우리 땅이라는 전래(傳來)의 이야기를 믿고 일을 착수했던 것이다. 그러나 청나라 정부는 그 땅이 자기네 땅이라는 것을 강조하면서 귀화할 것을 종용한다. 그렇지 않으면 토지소유권을 인정할 수 없고 청나라의 법률에 따르지 않는 한 추방하겠다고 나선다. 이 때 머리 모양을 어떻게 하느냐 하는 것은 사람들의 삶의 태도를 암시하였다. 청나라에서 변발흑복(辮髮黑服)을 강요했을 때 최칠성은 이에 응했고, 장치덕은 머리를 깎아 버렸으나 이한복은 이에 항거하였다. 최칠성은 배신형, 장치덕은 적응형, 이한복은 저항형이라고 할 수 있다. 이 세 인물의 자세나 태도는 그의 후손들에게도 그대로 이어지고 있다. 이들의 행동 양식에서 우리는 역사의 소용돌이 속에 살아온 우리 민족의 삶의 모습을 살펴볼 수가 있다.
   1대의 한복, 2대의 장손, 3대의 창윤, 4대의 정수가 겪는 갈등과 좌절의 긴 역사는 단순히 개인의 것일 수가 없으며, 우리 민족 전체의 운명 그것이었다. 그리하여 '민족의 얼'을 지키려고 노력하던 이들의 비장한 삶은 우리에게 진한 감동과 함께 민족정신의 의미를 음미할 수 있는 계기를 마련해준다.
  ㉢ 의의와 평가
   ⓐ 이 작품은 1870년경부터 8·15 광복까지의 민족 수난의 기간을 시간적 배경으로 하고, 북간도를 공간적 배경으로 하여 일제강점기 유이민들의 고난과 시련을 보여 주는 5부작 대하소설이다. 주요 인물들은 이한복 일가 4대로서, 이들을 통해 오욕의 역사 속에서 우리 민족이 어떻게 주체성을 유지하였는가를 보여 주고 있다.
   ⓑ 이 작품은 백두산 정계비 사건, 변발 문제, 무장 독립운동 등 역사적 사건을 밑그림으로 하여 민족정신을 일깨워 주는 작품이다. 작가는 함흥에서 태어나 간도로 이주하였던 체험을 바탕으로 사실감 있는 현실 묘사를 하고 있으며 그 체험적 진실이 전하는 감동의 폭이 크다.
   ⓒ 이 작품은 해방 후의 혼란기에 우리 민족의 수난사를 현장감 있게 제시하여 당대인들에게 하나의 경종을 울리고 있으며, 민족적인 주체성을 위하여 어떠한 삶을 살아가야 할 것인지를 분명하게 제시하고 있다. 박경리의 「토지(土地)」와 함께 19세기 말 이후 20세기 전반에 우리 겨레의 역사적 삶을 그린 민족 문학의 큰 수확이라 할 수 있다.

② 기타 작품
  ㉠ 「사루비아 핀 정원」
   「사루비아 핀 정원」에 나오는 최지애와 정영주 부부관계는 비정상의 것이다. 최지애가 전남편인 은행원과 사별한 후 하숙하고 있던 10년 연하의 학생이었던 정영주와 우연한 기회에 맺어진 데서 그 생활은 평탄치 않은 출발을 하게 되는 것이다. 여기에 또 등장하는 최지애의 여학교 선배인 순임이의 남편인 화가 지세훈과의 묘한 관계가 사태를 더욱 복잡하게 하고 있다. 작가는 이렇게 질투와 애정이 교차하는 남녀 관계를 설정해 놓고 그 가운데에서 어떻게 사는 것이 가장

올바른 길인지에 대한 인간의 고민상을 구체적이면서도 여실하게 보여준다.

자칫하면 불륜의 탈선으로 기울어지기 쉬운 복잡한 애정 관계를 그려 나가는 데 있어서도 작가는 가장 건전한 윤리성을 보여준다. 정영주가 애련이 곁을 떠나자 자살미수 끝에 그 동안의 과오를 회개하고 아내인 최지애에게 하는 참회의 고백이 여실하게 말해주듯이, 정영주의 방황은 끝나고 최지애와의 새 출발을 기약한다. 결국 복잡했던 애정 관계는 원만히 해결되고 모두가 행복의 길을 되찾게 된다.

ⓒ 「귀심」

「귀심」은 적십자 회담이 시작될 무렵의 소산으로, 작품에는 해방 후 월남하여 재혼한 염세훈의 아들인 재호와 딸인 재숙이와 재희가 등장한다. 재호와 재숙이는 모두 성장하여 혼기에 찼는데, 재호에게는 김선주라는 아가씨, 재숙이에게는 신명준이라는 총각이 나타난다. 그러나 공교롭게도 신명준의 아버지는 납치되어 홀어머니 밑에 자랐고, 김선주의 아버지는 사변의 혼란 통에 월북하여 역시 소식을 모르고 지낸다.

염세훈의 재혼한 아내는 남북 적십자 회담을 떠들고 이산가족의 상봉을 운운하게 되자 다른 사람과는 달리 마음이 유쾌하지 못한데, 그 까닭은 서로 헤어진 남편의 전부인과의 관계가 어떻게 될 것인지에 대한 의구심이 들어서이다. 그래서 딸과 아들의 결혼 상대자의 비슷한 환경에 대해서도 몹시 탐탁지 않게 생각한다. 그러나 남북 회담으로 그와 같은 불안이 있다 하더라도 그것은 뜨거운 이해로 해소될 것이라는 주변의 설득을 통해 아들 재호와 딸 재숙의 결혼은 별 탈 없이 진행되어 나간다.

「귀심」은 국토 분단이 빚어 놓은 이산가족의 아픔과 함께 젊은 세대들이 걸어가야 할 길이 무엇인지 구체적인 작품의 형상화를 통해 뚜렷이 가리키고 있다.

ⓒ 「제삼인간형」

제삼인간형은 1953년 『자유세계』에 발표된 안수길의 단편소설로, 1954년 을유문화사에서 같은 표제로 단행본이 발행되었다. 6·25와 피난 생활이라는 특수한 상황 속에 세 사람의 삶의 방식을 조명하며 역사의 소용돌이 속에서 '어떻게 사느냐?'라는 문제를 제기한 작품이다.

한때 작가였다가 6·25 사변 후 상인으로 전락한 '조운', 그를 따르는 '미이'라는 문학소녀, 작가이면서 교원인 '석'의 변화하는 인간형을 그린 소설로, 지식인을 제삼인간형으로 표현했다. 크든 작든 역사적 현실 속에서 확고한 사명감으로 인생의 방향을 잡고 살아가는 두 인물과 이도 저도 아닌 한 인물 등 세 인간형을 대조 및 부각시킨 작품으로, 작가는 전쟁이라는 극한 상황에 대처해 가는 세 인물상과 이런 역사의 소용돌이 속에서 변모해 가는 인간형을 통해 삶의 문제를 성찰하려 했다.

14 이무영24)

(1) 이무영의 삶

한국의 농민문학 선구자로 농촌을 제재로 한 소설을 많이 썼고, 본명은 용구이다. 휘문고등보통학교를 중퇴하고 1925년 일본으로 건너가 세이조[成城] 중학교를 다닐 때는 일본작가 가토 다케오[加藤武雄]의 집에 머물면서 문학을 공부했다. 1929년 귀국해 잠시 소학교 교원으로 일했고, 1932년 '극예술연구회' 동인과 1933년 '구인회' 회원으로 활동했다.

1934년 동아일보사에 입사했으나 1936년 일장기말소사건으로 그만두고 『조선문학』 주간으로 일했다. 서울대학교·연세대학교·숙명여자대학교 등의 강사를 거쳐 단국대학교 교수를 지냈고, 1946년 전국문화단체총연합회 최고위원, 1955년 한국자유문학가협회 부회장 등을 역임했다.

(2) 문학세계

① 19세 때인 1927년 '이용구'라는 본명으로 장편 「의지 없는 영혼」·「폐허」를 발표했으나 주목받지 못했다. 이어 1932년 『동아일보』에 중편 「지축을 돌리는 사람들」을 발표하면서 본격적인 창작활동을 시작했고, 초기에는 무정부주의적 저항의식을 드러내는 「반역자」(『조선일보』, 1931.2.8.~22.) ·「흙을 그리는 마음」(『신동아』, 1932.9.)·「루바슈카」(『신동아』, 1933.2.) 등을 발표했다. 그러나 1939년 경기도 군포 근처에 있는 궁촌(宮村)이란 곳에 들어가 직접 농사를 지으며 쓴 소설들은 초기의 것들과 달리 농사짓는 일에 대한 신성함과 농민의 성실한 삶을 예찬하고 가난한 농촌의 현실을 자세히 그려냈다.

② 신문사를 그만둔 주인공이 농촌에서 흙투성이가 되어 농사를 짓는다는 「제1과 제1장」(『인문평론』, 1939.10.)은 자전적 소설로서, 그의 대표작이자 한국의 농촌소설 가운데 빼어난 작품이다. '속(續) 제일과 제일장'이란 부제를 붙인 「흙의 노예」(『인문평론』, 1940.4.)는 「제1과 제1장」의 주인공이 점차 농촌에 정착해가는 과정을 그리고 있다.

③ 그 밖에 원수 사이인 두 집안의 자녀가 서로 사랑하면서 이상적인 마을을 만들어가는 「향가」(『매일신보』, 1943.5.3.~9.6.)와 지주들의 행패에 대한 농민의 반항을 그린 「농민」(1954) 등을 발표했고, 이어 발표한 「호텔·이타리꼬」(『신태양』, 1957.1.)·「숙의 위치」(『사조』, 1958.7.)·「계절의 풍속도」(『동아일보』, 1958.11.~1959.7.)에서는 도시를 배경으로 남녀 간의 애정을 그려냈다. 그런가 하면 희곡에도 관심을 갖고 「모는 자 쫓기는 자」 외에 10여 편을 발표했다.

(3) 주요 작품

① 「제1과 제1장」 중요도 하

　㉠ 개설

「제1과 제1장」은 신문사에 다니며 소설을 쓰던 김수택이 과감하게 신문사를 박차고 나와 아내와 함께 아버지가 있는 농촌으로 가서 실제 농사를 배우며 농민으로 동화되어가는 과정을 그린 소설이다. 작가는 이 과정에서 생기는 갈등을 꼼꼼하게 파헤쳐 농촌 사회에 깔려 있는 모순을 폭로한다. 이 작품에서 작가는 주인공의 행동과 시선을 통하여 농사와 농민을 예찬하고 있으며, 다른 한편으로 농촌의 가난을 심각한 문제로 제기하고 있다.

---

24) 장석주, 『20세기 한국 문학의 탐험』, 시공사

ⓒ 내용

고향으로 내려온 수택은 아버지한테서 꼴베기 등 기초적인 일부터 배우며 열심히 농사를 짓고 틈틈이 글도 쓴다. 그런데 가을걷이를 한 뒤 소작료와 비료값 등을 빼고 나니 별로 남는 것이 없다. 도무지 이해할 수 없는 현실에 절망하면서도 수택은 할 수 없이 벼를 지어 나른다.

② 「흙의 노예」

ⓐ 개설

「흙의 노예」는 '부제'가 이르는 대로 내용 면에서 「제1과 제1장」의 속편이라고 할 수 있다. 작가는 이 작품에서 소작농에 대한 지주의 가혹한 착취와 이로 말미암은 굶주림이나 억울함을 전편보다 한결 구체적으로 묘사한다. 이 작품은 식민지 치하에서의 농민의 가난과 가난한 농민의 흙에 대한 집념을 리얼하게 묘사함으로써 당시 농민들의 삶과 의식의 한 단면을 뚜렷이 보여주고 있다.

ⓑ 내용

「흙의 노예」에서도 주인공의 이름은 수택이다. 수택은 전원생활을 동경한 나머지 신문기자직을 버리고 농촌에 들어와 땀흘려 농사를 짓는다. 그러나 가을걷이를 마친 뒤 다섯 식구 앞에 떨어진 것이 벼 넉 섬에 지나지 않자 수택은 어이가 없어 입을 못 다문다. 남달리 부지런한 아버지건만 3년이 지난 뒤 소작권마저 잃고 빈손이 되는 것을 보며 수택은 이해할 수 없는 인과관계에 분개하면서도 고향을 떠나지 못한다. 수택은 옛 친구를 찾아가 소작 여섯 마지기를 얻고, 아내의 장롱을 팔아 아버지가 그토록 원하던 땅을 산 뒤, 자신의 아버지가 겪은 일을 소설화하려고 계획한다. 그러나 아들의 이런 계획이 땅값을 떨어뜨릴 것이라고 생각한 아버지는 땅을 찾으라는 유언을 남긴 채 자살한다. 수택은 도시 생활을 동경하는 조카를 서울로 보낸 뒤 지주의 집으로 향한다.

15 유진오

(1) 유진오의 삶

1924년 경성제국대학 예과에 수석으로 입학한 후 경성제국대학 조선학생 모임인 문우회(文友會)를 조직했다. 1926년 4월 동대학 법문학부에 입학한 후 1931년까지 좌익 모임인 경제연구회를 조직해서 활동했다. 1927년 5월 『조선지광』에 단편소설 「스리」를 발표하며 등단했다. 일제강점기에 보성전문학교 교수, 조선문인보국회 상무이사 등을 지냈으며, 해방 이후에는 헌법기초위원, 법제처장, 한일회담 수석대표, 고려대학교 총장, 신민당 총재 등으로 활동하였다. 1983년 12월부터 투병생활을 하다가 1987년 8월 30일 사망했다.

(2) 문학세계

1920년대에는 당시 사회주의 사상에 영향을 받아 조선프롤레타리아예술가동맹(KAPF)에 소속된 작가들과 비슷한 경향의 작품을 발표했으나 KAPF에는 가담하지는 않았다. 그의 문학활동은 크게 세 시기로 나뉜다.

① 첫 번째 시기에 해당되는 작품으로는 「스리」・「파악」(『조선지광』, 1927.7.~9.)・「5월의 구직자」(『조선지광』, 1929.9.) 등이 있다. 이 시기의 작품들은 가난에 허덕이는 민중들의 생활을 그리거나 지식인들이 겪는 정신적 갈등과 그를 통한 역사적 임무의 자각을 주된 내용으로 하고 있다.
② 두 번째 시기에 해당되는 작품으로는 「송군 남매와 나」(『조선일보』, 1930.9.4.~17.)・「여직공」(『조선일보』, 1931.1.2.~22.)・「형」(『조선지광』, 1931.2.~5.)・「5월제전」(『신계단』, 1932.11.) 등이 있다. 이 시기에 그는 동반자적 특성을 가장 전형적으로 드러냈는데, 그것은 주로 노동자를 주인공으로 설정해 그들이 자신의 삶이나 일제강점기의 상황을 극복하기 위해 헌신적으로 싸우는 모습이다. 당시 KAPF에 참여한 작가들과 같은 소재를 취했지만, 선악의 대립이 조선인 노동자와 일본인 자본가로 설정되어 있다는 점, 주인공이 정치의식이 뛰어난 인물이 아니였지만 어떤 계기를 통해 사회와 현실에 눈뜨게 되는 노동자로 설정되어 있다는 점에서 그들과는 차이가 있었다.
③ 세 번째 시기에 해당되는 작품으로는 「김강사와 T교수」(『신동아』, 1935.1.)・「간호부장」(『신동아』, 1935.12.)・「화상보(華想譜)」(『동아일보』, 1939.12.8.~1940.5.3.) 등이 있다. 이 시기의 작품은 일제의 탄압이 갈수록 심해짐에 따라 이전의 열정을 상실하고 다시 차가운 지성의 세계로 복귀하는 모습을 보여준다. 그러나 1941년 이후에는 그의 작품에서 끈질기게 이어지던 현실에 대한 냉철한 비판과 정신적 가치에 대한 지향의 팽팽한 끈이 더 이상 유지되지 못하고 적극적인 친일행위로 나타난다.

(3) 주요 작품

① 「김강사와 T교수」

㉠ 개설

유진오의 대표적인 단편소설로, 속되고 더러운 현실에 처해 있는 지식인의 양식과 고민을 그린 작품이다. 심리 묘사가 뛰어나며, 자기 정체성을 뚜렷이 가지고 삶을 살아갈 수는 없었던 식민지 지식인의 내면 풍경을 여실히 묘사한 작품이라고 할 수 있다.

㉡ 내용

문학사(文學士)인 김 강사(김만필)는 동경제국대학 독문학과를 우수한 성적으로 졸업하고 H 과장의 소개로 S 전문학교의 독일어 시간 강사로 취직한다.

며칠 후에 김 강사는 H 과장에게 고맙다는 인사를 하러 갔다가 그의 집 대문 앞에서 T 교수와 마주친다. H 과장 집을 나온 T 교수는 작년에 김 강사가 쓴 '독일 신흥 작가 군상'이라는 글을 신문에서 읽었는데 좋은 글이라고 칭찬한다. 그러나 그 글은 좌익 작가들을 다룬 것으로 학교에서 알면 좋을 리가 없는 글이기에 김 강사는 T 교수에게 두려움과 추악함을 느낀다.

어느 날, 독일 문학 연구 그룹의 지도를 부탁하러 스쓰끼라는 학생이 김 강사에게 오는데, 그는 김 강사의 숨겨진 과거를 너무나 잘 안다고 말한다. 김 강사가 어디서 들었느냐고 하니까 학생은 T 교수에게서 들었다고 한다. 이에 김 강사는 혹시 이 학생이 T 교수의 스파이는 아닐까 하고 생각해 본다.

T 교수는 새해도 되었으니 H 과장을 한 번 찾아가라고 한다. 김 강사는 H 과장을 찾아갔지만 H 과장은 김 강사의 과거를 들춰내며 남의 얼굴에 똥칠을 해도 되는 거냐고 욕을 한다. 김 강사는 자신은 결백하다고 항변한다. 이때 T 교수가 윗방에서 나오면서 김 강사를 보고 비열한 웃음을 짓는다.

ⓒ 의의와 평가
  ⓐ 이 작품은 세상물정 모르는 '책상물림'이며 창백한 지식인의 유형인 '김만필'이란 한 식민지의 지식인이 겪는 정신적 갈등을 중심으로 전개되는 지식인 소설의 전형이다.
  ⓑ 이 소설에서는 부정적 현실을 목도하고도 뚜렷한 현실 개혁의 의지를 갖지 못한 채 자아와 과거의 신분을 속이며 현실에 순응하려다 결국 실패하고 마는 1930년대 지식인의 참담한 모습을 냉정하게 비판하고 있다.
  ⓒ 이 소설에서는 속물인 T 교수와 양심적인 김 강사의 행동을 대조시킴으로써 지식인의 실업 문제와 더불어 타락한 시대를 살아가는 인간의 고뇌를 보여 주고 있다.

② 「창랑정기(滄浪亭記)」[25]
  ㉠ 개설
  1938년 4월 19일 『동아일보』에 발표되었다. 1인칭 서술로 이루어진 이 작품은 자전적 요소를 지니고 있으며, 잃어버린 과거에 대한 기억과 도도한 시간의 변화 속에서 모든 것이 남김없이 변모되어가고 만다는 변화의 원칙, 또는 추이를 시적인 문장으로 제시하고 있다.

  ㉡ 내용
  이 작품은 외형적인 형태에 있어서 7개의 단락으로 이루어져 있다.
  제1단락은 허구적이고 서사적인 제시라기보다는 다분히 경험적이고 수필적이다. 향수에 대하여 말하고 있는 '나'란 발언 주체가 허구적 서술자라기보다는 작가의 자아원점(自我原點)과 일치하고 있기 때문이다. '나'는 향수를 이야기함으로써 현재의 시간으로부터 기억의 떠올림이라는 회상적인 시간시점에 의하여 지나간 과거를 떠올리는 계기를 마련한다.
  제2·3단락은 기억의 상한점을 7, 8세 때로 거슬러 올라가서 그때 처음으로 찾아갔던 창랑정과 거기에 살고 있는 사람들, 그리고 삶의 양상을 제시한다.
  제4·5·6단락은 거기서 만났던 소녀 교전비 을순이와의 만남의 충격 내지 사춘기적 감정의 미묘한 교호를 떠올리고, 다시 기억의 시한을 훨씬 현재로 접근시켜 창랑정의 후일담을 암시하고 있다. 특히, 여기에서 을순이와 함께 창랑정 후원에서 캐냈던 칼은 매우 중요한 의미를 지니고 있다. 그것은 역사의 한 영욕을 상징한다는 의미 외에도 발전과 변화보다는 과거의 영광에 집착하려는 서강 대감과 매우 긴밀한 상관성을 지니고 있기 때문이다. 그리고 6단락에는 세 개의 죽음이 제시되어 있다. 정경부인의 죽음, 서강 대감 및 종근이 할머니의 죽음이 그것이다. 이것은 늙은 한 세대의 종언을 암시할 뿐만 아니라 이 집안에 닥쳐올 어떤 큰 변화의 암시를 뜻하기도 하는 것이다.
  제7단락은 창랑정의 몰락 사실과 '나'의 첫 방문으로부터 20년이 지난 현재의 퇴락한 창랑정의 상태를 묘사 또는 서술하고 있다. 구세대의 영광에 집착하는 한 세대가 소멸하여 버리자 그 다음 세대인 종근은 한문책을 던져버리고 양복을 갈아입게 되며 난봉으로 인하여 완전히 몰락하고 만다. '나'는 영욕을 거듭하는 이 창랑정을 여러 번 꿈꾼다. 그러다가 마침내 그 옛날의 창랑정을 찾아 추억에 잠기게 되지만, 강 건너 비행장에서 들리는 프로펠러 소리를 들으며 꿈에서 현실로 돌아온다. 여기에서 프로펠러 소리는 과거의 꿈을 깨게 하는 현재의 신호이며 동시에 역사적·시대적 상황의 변화를 의미한다.

---

25) 이재선, 『한국단편소설연구』, 일조각

ⓒ 의의와 평가
　　ⓐ 이 작품은 개인적 영욕에 대한 향수를 이야기하고 있는 듯하지만, 역사의 영광과 소멸, 새로운 변화 등 시간적 변화의 질서를 감동적으로 제시하고 있다.
　　ⓑ 작가가 시류에 편승하지 않기 위해 마련한 '시정성'의 회복이라는 장치는 회고적이며 감상에서 벗어나지 못한 현실 도피적인 성격을 띰으로써 그 자체가 시류에 편승한 것이라는 공격을 받게 된다. 유진오에게 따라붙는 '시세(市世)의 편력(遍歷)', '세태소설', '신변소설'이라는 비난성 지적은 이런 맥락에서 나온 것이다.

16 이태준[26]

(1) 이태준의 삶

1921년 휘문고등보통학교에 입학했으나 중퇴하고 일본으로 건너가 조치대학[上智大學] 예과에서 공부했다. 귀국한 뒤로는 이화여자전문학교 강사, 『중외일보』・『조선중앙일보』기자로도 활동했다. 1933년 구인회 회원으로 가입했고, 1930년말에는 『문장』의 소설 추천위원으로 활동하면서 최태응・곽하신・임옥인 등을 배출했다.

8・15 해방 후 정치에 적극적으로 관여하고, 임화・김남천 등과 조선문학건설본부를 조직하여 활동하다 월북했다. 북조선문학예술총동맹 부위원장, 국가학위수여위원회 문학분과 심사위원 등을 역임했다. 1947년 방소문화사절단의 일원으로 소련기행에 나섰고, 6・25 전쟁 때는 북한의 종군작가로 참가했다. 1953년 남조선노동당 인물들과 함께 숙청될 뻔했으나 가까스로 제외되었고, 1955년 소련파가 숙청될 때 가혹한 비판을 받고 숙청되었다.

(2) 문학세계

1925년에 시골여인의 무절제한 성생활을 그린 「오몽녀(五夢女)」(『시대일보』, 1925.8.13.)로 등단한 뒤, 「불우선생(不遇先生)」(『삼천리』, 1932.4.)・「달밤」(『중앙』, 1933.11.)・「손거부(孫巨富)」(『신동아』, 1935.11.)・「까마귀」(『조광』, 1936.1.)・「복덕방」(『조광』, 1937.3.) 등을 발표했다. 이 작품들은 현실과는 무관한 인물들을 그리고 있지만, 대부분 토착적인 생활의 단면을 서정적으로 그려낸 것이다. 그는 특히 문학의 자율성과 언어의 정련(精練)을 강조해 하나의 작품이 완성되기까지 몇 번을 되풀이해 고쳤는데, 이런 점에서 그의 소설은 한국문학사에서 소설의 기법적 완숙과 예술적 가치를 높인 것으로 평가된다.

1948년 북한의 토지개혁 문제를 다룬 「농토」를 펴냈고, 전쟁이 끝난 뒤에는 미군에 대한 적대감을 그린 「첫 전투」와 「고향길」을 펴냈다. 이 시기에는 초기와는 달리 정치・사회현실에 적극적인 관심을 보이고 선전・선동에 앞장서는 모습을 보여주었다. 해방직후의 어지러운 상황에서 자신의 이념적 변화를 형상화한 「해방전후」나 북한의 토지개혁 과정을 그려낸 「농토」 등이 그러한 작품이다.

소설집으로는 「달밤」(1934)・「구원의 여상」(1937)・「화관」(1938)・『이태준 단편집』(1941)・「돌다리」

---

[26] 김윤식・정호웅, 『한국소설사』, 문학동네

(1943) 등이 있으며, 수필집으로 『무서록(無序錄)』 등이 있다. 그밖에 한 시대의 뛰어난 저서로 평가받은 『문장론』· 『문장강화』가 있다.

(3) 작가 의식

① 이태준은 가난한 사람, 못 배운 사람, 농투성이, 늙은이, 퇴기 등 사회의 중심부에서 밀려난 사람들을 작품의 주인공으로 많이 등장시켰다. 이들은 현실 사회가 요구하는 능력을 지니지 못한 사회 부적응자이지만 순진하며 순박한데, 작가는 이런 인물들을 따뜻한 시선으로 그려내며 이러한 인물들이 실패하고 좌절할 수밖에 없는 각박하고 인간적인 정이 사라진 세태에 대한 문제 제기를 한다. 이러한 작품 경향은 작가의 회고적 취향과도 일맥상통한다. 이태준은 사라져 가는 옛것에 대한 향수를 지니고 있는데, 순수한 인간성 역시 그중 하나라 할 수 있다.

② 이태준은 옛것을 숭상하는 취향인 상고(尙古) 취향을 지닌 작가로 알려져 있다. 그의 이러한 태도는 주로 과거의 전통문화에 대한 예찬, 농촌에 대한 애정과 동경으로 표현된다. 그의 작품에서는 변두리나 농촌 등의 공간을 가족적이고 인간적인 공동체로 묘사하는 반면, 도시는 추악한 자본주의에 오염된 부정적 공간으로 묘사하고 있다. 변두리 '복덕방'에 모여 있는 노인들, 특히 땅 투기에 실패하고 스스로 목숨을 끊는 안초시 같은 인물들은 인간미를 드러내지만, 세련된 도시인의 전형으로 등장하는 안경화와 그녀를 둘러싼 인물들은 모두 이해타산적이고 위선적인 인물로 그리는 것이 이를 말해 준다. 이태준의 이러한 옛것에 대한 애정은 우리 민족 문화의 우수성을 은연중에 드러내고 있으며, 이는 간접적이고 우회적인 방법으로 새것, 곧 식민지 근대화와 일제의 지배를 비판하는 기능을 하고 있다.

③ 이태준은 일반적으로 1930년대 순수문학의 기수로 평가된다. 특히 그를 '한국 단편소설의 완성자'로 평가할 정도로 그의 단편소설은 1920년대 김동인에서 시작된 한국 단편소설을 발전시켜 우리 소설 고유의 미학을 확립하였다. 그의 작품에서는 도시의 하층민과 노인 등 근대 사회에서 소외된 인물들이 그려지고 있는데, 그런 까닭에 그의 작품 세계를 '소멸해 가는 것의 아름다움'이라고 평가하기도 한다.

④ 이태준은 정지용·김기림·박태원·이상 등과 '구인회'의 멤버로 활동하는 한편, 문학 전문지 『문장』을 주재하면서 서정주·김동리·박목월·박두진·조지훈 등 많은 신인들을 발굴하기도 하였다. 그는 동시대의 시인 백석과 더불어 후대의 작가에게 큰 영향을 끼친 소설가로 평가되기도 한다.

(4) 주요 작품[27]

① 「달밤」

㉠ 개설

「달밤」은 1933년 『중앙(中央)』에 발표된 단편소설이며, 아이러니의 기법을 사용하여 시대의 모순을 드러내고 있다. 현실에 대한 작가의 비판의식을 전면에 내세우기보다는 인물의 개성적 성격 묘사를 통해 그들이 처한 암울한 삶의 실상을 객관적 시각으로 보여줌으로써 그 배경이 되는 일제 식민정책의 모순을 드러낸다.

---

[27] 강승원 등, 『해법문학 현대소설』, 천재교육

ⓒ 내용

　　　'나'는 문 안에서 성북동으로 이사와 '황수건'을 만나게 된다. 그는 비록 못난이지만 천진하고 순박한 사람이다. 그는 아내와 함께 형님 집에 얹혀살면서 학교 급사로 일하던 중 쫓겨나 신문배달 보조원 일을 한다. 그의 희망은 원배달원이 되는 것이다. 그러나 그가 못난이라는 이유로 그 꿈은 뜻대로 이루어지지 않는다. '나'는 그의 순수한 모습에 공감하고, 그가 배달원 자리마저 잃자, 그가 급사로 있던 삼산 학교 앞에서 참외 장사라도 해보라고 돈 삼 원을 준다. 그러나 참외 장사마저 실패하고 '황수건'의 아내는 달아난다. 달포 만에 찾아온 '황수건'은 포도를 대여섯 송이 사왔다며 '나'에게 준다. 그러나 곧 쫓아온 사람 때문에 포도원에서 훔쳐온 것이 들통난다. 나는 포도값을 물어주면서도, 그의 마음을 알기에 아무 말도 하지 않는다. 오히려 그가 가지고 온 포도를 입안에 넣고 그의 순수함을 음미한다. 시간이 지난 어느 날 밤, '나'는 그가 서툰 노래를 부르며 지나가는 것을 본다. '나'는 그를 부르려다 무안해 할까봐 얼른 나무 그늘에 몸을 숨긴다.

　　ⓒ 의의와 평가

　　　ⓐ 서술자인 '나'와 천진한 품성을 지닌 '황수건'이라는 못난 사내가 엮어내는 이야기로, 황수건이 각박한 세상사에 부딪혀 아픔을 겪는 모습이 중심을 이룬다.

　　　ⓑ 지식인인 서술자가 무능력하고 소외된 인물인 황수근에 대해 연민과 인간적 정을 느끼는 모습을 통해 휴머니즘을 중시하는 이태준의 작가의식을 엿볼 수 있고, 나아가 그런 인물이 살아가기 어려운 냉혹한 현실을 통해 당대 사회의 부조리한 모습을 비판적으로 볼 수 있게 한다.

② 「복덕방」

　　㉠ 개설

　　　1937년 『조광(朝光)』에 발표되었다가 1947년 을유문화사에서 소설집으로 묶어 간행되었다. 이 소설은 몰락하여 가는 안초시를 중심으로 서참의와 박희완 영감이 모여 있는 무대를 배경으로 한 작품이다.

　　㉡ 내용

　　　구한말 무관으로 지금은 가옥 중개업으로 근근이 먹고사는 복덕방 주인 서참의, 재판소에 다니는 조카를 빌미로 대서업을 하려고 운동을 하며 속수국어독본(速修國語讀本)을 노상 끼고 다니는 박희완 영감, 그리고 무용가 딸을 두고 땅 투기를 하다가 실패한 안초시가 복덕방을 터전으로 하루하루를 지워 간다.

　　　안초시는 무용을 하는 딸이 용돈을 잘 주지 않아 항상 불만을 가지고 있는데 서해안에 항구가 생기니 땅을 사두라고 딸에게 권한다. 그러다가 낭패를 보게 되어 안초시는 결국 자살을 하고 노인들이 장례식에 참여하여 장지까지 따라가려 했으나, 거기 모인 안초시의 딸 안경화를 비롯한 젊은이들의 행태에 반감을 가지면서 장지에 가지 않는다. 이처럼 죽은 노인에게 동정을 보내면서 세태 변화를 거부하는 모습을 보여주고 있다.

　　㉢ 의의와 평가

　　　ⓐ 이 작품은 현실에 대하여 정면대결을 피한 대신 그것을 제재로 서민 생활의 한 단면을 부각시킨 것이다. 즉, 봉건적 풍속 속에서 급격히 식민지 자본주의적 풍토로 변모해 가는 사회 변화 추세 속에서 그에 적극적으로 대응하거나 혹은 그것을 극복하려는 어떠한 의지도 보이지 않는 수동적 인물을 그렸다는 평을 받는다.

ⓑ 이태준을 하나의 소재에 집착하는 딜레탕티즘(dilettantism)의 작가라고도 하는데, 대표작으로 평판되는 「복덕방」을 비롯하여 「까마귀」, 「불우(不遇)선생」 등에서는 거의 일상적인 사소한 것들에게 복수를 당하는 패배적 인간들이 그려지고 있다. 결국 사회에 대해서는 냉소로, 그리고 인생에 대해서는 아이러니로, 사람과의 관계에서는 페이소스로 응답했다고 할 수 있다.

③ 「패강랭」
  ㉠ 개설
    이 작품의 제목인 '패강랭'은 패강이 얼었다는 뜻으로, 배경을 통해 서술자의 쓸쓸한 마음이 이입된 것이다. 일제강점기의 현실과 지식인들의 고뇌를 다룬 소설로 일제의 야만적인 정책이 우리의 고유한 문화를 어떻게 말살하고 있는지 보여 주면서, 전통에 대한 애정과 민족의식을 드러내고 있다.
  ㉡ 내용
    십여 년 만에 평양에 온 '현'은 부벽루에서 대동강의 풍경을 보며 감회에 젖는다. '박'의 편지를 받고 평양에 오게 된 '현'은 달라진 평양의 모습과 여인들의 머릿수건이 사라진 것을 보고 서글픔을 느낀다. '현'은 동일관에서 '박', '김'과 해후하고, 오래전 인연이 있던 기생 '영월'을 만난다. 머릿수건에 대해 '현'과 '김'은 언쟁을 벌이고, '박'은 '영월'의 노래를 눈물을 글썽이며 따라 부른다. '김'은 기생들과 서양 댄스를 추고, '현'은 이를 못마땅해 한다. 실속을 차리라는 '김'의 충고에 '현'은 컵을 던지며 화를 낸다. 강가로 내려온 '현'은 생각에 잠긴다.
  ㉢ 의의와 평가
    ⓐ 이 작품의 내용은 1937년 중일전쟁을 계기로 구체화되기 시작한 전시 체제로의 질서 재편과 밀접한 관련이 있다. 중일전쟁을 계기로 식민지 조선 사회의 전 부문을 전시 동원 체제로 정비해 나가던 일제는 한반도를 일본화하여 내선일체를 구현하는 것을 통치의 최고 목표로 설정했다. 특히 이 작품에서 문제시하고자 한 것은 조선 고유의 문화와 민족정신을 말살하고 조선인들의 저항 의지를 말살시키려 했던 부분이다. 민족혼의 정수라 할 수 있는 조선어 시간의 축소와 평양 고유의 문화적 정체성을 상징하는 여인들의 머릿수건이 상실되어 가는 것을 통해 민족의식과 전통에 대한 애정을 드러낸 것이다.
    ⓑ 이 작품은 상당히 암시적인 수준에서이긴 하지만 당시에 민족문화를 말살하려는 일제의 의도를 간파하고 그에 대한 문제 제기와 더불어 그러한 현실에 안주하려는 당시 사람들에 대한 비판적 시선도 담고 있다.

④ 「돌다리」
  ㉠ 개설
    물질을 중시하는 근대 사회에 대한 작가의 비판적 시각이 잘 드러난 작품으로, 일제 말기인 1943년 『국민문학』에 발표되었다. 이 작품은 농토를 파는 문제를 둘러싼 아버지와 아들 사이의 갈등을 바탕으로 서구 문화의 유입 속에 물질만 중시하는 근대적 사고방식에 대한 비판을 드러내고 있다.
  ㉡ 내용
    서울의 권위 있는 내과 의사인 창섭은 병원을 크게 늘리기 위해 부모님이 계신 시골의 농토를 팔려는 생각으로 고향으로 내려온다. 창섭은 땅을 정성스레 가꾸는 아버지의 모습을 떠올리며 마을로 향하다가 마을 입구에서 돌다리를 고치는 아버지를 만난다. 창섭은 아버지에게 병원 확

장에 자금이 필요하니 땅을 팔자고 설득한다. 아버지는 창섭의 제안을 거절하면서 죽기 전에 당신의 땅을 땅의 가치를 아는 진정한 농군에게 넘기겠다고 하고, 창섭은 자기 세계와 아버지 세계와의 결별을 체험하고 서울로 올라간다. 아버지는 다음 날 고쳐 놓은 돌다리에 나가 세수를 하면서 땅을 지키는 삶이 천리(天理)임을 되새긴다.

ⓒ 의의와 평가
ⓐ 병원 확장을 위해 땅을 팔자고 말하는 아들에게 아버지는 땅이 천지만물의 근거라는 논리를 내세워 반대하고 있는데, 작가는 아버지의 말을 통해서 토지의 본래적 가치보다 금전적인 가치만을 중시하는 근대 자본주의 사회의 가치관을 비판하고 있다.
ⓑ 작가의 생각은 '돌다리'라는 소재를 통해서 상징적으로 표현되고 있다. 땅을 팔지 않겠다는 아버지의 주장은 변화하는 세상에 대한 고집으로 보일 수도 있지만, 아버지에게 '돌다리'란 단순한 다리가 아니라 가족과 선조들의 인연이 살아 숨 쉬는 자연물이자 일제강점하의 어려운 현실에서 꿈을 잃지 않고 민족성을 지키려는 의지의 표현이다.

⑤ 「까마귀」
㉠ 개설
이 작품은 작가의 단편집 『까마귀』(1937)에 수록되어 있으며, 이태준이 그동안 단편에서 보여주었던 현실적인 입장에서 벗어나 당대의 독특한 시대적 분위기를 반영하고 있다. 죽음에 직면한 한 여인의 심리변화를 추적하고, 까마귀의 출현과 그 울음소리를 통해 죽음을 상징적으로 보여준다. 이를테면 1930년대 우리 사회의 일각에서 만연했던 일종의 '사(死)의 찬미'에 해당되는 작품이다.

㉡ 내용
괴팍한 문체로 독자에게 별 인기를 못 얻고 있는 작가인 '그'는 생활의 여유가 없다. 그는 궁여지책으로 한적한 시골에 있는 친구의 별장을 빌려 겨울을 지내기로 한다. 그 별장 주위의 나무에는 많은 까마귀가 날아와 둥지를 틀고 있다. 어느 날, 별장 정원을 산책하던 중 폐병 요양차 이 곳에 온 한 여인과 만난다. 몇 번의 만남이 이루어지면서 그는 이 여인에게 호감을 갖게 되고 그녀가 삶에 대한 미련이 없이 자포자기한 인물임을 알게 된다.
특히 그녀는 거의 병적으로 까마귀의 울음소리를 싫어하며, 까마귀가 마치 자신의 죽음을 재촉하는 것처럼 생각한다는 사실을 알게 된다. 그는 이 여인에게 삶의 희망을 불어 넣어 주기 위해 그녀의 애인이 될 것과, 까마귀에 대한 그녀의 공포를 덜어 주기 위해 까마귀를 잡아 그 내장을 직접 확인시켜 줄 계획을 세우고는 실제로 까마귀를 잡아 매달아 놓는다. 그러나 그녀는 며칠이 지나도록 나타나지 않고, 얼마 후 그녀의 상여가 나간다.

㉢ 의의와 평가
ⓐ 이 작품은 어둡고 침침한 분위기의 묘사를 통해 주인공인 '그'와 그의 문명(文名)을 사모하는 어떤 여인과의 만남을 그리면서, 인간의 죽음이라는 본질적 문제를 다루고 있다.
ⓑ 이 작품에서 돋보이는 것은 감각적 묘사이다. 고색창연한 별장의 시각적 묘사와 까마귀 울음소리의 청각적 묘사를 통해 작품의 분위기를 이끌어 나가고 있다. 특히, 까마귀의 울음소리는 작품의 정조를 우울하게 만드는 역할뿐만 아니라 젊은 여인의 죽음을 예견하게 하는 복선의 구실도 하고 있다. 즉, 작가는 까마귀의 울음소리를 통해 여인의 죽음이라는 극적 사건을 예감케 한다.

ⓒ 이 작품에는 죽음조차 환상적으로 처리하는 극단적인 미의식의 추구라는 작가의 시도가 드러난다. '그'의 가난, 여인의 병, 정혼자에 대한 그녀의 사랑, 그리고 여인에 대한 '그'의 감정 모두를 아름다운 것으로 형상화하고 있다. 이것은 작가가 삶의 비극성을 역설적으로 미화시키고 있음을 의미한다.

제4장 1950년대 소설

| 단원 개요 |

1950년대는 전쟁과 혼란의 시대였다. 해방은 곧 민족 분단으로 이어졌고 이것은 다시 전쟁으로 이어졌다. 따라서 1950년대 문학은 전쟁의 참혹성과 피해로 인한 모든 사회구성원들의 정신적 상실감과 황폐감을 대변한 것이라 할 수 있다. 한편 이 시기의 문학은 전쟁 후의 혼란을 극복하고 황폐화된 사회를 재건하는 일에 중점을 두었다. 이것을 중심으로 1950년대 문학에는 '휴머니즘'과 전쟁의 소용돌이 속에서 '생존문제'를 다룬 소설들이 등장하였다.

| 출제 경향 및 수험 대책 |

이 단원에서는 1950년대 시대 개관, 작가와 작품 경향 등과 관련하여 전쟁 체험의 비극성과 전란으로 인해 제기된 인간의 실존 문제, 분단의 비극과 극복 가능성 등 이 시기의 문학사적 특징과 관련된 문제들을 묻는 문제들이 출제되고 있다. 한편 이 시기에 활동했던 대표 작가인 황순원·장용학·전광용 등의 작가정신과 문체상의 특징, 이들 작가들의 주요 작품에 투영된 현실 인식 문제들을 묻는 문제들도 출제되고 있으므로 관련 작품들을 직접 읽어보고, 줄거리 등을 알아두는 것이 중요하다.

제1절 1950년대 소설의 형성과 전개[1]

1 1950년대 소설의 형성

동족상잔의 비극적 전쟁이 끝났지만 그 아픔을 생생하게 기억해 그려내고 있는 이 시기의 우리 소설은 치열한 고뇌와 모색을 통해 문학적 체질이 완전히 바뀐다. 즉, 그 전까지의 소설이 목가적이고 소박한 향토주의와 토속적 흙냄새에서 벗어나지 못한 반면, 이 시기부터는 전쟁을 체험한 도시인의 절망적 상황이 주제로 작용하기 시작한 것이다.

어이없는 전쟁의 광기와 뼈저린 전쟁의 참상을 직접 체험한 이 시기 소설가들의 가장 중요한 주제는 바로 전쟁의 참혹함과 인간의 실존이었다. 터무니없는 인간들의 광기를 보면서 인간실존에 대한 근본적인 반성과 회의를 불러일으켰고, 인생의 무의미성과 허무·절망이 이 시기 소설의 배경으로 자리 잡게 되는 것이다.

이런 체험과 경향이 한국소설의 리얼리즘 발전에 귀중한 원동력을 제공했다는 평가도 있지만, 현실을 수습하고 새로운 비전을 제시하는 소설 본래의 요구에는 미치지 못하였으며 단지 비극적 전후의 상황 묘사의 수준에 머물렀다는 비판도 있다.

이 시기에는 최인훈, 박경리, 황순원, 안수길, 이범선, 손창섭, 하근찬, 서기원, 오상원, 선우휘, 김성한 등이 활발한 창작활동을 했다.

---

[1] 김수복·양은창, 『한국 현대소설 이해와 감상』, 한림출판사

2 1950년대 소설의 전개

1950년대의 소설사적 성격을 구명(究明)할 때, 이와 불가분의 상관관계를 가지는 것은 6·25 전쟁이다. 따라서 1950년대 소설은 전쟁 체험 내지 전후 의식과 깊이 관련되어 있으며, 소설의 상상력 역시 전쟁의 인위적 재난 속에서 겪어야 하는 인간적 고통과 전쟁으로 인해 결여된 휴머니즘의 회복에 치중하였다.

(1) 기성 가치에 대한 부정

전후에 나타나는 또 하나의 흐름은, 젊은 작가들에 의해서 나타나는 윤리의식의 파격성과 기성의 모든 사회적·도덕적 가치 등에 대한 반발이다. 이것은 세계대전 후에 크게 번성한 실존주의가 젊은 세대들에게 광범위하게 영향을 끼쳤음을 의미하며, 작품 속에서는 실의·절망·허무의식으로 나타났다.

이와 같은 젊은 작가들의 작품으로는 선우휘(鮮于煇)의 「불꽃」, 오상원(吳尙源)의 「황선지대(黃線地帶)」, 하근찬(河瑾燦)의 「수난이대(受難二代)」, 김성한(金聲翰)의 「귀환(歸還)」 등을 들 수 있다. 장용학(張龍鶴)의 「부활미수(復活未遂)」·「요한시집」·「비인탄생(非人誕生)」 등도 현실에 대한 불신을 드러내고 기성의 도덕적 관념에 대해 부정적 태도를 표시하면서, 인간에 대한 근원적 절망 의식을 그려내고 있어 실존주의의 영향을 발견할 수 있게 해 준다. 그의 「요한시집」은 포로수용소에서 취재한 것으로, 현대의 메커니즘에서 비롯되는 인간 비극을 우화적(寓話的)으로 그린 것이다. 이 밖에도 현대 문명을 비판한 「요한시집」과 같은 소설류로는, 김광식(金光植)의 「213호 주택」·「의자의 풍경」 등이 있다.

(2) 봉건 계층의 몰락과 신분 구조의 변화

전쟁을 계기로 신분과 계급 구조의 변화가 일어나는 과정을 그리면서 그 변화와 수직 이동이 가치 체계에 미치는 충격을 제시한 작품으로는, 정한숙(鄭漢淑)의 「고가(古家)」와 곽학송(郭鶴松)의 「바윗골」이 있다.

정한숙의 「고가(古家)」는 해방과 6·25로 이어지는 역사의 변천 속에서 봉건적 지배층 가문이 몰락해 가는 과정을 그린 것이다. 그 줄거리를 보면, 6·25로 인해 마을이 인민군에게 점령되자 신분 계층의 수직적 이동이 급격하게 이루어져 전통적 권위를 지녔던 가문은 쇠퇴와 소멸의 운명에 빠져들게 된다. 이런 점에서 「고가(古家)」는 6·25가 이데올로기 전쟁인 동시에 고전적인 신분 전쟁의 성격을 지님을 암시해 준다.

(3) 전쟁이 가져온 피폐한 삶의 형상화 중요도 중

전쟁으로 인해 신체적 훼손을 입거나 정신적 상처를 가진 사람들을 주인공으로 형상화한 작품으로는 손창섭(孫昌涉)의 「혈서」·「비 오는 날」 등 일련의 작품들을 비롯하여 이호철(李浩哲)의 「파열」, 오상원(吳尙源)의 「백지의 기록」, 서기원(徐基源)의 「암사지도(暗射地圖)」·「이 성숙한 밤의 포옹」 등이 있다. 이들 작품에 나타나는 인물들은 모두 전쟁의 상황에서 신체적 또는 정신적 상처를 가지고 있다. 이 가운데 오상원의 「백지의 기록」은 전쟁에서 돌아온 형제를 주인공으로 하고 있다. 전쟁을 통해 형인 중섭은 불구자가 되고, 동생인 중서는 깊은 정신적 상처를 안고 허무적 상태로 돌아온다. 이 상처는 그들이 삶을 지탱할 잠재력마저 상실케 한다. 손창섭의 「혈서」와 「비 오는 날」은 병자와 불구자, 그리고 의욕상실자가 집단적으로 서식하고 있는 그로테스크한 세계를 제시함으로써 가치 지표가 상실된 전후 상황을 그려내고 있다.

(4) 반공 이데올로기와 인간 실존의 탐구

1950년대의 소설이 전쟁의 경험과 밀접한 관련을 가지게 되는 것은 사실이지만, 정작 6·25의 의미는 이데올로기의 배타성을 보여준 것이라고 할 수 있다. 따라서 이 시대 작가들에게 주어진 역사적 사명은 대립된 분극화를 가져온 이데올로기로부터의 탈피와 휴머니즘의 고양(高揚)이었다고 할 수 있다.

그러나 이러한 맥락에서 이해될 수 있는 황순원(黃順元)의 「학(鶴)」, 선우휘(鮮于煇)의 「불꽃」·「단독강화(單獨講話)」, 박연희(朴淵禧)의 「증인」, 오상원(吳尙源)의 「모반」, 송병수(宋炳洙)의 「인간 신뢰」 등의 작품들은 탈이데올로기적 성향을 지녔다기보다는 다분히 반공(反共) 이데올로기적이었다.

황순원의 「학」은 남북의 이념적 갈등과 이로 인해 발생한 전쟁의 폭력성 앞에서도, 이것을 무력화시키는 인간성의 건재를 알리는 작품이다. 단짝 친구였던 성삼과 덕재는 전쟁이 발발하자 한쪽은 포로가 되고, 다른 한쪽은 호송자가 되어 적대 관계로 상봉하게 된다. 그러나 호송자인 성삼은 경직화된 이념의 속박을 떨쳐버리고 덕재를 묶었던 포승줄을 풀어줌으로써 인간애로 귀환한다. 선우휘의 「단독강화(單獨講話)」 역시 이데올로기와 전쟁의 모순 현상을 고발하면서 절대가치가 결국은 선한 인간 본성과 인간적 상호 관계의 회복에 있음을 시사한다.

(5) 전쟁이 야기한 여성 문제 고찰

1950년대 전쟁소설에 있어서 또 하나 주목해야 할 점은, 전쟁으로 인해 여인들이 입는 강간의 잠재적 위협과 생활의 결핍 상태를 그려내고 있다는 것이다. 즉, 전쟁은 겁탈과 기아를 등가화(等價化)시키려는 경향이 있으므로 전쟁소설에 있어서도 흔히 여성들의 성(性)이 상품화되는 경향을 보여주게 된다. 이에 속한 작품들로는 김동리의 「자유의 역사」, 장용학(張龍鶴)의 「원형의 전설」, 이범선(李範宣)의 「오발탄」, 송병수(宋炳洙)의 「쑈리 킴」, 정연희(鄭然喜)의 「파류상(破流狀)」 등이 있다.

(6) 군인과 이산가족 등 분단문제 형상화

이 밖에 이 시대에 나온 주요 소설들을 열거하면, 먼저 군인을 그 주인공으로 등장시킨 소설로는 황순원(黃順元)의 「너와 나만의 시간」, 곽학송(郭鶴松)의 「독목교(獨木橋)」, 송병수(宋炳洙)의 「탈주병(脫走兵)」 등이 있다. 또한 휴전으로 인해 분단의 현실이 기정시(旣定視)되고, 이산가족이 다수 발생됨으로써 등장한 이른바 향수소설(鄕愁小說)로 김동리의 「흥남철수」가 있으며, 이범선(李範宣)의 「오발탄(誤發彈)」도 이러한 맥락에서 이해될 수 있다.

그러나 이와 같은 작품들이 보여주는 것은, 단순히 돌아가지 못하는 고향에 대한 낭만적 그리움이 아니라, 통일의 염원이 잠재된 의식의 발로로써 그 의의를 지닌다고 할 수 있다.

제2절　1950년대 소설의 작가

1　오영수

(1) 오영수의 삶

1949년 단편소설 「남이와 엿장수」('고무신'으로 제목을 바꿈)로 『서울신문』 신춘문예에 입선하여 이 작품을 『신천지(新天地)』에 발표하고, 이듬해 단편 「머루」가 다시 『서울신문』 신춘문예에 당선되면서 작품 활동을 시작하였다. 총 150여 편의 많은 작품을 남겼는데, 모두가 단편소설이라는 데서 그의 문학적 성격의 일단을 보여준다. 주요 작품으로는 「화산댁이」(1952)・「윤이와 소」(1952)・「코스모스와 소년」(1953)・「갯마을」(1953)・「박학도(朴學道)」(1955)・「여우」(1957)・「후조(候鳥)」(1958)・「명암(明暗)」(1958)・「메아리」(1959)・「개개비」(1959) 등이 있다.

(2) 문학세계[2]

전형적 단편작가로서 작풍(作風)은 주로 한국적인 소박한 인정이나 서정의 세계에 기조를 두었다. 작중 인물들은 온정과 선의의 인간들이며, 도시보다는 향촌을, 기계문명보다는 자연을, 현대적 세련미보다는 고유한 소박성을 각각 그리워하며 예찬하는 경향을 보였다.

「머루」・「남이와 엿장수」에 보인 소박한 인정적 서정 세계가 「박학도」・「종차(終車)」(1956) 등에 와서는 유형적 인간의 추구와 성격 창조까지 심화되었다. 「후조」나 「명암」 등에 이르러서는 그 속에 부여된 의미를 제시하거나 주장하였다. 이러한 전개는 다시 「내일의 삽화(揷話)」(1958)에 오면서 담담한 인간 긍정의 사상이 인간 옹호의 사상으로 변모하는 양상을 보이기도 하였다.

이와 같은 휴머니즘이나 전통 옹호의 특성 때문에 역사나 사회에 대한 작가적 책무의 문제가 취약점으로 지적되기도 하였다. 그러나 인간의 원초성에 대한 긍정, 향토성의 옹호, 반문명적・반도시적 성격은 1950년대 이후 급격히 성행한 외래문화 수용에 대한 반작용이라 할 수 있다.

(3) 주요 작품[3]

① 「고무신」

　㉠ 개설

1949년 『서울신문』 신춘문예에 입선된 작품이다. 1940년대 후반 바다가 보이는 산기슭 마을을 배경으로, 아버지가 정해준 혼처 대신 엿장수 총각을 사랑하는 남이의 순수한 서정을 그려 내고 있다.

---

[2] 장사선, 「오영수의 작품세계」, 『한국현대소설사연구』, 민음사
[3] 김윤식・정호웅, 『한국 소설사』, 예하

ⓒ 내용
　　멀리 바다를 끼고 있는 고요한 산기슭 마을에 이따금 찾아오는 엿장수는 무료에 지친 아이들에게 활기를 제공한다. 아이들은 엿판을 들여다보면서 군침이 괴고 마음까지 흐뭇해지는 것이다. 남이가 식모로 일하는 주인집의 아이인 영이와 윤이가 사건을 일으켜 남이가 녀석들을 때리고 꼬집는 일이 벌어진다. 주인 내외가 추석치레로 사 준, 남이가 애지중지하는 옥색 고무신을 녀석들이 엿과 바꿔 먹었기 때문이다. 남이는 마을에 들어온 젊은 엿장수에게 당장 옥색 고무신을 돌려달라고 한다. 엿장수는 고무신이 어디에 있는지 확인해 보고 없으면 새 신이라도 사다 주겠노라고 남이를 안심시키더니, 남이의 옷섶에 붙은 벌을 쫓으려다 침에 쏘인다. 그 후로 엿장수는 마음에 두고 있는 남이를 만나고 싶어 마을에 자주 나타나 오래 머물고, 특별하게 영이와 윤이에게는 공짜 엿을 주기도 한다. 어느 날은 남이의 주인집을 기웃거리다 도둑으로 오인받기도 한다. 꽃이 한창 피는 어느 봄날, 남이의 아버지가 남이를 고향 마을 총각한테 시집보내겠다고 주인집에 찾아온다. 남이는 정든 주인집을 떠나고 싶지 않지만 아버지의 뜻을 거스를 수 없다. 고향 마을로 떠나는 아침, 때마침 엿장수가 나타난다. 남이가 종이돈을 건네자 엿장수는 돈을 되돌려주며 엿가락을 그냥 내민다. 엿장수는 옥색 고무신을 신고 아버지와 함께 떠나는 남이를 울음고개에서 멀거니 바라본다.

ⓒ 서술상의 특징
　　이 글의 표현상 특징 중 하나는 묘사를 활용한 감각적 표현이라 할 수 있다. 도입부에서 공간적 배경이 되는 마을의 분위기가 '보리밭 이랑에 모이를 줍는 낮닭 울음만이 이따금씩 들려오는' 고요함으로 묘사되는 것이 대표적이다. 이밖에도 '밝은 물기 먹은 초열흘 달이 희붓한데' 조용한 밤에 먼 데서 웃음소리가 들려오며 '밤은 간지럽게 깊어' 간다거나, '먼 산은 선잠 깬 여인의 눈시울처럼 자꾸만 희미해 오고 수양버들은 아지랑이가 간지러운 듯 한들거리고', '민들레가 놀란 듯 활짝 피었다'는 표현 또한 인상적이다. 여기에서 묘사를 좀 더 생생하게 만들어 주는 것이 바로 비유적 표현이다. 엿장수가 드나드는 가난한 산기슭 마을은 '귀환 동포가 누더기처럼 살고 있는' 곳이다. 이 심심한 마을에서 무료하게 지내는 아이들을 즐겁게 해 주는 엿장수가 오면 아이들은 그를 '개선장군이나 맞이하듯' 하고, 엿판 가에 '파리 떼처럼' 붙어 있다. 이처럼 이 글은 다양한 비유적 표현을 활용한 감각적 묘사로 어느 시골 마을의 봄날 분위기를 생생하게 그려 내고 있다.

ⓔ 의의와 평가
　ⓐ 「고무신」은 산기슭 마을에 찾아온 봄을 배경으로 식모살이를 하는 남이와 마을에 들어오는 엿장수 청년의 애틋한 연정을 다루고 있으며, 남녀의 순수한 사랑을 엿과 고무신을 매개로 서정적 필치로 그리고 있다.
　ⓑ 두 젊은 남녀의 만남은 갑자기 나타난 남이 아버지로 인해 발전하지 못하고 안타까운 이별로 막을 내리게 되는데, 엿장수가 사 준 옥색 고무신을 신고 떠나가는 남이의 뒷모습을 엿장수가 울음 고개에서 지켜보는 마지막 장면은 독자에게 긴 여운을 남긴다.

② 「갯마을」
  ㉠ 개설
    1953년 『문예(文藝)』 제19호에 발표되었고, 1956년 중앙문화사에서 발간한 단편집 『갯마을』에 수록되었다. 자연의 세계에 사는 토속적 인간상을 통해 자연과 인간의 융화를 그린 이 작품은 인간 긍정의 미학을 추구한 오영수의 대표작이다.
  ㉡ 내용
    동해의 H라는 조그만 갯마을에 사는 해순이의 남편 성구가 고등어잡이를 나갔다가 영영 돌아오지 않게 되자, 해순이는 물옷을 입고 바다로 나가 시어머니와 시동생을 부양한다. 어느 날 밤, 잠결에 상고머리 사내에게 몸을 빼앗긴 해순이는 그것이 상수였음을 알게 된다. 시어머니는 성구 제사를 지내고 해순이를 상수에게 개가시킨다. 해순이가 떠난 쓸쓸한 갯마을에 고된 보릿고개가 지나고 또 다시 고등어 철이 돌아온다. 성구의 두 번째 제사를 앞두고 해순이는 시어머니를 찾아온다. 상수가 징용으로 끌려간 뒤 산골 생활을 견디지 못한 해순이는 자신에게 매구 혼이 들렸다고 무당굿을 준비하는 틈을 타 마을을 빠져 도망쳐 온 것이다. 달음산 마루에 초아흐렛달이 걸리고 갯마을에는 달그림자를 따라 멸치 떼가 찾아든다.
  ㉢ 의의와 평가
    ⓐ '갯마을'은 사회현실과 단절된 공간이며 인간 삶의 원형이 생존하는 배경이자 장소이다. 또한 두 번째 남편인 상수의 징용 사건만 아니라면 시대를 짐작하기 어려울 정도의 초시간적 공간이기도 하다. 고등어 철이 돌아오는 계절의 순환과 해순이가 바다로 회귀하는 것은 자연의 섭리에 따라 인간의 삶을 동일시하는 작가의 이상세계를 형상화하는 장치이다.
    ⓑ 폐쇄적인 시대상황의 출구로서 인간 존재의 근원적이고 토속적인 내면을 추구했던 1940년대 초반의 우리나라 단편소설들과 동일 맥락에 놓여 있는 작품이다. 이러한 성향이 작가의 후기 작품에서는 현대사회의 인간상실의 병리와 모순을 극복하기 위해, 오염된 도시 문명과 대비되는 건강한 원시적 자연과 농촌 공동체의 유풍에 대한 찬미로 지속된다.

2 장용학[4]

(1) 장용학의 삶

1940년 경성중학교를 졸업하고 1942년 일본 와세다대학[早稻田大學] 상과(商科)에 입학했다. 1944년 학병으로 징집되어 일본군에 입대했다가 8·15 해방과 함께 귀국했다. 1946년 청진여자중학교 교사로 근무하다가 1947년 9월에 월남했다. 한양공업고등학교 교사로 있으면서 창작활동을 시작하여 1948년 첫 작품 「육수(肉囚)」를 발표했다. 1960년대 초에는 한때 덕성여자대학교 교수로 있었으며 그 뒤 언론계로 옮겨 경향신문사·동아일보사 등의 논설위원으로 활약하면서 소설을 썼다. 1949년 단편 「희화(戱畵)」(『연합신문』, 1949.11.19.)를 발표한 데 이어 1950년 「지동설(地動說)」, 1952년 「미련소묘(未練素描)」가 『문예』에 추천되어 문단에 나왔다.

---

[4] 곽학송, 「김성한과 장용학」, 『월간문학』

(2) 문학세계

장용학이 소설 「요한시집」을 들고 나타남으로써 문단과 독자들은 한동안 '요한'의 충격에서 헤어나지 못한다. 그의 소설은 전후소설의 계보에서 "내성화된 후유증의 환기" 영역으로 분류할 만하다. 기존의 소설 문법에서 벗어난 파격적인 구성, 노골적인 독신(瀆神), 한자의 남발, 스토리의 해체, 상궤를 벗어난 인물들의 그로테스크함 등으로 인해 그의 등장은 그 자체로 1950년대 문단의 최대 스캔들이었다. 장용학은 한때 덕성여대 교수를 지내고 『경향신문』과 『동아일보』 등의 논설위원으로 일하면서 1962년 『사상계』에 「원형(圓形)의 전설(傳說)」을 발표해 다시 한 번 한국 문단의 '문제 작가'로 떠오른다. 「원형의 전설」 또한 관념소설의 계보에서 크게 벗어나지 않는 작품이다. 화자를 미래적 인물로 설정한 점, 넘쳐나는 관념성, 생경한 소설 문법 등은 그가 적어도 기성 작가들의 문법을 반성 없이 답습하는 작가는 아니라는 것을 분명하게 보여준다.

이런 측면에서 그는 기존의 소설 문법을 해체하고 새로운 지평을 향해 나아간 전위 작가로 자리매김했다고 볼 수 있다.

(3) 주요 작품5)

① 「요한시집」 중요도 하

㉠ 개설

「요한시집」은 장용학(張龍鶴)이 지은 단편소설로, 1955년 『현대문학』 7월호에 발표되었다. 토끼의 우화가 상·중·하의 네 부분으로 되어 있는 이 소설의 주인공은 동호이다. 소설의 줄거리로 생각해볼 때 포로수용소에서 자살한 누혜와 바라크(baraque, 임시건물)에서 굶어죽는 누혜의 노모 이야기 모두 자유의 문제에 대한 작가의 사상을 소설로 쓴 작품이라 할 수 있다.

㉡ 내용

이 소설은 토끼의 우화로 시작된다. 산속 굴에 사는 토끼 한 마리가 바깥 세계를 동경하여 나갈 구멍을 찾아 만신창이가 되어 기어 나가다가 태양광선을 견디지 못하고 눈이 멀어 쓰러져버린다. 토끼는 그 후 죽을 때까지 그 자리를 뜨지 않는다는, 자유에 대한 갈망을 상징하는 우화를 소설의 서두에 제시한다. 주인공 누혜는 괴뢰군이었으며 인민의 영웅이었으나, 포로수용소에서 그는 인민의 적으로 타락하여 몽둥이질과 발길질을 당하고 결국 철조망에 목을 매고 자살한다. 누혜와 수용소에서 잠자리를 나란히 하던 나(동호)는 누혜의 어머니를 찾아 판잣집에 가서 중풍에 걸린 노파의 비참한 생활을 보고, 노파는 죽음을 맞는다. 누혜의 유서로 소설은 결말을 맺는다.

㉢ 주제6)

이 소설의 중심 문제는 '진정한 자유는 가능한가?'에 있다. 그러한 자유를 획득하기 위한 마지막 시도로 주인공 누혜는 자살을 선택하는데, 자유를 모색하고 갈구했기 때문에 역설적으로 죽음을 선택할 수밖에 없었던 것이다. 이 작품에서는 이러한 인간의 고뇌가 6·25 전쟁과 포로수용소를 배경으로 전개된다. 전쟁 포로인 누혜가 철조망에 목을 매고 죽는 사건이나 누혜의 어머니가 죽어가는 사건이 있기는 하나 이러한 사건들보다는 등장인물들의 내면세계를 그려내는 데 작품의 중심이 실려 있다. 이 작품은 현대 사회에서 인간의 자유문제를 깊이 있게 탐구하면서 극한 상황 속에서 이루어지는 인간의 실존적 자각을 그려내고자 했다.

---

5) 장용학, 『현대한국문학전집』 4, 신구문화사
6) 강승원 등, 『해법문학 현대소설』, 천재교육

② 의의와 평가
　ⓐ 이 작품은 성격 창조를 한다거나 신기한 이야기를 묘하게 엮어나가고 있지 않다. 인간존재의 근원적 의미와 인간이 그의 환경에 대하여 가지는 본질적인 관계를 탐구하는 작품이라 할 수 있다.
　ⓑ 「요한시집」의 주제는 자유를 예언자 요한에 비유한 데 있다. 요한이 예수의 나타남을 예언하는 존재라면 자유는 그 '무엇'이 나타나기 위한 예언적 존재인 것이다. 누혜의 자살은 새로운 탄생을 위한 것이며, 그 새로운 것이 동호인데, 이 작품에서는 동호를 자유의 시체 속에서 부화되어 탄생하는 과정으로 그린 것처럼 보인다.

② 「원형의 전설」
　㉠ 개설
　　「원형의 전설」은 장용학(張龍鶴)이 지은 장편소설로, 1962년 3월부터 11월까지 『사상계』에 연재되었다. 그의 대표작으로 손꼽히는 이 작품은 소외된 인간 군상을 중심으로 현대문명으로 인해 파괴되어 가는 인간의 모습을 그리며 전후 한국 소설을 대표하는 작품 세계를 보여주는 획기적인 소설이다.
　㉡ 내용
　　주인공 '이장'은 나이가 들면서 자기 부모들이 친부모가 아닐 것이라는 의심을 품기 시작한다. 그의 아버지 이도무와 어머니는 보안부 사원들에게 총살당했고, 이장은 방골 마을에서 벼락 치던 날 태어난 사생아란 사실을 들어 알게 된다. 그 후, 이장은 의용군에 들어가 죽을 고비를 넘기며, 털보 영감에 의해 구출된다. 털보 영감은 그의 딸 윤희와 같이 사는 노인으로, 이장이 윤희와 하룻밤 자기를 원한다. 마지못해 이를 허락한 이장은 윤희와 동침하는 도중 윤희가 자기 아버지 털보 영감의 아이를 밴 사실을 알게 된다. 그 다음날 윤희는 목을 매어 자살한다.
　　북으로 향하던 이장은 내무서원에게 붙들려 포로수용소에 갇힌다. 수용소를 나온 이장은 북에 남기로 한다. 이장은 북의 탄광에서 노무관리를 한다. 그 후, 대학원에서 공부하고 교편생활을 하다가 간첩 교육을 받고 7년 만에 남한 땅을 밟게 된다.
　　이장은 북에 있을 때 자신이 어떻게 태어났는지 알게 된다. 오택부와 오기미는 매우 다정한 남매 사이다. 기미가 다른 남성에게 관심을 둘 만한 나이가 되었을 때, 어느 날 밤 그녀는 어떤 남성(오빠인 오택부)에게 강간을 당해 아이를 갖게 된다. 방골 마을에 벼락이 치던 날, 오기미는 아이를 낳은 뒤 벼락맞은 나뭇가지에 가슴이 찔려 죽는다. 근친상간에 의해 사생아로 태어난 그 아이는 이도무에게 넘겨졌고 이장이란 이름으로 호적에 올렸다는 것이다.
　　이장은 이복 여동생 지야와 함께 친아버지 오택부를 만나 약혼을 발표하여 오택부를 당황하게 한다. 이장은 현 화백에게서 빌린 차를 타고 그가 전에 갇혔던 동굴로 가서 지야와 함께 지내고 있는데, 이장은 그 곳에 온 오택부와 격투를 벌이다가 이장의 총에 맞아 오택부는 죽는다. 총소리를 듣고 사람들이 몰려오는 사이에 동굴에 벼락이 떨어져 이장과 지야도 동굴 속에 묻혀 죽는다. 결국 이장은 벼락 치는 날 사생아로 태어났다가 벼락으로 죽은 '원형의 전설'의 인물이 된다.
　㉢ 의의와 평가
　　ⓐ 이 작품은 인간의 원초적인 존재 의식을 당대 사회의 역사적 현실과 밀도 있게 조응시키면서 인간의 존재의식을 파고든 작품이다.

ⓑ 장용학은 실존적 의미를 민족・자유・계급・평등 등 외부적 상황과 결부시키기보다는 인간 존재의 근원적 의식 속에서 해명하려는 문학적 태도를 보이고 있다.
ⓒ 「원형의 전설」에서 작가는 "세계란 원래 원형처럼 둥근 것인데, 이것을 나누어서 시초와 끝을 만들고 경계와 매듭을 지은 데서 인간의 병적인 운명이 시작되었다."라고 진단하는 신화적 세계관을 보여주고 있다.

3 하근찬[7]

(1) 하근찬의 삶

경상북도 영천 출신으로, 전주사범학교에 재학 중이던 1945년 교원 시험에 합격하여 1954년까지 초등학교 교사로 학생들을 가르쳤다. 1954년 부산 동아대학교 토목과에 입학하였으나 군대 문제 등의 이유 때문에 1957년 중퇴하였다. 1957년 군에 입대했으나 그 다음 해 의병제대한다. 1957년 단편소설 「수난이대」가 『한국일보』 신춘문예에 당선되어 문단에 나왔으며, 1959년에 발표한 「흰 종이수염」이 문단의 주목을 받으면서 본격적으로 창작 활동을 하게 된다. 이후 작품 활동을 계속하면서 1969년 전업 작가 생활을 시작하기까지 『교육주보』, 『대한 새교실』 등 교육 관련 잡지의 기자로 직장 생활을 하였다. 이후 소설 창작에 전념하여 많은 작품을 생산했다.

(2) 문학세계[8]

등단 초기부터 후기에 이르기까지 하근찬 소설 전반에 일관되게 나타나는 것은 온갖 고난과 핍박 속에서도 주인공들이 한결같이 인간에 대한 선의(善意)를 꺾지 않고 발현하는 인본주의 정신이다. 하근찬은 당대의 풍속을 꼼꼼하게 되살려내는 정통 소설 미학과 문체에 충실한 작가다. 이런 미학과 문체에 스며든 휴머니즘은 이 땅의 목숨붙이에 대한 작가의 사랑에서 싹튼 것으로 보인다.

① 농촌 사람 쪽에 서서

첫 작품 「수난이대」부터 하근찬이 끈질기게 현실을 바라보고 판단하는 관점으로 채택한 것은 힘 없고 가진 것 없는 농촌 사람들의 그것이다. 이는 그가 주로 농촌 사람들을 다루고 그들의 가난함과 보다 더 근본적으로는 그가 그들을 깊은 공감과 사랑으로 바라보고 있다는 점에서 더욱 두드러지게 드러나고 있다. 그것도 작가가 의식적으로 농촌 사람들 속으로 들어간 것이 아니고 작중 인물과 작가 사이에서 볼 수 있는 근본적인 동일성에서 똑바로 나오는 공감이자 사랑이다.

② 전쟁에 대하여

전후작가의 한 사람인 하근찬이 농촌 사람들의 삶을 다루면서 각별히 관심을 기울인 것은 6・25 전쟁으로 인한 파괴의 흔적이다. 동시대의 전후작가들이 흔히 그랬던 것과 달리 그의 작품 중 전쟁을 전쟁현장에서 다룬 것은 거의 없다. 그가 다루고 있는 것은 전쟁이 국토 대부분의 주민들에게 끼친 상흔의 의미라고 할 수 있다. 아버지와 아들이 서로 다른 전쟁의 상황 속에서 불구의 몸이 되는

---
[7] 이경수, 「하근찬론 — 한의 예술적 승화」, 『한국 현대 작가 연구』, 문학사상사
[8] 유종호, 「문학세계, 농촌 사람의 눈으로」, 『산울림』, 한겨레

한 가족의 재앙을 다루고 있는 「수난이대」에서부터 전쟁의 야수성을 고발하는 것으로 작가적 출발을 도모하고 있다. 「나룻배 이야기」, 「홍소」, 「흰 종이수염」 등도 모두 전쟁의 직접 피해자를 다루고 있다. 「나룻배 이야기」의 두칠이도, 「흰 종이수염」의 아버지도 불구의 몸으로 돌아온다. 더욱 기막힌 것은 불구인 그들을 도와주는 아무런 사회적 장치도 없다는 점일 것이다. 「홍소」에서는 많은 전사자들이 배경으로 나오고 이들의 가족에게 재앙의 소식을 차마 전달하지 못하는 마음씨 약한 우체부의 얘기가 등장한다. 「붉은 언덕」은 전쟁이 끝난 후 엉뚱하게 피해를 입은 어린이들의 얘기이다. 그러니까 전쟁의 파괴적 영향력으로 인한 황폐성이 하근찬 소설의 집념을 이루고 있는 것이다.

③ **일본에 대하여**
식민지적 상황인 우리의 현실에 대해 부단히 상기하는 것도 하근찬 문학의 집요한 모티프의 하나다. 일제시대를 다루고 있는 「그 욕된 시절」, 「일본도」 등이 모두 일본 제국주의의 식민지 수탈에 대한 묵시적 비판을 담고 있지만 그것은 단순히 지난날을 떠올리는 것에 끝나지 않고 현재에 대한 비판으로 이어지고 있다. 그 비판은 8·15 이후의 상황이 일제하의 상황보다 얼마만큼 식민지적 상황을 극복하고 있느냐는 간접적인 의문 제기일 수도 있고, 더 나아가서는 식민지하의 군국주의적·전체주의적 상황이 얼마만큼 극복되었느냐는 의문 제기로 드러나기도 한다.

(3) 주요 작품

① **「수난이대」**[9]

㉠ 개설

1957년 『한국일보』 신춘문예 당선 작품이다. 이 작품의 주제는 **일제강점기에 강제 동원되어 팔을 잃은 아버지 박만도와 한국전쟁 당시에 부상하여 다리를 잃은 박진수의 가족적 비극으로 한국 근대사를 관통하는 전쟁의 비극성을 고발**하고 있다.

㉡ 내용

아버지 박만도는 강제로 징용에 끌려가 산에서 비행장을 건설하는 노역에 참여하며 가난하고 고생스러운 생활을 한다. 비행기를 감출 토굴을 만드는 공사 중에 연합군의 공습을 받게 되고, 박만도는 이때 팔 하나를 잃게 되었다. 박만도가 외팔이로 불편하나마 살아가던 중, 그 아들인 박진수가 군대에 입대하여 한국전쟁 때 한쪽 다리를 잃고 돌아온다. 아들을 마중 나갔던 만도는 뒤도 안 돌아보고 걸어가다가 주막에 이르러 술을 한 잔 마신다. 술기운이 돌자 만도는 진수에게 자초지종을 묻고 앞으로 어찌 살까 하는 아들의 하소연을 들으며, 아들을 위로한다. 진수의 도움을 받아 소변을 본 만도는 진수가 외나무다리를 건너지 못하자 진수에게 업히라고 한다. 서로를 의지하며 다리를 건너는 이들 부자(父子)의 모습을 용머리재가 내려다본다.

㉢ 서술상의 특징

ⓐ 사투리와 토속어, 비속어를 사용하여 인물의 성격이나 분위기를 나타내는 데 사실감을 높이고 있는 이 작품은 '현재-과거-현재'의 역순행적 구성 방식을 취하고 있으며, 사건 진행의 관점에서는 병렬 대조형 구성을 보인다. 이러한 구성은 일제강점과 한국전쟁이라는 민족사적 비극을 유기적으로 연결시키고, 그 수난의 극복을 지향하는 작품 내용과 부합한다.

---

9) 조동일, 「현실소설방법」, 『현대한국문학전집』 13, 신구문화사

ⓑ 이 작품의 서술 방식은 만도가 진수와 상봉(相逢)하기 전까지는 주인공을 중심으로 전지적 작가 시점을 취하여, 말하기(telling) 방식 혹은 서술자에 의한 직접적 제시로 요약적 서술을 하고 있다. 그러나 진수와 상봉한 뒤인 후반부부터는 가급적 보여주기(showing) 방식 또는 대화를 통한 장면 제시 방식의 서술로 전반부와 구별되는 모습을 보이고 있다.

ⓔ 의의와 평가
　ⓐ 이 작품은 우리의 현실적 삶 인식의 기저에 순종적 의식이 깃들어 있음을 알려주는 것이지만, 그보다는 시대의 힘에 의하여 개인이 희생되는 사실에 이야기의 비중이 있음을 알 수 있다. 시대의 흐름에 창조적 주역으로 참여하지 않는다 해도, 즉 피동적으로 참여할 경우라도 역사적 현실 그 자체의 논리는 우리의 삶을 새로운 모습으로 만든다는 점을 일깨운 것이다. 그것은 긍정적 의미로도, 또 이 두 부자의 경우처럼 부정적 의미로도 나타나기도 한다.
　ⓑ 이러한 삶의 논리에서 소극적이고 순박한 삶에 깃들인 역사의 억센 흔적을 비극적으로 시사하고 있음을 발견하게 된다. 작가는 두 부자가 외나무다리를 '조심조심 건너가는' 것을 용머리재의 시각으로 바라보면서 개인의 행복의 의미가 전적으로 역사적 힘에 규제된다는 함의를 시적 인식으로 일깨우고 있다.

② 「흰 종이수염」
　㉠ 개설
　　「흰 종이수염」은 1950년대 경상도의 어느 시골 마을에 사는 동길이가 겪은 일을 그리고 있다. 징용에 끌려갔다가 팔 하나를 잃은 아버지를 둔 동길이의 시각으로 6·25 전쟁 이후의 황폐한 삶을 진술하면서도 무겁지 않게 그리고 있다.
　㉡ 내용
　　사친회비가 밀렸다는 이유로 학교에서 쫓겨난 '동길'은 냇가에서 '용돌'과 멱을 감으며 놀다가 철교 위를 지나가는 기차를 보며 징용 나간 아버지 생각을 한다. 배가 고파 집으로 돌아온 '동길'은 그토록 기다리던 아버지가 돌아온 것을 알고 반가운 마음에 다가서지만 한쪽 팔이 없는 아버지의 모습에 두려움을 느낀다. 다음 날 학교에 가지 않겠다는 '동길'과 그것을 이해하지 못하고 야단치는 아버지 사이에 갈등이 일어나고, 아버지는 '창식'을 통해 '동길'이 사친회비를 내지 못해 학교에서 쫓겨났다는 사실을 알고 학교에 찾아간다. 학교에 찾아온 '동길이 아버지' 모습을 본 '창식'은 친구들에게 '동길이 아버지'가 한쪽 팔이 없다는 소문을 내고, 친구들은 '동길'을 '외팔뚝이'라고 놀린다.
　　한편 술을 잔뜩 마시고 집에 돌아온 아버지는 선생님에게 돌려받은 책보를 '동길'에게 주면서 사친회비 문제는 걱정하지 말고 열심히 공부하라고 말한다. 그리고 어머니에게는 극장에 취직되었다고 말한다. 아버지는 원래 목수였지만, 전쟁 때문에 한쪽 팔을 잃어 목공소에서 일할 수 없게 되었다. 아침에 일어난 '동길'은 종이수염을 만드는 아버지를 돕는다. 그 모습을 본 어머니는 그걸로 광대놀음이라도 할 것이냐고 묻고, 아버지는 서글피 웃는다.
　　다시 학교에 다니게 된 '동길'은 하교하는 길에 광대 분장을 하고 극장의 광고판을 몸에 매달고 있는 사람을 발견한다. 호기심이 생겨 가까이에서 구경하던 '동길'은 그 광대가 자신의 아버지라는 것을 알아차린다. '창식'이 나무 꼬챙이로 아버지의 흰 종이수염을 건드리며 놀리는 광경을 본 '동길'은 분노가 극에 달해 '창식'에게 달려들어 마구 때린다. 이를 본 아버지는 놀라서 달려와 '동길'을 말린다.

ⓒ 의의와 평가
ⓐ 이 작품은 소년을 주인공으로 하여 6·25 전쟁 직후의 빈곤하고 참담했던 삶의 모습을 보여주는 소설이다. 글쓴이는 주인공 '동길'이 겪는 소년 시절의 체험을 민족 수난의 역사적 상황과 밀착시켜 그려냄으로써 삶의 황폐화를 숨김없이 드러내고 있다.
ⓑ 가난한 시골 목수인 '동길'의 아버지는 6·25 전쟁 때 노무자로 동원되어 팔 하나를 잃고 돌아온 뒤, 아들 '동길'의 밀린 사친회비와 가족의 생계를 위해 얼굴에 흰 종이수염을 붙이고 극장 광고판을 짊어지고 다니게 된다. 글쓴이는 이 작품에서 전쟁 후의 비참한 삶을 정직하고 순박한 감정의 소유자인 '동길'의 눈을 통해 들여다봄으로써 진솔하되 무겁지 않게 그려 내고 있다.

4 이호철10) 중요도 중

(1) 이호철의 삶

함경남도 원산시 전산리에서 태어나 1948년 원산 공립중학교를 졸업하고 원산고등학교에 진학했다. 1950년 한국전쟁에 참전하여 포로로 잡히는 등 생사의 고통을 겪다가 그해 12월 원산에서 단신으로 월남하였다.

그 뒤 부산과 서울에서 피난살이를 하며 창작에 몰두하다 단편 「탈향」(1955)과 「나상(裸像)」(1956)이 추천되어 문단에 등단하였다. 1961년 단편 「판문점」으로 제7회 현대문학상을 수상하였고, 1962년 단편 「닳아지는 살들」로 동인문학상을 수상하면서 분단문학 작가로서의 기반을 다졌으며, 이후 분단 문제를 다룬 작품을 지속적으로 발표하였다.

(2) 문학세계

① 이호철의 서사 양식은 자전적 전쟁 체험을 중심으로 구축되는데, 이 때문에 발표한 거의 모든 작품의 밑바탕에는 전쟁과 분단, 이산과 정착이라는 역사적 현실이 자리하고 있다.
② 이호철의 전반적 문학세계를 통해 드러나는 분단서사의 양상을 살펴보면, 초기에는 「탈향」(1955)과 「탈각」(1959) 등을 통해 전쟁과 분단이 낳은 실향인의 역사적 비애를 다루고 있다. 1970년대에는 「이단자」 연작과 「그 겨울의 긴 계곡」(1977) 등을 통해 실향인의 정체성과 이산가족의 문제에 치중했으며, 1980년대 이후에는 자전적 체험와 역사적 사건의 결합을 통해 분단의 기원을 탐색하고 분단 극복을 지향하는 작품을 많이 발표하였다.

---

10) 이호철, 『이호철전집』

③ 한편 이호철의 작품 경향을 소재와 주제를 중심으로 살펴보면 크게 여섯 부류로 나누어진다.

해방직후의 북한 사회를 배경으로 한 작품	「백지풍경」(1956), 「만조기」(1959), 「세 원형 소묘」(1983), 「변혁 속의 사람들」(1987) 등
전쟁에 동원되었을 때의 체험을 소재로 한 작품	「나상」(1956), 「부군」(1957), 「첫 전투」(1964), 「남녘사람 북녘사람」(1996) 등
전쟁 직후 부산에서의 체험을 소재로 한 작품	「탈향」(1955), 「소시민」(1964) 등
분단 사회를 배경으로 시민의 일상 현실을 소재로 한 작품	「등기수속」(1964), 「부시장 부임지로 안 가다」(1965), 「서울은 만원이다」(1966), 「큰 산」(1970) 등
분단 문제를 중요하게 다룬 작품	「판문점」(1961), 「남풍북풍」(1972), 「이단자 4」(1973), 「문」(1988) 등
유라시아 시대의 상황과 전개 양상을 다룬 작품	「1기 졸업생」(1962), 「까레이 우라」(1986), 「별들 너머 이쪽과 저쪽」(2009) 등

(3) 주요 작품

① 「탈향」

㉠ 개설

이 작품은 작가가 6·25 전쟁 중 직접 겪은 일을 바탕으로 쓴 소설로, 전쟁 중 같은 고향에서 피란 온 네 사람이 부산에서 일을 하면서 벌어지는 이야기를 다루고 있다. 6·25 전쟁으로 인해 어쩔 수 없이 고향을 떠나야 했던 고향 친구 네 사람이 부산에서 각기 다른 대응양상을 보여 주는 것이다.

㉡ 내용

6·25 전쟁 때 한 마을에서 살다 월남하던 중 만난 광석, 두찬, 하원과 '나'는 부산에서 궁핍한 피란살이를 한다. 기거할 방이 없어 화차를 전전하며 잠깐씩 잘 정도로 어려운 삶이지만 고향에 돌아갈 때까지 고생스럽더라도 함께 이겨 내자고 맹세한다. 고향에 돌아가는 것이 어려워지자 광석은 현실적인 삶을 찾고, 두찬은 이러한 광석을 못마땅하게 여긴다. 생활이 극도로 어려워지면서 두찬과 광석은 생활력이 부족한 '나'와 하원을 귀찮게 생각한다. 그러다 광석이 화차에서 실족하여 죽게 되고, 이 일을 계기로 이들의 관계는 점차 소원해진다. 세 사람은 양심의 가책을 느끼며 점차 자신을 되돌아보고, 마침내 두찬은 현실에 절망하여 나머지 두 친구를 버리고 떠나 버린다. '나' 역시 하원을 버리고 도망갈 궁리를 한다.

㉢ 서술상의 특징[11]

「탈향」에서 간과할 수 없는 기법 가운데 하나는 관찰자 시점을 취한다는 것이다. 1인칭 시점을 취함으로써 '나'의 주관적 인식만으로 한정된 이야기 전개가 '관찰자'라는 위치로 인해 객관적 거리를 확보하게 되는 것이다. 즉, 이 소설이 작가의 자기 체험적인 소설임에도 불구하고 현실을 객관적으로 형상화할 수 있었던 것은, 체험에 함몰되지 않고 그곳에서 한 발자국 떨어져 나와 객관적 거리를 유지할 수 있었기 때문이다.

㉣ 의의와 평가

ⓐ 이 작품은 6·25 전쟁으로 고향을 버리고 월남한 실향민(失鄕民)들의 애환을 그리고 있으며, 열아홉의 나이로 홀로 월남하여 부산에서 노동을 하며 생계를 해결해야 했던 작가의 실제 체

---

11) 강승원 등, 『해법문학 현대소설』, 천재교육

험이 담겨 있다. 제목이 '실향'이 아닌 '탈향'인 것은 타의가 아닌 자의로 고향을 벗어나려는 작중 인물들의 현실 인식 때문이다.
- ⓑ 등장인물들은 힘든 피란 생활에서도 고향을 생각하는 동안만큼은 행복하다. 그리고 다 같이 고향에 돌아가자고 다짐을 한다. 그러나 현실에서는 화차(貨車)에서 추위에 떨며 매일 부두 노동으로 생계를 유지해야 하고, 야박한 인심과 싸워야 한다. 결국 같은 고향이라는 공동체 의식만으로는 어찌해 볼 수 없는 현실의 이해관계가 이들을 갈라놓고 만다.
- ⓒ 이 작품은 전쟁으로 인해 고향을 떠나야 했던 작가의 체험에서 출발했다는 점에서 사실주의 소설에 해당하나, 고향을 잃어버린 사람들의 근본적인 위기 상황을 다루었다는 점에서는 실존주의적 경향도 보여준다. 한편 고향에서의 공동체적 삶에서 벗어나 현실에서의 개인적 삶을 추구하게 되는 근대적 각성에 주목하여 성장소설로 보기도 한다.

② 「나상」
  ㉠ 개설
    '나'가 6·25 전쟁 때 국군 포로로 잡혀 북으로 이송되는 형제의 이야기를 듣는 내용으로 이루어진 액자소설이다. 내화와 외화의 겹쳐지는 인물을 통해 극한 상황 속에서 전쟁의 고통과 비극성을 통찰력 있게 그려냄으로써 올바른 삶의 방향은 무엇인지 생각하게 한다.
  ㉡ 내용
    어느 여름 저녁에 '나'는 '철'에게서 전쟁 때 북한군 포로로 잡혀 이송되었던 형제의 이야기를 듣게 된다. 상황을 고려하지 않고 어수룩한 행동을 하는 형을 동생인 칠성은 처음에 탐탁지 않게 여기지만 자신을 위하는 형의 인간적인 모습에 점점 마음을 열고 그의 삶의 방식을 존중하게 된다. 담중에 걸린 다리가 곪아 잘 걸을 수 없게 되자, 형은 자신에게 일이 생기면 모른 체하라고 동생에게 당부를 한다. 형은 결국 행군 중 쓰러지게 되고 경비병의 총에 맞아 죽음을 맞는다. 이야기를 마친 철은 이야기 속의 동생이 바로 자신이라고 고백하며, 현실에 순응하는 삶을 살았던 자신의 삶이 옳은 것이었는지에 대해 회의한다.
  ㉢ 서술상의 특징[12]
    「나상」은 '나'와 '철'이 베란다 위에 앉아 이야기를 시작하는 바깥 이야기와 6·25 전쟁 당시 포로가 된 형제의 사연을 들려주는 안 이야기, 그리고 안 이야기가 끝나고 다시 현실로 돌아오는 바깥 이야기로 구성되어 있다. 방법상으로는 일반적인 액자 소설의 구조이지만 두 번째 바깥 이야기에서 철이 "내 어릴 때 이름이 칠성이었다."라고 말하면서 바깥 이야기와 안 이야기의 인물이 겹쳐지고 있다. 이렇듯 내화와 외화를 넘나드는 한 인물을 통해 과거와 현재를 교차시키며 작품의 주제를 확장하는 효과를 얻고 있다.
  ㉣ 의의와 평가
    ⓐ 「나상」은 전쟁 때 북한군의 포로로 잡힌 두 형제가 북으로 이송되는 과정을 그린 작품이다. 작가는 본연의 순수성을 그대로 드러내는 벌거숭이 인간인 '형'이 외부의 폭력에 희생되는 모습을 통해 근원적 인간성의 소중함을 보여주면서, 전쟁에서 살아남은 자들의 영리함과 오연함이 과연 올바른 것이었는지에 대한 질문을 던지고 있다.
    ⓑ 포로 호송이라는 상황을 통해 구성원을 획일화하는 사회를 우회적으로 비판하고 있다.

---
[12] 강승원 등, 『해법문학 현대소설』, 천재교육

③ 「1965년, 어느 이발소에서」
  ㉠ 개설
    5·16 군사 정변 이후 한국 사회를 지배해 온 반공 이데올로기의 실체가 무엇이고, 그 이데올로기를 이용해 기득권을 누려왔던 권력의 실체가 누구인가를 보여 주는 소설로, 두 청년의 외양에서 권력의 냄새를 맡고 자진해서 그들에게 굴복하는 사람들의 모습을 형상화하고 있다.
  ㉡ 내용
    조용한 이발소에 한 사내가 들어와 강압적인 목소리로 다짜고짜 빨리 되느냐고 묻는다. 사내의 등장으로 인해 이발소는 긴장감으로 가득 찬다. 특히 병역 기피자인 박 씨는 대번에 겁을 잔뜩 먹고 까칠한 얼굴이 된다. 사내는 공연히 생트집을 잡으면서 이발소 주인에게 호통을 치기도 하고 이발소 안에 있는 사람들에게 시비를 걸고 겁을 준다. 이런 분위기는 빠릿빠릿한 청년 하나가 더 들어오자 더욱 고조되는데 마침 들어선 교통순경이 청년과 눈길을 마주쳤다가 고압적인 억양의 트집에 망신을 당한다. 슬그머니 교통순경이 나가자 이발소 안은 잠시 정적이 흐르고, 어느새 나갔던 늙은이가 사복 차림의 경찰을 데려와 두 사내는 불심 검문을 당한다. 하지만 두 사람은 관명 사칭도 월권도 한 것이 없어 연행되었다가 곧 석방된다.
  ㉢ 의의와 평가
    ⓐ 「1965년, 어느 이발소에서」는 당시 한국 사회가 안고 있던 질곡의 한 단면을 반영하고 있다. 군사 정권하에서 점퍼 차림의 형사·경찰 등은 소시민들에게 그 존재만으로 위협적이었다. 이발소에서 청년은 차림새부터 어딘가 겁나는 일을 수행하는 사람의 분위기를 풍기며 안에 있는 사람들을 긴장하게 만든다. 청년은 사람들의 눈빛이며 정신 상태를 비판하지만 실상은 무엇을 기준으로 한 비판인지조차 드러나지 않는다. 비판을 위한 비판일 뿐이고, 그러한 것을 파악하지 못하는 사람들은 계속해서 두려움을 느끼게 된다.
    ⓑ 이를 통해 작가는 소시민들의 일상에 깊숙하게 영향을 끼쳐 학습된 두려움을 주고 있는 권력의 실체에 대해 의문을 제기한다. '모두 빠릿빠릿해지고 항상 준비 태세를 지니고 사회 기강을 확립하자'는 청년의 목소리는 그 시대의 경직된 사회 풍속에 대한 신랄한 비판인 것이다.

④ 「닳아지는 살들」
  ㉠ 개설
    이 작품은 1962년 7월 『사상계』에 발표된 단편소설로 동인문학상을 수상한 작품이다. 월남할 때 두고 온 맏딸을 매일 기다리는 아버지를 중심으로 전개되는 이야기 속에 실향민의 깊은 슬픔과 우리의 분단 상황이 낳은 비극을 담아내며 사회적 의미를 획득하고 있다.
  ㉡ 내용
    5월의 어느 날 저녁에, 가족들은 늘 그러했듯이 남하(南下)하면서 북에 두고 온 영희의 언니를 기다리고 있다. 집안 전체에 불안감과 긴장감을 조성하는 '꽝 당 꽝 당' 하는 쇠붙이 소리가 들린다. 이 집 맏딸의 시사촌 동생 선재는 술에 취해 영희의 부축을 받으며 2층으로 올라가고 2층에 올라가서 영희는 선재에게 여길 도망가자고 말하며 선재의 품에 안긴다. 열두 시를 알리는 종소리가 들리자 가족들의 시선이 노인의 얼굴로 향한다. 복도로 통하는 문이 열리며 식모가 등장한다. 영희는 식모를 가리키며 아버지가 기다리는 '언니'라고 소리를 치고 아버지는 허우적거리며 정애와 성식도 엉거주춤 일어나 있다. 가족들의 기다림은 계속되고 어디선가 들려오는 쇠붙이 두드리는 소리도 계속 이어진다.

ⓒ 의의와 평가
ⓐ 이 작품은 어느 실향민 가족이 북에 두고 온 맏딸을 매일 밤 기다린다는 이야기를 다루고 있다. 단순한 구성과 사건, 행위의 반복과 제한된 공간 배경, 불길하면서도 음산한 분위기 등을 특징으로 하고 있다.
ⓑ 이 작품에서 온 가족의 '기다림'은 복합적인 의미를 지니고 있다. 기다림은 아버지에게 절실한 그리움을 의미하지만, 다른 가족들에게는 타성에 젖은 습관적 행위일 뿐이다. 또 현실적으로 그 행위는 매번 실패와 좌절로 끝나는 시도이기도 하다. 그럼에도 불구하고 기다림의 행위가 결코 끝나지 않는 것으로 설정된 데에서 분단(이산가족)의 아픔이라는 묵중한 주제 의식을 읽을 수 있다. 이 소설의 기본틀을 '기다림 → 기다림의 좌절 → 기다림을 재촉하는 쇠붙이 소리'로 본다면 이 가족은 또다시 기다림을 계속할 수밖에 없으며, 그러한 생활 속에서 가족 간의 유대감은 점점 마모되어, 제목 그대로 '살이 닳아지는' 아픔만이 남게 될 것이다.

⑤ 「판문점」 중요도 하
㉠ 개설
이 작품은 1961년에 발표된 「현대문학」 신인상 수상작이다. 작가 자신의 전쟁 체험을 바탕으로 이산가족 문제 등 분단의 아픔과 상처를 문학적으로 형상화했다. **분단의 상황 속에서 각자의 상황을 허물어 버리고 화해의 상황으로 나아가고자 하는 의식의 세계를 깊이 있게 드러낸 작품**이다.

㉡ 내용
신문기자 진수는 취재를 위해 판문점에 간다. 그런데 회담이 시작될 무렵, 붉은 완장을 두른 북측 여기자가 서울이 어떠냐며 말을 걸어온다. 이어서 북측 여기자와 진수는 남과 북의 체제에 대한 토론을 벌였으나 합일점 없는 대화만 오고 갔다. 그러다 갑자기 내린 소나기에 다급한 나머지 북측 여기자의 손목을 쥐고 진수는 옆의 지프 차에 올라탄다. 그러나 잠시 후, 엉겁결에 함께 차를 타게 된 그녀는 자신이 납치당하는 것이 아닌가 하고 염려하는 눈치다. 진수는 부드러운 말로 그녀를 안심시키려고 한다. 취재를 마치고 돌아온 진수는 제 방에 가서 잠을 청했으나 잠이 오질 않는다. 북측 여기자의 재잘대던 목소리가 지금도 귓가에 들리는 듯했다. 그는 먼 훗날, 판문점이 사라질 날을 상상해 본다.

ⓒ 의의와 평가
ⓐ 이호철은 김수영(金洙暎)·손창섭(孫昌涉)·오상원(吳尙源)·서기원(徐基源) 등과 함께 1950년대에 문단에 발을 들여놓은 작가다. 역사적 상황을 폭넓게 형상화하려 한 세대의 작가인 셈이다.
ⓑ 그러나 「판문점」은 역사적 상황성과 함께 개인의 범속한, 자의식적 일상성도 의미 있게 그리고 있는 소설이다. 그래서 이야기의 주인공이면서 초점자로서 서술의 중심 의식인 진수는 1960년대 작가라 불리는 김승옥(金承鈺)·이청준(李淸俊)·서정인(徐廷仁) 등의 소설의 주인공과 상당히 가까워진 면모도 보여 주고 있다

5 김성한13)

(1) 김성한의 삶

1919년 함경남도 풍산에서 태어나 함남중학교를 거쳐 일본 야마구치[山口]고등학교를 졸업했다. 1944년 교토대학[京都大學]을 중퇴한 뒤, 영국 맨체스터대학 사학과를 졸업했다. 해방 후 귀국하여 서울대학교・한국외국어대학교 등에서 강사 생활을 했다.

『사상계』 편집장과 『동아일보』 논설위원・출판국장・편집국장・논설주간을 지냈다. 1950년 『서울신문』 신춘문예에 단편 「무명로(無名路)」가 당선되어 문단에 나온 후 단편 「김가성론(金可成論)」(『학풍』, 1950.3.)・「암야행」(『신천지』, 1954.1.)・「제우스의 자살」(『사상계』, 1955.1.) 등의 문제작을 계속 발표했다.

프로메테우스와 신과의 5분간의 회담을 통해 신의 질서에 대항한 인간의 승리를 암시하는 「오분간」(『사상계』, 1955.6.)과 헨리 5세 때 재봉 직공인 바비도가 이단으로 몰려 화형당하는 과정을 통해 진정한 신앙과 인간의 존엄성을 보여준 「바비도」(『사상계』, 1956.5.)는 그의 대표작이다. 1950년대에 활발한 작품 활동을 했으며, 지적이고 풍자적인 소설을 발표하여 한국소설에 큰 영향을 주었다. 1955년 「바비도」로 제1회 동인문학상을 받았다.

(2) 문학세계

김성한은 인간의 존엄성과 정의를 구현하기 위해 적극적으로 행동하는 반항적인 인간형을 즐겨 그리는데, '바비도' 또한 이런 인물 중의 하나이다. 작가는 문학의 현실적 효용에 관해 "대중에게 즐거움을 주는 오락에 그치지 않고 악을 제거하고 미를 고취하는 한 개의 힘(power)으로서 보다 나은 세계의 창조에 참여하는 것"이라고 말한 바 있다. 이처럼 그는 현실 비판의식이 강한 작가에 속하지만 사회 문제를 꼭 사실적으로 그려내야 한다고는 생각지 않는다. 「오분간」이나 「바비도」에서 보듯이, 그는 전후 한국 사회의 타락과 혼란을 비판적으로 그려내는 자리에서 엉뚱하게 프로메테우스 신화나 중세 유럽 이야기를 끌어들인다. 말하자면 김성한은 시공을 초월한 신화나 우화를 즐겨 서사의 틀로 삼음으로써 현실을 우의적으로 그려낸 작가다.

(3) 주요 작품

① 「오분간」

㉠ 개설

김성한(金聲翰)이 지은 단편소설로 1956년 6월 『사상계』에 발표되었다. 이 작품은 프로메테우스가 코카서스 바위 등에서 2천년 만에 스스로 신으로부터 자유를 전취(戰取)하는 장면으로 시작하며, 신의 섭리와 부조리에 대한 인간 정신의 항의를 나타낸 작품이다.

㉡ 내용

프로메테우스가 쇠사슬을 끊은 일 분 후에 천사가 도착하여 신께서 프로메테우스를 부른다고 아뢴다. 그러나 신 때문에 2천년을 쇠사슬에 묶여 산 프로메테우스가 쉽게 응할 리가 없다. 궁리 끝에 프로메테우스는 중립지대에서 만나자고 하며 천사를 돌려보낸다.

---

13) 장석주, 『20세기 한국 문학의 탐험』, 시공사

신은 중립지대의 구름에서 프로메테우스와 협상을 벌였다. 신과의 회담에서 신에 대항하여 신의 자리를 차지해보려는 프로메테우스의 거만을 그린 후, 아무런 해결도 보지 못한 채 헤어진다는 장면으로 끝맺고 있다. 신은 요지경 속인 세상 꼴을 수습하자고 제안했지만 프로메테우스는 그게 역사라고 응수했던 것이다. 회담은 5분 만에 끝나고, 신은 혼자 중얼거린다. "아! 이 혼돈의 허무 속에서 제3의 존재의 출현을 기다리는 수밖에 없다."

ⓒ 의의와 평가
ⓐ 작가는 「오분간」에서 이 5분간에 일어났던 인간세계의 무질서와 혼란을 통해, 현대인의 신앙 상실과 신앙 거부로부터 비롯된 혼돈과 혼란을 그리고 있다.
ⓑ 현대인의 비극을 구할 자는 신도 인간도 아닌 제3의 존재라고 하는 신의 입을 빌어서 결국 작가의 독백을 대신하고 있다. 즉, 신(神)과 프로메테우스와의 대립을 통하여 현대인과 신의 문제를 상징화시킨 작품이다.

② 「바비도」 중요도 하

㉠ 개설
1956년 『사상계』 5월호에 발표되었고, 그 해 이 작품으로 제1회 동인문학상을 수상하였다. 인간의 자유와 양심을 그린 소설로, 바비도는 1410년 이단(異端)으로 지목되어 분형(焚刑: 화형)당한 영국의 한 재봉 직공이다. 김성한의 『바비도』는 이 먼 나라의 사건을 소재로 쓴 소설이다.

㉡ 내용
바비도는 영역(英譯) 복음서를 비밀리에 읽는 모임에서 돌아오던 날 밤, 문득 교구마다 돌아다니며 이단을 숙청하고 있는 순회재판소를 생각하게 되고, 성서의 진리를 거역하는 갖가지 독단과 위선에 대하여 강한 분노를 느낀다. 그는 이러한 현실적 불합리와 부조리에 굴복하지 않음으로써 종교재판정에 나가게 되고, 어떠한 회유에도 아랑곳없이 자신의 신념을 지키기 위하여 사형장으로 끌려가게 된다.
이 종교재판의 과정에 등장하는 사교와 주고받는 문답에서, 한낱 재봉 직공에 불과한 바비도가 어떻게 인간됨의 조건과 그것을 수호하는 데 요구되는 양심의 문제를 사회 전면에 부각시키고 있는지 잘 드러난다. 그리하여 바비도는 스미드필드 광장에서 타오르는 장작더미의 불꽃 속으로 사라지게 된다. 운집한 군중들의 고함소리와 헨리 태자의 간곡한 회유도 일개 하층민의 투철한 의지를 꺾을 수는 없었던 것이다.

㉢ 서술상의 특징[14]
이 작품은 표면상 다른 이야기를 통하여 주제 의식을 전달하는 우의적 성격을 띠고 있다. 작품의 배경을 영국으로 삼은 것은 쉽사리 다루기 어려운 종교와 정치의 문제를 외압을 타지 않고 좀 더 자유롭게 말하기 위함인 듯하다.
작품이 창작된 시대적 배경이나 작품 안의 시대적 배경은 유사하다. 이 작품을 읽는 독자가 영국의 1400년대의 상황으로부터 일제 식민 치하에서 손상된 민족 정기를 회복하는 과제와, 6·25 전쟁으로 인한 심각한 인간성 훼손과 피해의식의 치유라는 역사적 과제를 망각하고 표류하던 1950년대의 한국 상황에 대한 시사점을 얻었다면 이는 이 작품이 의도한 우의적 목적을 달성한 것이다. 이를 통해 「바비도」는 진정한 삶의 의미가 무엇이며, 불의의 시대를 살아가는 바람직한 방식은 무엇인지에 관한 질문을 독자에게 던졌다고 할 수 있다.

---
14) 강승원 등, 『해법문학 현대소설』, 천재교육

ⓛ 의의와 평가
  ⓐ 이 작품에 드러난 인간의 기본적 자유와 양심에 대한 갈등과 저항 그리고 죽음의 궤적은, 1950년대 한국 사회에 제기되는 심각한 문제들과 맞닿아 있는 것으로 이해되고 있다. 즉, 일제 식민지 치하에서 손상된 민족적 정기의 회복과 6·25로 입게 된 피해의식의 치유라는 시대적 소명이 과거 역사의 현재적 관점에서의 재구성에 의하여 민족적으로 승화되고, 환기가 이루어지는 의의를 지닐 수 있는 것이다.
  ⓑ 부패한 자유당 정권을 풍자한 것같이 보이기도 하는 이 작품은 현실이 강요하는 권위와 독선에 대항하여 보다 적극적이면서도 인간의 숭고한 존엄성의 수호를 외치는 실천적·반항적 인간형을 창출하고 있다.
  ⓒ 이러한 점에서 이 작품은 재래 한국 소설의 순수적 토속공간을 파괴하고 현대적 지성 위에 체질적 현대화를 단행한 것으로 평가받고 있다. 「바비도」를 통하여 제시된 사회적 정의와 개인적 양심의 문제는, 단순한 도덕적 인간형의 제시 차원을 뛰어넘는 현대인의 비극과도 상통하고 있다.

6 손창섭[15]

(1) 손창섭의 삶

해방을 맞아 1946년 일본에서 귀국하여 평양으로 갔지만 1948년 무렵 월남하였다. 한국전쟁 중에 단편 「공휴일」과 「사연기」를 『문예』를 통해 발표하면서 이 잡지의 추천을 받아 등단하였다. 등단 이후 빠른 시일 내에 전후의 비참한 현실과 그로 인한 인간성 상실을 자연주의 수법으로 묘사한 소설들을 통해 문단의 주목을 받고 1950년대 전후소설을 대표하는 신진 작가로 평가받았다. 1973년 급작스럽게 일본으로 간 이후에는 다시는 귀국하지 않았고, 1976년 『한국일보』에 장편 역사소설 「유맹」을 연재하는 과정에서의 접촉 이외에는 국내 문인들과의 교유도 일체 단절하였다. 이러한 일본행의 이유로는 오랜 창작에 지쳤다는 설, 1970년대 초의 한국 정치상황에 대한 절망 때문이라는 설, 이미 1960년대 말에 일본으로 돌아갔던 아내 우에노 지즈코를 따라갔다는 설 등이 있다. 1998년 일본의 외국인에 대한 등록제도 때문에 결국 일본으로 귀화하였다.

(2) 문학세계

① 「공휴일」(1952)과 「사연기」(1953)로 『문예』의 추천을 받아 등단하였으며, 월남민들의 비참한 부산 피난 생활을 '비가 새는 방'을 매개로 그려낸 「비 오는 날」(1953)로 일약 평단의 주목을 받았다. 이후 「생활적」(1954), 「혈서」(1955), 「미해결의 장」(1955), 「인간동물원초」(1955) 등을 발표하면서 손창섭 특유의 비관적이고도 냉소적인 인간관을 드러내어 전후 문단의 주요 작가로 부상하였다. 이 시기의 작품들은 전후 현실에서 동물적인 인간이 수동적인 인간을 좁은 '방' 안에서 괴롭히다가 어떠한 희망도 없이 인간다움을 잃어가면서 다 같이 몰락해가는 과정을 그리고 있다. 이후에 발표된 「잉여

---

[15] 손창섭, 『손창섭 대표작 전집』, 예문관

인간」(1957)은 이러한 작품 경향에 일종의 희망을 부여하려 한 작품이다. 이후 자신의 과거를 다룬 자전적 소설로 『낙서족』(1959)과 「신의 희작」(1961)을 발표하고, 『인간교실』(1963), 「길」(1969) 등의 장편을 발표하였으나 1950년대만큼의 호응은 얻지 못하였다.

② 손창섭의 「비 오는 날」(1953), 「미해결의 장」(1955), 「유실몽」(1956)에는 불구의 인간이 나온다. 「비오는 날」에서처럼 신체적 불구를 지닌 사람이 나오기도 하고, 다른 두 작품에서처럼 정신적으로 비정상적인 인물이 나오기도 한다. 비정상성이라는 것은 인간의 존재를 다른 측면에서 바라볼 수 있게 하면서, 또한 정상적인 것처럼 생각되는 인간들이 지닌 비정상성을 되돌아보게 한다. 이런 점에서 손창섭의 소설들은 이상의 「날개」와도 비교된다. 「날개」가 퇴행한 지식인의 눈으로 자본주의 세계를 다시 보고 있는 것처럼, 손창섭의 소설도 퇴행한 듯한 혹은 상식을 갖지 못한 주인공의 시선으로 당대를 그리고 있기 때문이다. 이런 퇴행한 주인공은 상식적으로 보이는 세계를 뒤틀어 놓는 효과를 낳는다.16)

(3) 주요 작품

① 「잉여인간」 중요도 하

㉠ 개설

「잉여인간」은 1958년 9월 『사상계』에 발표되었고, 대표적인 전후소설의 하나로 평가받으며 1959년 동인문학상을 수상하였다. 6·25 동란 이후의 세태를 주관적 서술자의 전지적·비판적 서술로 기술하고 있는 소설이면서도 주인공의 초점화와 서술의식이 대등하게 섞여 심리적 현장감이 돋보이게 한 소설이기도 하다.

㉡ 내용

이 소설의 주인공은 자기의 능력과 노력과 성의로써 자신의 삶을 살아가고 있는 만기치과의원의 원장 서만기이다. 비분강개파 채익준과 실의의 인물 천봉우, 천봉우의 처, 서만기의 처제 은주, 간호원 홍인숙 등이 서만기에 적대적이거나 조력하는 인물로 등장한다. 이 소설의 서사의 중심 공간은 대합실과 진찰실 모두 합쳐서 겨우 다섯 평이 될까 말까 한, 낡은 시설과 건물의 만기치과의원이다. 병원 시설과 건물의 소유자는 천봉우의 행실 나쁜 아내의 것이다. 천봉우의 처는 이를 약점 잡아 남편의 친구 서만기를 유혹한다. 처제 은주는 형부만을 우러러보면서 시집도 가지 않는다. 생선장수를 하던 채익준의 처가 죽고, 장례 준비로 바쁜 서만기에게 천봉우의 처는 건물과 시설을 팔기로 했다며 병원을 비우라고 연락한다. 궁지에 몰린 서만기에게 간호원 홍인숙이 다가와 서만기의 병원을 차려줄 생각으로 모아둔 돈이 있음을 밝힌다.

㉢ 의의와 평가

ⓐ 전후작가로서 손창섭은 인간을 혐오하거나 인간을 모멸하는 주제를 즐겨 다룬다. 손창섭의 소설은 「비 오는 날」을 필두로 하여 국토분단, 한국동란이라는 역사적 충격과 긴밀히 상호작용하며 무기력한 인간을 다루고 있다. 「잉여인간」에서도 작가의 공격적인 인간비판의 자세가 곳곳에서 나타난다. 그러나 「유실몽(流失夢)」이나 「미해결의 장」 등에 비해서 상대적으로 긍정적이거나 낙관적이라 볼 수도 있다.

---

16) 채호석, 『청소년을 위한 한국현대문학사』, 두리미디어

ⓑ 「잉여인간」에서 가장 풍자적으로 공격되고 있는 인물은 천봉우의 처이다. 그녀의 비범한 경제적 능력과 성적인 욕구도 전후적인 이상심리로 이해되어 무방해 보인다. 전쟁이 빚어 놓은 극악한 사회 현실 속에서 인간의 삶의 양상도 이에 어울리게 왜곡된다. 서만기·채익준·홍인숙·은주 등의 선의의 인격들도 변화한 현실에 제대로 적응하지 못함으로써 점차 잉여적 인간으로 전락해 간다. 이들 인격의 형상화가 역설적으로 불건강한 세태적 현실을 고발하고 있다.

② 「비 오는 날」

㉠ 개설

손창섭의 초기 단편소설, 1953년 『문예(文藝)』 11월호에 발표되었다. 6·25 직후의 부산을 배경으로 하여 동욱 남매의 불행을 그린 작품으로, 전쟁이 가져다 준 인간의 무기력한 삶과 허무의식, 극한 상황에 처한 인간의 무기력한 삶을 그리고 있다.

㉡ 내용

비 내리는 날이면 원구에게는 동욱 남매의 음산한 생활 풍경이 회상된다. 원구는 우연히 동욱을 피란지에서 만나게 되었고 동욱으로부터 동옥이가 힘드니 위로해 주라는 부탁을 받기도 한다. 원구는 황폐한 동욱의 집을 방문하여 동욱과 그의 여동생 동옥을 만난다. 원구에 대한 동옥의 적대적 태도는 점차 누그러지지만 동욱, 동옥 남매는 유일한 생계 수단인 초상화 작업을 못하게 된다. 동옥이 같은 집에 사는 노파에게 돈을 떼이고, 세 들어 살던 집마저 떠나게 된다. 원구가 그 집을 방문했을 때 이미 동욱 남매는 떠났고 원구는 자책감에 빠진다.

㉢ 문체적 특성17)

'~ 것이었다'의 반복적 사용	• 사건을 무기력한 원구의 눈을 통해 간접적으로 제시함 • 사건보다는 사건을 바라보는 서술자의 우울한 감정을 전달함
묘사	• 사건의 요약적 제시나 배경과 인물의 묘사가 중심이 됨 • 음산함과 우울함을 정조로 하는 시대 상황에 대한 묘사가 주를 이룸
거리 두기	• 작중 사건이나 대상에 거리를 두어 냉소적 태도를 보여줌 • 다른 인물을 관찰하는 시선을 유지하면서 사실성을 높임
어휘의 사용	• 가난한 생활을 묘사하는 '거적', '바께스' 등의 어휘를 사용함 • 비정상적인 인간들과 그들의 상호 관계를 드러내기 위해 '병신' 등의 욕설을 사용함
문장의 길이	• 암울한 배경을 암시하는 수식어와 만연체 문장이 주로 사용됨 • 호흡이 긴 문장을 통해 암울한 시대적 분위기를 느끼게 함

㉣ 의의와 평가

비가 오는 음산한 풍경의 서술로 시작하여 수시로 이러한 풍경이 작품 속에 나타나는데 이는 곧 작중인물들의 심경이나 작품 전체의 분위기와 밀접한 관련을 맺는다. 즉, 이상성격자(異常性格者) 동욱과 동옥의 절망과 무기력과 무위(無爲)를 그대로 나타내면서 동시에 이들 심리의 정확한 통찰을 통해 음울한 시대적·공간적 상황을 표출하는 것이다.

---

17) 강승원 등, 『해법문학 현대소설』, 천재교육

7 오상원

(1) 오상원의 삶

1949년 용산고등학교를 졸업하고, 1953년 서울대학교 불어불문학과를 졸업하였다. 그 해 동아일보사에 입사하였다. 1953년 극협의 작품공모에 장막극 「녹쓰는 파편(破片)」이 당선되었고, 1955년 『한국일보』 신춘문예에 단편소설 「유예(猶豫)」가 당선됨으로써 작가 활동이 시작되었다.

이어 같은 해 「균열」이 『문학예술(文學藝術)』 8월호에 발표되었다. 그는 계속하여 단편 「난영(亂影)」(『문학예술』, 1959. 9.)과 그의 대표작으로 평가된 「모반(謀反)」, 장편 「백지의 기록」(『사상계』, 1957. 5.~12.), 그리고 중편 「황선지대(黃線地帶)」(『사상계』, 1960. 4.) 등을 발표하였다.

그 밖에 「피리어드」(『지성』, 1958)·「내일쯤은」(『사상계』, 1958. 7.)·「부동기(浮動期)」(『사상계』, 1958. 12.)·「보수(報酬)」(『사상계』, 1959. 5.)·「표정(表情)」(『사상계』, 1959. 8.)·「현실(現實)」(『사상계』, 1959. 12.) 등이 있다. 미완성의 장편으로는 「무명기(無明記)」(1961. 8.~11.)가 있다.

(2) 문학세계[18]

오상원의 문학적 특징은 한국전쟁 후 세태의 사회적·도덕적 문제를 다루어 전후 세대의 정신적 좌절을 행동주의적 안목으로 주제화한 데 있다. 한국의 전후 세대의 풍토 속에서 독자적인 작품을 이루어 1950년대의 대표적 작가 중의 한 사람으로 평가되고 있다. 불문학을 전공하여 프랑스의 행동주의 문학과 실존주의 문학을 접하며 영향을 받았고, 「균열」(『문학예술』, 1955. 8.), 「증인」(『사상계』, 1956. 8.)은 그러한 성격을 잘 보여준 작품이다. 오상원은 보편적인 존재로서의 인간에 대한 문학적 탐구를 통하여 휴머니즘을 추구하였다. 전쟁의 비인간적인 면과 인간의 존엄성을 강조하여 전후소설로서의 의미를 가질 수 있었다.

(3) 주요 작품

① 「유예」

㉠ 개설

작가의 등단작으로, 1955년 『한국일보』 신춘문예에 당선되었다. 전후작가인 오상원이 동란 중의 **가상적 현실을 긴박감 있게 형상화하여 전쟁의 파괴성과 함께 인간 삶의 무의미와 부조리성을 담론하는 소설로 독백 형식의 1인칭과 3인칭이 혼용되어 있는 소설**이다. 한 시간 후면 처형되는 주인공이 겪는 실존적 고뇌가 전경화되어 독자에게 읽히는 소설이다.

㉡ 내용

적에게 잡힌 '나'는 처형까지 한 시간의 유예 시간이 주어진 가운데, 움에 갇혀 전쟁의 무의미성을 생각하게 된다. '나'는 너무 적진 깊이 들어갔다가 후퇴하면서 부하들을 잃고 홀로 남하하게 된다. 남하하던 중, 어느 마을에서 아군이 북한군들에게 처형되려는 장면을 목격하고 적의 사수에게 총을 쏘았다가 붙잡히게 된다. 적은 끊임없이 '나'를 회유하지만 '나'는 전향을 거부한다. 죽는다는 것은 아무것도 아니라고 생각하면서 '나'는 적에게 처형당한다.

---

18) 염무웅, 『현대한국문학전집』 7. 신구문화사

ⓒ 의의와 평가
ⓐ 「유예」에서는 인민군에게 포로로 잡혀 처형을 당하게 된 국군 소대장의 복잡한 내면세계를 의식의 흐름 기법을 이용하여, 전쟁이라는 극한 상황 속에서 인간이 겪는 실존적 고뇌를 잘 표현하였다.
ⓑ 이 작품에서 작자는 동란의 현장을 역사의 사실적 이야기로 그리고 있기보다는 실존주의적이거나 허무주의적 동기화로서 서사담론화하고 있다. 작자가 「유예」라는 서사 텍스트로서 독자에게 이야기하는 것은 동족 간의 전쟁이라는 비극성이나 정치적 이념의 갈등을 넘어서 전쟁이라는 사건이 응축할 수 있는 인간과 인간 삶의 반어적 진실성이다.

② 「모반」
ⓐ 개설
1957년 『현대문학(現代文學)』 11월호(통권 35호)에 발표되었다. 이 작품으로 1958년 제3회 동인문학상(東仁文學賞)을 수상하였다. 광복 직후 난립한 정치정당들 속에서 갈등을 겪는 한 청년의 시선을 통하여 인간회복의 가능성을 묻고 있는 작품이다.
ⓑ 내용
평범한 회사원이던 '민'은 중학교 동창인 세모진 얼굴의 권유로 비밀결사에 가담한다. 암살을 결행하기로 한 날, '민'의 어머니가 위독한 상태에 빠지지만 그는 암살 현장에 나갔고, 어머니는 동료의 손을 아들의 손이라고 믿고 잡은 채 세상을 떠난다. '민'은 차츰 자신의 행위를 후회한다. 이후 '민'은 두 번째 암살을 결행하는데, 그가 암살 대상자를 쏘고 달아나면 동료들이 지나던 청년 하나를 때려 눕혀 범행 누명을 씌우는 계획이었다. 암살은 성공하였지만 '민'은 누명을 쓴 청년에게 가책을 느끼게 되고, 그 집을 찾아가 청년의 여동생에게 병으로 위독하다는 어머니의 약값을 건네준다. 그리고 '민'은 동료들의 협박을 뿌리치고 비밀결사를 떠난다.
ⓒ 의의와 평가
ⓐ 이 작품은 광복 이후 좌우 대립의 혼란한 현실과 테러의 공포 속에 살아야 했던 시대를 배경으로 한 작품이다.
ⓑ 비밀결사에 가담했던 주인공은 민족과 역사를 위해 자행했던 테러행위가 결국 비윤리적이고 비인간적임을 깨닫게 되면서 휴머니즘의 가치를 회복하게 되는데, 이 모든 것이 일시적 행동에 의해 유발되고 있다. 이는 동인문학상의 심사평이나 작가의 말에 의해서도 직접적으로 알 수 있는 것처럼 이 작품이 앙드레 말로의 '행동주의 문학'에 큰 영향을 받았다는 사실을 보여준다.
ⓒ 영화적 기법을 적극적으로 사용함으로써 극적인 긴장감을 잘 표현하고 있다.

8 전광용

(1) 전광용의 삶

1937년 북청공립농업학교를 졸업한 뒤, 1945년 경성경제전문학교(서울대학교 상과대학 전신)에 입학하여 2년을 수료하였다. 1947년 서울대학교 문리과대학 국어국문학과에 입학, 1951년에 졸업하였으며, 이어 서울대학교 대학원을 1953년에 졸업하였다. 1973년 서울대학교에서 문학박사 학위를 받았다.

1936년 『동아일보』 신춘문예에 「별나라 공주와 토끼」로 입선하였으며, 1955년 『조선일보』에 「흑산도 (黑山島)」가 당선되어 문단에 등단하였다. 1948년 '주막(酒幕)' 동인을 정한숙(鄭漢淑)·정한모(鄭漢模)·남상규(南相圭)·김봉혁(金鳳赫)과 함께 창립하였으며, 서울대학교 재학 중에는 한성일보(漢城日報) 기자 생활도 하였다. 1956년 학술논문 「설중매(雪中梅)」로 사상계 논문상, 1962년 단편소설 「꺼삐딴 리」(『사상계』, 1962.7.)로 제7회 동인문학상을 수상하였다. 단편집으로 『흑산도』(1959)·『꺼삐딴 리』(1975)·『동혈인간(凍血人間)』(1977)·『목단강행열차(牧丹江行列車)』(1978)가 있으며, 장편소설로 「나신(裸身)」(1965)·「창과 벽」(1967)·「태백산맥(太白山脈)」(1978) 등이 있다.

(2) 문학세계

1939년 『동아일보』에 「별나라 공주와 토끼」가 입선되었으나 일제의 탄압이 심해져 작품활동을 중단해야만 했다. 해방 후 『사탑』·『주막』의 동인으로 활동했으며, 1955년 『조선일보』에 단편 「흑산도」가 당선되어 정식으로 문단에 나왔다. 이어 「동혈인간」(『조선일보』, 1956.1.)·「경동맥」(『문학예술』, 1956.3.)·「벽력(霹靂)」(『현대문학』, 1958.12.) 등을 발표했다.

특히 「꺼삐딴 리」(『사상계』, 1962.7.)는 일제시대에는 철저한 친일파였다가 소련군이 진주하자 그에 아부하고 휴전선이 그어지자 미군에 아부하는 카멜레온적인 인물을 풍자한 작품이다. 그의 작품은 대부분 사회현실에 만연한 부정적인 요소를 강하게 고발하고 인간심리를 섬세하게 표현하였다. 국문학자로서 신소설에 대한 본격적이고 체계적인 연구를 시도했으며, 이를 통해 근현대문학사에 신소설의 위치를 확고히 자리매김했다.

(3) 주요 작품[19]

① 「흑산도」

㉠ 개설

1955년 『조선일보(朝鮮日報)』 신춘문예에 당선된 작품이다. 1959년 을유문화사(乙酉文化社)에서 같은 제목으로 간행한 단편집에 수록되었다. 흑산도를 무대로, 이 섬에 운명적으로 매달려 있는 어민의 생태를 그린 작품이다.

㉡ 내용

용바우와 복술은 곧 혼인할 사이로 서로 사랑하지만, 겨울의 출어에 나간 용바우는 돌아오지 않는다. 한편, 복술은 일반 어선과는 다른 데구리배를 타는 곱슬머리 청년의 구애를 받아들여 뭍으로 떠나려는 생각을 가지게 되지만 심리적 갈등을 겪게 된다.

이야기의 진행 도중에 파선한 경우에도 천우신조하여 살아오는 어부들이 더러 있었다는 경험적 사실에 의거하여 은연 중에 기대어보는 간절함이 다루어져 있으며, 또 임신한 인실 어머니의 회고담 속에 나타나는 복술 어머니의 젊었던 시절의 삶의 단편이 제시되어, 복술은 큰 충격과 마음의 갈등을 느끼게 된다.

그러던 중에, 복술은 데구리배를 타는 곱슬머리 청년과 섬을 떠날 약속도 하고, 바닷가에 가지만, 결국 섬을 떠나지 못하고 용바우를 기다리며 섬 여인들이 그래왔듯이, 그녀도 섬 주민들의 운명을 받아들인다.

---

19) 전광용 외, 『한국현대문학전집』 31, 삼성출판사

ⓒ 의의와 평가
　　　　ⓐ 복술이라는 처녀와 용바우라는 청년 사이의 사랑을 중심으로 섬 주민들의 생활고와 그 속에 숨어 있는 심리적 갈등을 문제화했으며, 바다의 격랑 속에서 희생되는 뱃사람들의 운명과 그 가족들의 간고한 견딤이 인간애 넘치는 필치로 묘사되었다.
　　　　ⓑ 이 작품은 데구리배의 횡포와 일반 어선 사이의 서사적 갈등이 함께 다루어진 사실적 작품으로서 그 의미가 있다.
　　　　ⓒ 섬 주민들의 생활의지와 그 운명적 수락의 심리적 과정이 밀도 있게 묘사되었고, 바다와 융합된 복술이 할아버지의 의지적 지향도 건실한 인간상으로 감동 깊게 형상화되었다.
② 「꺼삐딴 리」
　　㉠ 개설
　　　　이 작품은 시대와 상황에 따라 재빠르게 변신하는 기회주의자 이인국 박사의 모습을 통해 일제강점기에서 6·25 전쟁에 이르는 격동기의 현대 한국사를 조망하고, 사회 지도층의 위선을 통해 왜곡과 굴절의 역사를 걸어온 한국 근현대사의 비극을 폭로한 전형적인 풍자소설이다.
　　㉡ 내용
　　　　주인공 이인국(李仁國)은 의사로서 친일·친소·친미로 이어지는 변절의 과정에서 도덕적 기준이나 인간적 신념에 관계없이 자신을 잘 적응시켜나가는 전형적인 소시민 의식의 소유자로 그려져 있다. 일제강점기에 잠꼬대까지 일본말로 한 덕분에 '국어상용가(國語常用家)'라는 액자까지 달았던 그는, 독립운동가의 입원을 거절할 정도로 주위의 정세 변화에 민감하다.
　　　　이인국은 "식민지 백성이 별 수 있었어? 날구 뛴들 소용이 있었느냐 말이야. 어느 놈은 일본놈한테 아첨을 안 했어?"라고 변명하였고, 현재는 미국에 유학 중인 딸이 미국인과의 결혼을 요구하여오자 아예 아들까지 미국에 유학 보낼 궁리로 들뜨기도 한다. 일제강점기에는 내선일체(內鮮一體)에 앞장서고, 다시 모스크바 유학에 열을 올리다가 이제는 미국 유학에 조바심을 치는 식민지 근성의 한 표본적인 인물인 이인국은 일요일이면 비무장지대에 가서 사냥을 즐기며 물질적 풍요를 누린다.
　　　　"흥 그 사마귀 같은 일본놈들 틈에서 살았고 닥싸귀 같은 로스케 속에서도 살아났는데 양키라고 다를까⋯⋯ 혁명이 일겠으면 일구, 나라가 바뀌겠으면 바뀌구. 아직 이인국이 살 구멍은 막히지 않았다. 나보다 얼마든지 날뛰던 놈들도 있는데, 나쯤이야⋯⋯." 이렇게 마음속으로 외치는 이인국의 다짐 속에서 작중인물의 왜곡된 현실 인식의 한 단면을 보게 되며, 이는 곧 당시의 사회 구석구석에 가득 차 있던 소시민 내지 식민 근성의 단적인 표현이 되고 있다.
　　㉢ 의의와 평가
　　　　ⓐ 이 작품은 현대 자본주의 사회가 안고 있는 이기적 욕망에 의하여 개인의 행위가 세속화되어 가는 과정을 보인 것이다.
　　　　ⓑ 한편으로는 급변하는 사회변동에 대응하여 가는, 주체성을 상실해버린 근대 우리나라 사회지도층의 위선에 대한 신랄한 비판을 담고 있다고 할 수 있다.

9 박경리[20] 중요도 상

(1) 박경리의 삶

1950년 수도여자사범대학 가정과를 졸업한 후 황해도 연안여자중학교 교사로 재직했다. 6·25 전쟁 통에 남편이 서대문형무소에서 수감되었다가 죽고, 연이어 세 살 난 아들을 잃게 된다. 이후 창작활동을 시작했다. 1955년 8월 『현대문학』에 김동리의 추천으로 단편 「계산」을 발표하였고, 다음 해 단편 「흑흑백백」으로 추천이 완료되면서 본격적인 작품 활동을 시작했다. 1957년 단편 「불신시대」로 제3회 현대문학 신인문학상을 수상했다. 1956년부터 1959년까지는 단편소설 창작에 주력했다. 1969년부터 한국현대문학사에 한 획을 그은 대하소설 「토지」 연재를 시작하여, 1994년 8월 집필 26년 만에 「토지」 전체를 탈고하였다.

(2) 문학세계

① 박경리는 해방 이듬해인 1946년에 진주여고를 졸업한 뒤 곧 결혼한다. 그러나 남편은 6·25가 터지면서 행방불명이 되더니 1950년 말 서대문형무소에서 죽음을 맞는다. 남편을 먼저 떠나보낸 그는 다시 세 살짜리 아들을 잃는다. 그는 "악이 승리한다는 절망"에 진절머리를 치면서도, 이런 것에 꺾이지 않고 현실과 정면 대응하기 위해 틈틈이 습작을 한다. 박경리에게 문학은 그 도저한 불행과 절망을 먹고 자라나는 나무였으며, 나날의 삶은 고투였다. 그는 뒤틀린 현실 속에 내동댕이쳐진, 어떤 악조건에도 굴하지 않는 자존심을 지닌 젊은 전쟁 과부로 세상과 맞선다. "이곳 풍토에 있어선 과부란 인권 유린의 대상으로 예각(銳角)과도 같은 존재"라는 사실을 철저히 인식한 박경리는 타인과의 관계에서 자존심에 흠집이 남지 않도록 하기 위해 몸부림친다.

② 박경리의 소설에서 중요한 주제는 여성의 비극적인 운명이다. 대표작 「토지」에서 최 씨 집안의 중심인물이 두 여성인 것과 마찬가지로 장편 「김약국의 딸들」·「시장과 전장」·「파시(波市)」의 주요인물도 여성이다. 「김약국의 딸들」에는 한 가정에서 운명과 성격이 다른 딸들이 나오는 반면에, 「파시」에는 6·25 전쟁 직후에 부산과 통영을 무대로 살아가는 여성들의 다양한 모습이 드러나 있다. 그래서 한편에서는 주로 전쟁 미망인을 등장시켜 악몽과 같은 전쟁으로 강박관념에 시달리는 모습을 그린 초기의 작품들을 작가 경험을 바탕으로 한 자전적 소설 또는 사소설(私小說)이라고 평가하기도 한다.

③ 박경리는 「토지」에서 개항기부터 일제강점기를 거쳐 해방에 이르기까지의 한국 근현대사의 거대한 흐름 속에서 다양한 인물이 겪는 고난의 운명을 묘사하며, 그들의 현실 극복 의지를 통해 민족의 한과 역사에 대한 총체적인 조명을 시도한다. 부와 노동, 공동체적 집단의 상징인 '토지'라는 문제가 지주와 소작인 또는 빈농의 계급 갈등이나 대립 관점이 아니라 가족사적 혈연과 재산의 문제로 초점이 모아지는 게 흠으로 지적되기도 하지만, 「토지」는 지난 세기를 대표하는 대하소설로 손색이 없다.

---

[20] 최유찬, 『박경리』, 새미

(3) 주요 작품

① 「불신시대」
  ㉠ 개설
    이 작품은 한 여성의 눈을 통해 감지되는 현실 사회의 타락상을 그린 소설로, 『현대문학』 1957년 8월호에 게재되었다. 6·25 전후로 혼란했던 시대상을 제시하고, 불신의 시대를 극복하려는 주인공의 의지적 모습으로 작품이 마무리된다.
  ㉡ 내용
    전쟁 때 남편을 잃은 진영은 전쟁이 끝난 후 전쟁의 폭력으로부터 벗어났지만 타락한 현실 앞에 무방비 상태로 던져진다. '의사의 무관심' 때문에 '도수장 속의 망아지'처럼 외아들 문수가 죽고, 중들은 돈을 좇아 종교를 팔고, 병원에서는 치료약의 함량을 속인다. 곳곳에 사기꾼들이 득실거리는 현실은 그녀의 예민한 영혼을 무자비하게 고문한다. '약탈적인 살인자들'의 세계 속에 그녀 혼자 외롭고 무기력한 상태로 놓여 있는 것이다. 그녀의 상황은 세계의 폭력성에 노출되어 정신과 육체가 망가진 당대인들의 외로움과 무력함을 대변하는데, 이는 우리 전후소설의 일반적 성격에 대응된다. 진영은 양심과 도덕을 저버린 속물들에 대한 혐오를 노골적으로 드러내고, 이에 대한 결연한 저항의지를 내보인다.
  ㉢ 의의와 평가
    ⓐ 이 작품은 생활 주변에서 흔히 보는 평범하고 일상적인 소재를 통해 당대 현실이 지닌 병폐를 고발하고 있다.
    ⓑ 작중인물이 현실을 바라보는 시각에 피해의식과 감상주의가 짙게 드리워져 있다. 그러나 주인공은 현실 앞에 주저앉지 않고 인간에의 증오를 폭발시킴으로써 부정과 위선으로 가득 찬 현실상황을 비판한다.

② 「시장과 전장」
  ㉠ 개설
    작가의 대표적 장편소설의 하나로 1964년 현암사에서 간행하였다. 6·25 전쟁을 배경으로 하여 전쟁이 우리 민족에게 미친 상흔을 정면으로 다루면서 전쟁의 폭력성을 고발하고 있다. 박경리 특유의 긴장감 있는 서사구조로 문단의 선풍을 일으키는 등 전쟁문학의 수작으로 평가받는 작품이다.
  ㉡ 내용
    분단된 국토에 불안한 긴장이 감도는 한국전쟁 얼마 전, 기석과 결혼하여 아이들까지 있는 지영은 서울을 떠나 혼자 38선에 가까운 중학교의 교사로 취직되어 간다. 한편 서울에서 테러의 지령을 받고 암약하는 남로당원 기훈은 거리에 쓰러진 가냘픈 여인 가화를 만나게 된다. 한국전쟁이 터지면서 지영의 남편은 납북되고 기훈은 인민군이 되는데, 이때부터 민족의 수난은 펼쳐진다. 평범한 에고이스트로 전쟁의 상처를 뼈저리게 느끼는 지영, 강인한 공산주의자에서 이탈한 순진한 석산 선생, 허황한 이상주의에서 변절하는 덕삼, 선량한 여교사 정순이 등, 이런 모든 사람들이 전쟁의 소용돌이에 휘말린다. 한국전쟁이 배경이 되어 더욱 절실함을 불러일으켰고 가화(嘉禾)란 한 여성이 겪어온 비극을 파노라마처럼 엮어간 것이기도 했다.

ⓒ 의의와 평가
   ⓐ 종래의 전쟁물이 판에 박은 듯 공식성과 도식성을 벗어나지 못한 데 비해서 이 작품은 본격적인 세계를 대담하게 파헤친 역작이다.
   ⓑ 전장은 죽음과 부정, 시장은 삶과 긍정을 상징하게 하였고, 6·25를 주제로 하여 전쟁을 정면에서 가깝게 그리고 객관적으로 다루었다는 점에 의의가 있다.

③ 「김약국의 딸들」[21]
  ㉠ 개설
   「김약국의 딸들」은 1962년 을유문화사에서 간행하였으며, 얽힌 욕망과 운명에 의하여 지방의 유족한 한 가정이 몰락해가는 과정과 한말에서 일제강점기까지 이르는 사이에 부(富)가 신흥세대로 이동하는 사회적 변동을 그리고 있다.

  ㉡ 내용
   선비적 기질을 지닌 김봉제는 김 약국의 주인으로 지방의 부유층에 속하는 인물이다. 반면 그의 동생 봉룡은 충동적이고 격정적인 성격을 지니고 있어, 아내를 사모했던 남자를 살해하고 만다. 이로 인해 봉룡의 아내는 누명을 벗기 위해 자살하고 자책감을 느낀 봉룡은 집을 나와 자취를 감춘다. 그리하여 봉룡의 아들 성수가 큰아버지 봉제의 아내 송 씨의 손에 자라나게 되나, 큰어머니 송 씨는 친아들이 아닌 성수를 심리적으로 괴롭힌다. 봉제 영감이 죽자 성수가 김 약국을 이어받고 한실댁과 결혼을 한다. 그러나 어장 사업에 손을 대면서 가산이 조금씩 기울어 간다. 김성수의 장녀 용숙은 일찍 과부가 되었는데, 아들을 치료하는 병원 의사와 정을 통하여 고통을 받는다. 둘째 딸 용빈은 애인의 배신으로 상처를 받는다. 셋째 딸 용란은 아편 중독자에게 시집을 간다. 넷째 딸 용옥은 애정 없는 남편과 별거하다, 시부의 겁간을 피해 남편을 찾아가던 도중 죽게 된다. 셋째 딸 용란을 사모하던 머슴이 나타나 용란에게 도망칠 것을 제의했으나, 이를 안 남편이 머슴과 어머니인 한실댁을 살해한다. 그 충격으로 용란은 정신 이상자가 되고, 계속되는 집안의 평지풍파(平地風波)에 김성수 역시 위암으로 죽게 되며, 용빈과 막내 딸 용혜는 통영을 떠난다.

  ㉢ 의의와 평가
   ⓐ 이 작품에는 욕망의 엇갈림, 부의 사회적 이동과 여성의 운명이 한데 어울려 주제화되어 있으며, 한 집안의 몰락이 지닌 비극성이 사실적으로 조명된 역작이다.
   ⓑ 처절하게 몰락해 가는 한 집안의 비극을 통해 도덕적으로 타락해 가는 일제치하의 시대상을 반영하고 있으며 무속적인 운명론 속에 파행적으로 살아가는 등장인물들의 군상들이 아주 적나라하게 드러나 있다.

④ 「토지」[22] 중요도 중
  ㉠ 개설
   박경리(朴景利)가 지은 장편소설로 1969년부터 집필에 들어가 1994년에 전 5부 16권으로 완간한 대하소설이다. 한말의 몰락으로부터 일제강점기에 이르기까지 새로운 시대에 이르는 과정을 지주계층이었던 최치수 일가의 가족사를 중심으로 폭넓게 그려내고 있다. 지난 시대 한민족(韓民族)이 겪은 고난의 삶을 생생하게 형상화해 낸 점에서 「토지」는 역사소설의 규준에도 적절히 응하는 것이지만, 근본적인 의미에서 인간의 보편성에 대한 탐구로서 더 큰 성과를 얻고 있다.

---

21) 강승원 등, 『해법문학 현대소설』, 천재교육
22) 김윤식·정호웅, 『한국소설사』, 예하

ⓛ 내용

「토지」는 최치수 일가의 3대에 걸친 파란만장한 삶을 중심으로 그들의 삶이 이루어놓은 사회적 공간에 따라 당대 사회의 변모가 충실히 그려져 있다. 또한 서희와 조준구의 원한관계, 월선과 용이의 한(恨) 많고 영원한 사랑, 김환의 죽음 등 소설에 등장하는 많은 사람들의 삶의 양상 또한 폭넓게 형상화되어 작품의 대강을 형성하고 있다.

ⓐ 제1부의 시간적 배경은 1897년 한가위에서부터 1908년 5월까지인데, 평사리라는 전형적 농촌마을을 무대로 하여 이야기가 전개된다. 평사리의 전통적 지주인 최 참판 댁과 그 마을 소작인들을 중심인물로 하여 최치수의 살해사건 등 최 참판 댁의 내밀한 사연과 조준구의 계략, 귀녀·김평산 등의 애욕관계 등이 한데 얽혀 한말의 사회적 전환기의 양상이 그려져 있다. 특히 일제에 의한 국권상실, 봉건 가부장체제와 신분질서의 붕괴, 농업경제로부터 화폐경제로의 변환 등 구한말 사회의 변화가 소설의 배경이 되면서, 최 참판 댁의 몰락과 조준구의 재산 탈취 과정을 주요한 사건으로 다루고 있다.

ⓑ 제2부의 시간적 배경은 1911년 5월 간도 용정촌의 대화재로 시작되어 1917년 여름까지인데, 여기서는 경술국치 이후 1910년대의 간도 한인사회의 삶의 모습에 초점이 맞추어져 있다. 이는 조준구의 계략에 재산을 빼앗긴 서희의 간도 이민의 형태를 빌리면서 서사적 공간이 이동되기 때문이다. 간혹 지리산 동학 잔당의 모임을 제외하고는, 국내 정세보다 간도를 둘러싼 중국과 러시아의 정세가 주요한 배경을 이루면서, 최 씨 가문의 후손인 최서희를 중심으로 전개되는 독립운동의 양상을 폭넓게 나타내고 있다. 그러면서 최서희의 복수, 최환국·최윤국 등 최 씨 가족의 귀환을 향해 이야기가 집중되어 있다.

ⓒ 제3부에는 1919년 3·1 운동 이후 1929년 원산총파업과 광주학생사건까지 1920년대의 진주와 서울 같은 도시에서의 삶이 집중적으로 나타나 있다. 이것은 오롯이 최서희의 능력과 노력에 의한 최 씨 일가의 대상(大商)으로의 성장이 발판이 되어 일제에 의하여 추진된 식민자본주의화 과정을 도시를 중심으로 그려놓고 있는 데 연유한다. 따라서 여기에는 운전수·의사 등 직업인과 교사·신여성·문필가 같은 지식층이 대거 등장한다. 그리고 복수 후 허무에 부딪친 최서희의 삶과 동학 잔당의 세력을 규합하여 독립운동을 벌이려던 김환이 일제의 고문 끝에 죽음에 이르면서, 이야기의 중심은 송관수로 전형화되는 민중적 삶과 서울의 임명희를 둘러싼 지식인과 신여성들의 삶으로 이동한다.

ⓓ 제4부에는 1930년부터 1937년 중일전쟁과 1938년 남경학살에 이르는 시기가 배경이다. 서사의 공간은 서울·동경·만주에서 하동·진주·지리산까지 더욱 확대되면서 이야기의 중심은 더욱 다원화된다. 그러면서 민족주의·공산주의·무정부주의 등 독립운동의 여러 노선이 제시되는가 하면, 지식인들의 사상적 경향과 등장인물을 통해 일제에 대한 면밀한 분석도 시도된다. 길상의 출옥과 군자금 강탈사건, 윤인실과 오가다의 사랑이 중요한 서사적 의미를 지닌다.

ⓔ 제5부의 시간적 배경은 1940년부터 1945년 8·15 광복까지인데, 「토지」의 대단원을 맺는 부분이다. 송관수의 죽음, 길상을 중심으로 한 독립운동단체의 해체, 길상의 관음탱화 완성, 오가다와 유인실의 해후, 태평양전쟁의 발발, 예비 검속에 의한 길상의 구속 등이 이어지면서 「토지」는 대단원의 막을 내린다. 특히 5부에서는 광복의 날을 기다리는 민족의 삶들이 펼쳐지는데 양현과 영광 그리고 윤국의 어긋난 사랑이 중요한 갈등을 이룬다.

ⓒ 의의와 평가
　　ⓐ 작자는 '한의 사상'과 불가분의 관계를 맺고 있는 '생명사상'을 형상화함으로써, 생명을 억압하는 모든 물질적 힘을 부정할 뿐만 아니라, 그 생명들이 균형과 긴장을 이루는 속에서 자신의 가치를 발현할 수 있도록 하는 인간애를 주제화한다. 작자는 이 생명사상을 소설 속 인물들의 사랑을 통해서 형상화해 내고 있는 것이다.
　　ⓑ 「토지」는 여러 논자들에 의해 한계가 언급되고 있다. 근대전환기의 역사 현실, 즉 봉건사회의 해체와 근대사로의 이행을 토지와의 관련 속에서는 살피지 않고 있기 때문이다. 조선시대 사회를 개혁하려는 제반 운동과 지향의 기본 동력을 산출해 낸 봉건적 토지 소유관계의 모순과 그 모순의 발현양상에 대해서는 작자가 심도 있는 형상화를 하고 있지 못하다. 이처럼 토지와의 관련을 고려하지 않을 때, 신분질서의 해체는 단순한 현상에 불과할 뿐이지 역사 전개의 본질을 담아내는 데까지 미치지 못한 문제점을 낳는다. 자칫하면 근대전환기라는 서사적 배경이 소재주의로 전락되기 십상이다.
　　ⓒ 이러한 문제점에도 불구하고 「토지」는 '한의 사상'과 '생명사상'을 근간으로 한 인간의 본원적 진실을 탐구하고, 언어예술로서의 사투리와 속담·격언 등을 효과적으로 사용하여 한국어가 지닌 미적 특질을 최대한으로 살림으로써 한국소설사에서 역작으로 평가되고 있다.

10 황순원[23] 중요도 중

(1) 황순원의 삶

1939년 와세다대학을 졸업하고 귀국하여 향리인 대동군 재경면 빙장리 등에서 작품 활동을 하며 지내다가 1946년 월남하였다. 황순원은 16세 때(1930)부터 시 작품을 발표하기 시작하여 20세 때는 첫 시집 『방가(放歌)』를 출판하였고, 22세 때에는 두 번째 시집 『골동품』을 출판하였다. 그 뒤 차츰 소설을 발표하기 시작하여 26세 때(1940)에는 첫 단편집 『늪』을 출판함으로써 단편 작가로서의 기반을 굳힌다. 그가 첫 장편소설 「별과 같이 살다」를 출판한 것은 36세 때(1950년)의 일이며, 이 뒤부터 그는 차츰 장편소설에도 노력하게 된다. 시인으로 출발하여 단편 작가로, 거기서 다시 장편 작가로 이어온 그의 문학적 과정은 꾸준한 심화 확대의 그것이라 할 수 있다.

(2) 문학세계

① 황순원은 1930년 말부터 소설창작에 전념하였다. 초기 단편들인 「별」(『인문평론』, 1941.2.)·「목넘이 마을의 개」(『개벽』, 1948.3.)·「황노인」(『신천지』, 1949.9.)·「노새」(『문예』, 1949.12.)·「독짓는 늙은이」(『문예』, 1950.4.) 등은 빼어난 서정성을 바탕으로 인간의 섬세한 내면세계와 인간 사이의 교감을 그려내는 휴머니즘이 주조를 이룬다. 또한 시적 정취를 자아내는 간결하고 서정적인 문체는 당시 문체미학의 새로운 경지를 이루었다는 평가를 받기도 했다.

---
[23] 김종회, 『황순원-새미 작가론 총서 8』, 새미

② 8·15 해방 후 장편 「별과 같이 살다」(여러 잡지에 분재하다가 1950년 단행본으로 펴냄)를 발표한 이후 단편소설보다 장편소설에 주력하여 잇따라 주목할 만한 작품을 내놓았다. 장편소설을 통해 본 그의 문학세계는 크게 2가지로 나뉜다.

㉠ 「카인의 후예」(1954)·「인간접목」(1957)·「나무들 비탈에 서다」(1960) 등은 6·25 전쟁 전후의 사회적 혼란과 인간의 실존적 고뇌를 그려냈다.
㉡ 이에 반해 「일월」(1962)·「움직이는 성」(1972)·「신들의 주사위」(1982) 등은 신분적 질곡, 현대 사회의 윤리와 전통의 문제, 종교문제 등을 다루어 소설적 주제가 매우 다양해졌다.

이중 「별과 같이 살다」는 그의 첫 장편소설이며, 곰녀라는 한 여인의 짧은 생애를 통해 일제강점기의 민족수난사를 그려냈다. 곰녀는 「카인의 후예」에 나오는 오작녀와 매우 닮은 인물로, 그의 소설에 나오는 인물의 한 원형을 이룬다. 「카인의 후예」는 8·15 해방직후 북한의 토지개혁과정을 통해 인간의 소유욕과 윤리적 패덕에 대한 강한 응징을 보여준 작품이며, 「나무들 비탈에 서다」는 전쟁체험이 낳은 비극적인 인간성 파괴를 다룬 작품으로 장편소설로서의 진가를 유감 없이 발휘한 작품으로 꼽힌다.

(3) 주요 작품[24]

① 「독 짓는 늙은이」
　㉠ 개설
　　이 작품은 전통적인 가치가 붕괴되어 가는 세태의 변화 속에서 '독 짓기'에 대한 집념을 지닌 늙고 병든 한 노인이 현실적 번민의 상황과 대결하다 패배하는 과정과 더불어 세계에 대한 패배감이 비장한 장인 정신에 의해 예술적인 숭고함으로 승화되는 경지를 보여 주고 있다.
　㉡ 내용
　　아내가 젊은 조수와 도망친 뒤, 송 영감은 배신감과 분노에 떨며 어린 아들 당손이를 먹여 살릴 생각에 막막해 한다. 배신감이 너무 커서 조수가 지어 놓고 간 독을 부숴 버리고 싶지만, 생계에 대한 걱정 때문에 차마 그렇게 하지 못하고, 아픈 몸을 이끌고 안간힘을 다해 독을 짓는다. 하지만 육체적으로 쇠약해지고 정신적 고통이 큰 터라 손이 떨려서 예전과 같은 솜씨를 발휘하지는 못한다.
　　어느 날 송 영감을 딱하게 여기던 앵두나뭇집 할머니가 찾아와 당손이를 다른 집에 보내는 것이 어떤지 묻는다. 이에 송 영감은 화를 내며 제안을 거절하고, 생계를 꾸리기 위해 다시 독 짓기에 몰두한다. 가마에 독을 굽는 날, 은근한 경쟁심을 느끼며 송 영감은 조수가 지어 놓은 독과 자신이 지은 독을 나란히 가마에 넣는다. 하지만 시간이 흐른 뒤 자신이 지은 독들만 깨지는 소리를 들으며 송 영감은 쓰러지고 만다.
　　다음날, 정신을 차린 송 영감은 앵두나뭇집 할머니에게 당손이를 좋은 자리에 보내 줄 것을 부탁하고, 당손이가 떠난 후, 가마 속으로 들어가 자신의 깨어진 독들을 대신하여 죽음을 맞이한다.

---

24) 강승원 등, 『해법문학 현대소설』, 천재교육

ⓒ 서술상의 특징

이 소설은 대화에 의한 장면 제시는 거의 없으며 대부분 서술자가 직접 인물의 심리와 정황을 설명하여 주인공의 내면 심리를 면밀히 담아내고 있다. 더불어 작가 특유의 절제된 문장, 생략된 설명적 진술 그리고 서사적 묘사가 돋보인다.

ⓔ 문체상 특징

이 작품은 대상을 사실적으로 그리기보다 어느 하나의 단적인 인상을 집어내는 데 주력하면서 절제된 문장을 구사하고 있다. 또한 주변 인물들의 이야기나 인물들 사이의 대화에 의한 장면 제시 없이 송 영감의 입장에서만 서술된 설명적 진술과 서사적 묘사로 이루어져 있다. 서사적 전달 방식에서 가장 전통적인 기법이라 할 수 있는 전지적 작가 시점을 사용하여 송 영감의 정신적 갈등을 서술할 뿐만 아니라, 인물의 행동에 대한 해설을 수행하고 있다. 전지적 작가 시점은 심리소설에서 인물의 심리를 직접적으로 분석하여 독자에게 전달할 수 있게 한다.

ⓜ 의의와 평가

ⓐ 이 작품은 일생을 독 짓는 일에 바쳐 온 한 노인의 집념과 좌절을 통해, 세계와 치열하게 대결하며 고뇌하는 한 인간의 비극적인 결말을 감동적으로 그려 내고 있다.

ⓑ 이 작품에서 보이는 표면적인 갈등은 정분이 나서 도망간 아내와 조수에 대한 배신감과 분노이지만, 그것보다 더 중요한 갈등은 노쇠한 체력과 혼미해지는 정신으로 인해 평생을 두고 자신의 운명처럼 여겨 온 독 짓기에 실패하고 만다는 점이다. 이는 단순히 한 인간의 개인적인 몰락과 전통적인 것의 쇠퇴라는 문제 제기를 넘어 문명 이전의 순수한 삶을 다음 세대로 이어 주지 못하는 한 자연인의 종말을 보여준다. 이를 통해, 독자로 하여금 이것이 어느 특정한 한 개인의 삶의 문제가 아니라 이 시대를 살아가는 우리 모두의 문제라는 점을 말하고자 한 것이다.

ⓒ 독 굽는 가마 안에서 송 영감이 맞는 최후는 한 인간에게 패배를 안겨 준 이 세계에 대해 인간이 어떻게 마지막으로 융합될 수 있는지에 대한 가능성을 감동적으로 보여 주고 있으며, 그것이 바로 작가가 거듭 강조하는 휴머니즘의 세계라 할 수 있다.

② 「소나기」

㉠ 개설

1952년 『신문학』에 발표한 단편소설로 원제는 「소녀(少女)」이다. 시적이고 서정적인 경향이 뚜렷이 나타나는 대중적으로 알려진 황순원의 작품 중 하나이다.

㉡ 내용

며칠 동안 징검다리에서 물장난을 치는 소녀를 보던 소년은 처음에는 길을 비켜 달라는 말도 못 하고 소녀가 비켜줄 때까지 기다린다. 이후 친해진 소년과 소녀는 여기저기 놀러 다니게 되고 그러던 중, 소나기를 갑자기 만나게 되자 소년은 수숫단으로 비를 피할 공간을 만들어준다. 비가 그치고 도랑으로 와 보니, 물이 불어 있어 소년은 소녀를 업어서 건넌다. 그리고 그 뒤로는 소녀의 모습이 보이지 않았다. 며칠 뒤 개울가에 나온 소녀의 모습은 핼쑥해져 있었다. 소녀는 부모님의 사업 실패로 고향집을 팔고 곧 양평으로 이사 간다는 이야기를 한다. 소녀네가 이사하는 날, 소년은 아버지로부터 소녀가 죽었다는 소식을 듣는다.

ⓒ 의의와 평가
　　　　ⓐ 이 작품은 시골 소년과 도시 소녀의 청순하고 깨끗한 사랑을 소재로 한 순수소설의 백미로 일컬어지는 황순원(黃順元)의 대표작이며, 1959년에 영국의 『인카운터(Encounter)』지(誌) 단편 콩쿠르에 입상하여 우리 문학의 서정적 아름다움을 세계에 알린 작품이다.
　　　　ⓑ 개울가를 배경으로 한 소년과 소녀의 만남에서 비롯되는 이야기는 소년과 소녀의 성격과 심리 변화를 통해 극적 분위기를 이끌어 내고 있다. 또한 소극적인 모습에서 적극적으로 변해가는 소년의 행동은 소녀에 대한 소년의 사랑의 깊이가 심화됨을 드러낸다.
　　　　ⓒ 황순원의 깔끔하고 간결한 문체는 이러한 극적 분위기를 조성하는 데 중요한 요소로 작용한다.
　③ 「학」
　　㉠ 개설
　　　이 작품은 이데올로기의 대립이나 전쟁 따위로 훼손되지 않는 성삼이와 덕재라는 두 친구의 순수한 우정을 통해, 전쟁이라는 비극의 현대사를 사상과 이념을 초월한 인간애의 실현으로서 극복해 나가야 한다는 작가의 휴머니즘이 담겨 있는 소설이다.
　　㉡ 내용
　　　6·25 전쟁 당시, 삼팔선 부근의 북쪽 마을에 국군이 들어오고 황폐해진 마을에 공포 분위기가 감돈다. 동네 치안대에서 어린 시절의 단짝 친구인 덕재가 포승줄에 묶인 채 있는 것을 보고 성삼은 깜짝 놀라지만 호송 책임을 맡게 된다. 성삼은 덕재를 심문하나 덕재는 자신이 땅 파먹는 재주밖에 없는 사람이라고 결백을 주장한다. 벌판을 지나던 성삼은 그 곳에서 덕재와 올가미로 잡은 단정학을 괴롭히다가 학이 죽을까 봐 풀어 주었던 옛일을 떠올린다. 성삼은 덕재의 포승줄을 풀어주며 학 사냥을 제안하고, 덕재는 성삼이가 자신을 죽이려는 것이 아닌가 겁을 낸다. 그러나 자신을 몰래 놓아 주려는 성삼의 의도를 눈치채고 잡풀 사이로 기기 시작한다.
　　㉢ 구성상의 특징
　　　ⓐ 구성 면에서 보면, 현재의 순차적인 진행 속에 몇 개의 과거를 삽입시키는 역순행의 구조로 되어 있어서 결말을 위한 예시·주제의 암시·현실과의 대조 효과를 낳고 있다.
　　　ⓑ 고개를 중심으로 한 공간의 변화에 따라 갈등이 고조되고 풀리는 독특한 구조발상이다.
　　　ⓒ 성삼과 덕재의 성격을 해설하지 않고 압축적인 서술과 간결한 대화를 통해 간접적으로 제시한 것도 구성의 긴밀성에 이바지하고 있다.
　　㉣ 주제 구현 방식
　　　ⓐ 학(鶴)은 주제를 드러내는 것으로 절정 부분에 나타난다. '성삼'과 '덕재'가 학(鶴)을 풀어 주었던 과거의 기억은 '이데올로기에 왜곡된 인간을 구원하는 힘은 인간의 순수한 마음 외에는 없다'는 작가 의식과 서로 통한다. 즉, 학(鶴)이 우정 회복의 매체가 되어 손상된 우정을 치유하게 되는 것이다.
　　　ⓑ 예로부터 길조(吉鳥)로서 우리나라 사람들의 특별한 사랑을 받는 '학(鶴)'을 중심 소재로 하여, 이념적 갈등이 빚은 인간성의 파괴와 상실을 사랑의 힘으로 회복하고자 하는 데 주제 의식을 두고 있다.

㉢ 의의와 평가
ⓐ 두 젊은이가 이데올로기에 따라 적으로 맞서다가, 어린 시절의 추억이 서린 '학'을 통해 동질성의 회복은 물론 화해의 길을 모색하고 있는 인간적인 작품이다.
ⓑ 황순원의 초기 작품들이 대부분 시간이나 공간 의식이 뚜렷하지 않음에 비하여, 「학(鶴)」은 6·25 전쟁으로 인해 쓸쓸하고 삭막한 분위기로 변한 '삼팔 접경의 북쪽 마을'을 배경으로 하고 있다.
ⓒ '마을'은 비극의 현장인 우리 국토를 의미하며 여기에 6·25 전쟁이라는 시간적 배경이 평화롭고 자유롭던 유년 시절과 대립되어 극적 효과를 높이고 있다.

④ 「나무들 비탈에 서다」 중요도 하
㉠ 개설
이 작품은 6·25 전쟁 이후를 주 배경으로 하여 전쟁을 겪은 인물의 죄의식과 방황, 전쟁 이후의 인물들이 후유증과 상처를 극복해나가는 과정을 그리고 있는데, 전쟁으로 인해 상처받은 사람들을 애정으로 감싸 안으려는 작가 의식이 담겨 있다.

㉡ 내용
순수를 추구하는 이상주의자이며 결벽주의자인 동호는 휴전협정을 앞둔 1953년 칠월 열 사흗날 밤에, 중부전선의 한 전투에서 처음으로 사람을 죽이는 경험을 하게 된다. 그러나 동호는 살인에 대한 죄책감보다 생존하였다는 사실에서 희열을 맛본다. 정작 죄책감에 시달리게 되는 것은 술집 색시인 옥주에게 동정을 더럽힌 뒤 애인 장숙에 대한 순수가 더럽혀졌다고 느꼈을 때이다. 가책과 후회로 고민하던 동호가 피동적인 관계를 능동적 욕구로 바꾸면서 죄책감을 잊으려 하던 중, 다른 남자와 자고 있는 옥주에게 총을 난사하여 살해하고 부대로 돌아와 자살한다. 현실적이고 행동적인 현태는 전쟁 중의 의도적인 살인에도 아무런 가책을 느끼지 않는다. 제대한 뒤로 아버지가 경영하는 회사에 다니며 현실에 충실하였는데, 수색 중에 자기가 죽인 모녀를 연상하게 된 어느 날 이래로, 폭음을 하며 무위와 권태 속에서 방황한다. 이 무렵 현태와 윤구 앞에 나타난 동호의 애인 장숙은 함구하려던 현태에게서 동호의 자살 원인을 끝내 알아내고 만다.

㉢ 의의와 평가
ⓐ 이 작품은 전쟁 속의 인간이 겪는 공포를 통해, 나약함·고독·삶에의 본능을 드러내고, 전쟁을 통해 우리 사회의 구성원이 겪어야 했던 정신적·육체적 상처, 전후 한국 사회의 황폐성 등을 보여줌과 동시에 상처 치유를 위한 인물들의 힘겨운 싸움을 사실적으로 드러내고 있다. 말하자면 전쟁이라는 극한 상황을 겪은 젊은이들의 정신적 방황과 갈등을 통하여 인간 구원의 문제를 다룬다고 볼 수 있다.
ⓑ 특히 6·25 전쟁 상황을 현실적 차원에서 접근하기보다는 개인적이고 실존적인 차원에서 파악하고 있다. 이러한 특징은 전후 젊은이들의 정신적 외상(外傷)을 실감나게 파헤쳤다는 장점과 함께 전쟁의 역사적·민족적 의미에 대한 고찰이 부족하다는 지적 또한 받고 있다.
ⓒ 이 작품에서 전쟁 상황이 빚는 죄악과 그로 인한 죄의식, 그리고 이에 따른 인간의 파멸 과정은 동호와 현태라는 두 대립적 인물을 통해 잘 형상화되어 있다.

⑤ 「너와 나만의 시간」
  ㉠ 개설
    이 작품은 6·25 전쟁 중 본대에서 낙오한 주 대위, 현 중위, 김 일등병이 극한 상황에서 생존하기 위해 보여준 행동과 심리를 다루고 있는 소설이다.
  ㉡ 내용
    현 중위와 김 일등병이 부상당한 주 대위를 부축하며 걸어간다. 주 대위가 자살하기를 바라던 현 중위는 혼자 길을 떠난다. 현 중위가 떠나고 얼마 후 주 대위와 김 일등병이 현 중위의 시체를 발견한다. 개 짖는 소리를 들은 주 대위가 김 일등병을 권총으로 위협하여 인가에 도착하도록 유도한다. 인가를 찾은 후 주 대위가 의식을 잃는다.
  ㉢ 서술상의 특징
    황순원 특유의 담담한 어조로 이 극단적인 상황을 묘사함으로써 독자들로 하여금 일정한 거리를 통해 사건을 바라보게 하고, 그로 인해 죽음 앞의 인간이라는 화두를 천천히 객관적으로 음미할 수 있도록 해주고 있다.
  ㉣ 결말 처리 방식
    자신을 끝까지 버리지 않은 김 일등병을 살리고 예상치 못한 죽음을 맞이한 주 대위의 모습은 독자에게 아이러니를 느끼게 한다. 삶에 대한 욕구가 강했던 현 중위는 이기적인 선택으로 죽음을 맞이했고, 그에 못지않게 삶에 집착했던 주 대위마저 죽음을 맞이한 반면에, 두 사람에 비해 의지가 강하지 못했던 김 일등병 혼자 살게 된 상황이 아이러니를 느끼게 한다. 이런 아이러니한 결말을 통해 이타주의, 희생정신 덕목의 가치를 중시했던 작가의 면모를 파악할 수 있다.
  ㉤ 의의와 평가
    ⓐ 이 작품은 6·25 전쟁이라는 극한 상황이 가져온 죽음의 위협 앞에 선 세 사람의 심리와 그들이 선택한 삶의 방식을 보여 주고 있다. 다리를 관통하는 부상을 당하고 암묵적으로 자살을 종용받으면서도 마지막까지 생에 대한 의지를 놓지 않는 주 대위, 그런 상황을 견디지 못하고 살기 위해 뛰쳐나가는 현 중위, 그리고 마지막까지 의리를 지키다 결국 주 대위 덕분에 목숨을 건지는 김 일등병이 그들이다.
    ⓑ 작가는 인물들의 행동과 심리를 효과적으로 제시하기 위해 작가 특유의 간결한 문장과 치밀한 묘사, 객관적인 서술을 활용하여 인간의 삶의 방식에 대한 진지한 성찰을 이끌어 내고 있다. 이는 전후소설이 이념의 갈등을 다루었던 한계에서 벗어나 전쟁의 의미를 보다 깊이 통찰하는 수준까지 나아갔다는 점에서 의의가 있다.
⑥ 「카인의 후예」
  ㉠ 개설
    「카인의 후예」는 해방직후 북한에서 지주 계급이 탄압받는 이야기가 기둥 줄거리를 이루는 작품이다. 작가는 이 작품에서 6·25에 앞서 진행된 토지 개혁을 둘러싼 여러 인물 사이의 갈등을 통해 북한 사회를 사실적으로 그려내고 있다. 여기에는 황 씨 가문이 실제로 겪은 바가 적잖게 들어 있으며, 그의 가족이 월남할 수밖에 없었던 배경도 고스란히 드러난다.

ⓒ 내용

지주의 아들이자 지주인 청년 박훈은 넉 달 동안 운영하던 야학을 예고 없이 접수당한다. 그는 상황에 따라 변모하는 주변 인물들을 보면서 끊임없는 불안감에 시달린다. 농민들은 토지 개혁에 따른 기대감과 죄의식을 동시에 갖게 되며, 특히 박훈 집안의 마름이었던 도섭 영감은 악랄한 변신의 길을 걷는다. 그런데 바로 이 도섭 영감의 딸 오작녀는 박훈을 연모하며, 나중에 그를 위기에서 건져준다.

ⓒ 의의와 평가

ⓐ 「카인의 후예」를 비롯해 황순원의 소설은 흔히 극한 상황 속에서도 인간의 정신적 아름다움과 순수성·존엄성에 대한 믿음을 버리지 않는 내용을 담고 있다.

ⓑ 아울러 문체에 힘입은 서정성과 낭만성은 이런 내용이 한결 두드러지게 보이도록 작용한다.

제 5 장 | 1960~80년대 소설

| 단원 개요 |

1960~80년대에는 산업화와 함께 수반되는 사회 상황과 인간관계의 여러 문제를 치밀하게 그려낸 현실탐구형의 소설이 많이 쓰였으며, 이후 현대소설 문학의 중추적 역할을 담당할 신진 작가들이 등장하였다. 이들의 소설은 주로 작중 인물의 심리와 개인적 체험을 중시한 내성적 관찰을 많이 다루었다. 이 시기는 특히 현실 참여 문제에 관심이 고조되어 사회 부조리에 대한 비판과 비인간화 현상에 대한 비판, 그리고 이에 대한 저항 의식을 형상화한 참여적 성격의 문학이 대두되었다. 또한 역사에 대한 반성과 비판, 사회 현실에 대한 통찰과 인식을 바탕으로 한 사실적 묘사를 통해 사실주의 경향의 문학이 주류를 이루었다.

| 출제 경향 및 수험 대책 |

이 단원에서는 1960~80년대 시대 개관, 작가와 작품 경향 등과 관련하여 4·19와 5·18의 비극성과 이로 인해 파생된 각종 사회 문제, 산업화와 경제 발전으로 인한 인간 소외와 물질주의적 가치가 야기한 비극에 대한 고발 등 이 시기의 문학사적 특징과 관련된 문제들이 출제되고 있다. 이 시기에 활동했던 작가들의 정신과 문체상의 특징, 이들 작가들의 주요 작품에 투영된 현실 인식 문제들을 묻는 문제들이 출제될 수 있다.

제1절 1960~80년대 소설의 개요

1 1960년대 소설

1960년대 소설은 사회적으로 1960년대 벽두의 4·19 혁명이 문학 외적인 요소로 문학 자체에 지대한 영향을 미치지만, 서구 문학에의 관심과 젊은 작가군들의 기존 문단에 대한 비판, 그리고 1950년대 문학과 불가분의 관계를 맺으면서 1960년대 문학은 질적 변화를 겪게 된다.

(1) 새로운 세대의 문학과 관련하여 리얼리즘적 경향을 보이는 작품으로는 최인훈(崔仁勳)의 「광장(廣場)」이 단연 우위에 선다. 4·19 혁명으로 변화의 몸살을 앓던 1960년 11월부터 『새벽』지에 발표된 「광장」은 1948년 이후 감히 엄두도 낼 수 없었던 소재를 정면으로 다루었다.

(2) 1960년대에서 특기할 것은 현실적 문제들에 대한 접근에서 도시 소시민의 삶과의 관련성은 거의 모든 작품에서 나타나는 특징이라는 것이다. 그 대표적 작가로 이호철은 「판문점」·「소시민」 등에서 전쟁으로 인한 남북이산 그리고 서구문명의 충격이 준 소외문제와 역사적 격동기에서 뚜렷한 목표없이 생존문제에 시달리면서 소시민화되어가는 삶을 그리고 있다.

(3) 신세대의 선두 주자로 칭해지는 김승옥은 새로운 모습을 보여주는데, 대상을 바라보는 예민한 감성의 반응과 이국적이며 애상적인 문체가 돋보인다. 「생명연습」·「무진기행」·「서울, 1964년 겨울」·「60년대식」 등에서는 새로운 세대의 감성을 유감없이 토로하고 있다. 이들 작품의 인물들은 불안하고 답답한 분위기 속에서도 무책임하고 다른 한편으로 비굴한 행동을 제멋대로 행하고 있다. 즉, 작가가 본능적 차원에서 성 문제를 긍정적으로 수용하고 일체의 엄숙주의를 뿌리째 흔들어버린 점은 모두 같은 시

대 의식의 편린을 보여주는 것이다.

(4) 지성을 강조하는 이청준은 「퇴원」・「병신과 머저리」 등에서 방향감각을 상실한 젊은이의 소외된 의식을 서구적 지성으로 포용하고 있다. 그리하여 장문의 난해한 논설체의 문장도 과감히 사용하면서 심리주의적 기법 혹은 정신분석학적 기법을 사용해 한 개인의 삶을 억압하는 요인들, 가령 소년시절의 질환, 병적 공포심리, 과도한 죄의식, 증오심의 요인 등을 분석해 현대인의 정신세계를 진단하고 있다. 이청준의 작품에서 곧잘 나타나는 관념적 꼭두각시의 조형과 그것의 무기력함의 제시는 바로 이 시기 모더니즘적 경향의 작가들이 그러하듯이 소시민 의식의 표현이기도 하다.

(5) 1960년대 소설의 특징은 기존의 문학 세계를 제외했을 때 새로운 관념의 형성이라 볼 수 있다. 즉, 현실의 모순을 전체적인 입장에서 객관적으로 조명해 보려는 사실주의적 경향, 그리고 파괴된 인간 심성에 대한 감각적 반응으로서의 모더니즘적 경향이 대립되어 가면서, 새로운 세대의 새로운 의식과 특성을 나름대로 구축해 갔다.

2 1970년대 소설

1970년대 이후 한국 현대소설은 산업화 과정 속에 커다란 변동을 겪고 있는 사회 현실에 대한 폭넓은 인식을 바탕으로 해서 전개된다. 소시민의 삶과 그 내면의식의 추구에 집착했던 1960년대 소설의 감성은, 1970년대의 소설에서 더욱 외적인 방향으로 확대되고 있으며, 현실에 대응하는 작가 정신이 사회적 상상력으로 가득 채워지고 있다. 당시 한국 사회는 경제적 성장뿐 아니라, 다양한 사회 계층적 분화가 함께 이뤄졌다. 현실적으로는 빈부의 격차・계층의 갈등・농촌의 궁핍화 등 사회현상이 나타나고, 환경의 파괴와 공해 문제 등이 그 부산물로 대두된다. 더구나 유신 체제 이후 정치적 폭압이 자행되면서 사회적 갈등을 더욱 조장하게 된다. 이런 상황은 한국인들의 삶과 그 존재 기반을 흔들어놓음으로써, 공동체적인 유대감의 파괴와 그에 따른 인간관계의 왜곡이 더욱 커다란 과제로 제기되었다.

(1) 1970년대 소설은 치열한 리얼리즘의 뒷받침을 받지 못하고, 본격적인 수준의 사회적 풍경은 많이 담아내지는 못했지만, 한 개인을 타인과의 관계 논리라는 시각에서 보고자 하는 사회학적 상상력으로 시대와 사회를 폭넓게 조망하고, 또 사회와 역사 속에서의 개인의 위상과 가치를 그려내었다는 데서 그 의의를 지닌다 하겠다.

(2) 1970년대에 나타난 6・25 소설의 특징은 전대에 비해 전쟁의 의미보다는 그 실상에 초점을 맞추고, 주로 회상적 시점과 증언의 포즈를 취한다는 점이다. 좀 더 구체적으로 말하자면, 전상국은 「아베의 가족」에서 전쟁이 한국인에게 안겨준 외상의 크기와 깊이를 더듬어 보았고, 윤흥길의 「장마」는 인간의 삶에 있어서 이데올로기보다 더 근원적인 것이 '피'임을 재확인한다.

(3) 1970년대 작품들의 공통적 특징은, 비록 본격적인 리얼리즘의 수준에는 미치지는 못했지만, 기본적으로 리얼리즘을 표방했으며, 한결같이 가지지 못한 자와 소외된 자들을 연민이나 흥분의 시각으로 보았다는 점이다. 따라서 1970년대 소설은 1980년대에 등장하는 좀 더 치열한 리얼리즘 소설의 토대를 마련해 주게 된다.

3 1980년대 소설

1980년대는 1980년 5월 광주민주화항쟁이라는 정치・사회적 상황에서 시작하여 1980년대 말 해금시대(解禁時代)로 이어지는, 억압과 해금(解禁)이라는 모순적・양면적 성격을 지닌다. 따라서 1980년대 문학은 분단(分斷) 이래 이 땅에서 억압되어 왔던 정치적 상상력이 1980년대의 제반 모순 상황과 맞물리면서 거세게 갈등을 분출하게 된다. 아울러 문학과 정치와의 상관관계가 극대화되면서 작품으로서의 문학보다는 운동으로서의 문학이 더 설득력과 영향력을 발휘하게 된다.

(1) 1980년대 초기(1980~1983)를 살펴보면, 1970년대와 가장 근접해 있다는 시대적 특징과 함께 1980년대 벽두에 몰아친 정치・사회의 경직성(硬直性)으로 말미암아 이렇다 할 방향을 잡지 못하고 다양한 성향의 과도기적 소설이 등장하였다. 대체로 사회 밑바닥 계층에 속하는 사람들의 삶을 다룬 김홍신(金洪信)의 「인간시장」・황석영(黃晳暎)의 「어둠의 자식들」・이동철(李東哲)의 「꼬방동네 사람들」, 서구적인 도시소설에서 탈피해서 동양적인 원초적 세계를 다룬 김정빈(金正彬)의 「단(丹)」・정비석(鄭飛石)의 「소설 손자병법」, 1980년 당시의 시대적 상황을 그린 최일남(崔一男)의 「시조」・윤흥길(尹興吉)의 「완장」 등이 여기에 속한다.

(2) 1980년대 중기(1984~1986) 역시 초기의 상황과 유사하나, 독특한 개성과 기법으로 자기 소설을 개척하는 신진작가들의 활동이 두드러졌다. 임철우(林哲右)는 「직선과 독가스」・「사산(死産)하는 여름」에서 우리가 처한 시대의 아픔을 풍자하고 있어 기성과는 다른 갈등상태를 보여주고 있으며, 이인성(李仁星)은 「당신에 대하여」・「유리창을 떠도는 벌 한 마리」에서 서구적 발상과 감각을 우리 것으로 변형시키는 독특한 개성을 보여주었다. 최수철(崔秀哲) 역시 「어느 날 모험의 전말」・「몸짓 언어」 등에서 신진작가답게 독특한 개성과 기법을 보여주면서 기성을 배제하였다.

(3) 1980년대 후기(1987~1989)에 들어서서 6・29 선언으로 반공 이데올로기의 끈에서 풀려나자, 1980년대 문학은 비로소 민주화와 민중문학 시대를 구현하면서 전에 없이 과감한 작품들이 쏟아져 나왔다. 홍희담의 「깃발」, 박태순(朴泰洵)의 「밤길의 사람들」, 양헌석(梁憲錫)의 「태양은 묘지 위에 붉게 타오르고」 등이 여기에 속한다.

제2절 1960~80년대 소설의 작가

1 김승옥 (중요도 하)

(1) 김승옥의 삶

일본에서 태어나 4세 때 부모와 함께 귀국해 전라남도 순천에서 살았다. 1957년 순천고등학교를 거쳐 1960년 서울대학교 불문학과에 입학하였고, 재학 중인 1962년 『한국일보』 신춘문예에 「생명연습」이 당선되어 문단에 나왔다. 같은 해 김현·최하림과 함께 동인지 「산문시대」를 펴내고, 여기에 단편 「건(乾)」·「환상수첩」과 이듬해 「누이를 이해하기 위해서」·「확인해본 열다섯 개의 고정관념」 등을 실었다. 1964년 「역사(力士)」(『문학춘추』, 7월호)·「싸게 사들이기」(『문학춘추』, 10월호)·「무진기행(霧津紀行)」(『사상계』, 10월호)·「차나 한 잔」(『세대』, 10월호) 등을 발표했다. 1965년 「서울 1964년 겨울」(『사상계』, 6월호), 1966년 「다산성(多産性)」(『창작과 비평』, 6월호)·「염소는 힘이 세다」, 1967년 「내가 훔친 여름」을 발표했고, 「무진기행」을 「안개」라는 제목으로 바꾸어 시나리오를 썼다. 1968년 이어령의 「장군의 수염」을 시나리오로 각색해 대종상 각본상을 받았다.

(2) 문학세계

김승옥(金承鈺)은 1960년대의 한국인들이 근대적 이성에 바탕을 둔 자본주의식 개인주의에 눈떠가는 경향을 파악한 작가다. 그는 개인과 자기 세계에 대한 과도한 집착이 현실적으로 '영악스러움'과 타인의 세계에 대한 배타성으로 나타나는 세태를 풍부한 실감 속에 드러낸다. 그는 이기적 개인주의의 세계 속에서 타인은 모두 속물이고 그들이 하는 짓은 모두 "무위(無爲)와 똑같은 무게밖에 가지고 있지 않은 장난"이라고 생각한다. 그의 소설은 바로 앞 세대 작가들이 보여준 전후의 폐허와 궁핍에서 빚어진 극한적 상황에 대한 인간 실존의 고통과 인식에 초점을 맞추는 것에서 벗어나, 작고 하찮아 보이는 개인의 자의식과 자기 세계의 의미에 눈길을 돌리고, 병든 내면에 투영된 1960년대 사회의 풍속을 따라간다.

(3) 주요 작품

① 「서울, 1964년 겨울」

  ㉠ 개설

  이 작품은 1960년대 서울을 배경으로 우리 사회의 전형성을 지닌 세 인물을 제시하여 인간의 고독과 소외, 의사소통의 단절, 피상적인 인간관계만을 강요하는 도시의 특징을 상징적으로 형상화하고 있다.

  ㉡ 내용

  육사 시험에서 미끄러지고 구청 병사계 직원으로 일하는 25세의 고졸자 '나'는 동년배의 대학원생 '안'과 포장마차에서 처음 만나 술을 마시면서 대화를 나눈다. 이들은, 사람들은 모르는 자신만이 본 것, 자신이 남긴 행위 등을 말하며, 서울이라는 공간에서 일어나고 있는 일에 관하여 저마다의 감상을 나눈다. 서울은 모든 욕망의 집결지라고 말하는 '안'과 잘 모르겠다는 '나' 사이에 도서 외판원으로 일하는 30대의 사내가 끼어든다. 그는 가난 때문에 복막염으로 제때 치료를 받지 못해 죽은 아내의 시체를 세브란스 병원에 카데바로 팔고 받은 돈을 다 써버리고 싶어 한다.

'나'와 '안'은 그가 달갑지 않지만 함께 식사를 하고, 사내는 화재가 난 곳을 찾아가 아내의 시체를 판 돈을 버리며 허위적이고 비인간적인 삶에 대한 분노와 절망을 표현한다. 여관에 들어간 세 사람은 가명의 이름을 쓰고 각방에 들어가 헤어진다. 다음 날 외판원 사내가 자살하게 되고, 안과 나는 다른 사람들이 알아채기 전에 서둘러 여관을 빠져나간다. 헤어지기 전 안은 나에게, "우린 스물다섯이지요?"라고 묻는다.

ⓒ 의의와 평가
ⓐ 이 소설은 우연히 만난 세 남자가 대화를 나누지만, '나'와 '안'은 자신들의 진심에 대해 말하지 않으며, 가치지향적인 것은 아무것도 없다. 또 세 사람이 여관으로 와서도 각각 다른 방을 쓰게 되고, 사내가 자살할 것이라는 것을 짐작하면서도 이를 말리지 않는 등 인간적 유대가 없는 현대 사회의 소외를 극대화하고 있다.
ⓑ 1950년대의 도덕주의적 엄숙문학의 경향을 극복하고 1960년대적 의식의 방황을 특히 개인의 존재라는 면에서 지나치게 감각적일 정도로 형상화시키고 있다. 감수성이 뛰어난 언어 표현력이 바탕이 되고 있는 역작이란 평을 받고 있다.

② 「무진기행」
㉠ 개설
「무진기행」은 김승옥의 대표작으로, 1964년 10월 『사상계』에 발표되었다. 한 개인의 귀향과 탈향의 과정을 통해 문명화된 사회에서 개인의 자발성·주체성·창의성은 버려질 수밖에 없음을 보여준다.
㉡ 내용
화자인 '나'는 서울을 떠나 고향인 무진으로 내려간다. 서른세 살의 제약회사 중역인 '나'는 4년 전에 회장의 딸인 지금의 아내와 결혼해 이제 전무 승진을 앞두고 있다. 아픈 기억으로 얼룩진 고향 무진에서 그는 출세한 사람으로 받아들여지고, 그곳에서 후배 '박'과 중학 동창이며 무진의 세무서장으로 있는 '조', 그리고 음악교사 하인숙 등을 만난다. 그를 존경하는 '박'과 속물인 '조'는 인숙을 놓고 은근한 경쟁 관계에 있다. 그러나 인숙은 서울로 가고 싶다고 말하며 그를 유혹하고, 두 사람은 그가 과거 폐병으로 요양했던 바닷가 집에서 관계를 갖는다. 무진을 벗어나고 싶어 하는 인숙에게서 과거의 자신을 발견한 그는 사랑을 느끼지만, 다음 날 상경을 요구하는 아내의 전보를 받고 부끄러움을 느끼며 무진을 떠난다.
㉢ 의의와 평가
ⓐ 이 작품은 안개로 상징되는 허무에서 벗어나 일상 공간으로 돌아오는 한 젊은이의 귀향 체험을 통해 개인의 꿈과 낭만이 용인되지 않는 사회조직 속에서 소외당한 현대인의 고독과 비애를 그리고 있다.
ⓑ 1950년대의 문학적 엄숙주의에서 벗어나 1930년대의 모더니즘을 성공적으로 계승하고 있다고 평가받기도 한다.

2 이청준

(1) 이청준의 삶
1960년 서울대학교 독문학과에 입학하였다. 대학 졸업을 앞둔 1965년에 단편소설 「퇴원」으로 등단하였고, 그 뒤 「병신과 머저리」(『창작과 비평』, 1966.9.)·「과녁」(『창작과 비평』, 1967.9.)·「소문의 벽」(『문학과 지성』, 1971.6.)·「이어도」(『문학과 지성』, 1974.9.)·「잔인한 도시」(『한국문학』, 1978.7.) 등 10여 편의 장편을 포함하여 100여 편에 가까운 작품을 발표하였다. 1968년 「병신과 머저리」로 동인문학상을 수상하며 필명을 떨치기 시작했다.

(2) 문학세계
글쓰기의 문제와 종교문제에 깊은 관심을 보인 그의 소설적 주제는 '진실된 삶'의 문제였다. 이 문제를 중심으로 작품세계를 크게 2가지로 나누어보면 다음과 같다.

① **진실된 삶을 가로막는 억압의 실체를 탐구하는 작품**
「병신과 머저리」·「소문의 벽」 등이 이에 속한다. 특히 「병신과 머저리」는 사회적 억압의 실체에 대한 끈질긴 관심을 보여주고 있다. 6·25 전쟁의 체험을 상처로 간직하고 있는 형과 화가인 동생을 비교하는 형식을 취하고 있지만, 이 소설의 초점은 궁극적으로 동생에게 맞추어져 있다. '병신' 세대인 형은 적어도 억압의 실체가 6·25 전쟁이라는 것을 분명히 깨닫고 있고 그것의 극복도 가능하지만, 아픔만 있고 원인을 알 수 없는 '머저리' 세대인 동생은 근원적으로 극복이 불가능하다는 것이 이 작품의 주제이다.

② **진실된 삶에 대한 동경과 추구를 그린 작품**
「이어도」·「당신들의 천국」·「잔인한 도시」 등이 이에 해당된다. 「당신들의 천국」은 「이어도」에서 보여주던 현실도피적 발상을 벗어나 '현실 속에서 이상향의 건설은 가능한가'라는 문제를 끈질기게 파헤치고 있어 주목할 만하다. 실제로 그의 모든 소설에 나타나는 기본 관점은 진실과 거짓·자유와 억압·사랑과 증오 등의 이분법에 기초한 초월적 이상주의이며, 「당신들의 천국」은 이러한 관점을 잘 드러낸 작품이다.

(3) 주요 작품
① **「병신과 머저리」**
  ㉠ 개설
  이 작품은 1960년대의 어느 도시를 배경으로 6·25 전쟁에서 얻은 심리적 상처를 갖고 살아가는 세대인 '형'의 고통과 전후 세대인 동생 '나'의 서로 다른 고통을 형상화한 액자식 구조의 작품으로 삶의 방식이 다른 두 형제의 아픔과 그 극복 의지가 주제이다.
  ㉡ 내용
  '나'는 학생들에게 그림을 가르치며 형 내외와 함께 살고 있다. 나는 어느 날 헤어졌던 애인인 혜인에게서 청첩장을 건네받는다. 한편 의사였던 형은 수술로 어린 소녀가 죽자, 병원 문을 닫고 매일 술을 마시며 낮에는 방에만 틀어 박혀 소설을 쓴다.

'나'는 형이 쓰고 있는 소설에 관심을 가지게 되고, 결말을 궁금해 하며 소설을 매일 읽게 된다. 형이 쓰고 있는 소설의 주된 줄거리는 형의 체험담으로, 한국 전쟁에 참전했다가 후퇴하는 과정에서 세 명이 적 후방 깊은 곳에 낙오되었는데, 김 일병은 심각한 부상을 입어 어쩔 수 없이 그를 죽여야 살아 돌아올 수 있는 상황에 내몰렸다는 이야기였다.

형이 결말을 짓지 못하고 매일 술만 마시자, 참지 못한 '나'가 직접 소설을 결말짓는데, 형이 부상병을 죽이고 무사히 살아 돌아왔다는 내용이다. 그러자 형은 며칠 뒤, 다른 버전의 결말을 써 두었다. 인간쓰레기였던 관모가 김 일병을 죽였고, 그런 관모를 형이 쏴 죽였다는 결말이었다. 형은 어느 날 술에 취해 혜연을 떠나 보내고, 김 일병을 쏴 죽인 걸로 소설의 결말을 지은 나에게 "병신 새끼, 머저리"라고 욕설을 하며 소설을 불태운다.

ⓒ 의의와 평가
ⓐ 이 작품은 서술자의 감정적 개입이 거의 느껴지지 않는 논리적인 문체와 액자식 구성을 취하고 있다.
ⓑ 6·25 전쟁을 겪으면서 직접적인 상처를 받은 형과, 관념으로서의 아픔을 지니고 있는 동생 간의 대립과 갈등이 이 작품의 주조를 이루고 있는데, 형은 아픔의 원인과 실체가 분명한 데 반해 동생은 자신이 지닌 상처의 근원을 알지 못한다. 그렇기 때문에 형은 자신의 경험을 소설적으로 변형하여 아픔을 능동적으로 극복하지만 동생은 상처를 치유할 방법을 찾지 못한다.

② 「당신들의 천국」
㉠ 개설
ⓐ 「당신들의 천국」은 소록도의 역사를 소재로 하여, 실제 인물을 모델로 창작되었다.
ⓑ 총 3부로 구성된 장편소설로 3인칭 전지적 시점으로 서술되었다.

구분	내용
1부	조백헌 원장이 소록도에 부임하여 매립공사를 시작하며 원생들과 갈등을 빚는 과정
2부	오마도 간척사업 공사기간 동안 조 원장이 겪는 갈등과 고뇌
3부	조 원장이 소록도를 떠난 후 7년 뒤에 민간인 신분으로 다시 돌아와 원생과 함께 하는 모습

ⓒ 서술의 시점자는 부분마다 달라진다. 1부는 이상욱이 보는 섬과 조백헌의 모습이고, 2부는 주로 조백헌의 시점에서 그려지며, 3부는 신문기자 이정태의 시점에서 그려진다.

㉡ 내용
나환자들의 섬인 소록도에 전직 군의관 출신인 조백헌 대령이 병원장으로 부임해 온다. 그는 환자들을 위해 오마도 간척사업을 시작한다. 그러나 공사 기간 동안 나환자들과의 갈등은 심화된다. 그들에게는 일제시대 때 주정수 원장이 행했던 낙원 건설의 욕망과 그로 인한 고통의 기억이 있기 때문이다. 그러나 점차 조 원장의 헌신에 감동하여 간척사업에 동참하고 어려움을 감내한다. 조 원장에 대한 원생들의 신뢰가 깊어지자 보건과장 이상욱은 또 다시 누군가가 우상화되는 것이 두려워 공사가 마무리되기 전 조 원장에게 떠나기를 권한다. 조 원장은 간척사업의 결말을 보지 못하고 섬을 떠나지만, 7년 뒤 민간인 신분으로 다시 돌아와 서미연과 윤해원의 결혼을 성사시키고 섬사람들과 함께 하는 삶을 살며 믿음과 사랑이 바탕이 된 진정한 천국의 건설을 꿈꾼다.

ⓒ 의의와 평가
  ⓐ 이 작품은 1970년대 당시 우리의 정치 현실과 개발 독재의 실상을 알레고리 형식으로, 권력자와 민중이 진정한 화해를 통해 바람직한 사회를 모색하는 과정을 보여주고 있다.
  ⓑ 권력에 대한 인간의 욕망을 탐색하여 긍정적인 권력은 수직적 위치에서 대상을 지배하는 것이 아니라 그 대상과 수평적 관계를 이루며 조화와 화해를 추구해야 한다는 것을 역설하고, 더불어 권력의 억압에 대응하기 위해서는 개인의 주체적인 자세가 필요함을 깨닫게 한다.

③ 「이어도」
  ㉠ 개설
    「이어도」는 1974년 9월 『문학과 지성 17』에 발표되었으며, 제6회 한국일보 창작 문학상을 수상했다. 제주도 사람들이 꿈꾸는 '이어도'라는 환상의 섬에 대한 믿음을 소재로 하여 창작된 작품이며 그의 사상과 소설 기법이 아름답게 묘사된 뛰어난 작품으로 평가된다.
  ㉡ 내용
    해군 함정까지 동원한 파랑도 수색 작전이 끝날 무렵 취재차 함께 승선했던 천남석 기자가 실종된다. 그와 마지막 밤을 보낸 정훈장교 선우현은 그 소식을 양주호 편집국장에게 전하고, 그가 자살했을 것이라는 편집국장의 말에 호기심을 갖고 그의 죽음을 탐색하게 된다.
    이 과정에서 선우현은 가난과 아버지의 부재, 어머니의 기다림, 아버지의 죽음, 이어지는 어머니의 죽음으로 점철된 천남석의 고통스러운 유년 시절, '이어도' 술집의 여인과 천남석에 관한 이야기들을 듣게 된다. 이와 함께 선우현은 천남석에게 이어도가 갖는 의미를 어렴풋이 깨닫게 된다.
  ㉢ 의의와 평가
    ⓐ 「이어도」는 전설의 섬인 이어도의 실체와 그 의미를 탐색해 나가는 과정을 그린 작품이다. 탐색은 두 가지 방향에서 진행되는데, 하나는 이어도를 찾아가는 주인공 천남석의 탐색이고, 다른 하나는 천남석의 삶의 궤적을 좇아가는 선우현의 탐색이다. 이러한 탐색의 과정을 통해 드러나는 이어도는, 사람들에게 현실적 삶의 어려움을 견디고 살아갈 수 있는 힘을 주는 일종의 허구로서 제시된다.
    ⓑ 주인공 천남석의 경우 고통스러운 유년 시절을 보내면서 현실의 세계에서 일어나는 악몽들을 허구의 세계에 의지하여 견디는 방법을 체득하게 된다. 그 허구가 바로 이어도인 것이다. 이것은 비단 천남석의 경우에만 해당하는 것이 아니고, 제주도 사람들 모두가 암묵적으로 취하고 있는 삶의 태도이기도 하다.
    ⓒ 이어도가 존재하지 않는다는 사실을 확인하고 난 이후 천남석이 자살을 하게 되는 것은, 이어도를 자신의 마음속에 여전히 남겨두려 하는 것이거나 그 자신이 구원의 섬 이어도가 되려는 염원에서 비롯된 행동이라고 할 수 있다. 이렇게 볼 때 '이어도'라는 허구는 결코 가짜나 거짓이 아니며, 진실한 유토피아로 존재하고 있다고 말할 수 있다.

3 최인훈

(1) 최인훈의 삶

1936년 함경북도 회령에서 태어나 가족과 함께 월남하여 목포고등학교를 거쳐 1957년 서울대학교 법과대학을 중퇴했다. 육군통역장교로 군복무를 하고 제대 후 글쓰기에 전념했다. 1959년 『자유문학』 10월호에 「그레이 구락부 전말기」・「라울전」이 추천되어 문단에 나온 이후 1960년 「가면고」・「광장」 등을 발표하면서 작가적 명성을 굳혔다.

소설집으로는 『광장』(1961)・『총독의 소리』(1967)・『태풍』(1973)・『왕자와 탈』(1980) 등이 있고, 희곡집으로는 『옛날 옛적에 훠어이 훠이』(1979) 등이 있다. 1979년 문학과지성사에서 『최인훈전집』(12권)을 펴냈다.

(2) 문학세계

① 「광장」이 신선한 충격으로 다가온 것은 무엇보다 주인공 이명준이 오랜 육체적・정신적 방황 끝에 남쪽과 북쪽을 다 버리고 중립국을 선택한다는 결말 부분 때문이다. 분단 이후 한국인을 옥죈 분단 이데올로기와 냉전 이데올로기로부터 자유롭던 사람은 거의 없었다고 봐야 할 것이다. 그러나 이명준은 남쪽도 북쪽도 아닌 제3국행을 선택함으로써 한반도에서 횡행하는 이데올로기와 무관한 제3의 길을 간 것이다. 이렇게 「광장」은 자본주의와 사회주의 모두 인간의 참된 삶을 충족시키기 어렵다는 비극적 세계관을 함축하고 있는데, 이는 작가 자신이 월남 실향민으로서 어디에도 뿌리내리지 못한 전기적 체험과 깊은 연관이 있다. 최인훈은 이 작품에서 폐쇄성과 집단의 강제성에 짓눌려 "광장만 있고 밀실이 없는" 북한 체제와, 사회 경제의 불균형 때문에 방만한 개인주의만 팽배한 채 "밀실만 있고 광장이 없는" 남한 체제 모두를 비판한다.

② 최인훈은 「광장」의 1961년판 서문에서 다음과 같이 밝힌다. '광장'은 대중의 밀실이며 밀실은 개인의 광장이다. 인간을 이 두 가지 공간의 어느 한쪽에 가두어 버릴 때, 그는 살 수 없다. 그럴 때 광장에 폭동의 피가 흐르고 밀실에서 광란의 부르짖음이 새어 나온다. 우리는 분수가 터지고 밝은 햇빛 아래 뭇꽃이 피고 영웅과 신들의 동산으로 치장이 된 광장에서 바다처럼 우람한 합창에 한몫 끼기를 원하며 그와 똑같은 진실로 개인의 일기장과 저녁에 벗어 놓은 채 새벽에 잊고 간 애인의 장갑이 얹힌 침대에 걸터앉아서 광장을 잊어버릴 수 있는 시간을 원한다.[1]

③ 최인훈은 1961년 단편 「수(囚)」를 발표한다. 이듬해인 1962년에는 『자유문학』 4월호와 7월호에 각각 현실에 대한 지식인의 고뇌와 방황, 좌절을 고전문학의 변용을 통해 형상화한 「구운몽」과 「열하일기」, 『사상계』 7월호에 「7월의 아이들」을 내놓는다. 1963년 그는 풍자성을 띤 작품인 「크리스마스 캐럴 (1)」을 비롯해 「금오신화」를 발표하는 등 사실주의와 비사실주의의 형태를 오가며 내용과 형식의 다양화를 꾀한다. 그는 5・16 군사 쿠데타와 6・3 한일 회담 반대 투쟁 때의 폭력을 목격하면서, 이제는 혁명조차 불가능한 최악의 상황이 되었으며 잠시 자유라고 느낀 것은 거짓 위에 세워진 자아 도취에 지나지 않았음을 인식하고, 『세대』에 회색의 의자에 깊숙이 파묻혀서 몽롱한 눈으로 세상을 바라보는 내용의 「회색인」을 연재한다. 아울러 그는 1964년 『현대문학』에 「크리스마스 캐럴 (2)」, 1965년 『사상계』에 「문학 활동은 현실 비판이다」 등을 발표한다.

---

[1] 최인훈, 「광장 1961년판 서문」 ― 『작가세계』(1990 봄)

④ 「소설가 구보 씨의 일일 (1)」은 이 무렵에 발생한 북한의 무장 공작원 침투 사건, 3선 개헌, 7·4 남북 공동 성명 등과 서울이라는 공간을 배경으로 1960년대 후반 지식인의 범박한 일상사를 세밀하게 복원해 "우리 시대의 험난함 속을 사는 한 양심적인 예술가의 초상"을 제시한 뛰어난 작품이다. 이어 그는 『현대문학』에 「온달」·「열반의 배」, 『월간문학』에 「옹고집뎐」을 발표하고, 1970년 『창작과 비평』에 「소설가 구보 씨의 일일 (2)」를 내놓는 한편, 『주간한국』에 실향민의 아픔이 짙게 배어 있는 중편 「하늘의 다리」를 연재하고, 1960년대 후반에 쓴 평론을 묶은 『문학을 찾아서』를 출간한다.

(3) 주요 작품

① 「광장」

㉠ 개설

최인훈(崔仁勳)의 대표적인 장편소설이다. 4·19 혁명 직후인 1961년에 발표한 이 소설은 남북한의 이데올로기 대립을 파헤친 작품이다. 이 작품은 광복과 동시에 남북이 분단됨으로써 야기되는 이념의 분열을 주제로 하였다.

㉡ 내용

주인공 이명준은 젊은 철학도로서 가치 선택을 위한 지적 모험을 감행하게 된다. 그는 친지인 한 은행가의 집에 거주하며 중산층의 여유와 안일을 누리고 젊은이다운 이상과 꿈을 지니며 산다. 그러나 그의 아버지가 북에서 활동하는 공산주의자임이 판명되자 경찰의 혹독한 취조를 받게 된다. 관념적 상태의 남북문제가 현실의 문제로서 그에게 고통을 가하게 될 것이다. 이와 함께, 그는 남한의 삶이 비록 자유가 보장되었다고는 해도, 자유당 정권의 부조리와 사회적 부패상에 염증을 느낌은 물론 개인의 행복에서만 삶의 의미를 찾는 풍조도 냉엄히 비판하게 된다. 그리하여 모험을 감행하여 참다운 삶의 광장을 찾아 배편으로 북한에 도착한다. 그러나 그의 비판적 안목에는 사회주의 제도의 굳은 공식으로 명령과 복종만이 보일 뿐이며, 활성화되고 창의 있는 삶은 찾을 수가 없었다. 즉, 진정한 삶의 광장은 없었던 것이다. 이처럼 그는 남과 북에서 이념의 선택을 시도했으나, 어느 곳에서도 진실을 발견하지 못한다는 일종의 허무주의적 사고에 처하게 된다.

그는 은혜와의 사랑에서 이념의 무의미한 것을 다소나마 보상받게 되는데, 그것은 개인적 삶의 한정된 행복일 뿐이고, 진정한 의미의 광장은 사라진 것을 암시한다. 이야기의 끝에 가서 포로가 된 이명준은 중립국을 택하고 있는데, 그의 행동 맥락에서 볼 때 이러한 제3세계의 선택은 일종의 비극적 종말임을 엿보게 한다.

㉢ 의의와 평가

ⓐ 서사적 공간에서 펼쳐진 상상적 행동 구조가 주인공의 진정한 이념에 통합되지 못한 사례를 가장 지적으로, 그러면서도 깊은 시적 감동으로 문제화한 4·19 세대의 기념비적 작품이라 평가할 수 있을 것이다.

ⓑ 남북 분단의 주제를 실질적인 차원에서 분석하고 정직하게 비판함으로써, 개인과 시대의 실패한 변증법을 적절히 묘사한 작품이라 할 수 있다.

ⓒ 개인의 이념적 문제가 개인의 선택에 머물지 않고 국제적 세력균형 아래에서 불가피하게 영향을 받게 된다는 함의를 절실하게 인식시켜 주는 작품이기도 하다.

② 「어디서 무엇이 되어 다시 만나랴」
　㉠ 개설
　　이 작품은 '온달 설화'를 새로운 시각으로 다룬 창작 희곡으로, 왕실 내부의 권력 투쟁이라는 음모로 희생되는 온달과 평강공주의 사랑을 그리고 있다. 상상력을 동원하여 설화를 더욱 견고한 이야기로 재구성함으로써 새로운 가치를 부여하고 있다.
　㉡ 내용
　　온달은 사냥을 하다 길을 잃고 구렁이 여인과 정을 통하는 꿈을 꾼다. 공주는 왕실의 암투로 인해 궁에서 쫓겨나고 비구니가 되기 위해 암자로 가던 중 온달을 만나 혼인한다. 온달은 꿈속의 여인이 공주임을 알고 놀란다. 10년 후, 공주는 피투성이가 된 온달이 작별을 고하는 꿈을 꾼 후 온달이 전사했다는 소식을 듣는다. 전장에서 움직이지 않던 온달의 관이 공주의 위로를 받고 움직이고, 공주는 온달의 살해범을 잡으려 하나 실패한다. 온달의 어머니와 여생을 보내려던 공주는 군사들에 의해 살해되고 온달의 어머니는 눈발 속에 홀로 서서 온달을 기다린다.
　㉢ 의의와 평가
　　ⓐ 이 작품은 고전 속에 주로 나타나는 '신분을 뛰어넘는 남녀 간의 결연'이라는 보편성을 이어받아 인물들을 비극적인 상황에 투영시키고 있다.
　　ⓑ 이를 통해 '인간과 인간의 만남'에 대한 성찰과 '현실의 권력과 대결하던 개인의 비극성'을 추구하고 있다. 이는 권력에 대한 평강공주의 욕망과 순수한 사랑으로 그녀가 원하는 삶을 살았던 온달의 비극적인 결과로 이해할 수 있다.

③ 「회색인」
　㉠ 개설
　　1963년 6월부터 1964년 6월까지 『세대』에 「회색의 의자」라는 제목으로 연재되었던 최인훈의 장편소설이다. 이 작품은 1958년 가을부터 1959년 여름까지, 즉, 4.19 혁명 직전의 한국사회를 배경으로 하면서 당대 젊은 지식인들의 고뇌와 우울 및 전망을 그리고 있다.
　㉡ 내용
　　1958년 어느 비 내리는 가을 저녁에 국문학도이자 소설을 쓰는 '독고준'의 하숙집으로 친구인 '김학'이 찾아온다. '학'은 학술 동인지 『갇힌 세대』에 실린 '독고준'의 작품에 대한 이야기를 하다 '준'에게 동인회 가입을 권하지만 '준'은 스스로를 현실에 뿌리내리지 못하고 방황하는 이데올로기의 피해자로 여긴다. '학'은 정치학도로서 사회변혁을 꿈꾸는 급진적 행동주의자인데 반해, '준'은 사색적이고 관념적이며 사회의 변혁에도 회의적이며 소극적이다.
　　'준'은 '학'이 떠난 뒤 떨어지는 빗방울을 바라보며 공상과 상상이 혼합된 관념의 여행을 떠난다. 어린 시절의 집과 밭과 학교, 그리고 아버지와 자신의 모습 등 회상과 사념(思念)의 여행 속에서 '준'은 이데올로기와 현실로부터 소외되어 있는 자신을 발견한다. 그는 현실로부터 스스로를 소외시키며 적응하지 못하고 상념의 시간들을 보내는 자신의 비겁함과 소심함에 끊임없이 갈등한다. 1959년 비 내리는 어느 여름날 저녁, 친구 김학이 독고준을 찾아온다. 두 사람은 함께 술을 마시며 많은 이야기를 나눈다. 이야기 끝에 김순임에 대한 이야기가 나오자 한순간 분위기는 어색해지고 만다. 이야기 끝에 시간이 늦었다는 핑계로 김학은 돌아간다. 친구를 보내고 난 독고준은 오랫동안 잠들지 못하고 뒤척이다가 아래층에 있는 이유정의 방문을 열고 안으로 사라진다.

ⓒ 의의와 평가
  ⓐ 그의 대개의 작품들과 유사하게, 「회색인」 역시 한국사회의 모순과 부조리를 날카롭게 드러내면서 지적이며 비판적인 성찰을 담아낸다. 특히 이 작품은 인물들의 관념적 사고와 논리적 사변(思辨)을 통해 한국전쟁 이후의 젊은이들이 겪는 갈등과 고뇌, 가치관과 의식을 잘 보여주고 있다.
  ⓑ 「광장」, 「서유기」 등의 작품들과 더불어 작가의 자전적 색채와 작품 세계를 대표적으로 보여준다.
  ⓒ 「회색인」은 최인훈의 소설 속에서 지적(知的) 독백과 사변적인 경향을 강하게 보여주는 대표 작품 중 하나다. 작가 스스로 이 작품을 두고 "통과의례 규정을 자기 손으로 만들어야 하겠다는 집념에 사로잡힌 어떤 원시인 젊은이의 공방(空房)의 기록"이라고 말한 적이 있다.

4 이문구

(1) 이문구의 삶

충청남도 보령군 대천면 대천리(현재 보령시 대천2동) 387번지 갈머리(冠村)에서 농·어업과 사법대서사를 겸했던 부친의 5남 1녀 중 넷째 아들로 태어났다. 서라벌예술대학 문예창작과에 입학하여 김동리에게 배웠고 그를 사부로 받들었으나 정치적 견해는 달리했다. 작가 활동을 하면서 『월간문학』·『한국문학』·『실천문학』 등의 편집과 발간 일을 하였다. 1974년 반독재 투쟁 문인단체인 '자유실천문인협의회'를 발기하고 실무간사를 맡았다. 1976년에 결혼 후 경기도 화성군 향남면 행정리로 이사하여 거기서 1980년까지 살며 연작소설 『관촌수필』을 완성하고, 『우리 동네』 연작을 시작하였다. 1980년 국보위의 정치쇄신특별조치법에 문인 중 유일하게 정치활동 규제 대상자로 묶이는 등 독재체제 아래에서 여러 규제와 사찰을 당했다. 1988년 작업실을 충남 보령시 청라면 장산리로 옮겼으며, 1999년 민족문학작가회의 이사장이 되었다.

(2) 문학세계

① 이문구는 등단작에서부터 구어체와 만연체, 토속어와 서민들의 생활언어들을 능숙하게 구사했으며, 기세가 담긴 전통사회의 농촌언어로 늘어지고 휘감기는 문장 및 풍요로운 토박이말, 사투리를 비롯해 판소리 사설 같은 문체를 통해 작품성을 인정받았다. 그의 대표작 『관촌수필』(1977)은 1950~70년대 산업화 시기의 농촌을 묘사함으로써 잃어버린 고향에 대한 그리움을 현재의 황폐한 삶에 대비시켜 강하게 환기시켰고, 『우리 동네』 연작(1977~81)에서는 '새마을운동' 이후 변화된 농민의 모습을 묘사함으로써 산업화 과정에서 농민들이 겪는 소외와 갈등을 그대로 보여주었다. 「내 몸은 너무 오래 서 있거나 걸어왔다」(2000)에서는 1990년대 이후 영악해진 농민과 삭막해진 농촌 풍경을 나무에 비유해 토속어로 그려내고 있다.

② 특히 연작소설들이 전(傳)의 전통 속에 놓여 있으므로, 그는 현대의 전(전기) 작가이며 그의 소설은 대체로 민중의 전을 구연(口演)하여 엮은 형태에 가깝다고 할 수 있다. 이 전통적이고 주체적인 형태 속에 깔린 가치관이 보수적이라는 비판이 있으나, 빗나간 국가 권력과 무분별한 근대화에 대한 비판정신, 민중을 바라보는 따뜻한 시선, 그리고 전통적 언어와 가치에 대한 믿음은 높이 평가해야 할 것이다.

(3) 주요 작품
① 『관촌수필』
  ㉠ 개설
  1972년부터 1977년까지 연작 형태로 발표된 총 8편의 중·단편을 발표순으로 엮은 '연작소설집'(초판본의 표기)이다. 서술자 '나'가 작자로 간주되는 자전적 내용이며, 인물 중심의 회고적 서술이기에 제목에 '수필'이라는 말을 쓴 것으로 보인다.
  ㉡ 내용
  1941년에 충남 보령시 대천2동의 관촌(冠村, 갈머리)에서 태어난 작자가, 해방부터 한국전쟁을 거쳐 새마을운동에 이르는 30여년 세월 동안에, 자신을 포함한 그곳 사람들이 겪어낸 삶을 그린 '이야기'이다. 일반적으로 소설이라고 부르지만, 전쟁의 와중에 집안이 몰락하는 서술자 '나'가 바로 작자임이 밝혀져 있으며, 연작소설이라고 해도 꼭지들 간의 연결성이 적어서 그 형태와 구조가 특이하다. 한마디로 소설식으로 서술한 민중의 전(傳) 모음집에 가깝다.
  이 작품에 그려진 인물들은 대부분 농촌 서민이며 한국 현대사의 격랑 속에서 불행과 억압을 당해온 사람들이다. 서술자는 충청도 지역어를 구어체로 지문에까지 사용하면서, 그들의 수난과 인간적 아름다움을 그려내므로 그들 중 모자라 보이는 인물은 있어도 악인은 없다. 그는 이젠 파괴돼버린 농촌의 풍속과 농민의 순박함을 그리워한다.
  서술자는 항상 작품이 발표된 1970년대 현재에서 대상을 바라본다. 따라서 그의 섬세하고 치밀한 '수필적' 담화는 독재 정치와 산업화로 피폐해진 농촌 현실에 대한 비판을 함축하는데, 대상이 과거적일수록 '잃어버린 고향 이야기'의 서정성과 상실감의 색채를 띠며, 현재적일수록 풍자의 색채를 띤다.
  ㉢ 의의와 평가
    ⓐ 1970~80년대 '연작소설의 시대'를 대표하는 작품 중 하나로, 다른 작품들과는 달리 전통을 살린 주체적 양식의 소설이다.
    ⓑ 타락과 궁핍의 근원을 파고드는 새로운 형태의 농민소설이며, 지역의 언어와 삶에 충실하면서 보편성을 얻은 지역문학 중 대표적인 작품이라고 할 수 있다.
    ⓒ 도시화로 인해 급격히 사라져가는 토속어와 속담, 격언 등을 풍부하게 살려 쓴 점이 높이 평가된다.
② 『우리 동네』
  ㉠ 개설
  1977년부터 1981년까지 발표된 9편의 소설을 발표순으로 엮은 연작소설로, 각 작품의 제목이 모두 '우리 동네 ○씨'로 되어 있다. 농민들의 모습을 인물 중심으로 서술하여 사건적 연결성은 적은 연작소설이다.

  Ⓘ 내용
   이장이 확성기로 정부 시책을 홍보하고 줏대를 가지고 살려는 '동네' 사람들이 그에 맞서는 식의 농촌 풍경이 작품마다 되풀이된다.
   서술이 초점자 역할을 하는 한 인물의 경험과 발언 위주로 이루어지며, 크게 몇 개의 장면 중심으로 전개되고 대체로 결말이 첫 장면으로 되돌아가는 구성을 취했으므로 시간적이기보다는 공간적인 형태의 소설이다. 충청도 지역어와 전통적 비유 및 속담이 풍부하게 활용되며 산업화·도시화로 치닫는 1970년대 현실이 전통적 공동체의 상징인 농촌사회를 어떻게 파괴하고 타락시켰는가를 풍자적으로 그려낸다. 또한 유신시대에 '국가'가 행한 폭력을 민중의 일상에서 섬세하게 묘사해 보여준다.
  Ⓙ 의의와 평가
   &#9properties;ⓐ 근대화가 경제적·문화적으로 농촌을 파괴하는 시대 현실을, 사건만이 아니라 공식어(표준어)와 비공식어의 대립이라는 언어적 갈등으로까지 제시한 소설로 평가된다.
   ⓑ 농민의 모습이 저항하는 주체로서는 미흡하다는 지적이 있다.

③ 「유자소전」
 Ⓗ 개설
  이 작품은 서술자가 그의 친구 '유재필'의 범상치 않은 삶의 일대기를 전달하는 내용으로, 물질만능주의에 빠진 현대인에게 '유자'와 같은 따뜻함과 배려를 가진 사람의 소중함을 보여주는 소설이다. 전(傳)의 양식을 계승하여 유재필이라는 인물의 삶을 통해 바람직한 인간상을 제시함으로써 사람들의 귀감이 되게 하려는 의도가 보인다.
 Ⓘ 내용
  작가인 '나'에게는 '유재필'이라는 친구가 있다. 그는 매사에 생각이 깊고 곧은 성품을 지녔으며 남의 아픔을 자신의 아픔으로 받아들일 줄 아는 사람이다. '나'는 그를 성인군자를 대하는 기분으로 '유자'라고 부른다.
  유자는 특유의 붙임성과 눈썰미로 학교에서 명물로 이름을 날린다. 졸업 후에는 선거 운동원과 의원 비서관 등을 지내다가 제대한 후 총수의 집에서 운전기사로 지내게 된다. 하지만 유자는 총수의 위선적인 모습 때문에 남들이 부러워하는 그 자리를 벗어나고 싶어 한다.
  총수에게 쫓겨난 유자는 그룹 소속 차량의 모든 교통사고를 뒤처리하는 노선 상무가 되는데, 그곳에서도 남을 먼저 생각하는 삶을 산다. 또 말년에는 종합병원 원무실장으로 근무하게 되는데, 6·29 선언 때 시위를 하다 부상당한 사람들을 치료해 주고 사표를 낸 후 간암으로 생을 마감한다.
 Ⓙ 의의와 평가
  ⓐ 이 작품은 실존했던 인물을 주인공으로 한 실명 소설로, 마치 수필과도 같은 인상을 준다. 서술자는 특유의 걸쭉한 입담으로 힘겨운 시대를 당당하게 살아간 의기로운 인물의 일대기를 자연스럽게 이야기하고 있다.
  ⓑ 작품은 제목대로 유씨 성을 가진 사람의 일대기 중의 일부이다. 인물의 평생의 행적을 기록하는 전(傳)의 형식을 빌려 온 점이나, 사투리를 사용하여 향토적 정서를 강화한 점, 그리고 희극적 상황의 설정과 사건 전개 등은 전통적인 서사를 계승한 것으로 보인다.

ⓒ 유자라는 인물의 다소 전근대적이고 우스꽝스러운 행동을 통해 사치심과 이기심에 젖어 허황된 삶을 살아가는 현대인의 삶의 자세를 풍자하고 있다. 특히 풍자의 효과를 살리기 위해 작가는 구체적이면서도 일상적인 생활어와 향토색 짙은 방언을 살려 쓰고, 언어유희·반어·대조 등의 표현 기법을 효과적으로 구사함으로써, 물질을 우선시하는 현대 세태를 비꼬고 있다.

5 박완서

(1) 박완서의 삶

1931년 경기도 개풍에서 태어나 1944년 숙명여자고등학교에 입학했으나 곧 호수돈여자고등학교로 전학했고 해방이 되자 다시 숙명여자고등학교로 돌아왔다. 이때 한말숙·박명성 등과 사귀었으며, 담임교사인 월북 소설가 박노갑에게 많은 영향을 받았다.

1950년 서울대학교 국문과에 입학했으나 6·25 전쟁으로 인해 학교를 그만두었다. 오빠와 삼촌이 죽자 생계를 잇기 위해 미8군 PX 초상화부에서 일했으며, 이때 화가 박수근을 알고 그의 그림에 감명받았다. 1970년 『여성동아』에 장편 「나목(裸木)」이 당선되어 문단에 데뷔했고 이어 「부처님 근처」(『현대문학』, 1973.7.)·「주말농장」(『문학사상』, 1973.10.)·「겨울나들이」(『문학사상』, 1975.9.) 등 많은 작품을 발표했다.

(2) 문학세계

① 박완서는 중년에 등단하였지만 외세 강점과 전쟁으로 인한 사회질서의 붕괴, 한국 자본주의의 이면, 도시인의 삶과 여성문제, 노인의 삶과 죽음에 대한 응시를 통해 '작가는 작품으로 살아남는다'는 작가정신을 보여주었다.

② 1970년대에는 개발독재 한국 사회에 널리 퍼진 물신주의를 냉소적이고 신랄한 어조로 비판하는 소설을 서사화하였다.

③ 1980년대에는 소비사회 도시 중년 여성의 결혼이나 시집살이의 어려움, 호주제 등을 소재로 삼아 가족제도의 전근대성을 비판하고, 새로운 가족 질서 수립에 대한 기대를 그렸다.

④ 이처럼 한국 사회사를 다양한 측면에서 보여주기라는 박완서의 문제의식은 1990년대에 이르러 『그 많던 싱아는 누가 다 먹었을까』, 『그 산이 정말 거기 있었을까』 같은 소설에서 더 명료하게 서사화되었다. 소비도시의 이면을 통해 분단현실을 날카롭게 비판하는 시선 역시 「부처님 근처」, 「카메라와 워커」 같은 초기작품부터 「그 여자네 집」, 「빨갱이 바이러스」 같은 후기작품까지 중단없이 이어졌다.

⑤ 박완서는 평범한 사람들의 일상과 체험적 진실에서 출발해서 분단 현실, 여성문제, 자본주의 체제 등 한국 사회의 갈등이라든가 나이듦, 생에 대한 무한한 긍정을 서사화함으로써 많은 독자들의 사랑을 받았을 뿐만 아니라 여성작가의 서사지평을 확대함으로써 박경리와 더불어 한국근대소설사를 든든하게 지탱한 인물로 평가된다.

(3) 주요 작품

① 『**엄마의 말뚝**』

ㄱ 개설

이 작품은 세 편으로 된 연작소설로, 어머니와 딸이 나누는 인간적 교감을 매개로 하여 6·25 전쟁으로 인한 비극적 상황과 인물의 의식 성장 과정을 작가 특유의 섬세한 표현으로 형상화하고 있다.

ㄴ 내용

아빠가 죽고 엄마는 오빠와 '나'를 서울로 데려간다. 엄마는 바느질을 하며 고통스러운 생활을 감내한다. 사대문 밖의 초라한 셋방에 살던 '나'는 도시적 삶에 길들어 가고, 엄마는 '나'를 사대문 안에 있는 학교에 진학시킨다. 해방을 맞고 드디어 사대문 안에 집을 장만했는데, 결국 우리도 엄마가 만든 말뚝에 매인 셈이었다.

5남매의 어머니로 평범하게 살아가던 '나'는 친정엄마가 사고로 중상을 입었다는 소식을 듣는다. 엄마는 수술 후유증으로 정신착란 증세를 일으키며, 6·25 전쟁 중 비극적으로 죽어 간 아들의 일을 떠올리게 된다. 엄마는 의식을 차린 후 자신이 죽으면 시신을 화장하여 오빠의 유골을 뿌린 곳에 뿌려 달라고 부탁한다.

수술 후 엄마는 7년을 더 살다가 돌아가신다. '나'는 엄마의 유언대로 엄마의 시신을 화장하여 오빠가 뿌려졌던, 고향이 보이는 강화도 바다에 뿌리려고 하지만 사회적 체면과 이목을 중시하는 조카가 매장할 것을 고집하여 서울 근교의 공원묘지에 묻는다.

ㄷ 의의와 평가

ⓐ 이 작품은 세 편의 연작으로 되어 있는 소설이다. 세 편 모두 어머니라는 존재가 화자의 정신적 성장에 미치는 영향을 그리고 있으므로 성장소설로 볼 수 있다.

구분	내용
1편	남편을 잃은 한 여성이 자식들과 함께 서울에 삶의 공간을 마련하기까지의 과정
2편	6·25 전쟁의 고통과 오빠의 참혹한 죽음을 그리고 있음
3편	어머니가 돌아가신 뒤 자신의 소망과는 달리 서울 근교의 공원묘지에 묻히는 과정

ⓑ 일제강점기부터 해방, 6·25 전쟁 등 민족의 수난기를 배경으로 하여 이로 인해 한 가족이 겪어야 했던 비극적 상황을 형상화하고 있으며, 어머니와 딸이 나누는 인간적 교감을 잘 보여 주고 있다.

ⓒ 『엄마의 말뚝』은 작가 특유의 섬세하고도 유려한 문체와 빈틈없는 언어 구사로 중년 여성의 심리를 세밀하게 잘 그려 내고 있다는 평가를 받고 있다.

② 「**그해 겨울은 따뜻했네**」

ㄱ 개설

6·25 전쟁으로 인한 한 가정의 불행과, 인정과 윤리를 상실한 현대 사회 중산층의 이기심과 허위의식을 비판하고 있다. 등장인물의 심리를 섬세하게 표현하였고, 계층을 대표하는 전형적 인물을 구체적으로 형상화하였다.

ⓛ 내용

6·25 전쟁 중 1951년 1·4 후퇴 때 피란길에서 경황 없는 와중에 수지는 동생 오목(수인)의 손을 일부러 놓아 버린다. 수지는 어느 고아원에 자신이 버렸던 동생과 같은 이름의 소녀가 있음을 알게 되지만, 그 아이가 동생으로 밝혀지면 지난날 자신의 죄가 드러날 것이라고 생각하여 진실을 밝히지 않는다. 수지는 오목이 자신의 옛 애인인 인재와 만나는 것을 알게 되자 질투를 느껴 둘을 갈라놓는다. 그 후 오목은 같은 고아원 출신인 일환과 살게 되는데, 일환은 오목이 낳은 아이가 인재의 아이임을 짐작하면서 오목에게 폭력을 행사하고 오목은 고통의 세월을 보낸다. 이후 자선 사업을 하며 사는 수지와 힘들고 고통스러운 삶을 살아가고 있는 오목이 다시 만나게 된다. 그런데 오목이 결핵으로 쓰러지고 죽음을 앞둔 오목은 감사의 표시로 수지에게 은 표주박을 건넨다. 수지는 그녀 옆에서 무릎을 꿇고 참회하지만, 오목은 이미 죽은 뒤였다.

ⓒ 의의와 평가

ⓐ 이 작품은 6·25 전쟁으로 인해 헤어지게 된 한 가족의 이야기를 통해 이산가족의 아픔을 다루면서 그 이면에는 혈육조차 버리고 모르는 체하는 인간의 이기심과 허위의식에 대한 비판을 그리고 있다.

ⓑ 전쟁과 근대화라는 한국 현대사를 배경으로, 전쟁의 아픔을 잊고 물질주의적 가치에 전도되어 속물적으로 살아가는 중산층의 모습과 가난하고 힘겨운 삶을 살아가는 하층민의 삶의 모습을 사실적으로 묘사함으로써 가족 간의 문제를 넘어서 계층 간의 문제까지도 아우르고 있는 작품이다.

③ 「나목(裸木)」

㉠ 개설

이 작품은 6·25 전쟁이 끝나지 않은 혼란기의 서울을 배경으로 화가 옥희도의 삶과 '나'의 성장을 그리고 있다. 진정한 예술을 추구하는 한 예술가의 초상과 그를 보며 청춘의 성숙을 이루어 가던 한 여인의 모습이 드러나 있다.

㉡ 내용

'나'는 6·25 전쟁 중 두 오빠를 잃고 홀어머니와 단둘이 살고 있다. 어머니는 삶에 대한 의지를 잃고 무기력하게 살아가고, '나'는 이런 암울한 집안 분위기에서 벗어나고 싶어 한다. 그러던 중 '나'는 생계를 위해 서울 명동의 미군 부대 안에 있는 초상화 가게에서 일하게 된다. '나'는 미군 부대에 새로 온 화가 옥희도를 만나고 '황량한 풍경'이 담긴 눈을 가진 옥희도에게 끌린다. 두 사람은 명동 성당과 완구점 앞에서 계속 만나지만 유부남과 처녀인 그들의 사랑은 오래 지속되지 못하고 '나'는 방황한다. 며칠 동안 옥희도가 가게에 나오지 않자 '나'는 그의 집에 찾아갔다가 캔버스에 '고목'이 그려져 있는 것을 본다. 옥희도와 이별한 '나'는 어머니가 돌아가시고 난 뒤 황태수와 결혼한다. 세월이 흐른 뒤 '나'는 옥희도의 유작전에 가서 지난날 옥희도의 집에서 보았던 그림이 고목이 아니라 봄을 기다리며 나뭇잎을 떨어뜨리는 '나목'이었음을 깨닫는다.

ⓒ 의의와 평가
　ⓐ 이 작품은 6·25 전쟁 중 서울이 수복된 직후를 배경으로, 미군 부대 안의 초상화 가게에서 '나'와 화가 옥희도가 만나고 헤어지는 사연을 그리고 있다. 불우한 옥희도의 예술 세계에 초점을 맞춰 황폐한 삶 속에서도 진정한 예술을 추구하는 예술가의 내면세계를 그리고 있다.
　ⓑ 이 작품은 자기 때문에 오빠가 죽었다는 죄책감에 시달리는 '나'의 의식 성장에 초점을 맞추어 보면 성장소설적 성격도 갖고 있다.
　ⓒ 특히 마지막 전시회 장면에서 옥희도의 그림 속의 나무가 고목(枯木)이 아니라, 나목(裸木)임을 깨닫는 부분은 작품의 주제 의식을 가장 잘 드러낸다고 볼 수 있다. 여기서 주인공인 '나'는 그림을 통해 옥희도가 나목처럼 1950년대의 황량하고 메마른 겨울을 견디며 내면의 희망을 키웠으며, 자신은 그에 기대어 삶의 좌절을 견디었음을 알게 된다.

6 조세희 중요도 상

(1) 조세희의 삶

조세희는 1942년 8월 20일 경기도 가평군 설악면 묵안리에서 태어났다. 1963년 서라벌예술대학 문예창작과를 졸업하고, 경희대학교 국문과에서 소설가 황순원을 사사했으며, 1965년 『경향신문』 신춘문예에 소설 「돛대 없는 장선(葬船)」이 당선되어 문단에 등단했다. 졸업 후 출판사와 잡지사에 근무하며 생계를 이어나가던 중 1975년 난장이 연작의 첫 작품인 「칼날」을 발표하면서 문단의 각광을 받기 시작했다. 1976년 난장이 연작인 「뫼비우스의 띠」·「우주여행」·「난장이가 쏘아올린 작은 공」 등을 발표했으며, 1977년 역시 난장이 연작인 「육교 위에서」·「궤도회전」·「은강 노동가족의 생계비」·「잘못은 신에게도 있다」 등을 발표했다.
1978년에는 「클라인씨의 병」·「내 그물로 오는 가시고기」·「에필로그」를 이전의 난장이 연작과 함께 묶어 「난장이가 쏘아올린 작은 공」이라는 작품집을 출간했다. 흔히 '난쏘공'이라고 알려진 이 연작집은 곧 문학적 성취와 상업적 성공을 함께 이룬 문제작으로 주목받았다.

(2) 문학세계

난장이 연작은 그가 재개발 지역에 살던 한 가족과 식사를 하던 중 철거반이 철퇴로 대문과 시멘트 담을 쳐부수며 들어왔던 경험으로부터 시작되었다. 실제로 난장이 연작의 공간적 배경은 가난한 사람들과 공장 노동자들이 살고 있는 산동네 철거촌이다. 난장이 연작은 1970년대 한국사회의 최대 과제였던 빈부와 노사의 대립을 극적으로 제시하며 한국사회의 모순에 정면으로 접근하고 있는데, 동화적인 어법을 통해 현실세계의 모순을 극명하게 드러냈다는 평가와 함께 동화적인 권선징악과 악과 선이 분명히 나뉘어 있는 선악구도 등이 현실을 왜곡시킬 수 있다는 비판을 받았다.

(3) 주요 작품

① 「난쟁이가 쏘아 올린 작은 공」

㉠ 개설

이 작품은 소외 계층을 대표하는 난쟁이 일가(一家)의 삶을 통해 화려한 도시 재개발 뒤에 숨은 소시민들의 아픔을 그리고 있으며, 그 바탕에 현대 사회의 구조적 모순이 있음을 비판적으로 제시하고 있다.

㉡ 내용

부	서술자	내용
제1부	영수	'난쟁이'인 아버지, 그리고 어머니, 영수, 영호, 영희는 하루하루를 힘겹게 살아가는 낙원구 행복동의 도시 빈민 가족이다. 그들은 꿈을 잃지 않으며 살아가던 중, 재개발 사업으로 집이 철거될 어려움에 처한다.
제2부	영호	행복동 주민들은 대부분 투기업자에게 입주권을 팔고 동네를 떠난다. '난쟁이' 가족도 끝내 입주권을 팔지만, 제 몫으로 돌아오는 것은 거의 없고 집이 철거당한 뒤, 결국 거리로 나앉을 처지가 된다.
제3부	영희	가족으로부터 입주권을 구입한 투기업자를 따라간 영희는 투기업자에게 순결을 빼앗긴다. 투기업자에게 수면제를 먹이고 금고 안에서 입주권과 돈을 들고 나와 입주 절차를 마치지만 아버지의 자살 소식을 듣고 사회에 대해 절규한다.

㉢ 의의와 평가

ⓐ 이 작품은 1970년대의 급격한 산업화의 물결 속에서 삶의 기반을 빼앗기고 몰락해 가는 도시 빈민들의 삶을 다루고 있다. 노동자를 착취하고 투기를 일삼는 부도덕한 부유층과 최저 생활비에도 못 미치는 임금을 받으며 살아가는 빈민층의 삶을 대립적으로 그리고 있다.

ⓑ 이 작품에는 동화적 분위기가 드러나 있는데, '난쟁이'로 설정된 주인공, 환상적인 성격을 지닌 공간의 도입, 단문(短文) 중심의 문장 등이 이러한 성격을 형성한다. 그러나 동화와는 달리, 결말이 주인공의 패배로 끝나게 됨으로써 동화의 일반성을 벗어난다. 절망적 삶과 동화적 분위기의 부조화가 이 작품의 묘미라고 할 수 있다.

ⓒ 작품에 등장하는 인물들은 하나같이 현실에서 상처를 입고 패배에 이르는 과정을 밟는 인물로 그려진다. 특히 주인공이 '난쟁이'로 설정된 것은 작가가 의도적으로 마련한 상징적 장치로 보아야 할 것이다.

② 「어린 왕자」

㉠ 개설

이 작품은 생텍쥐페리의 '어린 왕자'를 창조적으로 변용하여 쓴 소설로, 서술자와 어린 왕자와의 대화를 통해 표현의 자유가 억압당하는 현실에 대한 주제 의식을 효과적으로 구현하고 있다. 비현실적 공간과 인물들을 설정하여 동화적 특성을 드러낸 것이 특징이다.

㉡ 내용

'나'는 작가로, 원고지 위에 농사를 짓는다는 생각으로 글을 쓰려고 하지만 제대로 된 글을 쓸 수 없어 좌절하고 만다. '나'가 희망도 없이 한숨 쉬고 있을 때, 꼬마인 어린 왕자가 등장해 쓸 수 있는 말이 줄어든 388호 별의 작가들에 관한 이야기를 들려준다. '나'는 어린 왕자가 기다리는 동안 스위스같이 낙원처럼 보이는 나라에 관한 이야기와 국민 생활을 기록하기 위해 사진을 찍는 미국에 관한 이야기를 쓴다. 어린 왕자는 '나'에게 389호 별의 왕 이야기와 바오바브나무에 관한 이야기를 들려주고 이를 소설에 써 달라고 부탁한다. 그 후 '나'의 친구도 감옥에서 어린 왕자를 만나게 되고, 자신의 형과 아버지에 대한 이야기를 털어놓고 위로를 받는다.

ⓒ 의의와 평가
  ⓐ 이 작품은 동화인 생텍쥐페리의 「어린 왕자」를 차용하여, 작가인 '나'와 소설 속 어린 왕자가 등장해 대화를 나누는 형식으로 이야기가 전개된다.
  ⓑ 이 작품에서 '388호 별의 작가'는 '쓸 수 있는 말을 제한당한 인물'로, '389호 별의 왕'은 '사람들을 속여서라도 자신의 명령에 복종하도록 만드는 왕'으로 제시되어 있다. 이 인물들은 생텍쥐페리의 '어린 왕자'에 등장하는 인물들로, 작가는 이들을 차용하여 1980년대 표현의 자유가 억압당하는 당시의 현실을 비판하고 있다.

제3편 | 실전예상문제

제1장 개화기~1910년대 소설

01 다음 중 신소설(新小說)의 작가들이 고대소설을 비판한 지점이 아닌 것은?

① 사회적 가치 문제
② 윤리적 도덕성의 결여
③ 언문일치체의 사용 유무
④ 내용상의 비현실성

01 언문일치는 고대소설과 구분되는 근대소설의 특징이다. 근대소설의 전 단계인 신소설에서도 언문일치는 이루어지지 않았다. 따라서 언문일치체의 사용여부는 신소설 작가가 고대소설을 비판한 지점으로 볼 수 없다.

02 다음 중 이인직의 작품과 그 계열의 연결이 옳지 않은 것은?

① 준정치소설 계열 – 「혈의 누」
② 준정치소설 계열 – 「은세계」
③ 고대소설 계열 – 「모란봉」
④ 고대소설 계열 – 「귀의 성」

02 이인직의 신소설 중 준정치소설 계열로 분류되는 작품은 「혈의 누」, 「모란봉」, 「은세계」이다. 「귀의 성」과 「치악산」은 고대소설 계열로 분류된다.

03 다음 내용과 관련 있는 소설에 대한 설명으로 가장 옳은 것은?

- 이인직
- 연극으로 공연된 최초의 소설
- 봉건 관료의 부패와 학정을 폭로
- 신소설의 주제면에서 가장 우위에 놓이는 작품

① 연극소설이란 표제를 달고 있다.
② 창극과는 관계가 없다.
③ 「혈의 누」와 달리 삽입가요가 없다.
④ 고대소설의 수준에 그대로 머물러 있다.

03 제시된 내용과 관련된 작품은 이인직의 「은세계」이다. 「은세계」는 연극소설 대본 형태로 쓰였으며, 연극소설이란 표제를 달고 있다.
②·③ 「은세계」에는 최병두 타령이 삽입되어 있어, 창극과 관계가 있느냐 없느냐에 대해서는 논란이 있다.
④ 「은세계」는 고대소설을 탈피하여 「혈의 누」, 「모란봉」과 더불어 정치소설 결여형태로서의 신소설로 분류된다.

정답 01 ③ 02 ③ 03 ①

04 다음 중 이인직에 대한 설명으로 옳지 않은 것은?

① 대표작으로는 「금수회의록」, 「공진회」가 있다.
② 1908년 원각사를 세워 신극을 공연하였다.
③ 이완용의 심복으로 한일합병을 매개하였다.
④ 소설 「은세계」는 당시 유행한 「최병두 타령」과 관계가 있다.

04 이인직은 이완용의 심복으로 한일합병을 매개하였으며, 직접 쓴 신소설의 대표작으로는 「혈의 누」(1906)·「귀의 성」(1906~07)·「치악산」(상편, 1908)·「은세계」(1908) 등이 있고, 은세계는 자신이 세운 원각사에서 신극으로 공연하였다. 「금수회의록」, 「공진회」는 안국선의 작품이다.

05 다음 내용과 관련 있는 소설에 대한 설명에 해당하지 않는 것은?

- 이인직
- 최초의 신소설

① 친일적인 사상
② 탐관오리로 표상되는 구정치인에 대한 혐오사상
③ 신교육 사상에 대한 긍정
④ 자주독립사상

05 그 당시 신소설 작가들의 자주독립 사상은 일본의 힘을 동경하여 일본을 따르고자 했던 것에 불과한 것으로, 우리가 생각하는 일본을 벗어나고자 하는 자력에 의한 독립이 아니라, 일본에게 통합·흡수되는 것을 의미하고 있었다고 할 수 있다.

06 다음 중 1910년대~1920년대 초반 이광수의 소설에서 제기된 문제의식이 아닌 것은?

① 운명론적 인생관의 탈피
② 요순시대 이상향으로의 회귀
③ 실업(實業)과 노동의 신성함 강조
④ 조혼(早婚) 풍습 등 인권 문제

06 1910년대~1920년대 초 이광수는 당대 한국이 정체되어 있는 이유 중 하나로 유교의 폐단을 들고 있다. 요순시대의 이상향으로 회귀하자는 주장은 유교의 사상으로 당시 이광수가 강력하게 비판한 지점 중 하나이다.

정답 04 ① 05 ④ 06 ②

07 이해조의 「자유종」에는 엄밀한 의미에서 소설로서 갖추어야 할 모든 조건이 무시되어 있다. 토론을 벌이는 여성 주인공들의 인물 설정과 장면의 설정 이외에는 소설적인 요소를 찾아보기 힘들며 신학문과 여성문제에 대한 정론적인 주장이 토론의 전체적인 내용을 이루고 있을 뿐이다.

07 이해조의 「자유종」에 관한 설명으로 옳지 않은 것은?

① 인물들의 신학문과 여성문제에 대한 정론적인 주장이 전체적인 내용을 이루고 있다.
② 고대소설들이 시대적인 요구에 부응할 만한 어떤 요소도 담지 못하고 있음을 지적하는 내용이 있다.
③ 소설의 사회적 기능을 교훈적 측면에서만 강조하는 공리적인 소설관이 작용하고 있다.
④ 내용과 형식면에서 근대소설로서 갖추어야 할 조건들을 갖추고 있다.

08 이해조는 한때 그가 음탕교과서라고 혹평했던 「춘향전」을 「옥중화」(1912)라는 이름으로 개작했고, 비슷한 방식으로 「강상련」(「심청전」), 「연의각」(「흥부전」) 등을 펴내어 고대소설의 독자층을 끌어들이고자 했다.

08 다음 중 이해조가 판소리를 개작한 신소설 작품에 해당하지 않는 것은?

① 「옥중화」
② 「강상련」
③ 「연의각」
④ 「구마검」

09 「무정」의 주요 갈등 구조는 이형식, 김선형, 박영채의 삼각관계이다. 이광수는 이러한 갈등 구조를 통해서 구가족 제도를 비판하고 자유연애를 옹호하고 있다.

09 다음 중 「무정」의 문학사적 의미가 아닌 것은?

① 한국 문학 최초의 근대 장편소설이다.
② 한글 문체를 처음으로 완성시킨 작품이라는 평가를 받는다.
③ 조선사회의 가족제도를 지켜내려고 하였다.
④ 낭독용이나 판소리용이 아닌, 독서의 대상으로 쓰인 최초의 한글 소설이다.

정답 07 ④ 08 ④ 09 ③

10 다음 내용은 이광수의 개화의식에 대한 비판 중 일부이다. 인용문에서는 이광수의 어떤 면모를 비판하고 있는가?

> 너무 작아도 못보고, 너무 커도 제대로 못 보는 인간의 눈의 불완전성, 그것을 자각하고 자기 감각을 믿지 않고 그 이상을 알아내려는 호기심-탐구심이 결여된 지성은 그 사색이 표면적·평면적임을 면할 수 없으며, 거기서는 보이지 않는 앞날을 투시하고 방향 잡는 역사의식을 기대할 수 없다.

① 이광수에게는 역사의식이 강하게 나타난다.
② 이광수의 역사의식의 결여는 자기기만의 결과이다.
③ 역사의식의 결여는 반체제적 사고방식으로 나타난다.
④ 이광수는 역사의식의 결여를 은폐하기 위하여 사회적 윤리와 개인적 윤리를 혼동시킨다.

10 제시문은 김붕구의 『신구문학사』의 일부를 발췌한 것이다. 김붕구는 이광수를 자신의 편견에 사로잡혀 포괄적인 역사의식을 가지지 못한 시각형 지식인으로 규정하고 이를 비판했다.

11 다음 특징과 관련된 소설 서문(序文)에 언급된 내용으로 가장 옳은 것은?

- 박은식
- 전기소설, 번역소설, 정치소설
- 스위스의 전설적인 영웅 빌헬름 텔의 일대기

① 국문소설은 허무하다.
② 한문소설은 허랑무거하며 음담패설이다.
③ 정치소설은 후세에 감계와 모범이 된다.
④ 신소설은 황당무계하다.

11 제시된 내용과 관련된 소설은 1907년 『대한매일신보』에 10회에 걸쳐 연재하였던 박은식의 『서사건국지』이다. 박은식은 『서사건국지』의 서문에서 다음과 같이 언급하였다.
① 국문소설은 허랑무거하며 음담패설이다.
② 한문소설은 허무하다.
③ 정치소설은 후세에 감계와 모범이 된다.
④ 고대소설은 황당무계하다.

정답 10 ② 11 ③

12 안국선은 신소설 작가로 우리나라 최초의 근대적 단편소설집을 펴냈다. 대표작으로 토론체 의인소설인 「금수회의록」과 단편소설집인 「공진회」 등이 있다.

12 다음 내용과 관련 있는 작가는 누구인가?

- 신소설 작가
- 토론체 의인소설
- 최초의 단편소설집

① 이인직
② 신채호
③ 최찬식
④ 안국선

정답 12 ④

제2장　1920년대 소설

01 다음 내용에 해당하는 작가와 관련이 없는 것은?

- 순문예 동인지인 『창조(創造)』를 자비로 간행
- 조선문인협회(朝鮮文人協會) 발기인으로 참여
- 1946년 1월 전조선문필가협회(全朝鮮文筆家協會) 결성을 주선

① 인형조종설
② 일원묘사법
③ 「발가락이 닮았다」
④ 현실반영론

02 김동인의 「배따라기」와 「붉은 산」의 공통점은?

① 낭만주의 계열의 작품이다.
② 액자소설이다.
③ 반역사주의적이다.
④ 현실을 잘 반영하고 있다.

03 다음 중 김동인에 대한 설명으로 옳은 것은?

① 역사주의적 문학관을 지니고 있었다.
② 한국 단편소설의 패턴을 확립해 놓았다.
③ 김동인의 작품 중 「약한 자의 슬픔」은 한국적 배경과 전통을 잘 묘사하고 있다.
④ 김동인의 인형조종술은 도스토예프스키의 영향이다.

---

01 제시문은 김동인에 대한 내용이다.
① 인형조종설은 '톨스토이'에 영향을 받은 김동인의 소설창작 방법론이다.
② 일원묘사법은 김동인이 분류한 소설의 시점 유형 중 하나이다.
③ 「발가락이 닮았다」는 1932년 김동인이 발표한 단편 소설이다.

02 '액자소설'은 이야기 속에 또 하나의 이야기가 액자처럼 끼어들어가 있는 소설로 김동인의 「배따라기」와 「붉은 산」 모두 액자식 구성을 띠고 있다.

03 ① 김동인은 '반역사주의적'인 문학관을 지니고 있었다.
③ 「약한 자의 슬픔」은 엘리자베스를 주인공으로 한 이야기로 한국적 배경이나 전통과는 거리가 멀다.
④ 김동인의 인형조종술은 '톨스토이'의 영향을 받았으며, '도스토예프스키'의 영향을 받은 작가는 복합묘사론을 따른 염상섭이다.

정답 01 ④　02 ②　03 ②

04 김동인의 액자소설은 「광화사」, 「배따라기」, 「붉은 산」, 「광염소나타」 등이다. 「감자」는 자연주의적 경향을 띠고 있다.

04 김동인의 작품 중 액자소설이 아닌 것은?
① 「광염소나타」
② 「배따라기」
③ 「감자」
④ 「붉은 산」

05 김동인의 인형조종술은 plot(구성)에 있으며, 톨스토이의 영향을 받았다. 인형조종술에 의해 쓰인 소설로 이인직의 신소설 「귀의 성」을 최고의 수준이라 절찬했으며, 인형조종술은 「광염소나타」의 K씨, 「약한 자의 슬픔」에서 K남작, 「발가락이 닮았다」의 M의 경우처럼 K, M과 같은 기호를 사용했다.

05 다음 중 김동인의 인형조종술에 대한 설명으로 옳은 것은?
① 인형조종술은 인물의 개성적인 성격 창조에 그 묘미가 있다.
② 김동인의 단편소설에서 이름 대신 K, M과 같은 기호를 사용한 것은 인형조종술 때문이다.
③ 김동인은 톨스토이보다는 도스토예프스키에 강한 영향을 받아 인형조종술을 주장했다.
④ 인형조종술에 따라 김동인은 신소설 「귀의 성」을 평가절하했다.

06 문제의 내용은 「약한 자의 슬픔」에 대한 설명으로, 등장인물은 강 엘리자벳과 K남작 등이다.
① 「감자」에서는 복녀, 왕서방 등이 등장한다.
③ 「마음이 옅은 자여」에서는 K와 Y가 등장한다.
④ 「배따라기」의 등장인물은 그(형), 아우, 아내와 서술적 관찰자인 나이다.

06 김동인의 대표작 중 하나로 강 엘리자벳, K남작과 같은 국적 불명의 인물, 이름, 배경, 디테일 등을 내세운 소설은?
① 「감자」
② 「약한 자의 슬픔」
③ 「마음이 옅은 자여」
④ 「배따라기」

정답 04 ③ 05 ② 06 ②

07 다음 중 현진건에 대한 설명으로 옳은 것은?
① 현진건은 개화기 시대를 문학적으로 완성하면서 다음 세대에 새로운 형태의 문학적 도전을 가능케 해준 이중의 역할을 맡고 있다.
② 현진건의 개화·계몽의식과 조선주의의 결과는 민족개조론과 친일로 나타났다.
③ 현진건의 민족개조론은 과거혐오증과 새것 콤플렉스에 그 기반을 두고 있다.
④ 현진건은 신문학 초기 단편소설의 선구적 개척자로서 사실주의를 발전시킨 작가다.

07 사실주의는 기존의 소설과는 달리 실제 있었던 일처럼 실감나는 사실적인 묘사나 대화 등을 사용한 것인데, 우리나라 사실주의 소설의 개척자는 현진건이다.
① 현진건은 개화기 시대에 활동한 작가가 아니다.
② 민족개조론과 친일은 이광수의 행적이다.
③ 과거혐오증과 새것 콤플렉스에 기반한 민족개조론은 이광수의 주장이다.

08 다음 중 현진건이 쓴 작품은?
① 「개척자」
② 「흙」
③ 「사랑」
④ 「무영탑」

08 「무영탑」은 현진건이 1939년에 쓴 소설로, 아사달과 아사녀 등 5명의 주인공이 등장하여 신라의 천년고찰인 불국사의 두 탑(석가탑과 다보탑)에 얽힌 전설을 다루고 있다.
① 이광수의 「개척자」는 '김성재'와 그의 누이 '김성순'을 등장시켜 봉건적 인습의 타파와 자유연애 사상을 고취하고 있다.
② 이광수의 「흙」은 허숭과 정선, 유선 등이 등장하는 농촌계몽소설류이다.
③ 「사랑」은 이광수가 지은 장편소설로 종교성이 짙은 작품이다.

정답 07 ④ 08 ④

09 다음 중 1920년대 발표된 농민소설로 옳은 것은?

① 「상록수」
② 「흙」
③ 「고향」
④ 「개척자」

09 「고향」(1926)은 현진건의 작품으로 농토를 빼앗기고 고향을 떠나 간도에서 유랑하는 주인공을 그리고 있는 농민소설이다.
① 「상록수」는 심훈의 농촌계몽소설로, 1935년 9월 10일부터 1936년 2월 15일까지 『동아일보』에 연재되었다.
② 「흙」은 이광수의 농촌계몽소설로, 1932년 4월 12일부터 1933년 7월 10일까지 『동아일보』에 연재되었고, 그 뒤 1953년 한성도서 주식회사에서 단행본으로 간행하였다.
④ 「개척자」 역시 이광수의 작품인데, 봉건적 인습의 타파와 자유연애사상 고취라는 주제를 가지고 있을 뿐 농민소설은 아니며, 1917년 11월 10일부터 1918년 3월 15일까지에 걸쳐 76회에 걸쳐 『매일신보』에 연재·발표되었다.

10 다음 내용과 관련 있는 작가는 누구인가?

- 한국단편소설의 선구적 개척자의 한 사람으로 사실주의를 도입·발전시킨 작가이다.
- 1936년 손기정 선수의 일장기 말살사건에 연루되어 옥고를 치렀다.
- 대표작인 「운수 좋은 날」은 인력거꾼 '김첨지'라는 인물을 통해 궁핍한 시대상을 전달하고 있는 작품이다.

① 이무영
② 현진건
③ 나도향
④ 계용묵

10 현진건은 1919년 일본에서 귀국해 1920년 9월 『개벽』에 독일의 단편 「석죽화」를 번역하여 발표하고, 11월에 단편 「희생화」를 창작·발표함으로써 문단에 나왔다. 이후 1921년 『백조』 동인에 가담하여 활동하였다. 『동아일보』 재직 당시 1936년 손기정 선수의 마라톤 우승과 관련된 일장기 말살사건에 연루되어 옥고를 치룬 뒤 언론계를 떠나게 되었다. 「빈처」, 「운수 좋은 날」, 「고향」 등 주옥 같은 단편을 남겼다.

정답 09 ③ 10 ②

11 다음 중 현진건의 「빈처」에 관한 설명으로 옳지 않은 것은?

① 1921년 『개벽』지에 발표된 작품이다.
② 일상적 삶의 모습을 통해 당시 사회생활의 여러 국면을 사실적으로 작품화했다.
③ 「빈처」에서 '나'는 1920년대 지식인의 모습의 한 전형을 보여준다.
④ 「빈처」에서 '나'는 아내에게 술 마시는 원인이 일제의 식민지가 되어버린 조선사회에 있음을 토로한다.

11 「빈처」는 개인적 입신출세주의와 물질주의라고 하는 그 사회의 가치를 거부했기 때문에 경제적 빈궁과 함께 정신적 고뇌를 치러야 했던 1920년대 지식인 모습의 한 전형을 보여주고 있는 작품이다. 아내에게 술 마시는 원인이 조선사회에 있음을 토로하는 내용의 작품은 「술 권하는 사회」이다.

12 다음은 현진건의 「불」의 일부분이다. 인용문에서 드러나는 작가의 주제의식은 무엇인가?

> 순이는 잠이 어릿어릿한 가운데도 숨길이 갑갑해짐을 느꼈다. 큰 바위로 나리 눌리는 듯이 가슴이 답답하다. 바위나 같으면 싸늘한 맛이나 있으련만은 순이의 비둘기 같은 연약한 가슴에 얹힌 것은 마치 장마지는 여름날과 같이 눅눅하고 축축하고 무더운데다가 천근의 무게를 더한 것 같다. 그는 복날의 개와 같이 헐떡이었다.
> 그러자 허리와 엉치가 뻐개내는 듯, 쪼개내는 듯 갈기갈기 찢는 것 같이 산산히 바수는 것 같이 욱신거리고 쓰라리고 쑤시고 아파서 견딜수 없었다. (…) 이렇듯 아프나 적이 하면 잠이 깨이런만 왼종일 물이기, 절구질하기, 물방아 씻기, 논에 나간 일군들에게 밥 나르기에 더할수 없이 지쳤든 그는 잠을 깨라 깰 수 없었다. (…) 집안이 떠나갈 듯이 시어미의 소리가 일어났다. "안 일어났니! 어서 쇠죽을 끓여야지!"(…) 고밀개 자루를 거꾸로 들 사이도 없이 시어미는 며느리에게로 달려 들었다. (…) 푸념을 섞어가며 고밀개 자루로 머리, 등, 다리 할 것 없이 함부로 뚜들기기 시작한다. 순이는 맞아도 아픈 줄을 몰랐다.

① 구관습의 폐해
② 자아와 세계와의 갈등
③ 궁핍한 삶의 모습
④ 세태의 풍자

12 해당 내용은 현진건의 「불」의 일부분을 발췌한 것이다. 이 부분에서는 민며느리로 들어간 순이가 남편과 시어머니에게 고통받는 모습을 보여줌으로써, 당대 악습 중 하나였던 민며느리 제도를 비판하고 있다.

정답 11 ④ 12 ①

13 은행원 T는 입신출세를 거부하여 궁핍해진 주인공 '나'와 대립되는 인물로, 당대 사회 현실에 적응하여 풍요로운 삶을 누리는 인간이다.

13 현진건의 「빈처」의 등장인물 중 '식민지 사회와의 마찰 없이 개인의 재질을 수단껏 발휘하여 적응하며 살 수 있었던 물질적 가치 지향형의 인물'은 누구인가?

① 주인공 '나'
② 아내
③ 은행원 T
④ 처형

14 「고향」은 빙허 현진건의 작품으로 1926년 3월에 간행되었다가 일제 말인 1940년 7월 치안을 이유로 압수처분된 단편집 『조선의 얼굴』에 수록되어 있다. 작품의 원제는 「그의 얼굴」(『조선일보』, 1926)이었는데, 그의 첫 단편집 『조선의 얼굴』에 수록하면서 제목을 바꾸었다. 원고지 30~40장 정도의 적은 분량의 단편소설이고, 액자소설이다. 이 작품은 일제강점기에 동양척식주식회사가 공개적으로 우리 농촌을 수탈하고 착취한 구체적인 모습을 보여준다.

14 1926년 3월에 간행되었다가 일제 말인 1940년 7월 치안을 이유로 압수처분된 빙허 현진건의 단편집인 『조선의 얼굴』에 수록되었던 작품으로, 액자소설의 형식을 취하고 있는 것은?

① 「할머니의 죽음」
② 「희생화」
③ 「고향」
④ 「불」

15 1922년 현진건(玄鎭健)·홍사용(洪思容)·이상화(李相和)·박종화(朴鍾和)·박영희(朴英熙) 등과 함께 『백조(白潮)』 동인으로 참여하여 창간호에 「젊은이의 시절」을 발표하면서 작가 생활을 시작하였다. 1925년에는 「벙어리 삼룡이」·「물레방아」·「뽕」 등을 발표하였으며, 이들 작품은 당대 현실과 사회를 부정적으로 예리하게 묘사하였다는 점에서 의미를 지닌다.

15 다음 내용에 해당하는 작가는 누구인가?

- 『백조(白潮)』 동인으로 참여
- 「벙어리 삼룡이」·「물레방아」·「뽕」 등을 발표
- 당대 현실과 사회를 부정적으로 예리하게 묘사

① 김정한
② 이효석
③ 염상섭
④ 나도향

정답 13 ③ 14 ③ 15 ④

16 다음 내용에서 괄호 안에 들어갈 용어를 순서대로 고른 것은?

> 가난하고 착한 사람들을 등장시켜 사실주의적 수법으로 따뜻한 인간애를 그려냈던 작가 (㉠)의 대표작인 (㉡)은 행랑살이를 하는 어멈과 다른 곳에서 일하던 남편이 추운 겨울날 고개에서 얼어 죽고 어린아이만 살아남는다는 이야기이다. 작가 자신이 "인생, 그것을 있는 그대로 표현해보려 했다."라고 말한 것처럼 사실주의적 수법이 뛰어난 작품이다.

	㉠	㉡
①	채만식	「레디메이드 인생」
②	김동인	「약한 자의 슬픔」
③	전영택	「화수분」
④	이기영	「고향」

16 전영택의 「화수분」은 '나'가 행랑채에 세를 들어 사는 빈민 부부의 삶에 대해 관찰자의 시각에서 서술하고 있는 작품으로, 일제강점기 경제적 궁핍과 재난으로 인해 죽음을 맞는 화수분 부부의 비극적인 삶을 그리고 있다.
① 채만식의 「레디메이드 인생」은 식민지 지식인의 고통스런 삶을 형상화하였다.
② 김동인의 「약한 자의 슬픔」은 여주인공 엘리자베스의 비극을 형상화하였다.
④ 이기영의 「고향」은 농민들이 처한 현실을 사실적으로 형상화한 작품이다.

17 다음과 같은 개성론을 주장한 작가는 누구인가?

> 1920년대 초기부터 문학의 예술성과 문학에 있어서의 개성의 문제에 관심을 보인 그는 "개성이란 과연 생명이다. 개성이 없는 것은 존재를 잃어버리기 때문이다. 생명의 근원, 생명의 약동, 생명의 주장은 개성에 있기 때문이다."라고 말하고 문예에서도 개성을 고조해야 한다고 했고, 문학의 예술적 독자성에 주목하여 작가가 어떤 주의나 경향에 속박되지 않고 자유로워야 한다고 강조했다.

① 김동인
② 염상섭
③ 이상
④ 김유정

17 염상섭은 1920년대 초기부터 문학의 예술성과 문학에 있어서의 개성의 문제에 관심을 보였다. 그는 1920년대 중반 국민문학론이 대두될 때 국민문학파의 입장에서 예술성과 개성의 문제를 주논점으로 하면서 시조부흥론에 참여한다. 염상섭은 '개성'이라는 말을 자주 사용했는데, 그에게 "개성이란 과연 생명이다. 개성이 없는 것은 존재를 잃어버리기 때문이다. 생명의 근원, 생명의 약동, 생명의 주장은 개성에 있기 때문이다." 자기 나름의 예술적 태도와 생활방식을 확립함으로써 집단적 흐름에서 희생당하지 않고 살아남아야 한다는 의식의 반영이라고 볼 수 있는 것이다.

정답 16 ③ 17 ②

18 염상섭의 「삼대」에서 조상훈은 전통적인 의식을 전면적으로 거부하지만 새로운 가치체계를 만들어내지 못하고 방황하는 인물로 그려진다. 제시문은 이러한 조상훈의 모습을 선명하게 보여주는 대목이다.

18 다음은 염상섭의 「삼대」의 등장인물 중 하나에 대한 설명이다. 인용문에서 설명하고 있는 등장인물은 누구인가?

> (   )은/는 2년 동안이나 미국에 다녀온 적도 있는, 신교육을 받은 사람이었는데, 젊은 지사로 자처하며 사회에서의 일정한 역할을 맡으려 했지만 식민지 시대가 되면서 '정치적으로 길이 막혀' 사회적 활동을 할 수 없게 된 상황에 놓이게 되었다. 그가 뛰어들 수 있었던 곳은 기독교 사회였다. 거기서 그는 기독교가 가르치는 사회 사업 활동에 참여하게 되지만 민족 현실에 대한 이념 체계를 확립하지 못했고, 개인적 욕망 달성에 대한 미련을 버리지 못했기에 철저한 사회 봉사자도 되지 못했다. 결과적으로 그는 기독교를 내세우면서 개인적 안일을 추구하는 이중생활의 위선자가 되었다.

① 김병화
② 조의관
③ 조덕기
④ 조상훈

19 1920년대 프로문학가들이 사회 구조의 전복을 주장했다면, 민족주의 문학가들은 중립적인 태도로 자신의 능력을 배양해야 한다고 보았다. 염상섭은 민족주의 문학파에 속한다.

19 1920년대 프로문학에 대응해 등장한 민족주의 문학파의 일원은?

① 이기영
② 송영
③ 조명희
④ 염상섭

20 제시된 작품들의 작가는 최서해이다. 최서해는 간결하면서도 직선적인 문체에 자신의 밑바닥 삶에 대한 체험을 담아 1924년 『동아일보』에 「토혈(吐血)」을, 『조선문단』에 「고국(故國)」을 발표하였다. 가난을 숙명처럼 안고 유랑하는 처참한 민족 현실을 체험하고 분노와 저항 의지를 형상화함으로써 신경향파 문학의 기수(旗手)로 각광받았다. 주요 작품으로 「탈출기」, 「기아와 살육」, 「홍염」 등이 있다.

20 다음 작품들을 쓴 작가는 누구인가?

> • 「탈출기」　• 「기아와 살육」
> • 「큰물진 뒤」　• 「홍염」

① 박영희
② 최서해
③ 김동인
④ 이광수

정답 18 ④ 19 ④ 20 ②

제3장　1930~40년대 소설

01 다음 중 작품 「삼대」에 대한 설명으로 옳은 것은?
① 염상섭의 작품 중 해방 이후로 최초로 발표된 장편소설이다.
② 3·1 운동 전후의 대지주의 몰락과정을 비판적으로 그리고 있다.
③ 도쿄 유학생인 주인공의 내면 고백을 통해 당대의 본질적인 문제점들을 제시하였다.
④ 1947년 8월 이후 좌익에 대한 검거로 인해 급증한 월북 현상을 반영한 소설이다.

01 「삼대」(1931)는 서울의 중류층 가정의 일상과 삼대에 걸친 가문의 몰락 과정, 사회주의적 저항세력인 주변인과의 갈등을 통해 식민지 시대의 사회적 변천과 정신사적 변화를 함께 보여주는 작품이다. 「삼대」는 식민 현실에서 경제적인 문제가 얼마나 중요한 갈등 요소가 되고 있는가를 보여주는 동시에 식민지 자본주의의 문제점을 비판하고 있다.

02 염상섭의 「삼대」에 대한 설명으로 옳지 <u>않은</u> 것은?
① 조의관은 채만식의 「태평천하」의 윤직원과 동일한 가치관을 지닌 인물이다.
② 해방 후 개작된 작품에서 42개의 소제목 중 17개의 부분이 조상훈을 직접적으로 그리고 있다.
③ 신문연재소설이었기 때문에, 철저히 대중독자의 통속적 흥미유발에 역점을 둔 작품이다.
④ 염상섭이 긍정적인 시선으로 역점을 두어 부각시키려 한 인물은 조덕기이다.

02 염상섭의 「삼대」는 신문연재소설이었지만 대중소설의 통속적 흥미유발에 역점을 두고 있는 작품이 아니었다. 신소설 이후의 통속적 흥미유발에 역점을 둔 작품들은 남녀 3인 간의 갈등을 기본으로 하고 거기에 부수적으로 유발되는 지엽적인 사건들을 계속적으로 나열하는 구성형태를 지니는 것이 일반적이며, 사건 간의 연결은 우연의 일치나 부자연스러운 순간의 삽입 따위에 의존하는 경우가 흔하다. 그러나 「삼대」는 모든 사건의 연결을 자연스럽고 논리적인 전개에 의존하고 있다.

03 다음 중 농민소설에 해당하지 <u>않는</u> 것은?
① 이광수의 「흙」
② 김유정의 「금따는 콩밭」
③ 심훈의 「상록수」
④ 박영준의 「모범경작생」

03 이광수의 「흙」, 심훈의 「상록수」는 1930년대 농촌계몽운동과 관련된 농촌소설이고, 박영준의 「모범경작생」은 사실적으로 농촌과 농민의 실상을 그리고 있다.
김유정의 「금따는 콩밭」은 1930년대 황금광 시대를 배경으로 수확된 곡식을 모두 수탈당하는 극도로 빈곤한 농촌 현실 속에서 현실적 해결책을 제시하지 못하고, 어리석고 허황된 욕망에 기대어 사는 인물의 모습을 해학적으로 그려낸 작품이다.

정답　01 ②　02 ③　03 ②

04 채만식은 「레디메이드 인생」이 발표되기 전 몇 년 동안 여러 편의 희곡, 대화소설 및 짧은 단편 그리고 한 편의 장편을 발표한다. 현실문제를 다룬 희곡으로는 「농촌스케치」, 대화소설로는 「부촌」과 「조고마한 기업가」 등이 있다.

04 채만식의 작품 중 '대화소설'에 해당하는 것은?

① 「미가대폭락」
② 「감독의 안해」
③ 「부촌」
④ 「창백한 얼굴들」

05 해방 후 채만식은 일제 말기의 자신의 과오를 자책하는 한편 해방이 몰고 온 혼란을 증언했다. 「도야지」, 「낙조」, 「맹순사」, 「미스터 방」 등을 통하여 그는 세상을 어지럽히는 부정적인 인물들에 대한 도전적 증언을 시작했다.
「냉동어」는 식민지 시대를 배경으로 하고 있다.

05 채만식의 작품 중 해방 후의 혼란기를 풍자한 작품에 해당하지 않는 것은?

① 「맹순사」
② 「낙조」
③ 「미스터 방」
④ 「냉동어」

06 채만식의 작품세계를 시기별 특징으로 나누면 모두 네 시기로 나눌 수 있다. 첫 번째 시기는 1924년부터 1930년대 초반, 두 번째 시기는 단편 「레디메이드 인생」을 발표한 1934년부터 1939년, 세 번째 시기는 1939년부터 1945년까지이다. 그리고 해방직후의 수 년 간이 네 번째 시기에 해당된다. 창작 초기의 채만식은 사회주의 이념을 바탕으로 식민지 현실을 문학을 통해 고발하고 민중들을 계몽하는 프로문학운동을 긍정적으로 생각하였고, 프로문학의 이념과 사회적 역할에 동조하였다. 하지만 당시 프로문학작품, 특히 '카프' 소속 작가들의 작품에 대해서는 창작 방법의 교조성과 도식성이 큰 문제라고 생각했다.

06 다음 중 채만식의 작품 세계 특징과 거리가 먼 것은?

① 채만식 문학의 요체는 '풍자'와 '리얼리즘'을 핵심으로 전개된다.
② 1920년대 중반 프로문학의 이념과 문학의 사회적 역할에 대해서는 동조하지 않았다.
③ 「레디메이드 인생」을 발표한 1930년대 중후반에는 풍자적 기법의 성공적인 형상화를 보인다.
④ 1940년부터 해방 직전까지 현실비판의 의지와 소설 구성력이 상당히 후퇴하는 모습을 보인다.

정답 04 ③ 05 ④ 06 ②

07 다음 내용과 관련 있는 채만식의 장편소설은 무엇인가?

- 1930년대를 예리하게 해부한 작품
- 여인의 일생형에 속하는 작품으로 주인공의 비극적 생애를 다룸
- 군산 미두장에서 벌어지는 부정적인 현실을 묘사한 작품

① 「과도기」
② 「명일」
③ 「탁류」
④ 「여인전기」

07 채만식의 「탁류(濁流)」(『조선일보』, 1937.10.12.~1938.5.17.)는 장편소설로, 일제강점기에 호남평야에서 생산된 미곡을 일본으로 반출하던 항구도시 군산을 배경으로 한 여인의 수난사를 그려냈다. '탁류'라는 제목에서도 암시하듯이 타락한 사람들로 이루어진 사회, 위선·음모·살인이 횡행하는 1930년대 한국사회의 단면을 예리하게 해부한 작품이다.

08 채만식의 작품 세계에 대한 설명으로 보기 어려운 것은?

① 1930년대 초반에는 여러 편의 희곡과 '대화소설' 형태의 독특한 작품을 쓰기도 했다.
② 1930년대 중반 이후 풍자적 방법을 통해 대상을 부정하는 「레디메이드 인생」, 「탁류」, 「태평천하」 등을 발표했다.
③ 탄압이 심해진 일제말기에는 신변잡기적인 단편들을 써서 친일의 강요를 무난히 넘어갔다.
④ 해방 후 「도야지」, 「낙조」, 「맹순사」, 「미스터 방」 같은 작품을 통해 약육강식의 논리와 기회주의를 비판했다.

08 채만식은 1943년 이후 연명을 위하여 시국강연에 참가하고 「여인전기(女人戰記)」 같은 글을 써야 하는 상황에 직면한다. 곧 일제의 탄압에 의해 친일의 오점을 남기고 말았다고 할 수 있다.

09 '브나로드' 운동과 관련이 있는 농민소설은?

① 김동리의 「황토기」
② 김유정의 「동백꽃」
③ 염상섭의 「무화과」
④ 심훈의 「상록수」

09 '브나로드(v narod) 운동'은 러시아어로 '민중 속으로'를 뜻하는 말로, 이 슬로건을 바탕으로 신념과 열정을 지닌 젊은 지식인층에 의해 전개된 농민계몽운동이다. 농민교화와 민중계몽이라는 민족적인 교화운동과 밀접하게 관련된 작품은 이광수의 「흙」과 심훈의 「상록수」이다.

정답 07 ③ 08 ③ 09 ④

10 이기영은 이론과 창작실천 면에서 가장 활발한 활동을 전개해 나갔던 대표적인 카프 소속 작가였다. 카프는 프로문학을 전개해 나가는 과정에서 문학작품의 현실반영을 둘러싼 예술의 합법칙성에 대한 이해가 부족했던 탓에, 인물 형상화의 도식성이나 영웅주의, 사건이나 갈등의 상투성, 그리고 결말구조의 근거 없는 낙관적 처리 등의 문제점을 드러내었다. 이기영의 초기 소설도 이런 특성을 보여주었는데, 「농부 정도룡」에서 농민들이 착취당하고 억압받는 현실의 구조적 모순이 정도룡이라는 '개인'의 영웅적 행동에 의해 일시적으로 해소되는 것으로 그리는 것 등이 그러하다.

10 다음 중 이기영의 초기 소설에서 드러난 창작 방법상의 도식적 특성이라고 볼 수 없는 것은?

① 인물 형상화의 도식성
② 사건과 갈등의 상투성
③ 결말의 낙관적 처리
④ 지주와 소작인의 연대

11 1930년대에 이르러서 '세태소설'이라는 장르적 개념을 확립시킨 작품들이 한꺼번에 여러 편 쏟아져 나왔다. 대체로 장편 형식을 취하는 경우가 많으며, 대표적인 작품으로는 박태원의 「천변풍경」, 채만식의 「탁류」 등을 꼽는다. 「천변풍경」은 청계천변을 무대로, 도시 외곽 지대의 하층민들의 삶의 모습을 카메라가 영화를 찍듯이 객관적으로 그려내고 있다. 박태원은 1937년 「성탄제」, 1939년 「골목 안」·「명확한 전망」, 1942년 「여인 성장」 등 서민들의 일상생활과 풍속을 그린 세태소설을 계속 발표한다.

11 1930년대 문학 중 박태원의 소설을 흔히 무엇이라고 부르는가?

① 풍자소설
② 심리소설
③ 세태소설
④ 농민소설

12 김유정은 고향인 실레마을에 금병의숙을 설립하여 문맹퇴치운동을 펼쳤다. 앞서 김유정은 당대 현실의 어려움을 직시하고 가난의 절박함을 깨닫고는 서울에서 학교를 중단하고 고향마을에 내려와 남의 집 문간(함시주댁)에 야학당을 열어 농촌계몽운동을 시작하였다.

12 다음 중 김유정이 고향에 설치한 교육기관은?

① 동해의숙
② 금병의숙
③ 춘성전문
④ 의암전문

정답 10 ④ 11 ③ 12 ②

13 들병이를 내세워 1930년대 궁핍한 농촌의 현실을 풍자한 김유정의 작품은?

① 「만무방」
② 「봄봄」
③ 「동백꽃」
④ 「산골나그네」

13 김유정의 소설들은 대부분이 주무대인 농촌의 궁핍상을 다루고 있다. 특히 「산골나그네」나 「안해」 등의 작품에서는 아내를 들병이로 전락시키는 비참한 생활상이 등장하여 충격을 준다.

14 다음 중 김유정 문학에 내재된 특성이 아닌 것은?

① 토속성
② 풍자성
③ 여성주의
④ 계몽의식

14 김유정은 궁핍화하는 현실을 지극히 냉혹하고 사실적으로 인식하면서 그 관찰의 성과를 토속성, 풍자성 그리고 여성주의로 용해시켜 그의 특이한 문학적 공간을 취득한다.

15 김유정의 작품에서 발견되는 특징과 거리가 먼 것은?

① 일확천금을 노리는 사행심
② 수탈과 이농문제
③ 불구적인 남녀관계
④ 민족개조의 의지

15 김유정의 소설들을 통독할 때 발견되는 일관된 모티프는 가난과 불구적인 남녀관계인데, 이 두 개의 동기는 긴밀하게 연결되어 있다. 김유정은 빚에 몰려 야반도주하며 유리걸식하거나(「만무방」, 「소나기」), '유일한 밑천'인 아내의 육체를 팔거나(「소나기」, 「가을」), 도박에 요행을 걸거나(「만무방」, 「소나기」), 금을 찾아 일확천금의 꿈을 꾸는(「금 따는 콩밭」) 1930년대 한국 농민의 비참한 생활을 그린다. 민족개조에의 의지는 이광수의 작품에서 발견되는 특징이라 할 수 있다.

정답 13 ④ 14 ④ 15 ④

16 「만무방」은 『조선일보』에 연재된 작품으로 김유정 문학 특유의 해학성을 가능한 한 배제하고, 일제강점기 아래에서 농촌의 착취 체제에 내재하는 모순을 겨냥한 작품이다.
① 김유정 – 「안해」
② 현진건 – 「B사감과 러브레터」
④ 염상섭 – 「만세전」

16 다음 중 작가와 작품이 바르게 연결된 것은?
① 현진건 – 「안해」
② 염상섭 – 「B사감과 러브레터」
③ 김유정 – 「만무방」
④ 이상 – 「만세전」

17 강경애는 최서해, 안수길과 함께 '간도문학'의 대표적인 작가이다. '간도문학'은 간도 이주민들의 삶을 형상화한 작품, 더불어 항일 투사들의 투쟁 및 고난 등을 묘사한 작품, 그리고 반대로 이후 일본의 국책에 순응했던 문학 등을 통칭하는 말이다. 간도문학이 우리 문학사에서 중요하게 논의되는 것은, 이처럼 민족과 역사의 문제가 이중, 삼중으로 중첩된 간도라는 공간을 형상화함으로써 특유의 문학적 성취를 보여 주기 때문이다. 즉, 식민과 피식민이라는 근본적인 문제를 중심으로 계급과 민족의 문제를 심도 있게 보여주었다는 점에서 간도문학의 의의를 찾을 수 있다. 간도는 외세로부터 벗어나 안정적인 상태를 꿈꿀 수 있었던 공간이 아니라, 참담했던 삶의 공간이자 개척에 대한 열정과 일제에 대한 저항이 공존하는 공간이었다.

17 강경애의 소설을 깊이 독해하려면 '간도문학'에 대한 이해가 요청된다. 다음 중 간도와 간도문학에 대한 설명으로 옳지 <u>않은</u> 것은?

> 간도는 중국 만주의 길림성을 중심으로 요령성·흑룡강성 일대 한국인 거주지역을 통칭한다. ㉠ 간도는 일제의 국권 침탈 이후 많은 독립운동가들이 이주하여 삼원보 등의 독립기지, 신흥무관학교 등의 사관학교 등을 설립했던, 항일 무장 투쟁의 거점이었고, ㉡ 다른 한편 일제의 토지 강탈 및 지주의 횡포 등으로 농사지을 땅이 없어진 조선의 수많은 농민들이 이주했던, '기회'와 '시련'의 땅이기도 했다. 강경애의 「소금」에서 드러나듯, 간도는 ㉢ 비록 타국이기는 하지만 우리 민족이 외세의 압박에서 벗어나 비로소 터를 잡고 풍요롭고 안정적인 민족공동체 건설을 꿈꿀 수 있었던 공간이었다. 간도문학의 의의는 ㉣ 식민과 피식민이라는 근본적인 문제를 중심으로 민족의 문제를 깊이 있게 다루었다는 점에서 찾을 수 있을 것이다.

① ㉠
② ㉡
③ ㉢
④ ㉣

정답 16 ③ 17 ③

18 다음 내용과 관련 있는 작품은 무엇인가?

- 강경애의 대표작
- 농민과 노동자가 현실 문제를 해결하고자 주체로 성장하는 과정을 형상화
- 근대문학사 최고의 리얼리즘 소설로 꼽히고 있는 작품

① 「소금」
② 「지하촌」
③ 「인간문제」
④ 「어둠」

18 제시문은 「인간문제」에 대한 내용이다. 「인간문제」는 농민과 노동자가 현실 문제를 해결하고자 주체로 성장하는 과정을 형상화한 작품으로, 식민지 상황에서 인간으로서 기본적인 생존권조차 확보할 수 없었던 한국인의 참담한 현실을 눈여겨보면서 인간문제를 예리하게 파악한, 강경애 문학의 핵심으로 평가된다.

19 다음 내용과 관련 있는 작가는 누구인가?

- 『문장』과 구인회에서 활동
- 「복덕방」, 「까마귀」, 「밤길」 등의 단편을 발표
- 탁월한 인물묘사를 통해 근대적인 단편소설을 완성

① 이태준
② 염상섭
③ 이무영
④ 박영희

19 이태준은 「복덕방」을 비롯하여 「까마귀」, 「밤길」 등 주옥같은 단편들을 발표하여 단편소설에서 빼어난 작가, 근대적인 단편소설을 완성한 작가로 평가된다.

20 다음 내용과 관련 있는 것은?

시문학파(詩文學派)에서 유도된 순수문학의 흐름을 계승하고 발전시켜 1930년대 이후의 민족문학의 주류를 형성하는 데 이바지함

① 구인회
② 모더니즘
③ 신경향파
④ 국민문학파

20 제시된 내용은 구인회와 관련이 있다. 이태준·박태원·이효석·이무영·정지용·김기림·김유정 등이 중심이 된 구인회는 악화된 시대상황이 필연적으로 만들어 낸 시대적 산물이다. 이들의 문학은 '문학이란 언어예술'이라는 사실의 인식 위에 구축되었고, 문장의 형식미에 주력함으로써 예술적 성과를 거두었다.

정답 18 ③ 19 ① 20 ①

21 1930년대에는 순수문학이 주요 경향으로 드러났다. 검열이 강화되면서 식민현실에 대한 비판과 재현, 정치적 입장의 표명은 불가능해졌다. 많은 작가가 이를 우회적인 방법으로 표현하는 방법을 찾거나, 순수문학에 경도되었다.

21 1930년대 작가들이 추구한 소설의 장르적 경향과 거리가 먼 것은?

① 삶의 총체적 의미를 추구하는 장편소설 양식이 발전하였다.
② 가족사 소설, 세태소설, 농촌소설, 역사소설 등이 등장하였다.
③ 순수 단편문학이 퇴조하고 계급문학이 활성화되었다.
④ 염상섭, 채만식, 심훈, 박태원 등의 장편소설이 대표적이다.

22 「마의태자(麻衣太子)」는 이광수가 쓴 최초의 역사소설이자 한국 근대문학사에서 장편 역사소설의 효시라 할 수 있는 작품으로, 1926년 5월부터 1927년 1월까지 『동아일보』에 연재되었다.
신채호가 집필한 「을지문덕전」, 「이순신전」, 「최도통전」 등의 역사전기류의 소설 작품들은 사학가에 의하여 쓰이기는 하였지만 소설의 형식을 갖추고 있었으니 이들 작품이 초기단계의 역사소설이라고 볼 수 있다.

22 다음 중 신채호의 역사소설에 해당하지 않는 것은?

① 「을지문덕전」
② 「이순신전」
③ 「최도통전」
④ 「마의태자」

23 한국 근대문학사에서 역사소설 부문을 개척한 월탄 박종화는 '최초'라는 수식어가 많은 작가다. 월탄이 1920년 발간한 『장미촌』은 한국 최초의 시지(詩誌)이며, 23세(1923년)에 발표한 「목매이는 여자」는 우리 현대문학사상 최초의 역사소설이다.

23 다음 내용과 관련 있는 작가는 누구인가?

> 『백조』 3호에 단편 「목매이는 여자」를 발표하면서 소설을 쓰기 시작하였으며 이 작품은 근대문학 이후 한국 최초의 역사소설로 손꼽히고 있다. 본격적으로 역사소설을 쓰기 시작한 때는 1936년 『매일신보』에 연산군의 내면심리를 다룬 「금삼의 피」(1936.3.20.~12.29.)를 발표하면서부터이다. 이후 「전야」(『조광』, 1940.7~1942.10) 등의 단편과 「대춘부」(1939)·「다정불심」(1942) 등의 장편 역사소설을 발표했다.

① 김동인
② 이광수
③ 박종화
④ 신채호

정답 21 ③ 22 ④ 23 ③

제4장 1950년대 소설

01 다음 표와 같은 작품과 작품 경향을 선보인 작가는 누구인가?

해방직후의 북한 사회를 배경으로 한 작품	「백지풍경」(1956), 「만조기」(1959), 「세 원형 소묘」(1983), 「변혁 속의 사람들」(1987) 등
전쟁에 동원되었을 때의 체험을 소재로 한 작품	「나상」(1956), 「부군」(1957), 「첫 전투」(1964), 「남녘사람 북녘사람」(1996) 등
전쟁 직후 부산에서의 체험을 소재로 한 작품	「탈향」(1955), 「소시민」(1964) 등

① 최인훈
② 황순원
③ 이호철
④ 하근찬

> 01 이호철은 1955년 『문학예술』에 단편 「탈향」이 추천되어 등단했다. 민족분단의 문제를 드러내며, 북한 사회의 묘사, 전쟁 체험 형상화, 부산에서의 피란 체험 등을 썼다. 대표작으로는 「나상」・「남녘사람 북녘사람」・「소시민」 등이 있다.

02 다음 중 1950년대에 본격적인 창작활동을 시작한 작가는?

① 채만식
② 이광수
③ 염상섭
④ 장용학

> 02 장용학은 1950년대에 활동한 대표적인 소설가이다. 민족수난, 인간의 비인간화 과정 등에 의한 이데올로기의 극복을 다룬 작품들을 발표했으며, 대표작으로 「요한시집」이 있다.

03 전후 신세대 작가 중 가장 관념적인 경향의 작품들을 발표한 「요한시집」의 저자는?

① 손창섭
② 김성한
③ 선우휘
④ 장용학

> 03 장용학은 신진작가층 중에서도 가장 극단적인 관념성과 도치된 현실인식을 보여주고 있다. 「요한시집」에서도 지면을 통해 사르트르의 영향을 받았음을 밝히기도 했다.

정답 01 ③ 02 ④ 03 ④

04 「흰 종이수염」은 하근찬의 전후소설이다. 징용에 끌려갔다가 팔 하나를 잃은 아버지를 둔 소년의 이야기로 6·25 전쟁 이후의 황폐한 삶을 소년의 눈을 통해서 진솔하되 무겁지 않게 그리고 있다.

04 다음 설명에 해당하는 작품은?

> 이 작품은 소년을 주인공으로 하여 6·25 전쟁 직후의 빈곤하고 참담했던 삶의 모습을 보여 주는 소설이다. 글쓴이는 주인공 '동길'이 겪는 소년 시절의 체험을 민족 수난의 역사적 상황과 밀착시켜 그려 냄으로써 삶의 황폐화를 숨김없이 드러내고 있다. 가난한 시골 목수인 '동길'의 아버지는 6·25 전쟁 때 노무자로 동원되어 팔 하나를 잃고 돌아온 뒤, 아들 '동길'의 밀린 사친회비 납부와 가족의 생계를 위해 광대 분장을 하고 극장 광고판을 짊어지고 다니게 된다. 글쓴이는 이 작품에서 전쟁 후의 비참한 삶을 정직하고 순박한 감정의 소유자인 '동길'의 눈을 통해 들여다봄으로써 진솔하되 무겁지 않게 그려 내고 있다.

① 「병신과 머저리」
② 「분지」
③ 「흰 종이수염」
④ 「취우」

05 그의 소설에 빈번하게 등장하는 장애나 불구의 상징 중에서도 벙어리나 실어증 장애 등은 이중언어 주체와 관련해서 더욱 흥미롭다. 벙어리나 실어증은 '언어장애'이며, 이것은 글자 그대로 '언어'와 연관된 상징으로 텍스트 안에서 작동하고 있기 때문이다. 그의 소설에 다양한 방식으로 드러나는 언어 장애, 또는 '말하지 않기'는 실제로는 '말할 수 없는 상황'에 의해 강요된 것이며, 이것은 전후세대들의 언어적 정체성, 즉 그들이 식민주의에 의해 일본어로 '쓰기 언어'를 익힌 세대로서 겪어야만 했던 혼란에 관한 일종의 징후적 진술로 읽을 필요가 있다.

05 손창섭의 소설에 빈번하게 등장하는 문학적 상징 장치로서의 언어 장애, 실어증 등에 대한 분석으로 가장 적절하지 <u>않은</u> 것은?

① 벙어리나 실어증은 둘 다 '말할 수 없음'이라는 공통적인 증세를 지니고 있다.
② 실제로 '말할 수 없는 상황'에 의해 강요된 것이라 할 수 있다.
③ 해방 이후 한국의 현실, 우리말과 글에 대한 강한 부정정신에서 기인한다.
④ 해방 후 전후 세대들이 겪었던 혼란에 관한 일종의 징후적 진술로 볼 수 있다.

정답 04 ③ 05 ③

06 1968년 『동아일보』에 손창섭이 연재한 장편 「길」에 대한 설명에 해당하는 것은?

① 전후 비참한 상황에서 한 집에 사는 네 남녀의 이야기
② 시골소년 '최성칠'의 2년 8개월 간의 상경기
③ 독립투사의 아들 도현이 과중한 부채의식에 의해 일제에 저항하는 해프닝적 행동
④ 징용으로 일본에 가 해방 후에도 살아가야 하는 재일교포 1세대와 그 자손의 이야기

> 06 「길」은 손창섭이 일본으로 떠나기 전 마지막으로 쓴 소설이다. 시골소년 성칠이 서울에 상경해 여관 사환, 자동차 공장 직원, 노점 과일장사 등 등의 직업을 전전하며 정치인, 술집 여자, 복덕방 사원, 약국 주인, 여대생 등과 같은 인물들과 만나 겪는 과정을 통해 우리 사회의 밑바닥과 부조리한 모습을 보여 주며 그 당시의 풍속을 실감나게 그려낸 작품이다.

07 일제시대와 해방, 국토의 분열과 정부수립, 그리고 6·25 전쟁을 겪으면서 그 시대의 큰 변화를 잘 이용하여 살아남은 이인국 박사의 처세술을 비판적으로 보여주는 작품은?

① 「후송」
② 「광장」
③ 「꺼삐딴 리」
④ 「병신과 머저리」

> 07 전광용의 「꺼삐딴 리」는 변절을 일삼는 기회주의적 인물인 주인공 '이인국'을 통해, 한국 근대사의 과정에서 사회 지도층이 보여 왔던 반민족적 행태를 비판하고 풍자한 소설이다.

08 6·25 전쟁 중 본대에서 낙오한 장병들이 극한 상황에서 생존하기 위해 보여 준 행동과 심리를 다루고 있는 황순원의 단편소설은?

① 「소나기」
② 「독 짓는 늙은이」
③ 「너와 나만의 시간」
④ 「잃어버린 사람들」

> 08 이 작품은 6·25 전쟁 중 본대에서 낙오한 주 대위, 현 중위, 김 일등병이 극한 상황에서 생존하기 위해 보여 준 행동과 심리를 다루고 있는 소설이다. 전쟁을 다루지만 이념 갈등보다는 인간 존재의 의미를 성찰하고 있으며, 등장인물이 겪는 사건과 심리를 간결한 문장과 사실적 묘사로 그리고 있다.

정답 06 ② 07 ③ 08 ③

제5장 1960~80년대 소설

01 김승옥의 「서울, 1964년 겨울」에 등장하는 인물의 성격으로 옳은 것은?

① 염세주의적 태도를 보인다.
② 허무주의적 태도를 보인다.
③ 낙천주의적 태도를 보인다.
④ 낭만주의적 태도를 보인다.

01 김승옥의 「서울, 1964년 겨울」에서는 세 사람의 우연한 만남과 헤어짐을 통해 열려 있는 공동의 광장으로 나아가지 못하고 개인의 폐쇄적인 회로 속에 갇혀 있는, 단절된 인간관계를 보여 준다. 주인공들은 철저한 허무주의자들로, 자살한 '사내'가 극단적인 절망에 빠진 허무주의자라면, '안'은 극단적인 이기주의이고, '나'는 이 두 사람의 성격 중간에 놓여 있다.

02 다음 중 김승옥에 대한 설명으로 옳지 <u>않은</u> 것은?

① 신세대의 선두 주자로 칭해진다.
② 새로운 세대의 감성을 유감없이 토로하고 있다.
③ 「생명연습」, 「무진기행」, 「서울, 1964년 겨울」 등을 썼다.
④ 장문의 난해한 논설체의 문장도 과감히 사용하였다.

02 장문의 난해한 논설체의 문장도 과감히 사용하면서 심리주의적 기법 혹은 정신분석학적 기법을 사용해 한 개인의 삶을 억압하는 요인들(가령 소년시절의 질환, 병적 공포심리, 과도한 죄의식, 증오심 등)을 분석해 현대인의 정신세계를 진단한 작가는 이청준이다.

03 다음 내용에서 괄호 안에 공통으로 들어갈 작가는 누구인가?

> 지성을 강조하는 (   )은/는 '퇴원, 병신과 머저리' 등에서 방향감각을 상실한 젊은이의 소외된 의식을 서구적 지성으로 포용하고 있다. 그리하여 장문의 난해한 논설체의 문장도 과감히 사용하면서 심리주의적 기법 혹은 정신분석학적 기법을 사용해 한 개인의 삶을 억압하는 요인들, 가령 소년시절의 질환, 병적 공포심리, 과도한 죄의식, 증오심의 요인을 분석해 현대인의 정신세계를 진단하고 있다. (   )의 작품에서 곧잘 나타나는 관념적 꼭두각시의 조형과 그것의 무기력함의 제시는 바로 이 시기 모더니즘적 경향의 작가들이 그러하듯이 소시민의식의 표현이기도 하다.

① 이철호
② 이청준
③ 서기원
④ 김성한

03 제시문은 이청준에 대한 내용이다. 이청준은 현실을 있는 그대로 그리기보다는 관념적으로 형상화하는 데 적절한 기법과 역량을 보여 주었다. 집요한 내면의 탐구로 인간의 근원적인 아픔과 존재의 의미를 추구했다는 평가를 받는다. 주요 작품으로 「이어도」·「소문의 벽」·「줄」·「당신들의 천국」·「서편제」·「병신과 머저리」·「잔인한 도시」·「비화밀교」·「자유의 문」 등이 있다.

정답 01 ② 02 ④ 03 ②

04 다음 표와 같은 내용을 가진 작품은 무엇인가?

구분	내용
1부	조백헌 원장이 소록도에 부임하여 매립공사를 시작하며 원생들과 갈등을 빚는 과정
2부	오마도 간척사업 공사기간 동안 조 원장이 겪는 갈등과 고뇌
3부	조 원장이 소록도를 떠난 후 7년 뒤에 민간인 신분으로 다시 돌아와 원생과 함께 하는 모습

① 「이어도」
② 「병신과 머저리」
③ 「당신들의 천국」
④ 「잔인한 도시」

04 제시된 표는 이청준의 「당신들의 천국」에 대한 내용이다. 이 작품은 나환자 수용 공간인 소록도를 배경으로, 병원 원장과 병원 관계자들 그리고 나환자들 사이에서 벌어지는 진정한 삶을 위한 공간 건설의 문제를 그리면서 우리 시대의 이상향 건설에 대한 진지한 고민을 풀어내고 있다.

05 다음 내용에서 괄호 안에 공통으로 들어갈 작품으로 적절한 것은?

> 새로운 세대의 문학과 관련하여 리얼리즘적 경향을 보이는 작품으로는 최인훈(崔仁勳)의 (   )이 단연 우위에 선다. 4·19 혁명으로 변화의 몸살을 앓던 1960년 11월부터 『새벽』지에 발표된 (   )은 1948년 이후 감히 엄두도 낼 수 없었던 소재를 정면으로 다루었다.

① 「광장」
② 「구운몽」
③ 「우상의 집」
④ 「회색인」

05 제시문은 최인훈의 「광장(廣場)」에 대한 내용이다. 이 작품은 해방 이후의 분단 현실을 배경으로 하고 있고, 한국 문학 사상 최초로 남·북한의 체제와 이데올로기를 동시에 비판하고 있는 소설이며, 아울러 뛰어난 문학적 성취를 이룬 소설 가운데 하나로 꼽힌다.

정답 04 ③ 05 ①

06 제시문의 괄호 안에 들어갈 작품은 윤흥길의 「장마」이다. 이 작품은 인간의 삶에 있어서 이데올로기보다 더 근원적인 것이 '피'임을 재확인하였으며, 6·25 전쟁을 불러일으킨 이념의 대립을 민족의 동질성을 통해 극복할 수 있다는 가능성을 보여주고 있다.

06 다음 내용에서 괄호 안에 들어갈 작품으로 적절한 것은?

> 1970년대에 나타난 6·25 소설의 특징은 전대에 비해 전쟁의 의미보다는 그 실상에 초점을 맞추고, 주로 회상적 시점과 증언의 포즈를 취한다는 점이다. 좀 더 구체적으로 말하자면, 전상국은 「아베의 가족」에서 전쟁이 한국인에게 안겨준 외상의 크기와 깊이를 더듬어 보았고, 윤흥길의 (   )은/는 인간의 삶에 있어서 이데올로기보다 더 근원적인 것이 '피'임을 재확인한다.

① 「황혼의 집」
② 「완장」
③ 「백치의 달」
④ 「장마」

07 제시된 작품은 이문구의 「유자소전」이다. 이 작품은 물질 만능주의에 빠진 현대인에게 유자와 같은 따뜻함과 배려를 가진 사람의 소중함을 보여주는 소설이다. 이 작품의 핵심 갈등은 총수와 유자의 갈등이다. 이것은 타인에 대한 배려가 없는 가식적인 삶을 살아가는 부유한 인물과 가난하나 사람다운 삶을 살아가려는 유자의 모습이 대비되면서 나타난다.

07 다음 작품에서 드러나는 핵심 갈등으로 가장 적절한 것은?

> 총수의 자택에 연못이 생긴 것은 그 며칠 전의 일이었다. 뜰 안에다 벽이고 바닥이고 시멘트를 들이부어 만들었으니 연못이라기보다는 수족관이라고 하는 편이 알맞은 시설이었다. 시멘트가 굳어지자 물을 채우고 울긋불긋한 비단잉어들을 풀어 놓았다.
> 비단잉어들은 화려하고 귀티나는 맵시로 보는 사람마다 탄성을 자아내게 하였으나, 그는 처음부터 흘기눈을 떴다. 비행기를 타고 온 수입 고기라서가 아니었다. 그 회사 직원의 몇 사람치 월급을 합쳐도 못 미치는 상식 밖의 몸값 때문이었다.
> "대관절 월매짜리 고기간디 그려?" 내가 물어 보았다.
> "마리당 팔십만 원쓱 주구 가져왔댜."
> 그 회사 직원들의 봉급 수준을 모르기에 내 월급으로 계산을 해 보니, 자그마치 3년 4개월 동안이나 봉투째로 쌓아야 겨우 한 마리 만져 볼까 말까한 값이었다.
> "웬 늠으 잉어가 사람버덤 비싸다냐?" 내가 기가 막혀 두런거렸더니,

정답 06 ④ 07 ③

"보통 것은 아닐러먼그려. 뱉어낸벤또(베토벤)라나 뭬라나를 틀어 주면 또 그 가락대루 따라서 허구, 차에코풀구싶어(차이코프스키)라나 뭬라나를 틀어 주면 또 그 가락대루 따라서 허구, 좌우간 곡을 틀어 주는 대루 못 추는 춤이 읎는 순전 딴따라 고기닝께. 물고기두 꼬랑지 흔들어서 먹구 사는 물고기가 있다는 건 이번에 그 집에서 츰 봤구먼."

그런데 이 비단잉어들이 어제 새벽에 떼죽음을 한 거였다. 자고 일어나 보니 죄다 허옇게 뒤집어진 채로 떠 있는 것이었다.

총수가 실내화를 꿴 발로 뛰어나왔지만 아무 소용 없는 일이었다.

"어떻게 된 거야?"

한동안 넋나간 듯이 서 있던 총수가 하고 많은 사람 중에 하필이면 유자를 겨냥하며 물은 말이었다.

"글쎄유, 아마 밤새에 고뿔이 들었던 개비네유." 유자는 부러 딴청을 하였다.

"뭐야? 물고기가 물에서 감기 들어 죽는 물고기두 봤어?"

총수는 그가 혐의자나 되는 것처럼 화풀이를 하려 드는 것이었다. 그는 비위가 상해서,

"그야 팔자가 사나서 이런 후진국에 시집 와 살라니께 여러 가지루다 객고가 쌓여서 조시두 안좋았을 테구……. 그런디다가 부릇쓰구 지루박이구 가락을 트는 대루 디립다 춰댔으니께 과로해서 몸살끼두 다소 있었을 테구…… 본래 받들어서 키우는 새끼덜일수록이 다다 탈이 많은 법이니께…….."

그는 시멘트의 독성을 충분히 우려내지 않고 고기를 넣은 것이 탈이었으려니 하면서도 부러 배참으로 의뭉을 떨었다.

① 자유에 대한 희망과 억압을 벗어나려는 의지
② 재벌 총수의 물질적인 부와 정신적인 가난
③ 가진 자의 헛된 권위와 가난한 자의 진정한 삶
④ 재벌 총수의 이기심과 엉뚱한 유자의 이타심

08 다음 내용과 같은 특징을 가진 작품은 무엇인가?

- 1인칭 주인공 시점.
- 농촌 공동체와 불행한 가족사
- 고향 상실에 대한 아쉬움과 어린 시절에 대한 향수
- 고풍스런 어조, 사투리가 섞인 문체를 사용, 과거 회상의 분위기
- 연작 소설적 구성, 불행한 가족사와 고향 상실 의식을 서술
- 총 8편의 연작 소설

① 「유자소전」
② 「황만근은 이렇게 말했다」
③ 『관촌수필』
④ 『우리 동네』

08 제시문과 관련된 작품은 이문구의 『관촌수필』이다. 1972년부터 1977년까지 연작 형태로 발표된 총 8편의 중·단편을 발표순으로 엮은 '연작 소설집'으로 서술자 '나'가 작자로 간주되는 자전적 내용이며, 인물 중심의 회고적 서술이기에 제목에 '수필'이라는 말을 쓴 것으로 보인다.

09 '말뚝'의 사전적 의미를 참고할 경우, 박완서의 『엄마의 말뚝』에 담긴 뜻과 거리가 먼 것은?

말뚝 : [명사] 땅에 두드려 박는 기둥이나 몽둥이

① 어머니의 삶에 대한 체념
② 아들과 딸을 키워 낸 모성애
③ 분단 상황으로 인한 가족의 비극
④ 전쟁으로 인해 마음 속 깊이 사무친 한

09 '말뚝'은 '땅에 두드려 박는 기둥이나 몽둥이'라는 뜻으로, 전쟁으로 인해 아들을 잃은 슬픔과 한, 어려운 시절에 홀로 아들과 딸을 키워 낸 어머니의 모성애 등으로 볼 수 있다. 그러나 이 글에서 어머니가 삶에 대해 체념하고 있지는 않으므로 ①은 적절하지 않다.

10 조세희의 「난쟁이가 쏘아 올린 작은 공」에 대한 설명으로 옳지 않은 것은?

① 도시 재개발을 배경으로 빈민들의 아픔을 그리고 있다.
② 난쟁이 일가의 삶을 통해 소외 계층의 모습을 드러내고 있다.
③ 1970년대 사회의 구조적 모순에 대한 비판적 의식을 담고 있다.
④ 사회적 문제를 해결할 수 있는 방안을 구체적으로 제시하고 있다.

10 조세희의 「난쟁이가 쏘아 올린 작은 공」은 도시 재개발을 배경으로 빈민들의 아픔 등 1970년대 사회의 구조적 모순에 대한 비판적 의식을 담고 있다. 이 작품은 사회 현실의 문제점을 폭로하고 있기는 하지만, 이에 대한 해결 방안을 제시하고 있지는 않다.

정답 08 ③ 09 ① 10 ④

부록

최종모의고사

합격의 공식 SD에듀 www.sdedu.co.kr

- 최종모의고사 제1회
- 최종모의고사 제2회
- 정답 및 해설

우리 인생의 가장 큰 영광은 결코 넘어지지 않는 데 있는 것이 아니라
넘어질 때마다 일어서는 데 있다.

– 넬슨 만델라 –

제1회 최종모의고사 | 한국현대소설론

제한시간: 50분 | 시작 ___시 ___분 – 종료 ___시 ___분

정답 및 해설 338p

01 다음 중 소설의 인물에 대한 설명으로 옳지 <u>않은</u> 것은?

① 작가가 선택하고 일정한 요소를 통해 형상화한 성격으로 존재한다.
② 소설의 이야기 속에서만 정해진 틀에 따라 움직이는 행위자이다.
③ 실제에서 모티프를 취한 경우 소설 속 인물이 실제 인물과 같아야 한다.
④ 소설 속 인물은 특정한 성격을 가진 결정적인 인격의 소유자이다.

02 다음 중 염상섭에 대한 평가로 옳지 <u>않은</u> 것은?

① 사실주의 소설을 확립한 최초의 작가이다.
② 한국 근대문학 운동의 선구자적 역할을 했다.
③ 최초로 근대적인 단편소설을 개척·확립하였다.
④ 문예 비평의 기초를 닦은 비평 문학의 개척자이다.

03 다음 중 작가와 작품을 바르게 연결한 것은?

① 염상섭 – 「삼대」, 「탁류」
② 현진건 – 「운수 좋은 날」, 「인력거꾼」
③ 김동인 – 「약한 자의 슬픔」, 「만무방」
④ 채만식 – 「레디메이드 인생」, 「태평천하」

04 조선 후기의 고전소설과 구별되는 신소설의 특징으로 적합하지 <u>않은</u> 것은?

① 문장의 언문일치
② 소재와 제재의 현대성
③ 인물과 사건의 실재성
④ 계몽성의 청산

05 김동인이 『조선근대소설고』에서 한국 최초의 근대소설로 언급한 소설은?
   ① 이인직의 「귀의 성」
   ② 안국선의 『금수회의록』
   ③ 이해조의 「화의 혈」
   ④ 장지연의 『애국부인전』

06 단재 신채호의 「꿈하늘」에 대한 설명으로 적절하지 <u>않은</u> 것은?
   ① 소설 전반에 반봉건 이념과 근대화에 대한 주장이 강조되고 있다.
   ② 을지문덕, 이순신, 강감찬 등 민족사를 빛낸 인물의 이름이 등장한다.
   ③ 표현 구조에서 상상력을 구사하여 특이하고 환상적이고 우의적인 소설 공간을 형성했다.
   ④ 소설이 보수적인 전통 지향으로 흐르고 관념적·직설적 진술 등이 엿보인다.

07 다음 작품의 인물 제시 방식에 대한 설명으로 옳지 <u>않은</u> 것은?

> 이형식은 아직 독신이라 남의 여자와 가까이 교제하여 본 적이 없고, 이렇게 순결한 청년이 흔히 그러한 모양으로 젊은 여자를 대하면 자연 수줍은 생각이 나서 얼굴이 확확 달며 고개가 절로 숙여진다. 남자로 생겨나서 이러함이 못생겼다면 못생겼다고도 하려니와, 여자를 보면 아무러한 핑계를 얻어서라도 가까이 가려고, 말 한마디라도 하여보려 하는 잘난 사람들보다는 나으리라. 형식은 여러 가지 생각을 한다.
> 우선 처음 만나서 이렇게 인사를 할까? 남자 간에 하는 모양으로
> "처음 보입니다. 저는 이형식이올시다." 이렇게 할까.
> 그러나 나는 잠시라도 가르치는 자요, 너는 배우는 자라. 그러면 미상불 무슨 차별이 있지나 아니할까. 저편에서 먼저 내게 인사를 하거든 그제야 나도 인사를 하는 것이 마땅하지 아니할까. 그것은 그러려니와 교수하는 방법은 어떻게나 할지.
> 　　- 이광수, 「무정」 중에서

   ① 말하기 방법 혹은 설명하기 방법이 사용되었다.
   ② 작가가 권위를 가지고 서사적 정보들을 통제하고 있다.
   ③ 평면적이고 전형적인 인물의 묘사에 적절하다.
   ④ 독자가 인물에 관한 정보를 파악하기 어렵다.

08 다음 중 소설 구성에 대한 설명으로 거리가 먼 것은?
① 소설의 구성은 소설 작품의 짜임새를 말한다.
② 소설의 구성은 좁게는 사건과 행위의 구조를 가리킨다.
③ 사건의 전개 과정은 구성과 불가분의 관계를 맺고 있다.
④ 사건의 전개 과정을 시간 순으로 보여 주는 것이 좋다.

09 다음 내용과 가장 관련 있는 사상가는 누구인가?

- 헝가리의 사상가
- 소설을 "문제적 개인(우연적 세계)이 자기 자신을 찾아가는 여행"이라고 표현

① 골드만
② 루카치
③ 소쉬르
④ 바흐친

10 다음 내용에 해당하는 인물 유형은 무엇인가?

17세기에는 기질이라고 했고, 어떤 때는 유형이라고 했고, 어떤 때는 희화라고 했다. 가장 순수한 형태로는 단일한 개념이나 성질을 중심으로 인물들이 구성된다.
— E. M 포스터, 『소설의 이해』 중에서

① 전형적 인물
② 평면적 인물
③ 희극적 인물
④ 개성적 인물

11 춘원 이광수와 경쟁 관계면서, 다음 내용과 같은 입장을 견지한 작가의 작품이 <u>아닌</u> 것은?

> 우리는 우리의 전인인 춘원이 밟은 문학 발자국을 옳다 보지 않았다. 춘원은 문학을 일종의 사회 개혁의 무기로 썼다. …… 문학은 오직 문학을 위한 문학이 존재할 뿐이지 다른 어떤 목적을 가진 것을 문학으로 인정하지 못한다는 것이 우리의 주장이었다.

① 「약한 자의 슬픔」
② 「발가락이 닮았다」
③ 「광염소나타」
④ 「표본실의 청개구리」

12 다음 내용에 해당하는 인물 제시 방법은?

> - 작가가 인물의 행동이나 대화를 통해 성격을 객관적으로 제시하는 방법이다.
> - 독자가 스스로 이야기를 쫓아가면서 인물에 대해 추리해 내도록 하는 서술 전략이다.
> - 현대에 들어 많은 작가들이 이 서술 방식을 선호하는 경향을 보이고 있다.

① 조망적 서술
② 보여주기
③ 전달하기
④ 말하기

13 다음 중 신경향파 소설에 대한 설명으로 옳은 것은?

① 작중인물이 처한 한계상황의 원인을 끝까지 규명한다.
② 분노의 표출이 집단적이고 단계적인 것이 특징이다.
③ 소설 속에 관념이 전면적으로 노출되어 있다.
④ 갈등구조가 현실적으로 설정되고, 문제 해결이 인과적으로 처리된다.

14 다음 중 신소설 작가와 작품의 연결이 올바르지 않은 것은?

① 이인직 － 「혈의 누」
② 이해조 － 「자유종」
③ 최찬식 － 「화의 혈」
④ 이해조 － 「옥중화」

15 다음 중 이해조의 「자유종」에 대한 설명으로 옳지 않은 것은?

① 정치적인 소설이다.
② 일본인들이 적극 후원해 준 작품이다.
③ 문장도 지문도 없이 순전히 대화만으로 구성된 소설이다.
④ '부녀의 해방', '한자 폐지', '지방과 적서의 차별 타파' 등을 주된 내용으로 한다.

16 다음에 제시된 부분에서 찾아볼 수 없는 소설 기법은?

> 욱이는 모화가 아직 모화마을에 살 때, 귀신이 지피기 전, 어떤 남자와의 사이에 생긴 사생아였다. 그는 어릴 적부터 무척 총명하여 신동이란 소문까지 났으나, 근본이 워낙 미천해서 마을에서는 순조롭게 공부시킬 수가 없어서 그가 아홉 살 되었을 때 아는 사람의 주선으로 어느 절간으로 보낸 뒤, 그 동안 한 십년 간 까맣게 묘연하다가 이 집에 나타난 것이다.

① 간접제시
② 말하기
③ 소급제시
④ 요약제시

17 다음 내용에 해당하는 이청준의 작품은 무엇인가?

> 이 작품은 1960년대의 어느 도시를 배경으로 6·25 전쟁에서 얻은 심리적 상처를 갖고 살아가는 세대인 '형'의 고통과 전후 세대인 동생 '나'의 서로 다른 고통을 형상화한 액자식 구조의 작품으로 삶의 방식이 다른 두 형제의 아픔과 그 극복 의지가 주제이다.

① 「당신들의 천국」
② 「병신과 머저리」
③ 「소리의 빛」
④ 「잔인한 도시」

18 돌쇠라는 활달한 주인공을 내세워 점차 사라져 가는 농촌의 민속놀이에 대한 묘사를 통해 나날이 어려워져가는 식민지 농민의 삶을 상징적으로 암시하고 있는 이기영의 농민소설은?

① 「고향」
② 「서화」
③ 「두만강」
④ 「오빠의 비밀편지」

19 인물의 명명법 가운데 우의적인 방법에 대한 설명으로 적절하지 않은 것은?

① 인물의 성격을 단적으로 드러내는 이름을 붙이는 것이다.
② 전형과 행위를 중시하는 서술 위주의 소설에 주로 쓰인다.
③ 버니언의 「천로역정」에 등장하는 크리스천, 페이스폴, 엔비 등이 그 예이다.
④ 상투적 비유를 피하려는 근대 이후의 소설에 주로 나타난다.

20 다음은 김유정의 「만무방」에 등장하는 응오라는 인물에 대한 분석 결과이다. 이 인물은 어떤 유형의 인물로 볼 수 있는가?

> 응오는 소설의 전반부에서는 순진한 농군으로 묘사되지만 결말 부분에서는 자기 논의 벼를 훔치는 인물로서 새로운 면모를 드러낸다. 우리나라 농촌의 황폐화라는 사회적 환경이 응오에게 원래 성격으로는 예상할 수 없는 새로운 행동을 하도록 한 것이다.

① 평면적 인물
② 입체적 인물
③ 개성적 인물
④ 냉소적 인물

21 다음 중 전형적인 인물에 대한 설명으로 적절한 것은?
① 전형성을 보여 주기 위해 보통 고유한 이름을 붙이지 않는다.
② 근대소설 이후 인물 형상화의 가장 중요한 요소가 되었다.
③ 「운수 좋은 날」의 김첨지는 1920년대 일용노동자의 전형성을 보여준다.
④ 개인의 특수한 정신 내용 자체를 중요한 요소로 여긴다.

22 다음 중 단순 플롯(구성)에 대한 설명으로 적절하지 않은 것은?
① 단일한 주제를 효과적으로 부각시키기 위한 것이다.
② 사건은 '과거–현재–미래'의 순서에 따라 진행될 수 없다.
③ 주로 한 사건의 진행만으로 구성되어 단편에 많이 사용된다.
④ 압축성・독창성・교묘함・필연성 같은 요소가 드러나야 성공적이다.

23 김동인의 「감자」에서 발생한 주요 사건들 중에서 이 소설의 클라이맥스에 해당하는 것은?

> ㉠ 복녀가 홀아비에게 팔려 사기, 간통, 살인 등이 벌어지는 칠성문 안으로 시집을 간다.
> ㉡ 왕서방이 다른 여자와 살림을 차렸다는 사실을 알아챈 복녀가 신방에 쳐들어간다.
> ㉢ 복녀가 생활고 때문에 감자밭에서 감자를 훔치다 중국인 지주인 왕서방에게 발각된다.
> ㉣ 복녀의 죽음을 두고 한의사와 남편, 왕서방 간의 은밀한 거래가 이루어진다.

① ㉠
② ㉡
③ ㉢
④ ㉣

24 다음 내용과 관련된 작품에 대한 설명으로 적절하지 않은 것은?

> 덕기의 조부 조의관은 고루한 봉건 의식의 소유자이다. 어렵사리 모은 거액의 재산으로 집안의 크고 작은 제사를 받들고, 가문의 명예를 키워나가는 것을 가장 큰 일로 삼는다. 칠순 노인이면서 부인과 사별 후 서른을 갓 넘긴 수원댁을 후취(後娶)로 들여 네 살배기 딸까지 두고 있다. 조의관이 가장 못마땅하게 여기는 사람은 바로 아들 조상훈이다. 맏아들이면서도 집안일은 안중에 없고, 오로지 교회사업에 골몰해 집안의 돈을 바깥으로 빼돌리는 데만 혈안이 된 것으로 여긴다. 더구나 조의관이 가장 소중하게 여기는 봉제사를 조상훈은 기독교 교리에 어긋나는 우상 숭배라고 반대하고 전혀 돌보지 않아서 조의관은 아들보다도 손자인 덕기와 의논에서 결정하고, 자신이 죽고 난 후 재산 관리도 덕기에게 일임하리라 생각하고 있다.
>
> 덕기의 부친인 조상훈은 위선자다. 미국 유학까지 마친 지식인이자 신실한 기독교 신자요, 교회 장로인 그는 교회를 통한 사회 운동과 교육 사업에 큰 뜻을 품고 집안의 재산으로 그런 사업에 직접 투자하기도 하고 민족 운동가의 가족을 돌보기도 한다. 그러나 정작 그의 실생활은 축첩(蓄妾)과 노름, 그리고 술로 얼룩진 만신창이 난봉꾼의 생활이다. 그는 자신이 보살피던 운동가의 딸인 홍경애와 관계를 맺어 아이까지 낳고도 무책임하게 내동댕이치는가하면, 매당집이란 곳에 드나들면서 나이 어린 여자들과 불륜의 관계에 빠진다.
>
> 덕기는 할아버지나 아버지와는 다른 신세대의 인물이다. 그러나 그는 친구 김병화처럼 마르크스주의자는 아니다. 병화가 하는 일에 심정적으로 동조를 하기는 해도 그 자신은 법과를 마치고 판사나 변호사가 되려는 꿈을 품고 있다. 자신의 그런 꿈이 가끔 운동가인 병화의 조소를 받아도 크게 개의하지 않는다.

① 이 작품의 시대적 배경은 일제강점기 때이다.
② 인물 사이의 갈등은 주로 돈을 매개로 전개된다.
③ 조씨 3대를 중심으로 전개되는 가족사 소설이다.
④ 주인공들은 역사적 사명에 부응하는 영웅적 인물이다.

25 다음 중 이광수의 「무정」에 대한 설명으로 잘못된 것은?

① 『만세보』에 연재되었다.
② 근대적 개인주의에 바탕을 두고 있다.
③ 최초의 근대적 장편소설이다.
④ 언문일치의 문장을 구사하고 있다.

26 다음 중 KAPF(조선프롤레타리아예술동맹)에 대한 설명으로 옳지 않은 것은?

① 1925년 8월 김기진·박영희·이상화 등에 의해 결성된 경향적 예술단체이다.
② 예술을 무기로 하여 조선 민족의 계급적 해방을 목적으로 하는 대규모의 문학 운동을 벌였다.
③ 시 분야에서는 산문투의 문체 및 인물과 사건 전개 요소를 도입한 서사적 양식을 개발하였다.
④ 1930년대 초기에는 '해외 문학파'인 김진섭, 이하윤 등과 대립하여 소설 건축론을 중심으로 내용·형식 논쟁을 전개하였다.

27 다음 내용에서 괄호 안에 들어갈 말로 알맞은 것은?

> 일정한 사건이나 행동, 모티프, 심리적 독백 등과 같은 소설적 요소들이 한 작품의 내부에서 연속되거나 반복될 때, 그리고 그 반복이 의미 있는 반복일 때 그 반복되는 요소나 기교를 가리켜 (　　)(이)라고 부른다.

① 플롯
② 패턴
③ 모티프
④ 내레이션

28 1930년대 후반의 시대적 상황과 농민문학의 경향에 대한 설명으로 적절하지 않은 것은?

① 국가총동원령을 통해 미곡 배급 통장제와 강제 공출 제도 등 일제의 식민지 수탈 정책이 철저하고 노골적으로 자행되었다.
② 일제의 강압적인 체제문학에 저항한 작품들이 시대의 주조를 이루었다.
③ 고향과 조국을 떠나 간도나 만주로 이주한 농민들의 고통을 극명하게 묘사하는 작품들이 나타났다.
④ 흙으로의 귀의와 귀농의 문제를 집중적으로 다룬 작품도 나타났다.

29 다음 내용에서 플롯에 대한 설명만을 모두 고른 것은?

> (가) 독자가 작품을 다 읽고 난 후에 기억에 남는 것이다.
> (나) 인과 관계에 근거한 몇 가지 구성 원리에 따라 작품화된 것이다
> (다) 독자에게 소설적 감흥과 감동을 불러일으키는 요인이 된다.
> (라) 소설의 주된 재료를 결합하여 작가의 사상을 표현하는 수단이 된다.
> (마) 주인공을 중심으로 한 사건의 시간적 서술이다.

① (가), (나), (다)
② (나), (다), (라)
③ (다), (라), (마)
④ (가), (라), (마)

30 다음 중 현진건의 문학적 특징과 가장 관련이 없는 것은?
① 극한적인 빈궁 체험이라는 이색적인 소재를 주로 사용하였다.
② 식민지 시대의 궁핍한 현실을 주제로 한 작품을 많이 썼다.
③ 간결성, 일관성, 통일성 등으로 단편적인 생의 단면을 효과적으로 구성한다.
④ 치밀하고 섬세한 사실주의적 묘사와 조화의 극치를 얻은 구성법을 취하고 있다.

31 다음 중 「봄봄」, 「동백꽃」, 「만무방」 등의 소설을 쓴 작가는?
① 이상
② 김유정
③ 현진건
④ 염상섭

32 다음 내용과 가장 관련이 깊은 작품은?

> 브나로드 운동은 일제강점기에 동아일보사가 주가 되어 일으킨 농촌 계몽 운동이다. 본래 브나로드(V narod)는 러시아 말기 지식인들에 의해 만들어진 '이상 사회 실현을 위해서는 민중을 깨우쳐야 한다.' 는 취지의 구호였으나, 후에 계몽 운동의 별칭으로 사용되었다.

① 김유정의 「봄봄」
② 이기영의 「고향」
③ 이광수의 「흙」
④ 박경리의 「토지」

33 다음 중 사건의 외면적 관찰이 중심이 되는 작품으로만 짝지어진 것은?

> (가) '박제가 되어버린 천재'를 아시오? 나는 유쾌하오. 이럴 때 연애까지가 유쾌하오. 육신이 흐느적 흐느적하도록 피로했을 때만 정신이 은화처럼 맑소. 니코틴이 내 횟배 앓는 뱃속으로 스미면 머릿속에 으레히 백지가 준비되는 법이오. 그 위에다 나는 위트와 파라독스를 바둑 포석처럼 늘어놓소. 가공할 상식의 병이오.
> (나) 혼인날은 시월 보름이었다. 시월 보름은 공교하게도 음력으로는 구월 보름이었다. 시월 십오일 오후 세 시, 시월 초승에 벌써 청첩이 발송되었다. 허송 측 주혼자로는 승의 청에 의하여 한민교의 이름을 썼다. 한선생은 속으로 송의 이 혼인에 반대의 생각을 가졌으나, 이왕 약혼이 된 것을 보고는 오직 내외 일생에 행복되기를 빌었다.
> (다) 나는 그 아저씨가 어떠한 사람인지는 몰랐으나 첫날부터 내게는 퍽 고맙게 굴고 나도 그 아저씨가 꼭 마음에 들었어요. 어른들이 저희끼리 말하는 것을 들으니까 그 아저씨는 돌아가신 우리 아버지와 어렸을 적 친구알고요. 어디 먼데 가서 공부를 하다가 요새 돌아왔는데 우리 동리 학교 교사로 오게 되었대요. 또 우리 큰외삼촌과도 동무인데 이 동리에는 하숙도 별로 깨끗한 곳이 없고 해서 위 사랑으로 와 계시게 되었다고요. 또 우리도 그 아저씨한테서 밥값을 받으면 살림에 보탬도 좀 되고 한다고요.
> (라) C학교에서 교원 겸 기숙사 사감 노릇을 하는 B여사는 딱장대요. 독신주의자요 찰진 야소꾼으로 유명하다. 사십에 가까운 노처녀인 그는 주근깨투성이 얼굴이 처녀다운 맛이란 약에 쓰려도 찾을 수 없을 뿐인가. 시들고 거칠고 마르고 누렇게 뜬 품이 곰팡 슬은 굴비를 생각나게 한다.

① (가), (나)
② (나), (다)
③ (다), (라)
④ (가), (라)

34 다음 작품의 시대적 배경과 가장 가까운 시기는?

> 현(玄)은 평양이 십여 년 만이다. 소설에서 평양 장면을 쓰게 될 때마다 이번에는 좀 새로 가 보고 써야, 스케치를 해 와야 하고 벼르기만 했지, 한 번도 그래서 와 보지는 못하였다. 소설을 위해서뿐 아니라 친구들도 가끔 놀러 오라는 편지가 있었다. 학창 때 사귄 벗들로, 이 곳 부회 의원이요 실업가인 김(金)도 있고, 어느 고등 보통 학교에서 조선어와 한문을 가르치는 박(朴)도 있건만, 그들의 편지에 한 번도 용기를 내어 본 적이 없었다. 이번에 받은 박의 편지는 놀러 오라는 말이 있던 편지보다 오히려 현의 마음을 끌었다. ─ 내 시간이 반이 없어진 것은 자네도 짐작할 걸세. 편안하긴 허이. 그러나 전임으로 나가 주고 시간으로나 다녀 주기를 바라는 눈칠세. 나머지 시간이라야 그리 오래 지탱돼 나갈 학과 같지는 않네. 그것마저 없어지는 날 나도 그 때 아주 손을 씻어 버리려 아직은 지싯지싯 붙어 있네. ─ 하는 사연을 읽고는 갑자기 박을 가 만나 주고 싶었다. 만나야만 할 말이 있는 것은 아니지만 손이라도 한 번 잡아 주고 싶어 전보만 한 장 치고 훌쩍 떠나 내려온 것이다.

① 갑오개혁
② 3·1 운동
③ 카프의 해산
④ 8·15 해방

35 다음 중 소설의 작품세계 내에 위치하면서 거리와 어조를 통제하는 인격적 존재는?
① 실재작가
② 내포작가
③ 인물
④ 화자

36 다음 작품에서 사용된 시점을 김동인의 소설작법에 따라 분류할 경우 가장 가까운 것은?

> C학교에서 교원 겸 기숙사 사감 노릇을 하는 B여사는 딱장대요. 독신주의자요 찰진 야소꾼으로 유명하다. 사십에 가까운 노처녀인 그는 주근깨투성이 얼굴이 처녀다운 맛이란 약에 쓰려도 찾을 수 없을 뿐인가. 시들고 거칠고 마르고 누렇게 뜬 품이 곰팡 슬은 굴비를 생각나게 한다.

① 일원묘사체
② 다원묘사체
③ 순주관적 묘사체
④ 순객관적 묘사체

37 다음 작품에서의 화자와 가장 관련이 없는 것은?

> 사실 우리 아저씨 양반은 대학교까지 졸업하고도 이제는 기껏 해먹을 거란 막벌이 노동밖에 없는데, 보통학교 사 년 겨우 다니고서도 시방 앞길이 환히 트인 내게다 대면 고쓰까이(소사)만도 못하지요. 아, 그런데 글쎄 막벌이 노동을 하고 어쩌고 하기는커녕 조금 바시시 살아날 만하니까 이 주책꾸러기 양반이 무슨 맘보를 먹는고 하니, 내 참 기가 막혀! 아니, 그놈의 것하구는 모든 대천지원수가 졌단 말이지, 어쨌다고 그걸 끝끝내 하지 못해서 그 발광인고?

① 1인칭 관찰자
② 화자 - 인물
③ 믿을 수 없는 화자
④ 반성자(반영자) - 인물

38 다음 작품에서 결말에 대한 설명으로 옳은 것은?

> 동이의 탐탐한 등어리가 뼈에 사무쳐 따뜻하다. 물을 다 건넜을 때에는 도리어 서글픈 생각에 좀 더 업혔으면도 하였다.
> "진종일 실수만 하니 웬일이오, 생원?"
> 조 선달은 바라보며 기어코 웃음이 터졌다.
> "나귀야, 나귀 생각하다 실족을 했어. 말 안 했던가? 제 꼴에 제법 새끼를 얻었단 말이지. 읍내 강릉집 피마에게 말일세. 귀를 쫑긋 세우고 달랑달랑 뛰는 것이 나귀 새끼같이 귀여운 것이 있을까? 그것 보러 나는 일부러 읍내를 도는 때가 있다네."
> "사람을 물에 빠치울 젠 딴은 대단한 나귀 새끼군."
> 허 생원은 젖은 옷을 웬만큼 짜서 입었다. 이가 덜덜 갈리고 가슴이 떨리며 몹시도 추웠으나, 마음은 알 수 없이 둥실둥실 가벼웠다.
> "주막까지 부지런히들 가세나. 뜰에 불을 피우고 훗훗이 쉬어. 나귀에겐 더운물을 끓여 주고. 내일 대화장 보고는 제천이다."
> "생원도 제천으로……?"
> "오래간만에 가 보고 싶어. 동행하려나, 동이?"
> 나귀가 걷기 시작하였을 때 동이의 채찍은 왼손에 있었다. 오랫동안 아둑시니같이 눈이 어둡던 허 생원도 요번만은 동이의 왼손잡이가 눈에 뜨이지 않을 수 없었다. 걸음도 해깝고 방울 소리가 밤 벌판에 한층 청청하게 울렸다. 달이 어지간히 기울어졌다.

① 말하기 기법에 의한 예상된 결말
② 암시와 추리 기법을 이용한 결말
③ 감춤과 폭로의 구조에 의한 결말
④ 서술자의 요약적 설명에 의한 결말

39 다음 내용과 관련된 문학적 경향은?

사회주의 이념을 지향하지 않으면서도 자발적이며 제한적이기는 하나 사회운동과 인물의 각성을 제재로 삼아 프로 문학의 이념과 공동 보조를 취하는 것이 이 문학의 특성이다. 본디 1920년대 초 러시아의 문학적 상황에서 나온 것으로 혁명의 시대적 필연성에는 공감하나 사회주의 사상과는 무관한 위치에 있기에 '파프도키'라는 명칭을 얻게 된다.

① 신경향파 문학
② 동반자 문학
③ 순수 문학
④ 민족주의 문학

40 로맨스에 대해 다음 내용과 같은 관점을 드러낸 문학사상가는 누구인가?

- 일반 사실주의적 소설과 구별되는 독립된 픽션의 한 형태이다.
- 경험적 세계를 문제 삼는 소설과 대립된다.
- 인간 심리의 원형을 다루는 픽션의 한 유형이다.

① 도스토옙스키
② 마르크스
③ 루카치
④ 프라이

제2회 최종모의고사 | 한국현대소설론

제한시간: 50분 | 시작 ___시 ___분 - 종료 ___시 ___분

정답 및 해설 344p

01 다음 중 소설에서의 배경에 대한 설명으로 옳지 <u>않은</u> 것은?

① 인물의 심리와 사건의 전개 방향을 암시한다.
② 작품의 전반적 분위기를 조성한다.
③ 인물의 행동과 사건에 신빙성(사실성)을 높인다.
④ 작품의 주제를 부각시킬 수는 없다.

02 다음 작품에 나타난 세계관과 집단의식이라 볼 수 <u>없는</u> 것은?

> 영어교사 이형식은 미국으로 가기 위해 준비 중인 선형에게 오늘부터 영어를 가르친다. 독신인 이형식은 젊은 여자 선형을 어떻게 대해야될지 고민하고 있을 때 신우선을 만난다. 우선은 선형에 대한 칭찬을 늘어놓는다. 이런저런 생각 끝에 형식은 집에 다다랐다. 김장로는 기쁘게 형식을 맞이한다. 선형과 순애(선형의 친구)는 형식과 영어공부를 시작한다. 집으로 돌아온 형식은 노파에게 기생인 듯 한 젊은 여자가 자기를 찾았다는 소리를 듣는다. 십여년 전에 형식은 박진사 밑에서 공부를 했었는데, 그 여자는 박진사의 딸 영채였다. 영채에게 집안이 망했고, 박진사가 죽었다는 소식을 듣고 슬퍼한다. 영채는 그 동안에 기구한 운명 이야기를 한다.
>
> — 이광수, 「무정」 중에서

① 과도기의 우유부단하고 미숙한 지식인의 모습이 그려진다.
② 과학・지식・교육 등에 대한 존중을 통해 서구적인 이해 가치를 중시하는 면모가 엿보인다.
③ 민족주의에 바탕을 두고 아(我)와 비아(非我)의 투쟁에서 승리해야 한다는 사관을 가지고 있다.
④ 식민지 현실을 기정사실로 인정하고 협력하는 상황의식 부재의 현실 순응주의가 엿보인다.

03 다음 내용에서 드러나는 배경의 분위기로 가장 알맞은 것은?

> 어제다. 문안에 들어갔다 늦어서 나오는데 불빛 없는 성북동 길 위에는 밝은 달빛이 깁을 깐 듯하였다. 그런데 포도원께를 올라오노라니까 누가 맑지도 못한 목청으로,
> "사-케-와 나-미다카 다메이-키-카 (술은 눈물인가 한숨인가)."
> 를 부르며 큰길이 좁다는 듯이 휘적거리며 내려왔다. 보니까 수건이 같았다. 나는
> "수건인가?"
> 하고 아는 체하려다 그가 나를 보면 무안해할 일이 있는 것을 생각하고, 휙 길 아래로 내려서 나무 그늘에 몸을 감추었다.
> 그는 길은 보지도 않고 달만 쳐다보며, 노래는 그 이상은 외우지도 못하는 듯 첫 줄 한 줄만 되풀이하면서 전에는 본 적이 없었는데 담배를 다 퍽퍽 빨면서 지나갔다. 달밤은 그에게도 유감한 듯하였다.

① 환상적 ② 애상적
③ 관조적 ④ 낭만적

04 다음 내용에 해당하는 작품의 서술 방식으로 옳은 것은?

> '나(동만)'의 외가 식구들은 6・25 사변으로 '나'의 집으로 피난 와 친가 식구들과 함께 살게 된다. 사돈댁에서 신세를 지는 처지에 있는 외할머니와 베푸는 입장인 친할머니는 삼촌이 빨치산, 외삼촌이 국군 소위라는 거북한 상황 속에서도 말다툼 없이 의좋게 지냈다. 그러다가 내가 낯선 사람의 꾐에 빠져 빨치산인 삼촌이 밤에 몰래 집에 왔다고 실토한 일로 '나'의 아버지가 읍내에 잡혀가 고초를 겪는 사건이 발생한다. 이 때문에 할머니는 '나'를 '과자 한 조각에 삼촌을 팔아먹은 천하의 무지막지한 사람 백정'으로 여기는 데 반해 외할머니는 은근히 나를 감싸면서 두 분의 사이에 금이 가기 시작한다.
> 그러다가 외삼촌의 전사 소식이 날아들자, 상심한 외할머니는 장마비가 쏟아지는 하늘을 향해 빨갱이를 다 쓸어가 버리라고 저주를 퍼붓는다. 빨치산으로 나간 삼촌의 소식을 애타게 기다리던 할머니는 이것을 자기 아들더러 죽으라는 말로 받아들여 외할머니와 한바탕 큰 싸움을 벌이게 된다.
> 빨치산이 되어 산으로 숨은 삼촌이 몰래 집에 왔던 그 날 밤, 할머니와 아버지, 어머니, 고모의 설득에 자수를 결심하려던 삼촌은 문 밖의 발소리에 놀라 다시 산으로 도망쳤던 것이다. '나'는 그 발소리가 외할머니의 기척이었음을 눈치챈다. 그 뒤로 빨치산과 국군의 전투가 벌어지고, 빨치산들의 처참한 주검들이 읍내에 전시되었다는 소식이 전해지자, '나'의 가족들은 삼촌이 죽었거나, 곧 죽을 것이라는 체념에 빠진다. 그러나 할머니만은 소경 점쟁이에게서 삼촌이 '아무 날 아무 시'에 살아 돌아온다는 말을 듣고, 그 예언을 신앙처럼 믿으면서 삼촌을 맞이할 준비를 하느라고 잠도 끼니도 거른 채 몇 날 며칠 동안 가족들을 들볶는다. 그 '아무 날 아무 시'가 하루 앞으로 다가오자 할머니는 밤새도록 등을 환하게 밝혀 놓으라고 명하는데, 그 날 밤 '나'는 구렁이 우는 소리를 듣고 두려움에 식은땀을 흘린다.

① 제삼자의 입장에서 사건을 요약하여 서술하고 있다.
② 서술자가 주인공으로 자신의 이야기를 서술하고 있다.
③ 특정한 인물의 입장에서 여러 인물의 언행을 서술하고 있다.
④ 서술자가 여러 인물의 심리를 동시에 치밀하게 서술하고 있다.

05 소설에서 시공간적 배경의 역할에 대한 설명으로 적절하지 않은 것은?

① 배경은 소설에 실체성과 구체성을 부여한다.
② 등장인물의 내적 심리상태를 반영하기도 한다.
③ 소설의 다른 요소들과 불일치할 때 주제를 풍요롭게 할 수 있다.
④ 19세기 이후의 소설에는 사실적인 시공간이 주로 나타난다.

06 다음 중 역사소설에 해당하는 것은?

① 마르셀 프루스트의 『잃어버린 시간을 찾아서』
② 제임스 조이스의 『율리시즈』
③ 장용학의 「요한시집」
④ 김동인의 「운현궁의 봄」

07 다음 중 소설에서의 묘사에 대한 설명으로 적절한 것은?

① 독자에게 정서적인 반응을 일으켜 인물과 배경을 사실적이고 믿을 만한 것으로 만든다.
② 추상적이며 요약적인 표현으로 사건 전개를 돕는 기능을 한다.
③ 독자를 필요한 시공간으로 옮겨 적절한 정보를 제공할 때 이 방법을 사용한다.
④ 단편소설의 인물 제시 방법으로 매우 효과적이다.

08 식민지 시대 초기에 작품 활동을 한 이광수와 신채호의 입장을 비교한 내용으로 옳지 않은 것은?

	춘원 이광수	단재 신채호
①	반제, 근대화의 계몽주의자	반봉건, 자주독립의 민족주의자
②	대표작: 「무정」, 「개척자」	대표작: 「꿈하늘」
③	애정윤리, 결혼제도의 개선과 같은 새로운 가치관	이민족의 지배에서 벗어나려는 투쟁의식의 역사관
④	식민지 통치를 인정하고 현실에 순응	통치에 반항하여 민족의 주권 회복을 추구

09 1920년대 문화정치 시기의 소설적 경향으로 적절하지 않은 것은?
① 전대 문학의 계몽적 교훈주의의 극복을 기치로 내건 각종 문예지가 등장했다.
② 작가들이 현실적 경험 공간인 당대의 사회현실에 관심을 가지게 되었고, 1925년 카프가 결성되면서 구체적인 이념적 근거들을 확보하게 된다.
③ 소설기법적인 면, 수사학적인 면에서 시점과 거리의 통제가 어느 정도 이루어졌다.
④ 신문연재소설이 활발하게 쏟아져 나오면서 과거의 역사적 사건을 다룬 장편소설이 다수 창작되었다.

10 다음 중 김동인의 유미주의적 세계관과 거리가 먼 작품은?
① 「광염소나타」
② 「광화사」
③ 「배따라기」
④ 「꿈하늘」

11 다음 작품에 나오는 등장인물의 이름 중 성격이 다른 하나는?
① 「화수분」의 화수분
② 「삼포 가는 길」의 영달
③ 「유충렬전」의 유충렬
④ 「감자」의 복녀

12 다음 중 「만세전」에 대한 설명으로 적절하지 않은 것은?
① 작품 배경은 3·1 운동이 일어나기 직전이다.
② 신교육을 받은 동경 유학생의 관찰과 경험이 잘 드러나 있다.
③ 식민지 통치 시기의 한국인의 자기 상실, 한국 사회제도의 보수성 등을 보여 준다.
④ 계급의식을 전경화시켜 신경향파 소설의 토대를 이루었다.

13 시대나 사회 혹은 계층이나 집단을 대표하는 인물로서 사실주의 계열의 소설에서 매우 중시되는 인물 유형은?

① 비극적 인물
② 입체적 인물
③ 전형적 인물
④ 개성적 인물

14 다음 중 신경향파에 속하는 작가와 그 작품으로 볼 수 없는 것은?

① 최서해의 「탈출기」
② 이효석의 「들」
③ 김기진의 「붉은 쥐」
④ 박영희의 「사냥개」

15 다음 중 여성작가의 서사지평을 확대함으로써 박경리와 더불어 한국근대소설사를 든든하게 지탱한 작가는 누구인가?

① 조명희
② 박완서
③ 한말숙
④ 노천명

16 다음 중 이기영의 작품이 아닌 것은?

① 「서화」
② 「가난한 사람들」
③ 「농부 정도룡」
④ 「목화와 콩」

17 다음 중 신소설의 특징으로 옳지 않은 것은?
① 산문체 문장을 써서 언문일치에 근접했다.
② 필연적 인과관계에 의해 사건이 전개되었다.
③ 풍속 개량, 신교육, 자유연애 등을 주제로 하였다.
④ 역전적 구성(逆轉的 構成) 등의 새로운 방법을 시도하였다.

18 일반적으로 입체적인 인물이 어울리는 경우에 해당하는 것은?
① 주변적 인물
② 탐정소설의 주인공
③ 풍자소설의 주인공
④ 비극적 소설의 주인공

19 다음 중 이효석의 작품에 대한 설명과 가장 거리가 먼 것은?
① 위장된 순응주의와 자연 회귀 문화
② 신변 세태에 대한 풍자
③ 퇴폐적인 에로티시즘
④ 목가적이고 이국적인 취향

20 다음 중 계몽형 농민소설이라고 볼 수 없는 것은?
① 「흙」
② 「상록수」
③ 「고향」
④ 「모범경작생」

21 다음 내용과 관련 있는 작가와 작품을 올바르게 연결한 것은?

> - 충청도 지역어와 전통적 비유, 속담이 풍부하게 활용되며 산업화·도시화로 치닫는 1970년대 현실이 전통적 공동체의 상징인 농촌사회를 어떻게 파괴하고 타락시켰는가를 풍자적으로 그려낸다.
> - 서술이 초점자 역할을 하는 한 인물의 경험과 발언 위주로 이루어지며, 크게 몇 개의 장면 중심으로 전개되고 대체로 결말이 첫 장면으로 되돌아가는 구성을 취했으므로, 시간적이기보다는 공간적인 형태의 소설이다.
> - 유신시대에 '국가'가 행한 폭력을 민중의 일상에서 섬세하게 묘사해 보여준다.

① 박완서 - 「해산바가지」
② 채만식 - 「논 이야기」
③ 이청준 - 「소리의 빛」
④ 이문구 - 『우리 동네』

22 다음 중 최인훈의 「광장」에 대한 설명으로 적절하지 않은 것은?
① 전문적 문인의 협력 아래 탄생한 포로문학의 일부로서의 농민문학이다.
② 남북한이 분단됨으로써 야기되는 이념의 분열을 주제로 하였다.
③ 폐쇄성과 집단의 강제성에 짓눌려 '광장만 있고 밀실이 없는 것'은 북한 체제이다.
④ 주인공은 남쪽도 북쪽도 아닌 제3국행을 선택함으로써 이데올로기와 무관한 제3의 길을 간다.

23 다음 중 민족주의 계열의 농민소설이라고 볼 수 없는 것은?
① 김동인의 「감자」
② 전영택의 「화수분」
③ 계용묵의 「최서방」
④ 심훈의 「상록수」

24 다음 작품에 대한 설명으로 옳지 않은 것은?

> "장인님! 인제 저……"
> 내가 이렇게 뒤통수를 긁고, 나이가 찼으니 성례를 시켜 줘야 하지 않겠느냐고 하면 대답이 늘,
> "이 자식아! 성례구 뭐구 미처 자라야지!"
> 하고 만다.
> 이 자라야 한다는 것은 내가 아니라 내 아내가 될 점순이의 키 말이다.
> 내가 여기에 와서 돈 한 푼 안 받고 일하기를 삼 년하고 꼬박 일곱 달 동안을 했다. 그런데도 미처 못 자랐다니까 이 키는 언제야 자라는 겐지 짜장 영문 모른다. 일을 좀 더 잘해야 한다든지, 혹은 밥을 많이 먹는다고 노상 걱정이니까 좀 덜 먹어야 한다든지 하면 나도 얼마든지 할 말이 많다. 허지만 점순이가 아직 어리니까 더 자라야 한다는 여기에는 어째 볼 수 없이 고만 벙벙하고 만다.

① 향토적 서정의 표현
② 농촌의 궁핍상 고발
③ 우직하고 순박한 인물의 등장
④ 희극적이고 과장된 상황 설정

25 김동인의 「감자」에 대한 설명으로 적절하지 않은 것은?
① 소설의 배경은 궁핍한 식민지 농촌 현실이다.
② 식민지 당대 하층 이농민의 삶을 그리고 있다.
③ 궁핍화의 원인을 식민지 농촌현실의 구조적 모순에 두고 있다.
④ 한 개인의 무능력과 게으름, 본능적 충동을 그리고 있다.

26 심훈의 「상록수」에 대한 설명으로 거리가 먼 것은?
① 작가의 민족주의적 기질과 프로적 기질이 함께 드러나는 작품이다.
②『동아일보』창간 15주년을 기념하는 장편소설 모집에 당선된 작품이다.
③ 농민에 대한 시혜적인 봉사가 특히 강조된 작품이다.
④ 브나로드 운동의 영향을 받아 쓰인 소설이다.

27 다음 내용과 가장 관련 있는 작가는 누구인가?

- 「퇴원」・「병신과 머저리」 등에서 방향감각을 상실한 젊은이의 소외된 의식을 서구적 지성으로 표용
- 장문의 난해한 논설체의 문장도 과감히 사용하면서 심리주의적 기법 혹은 정신분석학적 기법을 사용
- 관념적 꼭두각시의 조형과 그것의 무기력함의 제시는 바로 이 시기 모더니즘적 경향의 작가들이 그러하듯이 소시민 의식의 표현이기도 함

① 김성한
② 김승옥
③ 이청준
④ 최인훈

28 플롯의 단계 중에서 '발단'에 해당하는 설명으로 옳은 것은?

① 긴장이 최고조에 달하며 이후로는 해결 단계로 전개
② 작품이 전개되어 나갈 바탕으로서의 가정들을 제시
③ 안정된 상태로 나아가는 데 장애가 되는 어려움들이 증가
④ 행위를 움직이는 힘이 사명을 다해 하나의 안정된 상태가 드러남

29 다음 중 이무영의 작품이 <u>아닌</u> 것은?

① 「제1과 제1장」
② 「흙의 노예」
③ 「흙을 그리는 마음」
④ 「만무방」

30 1930년대 후반 이후 농민문학의 경향으로 적절하지 <u>않은</u> 것은?

① 1939년 임화는 이전의 농민문학론과 성질을 달리하는, 체제문학으로서의 농민문학을 주장하였다.
② 이태준은 「농군」이라는 소설을 통해 일제하 식민지 조선에서 나타난 농민의 이농문제를 사실적 문장으로 다루었다.
③ 이무영은 「제1과 제1장」을 통해 '흙으로의 귀의'라는 귀농의 문제를 집중적으로 다루었다.
④ 최서해는 「홍염」 등 신경향파 문학을 통해 간도 이주민들의 고통을 사실적으로 묘사했다.

31 다음 작품에 대한 설명으로 적절한 것은?

> 영채는 울어야 쓸데없음을 알고 눈물을 거둔다. 또 병욱의 말에는 정이 있고 힘이 있고 이치가 있어서 반가우면서도 자기를 내려누르는 듯한 힘이 있다. 가슴이 터져 오게 슬프다가도 병욱의 말을 한마디만 들으면 그만 스르 풀리고 만다. 영채는 병욱이가 남자같이 활발한 듯하면서도 속에는 뜨겁고 예민한 정이 있음과, 또 자기를 위로할 때에는 진정으로 자기의 몸과 마음이 되어서 하는 줄을 잘 안다. 만일 영채가 자살을 하려고 물가에 섰거나 칼을 들고 섰다가라도 병욱의 말소리만 들리면 얼른 "언니."하고 따라갈 것이다. 영채가 보기에 병욱은 언니라기보다 어머니라 함이 적당할 듯하였다.
>
> – 이광수, 「무정(無情)」 중에서

① 사건 안의 서술자가 자신의 이야기를 담담하게 풀어내고 있다.
② 사건 안의 서술자가 주인공의 행동과 대사를 객관적으로 전달하고 있다.
③ 사건 밖의 서술자가 인물의 행동과 심리를 서술하고 있다.
④ 사건 밖의 서술자가 외부적인 사실만을 관찰하고 묘사한다.

32 다음 중 김유정의 「동백꽃」에 대한 설명으로 옳지 않은 것은?

① 산골 마을과 관계된 아름다운 인식이 담겨 있다.
② 생성의 삶과 붕괴(파멸)의 삶을 대조적으로 나타내었다.
③ 사투리의 적절한 사용으로 향토적 서정성과 토속적인 분위기를 자아낸다.
④ 소작인 아들과 마름 딸이라는 관계의 설정을 통해 1930년대의 농촌 상황을 간접적으로 보여주었다.

33 다음 중 1930년대의 농촌계몽소설에 해당하는 것은?

① 심훈의 「상록수」
② 황순원의 「소나기」
③ 오영수의 「갯마을」
④ 현진건의 「무영탑」

34 이야기 속의 등장인물이 서술자인 작품으로만 짝지어진 것은?

> (가) 나는 오늘 아침에 네 개의 아스피린을 먹은 것을 기억하고 있었다. 나는 잤다. 어제도 그제도 그끄제도…… 나는 졸려서 견딜 수가 없었다. 나는 감기가 다 나았는데도…… 아내는 내게 아스피린을 주었다. 내가 잠이 든 동안에 이웃에 불이 난 일이 있다. 그때에도 나는 자느라고 몰랐다. 이렇게 나는 잤다. 나는 아스피린으로 알고 그럼 한 달 동안을 두고 아달린을 먹어 온 것이다. 이것은 좀 너무 심하다.
>
> (나) 혼인날은 시월 보름이었다. 시월 보름은 공교하게도 음력으로는 구월 보름이었다. 시월 십오일 오후 세 시, 시월 초승에 벌써 청첩이 발송되었다. 허송 측 주혼자로는 승의 청에 의하여 한민교의 이름을 썼다. 한선생은 속으로 송의 이 혼인에 반대의 생각을 가졌으나, 이왕 약혼이 된 것을 보고는 오직 내외 일생에 행복되기를 빌었다.
>
> (다) 오늘도 또 우리 수탉이 막 쪼이었다. 내가 점심을 먹고 나무를 하러 갈 양으로 나올 때이었다. 산으로 올라서려니까 등 뒤에서 푸드덕, 푸드덕 하고 닭의 횃소리가 야단이다. 깜짝 놀라며 고개를 돌려 보니 아니나 다르랴, 두 놈이 또 얼리었다. 점순네 수탉(대강이가 크고 꼭 오소리같이 실팍하게 생긴 놈)이 덩저리 작은 우리 수탉을 함부로 해내는 것이다.
>
> (라) C학교에서 교원 겸 기숙사 사감 노릇을 하는 B여사는 딱장대요, 독신주의요 찰진 야소꾼으로 유명하다. 사십에 가까운 노처녀인 그는 주근깨투성이 얼굴이 처녀다운 맛이란 약에 쓰려도 찾을 수 없을 뿐인가. 시들고 거칠고 마르고 누렇게 뜬 품이 곰팡 슬은 굴비를 생각나게 한다.

① (가), (나)
② (가), (다)
③ (나), (다)
④ (나), (라)

35 다음 작품의 시점에 대한 설명으로 옳지 <u>않은</u> 것은?

> 나를 밤이나 낮이나 재워 놓고, 그리고 아내는 내가 자는 동안에 무슨 짓을 했나? 나를 조금씩 조금씩 죽이려던 것일까? 그러나 또 생각하여 보면 내가 한 달을 두고 먹어 온 것이 아스피린이었는지도 모른다. 아내는 무슨 근심되는 일이 있어서 밤이면 잠이 잘 오지 않아서 정작 아내가 아달린을 사용한 것이나 아닌지? 그렇다면 나는 참 미안하다. 나는 아내에게 이렇게 큰 의혹을 가졌다는 것이 참 안됐다.
>
> — 이상, 「날개」 중에서

① 나의 내면이 주로 서술되므로 자아의 변모 내지 발전을 찾아보기 어렵다.
② 서술자는 작중인물인 나의 입장이나 체험 영역에서 벗어날 수가 없다.
③ 이 시점은 심리소설, 서간체 소설, 과거 회상식 소설 등에 많이 쓰인다.
④ 독자에게 친밀감을 주기는 하나, 객관성의 결여라는 생각을 불러일으킬 수 있다.

36 다음 중 시점과 그 설명의 연결이 올바르지 않은 것은?

① 1인칭 관찰자 시점 : 액자의 외부 화자 기능과 여러 가지 면에서 유사하다.
② 1인칭 주인공 시점 : 허구적 자아는 물론 작가의 현실적 자아가 개입해 올 가능성이 크다.
③ 3인칭 관찰자 시점 : 사건에 대한 독자의 감정이입을 미리 배제하는 방법이라 할 수 있다.
④ 전지적 작가 시점 : 김동인이 말한 순객관적 묘사체에 해당한다.

37 다음 중 전쟁 체험을 작품화한 것과 거리가 먼 것은?

① 안수길의 「제3인간형」
② 김동리의 「밀다원 시대」
③ 염상섭의 「취우」
④ 오영수의 「갯마을」

38 다음 중 객관적인 서술을 지향하고 있음을 느끼게 해주는 방법은?

① 인물을 제대로 그리기 위해 초점화시켜 표현한다.
② 인물의 내면을 상징하는 이미지를 활용한다.
③ 진술 내용의 확신과 판단을 보류시키는 추론화된 언어를 사용한다.
④ 서술자가 긍정적인 한 인물에 밀착하여 내면까지 서술해 준다.

39 다음 작품의 시점에 대한 설명으로 적절하지 않은 것은?

> 혼인날은 시월 보름이었다. 시월 보름은 공교하게도 음력으로는 구월 보름이었다. 시월 십오일 오후 세 시, 시월 초승에 벌써 청첩이 발송되었다. 허송 측 주혼자로는 승의 청에 의하여 한민교의 이름을 썼다. 한선생은 속으로 송의 이 혼인에 반대의 생각을 가졌으나, 이왕 약혼이 된 것을 보고는 오직 내외 일생에 행복되기를 빌었다.

① 인물을 조종하고 필요하면 언제나 작중에 서술자로서 개입한다.
② 분석적이거나 전지적인 작가가 사상과 감정까지 파악하여 이야기한다.
③ 부수적 인물이 주인공의 이야기를 한다.
④ 서술이 자유롭기 때문에 장편소설에 많이 사용된다.

40 다음 중 염상섭의 소설이 지니는 특징으로 옳은 것은?

① 당대에 일상적으로 사용되던 일원묘사체를 살려 썼다.
② 평안도 지방의 방언을 사용해 대화를 생동감 있게 했다.
③ 단언적인 문장으로 전체적으로 간결하고 속도감이 있다.
④ 복잡한 인물 내면 묘사를 중시하여 문장이 길고 지루하다.

제1회 정답 및 해설 | 한국현대소설론

01	02	03	04	05	06	07	08	09	10	11	12	13	14	15
③	③	④	④	①	①	④	④	②	②	④	②	③	③	②
16	17	18	19	20	21	22	23	24	25	26	27	28	29	30
①	②	②	④	②	③	②	②	④	①	④	②	②	②	①
31	32	33	34	35	36	37	38	39	40					
②	③	③	③	②	④	④	②	②	④					

01 정답 ③

실존인물에서 모티프를 취했다고 해서 소설 속 인물이 그 실제의 인물과 같은 것은 아니다. 홍명희의 『임꺽정』에서 임꺽정, 박경리의 『토지』에서 동학장수 김개주 등 실존인물을 모델로 삼더라도, 허구적인 이야기 속에서 의미를 지닌 인물로 기능할 수 있게 재창조되어야 한다.

02 정답 ③

염상섭은 인간의 삶을 세밀한 사실주의적 수법으로 묘사한 작가이다. 대표작으로 「삼대」, 「표본실의 청개구리」가 있다. 염상섭이 프로문학과 대립되는 문학적 관점을 발표한 평론은 문예비평의 새 장을 열었다는 평가를 받는다. 한편 근대적인 단편소설을 개척·확립한 작가는 이광수, 김동인 등이다.

03 정답 ④

채만식은 일제강점기의 불안한 사회를 배경으로 지식인의 불우한 삶을 풍자한 소설을 썼다. 대표작으로 「레디메이드 인생」, 「탁류」, 「태평천하」가 있다.
① 「탁류」 – 채만식
② 「인력거꾼」 – 주요섭
③ 「만무방」 – 김유정

04 정답 ④

조선 후기의 고전소설과 구별되는 신소설의 특징으로는 문장의 언문일치, 소재와 제재의 현대성, 인물과 사건의 실재성 등을 들 수 있다. 이러한 신소설은 이인직의 혈의 누처럼 서사 중심의 신소설이 있는 반면 안국선의 『금수회의록』처럼 논설 중심의 신소설도 있다. 이러한 신소설은 개화사상의 영향을 받았으며 논설 중심의 신소설이 공존하는 만큼 풍속개량에 대한 계몽성과 효용성이 여전히 노출되는 과도기적 성격을 지닌다.

05 정답 ①

「귀의 성」은 우리나라의 대표 신소설 작가인 이인직의 장편소설 중의 하나로, 김동인에 의해 한국 근대소설의 원조라 일컬어진 작품이다. 무대는 1900년대 초 구한말의 춘천과 서울을 배경으로, 가난한 집에서 태어나 양반 첩으로 갔다가 본부인의 투기에 의하여 비극적 운명을 겪는 길순이라는 여성의 한 많은 삶을 중심으로 하여 축첩의 악습을 가진 귀족사회의 부패상과 폐습을 다루고 있다.

06 정답 ①
단재 신채호의 「꿈하늘」에는 소설 전반에 을지문덕·이순신·강감찬 등 민족사를 빛낸 수많은 인물의 이름이 등장하며, 이들을 통해 민족의 독립도 침략자와의 싸움에서 승리함으로써만 가능하다는 주전론이 펼쳐진다. 이는 환상적이고 우의적인 소설 공간으로 드러나고 있으나 반봉건 이념과 근대화에 대한 언급이 생략되어 소설이 보수적인 전통 지향으로 흐른다는 평가도 받는다.

07 정답 ④
제시된 작품에서는 작가가 권위를 가지고 직접 나서서 '형식'의 마음 속 생각까지 전달하고 있다. 즉, 직접적인 '말하기' 또는 '설명하기' 기법으로, 주로 평면적이고 전형적인 인물을 제시하는 데에 많이 사용된다. '형식'이 어떤 인물인지를 서술자가 직접 설명해주고 있기 때문에 독자가 인물에 관한 정보를 파악하기가 쉽다.

08 정답 ④
소설이 사건의 전개 과정을 반드시 시간 순으로 보여 주는 것은 아니다. 현실에서는 모든 사건이 시간의 흐름 속에서 연대기적으로 전개되는데도, 작품 속에 서술되는 사건은 작가가 유용하다고 생각되는 사건만을 취사·선택하며, 이 선택이 완료되면 작가적 개성과 문체적 특징을 바탕으로 효과적으로 배열된다.

09 정답 ②
헝가리의 사상가인 게오르크 루카치(Gyorgy Lukacs)는 소설을 "문제적 개인(우연적 세계)이 자기 자신을 찾아가는 여행"이라고 표현한다. 그리고 이러한 개인이 세계와 대립하는 과정에서 발생하는 여러 문제들을 해결하기 위해 힘쓰는 것이 바로 근대의 '소설'이라는 것이다.

10 정답 ②
평면적 인물은 작가가 그 인물의 특징적인 일면만을 계속해서 집중적으로 제시하여 이야기의 전개 과정에서 그 성격이 변하지 않은 채로 남아 있으며, 하나의 단일한 관념이나 특성을 중심으로 구성됨으로써 단 하나의 문장으로도 충분히 묘사될 수 있는 단순한 성격의 인물이다. 포스터는 17세기의 기질희극에 나오는 인물들이 지니는 유형적인 특성을 평면적인 성격이라고 보았다.

11 정답 ④
제시문은 『창조』에서 김동인이 말한 내용이다. 김동인은 이광수의 반봉건·근대화를 위한 교화주의에 반대하고 문학은 문학 자체를 위한 것이라는 순수문학을 견지하며 문학과 정치의 분리를 주장했고, 계몽소설을 쓴 이광수와 달리 현실을 떠난 유미주의적 작품을 많이 남겼다.
「표본실의 청개구리」는 염상섭의 작품으로, 자연주의 계열의 작품으로 평가되고 있으며, 3·1 운동 전후 당시 한국 사회의 어둡고 우울한 분위기가 잘 드러난 작품이다

12 정답 ②
보여주기는 가능한 한 서술의 표면에서 인공의 흔적을 지우고 독자가 스스로 이야기의 추이를 뒤쫓을 수 있도록 배려하고자 하는 서술의 전략이다. 작가가 인물의 행동이나 대화를 통해 성격을 객관적으로 제시해 독자가 스스로 판단할 수 있게 한다.

13 정답 ③

신경향파 문학이란 용어는 박영희가 『개벽』에 「신경향파의 문학과 그 문단적 지위」라는 문학론을 발표하면서 사용한 것이다. 이 소설들은 작중인물이 처한 한계 상황의 원인을 끝까지 규명하기보다는 이에 대한 개인적인 분노의 표출을 드러낸 것으로 그 분노의 표출이 폭력적이고 개인적이고 즉흥적인 것이 특징이다. 곧 관념의 전면적 노출·갈등구조의 비현실적 설정·문제 해결의 안이한 처리 등으로 이 시기 지식인 소설의 현실 인식이 지극히 관념적이고 추상적인 수준에 머물렀음을 보여준다.

14 정답 ③

이해조의 뒤를 잇는 신소설 작가인 최찬식(崔瓚植, 1881~1951)은 소설적 재미 면에서는 이해조를 능가하게 된다. 최찬식의 대표작은 「추월색」·「안의 성」 등이며, 「화의 혈」은 이해조의 작품이다.

15 정답 ②

이해조의 「자유종」은 대화체로 쓰인 정치소설이다. 그 당시 사회를 비판하였다고 하여 일본인들이 판매 금지 조치를 내린 작품으로, 일본인들의 후원이 있었다는 설명은 틀린 것이다.

16 정답 ①

제시된 부분은 김동리의 「무녀도」의 일부이며, 서술자는 말하기의 방법을 통해 주인공의 삶을 요약하여 제시하면서 독자에게 인물에 대한 기본적인 정보를 전달하고 성격을 평가하고 있다. 또한 욱이에 대한 과거의 정보를 소급하여 알려주는 소급제시를 하고 있다. 간접제시는 인물의 행동이나 대화를 통해 그 인물에 대한 정보를 간접적으로 제시하는 방법으로 이 부분에서는 찾아볼 수 없다.

17 정답 ②

제시문은 이청준의 대표작인 「병신과 머저리」에 대한 내용이다. 진실된 삶을 가로막는 억압의 실체를 탐구하는 작품으로, 6·25 전쟁의 체험을 상처로 간직하는 형과 화가인 동생을 비교하는 형식을 취하지만, 이 소설의 초점은 궁극적으로 동생에게 맞추어져 있다. '병신' 세대인 형은 적어도 억압의 실체가 6·25 전쟁이라는 것을 분명히 깨닫고 있고 그것의 극복도 가능하지만, 아픔만 있고 원인을 알 수 없는 '머저리' 세대인 동생은 근원적으로 극복이 불가능하다는 것이 이 작품의 주제이다.

18 정답 ②

1933년 발표된 이기영의 「서화」는 돌쇠라는 소작농민의 전형을 성공적으로 창조하고 있는 작품이다. 이 작품을 통해 이르게 된 장편 「고향」은 경향소설의 제일 큰 기념비로 평가받기도 했다.

19 정답 ④

우의적 명명법은 인물의 성격을 단적으로 드러내는 방법으로, 근대소설 이후로 인물의 명명은 상투적으로 비유하는 우의적인 방법을 사용하지 않는 경향을 보여준다. 근대소설의 작가들은 인물이 처한 상황과 상반되는 이름을 사용하여 반어적인 효과를 의도하기도 한다.

20 정답 ②

「만무방」에 나오는 아우 '응오'는 입체적 인물의 사례이다. '응오'는 소설의 전반부에서 순진한 농군으로 묘사되지만, 결말 부분에서는 자기 논의 벼를 훔치는 인물로서 새로운 면모를 드러낸다. 우리나라 농촌의 황폐화라는 사회적 환경이 '응오'에게 원래 성격으로는 예상할 수 없는 새로운 행동을 하도록 만든 것이다. 인간 심리의 탐구가 중요해지는 현대소설로 올수록 인물의 입체성은 더욱 복잡하고 다양하게 나타난다.

21 정답 ③

전형이란 정확하게 말해서 사회의 보편성을 인물의 개성을 통해 반영한 것을 의미한다. 「운수 좋은 날」의 김첨지는 돈이 잘 벌리자 기뻐하면서도 동시에 불안해하는 복잡한 심리상태를 보여준다. 아내의 죽음을 예감하면서도 바로 집으로 돌아가지 않고 선술집에서 시간을 보내는 장면은 이를 가장 극적으로 제시하는 부분이다. 그가 아픈 아내에게 약 한 첩 해 주지 않는 신조를 자랑하는가 하면, 그 미안함을 감추고 오히려 아내에게 욕을 퍼붓는 등의 행위는 김첨지라는 인물만의 특수한 개성을 보여준다. 그러나 이 소설에서 김첨지라는 인물의 개성은 사회적인 모순과 분리될 수 없다.
① 전형성을 보여 주기 위해 '복녀', '화수분', '성진(性眞)' 같은 전형적인 이름을 붙인다.
② 근대소설 이후에는 전형성에서 벗어나 인물의 개성화를 추구하는 것이 인물 형상화의 중요한 요소가 되었다.
④ 이상의 「날개」 속 '나'처럼 개인의 특수한 정신 내용 자체를 중요한 요소로 여기는 것은 개성적 인물이다.

22 정답 ②

단순 플롯은 진행이 단일하고 단순하여 대개 한 사건의 진행만으로 구성된다. 단일한 주제를 효과적으로 부각시키기에 적절하므로 주로 단편소설의 플롯으로 이용된다. 단편소설의 플롯인 만큼 압축성을 띠고, 플롯의 일반 요소인 독창성·교묘함·필연성을 갖춰야 한다.
한편 단순 플롯이라 하더라도 시간의 순서대로 이야기를 구성하는 순행 플롯, 시간의 순서를 거꾸로 배열하는 역행 플롯이 있을 수 있다. 따라서 사건을 '과거-현재-미래'의 순서에 따라 진행하는 것도 가능하다.

23 정답 ②

소설의 구성은 여러 가지 갈등이 얽혀 복잡한 상황을 야기하고, 결국 어떤 사건이 돌발적으로 발생할 수밖에 없거나 또는 긴장을 품고 있던 정적인 상태가 깨어져 버리지 않으면 안 되는 순간으로 발전해 나아간다. 바로 이 순간이 긴장이 최고조에 달하는 때이며 이후로 사건은 갈등이 해결되는 방향으로 전개되어 나간다. 김동인의 소설 「감자」에서 복녀가 왕서방의 신방에 뛰어들어가 강짜를 부리는 장면은 소설적 클라이맥스에 해당한다.

24 정답 ④

제시된 내용은 「삼대」의 줄거리이며, 이 작품의 주요 인물은 조의관·조상훈·조덕기이다. 그런데 이들 중에는 일제강점기의 부정적 현실을 타파하겠다든가 근대화를 추진하겠다는 등 당대의 역사적 사명에 부응하는 인물이 없을뿐더러, 남들보다 비범한 능력을 지녀 난관을 극복하고 뜻을 이루는 영웅적 인물도 없다. 영웅적 인물은 신화나 전설 또는 고대소설에서 나타나는 인물 유형으로, 고귀한 혈통과 특이한 출생·비범한 능력 등의 특징을 지닌다.

25 정답 ①

이광수의 「무정」은 최초의 근대 장편소설로, 언문일치의 문장·새로운 애정관·교육자적 작가의 개입·신구 가치관의 대립 등 근대화 과정에서 나타난 현실상을 민족주의적 열정과 계몽의식으로 그려내고 있다. 1917년 『매일신보』에 연재되었다.

26 정답 ④
소설 건축론을 중심으로 내용과 형식의 논쟁을 일으킨 것은 같은 프로문학파 작가인 김기진과 박영희였다. 김기진이 『조선지광』에 발표한 「문예월평」을 통해 박영희의 소설 「철야」와 「지옥순례」를 혹평하면서 시작되었다. 프로문학의 방향성에 대한 논쟁으로, 박영희는 '내용론'을, 김기진은 '형식론'을 주장하였다.

27 정답 ②
전개 단계에서는 주제를 강조하거나, 등장인물의 심리와 성격을 구축하거나, 이후에 경이로운 결말로 독자의 반응을 이끌어 가기 위해 동일한 사건이나 표현을 반복하는 경우가 많다. 그 반복되는 요소나 기교를 가리켜 패턴이라고 한다.
① 플롯 : 소설의 구성
③ 모티프 : 사건이나 갈등의 발생 동기
④ 내레이션 : 서술

28 정답 ②
1930년대 후반에 우리 민족은 일제의 침략전쟁 수행을 위한 가혹한 식민지 수탈정책으로 말미암아 식민지 전 기간을 통해 가장 빈궁한 상태에 놓이게 된다. 이 시기는 일제의 군국주의 체제에 철저히 영합하는 체제 지향적인 성격을 띠고 있었으므로 저항적인 문학을 쓰기란 불가능했다. 이 시기의 농민소설도 체제 지향적 생산소설의 물결 속에서 저항적인 농민소설은 수면 아래로 사라졌으며, 이무영으로 대표되는 귀농소설과 안수길・이태준으로 대표되는 이농소설의 두 유형으로 크게 구분되어 나타난다. 농촌으로 돌아간 도시 지식인의 농촌생활 및 흙으로의 귀의를 그린 귀농소설과, 일제의 압제를 견디지 못하고 고향과 조국을 떠나 만주나 간도로 이주한 조선 농민들의 삶을 그린 이농소설로 대별되어 나타나는 것이다.

29 정답 ②
플롯은 사건의 인과적 서술로서 작가의 사상을 표현하는 수단이며, 독자에게 소설적 감흥과 감동을 불러일으키는 요인이 된다. (가)와 (마)는 스토리에 대한 설명이다.

30 정답 ①
극한적 빈궁상의 제시는 사회의식의 소산에서 나온 것이 아니라, 최서해의 개인적인 체험에서 나온 것으로, '체험의 작품화'의 소산이라 할 수 있다. 최서해의 작품은 빈궁 속에 있는 사람들의 호소와 절규가 주류를 이루는 것으로 1920년대 경향문학의 한 양상을 보여주고 있다.

31 정답 ②
김유정(1908~1937)은 강원도 춘천에서 출생한 작가로 토속적이고 향토적인 작품을 많이 썼으며, 순수문예 단체인 '구인회(九人會)'에 가입하여 활동하기도 하였다. 대표작으로는 「소낙비」, 「산골 나그네」, 「노다지」, 「금 따는 콩밭」, 「봄봄」, 「동백꽃」, 「만무방」 등이 있다.

32 정답 ③
브나로드 운동의 영향을 받은 작품으로는 이광수의 「흙」, 심훈의 「상록수」 등이 대표적이다. 이광수의 「흙」은 당시 시대 분위기였던 '조선심'의 재발견과 조선적인 운동의 복구라는 시각에서 창작된 것이다.

33 정답 ③
제시된 작품은 (가) 이상의 「날개」, (나) 이광수의 「흙」, (다) 주요섭의 「사랑손님과 어머니」, (라) 현진건의 「B사감과 러브레터」이다.
사건의 외면적 관찰은 일인칭 관찰자 시점과 작가 관찰자 시점의 소설에서 이루어진다.

(다)는 일인칭 관찰자 시점이고, (라)는 관찰적인 시점이 우세한 작가 시점(작가 관찰자 시점)이다. (가)는 1인칭 주인공 시점, (나)는 전지적 시점이다.

34 정답 ③

제시된 작품은 이태준의 「패강랭(浿江冷)」으로, 시대적 배경은 일제강점기인 1930년대 후반이며 1938년 『삼천리문학』에 발표되었다. 전통적인 것을 사랑하는 소설가 '현'과 조선어 교사인 '박'을 평양 부회 의원까지 지내며 친일파로 출세한 '김'과 대비시켜, 식민지 시대 현실에서 진실하고 깨끗하게 사는 것의 어려움을 드러내고 있는 단편소설이다.
① 갑오개혁(1894~1896년)
② 3·1 운동(1919년)
③ 카프의 해산(1935년)
④ 8·15 해방(1945년)

35 정답 ②

독자가 소설을 읽으면서 만나게 되는 작가를 실제 작가와 구분하여 내포작가라고 한다. 작품세계 내의 거리와 어조를 통제하는 것은 내포작가이다.

36 정답 ④

김동인은 소설작법에서 시점을 일원묘사체 A형식, 일원묘사체 B형식, 다원묘사체, 순객관적 묘사체로 나누었다. 이 중 순객관적 묘사체는 3인칭 관찰자 시점에 해당하며, 제시된 작품인 현진건의 「B사감과 러브레터」가 이 시점으로 되어 있다.

37 정답 ④

제시된 작품은 채만식의 「치숙」이다. 이 작품은 1인칭 관찰자 시점으로, 독자가 믿을 수 없는 화자의 서술로 반어적인 효과를 준다. 서술 주체인 화자가 특정 인물의 의식에 초점을 두고 서술할 경우 그 인물을 반성자(반영자)라고 한다. 반성자가 있을 경우 서술에서 인물이 부각되고 화자의 개입이 보이지 않게 되면서, 원칙적으로는 전지적 작가 시점임에도 불구하고 독자가 거의 1인칭 주인공 시점에서처럼 '반성자 – 인물'의 내적 동기에 접근하는 상황에 놓인다.

38 정답 ②

제시된 작품은 이효석의 「메밀꽃 필 무렵」으로, 작가는 허 생원과 동이의 관계를 특정 소재를 통해 암시하고 있을 뿐, 구체적으로 제시하지 않고 있다. 이에 따라 결말 역시 작가가 직접 제시하는 방법을 쓰지 않고 열린 결말을 통해 보여줌으로써 독자로 하여금 뒤의 이야기를 상상할 수 있도록 한다.

39 정답 ②

1920년대에 사회주의 이념을 표방하고 나선 카프는 정치적 실천의 일환으로 문학 운동을 펼친다. 동반자 문학은 이와 같은 운동에 작가 스스로 조직의 일원으로 참여하지는 않았지만 사회주의 문학의 대의에는 동조한 문학을 가리킨다. 실제로 카프에서는 동반자 작가로 이효석(李孝石)과 유진오(俞鎭午) 정도를 꼽았을 뿐, 그 범위를 그리 확대하지는 않았다.

40 정답 ④

프라이(N. Fry)에 따르면 로맨스란 일반적인 의미의 소설과 구별되는 독립된 픽션의 한 형태로서, "경험적 세계를 문제 삼는 소설과 대립되는", "인간 심리의 원형을 다루는 산문 픽션의 한 유형" 등으로 정의된다.

제2회 정답 및 해설 | 한국현대소설론

01	02	03	04	05	06	07	08	09	10	11	12	13	14	15
④	③	②	③	③	④	①	①	④	④	③	④	③	②	②
16	17	18	19	20	21	22	23	24	25	26	27	28	29	30
④	②	④	②	④	④	①	④	②	③	③	③	②	④	④
31	32	33	34	35	36	37	38	39	40					
③	②	①	②	①	③	④	③	③	④					

01 정답 ④
소설의 배경은 작품의 주제를 부각시키는 기능을 한다. 예를 들어 윤흥길의 「장마」에서 장마의 시작부터 끝이라는 배경은, 반목하던 두 할머니가 화해한다는 결말로 이어지면서 '전쟁의 상처를 회복하고 이데올로기의 갈등을 극복한다'는 주제를 상징적으로 보여주는 것이다.

02 정답 ③
「무정」에서는 과도기의 우유부단하고 미숙한 지식인의 모습이 그려지며, 현실인식이 부재한 현실순응주의적 면모를 보인다. 이러한 사상은 과학·지식·교육 등에 대한 존중을 통해 서구적 가치로 나아가야 한다는 이광수의 민족개조론으로 잘 드러난다.
③ 민족주의에 바탕을 두고 아(我)와 비아(非我)의 투쟁에서 승리해야 한다는 것은 신채호의 역사관이다.

03 정답 ②
이태준의 「달밤」에서 배경인 '달밤'은 서정적, 애상적 분위기를 조성하며, 주인공 황수건에 대한 '나'의 연민의 정서를 부각시킨다. 또한 황수건이 살아가는 시대가 어두운 밤과 같이 힘겹지만 환한 달빛이 비치는 것을 통해 결말이 비극적으로 흐르는 것을 막아주고 있다.

04 정답 ③
제시된 작품의 화자는 할머니의 손자인 어린아이 '나'이다. 하지만, 화자인 '나'는 이 소설의 사건을 주도하는 역할이 아니라 다만 집안에서 벌어지고 있는 일을 독자들에게 전달하는 역할을 하고 있을 뿐이다. 이렇게 볼 때, 이 소설의 시점은 특정한 인물의 입장에서 여러 인물의 언행을 관찰하여 서술하고 있는 1인칭 관찰자 시점에 해당한다. ①은 3인칭 관찰자 시점, ②는 1인칭 주인공 시점, ④는 전지적 작가 시점에 해당한다.

05 정답 ③
시공간적 배경은 플롯과 일치하고 소설의 다른 요소들과 어울림으로써 주제를 풍요롭게 하며 독특한 미적 효과를 낳는다.

06 정답 ④
김동인의 「운현궁의 봄」은 1934년 2월까지 『조선일보』에 연재된 대표적인 장편소설로, 흥선대원군 이하응의 죽음에서 시작되어 대원군의 파란만장한 일생과 조선말의 복잡한 내외 정세를 그린 역사소설이다.
마르셀 프루스트의 『잃어버린 시간을 찾아서』, 제임스 조이스의 『율리시즈』, 이상의 「날개」, 장용학의 「요한시집」, 이인성의 『낯선 시간 속으로』 같은 작품은 심리주의 소설이라고 할 수 있다.

07 정답 ①
묘사란 대상에서 받은 인상을 구체적인 대상 자체의 표현을 통해 개성적으로 그려내는 방법으로, 정보나 지식의 전달보다는 인상을 전달하고자 한다는 점에서 서술과 다르다. 단편소설에서 효과적인 것은 서술의 방법이다.

08 정답 ①
춘원은 봉건 잔재를 부정하고 새로운 가치관의 확립을 지향했다는 점에서 반봉건, 근대화에 치중한 계몽주의자이다. 반면 단재는 주체적인 역사의식을 가지고 침략자에 항쟁한 반제, 자주독립에 근거한 민족주의자라고 할 수 있다. 이들 두 사람의 세계관은 매우 이질적이다. 이광수의 새로운 가치관은 애정윤리나 결혼제도의 개선과 같은 것에 치중하여 상황의식이 결여된 반면, 단재의 주체적 역사관은 이민족의 지배에서 벗어나기 위한 강력한 투쟁의식을 우위적으로 보여주었다.

09 정답 ④
문화정치 시기는 전대 문학의 계몽적 교훈주의의 극복을 기치로 내건 『창조』가 발간되었고, 이후 각종 문예지의 등장과 함께 개화기 이래의 신문연재소설이 지양되었다. 이러한 매체의 변화는 김동인으로 대표되는 단편소설의 창작으로 이어졌고 소설기법적인 면, 수사학적인 면에서 시점과 거리의 통제가 어느 정도 이어지는 변화를 가져오기도 했다. 또한 작가들이 현실적인 경험 공간인 당대의 사회 현실에 관심을 갖게 되고 카프가 결성되면서 이념적 근거를 확보하여 신경향파 소설과 프롤레타리아 소설이 다수 창작되었다.

10 정답 ④
김동인의 유미주의적 세계관이 잘 드러나는 작품들은 「광염소나타」와 「광화사」, 「배따라기」 등이 있다. 「감자」나 「김연실전」에서도 이러한 성향의 일면을 엿볼 수 있다.
「꿈하늘」은 신채호의 반제, 주전론적 세계관이 잘 드러난 작품으로서 작가의 사상이 작품에 주도적으로 표출되어 있는 작품이라고 볼 수 있다.

11 정답 ③
인물의 이름은 인물의 성격뿐만 아니라 주제의 형성에도 큰 영향을 미칠 수 있다. 이러한 명명법은 전통적으로 우의적인 방법이 선호되었으나, 근대 이후에는 상투적인 비유를 벗어나 반어적인 효과를 의도한 명명법이나 익명화시키는 등 다양한 방법을 이용한다.
제시된 항목 중 화수분, 영달, 복녀는 소설 속 인물의 환경과는 반대의 의미를 지닌 이름으로서 반어적인 효과를 주고 있다. 고대소설인 「유충렬전」의 유충렬은 유교적 가치인 충성심을 드러내기 위해 명명된 이름이다.

12 정답 ④
염상섭의 「만세전」은 3·1 운동이 일어나기 직전의 사회적 상황을 배경으로 하고 있는 작품이다. 신교육을 받은 동경 유학생의 관찰과 경험을 통해 이 시기의 부정적인 면을 일본의 식민지 통치 시기 한국인의 자기 상실, 한국 사회제도의 보수성 등으로 보고 있는 것이 특징이다. 염상섭은 식민지 사회와 개인의 참모습을 냉정하고 객관적으로 관찰해 사실주의적으로 표현하려고 했으며, 이는 관념 위주의 신경향파 소설과는 대비되는 것이다.

13 정답 ③

사회문제를 검토하고 비판하려는 의도를 지니고 쓰는 사실주의 소설에서는 인물에게 환경과의 관계에서 전형성을 부여하는 것이 매우 중요한 요소로 부각된다. 전형(典刑)이란 정확하게 말해서 사회의 보편성을 인물의 개성을 통해 반영한 것을 의미한다.

14 정답 ②

신경향파에 드는 작품으로는 최서해의 「탈출기」・「박돌의 죽음」・「홍염」, 박영희의 「사냥개」・「지옥순례」, 김기진의 「붉은 쥐」, 주요섭의 「살인」・「개밥」 등을 들 수 있다.
이효석의 「들」은 현실 도피적인 자연 동경, 인간과 자연의 목가적 조화를 아름다운 시적 문장으로 표현한 소설로서, 비사회적이고 목가적이며 심미적인 성격을 보여 주는 소설이다.

15 정답 ②

박완서는 평범한 사람들의 일상과 체험적 진실에서 출발해서 분단 현실・여성문제・자본주의 체제 등 한국 사회의 갈등이라든가 나이듦, 생에 대한 무한한 긍정을 서사화함으로써 많은 독자들의 사랑을 받았을 뿐만 아니라 여성작가의 서사지평을 확대함으로써 박경리와 더불어 한국근대소설사를 든든하게 지탱한 인물로 평가된다.

16 정답 ④

월북 작가인 이기영은 「홍수」, 「가난한 사람들」, 「농부 정도룡」, 「서화」 같은 작품을 발표하여 당대 프로 문단에서 최고 수준의 작가로 평가받았다. 「목화와 콩」은 남면북양 정책을 소재로 하고 있는 권환의 작품이다.

17 정답 ②

신소설은 구어체에 가까운 언문일치에 근접했으며, 개화・계몽 등 새로운 사상을 새로운 형식적 특징을 시도하여 표현하였다. 한편 신소설에서 사건은 우연적으로 발생한다. 필연적인 인과관계에 의해 사건이 전개되는 것은 근대소설의 특징이다.

18 정답 ④

입체적 인물은 그 기질과 동기에서 복잡함을 드러내야 하기 때문에 작가는 미묘하고 특수한 묘사를 하는 데 주력한다. 입체적인 인물은 극적이고 발전적이며 변화가 있으므로 행동하는 인물의 성격으로도 알맞으며, 또 독자를 감동시켜서 특별한 감정에 빠져들게 할 수 있기 때문에 비극적인 역할을 하기에 더 적합하다.

19 정답 ②

이효석은 흔히 위장된 순응주의 작가로 평가된다. 이러한 평가는 초기 '동반자' 작가로서 활동했으나, 「돈」을 기점으로 자연 회귀 문학의 서정적 작품들에 관심을 두었기 때문에 붙여진 것이다. 일반적으로 그의 작품에서는 현실 도피적인 자연동경, 서정성과 에로티시즘, 이국 취향이 강하게 드러난다.
신변 세태에 대한 풍자는 자연 공간이 아닌 도시 공간을 무대로 한 일련의 소설에서 강조되는 특징으로서, 도시성이 내포하고 있는 병리적 요소들과 삶의 양식 또는 도시적 세태를 관찰하고자 했던 세태 풍속 소설들에서 주로 나타난다.

20 정답 ④

1930년대 농민소설 중에 브나로드 운동의 영향을 받은 계몽형 농민소설이 있다. 심훈의 「상록수」, 춘원 이광수의 「흙」, 이기영의 「고향」이 대표적인데, 이 시기의 이념적인 계몽형 농민소설은 지나치게 주제에 매달려 목적의식의 과잉 노출로 말미암아 문학적 성과를 획득하는 데 다소 실패했다고 볼 수 있다.

이 시기에 당대 농촌과 농민의 삶의 실상을 매우 구체적으로 묘사해 소설적 리얼리티를 획득한 농민소설류가 있는데, 박영준의 「모범경작생」 같은 경우는 이와 같은 사실적 농민소설에 속한다고 볼 수 있다.

21 정답 ④

제시문과 관련 있는 작품은 이문구의 『우리 동네』이다. 1977년부터 1981년까지 발표된 9편의 소설을 발표순으로 엮은 연작소설로 각 작품의 제목이 모두 '우리 동네 ○씨'로 되어 있다. 서술이 초점자 역할을 하는 한 인물의 경험과 발언 위주로 이루어지며, 크게 몇 개의 장면 중심으로 전개되고, 대체로 결말이 첫 장면으로 되돌아가는 구성을 취했으므로 시간적이기보다 공간적인 형태의 소설이다. 충청도 지역어와 전통적 비유, 속담이 풍부하게 활용되며 산업화·도시화로 치닫는 1970년대 현실이 전통적 공동체의 상징인 농촌사회를 어떻게 파괴하고 타락시켰는가를 풍자적으로 그려낸다.

22 정답 ①

4·19 혁명 직후인 1960년에 발표한 최인훈의 「광장」은 남북한의 이데올로기 대립을 파헤친 대표작이다. 주인공 이명준은 아버지가 빨갱이라는 이유로 경찰서에 드나들면서 '밀실만 충만하고 광장은 죽어버린' 남한에 구토를 느끼고 월북한다. 하지만 북한에도 진정한 삶의 광장은 없었다. 이처럼 「광장」은 민족의 분단과 이데올로기적인 갈등을 그리면서 북쪽의 사회구조가 갖고 있는 폐쇄성과 집단의식의 강제성을 고발하고 동시에 남쪽의 사회적 불균형과 방일한 개인주의를 비판하고 있다.

23 정답 ④

1920~1930년대 민족주의 계열의 농민소설 범주에 묶을 수 있는 소설로는 김동인의 「감자」, 「시골 황서방」, 전영택의 「화수분」, 계용묵의 「최서방」, 최인준의 「대간선」 등이 있다.

심훈의 「상록수」는 브나로드 운동과 함께 전국적으로 확산된 농촌계몽의 일환으로 창작된 농촌계몽소설로서, 민족주의 계열의 소설이라고 볼 수 없다.

24 정답 ②

제시된 작품은 김유정의 「봄봄」이다. 일제 치하의 농촌 현실을 배경으로 하면서도 짙은 향토성과 해학·풍자를 통해 현실을 따뜻하게 감싸 안고 있는 소설이며, 1인칭 주인공 시점으로 감각적·구어적 토속어를 생생하게 사용한 작품이다. 따라서 농촌의 궁핍한 현실을 고발하고 있는 것은 아니다.

25 정답 ③

김동인의 「감자」는 문예사조적인 측면에서 농민소설보다는 자연주의 소설로 많이 언급되었는데, 농촌의 궁핍화를 소재로 하고 하층 이농민의 삶을 그려 농민소설로 주목할 만한 부분도 있다. 그러나 이 작품에서 제기된 농촌 궁핍화의 문제는 매우 안이하다. 작가는 그 궁핍화의 원인을 개인의 무능력이나 게으름에 두고 있는데, 이는 식민지 농촌 현실의 구조적 모순이라는 본질적인 문제를 지적하는 데에는 접근하지 못하는 한계를 보여 준다.

26 정답 ③

심훈의 「상록수」는 『동아일보』 창간 15주년 기념 장편소설 모집에 당선된 작품으로서, 브나로드 운동의 영향으로 쓰인 소설이다. 이 작품은 이광수의 「흙」과 이기영의 「고향」의 영향을 받아, 이 둘을 종합하고 극복하려는 의지를 보여주고 있다. 「상록수」는 「흙」의 민족주의적인 기질과 「고향」의 프로적 기질이 함께 드러나는 작품인데, 시혜적인 봉사나 베풂의 태도와는 거리를 두고, 오히려 농촌 계몽의 태도를 노골적으로 비판하는 모습을 보인다. 「상록수」의 주인공은 농민의 지도자가 아니라 농민 중의 일원이 되어 그들과 함께 생활하며 실천을 통해 깨우칠 것을 주장하고 있다.

27 정답 ③

1960년대 중반에 문단에 나온 이청준(李淸俊, 1939~2008)은 한국 현대소설사에서 두드러진 작가다. 「병신과 머저리」는 사회의 변화에 능동적으로 대처하지 못하는, 행동력이 없는 지식인과 예술인의 삶을 '병신'과 '머저리'라는 자조적인 용어로 상징화한 소설이다. 이청준은 오랫동안 지배/피지배 계층의 갈등과 대립, 그리고 권력과 언어의 관계에 천착하며 당대를 대표하는 작가로 우뚝 섰다.

28 정답 ②

발단 단계에서는 앞으로 작품이 전개되어 나갈 바탕으로서의 가정이 제시된다. 이 단계에서는 등장인물이 소개되고 배경이 확정되며 사건의 실마리가 나타난다.
① 절정 단계에 대한 설명이다.
③ 전개 단계에 대한 설명이다.
④ 결말 단계에 대한 설명이다.

29 정답 ④

이무영은 스스로 농촌으로 뛰어들어가 농촌생활을 하면서 그 체험을 바탕으로 작품을 집필했는데, 이는 '흙의 문학'이라 불리는 새로운 농민문학의 경지를 열었다고 평가된다. 그는 1932년에 이미 「흙을 그리는 마음」 등의 농민소설을 쓴 적이 있었으나, 1939년 동아일보사를 그만 둔 후 경기도 군포에서 십리 거리인 궁촌으로 이사하여 본격적으로 농민소설을 발표하게 된다. 낙향 후에 발표한 「제1과 제1장」과 그 속편 「흙의 노예」 등의 작품은 그의 농민작가로서의 위치를 공고히 해 주었다.
「만무방」은 사실적 농민소설 계열의 작품을 썼던 김유정의 소설이다.

30 정답 ④

1930년대 후반 이후 임화는 체제문학으로서의 농민문학·생산문학을 강조했고, 이태준은 「농군」이라는 소설을 통해 조선 농민의 이농문제를 사실적인 문장으로 다룬 바 있다. 또한, 이무영은 흙으로 귀의하여 농민 작가로서 귀농소설을 주도적으로 집필했다.
최서해의 신경향파 문학은 1920년대 문학의 한 경향으로서, 1930년대 후반 식민지 수탈 속에서 묘사된 이태준의 만주나 간도의 공간과는 시기적으로 거리가 있다.

31 정답 ③

제시된 작품에서는 사건 밖의 서술자가 등장인물인 '영채'의 말과 행동을 설명하여 주고, 또 다른 인물인 '병욱'에 대하여 느끼는 '영채'의 심리까지 서술하고 있다.

32 정답 ②
「동백꽃」은 향토색 짙은 농촌 배경 속에서 인생의 봄을 맞이하여 성장하여 가는 충동적인 사춘기 소년·소녀의 애정을 해학적으로 그린 김유정의 대표작이다.
②는 식민지하의 전통적 가치관을 지닌 순박한 인물이 몰락해가는 모습과 이에 대응되는 인물을 설정하여 현실을 타개해가는 모습을 대조적으로 보여주고 있는 채만식의 「탁류」에 대한 설명이다.

33 정답 ①
1930년대 농촌을 제재로 한 소설로는 심훈의 「상록수」, 이광수의 「흙」, 박화성의 「한귀(旱鬼)」, 이무영의 「제1과 제1장」, 박영준의 「모범경작생」, 김정한의 「사하촌」 등이 있다.

34 정답 ②
(가)는 이상의 「날개」, (다)는 김유정의 「동백꽃」으로 두 작품 모두 일인칭 주인공 시점이다. 일인칭 소설에서는 소설세계 내부에 위치한 등장인물이 곧 화자(서술자)가 됨으로써 중심인물의 심리나 행동을 자세히 표현할 수 있고, 이들이 벌이는 사건을 독자에게 친근감 있게 전달함으로써 독자와의 거리를 좁힐 수 있다.
(나)는 이광수의 「흙」, (라)는 현진건의 「B사감과 러브레터」로 모두 전지적 작가 시점이다.

35 정답 ①
제시된 작품의 시점은 1인칭 주인공 시점으로서, 심리소설, 서간체 소설 과거 회상식 소설 등에 많이 쓰이며, 나의 입장이나 체험 영역에서 벗어날 수 없으므로 객관성의 결여라는 한계를 보인다고 할 수 있다. 이 시점에서는 서술하는 과정에서 자아의 변모나 발전이 나타나는 경우가 많다.

36 정답 ④
김동인의 순객관적 묘사체는 3인칭 작가 관찰자 시점에 해당한다.

37 정답 ④
「갯마을」은 자연의 세계에 사는 토속적 인간상을 통해 자연과 인간의 융화를 그린 작품이다. 이 작품은 인간 긍정의 미학을 추구한 오영수의 대표작으로, 인간의 본질적인 삶의 문제를 서정적 필치로 다루었다는 평가를 받지만 전쟁 체험과는 관련이 없다.

38 정답 ③
1인칭 관찰자 시점과 작가 관찰자 시점의 소설은 독자로 하여금 관찰자가 제시하는 인물의 행위를 통해 직접 인물의 심리를 추론하도록 한다. 혹은 믿을 수 없는 화자를 내세워 독자와의 긴장관계를 고조시키는 등의 방법을 사용하여 진술 내용에 대한 독자의 확신과 판단을 계속해서 지연시킨다.

39 정답 ③
이광수의 계몽소설인 「흙」은 서술자가 작품 밖에서 인물의 심리와 행동을 서술하는 전지적 작가 시점의 소설이다.
부수적 인물이 주인공의 이야기를 하는 것은 주로 1인칭 관찰자 시점의 소설에서 이루어진다. 주요섭의 「사랑방 손님과 어머니」에서의 '옥희', 김동인의 「붉은 산」에서의 '나' 등이 1인칭 관찰자이다.

40 정답 ④

염상섭 소설의 서술자는 동일한 사건을 놓고 여기에 관련된 모든 인물의 갈피를 못 잡는 심리를 다소 지루하다 싶게 설명해 나간다. 이로 인해 염상섭의 문장 서술은 전체적으로 복잡하고 길어서 현대의 독자가 읽기에 어려운 것이 특징이다.

독학학위제 2단계 전공기초과정인정시험 답안지(객관식)

컴퓨터용 사인펜만 사용

전공분야

성 명

★ 수험생은 수험번호와 응시과목 코드번호를 표기(마킹)한 후 일치여부를 반드시 확인할 것.

수험번호

(1) 2 - - - -

(2) ① ● ③ ④

응시과목

과목코드

교시코드 ① ② ③ ④

응시과목				
1	①	②	③	④
2	①	②	③	④
3	①	②	③	④
4	①	②	③	④
5	①	②	③	④
6	①	②	③	④
7	①	②	③	④
8	①	②	③	④
9	①	②	③	④
10	①	②	③	④
11	①	②	③	④
12	①	②	③	④
13	①	②	③	④
14	①	②	③	④
15	①	②	③	④
16	①	②	③	④
17	①	②	③	④
18	①	②	③	④
19	①	②	③	④
20	①	②	③	④
21	①	②	③	④
22	①	②	③	④
23	①	②	③	④
24	①	②	③	④
25	①	②	③	④
26	①	②	③	④
27	①	②	③	④
28	①	②	③	④
29	①	②	③	④
30	①	②	③	④
31	①	②	③	④
32	①	②	③	④
33	①	②	③	④
34	①	②	③	④
35	①	②	③	④
36	①	②	③	④
37	①	②	③	④
38	①	②	③	④
39	①	②	③	④
40	①	②	③	④

답안지 작성시 유의사항

1. 답안지는 반드시 컴퓨터용 사인펜을 사용하여 다음 보기와 같이 표기할 것.
   보기) 잘된표기: ● 잘못된표기: ⊗ ⊙ ① ◐ ○ ◑
2. 수험번호 (1)에는 아라비아 숫자로 쓰고, (2)에는 "●"와 같이 표기할 것.
3. 과목코드는 뒷면 "과목코드번호"를 보고 해당과목의 코드번호를 찾아 표기하고, 응시과목란에는 응시과목명을 한글로 기재할 것.
4. 교시코드는 문제지 전면 의 교시를 해당란에 "●"와 같이 표기할 것.
5. 한번 표기한 답은 긁거나 수정액 및 스티커 등 어떠한 방법으로도 고쳐서는 아니되며, 고친 문항은 "0"점 처리함.

과목코드 / 교시코드 / 응시과목 (우측)

응시과목				
1	①	②	③	④
2	①	②	③	④
3	①	②	③	④
4	①	②	③	④
5	①	②	③	④
6	①	②	③	④
7	①	②	③	④
8	①	②	③	④
9	①	②	③	④
10	①	②	③	④
11	①	②	③	④
12	①	②	③	④
13	①	②	③	④
14	①	②	③	④
15	①	②	③	④
16	①	②	③	④
17	①	②	③	④
18	①	②	③	④
19	①	②	③	④
20	①	②	③	④
21	①	②	③	④
22	①	②	③	④
23	①	②	③	④
24	①	②	③	④
25	①	②	③	④
26	①	②	③	④
27	①	②	③	④
28	①	②	③	④
29	①	②	③	④
30	①	②	③	④
31	①	②	③	④
32	①	②	③	④
33	①	②	③	④
34	①	②	③	④
35	①	②	③	④
36	①	②	③	④
37	①	②	③	④
38	①	②	③	④
39	①	②	③	④
40	①	②	③	④

※ 감독관 확인란

(인)

관리번호 (응시자수) (연번)

[이 답안지는 마킹연습용 모의답안지입니다.]

독학학위제 2단계 전공기초과정인정시험 답안지(객관식)

독학학위제 2단계 전공기초과정인정시험 답안지(객관식)

컴퓨터용 사인펜만 사용

★ 수험생은 수험번호와 응시과목 코드번호를 표기(마킹)한 후 일치여부를 반드시 확인할 것.

전공분야

성 명

수험번호

(1) 2 — — — —

(2) ① ● ③ ④

답안지 작성시 유의사항

1. 답안지는 반드시 컴퓨터용 사인펜을 사용하여 다음 《보기》와 같이 표기할 것.
   《보기》 잘된표기: ● 잘못된표기: ⊗ ⊙ ⊙ ○ ◐
2. 수험번호 (1)에는 아라비아 숫자로 쓰고, (2)에는 "●"와 같이 표기할 것.
3. 과목코드는 뒷면 "과목코드번호"를 보고 해당과목의 코드번호를 찾아 표기하고,
   응시과목란에는 응시과목명을 한글로 기재할 것.
4. 교시코드는 문제지 전면의 교시를 해당란에 "●"와 같이 표기할 것.
5. 한번 표기한 답은 긁거나 수정액 및 스티커 등 어떠한 방법으로도 고쳐서
   아니되며, 고친 문항은 "0"점 처리함.

※ 감독관 확인란

(인)

관리번호

(연번)

(응시자수)

과목코드

교시코드 ① ② ③ ④

응시과목				
1 ① ② ③ ④	11 ① ② ③ ④	21 ① ② ③ ④	31 ① ② ③ ④
2 ① ② ③ ④	12 ① ② ③ ④	22 ① ② ③ ④	32 ① ② ③ ④
3 ① ② ③ ④	13 ① ② ③ ④	23 ① ② ③ ④	33 ① ② ③ ④
4 ① ② ③ ④	14 ① ② ③ ④	24 ① ② ③ ④	34 ① ② ③ ④
5 ① ② ③ ④	15 ① ② ③ ④	25 ① ② ③ ④	35 ① ② ③ ④
6 ① ② ③ ④	16 ① ② ③ ④	26 ① ② ③ ④	36 ① ② ③ ④
7 ① ② ③ ④	17 ① ② ③ ④	27 ① ② ③ ④	37 ① ② ③ ④
8 ① ② ③ ④	18 ① ② ③ ④	28 ① ② ③ ④	38 ① ② ③ ④
9 ① ② ③ ④	19 ① ② ③ ④	29 ① ② ③ ④	39 ① ② ③ ④
10 ① ② ③ ④	20 ① ② ③ ④	30 ① ② ③ ④	40 ① ② ③ ④

과목코드

교시코드 ① ② ③ ④

응시과목				
1 ① ② ③ ④	11 ① ② ③ ④	21 ① ② ③ ④	31 ① ② ③ ④
2 ① ② ③ ④	12 ① ② ③ ④	22 ① ② ③ ④	32 ① ② ③ ④
3 ① ② ③ ④	13 ① ② ③ ④	23 ① ② ③ ④	33 ① ② ③ ④
4 ① ② ③ ④	14 ① ② ③ ④	24 ① ② ③ ④	34 ① ② ③ ④
5 ① ② ③ ④	15 ① ② ③ ④	25 ① ② ③ ④	35 ① ② ③ ④
6 ① ② ③ ④	16 ① ② ③ ④	26 ① ② ③ ④	36 ① ② ③ ④
7 ① ② ③ ④	17 ① ② ③ ④	27 ① ② ③ ④	37 ① ② ③ ④
8 ① ② ③ ④	18 ① ② ③ ④	28 ① ② ③ ④	38 ① ② ③ ④
9 ① ② ③ ④	19 ① ② ③ ④	29 ① ② ③ ④	39 ① ② ③ ④
10 ① ② ③ ④	20 ① ② ③ ④	30 ① ② ③ ④	40 ① ② ③ ④

[이 답안지는 마킹연습용 모의답안지입니다.]

독학학위제 2단계 전공기초과정인정시험 답안지(객관식)

컴퓨터용 사인펜만 사용

★ 수험생은 수험번호와 응시과목 코드번호를 표기(마킹)한 후 일치 여부를 반드시 확인할 것.

답안지 작성시 유의사항

1. 답안지는 반드시 컴퓨터용 사인펜을 사용하여 다음 **보기**와 같이 표기할 것.
   보기 잘 된 표기: ●
   잘못된 표기: ⊘ ⊗ ⊙ ◑ ○
2. 수험번호 (1)에는 아라비아 숫자로 쓰고, (2)에는 "●"와 같이 표기할 것.
3. 과목코드는 **뒷면** "과목코드번호"를 보고 해당과목의 코드번호를 찾아 표기하고,
   응시과목란에는 응시과목명을 한글로 기재할 것.
4. 교시코드는 문제지 전면 의 교시를 해당란에 "●"와 같이 표기할 것.
5. 한번 표기한 답은 긁거나 수정액 및 스티커 등 어떠한 방법으로도 고쳐서는
   아니되고, 고친 문항은 "0"점 처리함.

[이 답안지는 마킹연습용 모의답안지입니다.]

참고문헌

- Gillan Beer, 문우상 역, 『The Romance』, 서울대학교 출판부, 1980.
- N, Frye, 「비평의 해부」, 1957.
- 강승원 외, 『해법문학 현대소설』, 천재교육, 2014.
- 강현조, 「귀의성 판본 연구」, 『현대소설연구』 35, 한국현대소설학회, 2007.
- 고인환, 「현진건 소설에 나타난 식민지 지식인의 근대적 자의식 연구」, 어문연구학회, 2006.
- 곽학송, 「김성한과 장용학」, 『월간문학』 179, 1984.
- 구인환, 『이광수소설연구』, 삼영사, 1983.
- 구재진, 『사이버 문학광장 문장』, 한국문화예술위원회
- 권영민, 「서울대 권장도서 100권, [79] 삼대 - 염상섭」, 『동아일보』, 2005년 7월 5일
- 권영민, 「안국선(安國善)의 생애와 작품세계」, 『관악어문연구』 2, 서울대학교국어국문학과, 1977.
- 권영민, 『한국현대문학사 1』, 민음사, 2002.
- 김병익, 「비극의 각성과 수용 - 김원일의 노을」, 『현대문학』, 1978.
- 김병익, 「성장소설의 문화적 의미」, 『세계의 문학』, 1981.
- 김수복·양은창, 『한국 현대소설 이해와 감상』, 한림출판사, 1991.
- 김용성·우한용, 이동하, 「자존과 시대고 - 김동인론」, 『한국근대작가연구』, 삼지원, 1985.
- 김용직, 『이상(李箱)』, 지학사, 1985.
- 김우종, 『현대소설사』, 선명문화사, 1968.
- 김윤식·김현, 『한국문학사』, 민음사, 1973.
- 김윤식·정호웅, 『한국소설사』, 문학동네, 2005.
- 김윤식, 『한국 근대소설사 연구』, 을유문화사, 1986.
- 김종균, 『염상섭 연구』, 고려대학교출판부, 1974.
- 김종은, 「이상(李箱)의 이상(理想)과 이상(異常)」, 『문학사상』, 1973.7.
- 김종회, 『황순원』, 새미 작가론 총서 8, 새미, 1998.
- 김치홍, 『김동인평론전집』, 삼영사, 1984.
- 남춘애, 「현진건 소설에 나타난 근대적 양상」, 한국문학이론과비평학회, 2009.
- 다음백과, 강경애 편(https://100.daum.net/encyclopedia/view/b01g1391b)
- 류대성·박소연·송영민·이현숙, 『문학 교과서 작품 읽기 소설: 필수편(상)』, 창비, 2011.

- 류종호, 『이효석』, 지학사, 1985.
- 손창섭, 『손창섭 대표작 전집』, 예문관, 1970.
- 송민호, 『한국개화기소설의 사적연구』, 일지사, 1975.
- 송하춘, 「전쟁 직후의 네거티브 필름 - 손창섭론」, 민음사, 1995.
- 시대문학작품선정위원회, 『우리 시대의 명작 20~50년대 한국단편소설』, 시대문학, 2007.
- 신동욱, 『우리 이야기 문학의 아름다움』, 한국연구원, 1981.
- 안승덕, 「소년(少年)의 비애고(悲哀考)」, 『국어국문학』 77, 1978.
- 양유성, 『이야기 치료』, 학지사, 2004.
- 염무웅, 『현대한국문학전집』 7, 신구문화사, 1966.
- 오양호, 『한국농민소설연구』, 효성여자대학출판부, 1981.
- 유종호, 「문학세계, 농촌 사람의 눈으로」, 『산울림』, 한겨레, 1988.
- 유태영, 『현대 소설론』, 국학자료원, 2013.
- 윤성원·정승철, 『한권에 잡히는 현대소설』, 진학사(블랙박스), 2011.
- 윤희재, 『전공국어 현대소설』, 열린교육, 2017.
- 이강언, 『한국근대소설논고』, 형설출판사, 1983.
- 이경수, 「하근찬론 - 한의 예술적 승화」, 『한국 현대 작가 연구』, 문학사상사, 1993.
- 이광수, 「문학이란 하오」, 1916.
- 이용남, 『이해조와 그의 작품세계』, 동성사, 1986.
- 이재선, 『한국단편소설연구』, 일조각, 1972.
- 이재선, 『한국현대소설사』, 홍성사, 1979.
- 이태동, 「순수문학의 진의와 휴머니즘」, 『김동리론』, 문예출판사, 1985.
- 이호철, 『이호철전집』, 1989.
- 임영환, 「일제시대한국농민소설연구」, 서울대학교대학원석사학위논문, 1976.
- 장사선, 「오영수의 작품세계」, 『한국현대소설사연구』, 민음사, 1984.
- 장석주, 『20세기 한국 문학의 탐험』, 시공사, 2000.
- 장용학, 『현대한국문학전집』 4, 신구문화사, 1967.
- 전광용 외, 『한국현대문학전집』 31, 삼성출판사, 1978.
- 전광용, 『신소설연구(新小說研究)』, 새문사, 1986.

- 정호웅, 「이인직론 – 개화지성의 한계」, 『한국현대소설가론』, 새미, 1996.
- 조남현, 『소설원론』, 고려원, 1989.
- 조동일, 「현실소설방법」, 『현대한국문학전집』 13, 신구문화사, 1967.
- 조연현, 『현대한국작가론』, 정음사, 1974.
- 최동욱, 『1930년대 한국소설연구』, 중앙대학교 대학원, 1982.
- 채호석·안주영, 『한국 현대 문학사를 보다. 1 : 개화기~일제강점기』, 리베르스쿨, 2017.
- 채호석, 『청소년을 위한 한국현대문학사』, 두리문화사, 2009.
- 최원식, 「은세계연구(銀世界研究)」, 『창작과 비평』 48, 1978.
- 최유찬, 『박경리』, 새미, 1998.
- 최인훈, 『광장』, 1961년판 서문
- 최정희, 「정적기」, 『삼천리』, 1938.1.
- 한국현대소설연구회, 『현대소설론』, 평민사, 2015.
- 현길언, 『한국현대소설론』, 태학사, 2005.
- 홍문표, 「1930년대 문학 – 현대문학의 실험」, 『한국현대문학사총서』 4, 창조문학사, 2018.
- 황패강 외, 송백헌, 「현진건」, 『한국문학작가론 4』, 집문당, 2000.
- 황패강 외, 이용남, 「이해조」, 『한국문학작가론 4』, 집문당, 2000.

합격의 공식 SD에듀

SD에듀와 함께, 합격을 향해 떠나는 여행

시대에듀 독학사 국어국문학과 2단계 한국현대소설론

개정1판1쇄 발행	2025년 01월 08일 (인쇄 2024년 10월 22일)
초 판 발 행	2023년 05월 10일 (인쇄 2023년 04월 06일)
발 행 인	박영일
책 임 편 집	이해욱
편 저	김덕규
편 집 진 행	송영진 · 김다련
표 지 디 자 인	박종우
편 집 디 자 인	김경원 · 고현준
발 행 처	(주)시대고시기획
출 판 등 록	제10-1521호
주 소	서울시 마포구 큰우물로 75 [도화동 538 성지 B/D] 9F
전 화	1600-3600
팩 스	02-701-8823
홈 페 이 지	www.sdedu.co.kr

I S B N	979-11-383-7960-1 (13810)
정 가	24,000원

※ 이 책은 저작권법의 보호를 받는 저작물이므로 동영상 제작 및 무단전재와 배포를 금합니다.
※ 잘못된 책은 구입하신 서점에서 바꾸어 드립니다.

시대에듀 독학사
국어국문학과

왜? 독학사 국어국문학과인가?

4년제 국어국문학과 학위를 최소 시간과 비용으로 **단 1년 만에 초고속 취득 가능!**

1. 1990년 독학학위제의 시작부터 함께한 **가장 오래된 전공 중 하나**

2. 국어 및 국문학의 **체계적 학습 가능**

3. 교육대학원 진학 및 출판계, 언론계, 미디어 등 **다양한 분야로 취업 가능**

국어국문학과 과정별 시험과목(2~4과정)

1~2과정 교양 및 전공기초과정은 객관식 40문제 구성
3~4과정 전공심화 및 학위취득과정은 객관식 24문제+**주관식 4문제** 구성

2과정(전공기초)
- 국어사
- 국어학개론
- 한국현대시론
- 국문학개론
- 고전소설론
- 한국현대소설론

3과정(전공심화)
- 문학비평론
- 국어의미론
- 국어정서법
- 국어음운론
- 고전시가론
- 한국문학사(근간)

4과정(학위취득)
- 국어학개론(2과정 겸용)
- 국문학개론(2과정 겸용)
- 문학비평론(3과정 겸용)
- 한국문학사(3과정 겸용)

시대에듀 국어국문학과 학습 커리큘럼

기본이론부터 실전문제풀이 훈련까지!
시대에듀가 제시하는 각 과정별 최적화된 커리큘럼에 따라 학습해 보세요.

STEP 01 기본이론
핵심이론 분석으로 확실한 개념 이해

STEP 02 문제풀이
실전예상문제를 통해 문제 유형 파악

STEP 03 모의고사
최종모의고사로 실전 감각 키우기

1과정 교양과정 | 심리학과 | 경영학과 | 컴퓨터공학과 | **국어국문학과** | 영어영문학과 | 간호학과 | 4과정 교양공통

독학사 국어국문학과 2~4과정 교재 시리즈

독학학위제 공식 평가영역을 100% 반영한 이론과 문제로 구성된 완벽한 최신 기본서 라인업!

START

2과정

▶ 전공 기본서 [전 6종]
- 국어사
- 국어학개론
- 한국현대시론
- 국문학개론
- 고전소설론
- 한국현대소설론

3과정

▶ 전공 기본서 [전 6종]
- 문학비평론
- 국어의미론
- 국어정서법
- 국어음운론
- 고전시가론
- 한국문학사(근간)

4과정

▶ 전공 기본서
- 국어학개론(2과정 겸용)
- 국문학개론(2과정 겸용)
- 문학비평론(3과정 겸용)
- 한국문학사(3과정 겸용)

GOAL!

※ 표지 이미지 및 구성은 변경될 수 있습니다.

➕ 독학사 전문컨설턴트가 개인별 맞춤형 학습플랜을 제공해 드립니다.

시대에듀 홈페이지 **www.sdedu.co.kr**   상담문의 **1600-3600**   평일 9~18시 / 토요일·공휴일 휴무

시대에듀 동영상 강의 | www.sdedu.co.kr